D1035356

EL
manual bíblico
MacArthur

Un estudio introductorio *a la* Palabra *de* Dios, libro *por* libro

John MacArthur

Grupo Nelson
Desde 1798

Desatando la verdad de Dios, un versículo a la vez®

©2016 por Grupo Nelson®
Publicado en Nashville, Tennessee, Estados Unidos de América.
Grupo Nelson, Inc. es una subsidiaria que pertenece completamente a Thomas Nelson, Inc.
Grupo Nelson es una marca registrada de Thomas Nelson, Inc. www.gruponelson.com

Título en inglés: *The MacArthur Bible Handbook*
© 2003 por John MacArthur
Publicado por Thomas Nelson, una marca registrada de HarperCollins Christian Publishing, Inc.

«Desatando la verdad de Dios un versículo a la vez» es una marca de Grace to You.
Todos los derechos reservados. Ninguna porción de este libro podrá ser reproducida,
almacenada en algún sistema de recuperación, o transmitida en cualquier forma o por cualquier
medio —mecánicos, fotocopias, grabación u otro— excepto por citas breves en revistas impresas,
sin la autorización previa por escrito de la editorial.

A menos que se indique lo contrario, todos los textos bíblicos han sido tomados de la
Santa Biblia, Versión Reina-Valera 1960 © 1960 por Sociedades Bíblicas en América Latina,
© renovado 1988 por Sociedades Bíblicas Unidas. Usados con permiso. Reina-Valera 1960® es
una marca registrada de la American Bible Society y puede ser usada solamente bajo licencia.

Editora en Jefe: *Graciela Lelli*
Edición: *Madeline Díaz*
Adaptación del diseño al español: *Grupo Nivel Uno, Inc.*

ISBN: 978-0-71804-169-4

Impreso en Estados Unidos de América

16 17 18 19 20 DCI 9 8 7 6 5 4 3

Contenido

Índice de
TABLAS, CUADROS Y MAPAS

Cómo utilizar el
MANUAL BÍBLICO
MacArthur

La Biblia es un libro extraordinariamente complejo e intrincado. El estudio y la apreciación de las Escrituras puede ser todo un desafío. *El manual bíblico MacArthur* se ha diseñado a fin de facilitar el estudio y el entendimiento avanzado de las Escrituras por medio de un formato accesible. No remplaza a la Biblia que usted tiene, sino que simplemente le ofrece una cantidad de respuestas al tipo de preguntas que podrían desanimarle en su intento por estudiarla. Al consultar el *manual*, debe seguir leyendo su Biblia.

Si su Biblia es de estudio, notará que hay muchas semejanzas entre el manual MacArthur y las notas que contiene su Biblia. Pero hay algunas características que tal vez su Biblia de estudio no incluya. En todo caso, si tiene a mano estos materiales mientras estudia las Escrituras, podrá mantener toda su atención en la Palabra de Dios.

TUTORIAL RÁPIDO

1. Déle una mirada al índice. Verá que hay puntos que le resultan conocidos. Repáselos y asegúrese de recordar la información que encuentre. Los ítems que incluyen cronologías y concordancias le serán de gran valor cuando estudie determinadas partes de la Biblia.

2. Abra su Biblia en alguna de las secciones y tome nota de lo que hallará en cada una:

- **Título y su significado**
- **Autor y fecha del libro**
- **Antecedentes y escenario,** con notas históricas sobre el libro
- **Personas destacadas en el libro**
- **Temas históricos y teológicos,** con temas bíblicos en general en cada libro
- **Principales doctrinas del libro,** con enseñanzas centrales del libro
- **El carácter de Dios en el libro,** ilustración de los aspectos clave del carácter de Dios
- **Cristo en el libro,** cómo hallar a Cristo en ese libro
- **Palabras clave,** las palabras de mayor significado en ese libro
- **Retos de interpretación,** conceptos o temas difíciles del libro
- **Bosquejo,** estructura formal del libro
- **Mientras tanto, en otras partes del mundo…,** contexto histórico global del libro
- **Respuestas a preguntas difíciles sobre este libro**
- **Otros temas de estudio,** preguntas básicas para reflexionar mientras lee

Al principio es probable que le incomode tener que referirse al *Manual bíblico MacArthur*. Solo es cuestión de práctica, y pronto hallará que cuenta con un rico recurso informativo para el estudio de la Palabra de Dios.

La Biblia es una colección de 66 documentos inspirados por Dios. Estos documentos están divididos en dos testamentos, el Antiguo Testamento (39) y el Nuevo Testamento (27). Profetas, sacerdotes, reyes y líderes de la nación de Israel escribieron los libros del Antiguo Testamento en hebreo (con dos pasajes en arameo). Los apóstoles y sus asociados escribieron los libros del Nuevo Testamento en griego.

El registro del Antiguo Testamento comienza con la creación del universo y termina alrededor de 400 años antes de la primera venida de Jesucristo.

El flujo de la historia a lo largo del Antiguo Testamento se lleva a cabo de la siguiente manera:

- Creación del universo
- Caída del hombre
- Juicio del diluvio sobre la tierra
- Abraham, Isaac, Jacob (Israel): padres de la nación escogida
- La historia de Israel
- Exilio en Egipto: 430 años
- Éxodo y tiempo en el desierto: 40 años
- Conquista de Canaán: 7 años
- Era de los jueces: 350 años
- Reino unido (Saúl, David, Salomón): 110 años
- Reino dividido (Judá / Israel): 350 años
- Exilio en Babilonia: 70 años
- Regreso y reconstrucción de la tierra: 140 años

Los detalles de esta historia son explicados en los 39 libros divididos en 5 categorías:

- La Ley — 5 (Génesis — Deuteronomio)
- Historia — 12 (Josué — Ester)
- Sabiduría — 5 (Job — Cantar de los cantares)
- Profetas mayores — 5 (Isaías — Daniel)
- Profetas menores — 12 (Oseas — Malaquías)

Después de que el Antiguo Testamento fue completado, hubo 400 años de silencio durante los cuales Dios no habló ni inspiró Escritura alguna. Este silencio terminó con la llegada de Juan el Bautista anunciando que el Señor Salvador prometido había venido. El Nuevo Testamento registra el resto de la historia desde el nacimiento de Cristo hasta la culminación de toda la historia y el estado final eterno. Los dos testamentos, entonces, van desde la creación hasta la consumación, desde la eternidad pasada hasta la eternidad futura.

Mientras que los 39 libros del Antiguo Testamento se enfocan en la historia de Israel y la promesa del Salvador que estaba por venir, los 27 libros del Nuevo Testamento se enfocan en la persona de Cristo y el establecimiento de la iglesia. Los 4 Evangelios registran su nacimiento, vida, muerte, resurrección y ascensión. Cada uno de los 4 escritores ve el acontecimiento más grande y más importante de la historia, la venida del Dios-hombre, Jesucristo, desde una perspectiva diferente. Mateo lo ve a través de la perspectiva de su reino. Marcos a través de su servicio como siervo. Lucas a través de la perspectiva de su naturaleza humana, y Juan a través de su deidad.

El libro de Hechos narra la historia del efecto de la vida, muerte y resurrección de Jesucristo, el Señor Salvador. Dicha historia va desde su ascensión, la venida consecuente del Espíritu Santo, hasta el nacimiento de la iglesia, a lo largo de los primeros años de la predicación del evangelio llevada a cabo por los apóstoles y sus asociados. Hechos registra el establecimiento de la iglesia en Judea, Samaria y el Imperio Romano.

Las 21 epístolas fueron escritas a iglesias o individuos para explicarles el significado de la persona y la obra de Jesucristo, con sus implicaciones para la vida y el testimonio hasta que Él regrese.

El Nuevo Testamento termina con Apocalipsis, el cual comienza con un cuadro de la época actual de la iglesia y culmina con el regreso de Cristo para establecer su reino terrenal, trayendo juicio sobre los impíos y gloria y bendición sobre los creyentes. Después del reino milenario del Señor Salvador, se llevará a cabo el último juicio que conduce al estado eterno. Todos los creyentes de la historia entran a la gloria eterna definitiva preparada para ellos, y todos los impíos son enviados al infierno para ser castigados eternamente.

Para entender la Biblia es esencial comprender el flujo de esta historia desde la creación hasta la consumación. También es crucial mantener en mente el tema unificador de las Escrituras. El tema principal que se explica a lo largo de toda la Biblia es el siguiente: Dios para su propia gloria ha determinado crear y reunir para sí mismo a un grupo de personas a fin de que sean los súbditos de su reino eterno, para adorarlo, honrarlo y servirlo para siempre, y a través de quienes Él desplegará su sabiduría, poder, misericordia, gracia y gloria. Con el objetivo de reunir a sus escogidos, Dios debe redimirlos del pecado. La Biblia revela el plan de Dios para esta redención desde su inicio en la eternidad pasada hasta su término en la eternidad futura. Los pactos, las promesas y las épocas son todos secundarios al plan singular y continuo de la redención.

Hay un Dios. La Biblia tiene un Creador. Es un libro. Tiene un plan de gracia, registrado desde el inicio, que pasa desde la ejecución hasta la consumación. Desde la predestinación hasta la glorificación, la Biblia es la historia de Dios redimiendo a su pueblo escogido para alabanza de su gloria.

Conforme a los propósitos y el plan redentor de Dios se llevan a cabo en las Escrituras, se destacan constante y repetidamente cinco temas:

- la persona de Dios
- el juicio por el pecado y la desobediencia
- la bendición por la fe y la obediencia
- el Señor Salvador y el sacrificio por el pecado
- el reino venidero y la gloria

Todo lo que se revela en las páginas tanto del Antiguo Testamento como del Nuevo Testamento está asociado con estas cinco categorías. Las Escrituras siempre están enseñando o ilustrando: (1) La persona y los atributos de Dios; (2) la tragedia del pecado y la desobediencia a la norma santa de Dios; (3) la bendición de la fe y la obediencia a la norma de Dios; (4) la necesidad de un Salvador por cuya justicia y sustitución los pecadores pueden ser perdonados, declarados justos y transformados para obedecer la norma de Dios; y (5) el fin venidero glorioso de la historia redentora en el reino terrenal del Señor Salvador y el reinado eterno subsiguiente, y la gloria de Dios y Cristo. Conforme uno estudia las Escrituras, es esencial entender estas categorías que de manera continua se repiten como grandes ganchos en los cuales se cuelgan los pasajes. Mientras se lee a lo largo de la Biblia, se debe ser capaz de relacionar cada porción de las Escrituras con estos temas dominantes, reconociendo que lo que es presentado en el Antiguo Testamento luego es aclarado en el Nuevo Testamento.

El estudio de estas cinco categorías por separado nos da un panorama de la Biblia.

1. LA REVELACIÓN DE LA PERSONA DE DIOS

Sobre cualquier otra cosa, las Escrituras son la revelación personal de Dios. Él se revela a sí mismo como el Dios soberano del universo que ha determinado hacer al hombre y darse a conocer al mismo. En esa revelación personal se establece la norma de santidad absoluta de Dios. Desde Adán y Eva, pasando por Caín y Abel y por toda persona antes y después de la ley de Moisés, la norma de justicia fue establecida y es mantenida hasta la última página del Nuevo Testamento. La violación de la misma produce juicio, temporal y eterno.

En el Antiguo Testamento se registra que Dios se reveló a sí mismo a través de los siguientes medios:

- creación, primordialmente por medio del hombre, quien fue hecho a su imagen
- ángeles
- señales, prodigios y milagros
- visiones
- palabras habladas por profetas y otros
- Escrituras (Antiguo Testamento)

En el Nuevo Testamento se registra que Dios se volvió a revelar a sí mismo a través de los siguientes medios, pero con mayor claridad y plenitud:

- creación, Dios-hombre, Jesucristo, quien era la imagen misma de Dios
- ángeles
- señales, prodigios y milagros
- visiones
- palabras habladas por apóstoles y profetas
- Escrituras (Nuevo Testamento)

2. LA REVELACIÓN DEL JUICIO DIVINO POR EL PECADO Y LA DESOBEDIENCIA

Una y otra vez las Escrituras tratan con el asunto del pecado del hombre, el que lleva al juicio de Dios. Relato tras relato, en las Escrituras se muestran los efectos mortales, tanto en el ámbito temporal como eterno, que el hombre enfrenta por violar la norma de Dios. Hay 1.189 capítulos en la Biblia. Solo cuatro de ellos no involucran a un mundo caído, los primeros dos y los dos últimos, antes de la caída y después de la creación del cielo nuevo y la tierra nueva. El resto es la crónica de la tragedia del pecado.

En el Antiguo Testamento, Dios mostró el desastre del pecado, comenzando con Adán y Eva, Caín y Abel, los patriarcas, Moisés e Israel, los reyes, los sacerdotes, algunos profetas y las naciones gentiles. A lo largo del Antiguo Testamento se encuentra el registro incesante de destrucción continua producida por el pecado y la desobediencia a la ley de Dios.

En el Nuevo Testamento, la tragedia del pecado se vuelve más clara. La predicación y la enseñanza de Jesús y los apóstoles comienzan y terminan con un llamado al arrepentimiento. El rey Herodes, los líderes judíos y la nación de Israel, junto con Pilato, Roma y el resto del mundo, todos rechazaron al Señor Salvador, menospreciaron la verdad de Dios y de esta manera se condenaron a sí mismos. La crónica del pecado continúa sin ser abatida hasta el fin de las edades y el regreso de Cristo en juicio. En el Nuevo Testamento, la desobediencia es aun más descarada que la desobediencia del Antiguo Testamento, porque involucra el rechazo del Señor Salvador Jesucristo a la luz más resplandeciente de la verdad del Nuevo Testamento.

3. La revelación de la bendición divina por la fe y la obediencia

Las Escrituras repetidamente prometen recompensas maravillosas tanto en el ámbito temporal como eterno para las personas que confían en Dios y buscan obedecerlo. En el Antiguo Testamento, Dios mostró la bienaventuranza del arrepentimiento del pecado, la fe en Él y la obediencia a su Palabra, desde Abel, a lo largo de los patriarcas, hasta el remanente en Israel… y aun los gentiles que creyeron (como lo hizo el pueblo de Nínive).

La norma de Dios para el hombre, su voluntad y su ley moral siempre fueron dadas a conocer. Para los que enfrentaban su incapacidad de guardar la norma de Dios, reconocían su pecado, confesaban su imposibilidad de agradar a Dios por su propio esfuerzo y obras, y le pedían perdón y gracia, venía la redención misericordiosa y bendición tanto de manera temporal como eterna.

En el Nuevo Testamento, una vez más Dios mostró la bienaventuranza total de la redención del pecado para los que se arrepentían. Hubo algunos que respondieron a la predicación de arrepentimiento proclamada por Juan el Bautista. Otros se arrepintieron ante la predicación de Jesús. Algunos de Israel obedecieron al evangelio por medio de la enseñanza de los apóstoles. Y finalmente, hubo gentiles por todo el Imperio Romano que creyeron el evangelio. Para todos ellos y para todos los que creerán a lo largo de la historia, hay bendición prometida en este mundo y en el venidero.

4. La revelación del Señor Salvador y el sacrificio por el pecado

Este tema es el corazón tanto del Antiguo Testamento, del cual Jesús dijo que hablaba de Él en tipo y profecía, como del Nuevo Testamento, el cual da el registro bíblico de su venida. La promesa de bendición depende de la gracia y misericordia dada al pecador. Gracia quiere decir que el pecado no es contado en contra del pecador. Tal perdón depende de un pago por el castigo del pecado para satisfacer la justicia santa. Eso requiere un substituto, uno que muera en lugar del pecador. El substituto escogido de Dios, el único que calificó, fue Jesús. La salvación es siempre por el mismo medio de gracia, sea durante los tiempos del Antiguo o del Nuevo Testamento. Cuando un pecador viene a Dios, en arrepentimiento y convencido de que no tiene poder para salvarse a sí mismo del juicio que merece de la ira divina, y ruega por misericordia, la promesa de perdón por parte de Dios es otorgada. Dios entonces lo declara justo porque el sacrificio y la obediencia de Cristo son colocados en su cuenta. En el Antiguo Testamento, Dios justificó a los pecadores de esa misma manera, en espera de la obra expiatoria de Cristo. Existe, por lo tanto, una continuidad de gracia y salvación a lo largo de toda la historia redentora. Los diferentes pactos, las promesas y épocas no alteran la continuidad fundamental, como tampoco lo hace la discontinuidad entre la nación testigo del Antiguo Testamento, Israel, y el grupo testigo del Nuevo Testamento, la iglesia. Una continuidad fundamental está centrada en la cruz, la cual no fue interrupción alguna en el plan de Dios, sino que es aquello a lo que todo lo demás apunta.

A lo largo del Antiguo Testamento, el Salvador y el sacrificio son prometidos. En Génesis, Él es la simiente de la mujer que destruirá a Satanás. En Zacarías, Él es el traspasado a quien Israel se vuelve y por quien Dios abre la fuente de perdón a todos los que lloran por su pecado. Él es quien es simbolizado en el sistema de sacrificios de la ley mosaica. Es el substituto que sufre y de quien los profetas hablan. A lo largo del Antiguo Testamento, Él es el Mesías que moriría por las transgresiones de su pueblo. Desde el principio hasta el fin, en el Antiguo Testamento se presenta el tema del Señor Salvador como un sacrificio por el pecado. Es únicamente por su sacrificio perfecto por el pecado que Dios en su gracia perdona a los creyentes arrepentidos.

En el Nuevo Testamento, el Señor Salvador vino y de hecho proveyó el sacrificio prometido por el pecado en la cruz. Habiendo cumplido toda justicia por su vida perfecta, cumplió la justicia por su muerte. De esta manera Dios mismo expió por el pecado, a un costo demasiado grande para que la mente humana lo comprenda. Ahora Él en su gracia suple todo el mérito necesario a favor de su pueblo, para que este sea el objeto de su favor. Esto es lo que las Escrituras quieren decir cuando hablan de la salvación por medio de la gracia.

5. La revelación del reino y la gloria del Señor Salvador

Este componente crucial de las Escrituras lleva la historia entera a la consumación ordenada por Dios. La historia redentora está controlada por Dios, de tal manera que culmina en su gloria eterna. La historia redentora terminará con la misma precisión y exactitud con la que comenzó. Las verdades de la escatología no son vagas ni confusas, ni tienen poca importancia. Como en cualquier libro, la manera en la que la historia termina es la parte más crucial y conmovedora; así también ocurre con la Biblia. Las Escrituras indican varias características específicas del fin planificado por Dios.

En el Antiguo Testamento hay una mención repetida de un reino terrenal gobernado por el Mesías, el Señor Salvador, quien vendrá a reinar. Este reino está asociado a la salvación de Israel, la salvación de los gentiles, la renovación de la tierra de los efectos de la maldición y la resurrección corporal del pueblo de Dios que ha muerto. Finalmente, el Antiguo Testamento predice que habrá una disolución del universo y la creación de un cielo nuevo y una tierra nueva, el cual será el estado eterno de los piadosos, y un infierno final para los impíos.

En el Nuevo Testamento, estas características son aclaradas y ampliadas. El Rey fue rechazado y ejecutado, pero Él prometió regresar en gloria, trayendo juicio, resurrección y su reino para todos los que creen. Una cantidad enorme de gentiles de toda nación será incluida entre los redimidos. Israel será salvado e injertado de regreso a la raíz de bendición de la cual ella ha sido temporalmente cortada.

El reino prometido de Israel será disfrutado, con el Señor Salvador reinando en el trono, en la tierra renovada. Él ejercerá su poder sobre el mundo entero, habiendo retomado su debida autoridad, y recibiendo el honor y la adoración que se merece. Después de este reino vendrá la disolución de la creación renovada, pero aún manchada por el pecado, y la creación subsiguiente de un cielo nuevo y una tierra nueva los cuales serán el estado eterno, separado para siempre de los impíos en el infierno.

Estos son los cinco temas que constituyen la Biblia. Entenderlos desde el principio es conocer la respuesta a la pregunta que continuamente surge: ¿Por qué la Biblia nos dice esto? Todo encaja en este patrón glorioso. Conforme la lea, cuelgue la verdad en estos cinco ganchos y la Biblia desplegará su contenido, no como 66 documentos separados o ni siquiera como dos testamentos separados, sino como un libro, escrito por un Autor divino, quien la escribió en su totalidad con un tema principal.

Es mi oración que el tema magnífico y glorioso de la redención de los pecadores para la gloria de Dios lleve a todo lector con interés cautivador desde el principio hasta el fin de la historia. Cristiano, esta es su historia. Es de Dios para usted, acerca de usted. Narra lo que Él planificó para usted, por qué lo hizo, quién era usted, lo que se ha vuelto en Cristo y lo que Él ha preparado para usted en la gloria eterna.

JOHN MACARTHUR

Cómo obtuvimos
LA BIBLIA

Desde que Eva enfrentó el ataque de duda y negación por parte de Satanás (Gn 3.1–7), la humanidad ha continuado con el cuestionamiento de la Palabra de Dios. Desdichadamente, Eva tuvo poca o ninguna ayuda para distinguir y evadir sus obstáculos intelectuales a fin de tener una fe plena en la revelación que Dios dio de sí mismo (Gn 2.16, 17).

En la actualidad, las Escrituras ciertamente tienen más que suficiente contenido para ser cuestionadas, considerando que están constituidas por 66 libros, 1.189 capítulos y 31.173 versículos. Cuando ha abierto su traducción en español para leer o estudiar, es posible que se haya preguntado alguna vez en el pasado o se esté haciendo la siguiente pregunta en este momento: «¿Cómo puedo estar seguro de que esta es la Palabra de Dios pura y verdadera?».

Una pregunta de este tipo no es del todo mala, especialmente cuando uno busca aprender con una mente que quiere instruirse (Hch 17.11). Las Escrituras invitan a que se haga el tipo de preguntas que un estudiante formula. Una multitud de preguntas pueden inundar la mente, tales como:

- ¿De dónde vino la Biblia?
- ¿De quién es el pensamiento que refleja?
- ¿Se perdió algún libro de la Biblia en el pasado?
- ¿Qué es lo que las Escrituras dicen acerca de sí mismas?
- ¿Sostiene sus declaraciones por lo que hace?
- ¿Quién escribió la Biblia: Dios o el hombre?
- ¿Han sido protegidas las Escrituras de la corrupción humana a lo largo de los siglos?
- ¿Qué tan cerca de los manuscritos originales están las traducciones de hoy día?
- ¿Cómo llegó la Biblia a nuestro tiempo y a nuestro idioma?
- ¿Existen más Escrituras que están por venir, más allá de los 66 libros actuales?
- ¿Quién determinó, y sobre qué base, que la Biblia estaría compuesta por la lista tradicional de 66 libros?
- Si las Escrituras fueron escritas durante un período de 1.500 años (ca. 1405 A.C. al 95 D.C.), transmitidas desde entonces por casi 2.000 años, y traducidas a varios miles de idiomas, ¿qué previno que la Biblia fuera cambiada por el descuido o motivos malos de los hombres?
- ¿En realidad merece la Biblia en nuestro día el título de «La Palabra de Dios»?

Sin duda alguna, estas preguntas han bombardeado la mente de muchos. Únicamente el estudio de las Escrituras responde a todas las preguntas, al grado de que no hay necesidad de ser molestados por ellas nunca más. Las Escrituras proveen esta certeza.

LAS DECLARACIONES QUE LAS ESCRITURAS HACEN DE SÍ MISMAS

Tome la Biblia y deje que hable por sí misma. ¿Dice ser la Palabra de Dios? ¡Sí! Más de 2.000 veces en el Antiguo Testamento tan solo, la Biblia afirma que Dios habló lo que está escrito en sus páginas. Desde el principio (Gn 1.3) hasta el fin (Mal 4.3) y continuamente a lo largo del AT, esto es lo que afirman las Escrituras.

La frase «La Palabra de Dios» ocurre más de 40 veces en el Nuevo Testamento. Es equiparada con el Antiguo Testamento (Mr 7.13). Es lo que Jesús predicó (Lc 5.1). Fue el mensaje que los apóstoles enseñaron (Hch 4.31; 6.2). Fue la Palabra que los samaritanos recibieron (Hch 8.14) como fue dada por los apóstoles (Hch 8.25). Fue el mensaje que los gentiles recibieron como fue predicado por Pedro (Hch 11.1). Fue la Palabra que Pablo predicó en su primer viaje misionero (Hch 13.5, 7, 44, 48, 49; 15.35, 36). Fue el mensaje predicado en el segundo viaje misionero de Pablo (Hch 16.32; 17.13; 18.11). Fue el mensaje que Pablo predicó en su tercer viaje misionero (Hch 19.10). Fue el enfoque de Lucas en el libro de los Hechos al esparcirse rápida y ampliamente (Hch 6.7; 12.24; 19.20). Pablo fue cuidadoso en decirle a los corintios que él habló la Palabra como fue dada por Dios, que no había sido adulterada y era una manifestación de la verdad (2 Co 2.17; 4.2). Pablo reconoció que fue la fuente de su predicación (Col 1.25; 1 Ts 2.13).

Los Salmos 19 y 119, junto con Proverbios 30.5–6, hacen afirmaciones poderosas de la Palabra de Dios que la apartan de cualquier otra instrucción religiosa que se ha llegado a conocer en la historia de la humanidad. Estos pasajes afirman que la Biblia es sagrada (2 Ti 3.15) y santa (Ro 1.2).

La Biblia afirma que tiene autoridad espiritual definitiva en doctrina, represión, corrección e instrucción en justicia, porque representa la Palabra inspirada del Dios Todopoderoso (2 Ti 3.16, 17). Las Escrituras afirman su suficiencia espiritual, a tal grado que aseguran ser exclusivas para su enseñanza (cp. Is 55.11; 2 P 1.3, 4).

La Palabra de Dios declara que es *inerrante* (Sal 12.6; 119.140; Pr 30.5a; Jn 10.35) e *infalible* (2 Ti 3.16, 17). En otras palabras, es verdadera y por lo tanto, digna de confianza. Todas estas cualidades dependen del hecho de que las Escrituras son dadas por Dios (2 Ti 3.16; 2 P 1.20, 21), lo cual garantiza su calidad en la fuente y en su escritura original.

En las Escrituras, la persona de Dios y la Palabra de Dios están relacionadas entre sí por todos lados, a tal grado que lo que es verdadero acerca de la persona de Dios es verdadero acerca de la naturaleza de la Palabra de Dios. Dios es verdadero, impecable y confiable; por lo tanto, así también lo es su Palabra. Lo que una persona piensa de la Palabra de Dios, en realidad refleja lo que piensa acerca de Dios.

De esta manera, las Escrituras pueden exigir esto de sus lectores.

Y te afligió, y te hizo tener hambre, y te sustentó con maná, comida que no conocías tú, ni tus padres la habían conocido, para hacerte saber que no sólo de pan vivirá el hombre, mas de todo lo que sale de la boca de Jehová vivirá el hombre.

DEUTERONOMIO 8.3

Del mandamiento de sus labios nunca me separé; guardé las palabras de su boca más que mi comida.

JOB 23.12

El proceso de publicación

La Biblia no espera que sus lectores especulen en referencia a cómo es que estas cualidades divinas fueron transferidas de Dios a su Palabra, sino que más bien se adelanta a las preguntas con respuestas convincentes. Toda generación de escépticos ha atacado las afirmaciones que la Biblia hace de sí misma, pero las propias explicaciones y respuestas de la Palabra de Dios han sido más que suficientes para el reto. La Biblia ha atravesado por el proceso de publicación de Dios al ser dada a la raza humana y distribuida entre ella. Sus diferentes características se explican a continuación.

Revelación

Dios tomó la iniciativa de descubrir o revelarse a sí mismo a la humanidad (He 1.1). Los medios variaron; algunas veces fue a través del orden creado, otras por medio de visiones / sueños o de profetas que hablaban. No obstante, los descubrimientos más completos y comprensibles de sí mismo se llevaron a cabo mediante las proposiciones de las Escrituras (1 Co 2.6–16). La Palabra de Dios revelada y escrita es única, ya que es la sola revelación de Dios completa y que tan claramente declara la pecaminosidad del hombre y la provisión por parte de Dios del Salvador.

Inspiración

La revelación de Dios fue captada en los escritos de la Biblia por medio de la «inspiración». Esto tiene más que ver con el proceso mediante el cual Dios se reveló a sí mismo, que con el hecho de su revelación de sí mismo. «Toda la Escritura *es* inspirada por Dios…» (2 Ti 3.16) lo afirma. Pedro explica el proceso: «entendiendo primero esto, que ninguna profecía de la Escritura es de interpretación privada, porque nunca la profecía fue traída por voluntad humana, sino que los santos hombres de Dios hablaron *siendo* inspirados por el Espíritu Santo» (2 P 1.20, 21). Por este medio, la Palabra de Dios fue protegida del error humano en su registro original por el ministerio del Espíritu Santo (cp. Dt 18.18; Mt 1.22). Una sección de Zacarías 7.12 lo describe con claridad: «…la ley… las palabras que Jehová de los ejércitos enviaba por su Espíritu, por medio de los profetas primeros…» Este ministerio del Espíritu se extendió tanto a una parte (las palabras) como al todo en los escritos originales.

Canonicidad

Debemos entender que la Biblia es de hecho un libro con un Autor divino, aunque se escribió a lo largo de un período de 1.500 años mediante las plumas de casi 40 escritores humanos. La Biblia comenzó con el relato de la creación de Génesis capítulos 1 y 2, escrito por Moisés alrededor del 1405 a.c., y se extiende al relato de la eternidad futura de Apocalipsis capítulos 21 y 22, escrito por el apóstol Juan alrededor del 95 d.c. Durante este tiempo, Dios progresivamente se reveló a sí mismo y sus propósitos en las Escrituras inspiradas. Pero esto da lugar a una pregunta significativa: «¿Cómo sabemos cuáles escritos supuestamente sagrados tenían que ser incluidos en el *canon* de las Escrituras y cuáles tenían que ser excluidos?».

A lo largo de los siglos, tres principios ampliamente reconocidos fueron usados para certificar estos escritos que venían como resultado de la revelación e inspiración divinas. En primer lugar, el escrito tenía que tener un profeta o apóstol reconocido como su autor (o uno asociado con ellos, como en el caso de Marcos, Lucas, Hebreos, Santiago y Judas). En segundo lugar, el escrito no podía estar en desacuerdo o contradecir las Escrituras previamente reveladas. En tercer lugar, el escrito necesitaba de un consenso general por parte de la iglesia como un libro inspirado. De esta manera, cuando varios concilios se reunieron en la historia de la iglesia para considerar el *canon*, no votaron por la canonicidad de un libro, sino que más bien reconocieron, después del hecho, lo que Dios ya había escrito.

Con respecto al Antiguo Testamento, para el tiempo de Cristo todo el Antiguo Testamento había sido escrito y aceptado en la comunidad judía. El último libro, Malaquías, había sido terminado alrededor del 430 A.C. No solo el *canon* del Antiguo Testamento de la época de Cristo se conforma al que ha sido usado a lo largo de los siglos, sino que no contenía los libros apócrifos. Dichos libros no son inspirados y son falsos. Este grupo de 14 escritos no genuinos fue escrito después de Malaquías y añadido al Antiguo Testamento alrededor del 200–150 A.C., en la traducción griega del Antiguo Testamento hebreo, llamada la Septuaginta (LXX). Tales libros aparecen hasta hoy día en algunas versiones de la Biblia. No obstante, ni un pasaje de los libros apócrifos es citado por algún escritor del Nuevo Testamento, ni Jesús afirmó algo de ellos conforme Él reconocía el *canon* del Antiguo Testamento de su época (cp. Lucas 24.27, 44).

Para el tiempo de Cristo, el *canon* del Antiguo Testamento había sido dividido en dos listas de 22 o 24 libros respectivamente, cada una de las cuales contenía el mismo material como los 39 libros de nuestras versiones modernas. En el *canon* de 22 libros, Jeremías y Lamentaciones eran considerados como uno, al igual que Jueces y Rut. Así es como el formato de 24 libros fue dividido:

El Antiguo Testamento hebreo

Ley	Profetas	Escritos
1. Génesis	A. *Profetas anteriores*	A. *Libros poéticos*
2. Éxodo	6. Josué	14. Salmos
3. Levítico	7. Jueces	15. Proverbios
4. Números	8. Samuel (1 y 2)	16. Job
5. Deuteronomio	9. Reyes (1 y 2)	B. *Cinco rollos (Megilloth)*
	B. *Profetas posteriores*	17. Cantar de los cantares
	10. Isaías	18. Rut
	11. Jeremías	19. Lamentaciones
	12. Ezequiel	20. Eclesiastés
	13. Los Doce (profetas menores)	21. Ester
		C. *Libros históricos*
		22. Daniel
		23. Esdras—Nehemías
		24. Crónicas (1 y 2)

Las mismas tres pruebas clave de canonicidad que se aplicaron al Antiguo Testamento también se aplicaron al Nuevo Testamento. En el caso de Marcos y Lucas / Hechos, los autores fueron considerados, de hecho, los calígrafos de Pedro y Pablo respectivamente. Santiago y Judas fueron escritos por los medios hermanos de Cristo, mientras que Hebreos es el único libro del Nuevo Testamento cuyo autor se desconoce. El contenido de este último libro está de tal manera de acuerdo tanto con el Antiguo Testamento como con el Nuevo Testamento, que la iglesia primitiva concluyó que debió haber sido escrito por un asociado apostólico. Los 27 libros del Nuevo Testamento han sido universalmente aceptados desde ca. 350–400 D.C. como inspirados por Dios.

PRESERVACIÓN

¿Cómo puede uno estar seguro de que la Palabra de Dios escrita, revelada e inspirada, que fue reconocida como canónica por la iglesia primitiva, ha sido transmitida hasta este día sin pérdida alguna de material? Además, debido a que una de las principales preocupaciones de Satanás es atacar la Biblia, ¿han sobrevivido las Escrituras este ataque destructivo? En el principio, él negó la Palabra de Dios a Eva (Gn 3.4). Más tarde Satanás intentó distorsionar las Escrituras en su encuentro con Cristo en el desierto (Mt 4.6, 7). A través del rey Jehudí, él llegó a tratar de destruir literalmente la Palabra (Jer 36.23). La batalla por la Biblia es intensa, pero las Escrituras han vencido y continuarán venciendo a sus enemigos.

Dios se adelantó a la malicia del hombre y de Satanás en contra de las Escrituras con promesas divinas de preservar su Palabra. La existencia continua de las Escrituras está garantizada en Isaías 40.8: «Sécase la hierba, marchítase la flor; mas la palabra del Dios nuestro permanece para siempre» (cp. 1 P 1.25). Esto quiere decir también que ninguna parte inspirada de las Escrituras se ha perdido en el pasado ni espera volver a ser descubierta.

El contenido de las Escrituras será perpetuado, tanto en el cielo (Sal 119.89) como en la tierra (Is 59.21). De esta manera, los propósitos de Dios como se publican en los escritos sagrados nunca serán torcidos, ni en el más mínimo detalle (cp. Mt 5.18; 24.25; Mr 13.3; Lc 16.17).

> *«Así será mi palabra que sale de mi boca; no volverá a mí vacía, sino que hará lo que yo quiero, y será prosperada en aquello para que la envié».*
>
> ISAÍAS 55.11

TRANSMISIÓN

Debido a que la Biblia con frecuencia ha sido traducida a muchos idiomas y distribuida a lo largo del mundo, ¿cómo podemos estar seguros de que el error no se ha infiltrado, aunque sea de manera no intencional? Conforme el cristianismo se esparcía, es verdad que las personas deseaban tener la Biblia en su propio idioma, lo cual requería traducciones de los idiomas originales en hebreo y arameo del Antiguo Testamento y en griego del Nuevo Testamento. El trabajo de los traductores no solo proveyó oportunidad para el error, sino que la publicación, la cual fue llevada a cabo mediante copias a mano hasta que la imprenta apareció cerca del año 1450 D.C., también dio lugar a posibilidades continuas de error.

A lo largo de los siglos, los practicantes de la crítica textual, una ciencia precisa, han descubierto, preservado, catalogado, evaluado y publicado una asombrosa cantidad de manuscritos bíblicos, tanto del Nuevo como del Antiguo Testamento. De hecho, el número de manuscritos bíblicos existentes está muy por encima del número de fragmentos que se preservan de cualquier otra literatura antigua. Al comparar texto con texto, el crítico textual puede determinar con confianza lo que contenía el escrito original profético / apostólico e inspirado.

Aunque copias existentes del texto hebreo antiguo principal (masorético) se remontan únicamente al siglo décimo A.C., otras dos líneas de evidencia textual apoyaron la confianza de los críticos textuales de que habían encontrado los originales. En primer lugar, el Antiguo Testamento hebreo del siglo décimo A.C. puede ser comparado con la traducción griega llamada la Septuaginta o LXX (ca. 200–150 A.C.; los manuscritos más antiguos en existencia se remontan a ca. 325 D.C.). Hay una consistencia asombrosa entre los dos, lo cual habla de la precisión al copiar el texto hebreo por siglos. En segundo lugar, el descubrimiento de los Rollos del Mar Muerto en los años

1947–1956 (manuscritos que son fechados ca. 200–100 a.c.) probó ser monumentalmente importante. Después de comparar los textos hebreos más antiguos con los recientes, solo unas cuantas variantes mínimas fueron descubiertas, ninguna de las cuales cambió el significado de cualquier pasaje. Aunque el Antiguo Testamento había sido traducido y copiado por siglos, la versión más reciente era esencialmente la misma que las más antiguas.

Los descubrimientos del Nuevo Testamento son aun más decisivos, porque una cantidad mucho mayor de material está disponible para su estudio. Hay más de 5.000 manuscritos del Nuevo Testamento griego, que van desde el testamento entero a extractos de papiro que contienen tan poco como parte de un versículo. Unos cuantos fragmentos existentes se remontan a un período de tiempo que va de 25 a 50 años de la escritura original. Los eruditos textuales del Nuevo Testamento de manera general han concluido que: (1) 99,99 por ciento de los escritos originales han sido reclamados, y (2) de ese centésimo de uno por ciento, no hay variantes que afecten substancialmente alguna doctrina cristiana.

Con esta riqueza de manuscritos bíblicos en los idiomas originales y con la actividad disciplinada de críticos textuales para establecer con precisión casi perfecta el contenido de los autógrafos, cualquier error que se haya infiltrado o perpetuado por las miles de traducciones a lo largo de los siglos puede ser identificado y corregido al comparar la traducción o copia con el original reconstruido. Por este medio providencial, Dios ha cumplido su promesa de preservar las Escrituras. Podemos descansar teniendo la certeza de que hay traducciones disponibles hoy día que son dignas del título de «La Palabra de Dios».

En resumen

Dios tuvo la intención de que su Palabra permaneciera para siempre (preservación). Por lo tanto, su descubrimiento (revelación) escrito y proposicional de sí mismo fue protegido de error en su escritura original (inspiración) y recolectado en 66 libros del Antiguo y Nuevo Testamento (canonicidad).

A lo largo de los siglos, decenas de miles de copias y miles de traducciones han sido producidas (transmisión), las cuales dieron pie a que se infiltraran ciertos errores. No obstante, debido a que hay una abundancia de manuscritos antiguos del Antiguo y Nuevo Testamento, la ciencia exacta de la crítica textual ha podido reconstruir el contenido de los escritos originales (revelación e inspiración), al grado extremo de 99,99 por ciento, con el centésimo de uno por ciento restante sin tener efecto en su contenido (preservación).

El libro sagrado que leemos, estudiamos, obedecemos y predicamos merece ser llamado sin reservas la «Biblia» o «El Libro sin paralelo», debido a que su autor es Dios y lleva las cualidades de verdad total y confiabilidad absoluta que caracterizan a su fuente divina.

¿Hay más por venir?

¿Cómo sabemos que Dios no enmendará nuestra Biblia actual con un libro inspirado número 67? O, en otras palabras: ¿Está cerrado el *canon* para siempre?

Los textos de las Escrituras advierten que nadie debe quitar o añadir a la Biblia (Dt 4.2; 12.32; Pr 30.6). Reconociendo que libros canónicos vinieron después de estas advertencias, solo podemos concluir que mientras que nunca se permitió omisión alguna, de hecho, se permitió que los escritos autorizados e inspirados fueran añadidos para completar el *canon* protegido por esos pasajes.

El texto más contundente que habla del *canon* cerrado es las Escrituras a las que nada ha sido añadido por 1.900 años:

Yo testifico a todo aquel que oye las palabras de la profecía de este libro: Si alguno añadiere a estas cosas, Dios traerá sobre él las plagas que están escritas en este libro. Y si alguno quitare de las palabras del libro de esta profecía, Dios quitará su parte del libro de la vida, y de la santa ciudad y de las cosas que están escritas en este libro.

APOCALIPSIS 22.18, 19

Varias observaciones significativas, cuando son tomadas colectivamente, han convencido a la iglesia a lo largo de los siglos de que el *canon* de las Escrituras está de hecho cerrado y nunca debe volver a abrirse.

1. El libro de Apocalipsis es único en las Escrituras, ya que describe con detalles sin paralelos los acontecimientos del fin de los tiempos que precedan a la eternidad futura. Tal como Génesis comenzó las Escrituras, al tener el papel de ser el puente colocado sobre el vacío que existía entre la eternidad pasada y nuestra existencia de tiempo / espacio con el único relato detallado de la creación (Gn 1, 2), así también Apocalipsis es la transición del espacio / tiempo de regreso a la eternidad futura (Ap 20—22). Génesis y Apocalipsis, por su contenido, son las tapas de las Escrituras y encajan de manera perfecta.

2. Tal como hubo un silencio profético después de que Malaquías completó el *canon* del Antiguo Testamento, así también hubo un silencio paralelo después de que Juan entregó Apocalipsis. Esto lleva a la conclusión de que el *canon* del Nuevo Testamento fue entonces también cerrado.

3. Debido a que no ha habido, ni hay en la actualidad, profetas autorizados o apóstoles ni en el sentido del Antiguo Testamento ni del Nuevo, no hay autores potenciales de escritos futuros, inspirados y canónicos. Nunca se le debe añadir algo a la Palabra de Dios, la cual fue «una vez dada a los santos», sino que debe contenderse ardientemente por ella (Jud 3).

4. De las cuatro exhortaciones a no distorsionar las Escrituras, solo la que está en Apocalipsis 22.18, 19 contiene advertencias de juicio divino severo por desobediencia. Además, Apocalipsis es el único libro del Nuevo Testamento que termina con este tipo de amonestación, y fue escrito más de 20 años después de cualquier otro libro del Nuevo Testamento. Por lo tanto, estos hechos señalan que Apocalipsis fue el último libro del *canon* y que la Biblia está completa; añadirle o quitarle provocaría el desagrado severo por parte de Dios.

5. Finalmente, la iglesia primitiva, aquellos que estaban más cerca del tiempo de los apóstoles, creyeron que Apocalipsis concluía los escritos inspirados de Dios, las Escrituras.

Entonces podemos concluir, basándonos en un razonamiento bíblico sólido, que el *canon* está y permanecerá cerrado. No habrá un libro número 67 de la Biblia.

¿Cuál es nuestra posición?

En abril de 1521, Martín Lutero apareció frente a sus acusadores eclesiásticos en la Dieta de Worms. Le habían dado el ultimátum para que se retractara de su sólida fe en la suficiencia y perspicuidad de las Escrituras. Se dice que Lutero respondió de la siguiente manera: «A menos que esté convencido por las Escrituras y la razón simple, no acepto la autoridad de los papas y concilios, ya que se han contradicho entre sí mismos. Mi conciencia está cautiva a la Palabra de Dios… ¡Dios me ayude! Esta es mi posición».

Al igual que Martín Lutero, que nos levantemos por encima de las dudas interiores y confrontemos las amenazas externas cuando la Palabra de Dios es atacada. Dios nos ayude a ser defensores leales de la fe. Que permanezcamos de pie con Dios y las Escrituras únicamente.

La Biblia

Este libro contiene la mente de Dios, el estado del hombre, el camino de la salvación, la perdición de los pecadores y la felicidad de los creyentes.

Su doctrina es santa. Sus preceptos tienen autoridad absoluta. Sus historias son verdad. Sus decisiones son inmutables. Léala para ser sabio. Créala para ser salvo. Practíquela para ser santo.

Contiene luz para dirigirlo, alimento para sustentarlo y consuelo para alentarlo. Es el mapa del viajero, la vara del peregrino, la brújula del piloto y la espada del soldado. Aquí el cielo es abierto y las puertas del infierno son descubiertas.

Cristo es el tema principal, nuestro bien su diseño y la gloria de Dios su fin. Debe llenar la memoria, dominar el corazón y guiar los pies.

Léala lentamente, con frecuencia y en oración. Es una mina de riquezas, salud para el alma y un río de bendiciones. Le es dada aquí en esta vida, será abierta en el juicio y está establecida para siempre.

Demanda la responsabilidad más elevada, recompensará la labor más grande y condenará a todos los que tomen a la ligera su contenido.

Por lo cual también nosotros sin cesar damos gracias a Dios, de que cuando recibisteis la palabra de Dios que oísteis de nosotros, la recibisteis no como palabra de hombres, sino según es en verdad, la palabra de Dios, la cual actúa en vosotros los creyentes.

1 Tesalonicenses 2.13

Cómo estudiar
LA BIBLIA

A continuación presentamos principios prácticos que lo ayudarán a aprovechar al máximo el estudio de este «manual divino». Estos principios ayudarán a responder a la pregunta más importante de todas: «¿Con qué limpiará el joven su camino?». El salmista responde: «Con guardar tu palabra» (Sal 119.9).

¿POR QUÉ ES IMPORTANTE ESTUDIAR LA BIBLIA?

¿Por qué es tan importante la Palabra de Dios? Porque contiene la mente y la voluntad de Dios para su vida (2 Ti 3.16, 17). Es la única fuente de autoridad divina y absoluta para usted que es siervo de Jesucristo.

Es infalible en su totalidad: «La ley de Jehová es perfecta, que convierte el alma; el testimonio de Jehová es fiel, que hace sabio al sencillo» (Sal 19.7).

Es inerrante en sus partes: «Toda palabra de Dios es limpia; él es escudo a los que en él esperan. No añadas a sus palabras, para que no te reprenda, y seas hallado mentiroso» (Pr 30.5, 6).

Está completa: «Yo testifico a todo aquel que oye las palabras de la profecía de este libro: Si alguno añadiere a estas cosas, Dios traerá sobre él las plagas que están escritas en este libro. Y si alguno quitare de las palabras del libro de esta profecía, Dios quitará su parte del libro de la vida, y de la santa ciudad y de las cosas que están escritas en este libro» (Ap 22.18, 19).

Tiene la autoridad final: «Para siempre, oh Jehová, Permanece tu palabra en los cielos» (Sal 119.89).

Es totalmente suficiente para sus necesidades: «Toda la Escritura es inspirada por Dios, y útil para enseñar, para redargüir, para corregir, para instruir en justicia, a fin de que el hombre de Dios sea perfecto, enteramente preparado para toda buena obra» (2 Ti 3.16, 17).

Llevará a cabo lo que promete: «Así será mi palabra que sale de mi boca; no volverá a mí vacía, sino que hará lo que yo quiero, y será prosperada en aquello para que la envié» (Is 55.11).

Proveé la certeza de su salvación: «El que es de Dios, las palabras de Dios oye…» (Jn 8.47; cp. 20.31).

¿CÓMO ME BENEFICIARÉ DE ESTUDIAR LA BIBLIA?

Cada semana se imprimen millones de páginas de material. Miles de libros nuevos son publicados cada mes. Esto no sería sorprendente para Salomón, quien dijo: «…sé amonestado. No hay fin de hacer muchos libros…» (Ec 12.12).

Aun con la riqueza de libros y ayudas de computadora hoy día, la Biblia permanece siendo la única fuente de revelación divina y poder que puede sustentar a los cristianos en su «caminar diario con Dios». Note estas promesas significativas en las Escrituras.

La Biblia es la fuente de verdad: «Santifícalos en tu verdad; tu palabra es verdad» (Jn 17.17).

La Biblia es la fuente de la bendición de Dios cuando es obedecida: «Y él dijo: Antes bienaventurados los que oyen la palabra de Dios, y la guardan» (Lc 11.28).

La Biblia es la fuente de victoria: «…la espada del Espíritu, que es la palabra de Dios» (Ef 6.17).

La Biblia es la fuente de crecimiento: «Desead, como niños recién nacidos, la leche espiritual no adulterada, para que por ella crezcáis para salvación» (1 P 2.2).

La Biblia es la fuente de poder: «Porque no me avergüenzo del evangelio, porque es poder de Dios para salvación a todo aquel que cree; al judío primeramente, y también al griego» (Ro 1.16).

La Biblia es la fuente de guía: «Lámpara es a mis pies tu palabra, y lumbrera a mi camino» (Sal 119.105).

¿Cuál debe ser mi respuesta a la Biblia?

Debido a que la Biblia es tan importante y proporciona beneficios eternos sin paralelo, entonces estas deben ser sus respuestas:

Créala (Jn 6.68, 69)

Hónrela (Job 23.12)

Ámela (Sal 119.97)

Obedézcala (1 Jn 2.5)

Guárdela (1 Ti 6.20)

Peleé por ella (Jud 3)

Predíquela (2 Ti 4.2)

Estúdiela (Esd 7.10)

¿Quién puede estudiar la Biblia?

No toda persona puede ser un estudiante de la Biblia. Evalúese a sí mismo a la luz de estos requisitos necesarios para estudiar la Palabra de Dios con bendición:

- ¿Es salvo por fe en Jesucristo (1 Co 2.14–16)?
- ¿Tiene hambre de la Palabra de Dios (1 P 2.2)?
- ¿Está escudriñando la Palabra de Dios con diligencia (Hch 17.11)?
- ¿Está buscando la santidad (1 P 1.14–16)?
- ¿Está lleno del Espíritu (Ef 5.18)?

La pregunta más importante es la primera. Si nunca ha invitado a Jesucristo a ser su Salvador personal y el Señor de su vida, entonces su mente está cegada por Satanás a la verdad de Dios (2 Co 4.4).

Si Cristo es su necesidad, deje de leer en este momento y con sus propias palabras, en oración, vuélvase del pecado hacia Dios: «Porque por gracia sois salvos por medio de la fe; y esto no de vosotros, pues es don de Dios; no por obras, para que nadie se gloríe» (Ef 2.8, 9).

¿Cuáles son los principios elementales del estudio bíblico?

El estudio bíblico personal, en precepto, es sencillo. Quiero hablarle de cinco pasos para el estudio bíblico que le darán un patrón a seguir.

PASO 1 — Leer. Lea un pasaje de las Escrituras repetidamente hasta que entienda su tema, lo cual quiere decir la verdad principal del pasaje. Isaías dijo: «¿A quién se enseñará ciencia, o a quién se hará entender doctrina? ¿A los destetados? ¿a los arrancados de los pechos? Porque mandamiento tras mandamiento, mandato sobre mandato, renglón tras renglón, línea sobre línea, un poquito allí, otro poquito allá... hablará a este pueblo» (Is 28.9-11).

Desarrolle un plan de cómo leerá a lo largo de la Biblia. A diferencia de la mayoría de los libros, probablemente no la ha leído de principio a fin. Hay muchos planes de lectura de la Biblia que están disponibles, pero a continuación le presento uno que he hallado útil.

Lea de manera continua todo el Antiguo Testamento por lo menos una vez al año. Conforme lee, anote en los márgenes cualquier verdad que usted quiera recordar en particular, y escriba por separado cualquier cosa que no entienda de manera inmediata. Con frecuencia a medida que lee encontrará que muchas preguntas son respondidas por el texto mismo. Las preguntas a las cuales no pueda encontrar respuestas se vuelven los puntos iniciales para un estudio más profundo, usando comentarios u otras herramientas de referencia.

Siga un plan diferente para la lectura del Nuevo Testamento. Lea un libro a la vez repetidamente durante un mes o más. Esto lo ayudará a retener lo que hay en el Nuevo Testamento y no siempre tendrá que depender de una concordancia para encontrar cosas.

Si quiere tratar esto, comience con un libro corto, tal como Primera de Juan, y léalo de principio a fin sin detenerse diariamente durante treinta días. Entonces al final de ese tiempo sabrá lo que hay en el libro. Escriba en tarjetas el tema principal de cada capítulo. Al referirse a las tarjetas conforme lleva a cabo su lectura diaria, comenzará a recordar el contenido de cada capítulo. De hecho, desarrollará una percepción visual del libro en su mente.

Divida los libros que son más largos en secciones cortas y lea cada sección diariamente durante treinta días. Por ejemplo: el Evangelio de Juan tiene 21 capítulos, divídalo en tres secciones de siete capítulos cada una. Al final de un período de noventa días, terminará Juan. Para variar, alterne libros cortos y largos, y en menos de tres años habrá terminado el Nuevo Testamento en su totalidad ¡y realmente lo conocerá!

PASO 2 — Interpretar. En Hechos 8.30, Felipe le preguntó al eunuco etíope: «¿Entiendes lo que lees?». O dicho de otra manera: «¿Qué quiere decir la Biblia con lo que dice?». No es suficiente leer el texto y entrar directamente a la aplicación; primero debemos determinar lo que quiere decir, o de lo contrario la aplicación podrá ser incorrecta.

Conforme lee las Escrituras, siempre mantenga en mente una pregunta sencilla: «¿Qué quiere decir esto?». Responder a esta pregunta requiere el uso del principio de interpretación más elemental, llamado la analogía de la fe, el cual le dice al lector que «interprete la Biblia con la Biblia». Deje que el Espíritu Santo sea su maestro (1 Jn 2.27), escudriñe las Escrituras que Él ha escrito, use referencias cruzadas, compare pasajes, emplee concordancias, índices y otras fuentes de ayuda. Para aquellos pasajes que aún permanecen oscuros, consulte a su pastor o a hombres piadosos que han escrito en esa área en particular.

PASO 3 — Evaluar. Usted ha estado leyendo y a la vez haciéndose la pregunta: «¿Qué dice la Biblia?». Después ha interpretado mediante la pregunta: «¿Qué quiere decir la Biblia?». Ahora es el momento de consultar a otros para asegurarse de que tiene la interpretación apropiada. Recuerde: «La Biblia nunca se contradice a sí misma».

Lea introducciones a la Biblia, comentarios y libros acerca del contexto que enriquecerán su pensamiento por medio de esa iluminación que Dios le ha dado a otros hombres y le dará a usted a través de sus libros. En su evaluación, sea un verdadero estudiante. Sea una persona que acepta la verdad de la Palabra de Dios, aunque le pueda causar que cambie lo que siempre ha creído o cause que altere su patrón de vida.

PASO 4 — Aplicar. La siguiente pregunta es: «¿Cómo penetra y cambia mi propia vida la verdad de Dios?». Estudiar las Escrituras sin permitirle que penetren hasta llegar a las profundidades de su alma sería como preparar un banquete sin comer lo que ha preparado. La pregunta que hay que hacer es: «¿Cómo se aplican a mi vida las verdades y principios divinos contenidos en un pasaje, en términos de mi actitud y acciones?».

Jesús hizo la siguiente promesa a los que llevan su estudio bíblico hasta este punto: «Si sabéis estas cosas, bienaventurados seréis si las hiciereis» (Jn 13.17).

Después de leer e interpretar la Biblia, usted debe tener un entendimiento elemental de lo que la Biblia dice, y lo que quiere decir con lo que dice. Pero el estudio de la Biblia no termina ahí. La meta final debe ser que deje que le hable y lo capacite para crecer espiritualmente. Esto requiere una aplicación personal.

El estudio bíblico no está terminado hasta que nos preguntamos: «¿Qué quiere decir esto para mi vida y cómo puedo aplicarlo de manera práctica?». Debemos tomar el conocimiento que hemos obtenido de nuestra lectura e interpretación y extraer los principios prácticos que se aplican a nuestra vida personal.

Si hay un mandato que debe ser obedecido, lo obedecemos. Si hay una promesa que debe ser recibida, la reclamamos. Si hay una advertencia que debe ser seguida, la escuchamos. Este es el paso final: Nos sometemos a las Escrituras y dejamos que transformen nuestra vida. Si usted se salta este paso, nunca disfrutará su estudio bíblico y la Biblia nunca cambiará su vida.

PASO 5 — Comparar y relacionar. Esta última etapa relaciona la doctrina que usted ha aprendido en un pasaje o libro en particular con verdades y principios divinos enseñados en otras partes de la Biblia para formar el marco general. Mantenga siempre en mente que la Biblia es un libro en 66 partes. Contiene varias verdades y principios enseñados una y otra vez de varias maneras y en circunstancias diferentes. Al comparar y relacionar referencias cruzadas, comenzará a edificar un sólido fundamento doctrinal por el cual vivir.

ERRORES QUE EVITAR

Conforme interprete las Escrituras, varios errores comunes se deben evitar.

(1) No llegue a una conclusión a expensas de la interpretación apropiada. Esto es, no haga que la Biblia diga lo que usted quiere que diga, sino que más bien deje que diga lo que Dios quiso que dijera cuando la escribió.

(2) Evite la interpretación superficial. Ha escuchado a personas que dicen: «Para mí, este pasaje quiere decir», o: «Siento que esto dice…». El primer paso que debe dar al interpretar la Biblia es reconocer las cuatro áreas que tenemos que estudiar: idioma, cultura, geografía e historia (vea más adelante).

(3) No espiritualice el pasaje. Interprete y entienda el pasaje en su sentido normal, literal, histórico, gramatical, tal como entendería cualquier otra porción de literatura que estuviera leyendo hoy día.

ÁREAS QUE ESTUDIAR

Los libros de la Biblia fueron escritos hace muchos siglos atrás. Para que podamos entender hoy día lo que Dios estaba comunicando entonces, hay varias áreas que necesitan entenderse: el aspecto del idioma, el cultural, el geográfico y el histórico. La interpretación apropiada, entonces, toma tiempo y esfuerzo disciplinado.

1. *Idioma*. La Biblia fue originalmente escrita en griego, hebreo y arameo. Con frecuencia, entender el significado de una palabra o frase en el idioma original puede ser la clave para interpretar correctamente un pasaje de las Escrituras.

2. *Cultura*. El aspecto de la cultura puede ser confuso. Algunas personas tratan de usar diferencias culturales para anular los mandatos bíblicos más difíciles. Reconozca que, en primer lugar, las Escrituras deben ser vistas en el contexto de la cultura en la cual fue escrita. Sin un entendimiento de la cultura judía del primer siglo, es difícil entender los Evangelios. Hechos y las epístolas se deben leer a la luz de las culturas griega y romana.

3. *Geografía*. Un tercer aspecto que necesita ser estudiado es la geografía. La geografía bíblica hace que la Biblia cobre vida. Un buen atlas de la Biblia es una herramienta de referencia con un valor inestimable, que puede ayudarlo a comprender la geografía de la Tierra Santa.

4. *Historia*. También debemos estudiar el aspecto de la historia. A diferencia de las escrituras de la mayoría de las otras religiones del mundo, la Biblia contiene el registro de personas y acontecimientos históricos. Un entendimiento de la historia bíblica nos ayudará a colocar a las personas y los acontecimientos en su perspectiva histórica apropiada. Un buen diccionario bíblico o enciclopedia bíblica es útil para esto, como lo son los estudios históricos elementales.

PRINCIPIOS A ENTENDER

Cuatro principios deben guiarnos conforme interpretamos la Biblia: literal, histórico, gramatical y síntesis.

1. *El principio literal*. Las Escrituras se deben entender en su sentido literal, normal y natural. Mientras que la Biblia contiene un lenguaje figurado y símbolos, tienen la intención de comunicar una verdad literal. No obstante, en general, la Biblia habla en términos literales, y debemos permitir que hable por sí misma.

2. *El principio histórico*. Esto quiere decir que interpretamos un pasaje en su contexto histórico. Debemos preguntar lo que el texto significó para las personas a quienes fue inicialmente escrito. De esta manera podemos desarrollar un entendimiento contextual apropiado de la intención original de las Escrituras.

3. *El principio gramatical*. Esto requiere que entendamos la estructura gramatical básica de cada oración en el idioma original. ¿A quién se refieren los pronombres? ¿Cuál es el tiempo del verbo principal? Cuando hace algunas preguntas sencillas como estas, descubrirá que el significado del texto se vuelve inmediatamente más claro.

4. *El principio de síntesis*. Esto es lo que los reformadores llamaron *analogia scriptura*. Quiere decir que la Biblia no se contradice a sí misma. Si llegamos a una interpretación de un pasaje que contradice una verdad enseñada en otras partes de las Escrituras, nuestra interpretación no puede ser correcta. Las Escrituras se deben comparar con las Escrituras para descubrir su significado en su totalidad.

Y AHORA, ¿QUÉ?

El salmista dijo: «Bienaventurado el varón que no anduvo en consejo de malos, ni estuvo en camino de pecadores, ni en silla de escarnecedores se ha sentado; sino que en la ley de Jehová está su delicia, y en su ley medita de día y de noche» (Sal 1.1, 2).

No es suficiente sencillamente estudiar la Biblia. Debemos meditar en ella. En un sentido muy real le estamos dando a nuestro cerebro un baño, lo estamos lavando en la solución purificadora de la Palabra de Dios.

Nunca se apartará de tu boca este libro de la ley, sino que de día y de noche meditarás en él, para que guardes y hagas conforme a todo lo que en él está escrito; porque entonces harás prosperar tu camino, y todo te saldrá bien.

JOSUÉ 1.8

Aquí está el manantial de donde aguas fluyen,
    Para apagar nuestro calor de pecado.
Aquí está el árbol donde la verdad crece,
    Para guiar nuestra vida por él.
Aquí está el juez que hace cesar la contienda,
    Cuando los pensamientos de los hombres fracasan.
Aquí está el pan que alimenta la vida
    Que la muerte no puede atacar.
Las preciadas buenas de salvación,
    Vienen a nuestros oídos de aquí.
La fortaleza de nuestra fe está aquí,
    Y escudo de nuestra defensa.
Entonces no seáis como el cerdo que tenía
    Una perla a su deseo.
Y se deleita más en el comedero
    Y en revolcarse en el lodo.
No leáis este libro en ningún caso,
    Sino con un solo ojo.
No lo leáis sino para desear en primer lugar la gracia de Dios,
    Para entenderla así.
Ora aún en fe con respecto a esto,
    Para llevar buen fruto así,
Para que el conocimiento pueda traer este efecto,
    Para mortificar vuestro pecado.
Entonces feliz serás en toda tu vida,
    Sea lo que sea que enfrentes.
Sí, doblemente feliz serás,
    Cuando Dios por muerte a vosotros llame.

(DE LA PRIMERA BIBLIA IMPRESA EN ESCOCIA, 1576)

La pasión que impulsa mi vida siempre ha sido entender la Palabra de Dios y ayudar a que su significado sea claro para otros. Esto es lo que me motiva como predicador. Es lo que me mantiene estudiando y escribiendo. Y es lo que me llevó hace algunos años a emprender la tarea laboriosa de escribir un manual para el estudio detallado de la Biblia.

El trabajo que representó escribir este manual de estudio fue intenso y sumamente demandante. Durante casi tres años, llevaba conmigo carpetas de manuscritos a dondequiera que iba y pasaba cada momento libre escribiendo y haciendo correcciones, refinando y puliendo. He pasado una cantidad enorme de horas trabajando en este proyecto, no solo en mi propia oficina, sino también en aeropuertos, aviones, habitaciones de hoteles alrededor del mundo, y casi en cualquier otro lugar donde podía encontrar unos momentos de tiempo a solas y en silencio.

El Señor ha bendecido abundantemente esta labor. Las horas que invertí en escribir este libro han resultado ser la labor más fructífera de mi vida. Lejos de terminar «agotado» cuando el proyecto concluyó, mi pasión por entender y enseñar la Palabra de Dios es ahora más ardiente que nunca.

A lo largo de los años en los que estuve escribiendo, mi ministerio me llevó a varios continentes. Desde ese entonces, comencé a orar porque el Señor proveyera las personas y los medios necesarios para traducir y publicar esta obra en idiomas clave para su distribución alrededor del mundo. Dios ha respondido esa oración de una manera que sobrepasa mucho más abundantemente a lo que tenía en mente. Hay ediciones que están o estarán disponibles en varios idiomas. Pero estoy particularmente agradecido por esta edición en español. Mi propio rebaño en *Grace Community Church* cerca de Los Ángeles, California, en Estados Unidos, incluye a cientos de personas cuyo primer idioma es el español. Nos regocijamos juntos, porque este libro se ha vuelto una realidad.

Que Dios le bendiga conforme estudia y que las notas y demás material de este manual lo capaciten para entender la Palabra de Dios de una manera más rica y más profunda.

JOHN MACARTHUR

La «Reina» de las
versiones en castellano

Antecedentes históricos

Por el mismo tiempo que el imaginario Quijote cabalgaba por los polvorientos caminos de la geografía española, un hombre se dedicaba a la más noble de las tareas: la traducción de la Palabra de Dios. Ese hombre fue Casiodoro de Reina, quien tradujo la Biblia al idioma castellano. Nació por el año 1520, en la aldea de Montemolín, perteneciente a la Villa de Reina. De ahí su nombre: Casiodoro de Reina.

No se tienen datos fidedignos de su niñez ni de su adolescencia. Su agitada vida y su trabajo coincidieron con el reinado de Felipe II (segunda mitad del siglo XVI), quien como rey defendió a ultranza la persecución de los protestantes, considerándolos herejes y ordenando su muerte. En su época España era conocida como «el arsenal del catolicismo».

Por el año 1530, Casiodoro de Reina entró en el monasterio Jerónimo de San Isidoro, situado en Santiponce en las afueras de Sevilla. La ciudad de Sevilla se había convertido en aquella época en un centro de actividad política, intelectual y económica. También por aquellos tiempos la reforma protestante, nacida en Alemania, llevó su influencia a la ciudad española. Hombres como Constantino Ponce de la Fuente, Vargas y el doctor Egidio fueron instrumentos directos de un movimiento reformista en el monasterio de San Isidoro en tiempos de Casiodoro de Reina.

La página escrita con el mensaje del evangelio tal como fue proclamado por los reformadores llegó a San Isidoro. A esto hay que añadir la labor de un hombre llamado Julián Hernández, conocido como Julianillo. Este hombre, en el año 1557, introdujo clandestinamente varios libros en España, incluso ejemplares del Nuevo Testamento. Dichos libros llegaron al Monasterio de San Isidoro y revolucionaron el ambiente entre los clérigos que allí vivían.

A causa de las persecuciones ordenadas por la inquisición, muchos clérigos del monasterio abandonaron el recinto y partieron al extranjero. Entre ellos estaban Casiodoro de Reina y Cipriano de Valera. Casiodoro, al igual que otros, buscó refugio en Ginebra. Fue allí donde Reina diseñó el plan de hacer una traducción completa de la Biblia al idioma castellano. Vale la pena decir que otros habían emprendido ya la tarea de publicar las Escrituras en el idioma de Cervantes. Uno de ellos, Francisco de Encinas, llegó a publicar los libros canónicos de Salmos, Job y Proverbios, añadiendo también el libro apócrifo de Sirach. Encinas, sin embargo, hizo su traducción sobre la base de una versión latina producida por Sebastián Castellión. Debido a desacuerdos con los líderes de Ginebra, Casiodoro se trasladó a Londres a finales de 1558. En Londres organizó una iglesia donde el culto se conducía en castellano y allí también comenzó la tarea de traducir las Sagradas Escrituras.

Este breve trabajo no permite relatar las limitaciones y las penurias vividas por Casiodoro de Reina durante aquellos años. Fue acusado de herejías, inmoralidad y otros delitos. Todas estas acusaciones se demostró que eran falsas. Al ver que su vida peligraba abandonó Londres y se fue a Amberes en el año 1564, logrando salvar los manuscritos en los que había trabajado tan arduamente. Su amigo Francisco de Farías, quien había sido prior en el Monasterio de San Isidoro, no solo protegió los manuscritos, sino que se los envió a Amberes el mismo año de la salida de Londres.

En el verano de 1567, Casiodoro formalizó con un conocido editor llamado Oporino el primer contrato para la impresión de 1.100 ejemplares de la Biblia. La aflicción parecía perseguir a Reina. En el mes de julio de 1568, Oporino murió totalmente arruinado y Casiodoro perdió los 400 florines que había adelantado al impresor.

A pesar de los serios obstáculos que confrontaba, Casiodoro de Reina siguió adelante con su proyecto. Ni la persecución ordenada por Felipe II, ni las intrigas de sus enemigos impidieron que Casiodoro abandonara su proyecto de publicar la Biblia completa en el idioma castellano.

Mediante la providencial ayuda de su amigo Marcos Pérez, Casiodoro obtuvo 300 florines que fueron utilizados para pagar al profesor Tomás Guarín la primera edición de 2.600 ejemplares de la que ha sido conocida como la Biblia del Oso, que vio la luz en Basilea en el año 1569.

Haciendo honor a la verdad, hay que decir que la Biblia publicada por Casiodoro de Reina fue la culminación del trabajo de varias personas. Sin duda, Reina fue el eje central, pero hubo otros que colaboraron para que el eje se moviera. Casiodoro de Reina pasó a la presencia del Señor el 15 de marzo de 1594, cuando pastoreaba una iglesia en Frankfurt, Alemania. Su obra cumbre fue la edición de la Biblia del Oso. Aunque escribió otros tratados, ninguno supera en importancia a la traducción de la Biblia al castellano.

La contribución de Cipriano de Valera

Al igual que Reina, poco se sabe de la vida temprana de Cipriano de Valera. Se cree que nació en el año 1532, quizás en Valera la Vieja, que en aquellos tiempos pertenecía a Sevilla. Cursó estudios en la Universidad de Sevilla. Entró en el Monasterio de San Isidoro, donde ya se encontraba Casiodoro de Reina. También tuvo que huir de la inquisición. En el año 1558 llegó a Ginebra. De allí, poco después, se trasladó a Londres. En el 1559 entró en la Universidad de Cambridge, donde se graduó en 1563 con una maestría de artes.

Cipriano de Valera era un intelectual respetado, traductor capaz y escritor de pluma ágil. En 1596 hizo una revisión del Nuevo Testamento que fue publicada en Londres. Este trabajo de seguro le preparó para lo que sería su obra cumbre, es decir, la revisión de la Biblia editada por Casiodoro de Reina. Para entonces ya Cipriano tenía setenta años. Eso no le impidió dedicarse a la revisión de la traducción realizada por Casiodoro de Reina unos treinta y tres años antes.

Cipriano no tenía en mente hacer una nueva traducción de la Biblia. Prueba de ello es que introduce su trabajo con estas palabras:

«La Biblia. Que es, los libros del viejo y nuevo Testamento. Segunda edición revisada y conseguida con los textos hebreos y griegos y con diversas traslaciones. Por Cipriano de Valera en Ámsterdam. En casa de Lorenzo Jacobi. MDCII».

Las revisiones del 1909 y del 1960

Todo trabajo de traducción es, sin duda, una tarea difícil. Tratándose de las Sagradas Escrituras, la dificultad se hace aún mayor debido al número de manuscritos existentes y de las variantes textuales, es decir, las diferentes lecturas que de un mismo pasaje aparecen en los manuscritos. El número de variantes en el Nuevo Testamento sobrepasa las cien mil. Debe aclararse que en ningún caso esas variantes afectan a alguna doctrina de la fe cristiana. Pero es necesario tenerlas en cuenta si se quiere hacer un estudio profundo y franco de la Palabra de Dios.

Cuando Reina hizo su monumental trabajo en 1569 y Valera su revisión en 1602, el número de manuscritos conocidos era reducido. Tanto Reina como Valera trabajaron con lo que tenían a su disposición e hicieron un trabajo que perdura hasta nuestros días. A lo largo de los años, afortunadamente, nuevos manuscritos han sido descubiertos. Estos hallazgos, particularmente los del Nuevo Testamento, han sido valiosísimos. Cabe mencionar el hecho de que entre papiros, unciales y minúsculos hay más de 5.000 manuscritos disponibles hoy día. En tiempos de Reina y Valera solo se conocían algo más de una docena de manuscritos. De ahí la importancia de revisiones posteriores. Hay que añadir también que el español es un idioma dinámico. Por un lado surgen nuevas palabras y, por otro, muchas palabras caen en desuso o cambian de significado.

Es universalmente reconocido que tanto Reina como Valera dependieron del llamado *Textus Receptus* para sus trabajos de traducción el primero y de revisión el segundo. Los hallazgos de nuevos manuscritos en los siglos XIX y XX motivaron la necesidad de hacer revisiones. De modo que entre el 1602 al 1960 se efectuaron alrededor de trece revisiones, varias de ellas parciales y otras totales de la Biblia Reina-Valera.

LA REVISIÓN DE 1909

En 1909, la Sociedad Bíblica Británica junto con la Sociedad Bíblica Americana auspiciaron una revisión de la Reina-Valera de 1865. En ese año los doctores A. H. Mora y H. B. Pratt realizaron una revisión masiva del texto de la Reina-Valera conocido hasta entonces. Mora y Pratt hicieron su trabajo de revisión utilizando los nuevos manuscritos que habían sido descubiertos por Tischendorf durante la segunda mitad del siglo XIX.

La revisión de 1909 abarcó toda la Biblia. En dicha revisión participaron varios expertos, representando a un número de países de Hispanoamérica. La mencionada revisión descartó la mayoría de los cambios hechos en 1865 y los sustituyó por expresiones más afines al llamado *Textus Receptus*. Así todo, dejaron arcaísmos tales como «salud» (Hch 4.12), «mortificad» (Col 3.5), «caridad» (1 Co 13). Hay quienes piensan que la revisión de 1909 tenía como finalidad acercar la Reina-Valera a la versión inglesa del rey Jacobo (1611). Haya sido o no el propósito, lo cierto es que, al acercarse al *Textus Receptus*, ambas versiones guardan una semblanza muy cercana. En beneficio de la revisión de 1909, hay que decir que retuvieron la presencia de preposiciones como por ejemplo en Jn 3.1: «y había un hombre...» Esa conjunción, que debía traducirse como «mas» o «pero», es importante para conectar este versículo con el final del capítulo 2, lo que seguro era la intención de Juan.

Por años la revisión de 1909 fue usada por los creyentes de habla castellana hasta el punto de rechazar cualquier otra revisión. Muchos consideraban la revisión de 1909 la traducción perfecta y rechazaron cualquier otra edición de las Escrituras.

LA REVISIÓN DE 1960

Algo más de medio siglo después vio la luz la revisión conocida como Reina-Valera 1960, producida por la Sociedad Bíblica Americana. Aunque al principio de su publicación esta revisión no fue aceptada con entusiasmo, lo cierto es que poco a poco se ha convertido en la Biblia favorita de la inmensa mayoría de los lectores de habla castellana. Ninguna de las versiones surgidas en los últimos cuarenta o cincuenta años ha logrado desplazar en popularidad y uso a esta revisión.

La Reina-Valera 1960 conserva la belleza y pureza del idioma español como ninguna otra versión que se haya editado. Todo lector asiduo de las Sagradas Escrituras agradece ese detalle.

Además de la belleza literaria, conserva la corrección de la traducción de ciertos pasajes clave. Note los siguientes ejemplos.

En Génesis 1.1–2: «En el principio creó Dios los cielos y la tierra. Y la tierra estaba desordenada y vacía...» La Reina-Valera 1960 capta correctamente la función de la conjunción «y», que no permite separación entre los versículos 1 y 2. También capta correctamente el uso del verbo ser («estaba»). Es decir, la tierra no «se volvió» o se convirtió en un sitio desordenado y vacío, sino que así «estaba» cuando la creó Dios.

Otro ejemplo de excelente traducción es Juan 1.1: «En el principio era el Verbo, y el Verbo era con Dios, y el Verbo era Dios». No hay ninguna manera de traducir mejor el original griego que la que aparece en la Reina-Valera 1960. El uso del vocablo *Verbo* es correcto ya que no se trata de algo en el sentido gramatical, sino de la encarnación de un concepto o una idea.

Hay, sin embargo, algunas cosas que reprocharle a la Reina-Valera 1960. Una de ellas es la omisión de la conjunción *de* en Juan 3.1. Esta conjunción es importante ya que establece el contraste entre los hombres que dijeron creer en Él, pero Jesús mismo no creyó en ellos («no se fiaba de ellos», Jn 2.24) y Nicodemo, quien evidentemente creyó en el Señor. Otro versículo donde la revisión de 1960 tiene falta de claridad es Juan 13.10: «El que está lavado, no necesita sino lavarse...» El texto usa dos verbos. El primero significa «bañar todo el cuerpo». El segundo «asear parte del cuerpo». Muchos impugnan el hecho de que los revisores eliminaron las palabras escritas con letras bastardillas. Estos vocablos así escritos indicaban que eran suplidos, ya que no se encontraban en los manuscritos griegos, pero eran usados para aclarar el sentido del texto. Por alguna razón un tanto desconcertante, los revisores los suprimieron. Muchos prefieren que no lo hubiesen hecho.

Otros ejemplos más pudieran mencionarse tanto a favor como en contra de la exactitud textual de la Reina-Valera 1960. Los pocos que se han mencionado apuntan una vez más al hecho de que ninguna versión de la Biblia es impermeable. Todas tienen sus virtudes y sus defectos. Toca al estudioso de las Escrituras consultar cuidadosamente y escoger la lectura que refleja con mayor fidelidad el texto original. Tomada como un todo, sin embargo, la Reina-Valera 1960 sigue siendo la mejor versión de la Biblia en el idioma castellano.

Una evaluación de la Reina-Valera

En las últimas décadas han aparecido algunas críticas a la Reina-Valera. Algunas de carácter positivo, pero otras lamentablemente, de corte muy negativo. Debe reconocerse que toda traducción tiene defectos. Ninguna es del todo perfecta. Hay que tener en cuenta que cuando Casiodoro de Reina realizó su trabajo solo había unos pocos manuscritos, particularmente del Nuevo Testamento, disponibles. Fue a partir del siglo XVIII cuando comenzó la búsqueda de manuscritos que estaban escondidos en monasterios. Casiodoro de Reina trabajó con lo que tenía a su disposición, poniendo el mayor cuidado posible en su trabajo. Sabía que se trataba de las Sagradas Escrituras.

Si se tiene en cuenta, además, que la primera gramática castellana había sido publicada unos setenta y siete años antes de que Reina publicase la Biblia, hay que reconocer que su trabajo fue una contribución enorme al desarrollo mismo del idioma español. Debe recordarse, también, que Casiodoro trabajó una década para completar su traducción. Estos fueron años difíciles y de mucha frustración, pero el gran traductor supo soportar y hacer frente a todas las dificultades. No desmayó hasta ver su proyecto completado. Ya se ha reconocido, sin embargo, que Reina no trabajó solo, aunque si fue el motor impulsor de la tarea de traducir la Biblia al castellano.

Poniendo a un lado cualquier defecto o debilidad de la versión Reina-Valera hay que reconocer que tanto Casiodoro como Cipriano se esforzaron en verter los idiomas originales de la Biblia al idioma del pueblo. Ambos hombres deseaban que la mayoría de los que hablaban castellano pudiesen leer la Palabra de Dios en un idioma que fuese comprensible para ellos. En primer lugar, se merecen todo el mérito por la labor abnegada que realizaron a pesar de las limitaciones con las que trabajaron.

Es importante tener en cuenta que hasta la traducción hecha por Reina en el 1569, solo existían traducciones de libros aislados de las Sagradas Escrituras en castellano. Casiodoro de Reina (en 1569) y Cipriano de Valera (en 1602) pusieron a la disposición de los cristianos protestantes toda la Biblia en un castellano fluido, fácil de leer y memorizar.

No se niega que hay debilidades en la versión Reina-Valera. Incorpora versículos que no están en los mejores manuscritos, no diferencia el uso y significado de ciertos verbos, omite algunas conjunciones que aparecen en el original y que ayudan a una mejor comprensión del texto. Algunos impugnan el hecho de que probablemente Reina utilizara el Nuevo Testamento de Erasmo y el de los hermanos Elzevir que, posteriormente, recibió el nombre de *Textus Receptus*. A pesar de todo esto, el valor de la Reina-Valera es indiscutible para el pueblo cristiano que habla español. Hoy día los cristianos evangélicos han sido bendecidos con un número importante de versiones de la Biblia. Todas ellas tienen sus puntos débiles y sus puntos fuertes. Sus aportaciones son reconocidas por la cristiandad. Todo estudiante o maestro de las Sagradas Escrituras se beneficiará consultando otras versiones de la Biblia. Seguro que sacará provecho de ello. La Reina-Valera, sin embargo, sigue siendo la «Reina» de las versiones en el idioma castellano.

E. L. Carballosa

Introducción al

PENTATEUCO

Los primeros cinco libros de la Biblia (Génesis, Éxodo, Levítico, Números y Deuteronomio) forman una unidad literaria completa conocida como el Pentateuco, palabra que significa «los cinco rollos». Los cinco libros independientes del Pentateuco fueron escritos como una unidad ininterrumpida en contenido y secuencia histórica, comenzando cada libro sucesivo donde había terminado el anterior.

Las cinco primeras palabras de Génesis, «En el principio creó Dios...» (Gn 1.1), implican la realidad de la existencia eterna de Dios o «antes del tiempo» y anuncian la transición espectacular al tiempo y espacio. Si bien no puede determinarse con exactitud la fecha de la creación, cabe ciertamente estimarla en miles de años, no en millones. Comenzando con Abraham (ca. 2165–1990 A.C.) en Génesis 11, este libro de los comienzos abarca unos 300 años hasta la muerte de José en Egipto (ca. 1804 A.C.). Encontramos entonces otro intervalo de casi 300 años hasta el nacimiento de Moisés en Egipto (ca. 1525 A.C.; Éx 2).

Éxodo comienza con las palabras «Estos *son* los nombres» (Éx 1.1), y en el capítulo 46 de Génesis menciona a los miembros de la familia de Jacob que marcharon con él a Egipto para vivir con José. El segundo libro del Pentateuco registra la salida de los israelitas de Egipto y concluye cuando la nube, que dirige al pueblo a través del desierto, desciende sobre el tabernáculo que acababan de construir.

Las primeras palabras hebreas del libro de Levítico se traducen: «Llamó Jehová a Moisés» (Lv 1.1). Desde la nube de la presencia de Dios en el tabernáculo de reunión (Lv 1.1), Dios llamó a Moisés con el fin de darle las leyes ceremoniales que enseñaban a los israelitas cómo debían acudir a la presencia del Dios santo. Levítico concluye diciendo: «Estos son los mandamientos que ordenó Jehová a Moisés para los hijos de Israel, en el monte de Sinaí» (Lv 27.34).

Números, a semejanza de Levítico, comienza con Dios hablándole a Moisés en el tabernáculo de reunión, encargándole esta vez que haga un censo de todo el pueblo como preparación para la guerra contra los enemigos de Israel. El título del libro en el original hebreo representa exactamente el contenido: «En el desierto». Debido a la falta de confianza en Dios, Israel no quiso enfrentarse militarmente a sus enemigos con el fin de heredar la Tierra Prometida. Por fin, después de cuarenta años de peregrinación por el desierto a causa de su rebelión, Israel llegó a las llanuras de Moab.

A pesar del hecho de que «once jornadas hay desde Horeb, camino del monte Seir, hasta Cades-barnea» (Dt 1.2), el viaje le llevó a Israel cuarenta años a causa de su rebelión contra Dios. Moisés predicó el libro de Deuteronomio como un sermón en las llanuras de Moab, en preparación para la entrada del pueblo de Dios a la Tierra Prometida en el pacto (Gn 12.1–3). El título Deuteronomio procede de la frase del griego *deuteros nomos,* que significa «segunda ley». El libro se centra en la reafirmación y, hasta cierto punto, en la reaplicación de la ley en las nuevas circunstancias de Israel.

Cronología de Israel en el Pentateuco

Fecha	Suceso	Referencia
Día quince, primer mes, primer año	Éxodo	Éxodo 12
Día quince, segundo mes, primer año	Llegada al desierto de Sin	Éxodo 16.1
Tercer mes, primer año	Llegada al desierto de Sinaí	Éxodo 19.1
Primer día, primer mes, segundo año	Armado del tabernáculo	Éxodo 40.1, 17
	Dedicación del altar	Números 7.1
	Consagración de los levitas	Números 8.1–26
Día catorce, primer mes, segundo año	Pascua	Números 9.5
Primer día, segundo mes, segundo año	Censo	Números 1.1, 18
Día catorce, segundo mes, segundo año	Pascua suplementaria	Números 9.11
Día veinte, segundo mes, segundo año	Partida de Sinaí	Números 10.11
Primer mes, cuadragésimo año	En el desierto de Zin	Números 20.1, 22–29; 33.38
Primer día, quinto mes, cuadragésimo año	Muerte de Aarón	Números 20.22–29; 33.38
Primer día, decimoprimer mes, cuadragésimo año	Discurso de Moisés	Deuteronomio 1.3

Moisés fue el autor humano del Pentateuco (Éx 17.14; 24.4; Nm 33.1, 2; Dt 31.9; Jos 1.8; 2 R 21.8); de ahí que otro título para esta colección de libros sea «Los libros de Moisés». Por medio de Moisés, Dios se reveló a sí mismo, sus obras anteriores, la historia de las familias de Israel y su papel en su plan de redención para la humanidad. El Pentateuco es fundamental para todo el resto de las Escrituras.

Citado o aludido miles de veces en el Antiguo y Nuevo Testamento, el Pentateuco fue el primer conjunto de Escrituras inspiradas de Israel. Durante muchos años esta fue la única Biblia de Israel. Otro título común para esta sección de las Escrituras es *Torá* o ley, nomenclatura que habla de la naturaleza didáctica de estos libros. Los israelitas estaban llamados a meditar en ella (Jos 1.8), a enseñarla a sus hijos (Dt 6.4–8) y a leerla públicamente (Neh 8.1ss). Poco antes de su muerte y de que Israel entrara en la Tierra Prometida, Moisés estableció el proceso mediante el cual la lectura pública se convertiría en instrumento para entrar en el corazón humano, cambiar su relación con Dios y finalmente su conducta:

> *Harás congregar al pueblo, varones y mujeres y niños, y tus extranjeros que estuvieren en tus ciudades, para que oigan y aprendan, y teman a Jehová vuestro Dios, y cuiden de cumplir todas las palabras de esta ley.*
>
> DEUTERONOMIO 31.12

La relación entre los mandatos es importante. El pueblo debe: (1) reunirse para escuchar la ley con el fin de aprender lo que se requiere de ellos y lo que tiene que decir acerca de Dios; (2) aprender acerca del Señor con el fin de temerle sobre la base de un entendimiento correcto de quién es Él; y (3) temer a Dios con el propósito de motivarlos correctamente a la obediencia y a las buenas obras. Cuando las buenas obras se realizan por otras razones no están debidamente motivadas. Los sacerdotes enseñaban la ley a las familias (Mal 2.4–7) y los padres instruían a los hijos en el seno del hogar (Dt 6.4ss). En resumen, la instrucción en la ley proveería del fundamento correcto para la relación del creyente con Dios en el Antiguo Testamento.

Debido a que el conocimiento que los israelitas tenían del mundo en el que vivían procedía de los egipcios, como también de sus antepasados en Mesopotamia, había mucha confusión acerca de la creación del mundo, cómo había llegado a su estado presente y cómo Israel había llegado a existir. Génesis 1—11 ayudó a Israel a entender el origen y la naturaleza de la creación, el trabajo humano, el pecado, el matrimonio, el homicidio, la muerte, la bigamia, el juicio, la variedad de idiomas, culturas, etc. Estos capítulos establecieron la cosmovisión que explicaba el resto de la primera Biblia de Israel: el Pentateuco.

La última parte de Génesis le explicaba a Israel quiénes eran, lo cual incluía los propósitos que Dios tenía para ellos como un pueblo. En Génesis 12.1–3, Dios se le apareció a Abraham y le hizo la promesa triple de darle una tierra, descendientes y una bendición. Años después, en una ceremonia típica de la cultura del tiempo de Abraham, Dios reformuló la triple promesa en un pacto (Gn 15.7ss). El resto de Génesis nos habla del cumplimiento de la triple promesa, pero enfocándose especialmente en la simiente o los descendientes. La esterilidad de cada una de las esposas escogidas de los patriarcas le enseñó a Israel la importancia de la confianza y la paciencia para esperar que los hijos vinieran de Dios.

El resto del Pentateuco tiene que ver con la forma en que las promesas de Génesis 12.1–3 se desarrollan en el pacto abrahámico y alcanzan sus etapas iniciales de cumplimiento. Éxodo y Levítico se enfocan más en la bendición de la relación con Dios. En Éxodo, Israel se encuentra con el Dios de sus padres y es dirigido por Él desde Egipto a la Tierra Prometida. Levítico subraya el cuidado meticuloso con el que el pueblo y los sacerdotes tenían que acercarse a Dios en adoración y en las otras dimensiones de su vida. La santidad y la pureza aparecen unidas en formas sencillas y prácticas. Números y Deuteronomio se enfocan en el viaje hacia la Tierra Prometida y en la preparación para entrar en ella. El Pentateuco trata muchos asuntos que tienen que ver con la relación de Israel con su Dios. Pero el tema subyacente del Pentateuco es el desarrollo y el cumplimiento inicial de las promesas que Dios le hizo a Abraham.

Cronología de los patriarcas y jueces del Antiguo Testamento

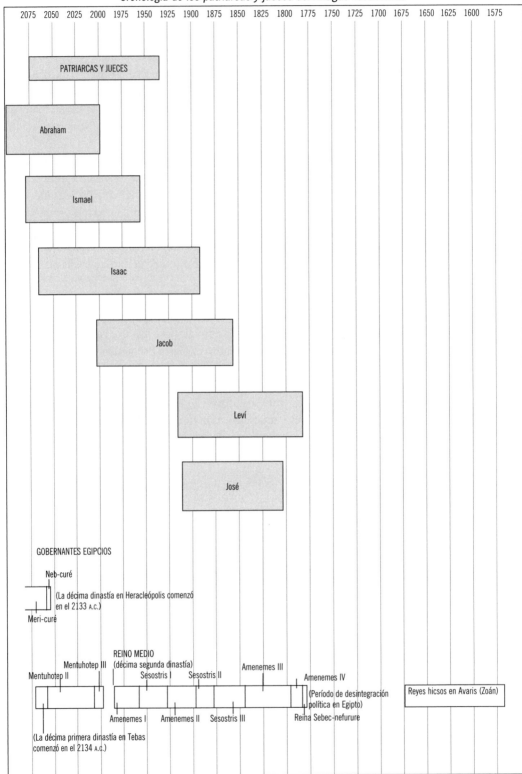

Cronología de los patriarcas y jueces del Antiguo Testamento

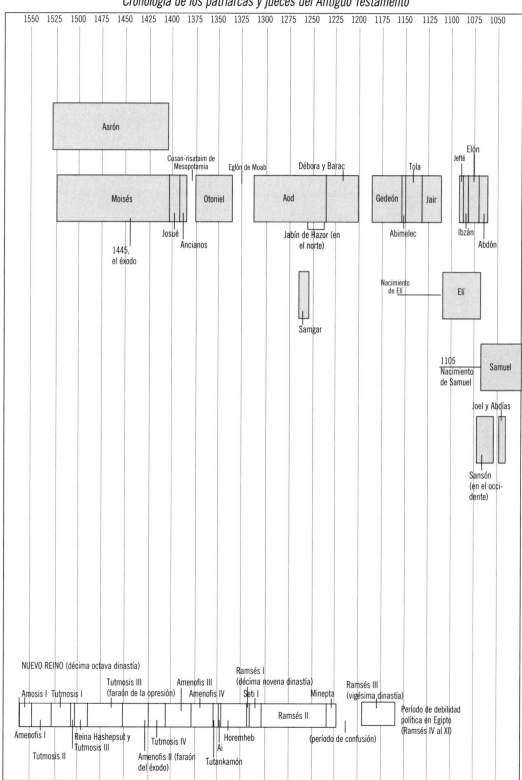

GÉNESIS
El libro de los comienzos

TÍTULO

El título en castellano, Génesis, viene de la traducción griega (Septuaginta, LXX) que quiere decir «orígenes»; mientras que el título hebreo se deriva de la primera palabra de la Biblia, traducida «en el principio». Génesis sirve para introducir el Pentateuco (los primeros cinco libros del AT) y la Biblia entera. La influencia de Génesis en las Escrituras es demostrada por el hecho de que es citado más de treinta y cinco veces en el NT y cientos de veces se hace referencia al mismo en ambos Testamentos. La línea de la historia de la salvación que comienza en Génesis 3 no se termina sino hasta Apocalipsis 21-22, donde el reino eterno de creyentes redimidos es gloriosamente retratado.

El jardín del Edén

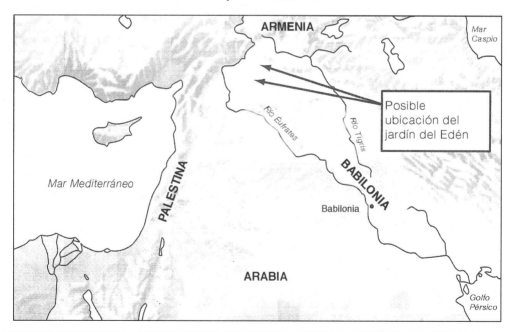

El jardín del Edén tal vez se hallara cerca del río Tigris, que la Biblia llama Hidekel (2.14)

AUTOR Y FECHA

Mientras que (1) el autor no se identifica a sí mismo en Génesis y (2) Génesis termina casi tres siglos antes de que Moisés naciera, tanto el AT (Éx 17.14; Nm 33.2; Jos 8.31; 1 R 2.3; 2 R 14.6;

Esd 6.18; Neh 13.1; Dn 9.11, 13; Mal 4.4) como el NT (Mt 8.4; Mr 12.26; Lc 16.29; 24.27, 44; Jn 5.46; 7.22; Hch 15.1; Ro 10.19; 1 Co 9.9; 2 Co 3.15) atribuyen esta composición a Moisés, quien es el autor indicado a la luz de su contexto académico (cp. Hch 7.22). Ninguna razón de peso ha sido presentada para desafiar el papel de Moisés como autor. Génesis fue escrito después del éxodo (ca. 1445 A.C.), pero antes de la muerte de Moisés (ca. 1405 A.C.). Para ver un breve bosquejo biográfico de Moisés lea Éxodo 1—6.

CONTEXTO HISTÓRICO

El contexto inicial para Génesis es la eternidad pasada. Dios en ese entonces, por un acto delibe-rado y por la Palabra divina, habló e hizo que la creación existiera, la adornó, y finalmente exhaló vida a una masa de polvo que formó a su imagen para volverse Adán. Dios hizo de la humanidad el punto de coronación de su creación, esto es, sus compañeros, quienes disfrutarían de comunión con Él y traerían gloria a su nombre.

El contexto histórico para los primeros acontecimientos en Génesis es claramente mesopotámico. Mientras que es difícil seña-lar con precisión el momento histórico en el cual este libro fue escrito, Israel primero oyó Génesis en algún momento previo a cruzar el río Jordán y entrar en la Tierra Prometida (ca. 1405 A.C.).

Génesis tiene tres contextos geográficos distintos y secuenciales: (1) Mesopotamia (caps. 1—11); (2) la Tierra Prometida (caps. 12—36); y (3) Egipto (caps. 37—50). Los mar-cos de tiempo de estos tres segmentos son: (1) Creación hasta ca. 2090 A.C.; (2) 2090—1897 A.C.; y (3) 1897—1804 A.C. Génesis cubre más tiempo que el resto de los libros de la Biblia combinados.

Desde Adán hasta las doce tribus de Israel

PERSONAS DESTACADAS EN GÉNESIS

Adán y Eva: primeros seres humanos (1.26—5.5).

Noé: fiel constructor del arca (6.5—9.29).

Abraham y Sara: padres de la nación conocida como pueblo escogido de Dios (12.1—25.8).

Isaac y Rebeca: miembros originales de una nueva nación (21.1—35.29).

Jacob: padre de las doce tribus de Israel (25.21—50.14).

José: preservador de su pueblo y la nación de Egipto (30.22—50.26).

TEMAS HISTÓRICOS Y TEOLÓGICOS

En este libro de principios, Dios se reveló a sí mismo y una manera de ver la vida a Israel que contrastaba, algunas veces fuertemente, con la manera en que veían la vida los vecinos de Israel. El autor no hizo intento por defender la existencia de Dios o presentar una discusión sistemática de su persona y obras. En lugar de esto, el Dios de Israel se distinguió a sí mismo claramente de

¿Qué edad tenían los patriarcas?

ADÁN 930 años (Gn 5.5).

SET 912 años (Gn 5.8).

ENÓS 905 años (Gn 5.11).

ENOC 365 años (Gn 5.23).

MATUSALÉN 969 años (Gn 5.27).

LAMEC 777 años (Gn 5.31).

NOÉ 950 años (Gn 9.29).

--- El Diluvio ---

SEM 600 años (Gn 11.10, 11).

HEBER 464 años (Gn 11.16, 17).

TARÉ 205 años (11.32).

ABRAHAM 175 años (Gn 25.7).

ISAAC 180 años (Gn 35.28).

JACOB 147 años (Gn 47.28).

JOSÉ 110 años (Gn 50.26).

Los patriarcas que vivieron antes del Diluvio tenían una vida promedio de unos 900 años (Gn 5). Los patriarcas de la era posterior al Diluvio vivían menos, y el promedio de vida se niveló de manera gradual (Gn 11). Algunos sugieren que eso se debió a importantes cambios ambientales causados por el Diluvio.

los supuestos dioses de sus vecinos. Fundamentos teológicos son revelados los cuales incluyen a Dios el Padre, Dios el Hijo, Dios el Espíritu Santo, el hombre, el pecado, la redención, el pacto, la promesa, Satanás y los ángeles, el reino, la revelación, Israel, el juicio y la bendición.

Génesis 1—11 (historia primitiva) revela los orígenes del universo, esto es, los principios del tiempo y el espacio y muchos de los inicios en la experiencia humana, tales como el matrimonio, la familia, la caída, el pecado, la redención, el juicio y las naciones. Génesis 12—50 (historia patriarcal) le explicó a Israel cómo llegaron a existir como una familia cuyo linaje podía ser rastreado hasta Heber (de aquí los «hebreos»; Gn 10.24, 25) y aun remontarse más atrás a Sem, el hijo de Noé (de qué los «semitas»; Gn 10.21). El pueblo de Dios llegó a entender no solo su linaje e historia familiar, sino también los orígenes de sus instituciones, costumbres, idiomas y diferentes culturas, especialmente experiencias humanas básicas tales como el pecado y la muerte.

Debido a que se estaban preparando para entrar a Canaán y expulsar a los habitantes cananeos de sus hogares y propiedades, Dios reveló el contexto de sus enemigos. Además, necesitaban entender la base de la guerra que estaban a punto de declarar a la luz de la inmoralidad de matar, coherente con los otros cuatro libros que Moisés estaba escribiendo (Éxodo, Levítico, Números y Deuteronomio). Finalmente, la nación judía entendería una porción selecta de la historia mundial anterior y el contexto inaugural de Israel como una base mediante la cual vivirían en sus nuevos principios bajo el liderazgo de Josué en la tierra que había sido previamente prometida a su ancestro patriarca original: Abraham.

Génesis 12.1–3 estableció un enfoque primario en las promesas de Dios a Abraham. Esto estrechó su perspectiva del mundo entero de naciones en Génesis 1—11 a una pequeña nación, Israel, a través de quien Dios progresivamente llevaría a cabo su plan redentor. Esto afirmó la misión de Israel de ser una «luz de las naciones» (Is 42.6). Dios prometió tierra, descendientes (simiente) y bendición. Esta promesa triple se volvió, a su vez, en la base del pacto con

CRISTO EN... GÉNESIS

LA ENTRADA DE JESÚS A LA HUMANIDAD estuvo planeada desde antes del principio de los tiempos. Dios alivianó el castigo de la maldición que resultó del pecado de Adán y Eva al ofrecer la promesa de que algún día se levantaría una Simiente que aplastaría a la serpiente (3.15). Así como la muerte llegó a través de Adán, la venida de Cristo trajo vida a la humanidad (Ro 5.12–21).

Génesis rastrea las primeras líneas del plan de Dios para el nacimiento de Jesús. De los pueblos de la tierra Dios escogió a Abraham para que fuera el padre de una nación escogida. Esa nación continuó a través del hijo de Abraham, Isaac, y del hijo de Isaac, Jacob, y concluye con el relato del hijo de Jacob, José. Génesis revela la continua protección de Dios sobre las primeras personas del linaje de Cristo.

Abraham (Gn 15.1–20). El resto de las Escrituras registra el cumplimiento de estas promesas.

A una escala más grande, Génesis 1—11 establece un mensaje singular de la persona y las obras de Dios. En la secuencia de los relatos que constituyen estos capítulos de las Escrituras, un patrón emerge, el cual revela la gracia abundante de Dios conforme respondió a la desobediencia deliberada de la humanidad. Sin excepción alguna, en cada relato Dios aumentó la manifestación de su gracia. Pero también sin excepción, el hombre respondió con una rebelión pecaminosa mayor. En palabras bíblicas, mientras más abundó el pecado, más abundó la gracia de Dios (cp. Ro 5.20).

Un tema final tanto de importancia teológica como histórica diferencia a Génesis de otros libros de las Escrituras, en que el primer libro de la Biblia se corresponde de cerca con el libro final. En el libro de Apocalipsis, el paraíso que fue perdido en Génesis será recuperado. El apóstol Juan claramente presentó los acontecimientos registrados en su libro como resoluciones futuras a los problemas que comenzaron como resultado de la maldición en Génesis 3. Su enfoque se encuentra en los efectos de la caída al deshacer la creación y la manera en la que Dios libra a la creación del efecto de la maldición. En las propias palabras de Juan: «Y no habrá más maldición» (Ap 22.3). No es sorprendente que, en el capítulo final de la Palabra de Dios, los creyentes se hallarán de regreso en el Huerto del Edén, el paraíso eterno de Dios, comiendo del árbol de la vida (Ap 22.1–14). En ese tiempo participarán vestidos de túnicas lavadas en la sangre del Cordero (Ap 22.14).

PRINCIPALES DOCTRINAS EN GÉNESIS

Casi todas las enseñanzas centrales del cristianismo tienen sus raíces en el libro de Génesis.

Dios el Padre: La autoridad de Dios en la creación (1.1–31; Sal 103.19; 145.8, 9; 1 Co 8.6; Ef 3.9; 4.6).

PALABRAS CLAVE EN

Génesis

Dios: El plural hebreo *'elohim* —1.1, 12; 19.29; 24.42; 28.3; 35.11; 45.9; 50.24— término hebreo más utilizado en referencia a Dios. Su significado básico es «el Todopoderoso». El uso hebreo de este término en Génesis se conoce como «plural de majestad». A diferencia de un plural común, el hebreo utiliza este plural para indicar «la plenitud de la deidad» o «Dios, muy Dios». La forma plural de esta palabra tradicionalmente se reconoce como indicación de la naturaleza plural de Dios. Dios es uno, aunque Dios también es tres personas definidas: Padre, Hijo y Espíritu Santo.

Cielos: En hebreo *shamayim* —1.1, 8, 9; 2.1; 8.2; 11.4; 14.22; 24.3; 28.12. El término hebreo para cielos puede referirse a los cielos en sentido físico, al cielo y la atmósfera de la tierra (2.1, 4, 19), o a la habitación de Dios (Sal 14.2), el cielo espiritual. La expresión se relaciona con el término que indica «estar en lo alto, elevado». Los cielos físicos de la creación dan testimonio de la gloriosa posición de Dios y su genio creativo (Sal 19.1, 6).

Tierra: En hebreo *'erets* —1.1, 10; 4.16; 12.1; 13.10; 41.36; 31.3; 35.12. La palabra común del AT para indicar «tierra» tiene varios matices significativos. En esencia, toda la tierra le pertenece a Dios, porque es su Creador (Sal 24.1). Cuando Dios les prometió la tierra de Canaán a los israelitas, la tierra era suya. La tierra de Canaán así representaba el pacto de Dios con los israelitas (12.1) y se convirtió en una de las características que les identificaba: «pueblo de la tierra» (13.15; 15.7).

Semilla: En hebreo *zera* —1.11, 29; 13.15, 16; 15.18; 17.19; 28.14; 48.19; 32.12. El vocablo hebreo puede indicar literalmente la semilla de una planta (1.11, 12) o, en sentido figurado, los descendientes de una persona (13.15). En Génesis se refiere específicamente al Mesías que vendrá por la promesa de Dios de que la Semilla de la mujer aplastaría a la serpiente (3.15; Nm 24.7; Is 6.13; Gá 3.16). De forma que el término cobra una gran importancia en la Biblia: a través de la semilla de Abraham —colectivamente en Israel y de manera singular en Cristo— Dios obraría para salvar a su pueblo (15.3).

Dios el Hijo: El agente de Dios en la creación (1.1; 3.15; 18.1; Jn 1.1–3; 10.30; 14.9; Fil 2.5–8; Col 1.15–17; He 1.2).

Dios el Espíritu Santo: La presencia de Dios en la creación (1.2; 6.3; Mt 1.18; Jn 3.5–7).

Dios uno y trino: la Trinidad (1.1, 26; 3.22; 11.7; Dt 6.4; Is 45.5–7; Mt 28.19; 1 Co 8.4; 2 Co 13.14).

Seres humanos: Creados a imagen de Cristo, pero caídos en pecado y en necesidad de un Salvador (1.26; 2.4–25; 9.6; Is 43.7; Ro 8.29; Col 1.16; 3.10; Stg 3.9; Ap 4.11).

Pecado (la Caída): La creación toda se infecta de pecado por la rebelión hacia Dios (2.16, 17; 3.1–19; Jn 3.36; Ro 3.23; 6.23; 1 Co 2.14; Ef 2.1–3; 1 Ti 2.13, 14; 1 Jn 1.8).

Redención: El rescate del pecado y la restauración consumados por Cristo en la cruz (3.15; 48.16; Jn 8.44; 10.15; Ro 3.24, 25; 16.20; 1 P 2.24).

Pacto: Dios establece relaciones y hace promesas (15.1–20; 17.10, 11; Nm 25.10–13; Dt 4.25–31; 30.1–9; 2 S 23.5; 1 Cr 16.15–18; Jer 30.11; 32.40; 46.27, 28; Am 9.8; Lc 1.67–75; He 6.13–18).

Promesa: Dios se compromete con el futuro (12.1–3; 26.3, 4; 28.14; Hch 2.39; Gá 3.16; He 8.6).

Satanás: El primer rebelde entre las criaturas de Dios (3.1–15; Is 14.13, 14; Mt 4.3–10; 2 Co 11.3, 14; 2 P 2.4; Ap 12.9; 20.2).

Ángeles: Seres especiales creados para servir a Dios (3.24; 18.1–8; 28.12; Lc 2.9–14; He 1.6, 7, 14; 2.6, 7; Ap 5.11–14).

Revelación: La *revelación natural* se da cuando Dios se comunica indirectamente por medio de lo que ha hecho (1.1—2.25; Ro 1.19.20). La *revelación especial* sucede al Dios comunicarse directamente y manifestar verdades que no se conocen por otro medio (2.15–17; 3.8–19; 12.1–3; 18.1–8; 32.24–32; Dt 18.18; 2 Ti 3.16; He 1.1–4; 1 P 1.10–12).

Israel: Nombre que Dios le dio a Jacob y que se convirtió en el nombre de la nación de la que fue padre; herederos del pacto de Dios con Abraham (32.28; 35.10; Dt 28.15–68; Is 65.17–25; Jer 31.31–34; Ez 37.21–18; Zac 8.1–17; Mt 21.43; Ro 11.1–29).

Juicio: Justa respuesta de Dios al pecado (3; 6; 7; 11.1–9; 15.14; 18.16—19.29; Dt 32.39; Is 1.9; Mt 12.36, 37; Ro 1.18—2.16; 2 P 2.5, 6).

Bendición: Es un beneficio especial o una declaración llena de esperanza pronunciada sobre la vida de alguien (1.28; 9.1; 12.1–3; 14.18–20; 27.1–40; 48.1–20; Nm 6.24–27; Dt 11.26, 27; Sal 3.8; Mal 3.10; Mt 5.3–11; 1 P 3.9).

El carácter de Dios en Génesis

Muchas de las características del carácter de Dios se revelan por primera vez en Génesis.

Dios es el Creador: 1.1–31

Dios es fiel (cumple sus promesas): 12.3, 7; 26.3, 4; 28.14; 32.9, 12

Dios es justo: 18.25

Dios es paciente: 6.3

Dios es amoroso: 24.12

Dios es misericordioso: 19.16, 19

Dios es omnipotente: 17.1

Dios es poderoso: 18.14

Dios provee: 8.22; 24.12–14, 48, 56; 28.20, 21; 45.5–7; 48.15; 50.20

Dios es verdadero: 3.4, 5; 24.27; 32.10

Dios se enoja: 7.21–23; 11.8; 19.24, 25

Retos de interpretación

Entender los mensajes individuales de Génesis que constituyen el plan mayor y el propósito del libro no presenta un reto pequeño, ya que tanto los relatos individuales como el mensaje general del libro ofrecen importantes lecciones para la fe y las obras. Génesis presenta la creación por fíat divino, *ex nihilo*, esto es, «de la nada». Tres acontecimientos traumáticos de proporciones épicas, específicamente la caída, el diluvio universal y la dispersión de las naciones, son presentados como contexto histórico para entender la historia mundial. Desde Abraham en adelante, el patrón es enfocarse en la redención y bendición de Dios.

Las costumbres de Génesis con frecuencia difieren considerablemente de aquellas de nuestros días modernos. Deben ser explicadas a la luz de su contexto del Oriente Medio. Cada costumbre debe ser tratada de acuerdo al contexto inmediato del pasaje antes que cualquier intento sea hecho por explicarla basándose en costumbres registradas en fuentes extrabíblicas o aun en otras partes de las Escrituras.

BOSQUEJO

Por contenido, Génesis está constituido de dos secciones básicas: (1) historia primitiva (Gn 1—11) e (2) historia patriarcal (Gn 12—50).

La historia primitiva registra cuatro acontecimientos principales: (1) creación (Gn 1, 2); (2) la caída (Gn 3—5); (3) el diluvio (Gn 6—9); y (4) la dispersión (Gn 10, 11).

La historia patriarcal se enfoca en cuatro grandes hombres: (1) Abraham (Gn 12.1—25.8); (2) Isaac (Gn 21.1—35.29); (3) Jacob (Gn 25.21—50.14); y (4) José (Gn 30.22—50.26).

La estructura literaria de Génesis está construida sobre las frases que frecuentemente se repiten «los orígenes / las generaciones» y son la base del siguiente bosquejo.

I. **La creación del cielo y la tierra (1.1—2.3)**
II. **Las generaciones de los cielos y la tierra (2.4—4.26)**
    A. Adán y Eva en el Edén (2.4–25)
    B. La caída y sus resultados (cap. 3)
    C. Asesinato de un hermano (4.1–24)
    D. Esperanza en los descendientes de Set (4.25, 26)
III. **Las generaciones de Adán (5.1—6.8)**
    A. Genealogía: Set a Noé (cap. 5)
    B. Pecado desenfrenado previo al diluvio (6.1–8)
IV. **Las generaciones de Noé (6.9—9.29)**
    A. Preparación para el diluvio (6.9—7.9)
    B. El diluvio y liberación (7.10—8.19)
    C. El pacto noético de Dios (8.20—9.17)
    D. La historia de los descendientes de Noé (9.18–29)
V. **Las generaciones de Sem, Cam y Jafet (10.1—11.9)**
    A. Las naciones (cap. 10)
    B. Dispersión de las naciones (11.1–9)
VI. **Las generaciones de Sem: Genealogía de Sem a Taré (11.10–26)**
VII. **Las generaciones de Taré (11.27—25.11)**
    A. Genealogía (11.27–32)
    B. El pacto abrahámico: Su tierra y pueblo (12.1—22.19)
        1. Viaje a la Tierra Prometida (12.1–9)
        2. Redención de Egipto (12.10–20)
        3. División de la tierra (cap. 13)
        4. Victoria sobre los reyes (cap. 14)
        5. El pacto ratificado (cap. 15)
        6. Rechazo de Agar e Ismael (cap. 16)
        7. El pacto confirmado (cap. 17)
        8. Nacimiento de Isaac predicho (18.1–15)
        9. Sodoma y Gomorra (18.16—19.38)
       10. Encuentro filisteo (cap. 20)

11. Nacimiento de Isaac (cap. 21)

12. El acto de fe de Abraham con Isaac (22.1–19)

C. La Simiente prometida de Abraham (22.20—25.11)

    1. Contexto de Rebeca (22.20–24)

    2. Muerte de Sara (cap. 23)

    3. Matrimonio de Isaac con Rebeca (cap. 24)

    4. Isaac el único heredero (25.1–6)

    5. Muerte de Abraham (25.7–11)

VIII. **Las generaciones de Ismael (25.12–18)**

IX. **Las generaciones de Isaac (25.19—35.29)**

A. Competencia entre Esaú y Jacob (25.19–34)

B. Bendiciones del pacto para Isaac (cap. 26)

C. Engaño de Jacob para la bendición (27.1–40)

D. Bendición de Jacob en una tierra extranjera (27.41—32.32)

    1. Jacob enviado a Labán (27.41—28.9)

    2. El ángel en Bet-el (28.10–22)

    3. Desacuerdos con Labán (29.1–30)

    4. Simiente prometida (29.31—30.24)

    5. Partida de Aram (30.25—31.55)

    6. Ángeles en Mahanaim y Peniel (cap. 32)

E. Reunión con Esaú y reconciliación con Jacob (33.1–17)

F. Acontecimientos y muertes desde Siquem hasta Mamre (33.18—35.29)

X. **Las generaciones de Esaú (36.1—37.1)**

XI. **Las generaciones de Jacob (37.2—50.26)**

A. Sueños de José (37.2–11)

B. Tragedia familiar (37.12—38.30)

C. Vicerregencia sobre Egipto (caps. 39—41)

D. Reunión con la familia (caps. 42—45)

E. Transición al éxodo (caps. 46—50)

    1. Viaje a Egipto (46.1–27)

    2. Ocupación en Gosén (46.28—47.31)

    3. Bendiciones sobre las doce tribus (48.1—49.28)

    4. Muerte y sepultura de Jacob en Canaán (49.29—50.14)

    5. Muerte de José en Egipto (50.15–26)

RESPUESTAS A PREGUNTAS DIFÍCILES

1. ¿En qué está la Biblia de acuerdo y en desacuerdo con respecto a las teorías científicas actuales?

Las teorías científicas, por su definición misma, están sujetas a cambios y ajustes. Las Escrituras perduran como la verdad revelada de Dios, como declaración inmutable. La Biblia no se escribió como respuesta que desafiase alguna teoría científica en particular, aunque a menudo se han diseñado planteamientos científicos para retar o poner en duda lo que ella afirma. Tales teorías pueden concordar con las Escrituras o ser erróneas.

La descripción de Génesis 1.1 en cuanto a que «en el principio creó Dios los cielos y la tierra» nos deja tres conclusiones básicas: (1) la creación fue un hecho reciente, medido en

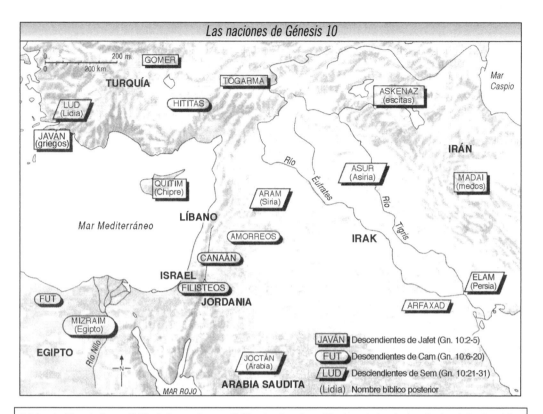

Las naciones de Génesis 10

	Descendientes de Jafet (Gn. 10:2-5)
JAVÁN	Descendientes de Jafet (Gn. 10:2-5)
FUT	Descendientes de Cam (Gn. 10:6-20)
LUD	Descendientes de Sem (Gn. 10:21-31)
(Lidia)	Nombre bíblico posterior

A Génesis 10 se le llama «Tabla de las naciones». Está estructurado en términos de los descendientes de los tres hijos de Noé: Jafet (vv. 2–5), Cam (vv. 6–20) y Sem (vv. 21.31). Muchos de los nombres que aparecen en el capítulo 10 pueden identificarse con naciones de la antigüedad, algunas de las cuales continúan en el presente.

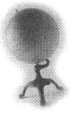

Mientras tanto, en otras partes del mundo...

Hasta después del Diluvio (capítulos 6—9) los hechos mundiales se centran en el Medio Oriente. Las poblaciones se expanden ampliamente después de Babel (capítulo 11). Para la época de los patriarcas (aproximadamente 2150 A.C.), Egipto es la potencia mundial. Los egipcios ya utilizaban papiro y tinta para escribir.

miles de años, no en millones; (2) la creación fue *ex nihilo*, lo que significa que Dios creó a partir de la nada; (3) la creación fue especial, por lo que los primeros actos creativos de Dios fueron los de la luz y el tiempo, ya que la cuenta de los días (1.5) empezó antes de la creación del sol y la luna (1.16).

2. ¿A qué se refieren los cristianos cuando hablan de la Caída?

La Caída se refiere a ese momento en que los seres humanos desobedecieron a Dios por primera vez. El capítulo 3 relata el doloroso episodio. Lo que Eva echó a andar, Adán lo confirmó y, al unírsele, lo completó. Pecaron juntos. Esa decisión consciente de Adán y Eva creó un estado de rebeldía entre la creación y su Creador. En la Caída nuestros primeros ancestros nos declararon del lado de Satanás.

La Biblia deja en claro que la Caída trajo el pecado a la vida de todas las personas que vinieron después (Ro 5.12). La capacidad de pecar que tenemos es innata. Somos pecadores incluso antes de tener la oportunidad de pecar. No solo somos pecadores porque pecamos, sino que pecamos porque somos pecadores. ¿Por qué? Porque todos heredamos las consecuencias de la caída de Adán.

3. ¿Qué importancia tiene el Diluvio en la historia bíblica en general?

La Biblia trata al Diluvio como un suceso mundial producido directamente por Dios como juicio por el pecado de la humanidad. El Diluvio pende como nube de advertencia sobre toda la historia desde ese momento, pero, por dicha, esa nube también tiene un arcoíris, el de la gracia prometida de Dios.

El Diluvio ilustra varios aspectos importantes del carácter de Dios y su relación con su creación: (1) Dios tiene control absoluto de los acontecimientos mundiales; (2) Dios puede y ha de juzgar el pecado; (3) Dios puede usar la gracia, y en efecto lo hace, incluso en el juicio; (4) un juicio final, y aun universal, vendrá sobre el mundo en el tiempo de Dios.

4. ¿Por qué Dios hizo, en Génesis, que los pueblos hablaran diversas lenguas y se dispersaran?

Tras el Diluvio, la civilización humana empezó a esparcirse a través de la tierra y, más adelante, los humanos decidieron levantar una ciudad en tributo a sí mismos, como forma de mantenerse unidos (11.4). Eso constituía una orgullosa rebeldía contra Dios en dos aspectos. Ante todo, la ciudad con la torre que planeaban levantar sería un monumento a la autosuficiencia humana. En segundo lugar, la permanencia de su asentamiento representaba el esfuerzo por desobedecer el mandamiento directo de Dios de habitar toda la tierra.

Puesto que Dios tenía el propósito de llenar la tierra con custodios, respondió ante la orgullosa rebeldía de los hombres. Ellos habían decidido establecerse allí, pero Él los obligó a dispersarse. La cooperación y autosuficiencia de ellos se había basado en el uso de una misma lengua. En vez de utilizar todos sus recursos para obedecer a Dios, los empleaban mal, para desobedecer. Dios decidió complicar la comunicación diversificando las lenguas. El lugar en el que se dio esa confusión se conoció como Babel (en relación a un término hebreo que significa «confundir»). Más adelante llegó a ser Babilonia, constante enemiga del pueblo de Dios y, a lo largo de las Escrituras, capital de la rebeldía humana contra Dios (Ap 16.19; 17.5).

5. ¿Cómo interpretamos la Biblia (los relatos de Génesis) si las costumbres de la antigüedad son tan diferentes de las nuestras?

Hay tres herramientas que nos ayudan en la tarea de interpretar hechos ocurridos hace tanto tiempo y en lugares tan lejanos: (1) La mejor herramienta interpretativa para entender un pasaje de la Biblia es el contexto inmediato. Los versículos previos y posteriores muchas veces nos brindan claves si observamos con atención los detalles inusuales o ajenos a nosotros en un relato en particular. (2) A menudo una parte de la Biblia explica, amplía y comenta otra. Si el estudiante se familiariza cada vez más con las Escrituras, se equipará con mucho conocimiento de la cultura de aquellos que protagonizaron la historia. (3) Puede obtenerse información de fuentes antiguas aparte de las Escrituras, aunque solo son un complemento de las fuentes primarias con que contamos en la propia Biblia.

Al conocer mejor los contextos exóticos y poco familiares de las Escrituras vamos viendo en las páginas de la Biblia personas que se nos parecen bastante. No son extraterrestres, sino nuestros distantes ancestros. Sus problemas son los nuestros. Sus defectos nos resultan muy conocidos. El Dios que les habló a ellos sigue hablándonos hoy.

OTROS TEMAS DE ESTUDIO EN GÉNESIS

1. ¿Qué importancia tiene el reconocimiento del rol creativo de Dios en el origen del universo, como lo describe Génesis?
2. ¿Qué papel juegan Adán y Eva en la historia de la raza humana?
3. ¿Cuánto sabríamos de Dios si solo contáramos con el libro de Génesis?
4. ¿Qué importancia bíblica se le otorga a sucesos como el momento en que Dios echa a Adán y Eva del jardín del Edén, el Diluvio y la torre de Babel?
5. ¿En qué afecta al mundo entero la promesa que Dios le hizo a Abraham (12.1–3)?
6. ¿Quiénes son los héroes de este libro? ¿Por qué?

ÉXODO
El gran escape

TÍTULO

Las versiones de la Septuaginta griega (LXX) y la Vulgata latina en el AT asignaron el título «Éxodo» a este segundo libro de Moisés, debido a que la partida de Israel de Egipto es el hecho histórico dominante en el libro (19.1). En la Biblia hebrea, las palabras de apertura: «Y (o: Ahora) estos son los nombres», servían como el título del libro. La apertura «Y» o «Ahora» en el título hebreo sugiere que este libro debía ser aceptado como la continuación obvia de Génesis, el primer libro de Moisés. Hebreos 11.22 reconoce la fe de José, quien mientras estaba en su lecho de muerte (ca. 1804 A.C.) habló de la «salida» o «partida» de los hijos de Israel, viendo hacia adelante unos trescientos cincuenta años al éxodo (ca. 1445 A.C.).

AUTOR Y FECHA

El hecho de que Moisés fue el autor de Éxodo se afirma sin vacilación alguna. Moisés siguió las instrucciones de Dios y «escribió todas las palabras de Jehová» (Éx 24.4), las cuales incluyeron por lo menos el registro de la batalla con Amalec (17.14), los Diez Mandamientos (34.4, 27–29), y el Libro del pacto (20.22—23.33). Afirmaciones semejantes de escritura mosaica ocurren en otros lugares en el Pentateuco: Moisés es identificado como el que registró «sus salidas conforme a sus jornadas» (Nm 33.2) y el que «escribió… esta ley» (Dt 31.9).

El AT corrobora el hecho de que Moisés es el autor de los pasajes mencionados arriba (vea Jos 1.7, 8; 8.31, 32; 1 R 2.3; 2 R 14.6; Neh 13.1; Dn 9.11–13; Mal 4.4). El NT afirma lo mismo al citar Éxodo 3.6 como parte del «libro de Moisés» (Mr 12.26), al asignar Éxodo 13.2 a «la ley de Moisés», a la cual también se hace referencia como a «la ley del Señor» (Lc 2.22, 23), al asignar Éxodo 20.12 y 21.17 a Moisés (Mr 7.10), al atribuir la ley a Moisés (Jn 7.19; Ro 10.5), y mediante la declaración específica de Jesús de que Moisés había escrito de Él (Jn 5.46, 47).

En algún momento durante su período de cuarenta años como el líder de Israel, comenzando a los ochenta años de edad y terminando a los ciento veinte (7.7; Dt 34.7), Moisés escribió este segundo de sus cinco libros. Específicamente, habría sido después del éxodo y obviamente antes de su muerte en el Monte Nebo en la planicie de Moab. La fecha del éxodo (ca. 1445 A.C.) dicta la fecha de escritura en el siglo XV A.C.

Las Escrituras fechan el cuarto año del reinado de Salomón, cuando él comenzó a construir el templo (ca. 966 / 965 A.C.), cuatrocientos ochenta años después del éxodo (1 R 6.1), estableciendo la fecha temprana de 1445 A.C. Jefté notó que, para su día, Israel había poseído Hesbón por trescientos años (Jue 11.26). Calculando hacia atrás y hacia adelante desde Jefté, y considerando diferentes períodos de opresión extranjera, períodos de jueces y reyes, el desierto y vueltas por el desierto, y la entrada inicial y la conquista de Canaán bajo Josué, esta fecha temprana es confirmada y llega a ser de cuatrocientos ochenta años.

Las Escrituras también fechan la entrada de Jacob y su familia a Egipto (ca. 1875 A.C.) llevándose a cabo cuatrocientos treinta años antes del éxodo (12.40), de esta manera colocan a José en lo que los arqueólogos han designado como la 12a. dinastía, el período del reino medio de la historia egipcia, y colocan a Moisés y los últimos años de residencia y esclavitud de Israel en lo que los arqueólogos han designado como la 18a. dinastía, o el período del nuevo reino. Además, el hecho de que José sirvió como virrey sobre

CRISTO EN... ÉXODO

DIOS LIBERÓ A LA NACIÓN DE ISRAEL de la esclavitud egipcia y estableció un nuevo cimiento con la presentación de la ley. El enfoque de Éxodo es doble: (1) descripción de la redención del pueblo de Dios; (2) formación de la nación escogida a través de la cual entraría Cristo en el mundo. La ley preparaba a Israel para recibir a Cristo, su prometido Mesías y Rey.

todo Egipto (Gn 45.8) incluye que sirviera bajo los hicsos (ca. 1730—1570 A.C.), los invasores extranjeros que gobernaron durante un período de confusión en Egipto y quienes nunca controlaron todo el país. Eran una raza semita que introdujo el caballo y el carro como también el arco compuesto. Estos implementos de guerra hicieron posible su expulsión de Egipto.

CONTEXTO HISTÓRICO

La 18ª dinastía de Egipto, el contexto para la partida dramática de Israel, no fue un período político económicamente débil u oscuro de la historia egipcia. Por ejemplo, Tumosis III, el faraón de la opresión, ha sido llamado el «Napoleón del Egipto antiguo», el soberano que expandió las fronteras de influencia egipcia mucho más allá de las fronteras naturales. Esta era la dinastía que un siglo antes, bajo el liderazgo de Amosis I, había expulsado a los reyes hicsos del país y redirigido el crecimiento económico, militar y diplomático del país. Al tiempo del éxodo, Egipto estaba fuerte, no débil.

Faraones egipcios

Amosis I	1570-46 A.C.	Amenofis IV	1379-62 A.C.
Amenofis I	1546-26 A.C.	Semenejkara	1364-61 A.C.
Tutmosis I	1526-12 A.C.	Tutankamón	1361-52 A.C.
Tutmosis II	1512-04 A.C.	Ai	1352-48 A.C.
Tutmosis III	1504-1450 A.C.	Horemheb	1348-20 A.C.
Hatshepsut	1504-1483 A.C.	Ramsés I	1320-18 A.C.
Amenofis II	1450-25 A.C.	Seti I	1318-04 A.C.
Tutmosis IV	1425-17 A.C.	Ramsés II	1304-1236 A.C.
Amenofis III	1417-1379 A.C.	Merneptah	1236-1223 A.C.

Moisés, nacido en 1525 A.C. (ochenta años de edad en 1445 A.C.), fue «enseñado... en toda sabiduría de los egipcios» (Hch 7.22) mientras que estaba creciendo en las cortes de los faraones Tutmoses I y II y la reina Hatsepsut durante sus primeros cuarenta años (Hch 7.23). Él estuvo en exilio madianita autoimpuesto durante el reinado de Tutmoses III por otros cuarenta años (Hch 7.30), y regresó bajo la dirección de Dios para ser el líder de Israel a principios del reinado de Amenhotep II, el faraón del éxodo. Dios usó tanto el sistema educativo de Egipto como su

Vida de Moisés

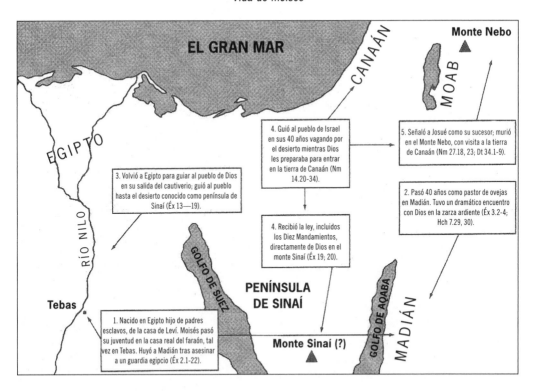

exilio en Madián a fin de preparar a Moisés para que representara a su pueblo ante un faraón poderoso y para guiar a su pueblo a través del desierto de la península de Sinaí durante sus últimos cuarenta años (Hch 7.36). Moisés murió en el Monte Nebo cuando tenía ciento veinte años de edad (Dt 34.1–6), ya que el juicio de Dios estaba sobre él por su enojo y falta de respeto (Nm 20.1–3). Mientras que él la vio desde lejos, Moisés nunca entró en la Tierra Prometida. Siglos más tarde él se les apareció a los discípulos en el Monte de la Transfiguración (Mt 17.3).

PERSONAS DESTACADAS EN ÉXODO

Moisés: Autor del Pentateuco y libertador de Israel de la esclavitud en Egipto (2—40).

María: Profetisa y hermana mayor de Moisés (2.7; 15.20, 21).

La hija del faraón: La princesa que rescató al bebé Moisés de las aguas y lo adoptó (2.5–10).

Jetro: Pastor de Madián, suegro de Moisés (3.1; 4.18; 18.1–12).

Aarón: Hermano de Moisés y primer sumo sacerdote de Israel (4.14—40.31).

Faraón: Líder de Egipto en el momento del Éxodo. Su nombre no aparece (5.1—14.31).

Josué: Asistente de Moisés y líder militar que guió a Israel en su entrada a la Tierra Prometida (17.9–14; 24.13; 32.17; 33.11).

TEMAS HISTÓRICOS Y TEOLÓGICOS

En el tiempo de Dios, el éxodo marcó el final de un período de opresión para los descendientes de Abraham (Gn 15.13), y constituyó el principio del cumplimiento de la promesa del pacto dada a Abraham de que sus descendientes no solo residirían en la Tierra Prometida, sino que también se multiplicarían y se volverían una gran nación (Gn 12.1–3, 7). El propósito del libro podría ser expresado así: rastrear el rápido crecimiento de los descendientes de Jacob desde Egipto hasta el establecimiento de la nación teocrática en su Tierra Prometida.

En momentos apropiados, en el Monte Sinaí y las planicies de Moab, Dios también le dio a los israelitas ese cuerpo de legislación, la ley, la cual ellos necesitaban para vivir apropiadamente en Israel como el pueblo teocrático de Dios. Por medio de esto, ellos eran distintos del resto de las naciones (Dt 4.7, 8; Ro 9.4, 5).

Por la revelación de Dios de sí mismo, los israelitas fueron instruidos en la soberanía y majestad, la bondad y santidad, y la gracia y misericordia de su Señor, el único Dios del cielo y de la tierra (vea especialmente Éx 3, 6, 33, 34). El registro del éxodo y los acontecimientos que siguieron son también el tema de otras revelaciones bíblicas importantes (cp. Sal 105.25–45; 106.6–27; Hch 7.17–44; 1 Co 10.1–13; He 9.1–6; 11.23–29).

PRINCIPALES DOCTRINAS EN ÉXODO

Promesas del pacto: La promesa de Dios a Abraham de preservar su legado por siempre (12.1–3, 7, 31–42; Gn 17.19; Lv 26.45; Jue 2.20; Sal 105.38; Hch 3.25).

La naturaleza de Dios: Los seres humanos no pueden entender completamente a Dios, pero sí pueden conocerlo personalmente (3.7; 8.19; 34.6, 7; 2 S 22.31; Job 36.26; Mt 5.48; Lc 1.49, 50).

Los Diez Mandamientos: Verdades básicas de Dios (20.1–17; 23.12; Lv 19.4, 12; Dt 6.14; 7.8, 90; Neh 13.16–19; Is 44.15; Mt 5.27; 19.18; Mr 10.19; Lc 13.14; Ro 13.9; Ef 5.3, 5).

PALABRAS CLAVE EN

Éxodo

Liberar: El término hebreo es *natsal* —3.8; 5.18; 21.13; 22.7, 10, 26; 23.31— un verbo que puede significar «desnudar, saquear» o «liberar, llevar consigo». Suele usarse para describir la obra de Dios al liberar (3.8) o rescatar (6.6) a los israelitas de la esclavitud. A veces hace referencia a la liberación del pueblo de Dios del pecado y la culpa (Sal 51.14). Pero en 18.8–10 el término declara la supremacía de Dios por sobre el panteón de las deidades egipcias.

Consagrar: En hebreo, *qadash* —28.3, 41; 29.9, 33, 35; 30.30; 32.29— es un verbo que significa «hacer santo», «declarar distinto» o «apartar». Esta palabra describe la dedicación a Dios de un objeto o persona. Al liberar a los israelitas de la esclavitud en Egipto, Dios hizo que la nación de Israel se distinguiera. Por medio de sus potentes actos de liberación Dios demostró que los israelitas eran su pueblo y que él era su Dios (6.7). Cuando hizo que el pueblo se purificara en el monte Sinaí, el Señor dejó en claro que afirmaba una relación especial con ellos (19.10).

Lavar, purificar: En hebreo *rachats* —2.5; 19.10; 29.4, 17; 30.18, 21; 40.12, 30— lavar o bañar. El término se utilizaba en el contexto cultural y también en el religioso. La antigua costumbre de lavarle los pies a un invitado formaba parte de la hospitalidad y seguía practicándose en tiempos del NT (Gn 18.4; Juan 13.5). El lavado ritual era un paso importante en la purificación de los sacerdotes para el servicio en el tabernáculo (40.12). El lavamiento con agua simbolizaba la purificación espiritual, preparación necesaria para entrar en la presencia de Dios (Sal 26.6; 73.13). Los profetas del AT utilizaban esta imagen como arrepentimiento (Is 1.16; Ez 16.4). En el NT Pablo describe la redención en Cristo como «el lavamiento de la regeneración» (Tit 3.5).

CARÁCTER DE DIOS EN ÉXODO

Dios es accesible: 24.2; 34.4–7

Dios es glorioso: 15.1, 6, 11; 33.18–23; 34.5–7

Dios es bueno: 34.6

Dios está lleno de gracia: 34.6

Dios es santo: 15.11

Dios es paciente: 34.6

Dios es misericordioso: 34.6, 7

Dios es todopoderoso: 6.3; 8.19; 9.3, 16; 15.6, 11, 12

Dios provee: 15.9–19

Dios es verdadero: 34.6

Dios es inigualable: 9.14

Dios es sabio: 3.7

Dios se aíra: 7.20; 8.6, 16, 24; 9.3, 9, 23; 10.13, 22; 12.29; 14.24, 27; 32.11, 35

Plano del tabernáculo

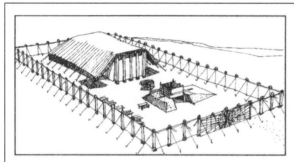

El tabernáculo cumplía la función de proveer un lugar donde Dios pudiera habitar entre su pueblo. El término tabernáculo se refiere algunas veces a la tienda, que incluye el lugar santo y el lugar santísimo, la cual se mantenía cubierta con cortinas bordadas. Sin embargo, en otros lugares se refiere a todo el campamento, que incluía el atrio cubierto dentro del cual se erguía el tabernáculo.

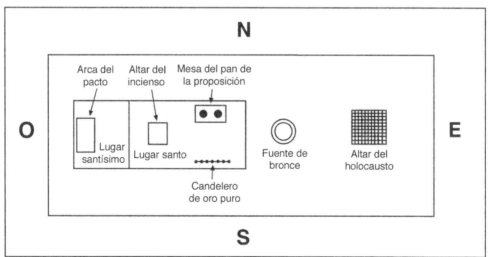

Esta ilustración muestra la ubicación relativa de los muebles y utensilios del tabernáculo que se empleaban en el culto israelita. El tabernáculo aparece ampliado para mayor claridad.

Mobiliario del tabernáculo

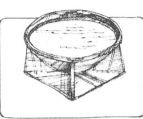

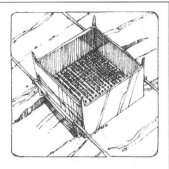

Arca de la Alianza
(Éx 25.10-22)
El arca era la pieza del mobiliario más sagrada del tabernáculo. Allí los hebreos guardaban una copia de los Diez Mandamientos que resumían el pacto completo.

La fuente de bronce
(Éx 30.17-21)
Los sacerdotes acudían a la fuente de bronce para purificarse. Tenían que estar puros antes de entrar en la presencia de Dios.

Altar del holocausto
(Éx 27.1-8)
Sobre este altar se ofrecían animales en sacrificio. Estaba ubicado en el atrio, frente al tabernáculo. La sangre del sacrificio se salpicaba sobre los cuatro cuernos del altar.

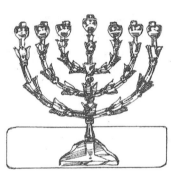

Candelero de oro puro
(Éx 25.31-40)
El candelero de oro estaba en el lugar santo frente a la mesa del pan. Tenía siete lámparas, con unos cuencos planos y una mecha, que por un extremo se sumergía en el aceite del cuenco mientras por el otro se encendía y colgaba por fuera.

Mesa del pan
(Éx 25.23-30)
La mesa del pan era donde se colocaban las ofrendas. En presencia de Dios y sobre la mesa había siempre 12 hogazas de pan que representaban a las 12 tribus.

Altar del incienso
(Éx 30.1-10)
El altar del incienso que estaba dentro del tabernáculo era mucho más pequeño que el de los holocaustos que estaba afuera. El incienso que se quemaba en el altar era perfumado, de dulce aroma.

RETOS DE INTERPRETACIÓN

La ausencia de cualquier registro egipcio de la devastación de Egipto por las diez plagas y la enorme derrota del ejército especial de faraón en el Mar Rojo no debe dar lugar a especulación en referencia a que si el registro es o no auténtico en términos históricos. La historiografía egipcia no permitía que se registraran los momentos penosos y las derrotas penosas de sus faraones. Al registrar la conquista bajo Josué, las Escrituras específicamente notan las tres ciudades que Israel destruyó y quemó (Jos 6.24; 8.28; 11.11–13). Después de todo, la conquista se caracterizó por el hecho de que Israel se apoderó de la propiedad estando prácticamente intacta y habitó en ella, no fue una guerra designada para destruir. La fecha de la marcha de Israel a Canaán no será confirmada, por lo tanto, al examinar niveles extensivos de incendios en ciudades de un período posterior.

A pesar de la ausencia de algún registro extrabíblico del Oriente Medio de la esclavitud hebrea, las plagas, el éxodo y la conquista, la evidencia arqueológica corrobora la fecha temprana. Por ejemplo, todos los faraones del siglo XV dejaron evidencia de interés en levantar construcciones en el Bajo Egipto. Estos proyectos obviamente fueron accesibles a Moisés en la región delta cerca de Gosén.

El significado tipológico del tabernáculo ha ocasionado mucha reflexión. Los intentos de unir cada artículo y cada pieza de material de construcción a Cristo pueden parecer extremadamente interesantes, pero si las afirmaciones y referencias del NT no apoyan tales eslabones y tipología, entonces la precaución hermenéutica debe gobernar. La estructura y ornamentación del tabernáculo para la eficiencia y belleza son una cosa, pero encontrar significado escondido y simbolismo no tiene fundamento. La manera en la que el sistema de sacrificios y de adoración del tabernáculo y sus partes tipifican de forma significativa la obra redentora del Mesías venidero debe ser dejada a aquellos pasajes del NT que tratan el tema.

Bosquejo

I. **Israel en Egipto (1.1—12.36)**
   - A. La explosión de población (1.1–7)
   - B. La opresión bajo los faraones (1.8–22)
   - C. La maduración de un libertador (2.1—4.31)
   - D. La confrontación con faraón (5.1—11.10)
   - E. La preparación para la partida (12.1–36)

II. **Israel en el camino a Sinaí (12.37—18.27)**
   - A. Al salir de Egipto y aterrándose (12.37—14.14)
   - B. Al cruzar el Mar Rojo y regocijándose (14.15—15.21)
   - C. Al viajar a Sinaí y murmurando (15.22—17.16)
   - D. Al reunirse con Jetro y aprendiendo (18.1–27)

III. **Israel acampado en Sinaí (19.1—40.38)**
   - A. La ley de Dios prescrita (19.1—24.18)
   - B. El tabernáculo de Dios descrito (25.1—31.18)
   - C. La adoración de Dios contaminada (32.1–35)
   - D. La presencia de Dios confirmada (33.1—34.35)
   - E. El tabernáculo de Dios construido (35.1—40.38)

Mientras tanto, en otras partes del mundo...

Comienza la Era de Hierro en Siria y Palestina. También los pueblos del Mediterráneo y los países escandinavos perfeccionan el arte de la construcción de barcos.

La ruta del Éxodo

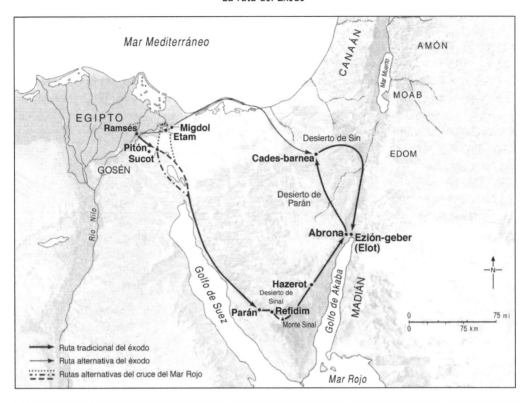

Se desconoce la ruta exacta del recorrido de los israelitas hasta el Monte Sinaí tras salir de Egipto. Como lo indica el mapa los estudiosos han propuesto rutas por el norte y por el sur, con esta última como la más probable. El recorrido hasta Sinaí llevaba unos dos meses. Allí acamparon los israelitas durante diez meses más o menos, durante el período de la revelación divina.

RESPUESTAS A PREGUNTAS DIFÍCILES

1. ¿Por qué no reconocen los registros históricos egipcios la devastación de las plagas, la derrota del ejército y la huida de Israel ocurrida durante el éxodo?

No debería resultar extraño que en los registros históricos egipcios no haya mención a Israel. Casi todos esos registros nos han llegado bajo la forma de inscripciones oficiales en tumbas y monumentos de los líderes de la antigüedad. Esos monumentos públicos y perdurables no se usaban para dejar registradas derrotas humillantes ni desastres. Lo interesante es que una de las pruebas sutiles de la veracidad de las Escrituras es la manera en que registran tanto los triunfos como las tragedias del pueblo de Dios. La Biblia ofrece tantos ejemplos de fracasos como de fe.

2. ¿Cómo podemos en el siglo veintiuno pensar en los asombrosos milagros que relata Éxodo con tanta naturalidad, como la zarza ardiente, las plagas, la presencia de Dios en la columna de fuego y la nube, las aguas del Mar Rojo que se abrieron y el maná, entre otras cosas?

El materialismo científico del siglo veintiuno hace que nos cueste pensar siquiera en milagros. Si las leyes de la naturaleza y la ciencia se consideran supremas es imposible imaginar la existencia de un Ser Supremo que esté por encima de esas leyes y que pueda cambiarlas. Los ejemplos milagrosos no logran convencer a quien ya está persuadido de que son algo imposible.

Los milagros pueden demostrar la existencia de Dios, no probarla. Los seres humanos muestran una asombrosa capacidad para dar explicaciones alternas a la actividad de Dios en la historia. El caso no es que las personas del siglo veintiuno no puedan creer en los milagros, sino que la gente de este siglo no va a creer en ellos.

Para los creyentes la cuestión se resuelve por medio de la fe. Al convertirse en cristiano uno debe creer en el milagro principal: que Dios vino hecho carne en Jesucristo, que vivió, murió y resucitó de entre los muertos para reinar por toda la eternidad como Señor y Salvador. A la luz de ese milagro, los de Éxodo ya no son cuestión de especulación, sino motivo de maravilla y adoración. Son ejemplos de todo lo que Dios hizo para comunicarse con la gente. ¡Hasta los cristianos del siglo veintiuno se sienten maravillados y humillados ante el asombroso y extraordinario poder de Dios!

3. Los Diez Mandamientos, ¿son expectativas pasadas de moda o mandatos divinos?

Muchos cometen un grave error al hablar de «no violar los Diez Mandamientos». La historia confirma ampliamente el hecho de que persistimos en violarlos. Los mandamientos representan el parámetro absoluto e inmutable de Dios a pesar de cualquier argumento que pueda presentarse acerca de su interpretación y aplicación. Fue Moisés (34.28) quien les dio el nombre de «Diez Mandamientos». El énfasis en que Dios mismo hablara y escribiera estas palabras hace que se torne inaceptable cualquier teoría que afirme que Israel tomó patrones legales o conceptos ya existentes en otras naciones.

Los Diez Mandamientos pueden agruparse en dos amplias categorías: la vertical, la relación humana con Dios (20.2–11), y la horizontal, la relación humana con la comunidad (20.12–17). Con esos Diez Mandamientos quedan bien protegidos la verdadera teología, la verdadera adoración, el nombre de Dios y el sábado, el honor de la familia, la vida, el matrimonio, la propiedad, la verdad y la virtud.

4. ¿Por qué tantos detalles específicos sobre el tabernáculo? ¿Qué significan para nosotros hoy?

Desde que Dios le dictó los planos del tabernáculo a Moisés la gente se ha preguntado cuál es el significado y la importancia de esos detalles tan exactos. Se utilizan varios términos para indicar momentos de la Biblia en que los hechos, las personas o las cosas representan ideas más grandes: tipología y prefiguración. Por ejemplo, el sacrificio de los corderos del AT no solo tenía un significado inmediato y limitado en cuanto al costo del perdón. Esta práctica también prefiguraba el consiguiente sacrificio del Cordero de Dios, Jesús, en la cruz.

Debido a que al menos ciertas partes del tabernáculo tienen un significado e importancia especial —como el arca que representaba el pacto de Dios con su pueblo— los estudiosos de las Escrituras han buscado otros posibles significados más profundos. Resulta tentador establecer relaciones entre cada pieza del mobiliario y cada material de la construcción con Cristo. Pero si las afirmaciones del NT no respaldan esas relaciones y esa tipología, el estudioso debe proceder con cuidado. La belleza y eficiencia del diseño del tabernáculo presentan un tributo al carácter creativo de Dios, pero quien busca un significado oculto en cada una de las estacas de la tienda y en cada puntada de las costuras, se arriesga a perder de vista el bosque por mirar un solo árbol. El NT apunta reiteradas veces al maravilloso hecho de la presencia de Dios con su pueblo representado en el tabernáculo. Otras lecciones del NT (en particular el libro de Hebreos) nos ayudan a identificar símbolos y significados más profundos.

OTROS TEMAS DE ESTUDIO EN ÉXODO

1. ¿Cuáles fueron los momentos más importantes de la primera parte de la vida de Moisés?
2. ¿En qué formas se dio a conocer Dios a lo largo de Éxodo?
3. ¿Cuáles fueron las diez plagas que afligieron a los egipcios?
4. ¿En qué modo se relacionan las plagas con los dioses que adoraban los egipcios?
5. ¿De qué manera nos muestra la ley resumida en los Diez Mandamientos que necesitamos la ayuda de Dios?
6. ¿Cuáles mandamientos se refieren a nuestra relación con Dios y cuáles a nuestra relación con otras personas?

LEVÍTICO

El plano de obra de la redención

TÍTULO

El título original en hebreo de este tercer libro de la ley es tomado de la primera palabra, traducida «Y Él llamó». Varios libros del AT derivan sus nombres hebreos de la misma manera (por ejemplo, Génesis, «En el principio»; Éxodo, «Ahora estos son los nombres»). El título «Levítico» viene de la versión de la Vulgata latina del AT griego (LXX), *Leutikon,* que quiere decir «asuntos de los levitas» (25.32, 33). Mientras que el libro trata asuntos de las responsabilidades de los levitas, es mucho más significativo que todos los sacerdotes son instruidos en cómo deben asistir al pueblo en la adoración, y el pueblo es informado de cómo vivir una vida santa. Los escritores del Nuevo Testamento citan el libro de Levítico más de quince veces.

AUTOR Y FECHA

Asuntos de «Autor y fecha» son resueltos por el versículo de conclusión del libro: «Estos son los mandamientos que ordenó Jehová a Moisés para los hijos de Israel, en el monte de Sinaí» (27.34; cp. 7.38; 25.1; 26.46). El hecho de que Dios dio estas leyes a Moisés (cp. 1.1) aparece cincuenta y seis veces en los veintisiete capítulos de Levítico. Además de registrar prescripciones detalladas, el libro relata varios relatos históricos que se relacionan con las leyes (vea 8—10; 24.10–23). El éxodo ocurrió en el 1445 A.C. (vea la Introducción a Éxodo: «Autor y fecha») y el tabernáculo fue terminado un año más tarde (Éx 40.17). Levítico retoma el registro en ese punto, probablemente revelado en el primer mes (Abib / Nisán) del segundo año después del éxodo. El libro de Números comienza después de esto en el segundo mes (Ziv; cp. Nm 1.1).

CONTEXTO HISTÓRICO

Antes del año en el que Israel acampó en el Monte Sinaí: (1) la presencia de la gloria de Dios nunca antes había residido formalmente entre los israelitas; (2) un lugar central de adoración, como el tabernáculo, nunca antes había existido; (3) un conjunto estructurado y determinado de sacrificios y festividades no había sido dado; y (4) un sumo sacerdote, un sacerdocio formal y un conjunto de trabajadores del tabernáculo no habían sido establecidos. Al concluir Éxodo, las características uno y dos habían sido establecidas, de esta manera se requirió que los elementos tres y cuatro fueran inaugurados, y aquí es donde Levítico encaja. Éxodo 19.6 llamó a Israel a ser «un reino de sacerdotes, y gente santa». Levítico es a su vez la instrucción de Dios para su pueblo que acaba de ser redimido, enseñándole cómo adorarlo y obedecerlo.

Israel tenía, hasta ese punto, solo los registros históricos de los patriarcas de los cuales obtener su conocimiento de cómo adorar y vivir delante de su Dios. Habiendo sido esclavos durante siglos en Egipto, la tierra de un aparente número infinito de dioses, su concepto de la adoración y la vida piadosa fue severamente distorsionado. Su tendencia a aferrarse al politeísmo y al ritual pagano se ve en su peregrinar por el desierto, por ejemplo, cuando adoraron al becerro de oro (cp. Éx 32). Dios no les permitiría adorar de la misma manera que sus vecinos egipcios, ni tampoco toleraría ideas egipcias sobre la moralidad y el pecado. Con las instrucciones de Levítico, los sacerdotes podían guiar a Israel en la adoración apropiada para el Señor.

Aunque el libro contiene una gran cantidad de aspectos relacionados con la ley, es presentado en un formato histórico. Inmediatamente después que Moisés supervisó la construcción del tabernáculo, Dios vino en gloria a morar allí; esto marcó el termino del libro de Éxodo (40.34-38). Levítico comienza con Dios llamando a Moisés desde el tabernáculo y termina con los mandamientos de Dios a Moisés en forma de legislación obligatoria. El Rey de Israel había ocupado su palacio (el tabernáculo), instituido su ley, y se había declarado a sí mismo un compañero de pacto con sus súbditos.

Ningún movimiento geográfico se lleva a cabo en este libro. El pueblo de Israel se queda a los pies de Sinaí, la montaña donde Dios descendió para dar su ley (25.1; 26.46; 27.34). Aún estaban allí un mes después cuando el registro de Números comenzó (cp. Nm 11).

CRISTO EN... LEVÍTICO

LAS CLARAS INSTRUCCIONES DE DIOS sobre las ofrendas en el libro de Levítico apuntan al sacrificio propiciatorio final de Cristo. Como los sacrificios del pueblo representaban solo la expiación temporal de los pecados de Israel, tenían que repetirlos de tiempo en tiempo. Jesús llevó una vida perfecta en la tierra y se presentó como sacrificio final y definitivo por toda la humanidad. En contraste con la fiesta de la Pascua del AT, que se celebraba todos los años, los creyentes constantemente celebramos la «fiesta» de la nueva Pascua: Jesucristo, el cordero pascual (1 Co 5.7).

PERSONAS DESTACADAS EN LEVÍTICO

Moisés: Profeta y líder que actuaba como vocero de Dios para explicarle su ley a Israel (1.1; 4.1; 5.14; 6.1—27.34).

Aarón: Hermano de Moisés y primer sumo sacerdote de Israel (1.7; 2.3, 10; 3.5, 8, 13; 6.9—24.9).

Nadab: Hijo de Aarón, capacitado para ser sacerdote, que murió debido a que desobedeció al Señor (8.36; 10.1, 2).

Abiú: hijo de Aarón, capacitado para ser sacerdote, que murió debido a que desobedeció al Señor (8.36; 10.1, 2).

Eleazar: Hijo de Aarón; le sucedió como sumo sacerdote de Israel (10.6-20).

Itamar: Hijo de Aarón. También fue sacerdote (10.6-20).

TEMAS HISTÓRICOS Y TEOLÓGICOS

Las ideas clave alrededor de las cuales Levítico se desarrolla son la persona santa de Dios y la voluntad de Dios para la santidad de Israel. La santidad de Dios, la pecaminosidad de la humanidad, el sacrificio y la presencia de Dios en el santuario son los temas más comunes del libro. Con un tono claro, de autoridad, el libro establece instrucciones hacia la santidad personal conforme a la instrucción de Dios (11.44, 45; 19.2; 20.7, 26; cp. 1 P 1.14-16). Los asuntos que tienen que ver con la vida de fe de Israel tienden a enfocarse en la pureza en contextos de ritual, pero no excluyen preocupaciones que tienen que ver con la pureza personal de Israel. De hecho, hay un énfasis continuo en la santidad personal en respuesta a la santidad de Dios (cp. este énfasis en los capítulos 17—27). En más de ciento veinticinco ocasiones, Levítico condena a la humanidad por su inmundicia y la instruye en cómo ser purificada. El motivo para tal santidad es afirmado en dos frases repetidas: «Yo soy Jehová» y «Yo soy santo». Estas son usadas más de cincuenta veces.

El tema del pacto mosaico condicional emerge a la superficie a lo largo del libro, pero particularmente en el cap. 26. Este contrato para la nueva nación no solo detalla las consecuencias de la obediencia o la desobediencia a las estipulaciones del pacto, sino que lo hace de una manera establecida para determinar la historia de Israel. Uno no puede evitar reconocer implicaciones proféticas en los castigos por la desobediencia; suenan como los acontecimientos de la deportación de Babilonia que se lleva a cabo mucho más tarde, y el regreso subsiguiente a la tierra casi novecientos años después de que Moisés escribió Levítico (ca. 538 A.C.). Las implicaciones escatológicas de la desobediencia de Israel no concluirán sino hasta que el Mesías venga a introducir su reino y dar fin a las maldiciones de Lv 26 y Dt 28 (cp. Zac 14.11).

Los cinco sacrificios y ofrendas eran simbólicos. Su diseño consistía en permitir que el adorador verdaderamente penitente y agradecido expresara fe y amor hacia Dios al llevar a cabo estos rituales. Cuando el corazón no era penitente y no estaba agradecido, Dios no se agradaba del ritual (cp. Amós 5.21–27). Las ofrendas eran quemadas, simbolizando el deseo del adorador de ser limpiado del pecado y enviar el humo fragante de la verdadera adoración a Dios. La multitud de pequeños detalles en la ejecución de los rituales consistía en enseñar exactitud y precisión que se extendería a la manera en la que el pueblo obedecía las leyes morales y espirituales de Dios y la manera en la que reverenciaban cada faceta de su Palabra.

Ofrendas de Levítico

Nombre
(1) **Holocausto** (olah, hebreo): a. Dulce aroma; b. Voluntaria.

Referencias en las Escrituras
Lv 1.3–17; 6.8–13.

Propósito
(1) Propiciación por el pecado en general (1.4).
(2) Símbolo de completa dedicación y consagración a Dios; de allí que se le conozca como «holocausto entero».

Consistía de
Según la riqueza:
(1) Un toro sin mancha (1.3–9).
(2) Un cordero o cabrito macho sin mancha (1.10–13).
(3) Palomas o tórtolas (1.14–17).

La porción de Dios
Completamente quemado en el altar del holocausto (1.9), con excepción de la piel (7.8).

La porción de los sacerdotes
Solamente la piel (7.8).

La porción del que presentaba la ofrenda
Ninguna.

Significado profético
Significa completa dedicación de la vida a Dios
(1) Por parte de Cristo (Mt 26.39–44; Mr 14.36; Lc 22.42; Fil 2.5–11).
(2) Por parte del creyente (Ro 12.1, 2; He 13.15).

Ofrendas de Levítico

Nombre

(2) Ofrenda de granos o cereales (minhah, hebreo): a. Dulce aroma; b. Voluntaria.

Referencias en las Escrituras

Lv 2.1–16; 6.14–18; 7.12, 13

Propósito

La ofrenda de granos acompañaba todos los holocaustos. Significaba homenaje y acción de gracias a Dios.

Consistía de

Tres tipos:

(1) Harina fina mezclada con aceite e incienso (2.1–3).

(2) Tortas de harina fina mezcladas con aceite y horneadas (2.4) o cocidas en cazuela (2.5) o en cazuela tapada (2.7)

(3) Espigas verdes de grano cocido mezclado con aceite e incienso (2.14, 15).

La porción de Dios

Porción recordatoria que se quemaba en el altar del holocausto (2.2, 9, 16).

La porción de los sacerdotes

Lo que quedara, para que se comiera en el atrio del tabernáculo (2.3, 10; 6.16–18; 7.14, 15).

La porción del que presentaba la ofrenda

Ninguna.

Significado profético

Significa la perfecta humanidad de Cristo:

(1) La ausencia de levadura tipifica la ausencia de pecado en Cristo (He 4.15; 1 Jn 3.5).

(2) La presencia del aceite es emblemática y simboliza al Espíritu Santo (Lc 4.18; 1 Jn 2.20, 27).

Ofrendas de Levítico

Nombre
(3) Ofrenda de paz (shelem, hebreo): a. Dulce aroma; b. Voluntaria.

Referencias en las Escrituras
Lv 3.1–17; 7.11–21, 28–34.

Propósito
La ofrenda de paz en general expresaba paz y comunión entre el que ofrecía la ofrenda y Dios; y de allí que culminara en una comida colectiva.
Había tres tipos:
(1) Ofrenda de acción de gracias: para expresar gratitud por una bendición o liberación inesperada.
(2) Ofrenda votiva: para expresar gratitud por una bendición o liberación otorgada cuando la petición había estado acompañada de un voto.
(3) Ofrenda voluntaria: para expresar gratitud a Dios sin relación con ninguna bendición o liberación específica.

Consistía de
Según la riqueza:
(1) Del ganado, macho o hembra sin mancha (3.1–5).
(2) Del rebaño, macho o hembra sin mancha (3.6–11).
(3) De cabras (3.12–17).

Nota: Se permitían imperfecciones menores si la ofrenda de paz era una ofrenda voluntaria de un toro o un cordero (22.23).

La porción de Dios
Grasa quemada en el altar del holocausto (3.3–5).

La porción de los sacerdotes
Pecho (ofrenda mecida) y muslo derecho (ofrenda elevada; 7.30–34).

La porción del que presenta la ofrenda
Lo que quedara para comer con su familia en el atrio:
a. Ofrenda de acción de gracias: para comerse el mismo día (7.15).
b. Ofrendas votivas y voluntarias: para comerse el primero y segundo día (7.16–18).
Nota: Esta es la única ofrenda de la que recibía porción el oferente.

Significado profético
Anticipa la paz que tiene el creyente con Dios a través de Jesucristo (Ro 5.1; Col 1.20).

Ofrendas de Levítico

Nombre

(4) Ofrenda de expiación (hattat, hebreo): a. Aroma no dulce; b. Obligatoria.

Referencias en las Escrituras

Lv 4.1—5.13; 6.24–30.

Propósito

Expiación por los pecados cometidos sin querer, en especial cuando no era posible la restitución.

Nota: Nm 15.30, 31: La ofrenda por expiación no servía de nada en casos de desafiante rebeldía contra Dios.

Consistía de

(1) Para el sumo sacerdote, un becerro sin mancha (4.3–13).

(2) Para la congregación, un becerro sin mancha (4.13–21).

(3) Para el gobernante, un macho cabrío sin mancha (4.22–26).

(4) Para el pueblo, cabra u oveja sin mancha (4.27–35).

(5) En casos de pobreza, dos tórtolas o dos palominos (uno para ofrenda por expiación y otro como holocausto) como reemplazo posible (5.7–10).

(6) En casos de extrema pobreza, harina fina como reemplazo posible (5.11–13; cf. He 9.22).

La porción de Dios

(1) Las porciones con grasa, quemadas en el altar del holocausto (4.8–10, 19, 26, 31, 35).

(2) Cuando la ofrenda expiatoria fuera para el sumo sacerdote o la congregación se quemaría el resto del becerro fuera del campamento (4.11, 12, 20, 21).

La porción de los sacerdotes

Si la ofrenda expiatoria era de un gobernante o una persona común, debía comerse el resto del macho cabrío o cordero en el atrio del tabernáculo (6.26).

La porción del que presentaba la ofrenda

Ninguna.

Significado profético

Prefigura el hecho de que en su muerte:

(1) Cristo se hizo pecado por nosotros (2 Co 5.21);

(2) Cristo sufrió fuera de las puertas de Jerusalén (He 13.11–13).

Ofrendas de Levítico

Nombre
(5) Ofrenda por transgresión ('asham, hebreo): a. Aroma no dulce; b. Obligatoria.

Referencias en las Escrituras
Lv 5.14—6.7; 7.1–7.

Propósito
Expiación por pecados cometidos por yerro, en especial cuando era posible la restitución.

Consistía de
(1) Si la ofensa era contra el Señor (diezmos, ofrendas, etc.) debía traerse un carnero sin mancha; se calculaba la restitución según lo que el sacerdote considerara equivalente a la infracción, más un quinto (5.15, 16).
(2) Si la ofensa era contra una persona debía traerse un carnero sin mancha; se calculaba la restitución según el valor, más un quinto (6.4–6).

La porción de Dios
Las porciones de grasa se quemaban en el altar del holocausto (7.3–5).

La porción de los sacerdotes
El resto se comería en un lugar santo (7.6, 7).

La porción del que presentaba la ofrenda
Ninguna.

Significado profético
Anticipa el hecho de que Cristo también es nuestra ofrenda por transgresión (Col 2.13).

PRINCIPALES DOCTRINAS EN LEVÍTICO

Sacrificio: Dios requería sacrificios del pueblo para expiar los pecados (1.3, 9–13; 16.3; 17.8; 19.5; Éx 29.34; Dt 16.5, 6; Jue 11.31; Sal 66.13–15; Mt 5.23, 24; Ro 8.3; 12.1; He 2.17; 1 Jn 2.2).

Santidad: Es el atributo que resume la perfecta naturaleza y el carácter de Dios; Israel se llamaría santo así como Dios es santo (11.44, 45; 19.2; 20.7, 26; 21.6–8; Éx 6.7; 19.6; Sal 22.3; 99.5; Is 41.14–16; 1 Ts 4.7; 1 P 1.14–16).

Ofrendas: Forma de adorar a Dios, de expresar un corazón penitente y agradecido (1.1–17; 2.1–16; 3.1–17; 4.1—5.13; 5.14—6.7; Gn 4.4, 5; Dt 16.10; 1 R 18.33–40; Job 42.8; 2 Co 5.21; 2 Ti 4.6).

Israel como nación santa de Dios: El pueblo a través del cual Cristo entraría en el mundo (26.42–46; Gn 15.12–21; Éx 19.5, 6; 2 S 7.13; 23.5; He 8.6–13).

PALABRAS CLAVE EN

Levítico

Ofrenda: En hebreo *qorban* —2.3; 4.35; 6.18; 7.14, 33; 9.4; 10.14— el término hebreo deriva del verbo «acercar» y literalmente significa «lo que uno acerca a Dios». El hecho de que los israelitas pudieran acercarse a Dios para presentar sus ofrendas revela la misericordia divina. Incluso aunque el pueblo era pecador y rebelde, Dios instituyó un sistema de sacrificios para que pudieran reconciliarse con él. Los sacrificios prefiguran la muerte de Jesús en la cruz, la ofrenda suprema, la ofrenda que ponía fin a la necesidad de toda otra ofrenda. Por medio de la muerte sacrificial de Cristo, todos hemos sido reconciliados con Dios, de una sola vez y por siempre (He 10.10–18). Nuestra respuesta a la muerte de Jesús es ofrecer a Dios nuestras vidas como sacrificios vivos (Ro 12.1).

Porción memorial: En hebreo *azkarah* —2.2, 9, 16; 5.12; 6.15; 23.24; 24.7— la porción memorial tomada de la ofrenda era una porción representativa que se quemaba en el altar en lugar de la cantidad entera. El resto se daba al sacerdote, como sustento por su ministerio. El término hebreo de *porción memorial* se relaciona con el verbo hebreo *zakar* que significa «recordar». Quiere decir que el que adora a Dios recuerda su carácter con gracia y generosidad, en especial porque Dios le recuerda y le bendice.

Sangre: En hebreo *dam* —1.5; 3.17; 4.7; 8.15; 9.9; 16.18; 17.10; 20.11— relacionado con el término hebreo *adom* que significa «rojo» (Gn 25.30) y hace referencia a la sangre. Podría tratarse de sangre de animales (Éx 23.18) o de seres humanos (Gn 4.10). La palabra *sangre* también puede representar la culpa de la persona como en la frase «su sangre será sobre él», significa decir que la persona es responsable de su propia culpa (20.9). El AT equipara *vida* con *sangre* (Gn 9.4; Dt 12.23), lo que ilustra de forma vívida la santidad de la vida humana (Gn 9.6). Según el NT «sin derramamiento de sangre no hay perdón» de pecado (He 9.22). Así, el énfasis sobre la sangre en los sacrificios del AT apuntaba a la sangre que derramaría Cristo, es decir, a la vida que él entregaría por nosotros (Ro 5.9; 1 Co 11.25, 26).

Jubileo: En hebreo *yobel* —25.9, 12, 30, 40, 54; 27.18–24— que significa literalmente «carnero» o «cuerno de carnero» (Éx 19.13; Jos 6.5). El término se relaciona con el Año del Jubileo en Lv 25.10 y Nm 36.4. El quincuagésimo año era de «jubileo» para los hebreos, marcado por el son de la trompeta (25.9). Durante ese año se mandaba a los israelitas a practicar la libertad: se cancelaban las deudas, se liberaba a los esclavos, la tierra descansaba y se redimía la propiedad familiar (25.10–17). El hecho de que Jesús citara Is 48.8, 9 parece indicar que equiparaba su ministerio en la tierra con los principios del Año del Jubileo (Lc 4.18, 19).

CARÁCTER DE DIOS EN LEVÍTICO

Dios es accesible: 16.12–15
Dios es glorioso: 9.6, 23
Dios es santo: 11.44–45
Dios se aíra: 10.2

Fiestas judías y Cristo cumpliendo las fiestas de Israel

Fiesta de	Mes en el calendario judío	Día	Mes al que corresponde	Referencias
Pascua	Nisán	14	marzo-abril	Éx 12.1–14; Mt 26.17–20
*Panes sin levadura	Nisán	15—21	marzo-abril	Éx 12.15–20
Primicias	Nisán o Siván	16 6	marzo-abril mayo-junio	Lv 23.9–14 Nm 28.26
*Pentecostés (cosecha o semanas)	Siván	6 (50 días después de la cosecha de cebada)	mayo-junio	Dt 16.9–12; Hch 2.1
Trompetas, Rosh Hashanah	Tishri	1, 2	septiembre-octubre	Nm 29.1–6
Día de la expiación, Yom Kippur	Tishri	10	septiembre-octubre	Lv 23.26–32; He 9.7
*Tabernáculos (tiendas o cosecha)	Tishri	15—22	septiembre-octubre	Neh 8.13–18; Jn 7.2
Dedicación (luces), Hanukah	Quisleu	25 (8 días)	noviembre-diciembre	Jn 10.22
Purim (suertes)	Adar	14, 15	febrero-marzo	Est. 9.18–32

*Las tres fiestas principales para las que se requería que todos los hombres de Israel viajaran al templo en Jerusalén (Éx 23.14–19).

Las fiestas (Lv 23)	Cumplimiento en Cristo
Pascua (marzo-abril)	Muerte de Cristo (1 Co 5.7)
Panes sin levadura (marzo-abril)	Perfección de Cristo (1 Co 5.8)
Primicias (marzo-abril)	Resurrección de Cristo (1 Co 15.23)
Pentecostés (mayo-junio)	Derramamiento del Espíritu de Cristo (Hch 1.5; 2.4)
Trompetas (septiembre-octubre)	Israel vuelve a ser reunido por Cristo (Mt 24.31)
Expiación (septiembre-octubre)	Sacrificio vicario de Cristo (Ro 11.26)
Tabernáculos (septiembre-octubre)	Reposo y reunión con Cristo (Zac 14.16–19)

RETOS DE INTERPRETACIÓN

Levítico es tanto un manual para la adoración de Dios en Israel como una teología del ritual del antiguo pacto. Un entendimiento claro de las ceremonias, leyes y detalles del ritual prescritos en el libro es difícil de poseer hoy día debido a que Moisés asumió cierto contexto de entendimiento histórico. Una vez que el reto de entender las prescripciones detalladas ha sido enfrentado, la pregunta emerge en cuanto a cómo los creyentes en la iglesia deben responder a ellas, debido a que el NT claramente abroga la ley ceremonial del AT (cp. Hch 10.1-16; Col 2.16, 17), el sacerdocio levítico (cp. 1 P 2.9; Ap 1.6; 5.10; 20.6) y el santuario (cp. Mt 27.51), como también instituye el nuevo pacto (cp. Mt 26.28; 2 Co 3.6-18; He 7—10). En lugar de tratar de practicar las ceremonias antiguas o buscar algún significado espiritual más profundo en ellas, el enfoque debe estar en la identidad santa y divina detrás de las mismas. Esta puede ser en parte la razón por la que las explicaciones que Moisés frecuentemente dio de las prescripciones para la limpieza ofrecen un mayor entendimiento de la mente de Dios que el que las ceremonias mismas ofrecen. Los principios espirituales en los que los rituales estaban arraigados son permanentes, porque están arraigados en la naturaleza de Dios. El NT afirma claramente que desde Pentecostés en adelante (cp. Hch 2), la iglesia está bajo la autoridad del nuevo pacto, no del antiguo (He 7—10).

BOSQUEJO

Levítico 1—16 explica cómo tener acceso personal a Dios a través de la adoración apropiada y Levítico 17—27 detalla cómo ser espiritualmente aceptable a Dios por medio de un andar obediente.

    I. **Leyes pertenecientes al sacrificio (1.1—7.38)**
        A. Legislación para los laicos (1.1—6.7)
            1. Ofrendas quemadas (cap. 1)
            2. Ofrendas de grano (cap. 2)
            3. Ofrendas de paz (cap. 3)
            4. Ofrendas por el pecado (4.1—5.13)
            5. Ofrendas por transgresión (5.14—6.7)
        B. Legislación para el sacerdocio (6.8—7.38)
            1. Ofrendas quemadas (6.8-13)
            2. Ofrendas de grano (6.14-23)
            3. Ofrendas por el pecado (6.24-30)
            4. Ofrendas por transgresión (7.1-10)
            5. Ofrendas de paz (7.11-36)
            6. Comentarios para concluir (7.37, 38)
    II. **Inicios del sacerdocio (8.1—10.20)**
        A. Ordenación de Aarón y sus hijos (cap. 8)
        B. Primeros sacrificios (cap. 9)
        C. Ejecución de Nadab y Abiú (cap. 10)
    III. **Prescripciones para la inmundicia (11.1—16.34)**
        A. Animales inmundos (cap. 11)
        B. Inmundicia al dar a luz (cap. 12)
        C. Enfermedades inmundas (cap. 13)
        D. Limpieza por enfermedades (cap. 14)
        E. Descargas inmundas (cap. 15)
        F. Purificación del tabernáculo de inmundicia (cap. 16)
    IV. **Guías para la santidad práctica (17.1—27.34)**
        A. Sacrificio y alimento (cap. 17)
        B. Conducta sexual apropiada (cap. 18)
        C. Conducta hacia el arójimo (cap. 19)

D. Crímenes capitales / graves (cap. 20)

E. Instrucciones para los sacerdotes (caps. 21, 22)

F. Festivales religiosos (cap. 23)

G. El tabernáculo (24.1–9)

H. Un relato de blasfemia (24.10–23)

I. Años sabáticos y de jubileo (cap. 25)

J. Exhortación a obedecer la ley: Bendiciones y maldiciones (cap. 26)

K. Redención de votos (cap. 27)

Mientras tanto, en otras partes del mundo...

Se desarrolla la cultura olmeca en México y comienza la construcción de la pirámide del sol en ese país.

Respuestas a preguntas difíciles

1. ¿Por qué tenía Dios tantas reglas específicas para los israelitas?

El propósito de Dios era crear un pueblo santo y separado (11.44–45). Sus vidas debían reflejar el carácter divino, en claro contraste con la conducta de las naciones vecinas. Debían obedecer las reglas de Dios aun cuando no entendieran necesariamente sus razones.

Al reflexionar en la historia, podemos ver que Dios tenía algunas razones para sus reglas. Uno de los descubrimientos interesantes sobre las reglas levíticas purificatorias es que se condicen con los parámetros más recientes de la higiene humana. Requerían precauciones muy parecidas a las que hoy ponen en práctica los profesionales de la salud para prevenir infecciones y contagio de enfermedades. Dios no le pedía a su pueblo que se condujera de manera dañina con ellos mismos.

2. ¿Qué significa la frase *tipo de Cristo* cuando se usa para describir a una persona o hecho en el AT?

Hay personas y prácticas que aparecen en el AT que nos sirven como indicios, claves e ilustraciones de lo que haría Jesucristo por medio de su vida, muerte y resurrección. En la mayoría de los casos las semejanzas o paralelos se destacan en el NT. Los siguientes hechos y prácticas prefiguran a Cristo, y algunos aparecen por primera vez en Levítico:

el arca: Génesis 7.16; 1 Pedro 3.20, 21

sacrificios propiciatorios: 16.15, 16; Hebreos 9.12, 24

la serpiente de bronce: Números 21.9; Juan 3.14, 15

el propiciatorio de oro: Éxodo 25.17–22; Romanos 3.25; Hebreos 4.16

el cordero pascual: Éxodo 12.3–6, 46; Juan 19.36; 1 Corintios 5.7

la vaca alazana: Números 19.2

la peña de Horeb: Éxodo 17.6; 1 Corintios 10.4

macho cabrío: 16.20–22
el tabernáculo: Éxodo 40.2, 34; Hebreos 9.11; Colosenses 2.9
velo del tabernáculo: Éxodo 40.21; Hebreos 10.20

3. ¿En qué medida debieran los creyentes de hoy someterse a las reglas que Dios le dio al pueblo de Israel?

El entendimiento del creyente en cuanto al AT ha de conformarse según Jesús y el NT. Jesús habló de ello cuando dijo: «No penséis que he venido para abrogar la ley o los profetas; no he venido para abrogar, sino para cumplir» (Mt 5.17).

En relación con la ley ceremonial del AT, el sacerdocio levítico y el santuario, el NT registra una cantidad de instancias acerca de cómo se cumplieron por medio de Jesús, trasladándose así al entendimiento y la práctica de la persona (Mt 27.51; Hch 10.1–16, Col 2.16, 17; 1 P 2.9; Ap 1.6; 5.10; 20.6). La institución misma del nuevo pacto en y por medio de Jesús (Mt 26.28; 2 Co 3.6–18; He 7–10) ubica al AT bajo una nueva luz.

El estudio más beneficioso de Levítico se enfoca en las verdades que contiene el entendimiento del pecado, la culpa, la muerte sustitutoria y la propiciación, señalando características que no se explican ni se ilustran en ningún otro lugar del AT. Más adelante los autores de las Escrituras y en especial del NT fueron apoyándose en el entendimiento básico de estos asuntos, tal como los presenta Levítico. Las características de los sacrificios que nos brinda Levítico apuntan a su cumplimiento único y supremo en la muerte sustitutoria de Jesucristo (He 9.11–22).

Otros temas de estudio en Levítico

1. ¿Cuántos tipos de sacrificios y ofrendas puede identificar en Levítico?
2. ¿Qué significa el término *santo* y de qué maneras se utiliza en Levítico?
3. ¿En qué aspectos contribuyen las leyes de Levítico a la vida saludable?
4. ¿Qué tipos de sacrificios y ofrendas forman parte de su relación con Dios?

NÚMEROS
Diario de la travesía por el desierto

TÍTULO

El título en español «Números» viene de las versiones griega (LXX) y latina (Vg.). Esta designación está basada en las numeraciones que son un enfoque importante de los caps. 1—4 y 26. El título hebreo más común viene de la quinta palabra en el texto hebreo de 1.1: «en el desierto de». Esta nombre es mucho más descriptivo del contenido total del libro, el cual relata la historia de Israel durante casi treinta y nueve años de dar vueltas en el desierto. Otro título hebreo, favorecido por algunos padres de la iglesia primitiva, está basado en la primera palabra en el texto hebreo de 1.1: «y Él habló». Esta designación enfatiza que el libro registra la Palabra de Dios para Israel.

Disposición de las tribus de Israel

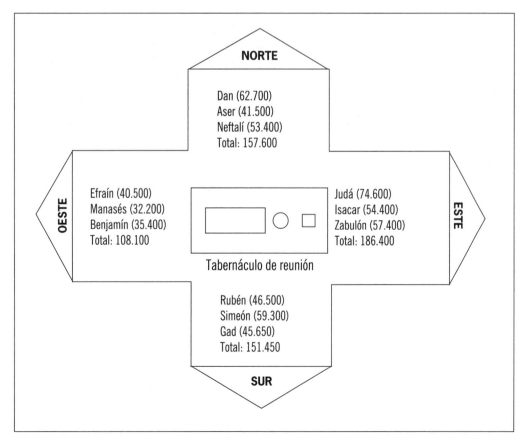

NORTE

Dan (62.700)
Aser (41.500)
Neftalí (53.400)
Total: 157.600

OESTE

Efraín (40.500)
Manasés (32.200)
Benjamín (35.400)
Total: 108.100

Tabernáculo de reunión

ESTE

Judá (74.600)
Isacar (54.400)
Zabulón (57.400)
Total: 186.400

Rubén (46.500)
Simeón (59.300)
Gad (45.650)
Total: 151.450

SUR

AUTOR Y FECHA

Los primeros cinco libros de la Biblia, llamados la ley, de la cual Números es el cuarto, son atribuidos a Moisés a lo largo de las Escrituras (Jos 8.31; 2 R 14.6; Neh 8.1; Mr 12.26; Jn 7.19). El libro de Números mismo se refiere a su escritura por parte de Moisés en el 33.2 y en el 36.13.

Números fue escrito en el año final de la vida de Moisés. Los acontecimientos del 20.1 hasta el final ocurren en el año número 40 después del éxodo. El relato termina con Israel establecido en el lado oriental del río Jordán al otro lado de Jericó (36.13), el cual es el lugar desde donde la conquista de la tierra de Canaán comenzó (Jos 3—6). El libro de Números debe ser fechado ca. 1405 a. C., debido a que es fundamental para el libro de Deuteronomio, y Deuteronomio está fechado en el onceno mes del año 40 después del éxodo (Dt 1.3).

CONTEXTO HISTÓRICO

La mayoría de los acontecimientos del libro se llevan a cabo «en el desierto». La palabra «desierto» es usada cuarenta y ocho veces en Números. Este término se refiere a la tierra que contiene poca vegetación o árboles, y debido a una escasez de lluvia, no puede ser cultivada. Esta tierra es mejor usada para alimentar a rebaños de animales. En el 1.1—10.10, Israel acampó en «el desierto en Sinaí». Fue en Sinaí donde el Señor había establecido el pacto mosaico con ellos (Éx 19—24). En 10.11—12.16, Israel viajó desde Sinaí a Cades. En 13.1—20.13, los acontecimientos se llevaron a cabo en y alrededor de Cades, el cual estaba localizado en «el desierto de Parán» (12.16; 13.3, 26), «el desierto de Zin» (13.21; 20.1). Del 20.14 al 22.1, Israel viajó de Cades a las «llanuras de Moab». Todos los acontecimientos del 22.2-36.13 ocurrieron mientras Israel estaba acampando en la planicie al norte de Moab. Esta planicie era un terreno de tierra llano y fértil en medio del desierto (21.20; 23.28; 24.1).

El libro de Números se concentra en acontecimientos que se llevan a cabo en los años dos y cuarenta después del éxodo.

> ## CRISTO EN... NÚMEROS
>
> EL NT SIGUE SIENDO UNA FUENTE que nos ayuda a entender la presencia de Cristo en el libro de Números. En el capítulo 21, versículos 4 a 9, el israelita que miraba la serpiente que levantó Moisés, sanaba. Juan lo describe como imagen de la crucifixión: «Y como Moisés levantó la serpiente en el desierto, así es necesario que el Hijo del Hombre sea levantado» (Jn 3.14). El maná que era el sustento del pueblo también ilustra a Cristo como Pan de Vida (Jn 6.31–33). Y la roca que le brindaba agua al pueblo también era un tipo de Cristo. La carta de Pablo a los corintios hace referencia a esta roca como «la roca espiritual que los seguía, y la roca era Cristo» (1 Co 10.4).

Todos los incidentes registrados en el 1.1—14.45 ocurren en el 1444 A.C., el año después del éxodo. Los incidentes a los que se hace referencia después del 20.1 ocurren ca. 1406 / 1405 A.C., el cuadragésimo año después del éxodo. Las leyes y los acontecimientos que se encuentran en el 15.1—19.22 no están fechados, pero probablemente todos deben ser fechados ca. 1443–1407 A.C. La falta de material dedicado a este período de treinta y siete años, en comparación con los otros años del viaje de Egipto a Canaán, muestra el desperdicio que estos años fueron debido a la rebelión por parte de Israel en contra del Señor y su juicio consecuente.

PERSONAS DESTACADAS EN NÚMEROS

Moisés: Gran profeta y líder que actuó como vocero de Dios para explicarle su ley a Israel (1.1, 19, 48; 5.1, 4, 5, 11 y más de doscientas referencias).

Números

Sacrificio: En hebreo *zebach* —6.17; 7.17, 29, 47, 59, 77; 15.3, 5, 8— del verbo que significa «matar un animal para la ofrenda». Según la ley de Moisés el sacerdote ofrecía sacrificios en representación de quien adoraba a Dios, quemándolos en el altar (Éx 20.24). Esos sacrificios podían ser con granos (las primicias de la cosecha) o animales. Los sacrificios de animales bajo la ley tenían una función primaria que era cubrir o expiar el pecado (Lv 22.21; He 9.22). El pecado de la persona simbólicamente se transfería al animal sacrificado brindando así una expiación temporal y sustitutoria que tenía que repetirse cada año dado que su efecto expiatorio solo era parcial (He 10.4). En última instancia, todos los sacrificios del AT apuntan al sacrificio de Cristo y son tipos de ese sacrificio definitivo y todo suficiente (Is 53; 1 Co 5.7; He 9.10).

Ungido: En hebreo *mashach* —3.3; 6.15; 7.1, 10, 84, 88; 35.25— verbo que significa «mojar o humedecer a una persona con aceite de olivo». Se ungía a reyes, sacerdotes y profetas en una ceremonia inaugural (8.12; 16.32; 2 S 2.4; 5.3; 1 R 19.15, 16). Ese ritual indicaba que la persona u objeto se había apartado para los propósitos especiales de Dios. Durante el éxodo se ungieron muchos objetos santos, incluido el tabernáculo. El aceite de la unción era una mezcla exquisita y muy costosa de aceite y especias (7.1). Era un aceite especial que simbolizaba la consagración del tabernáculo, sus muebles y sus accesorios, dedicándolos a Dios.

Voto: En hebreo *neder* —6.2, 21; 15.3; 21.2; 30.2–3, 9, 13— un voto. El voto a Dios es un compromiso voluntario para hacer algo que le agrade o para abstenerse de determinadas prácticas a fin de mostrar devoción a él. El voto nazareo es un claro ejemplo de ello en el AT (6.1–21). Las Escrituras amonestan al creyente a no hacer votos apresurados puesto que se hacen ante Dios, el Juez recto, justo y santo (Ec 5.4). La advertencia es porque el voto hecho ante Dios es vinculante y debe cumplirse.

Ancianos: En hebreo *zaqen* —11.16, 24, 25, 30; 16.25; 22.4, 7— término que significa «longevo» o «viejo». En el AT la palabra *anciano* se refiere a una persona anciana y débil (Gn 44.20; Job 42.17) o a una persona madura con autoridad dentro de la comunidad israelita (Éx 3.16; Jos 8.33). Los ancianos podían servir como jueces (Éx 18.12), consejeros (Ez 7.26) o autoridades (Dt 19.12; Rt 4.2). Era una posición de gran honor (Pr 31.23; Is 9.15). Además de la edad (la tradición hebrea establece que el anciano debía ser un hombre de al menos cincuenta años), el anciano tenía que demostrar su madurez temiendo a Dios, siendo honesto, sincero y no codicioso (Éx 18.21).

Aarón: Hermano de Moisés y primer sumo sacerdote de Israel (1.3, 17, 44; 2.1; 3.1–10; 12.1–5; 20.23–29).

María: Hermana de Moisés y Aarón, también compositora y profetisa; afectada por la lepra por sus celos de Moisés (12; 20.1; 26.59).

Josué: Sucesor de Moisés como líder de Israel; una de las únicas dos personas que vio el éxodo desde Egipto y la Tierra Prometida (11.28; 13; 14; 26.65; 27.15–23; 32.11, 12, 28; 34.17).

Caleb: Uno de los hombres enviados a ver cómo era la tierra de Canaán; fiel a Dios en su deseo de conquistar la tierra; una de las dos únicas personas que vieron el éxodo de Egipto y la Tierra Prometida (13—14; 26.65; 32.12; 34.19).

Eleazar: Hijo de Aarón que le sucedió como sumo sacerdote de Israel (3.1–4; 4.16; 16.36–40; 20.25–29; 26.1–4, 63; 27.2, 15–23; 32.2; 34.17).

Coré: Levita asistente en el tabernáculo; perdió la vida por haberse rebelado contra el Señor (16.1–40; 26.9).

Balaam: Profeta y hechicero que obedeció a Dios de mala gana; intentó llevar a Israel a adorar ídolos (22.1—24.25; 31.7, 8, 16).

Temas históricos y teológicos

Números relata las experiencias de dos generaciones de la nación de Israel. La primera generación participó en el éxodo de Egipto. Su historia comienza en Éxodo 2.23 y continúa a lo largo de Levítico y llega hasta los primeros 14 capítulos de Números. Esta generación fue censada para la guerra de conquista en Canaán (1.1–46). No obstante, cuando el pueblo llegó a la orilla sur de Canaán, se rehusó a entrar a la tierra (14.1–10). Debido a su rebelión en contra del Señor, todos los adultos de veinte años y mayores (a excepción de Caleb y Josué) fueron sentenciados a morir en el desierto (14.26–38). En los capítulos 15—25, la primera y la segunda generación empalman; la primera murió conforme la segunda llegó a la edad adulta. Un segundo censo del pueblo comenzó la historia de esta segunda generación (26.1–56). Estos israelitas fueron a la guerra (26.2) y heredaron la tierra (26.52–56). La historia de esta segunda generación, comenzando en Números 26.1, continúa a lo largo de los libros de Deuteronomio y Josué.

Tres temas teológicos sobresalen en Números. En primer lugar, el Señor mismo se comunicó con Israel a través de Moisés (1.1; 7.89; 12.6–8), por lo tanto, las palabras de Moisés tenían autoridad divina. La respuesta de Israel a Moisés reflejaba su obediencia o desobediencia al Señor. Números contiene tres divisiones claras basadas en la respuesta de Israel a la palabra del Señor: obediencia (caps. 1—10), desobediencia (caps. 11—25) y obediencia renovada (caps. 26—36). El segundo tema es que el Señor es el Dios de juicio. A lo largo de Números, la «ira» del Señor fue provocada en respuesta al pecado de Israel (11.1, 10, 33; 12.9; 14.18; 25.3, 4; 32.10, 13, 14). En tercer lugar, la fidelidad del Señor por guardar su promesa de dar a la simiente de Abraham la tierra de Canaán es recalcada (15.2; 26.52–56; 27.12; 33.50–56; 34.1–29).

Principales doctrinas en Números

Rebelión contra Dios: Como resultado de que Israel se asociaba con naciones paganas (14.26–38; Éx 34.6, 7; Jos 24.19; Sal 32.1–7; Os 10.9, 10; 2 Ts 2.3; Jud 1.14, 15).

Herencia de la tierra: Dios había asegurado la Tierra Prometida para su pueblo (16.14; 26.52–56; Lv 14.34; 1 Cr 28.8; Esd 9.10–12; Sal 16.5, 6; Joel 3.2; Col 1.11, 12; 1 P 1.4).

Autoridad divina otorgada a Moisés: Moisés hablaba las palabras de Dios y guiaba a Israel (1.1; 7.89; 12.6–8). Dios también les dio autoridad a otros profetas suyos (Jer 5.12, 13; 1 Co 1.10) y a Jesús (Mt 29; 9.6; Mr 6.12; Lc 10.22).

Pecado de Israel y juicio del Señor: Dios no tiene favoritos; el pecado de Israel exigía un castigo (11.1, 10, 33; 12.9; 14.18; 25.3, 4; 32.10, 13, 14; Lv 10.2; Dt 9.22; 2 R 1.12; Sal 78.21; 106.15; Jon 4.2; Jn 3.18, 19; Ro 5.9; 1 Jn 4.17, 18; Ap 20.11–15).

Fidelidad de Dios a su pacto: Dios permanece fiel aunque su pueblo sea infiel (15.2; 26.52–56; 27.12; 33.50–56; 34.1–29; Jos 11.23; 14.1).

Carácter de Dios en Números

Dios es paciente: 14.18

Dios es misericordioso: 14.18

Dios provee: 26.65

Dios es verdadero: 23.19

Dios se aíra: 11.1, 33; 12.9–10; 14.37, 40–45; 16.31, 35; 21.6; 25.9; 32.14

RETOS DE INTERPRETACIÓN

Cuatro retos de interpretación principales enfrentan al lector de Números. En primer lugar: ¿Acaso el libro de Números es un libro separado, o es parte de un todo literario más grande, el Pentateuco? Los libros bíblicos de Génesis, Éxodo, Levítico, Números y Deuteronomio forman la Torá. El resto de las Escrituras siempre ven a estos cinco libros como una unidad. El significado definitivo de Números no puede ser separado de su contexto en el Pentateuco. El primer versículo del libro habla del Señor, Moisés, el tabernáculo y el éxodo de Egipto. Esto da por sentado que el lector está familiarizado con los tres libros que preceden a Números. Aun así, todo manuscrito hebreo disponible divide al Pentateuco exactamente de la misma manera como lo hace este texto. En ellos el libro de Números es una unidad bien definida, con una integridad estructural propia. El libro tiene su propio principio, mitad y fin, aunque operando como parte de un todo. De esta manera, el libro de Números también debe ser visto con una identidad singular.

La segunda pregunta de interpretación es la siguiente: ¿Hay un sentido de coherencia en el libro de Números? Es claramente evidente que Números contiene una amplia variedad de materiales y formas literarias. En este libro se encuentran listados de genealogías, leyes, narraciones históricas, poesía, profecía y viajes. No obstante, todos están mezclados para contar la historia del viaje de Israel del Monte Sinaí a las llanuras de Moab. La coherencia de Números se refleja en el bosquejo que sigue.

Un tercer asunto tiene que ver con las grandes cifras para las tribus de Israel en el 1.46 y el 26.51. Estas dos listas de los hombres de guerra de Israel, tomadas a treinta y nueve años de tiempo, presentan una cifra de más de 600.000. Estas cifras demandan una población total para Israel en el desierto de alrededor de 2,5 millones de personas. Desde una perspectiva natural, este total parece demasiado elevado para el sustento de un número de personas tan grande en el desierto. No obstante, debe reconocerse que el Señor cuidó de Israel sobrenaturalmente durante cuarenta años (Dt 8.1–5). Por lo tanto, las grandes cifras deben ser aceptadas literalmente.

El cuarto reto de interpretación principal tiene que ver con el profeta pagano Balaam, cuya historia está registrada en el 22.2—24.25. Aunque Balaam decía conocer al Señor (22.18), las Escrituras coherentemente se refieren a él como un falso profeta (2 P 2.15, 16; Jud 11). El Señor usó a Balaam como su vocero para hablar las verdaderas palabras que Él colocó en su boca.

BOSQUEJO

 I. **La experiencia de la primera generación de Israel en el desierto (1.1—25.18)**
  A. La obediencia de Israel al Señor (1.1—10.36)
   1. La organización de Israel alrededor del tabernáculo del Señor (1.1—6.27)
   2. La orientación de Israel hacia el tabernáculo del Señor (7.1—10.36)
  B. La desobediencia de Israel al Señor (11.1—25.18)
   1. Las quejas de Israel en el viaje (11.1—12.16)
   2. La rebelión de Israel y sus líderes en Cades (13.1—20.29)
    a. La rebelión de Israel y las consecuencias (13.1—19.22)
    b. La rebelión de Moisés y Aarón y las consecuencias (20.1–29)
   3. La queja renovada por parte de Israel en el viaje (21.1—22.1)
   4. La bendición de Israel por parte de Balaam (22.2—24.25)
   5. La rebelión final de Israel con Baal-peor (25.1–18)

II. La experiencia de la segunda generación en las llanuras de Moab:
La obediencia renovada de Israel al Señor (26.1—36.13)
  A. Los preparativos para la conquista de la tierra (26.1—32.42)
  B. El repaso del viaje por el desierto (33.1–49)
  C. El deseo de conquistar la tierra (33.50—36.13)

Mientras tanto, en otras partes del mundo...
Los chinos empiezan a crear elaboradas esculturas con bronce.

Respuestas a preguntas difíciles

1. El tamaño de la población de Israel hace que surjan preguntas acerca de la precisión de las cifras de Números. ¿Vagó toda esa gente por el desierto? ¿Cómo sobrevivían? ¿Cómo se organizaban?

Dos veces se realizó un censo del pueblo de Israel durante la travesía por el desierto (1.46; 26.51). En ambos casos la cuenta total de los hombres aptos para la lucha fue de más de 600.000. Estas cifras indican que, en el desierto, el pueblo de Israel sumaba más o menos 2.500.000 personas, más allá del momento en que se hiciera el censo. Si se observa desde el punto de vista natural es una cantidad que parece demasiado elevada para las condiciones de vida en el desierto.

Pero antes de llegar a la conclusión de que Moisés infló los números hay que considerar varios factores. Ante todo, que el Señor cuidó sobrenaturalmente de Israel durante cuarenta años (Dt 8.1–5). Segundo, Dios les dio reglas sanitarias que impedían que hubiera crisis de salud, algo que podría haber sucedido bajo tales condiciones. Tercero, aunque Israel pasó cuarenta años en la travesía del desierto solo cambiaron de campamentos unas cuarenta veces. El hecho de pasar más o menos un año en cada lugar preservó algo de alimento para los animales a la vez que mantenía la contaminación humana a raya. Cada uno de los censos tenía como propósito dar cifras precisas del pueblo de Dios. Por eso hay que tomar los números tal y como los encontramos.

2. El capítulo 21, versículos 4 a 9, dice que hubo una invasión de serpientes ardientes que atacaban al pueblo. Dios le dijo a Moisés que creara una serpiente de bronce y la colgara de un poste. Los que eran mordidos por serpientes sanaban si miraban la serpiente de bronce. ¿Acaso no es eso cierta clase de idolatría?

Las circunstancias que desencadenaron lo de la serpiente de bronce eran muy conocidas. El pueblo estaba cansado, desalentado. Enojados con Dios, se quejaban ante Moisés. Estaban convencidos de que nada podía ser peor, pero Dios les mostró que sí podía serlo. Envió serpientes ardientes y murieron algunos israelitas en tanto que otros sufrieron dolor por las mordeduras. Al darse cuenta de su error el pueblo vino arrepentido ante Moisés y rogó que les ayudara. No adoraban a la serpiente de bronce, sino que actuaban con fe, obedeciendo las instrucciones de Dios y Moisés.

3. ¿Por qué se le presta tanta atención en el relato bíblico a un profeta pagano y codicioso como Balaam?

La historia de Balaam aparece en 22.2—24.25 y sí parece recibir especial atención. Aunque Balaam afirmaba conocer al Señor (22.18), las Escrituras siempre se refieren a él como falso profeta (2 P 2.15, 16; Jud 11). Aparentemente Dios le dio tal prioridad al mensaje que el carácter del mensajero pasó a segundo plano. El Señor usó a Balaam como vocero suyo para que pronunciara las palabras y verdades que él ponía en sus labios. Dios tenía un propósito con Balaam, a pesar de que el profeta pagano tenía sus propios planes.

4. ¿Qué han de pensar los lectores modernos sobre el asna de Balaam que habló (22.22–35)?

Se nos ocurren varias observaciones cuando se presenta una pregunta como esta. Ante todo, es una pregunta que supone que la gente de la antigüedad no tenía tantos problemas como nosotros con el tema de un burro que hablara. El incidente no aparece como algo común, sino como un hecho inusual, digno de notar. Segundo, uno puede también preguntarse por qué Dios no usó (o usa) animales que hablan con más frecuencia, porque muy probablemente nos fuera mejor a todos si lo hiciera. En tercer lugar, ¿por qué no reconocer el sentido del humor de Dios en este relato? Cuarto, Dios muestra paciencia y persistencia en hechos como este para provocar en nosotros una humilde adoración. Y, en quinto lugar, aunque pueda ser algo inusual, debemos aceptar el relato como verdadero.

OTROS TEMAS DE ESTUDIO EN NÚMEROS

1. ¿Qué consideraciones había tras el conteo de las personas durante la travesía del desierto?
2. ¿Qué hechos hicieron que Dios decidiera hacer que su pueblo quedara en el desierto por cuarenta años?
3. ¿De qué formas se rebelaron los israelitas contra Dios?
4. ¿Qué beneficios pueden haber resultado de los cuarenta años en el desierto?
5. ¿Qué principios se ilustran con la plaga de las serpientes ardientes en el desierto (21.4–9)?
6. ¿En qué aspectos ilustra el carácter de Dios el episodio con Balaam (22.2—24.25)?

DEUTERONOMIO
La gran revisión

TÍTULO

El título en español «Deuteronomio» se deriva de la mala traducción de la Septuaginta griega (LXX) en el 17.18, «copia de esta ley», como «segunda ley». El título hebreo del libro se traduce: «Estas son las palabras», de los primeros dos vocablos del libro en hebreo. El título hebreo es una mejor descripción del libro debido a que no es una «segunda ley», sino más bien el registro de las palabras de explicación de Moisés con respecto a la ley. Deuteronomio completa la unidad literaria de cinco partes llamada el Pentateuco.

AUTOR Y FECHA

Moisés ha sido tradicionalmente reconocido como el autor de Deuteronomio, debido a que el libro mismo testifica que Moisés lo escribió (1.1, 5; 31.9, 22, 24). Tanto el AT (1 R 2.3; 8.53; 2 R 14.6; 18.12) como el NT (Hch 3.22, 23; Ro 10.19) apoyan la afirmación de que Moisés lo escribió. Mientras que Deuteronomio 32.48—34.12 fue añadido después de la muerte de Moisés (probablemente por Josué), el resto del libro vino de la mano de Moisés poco antes de su muerte en el 1405 A.C.

La mayoría del libro está constituido por discursos de despedida que Moisés, quien tenía ciento veinte años de edad, les dio a Israel comenzando en el primer día del mes once del año 40 después del éxodo de Egipto (1.3). Estos discursos pueden ser fechados entre enero y febrero 1405 A.C. En las últimas semanas de la vida de Moisés, él escribió estos discursos y se los dio a los sacerdotes y ancianos para las generaciones venideras de Israel (31.9, 24–26).

CONTEXTO HISTÓRICO

Al igual que Levítico, Deuteronomio no avanza históricamente, sino que se lleva a cabo en su totalidad en un lugar en algo más de un mes (cp. Dt 1.3 y 34.8 con Jos 5.6–12). Israel había establecido su campamento en el valle central al este del río Jordán (Dt 1.1). En Números 36.13 se hace referencia a este lugar como «los campos de Moab», un área al norte del río Arnón cruzando el río Jordán desde Jericó. Habían pasado casi cuarenta años desde que los israelitas habían salido de Egipto.

El libro de Deuteronomio se concentra en acontecimientos que se llevaron a cabo en las semanas finales de la vida de Moisés. El acontecimiento principal fue la comunicación verbal de la revelación divina de Moisés al pueblo de Israel (1.1—30.20; 31.30—32.47; 33.1–29). Los únicos otros acontecimientos registrados fueron: (1) Moisés registrando la ley en un libro y su comisión a Josué como el nuevo líder (31.1–29); (2) la contemplación de la tierra de Canaán por parte de Moisés desde el Monte Nebo (32.48–52; 34.1–4); y (3) su muerte (34.5–12).

Los destinatarios originales de Deuteronomio, tanto en sus presentaciones verbales como escritas, fueron la segunda generación de la nación de Israel. Esa generación entera de cuarenta a sesenta años de edad (a excepción de Josué y Caleb, quienes eran mayores) había nacido en Egipto y participado como niños o jóvenes en el éxodo. Aquellos que tenían menos de cuarenta años de edad habían nacido y sido criados en el desierto. Juntos, constituían la generación que se encontraba a punto de conquistar la tierra de Canaán bajo Josué, cuarenta años después de que habían dejado Egipto (1.34–39).

PERSONAS DESTACADAS EN DEUTERONOMIO

Moisés: líder de Israel; aunque instruyó al pueblo sobre la ley de Dios no pudo entrar en la Tierra Prometida (capítulos 1—5; 27; 29; 31—34).

Josué: sucesor de Moisés, guió a Israel a la Tierra Prometida (1.37, 38; 3.21–28; 31.3–23; 32.44; 34.9).

TEMAS HISTÓRICOS Y TEOLÓGICOS

Al igual que Levítico, Deuteronomio contiene una gran cantidad de detalles legales, pero con un énfasis en el pueblo en lugar de los sacerdotes. Mientras Moisés llamaba a la segunda generación de Israel a confiar en el Señor y ser obediente a su pacto hecho en Horeb (Sinaí), ilustró sus puntos con referencias a la historia pasada de Israel. Él le recordó a Israel de su rebelión en contra del Señor en Horeb (9.7—10.11) y en Cades (1.26–46), lo cual trajo consecuencias devastadoras. Él también le recordó al pueblo la fidelidad del Señor al darle la victoria sobre sus enemigos (2.24—3.11; 29.2, 7, 8). Pero lo más importante fue que Moisés llamó al pueblo a tomar la tierra que Dios le había prometido bajo juramento a sus

> ## CRISTO EN… DEUTERONOMIO
>
> DEUTERONOMIO HABLA DIRECTAMENTE acerca de la venida de un nuevo profeta similar a Moisés: «Profeta de en medio de ti, de tus hermanos, como yo, te levantará Jehová tu Dios; a él oiréis» (18.15). Se interpreta a este profeta como el Mesías o Cristo tanto en el AT como en el NT (34.10; Hch 3.22, 23; 7.37).
>
> Moisés ilustra a un tipo de Cristo en diversos aspectos: (1) ambos salvaron sus vidas siendo bebés (Éx 2; Mt 2.13–23); (2) ambos actuaron como sacerdote, profeta y líder de Israel (Éx 32.31–35; He 2.17; 34.10–12; Hch 7.52; 33.4, 5; Mt 27.11).

ancestros Abraham, Isaac y Jacob (1.8; 6.10; 9.5; 29.13; 30.20; 34.4; cp. Gn 15.18–21; 26.3–5; 35.12). Moisés no solo miró atrás, él también miró hacia adelante y vio que el fracaso futuro de Israel en no obedecer a Dios lo llevaría a ser dispersado entre las naciones antes de que el cumplimiento de su juramento a los patriarcas se completara (4.25–31; 29.22—30.10; 31.26–29).

El libro de Deuteronomio, junto con Salmos e Isaías, revela mucho de los atributos de Dios. De esta manera, es directamente citado más de cuarenta veces en el NT (sobrepasado únicamente por Salmos e Isaías) con muchas más referencias a su contenido. Deuteronomio revela que el Señor es el único Dios (4.39; 6.4), y que Él es celoso (4.24), fiel (7.9), amoroso (7.13), misericordioso (4.31), sin embargo, provocado a ira por el pecado (6.15). Este es el Dios quien llamó a Israel para sí mismo. Más de doscientas cincuenta veces, Moisés repitió al pueblo la frase: «Jehová vuestro Dios». Israel fue llamado a obedecer (28.2), temer (10.12), amar (10.12) y servir (10.12) a su Dios al caminar en sus caminos y guardar sus mandamientos (10.12, 13). Al obedecer a Dios, el pueblo de Israel recibiría sus bendiciones (28.1–14). La obediencia y la búsqueda de santidad personal siempre están basadas en el carácter de Dios. Debido a quién es Él, su pueblo debe ser santo (cp. 7.6–11; 8.6, 11, 18; 10.12, 16, 17; 11.13; 13.3, 4; 14.1, 2).

PRINCIPALES DOCTRINAS EN DEUTERONOMIO

La Tierra Prometida de Israel (1.8; 6.10; 9.5; 29.13; 30.20; 34.4; Gn 12.7; 15.5; 22.17; Éx 33.1; Lv 18.24; Nm 14.23; 34.1–15; Jos 24.13; Sal 105.44; Tit 3.5).

La fidelidad del Señor al darle la victoria a Israel sobre sus enemigos (2.24—3.11; 29.2, 7, 8; Nm 21.3, 33, 34; Jos 1.7; 10.8–12; Jue 1.1–4; 1 R 2.3; Sal 18.43; Ro 8.37; 1 Co 15.54–57; 1 Jn 5.4).

Rebeldía de Israel contra el Señor (1.26–46; 9.7—10.11; Éx 14.11; Nm 14.1–4; Esd 4.19; Sal 106.24; Jer 5.6; Ez 18.31; Dn 9.24; 2 Ts 2.2; Jud 1.11, 15).

Dispersión de Israel como juicio de Dios (4.25–31; 29.22—30.10; 31.26–29; Lv 26.33; 1 R 14.15; Neh 1.8; Sal 106.25–27; Ec 3.5; Jer 9.15, 16; Am 9.8).

Santidad de Dios y su pueblo: Dios declara a Israel su pueblo escogido (7.6–11; 8.6, 11, 18; 10.12, 16, 17; 11.13; 13.3, 4; 14.1, 2; Éx 19.5–6; Pr 10.22; Am 3.2; Mi 6.8; Mt 22.37; Ro 12.1; 1 Ti 1.5; 1 P 2.9).

EL CARÁCTER DE DIOS EN DEUTERONOMIO

Dios es accesible: 4.7

Dios es eterno: 33.27

Dios es fiel: 7.9

Dios es glorioso: 5.24; 28.58

Dios es celoso: 4.24

Dios es justo: 10.17; 32.4

Dios es amoroso: 7.7, 8,13; 10.15, 18; 23.5

Dios es misericordioso: 4.31; 32.43

Dios es poderoso: 3.24; 32.39

Dios cumple las promesas: 1.11

Dios provee: 8.2, 15, 18

Dios es justo: 4.8

Dios es verdadero: 32.4

Dios es sin igual: 4.35; 33.26

Dios es uno: 4.32–35, 39, 40; 6.4, 5; 32.39

Dios es sabio: 2.7

Dios se aíra: 29.20, 27, 28; 32.19–22

RETOS DE INTERPRETACIÓN

Tres retos de interpretación enfrentan al lector de Deuteronomio. En primer lugar: ¿Es el libro un registro aislado o únicamente es parte del todo literario, el Pentateuco? El resto de las Escrituras siempre ven al Pentateuco como una unidad, y el significado definitivo de Deuteronomio no puede ser divorciado de su contexto en el Pentateuco. El libro también supone que el lector ya está familiarizado con los cuatro libros que lo preceden; de hecho, Deuteronomio coloca el reflector de luz en todo lo que había sido revelado de Génesis a Números, como también sus implicaciones para el pueblo conforme entrara en la tierra. No obstante, todo manuscrito hebreo disponible divide al Pentateuco exactamente de la misma forma que el texto presente lo hace, indicando que el libro es una unidad bien definida relatando los discursos finales de Moisés a Israel, y de esta manera también pudiera verse como un registro singular.

En segundo lugar: ¿Está basada la estructura de Deuteronomio en los tratados seculares del día de Moisés? Durante los últimos treinta y cinco años, muchos eruditos evangélicos han apoyado el hecho de que Moisés fue el autor de Deuteronomio al apelar a las semejanzas que hay entre la estructura del libro y la forma antigua del Oriente Medio de mediados del segundo milenio A.C. (el tiempo aproximado de Moisés). Estos tratados seculares de personas revestidas de autoridad suprema (p. ej., un gobernante dictando su voluntad a sus vasallos) siguieron un patrón establecido no usado a mediados del primer milenio A.C. Estos tratados normalmente contenían los siguientes elementos: (1) preámbulo: identificando a las partes del pacto; (2) prólogo histórico: una historia del trato del rey con sus vasallos; (3) estipulaciones generales y específicas; (4) testigos; (5) bendiciones y maldiciones; y (6) juramentos y ratificación del pacto. Se cree que Deuteronomio se aproxima a esta estructura básica. Mientras que hay acuerdo en que el 1.1–5 es un preámbulo, 1.5—4.43 un prólogo histórico, y los caps. 27, 28 incluyen bendiciones y maldiciones, no hay consenso en como el resto de Deuteronomio encaja en esta estructura. Mientras que quizás hubo una renovación del pacto en las llanuras de Moab, esto ni es claramente explícito ni implícito en Deuteronomio. Es mejor tomar el libro por lo

PALABRAS CLAVE EN

Deuteronomio

Estatutos: En hebreo *choq* —4.1, 14; 5.1; 6.1; 7.11; 10.13; 16.12; 28.15; 30.16— transmite distintos significados en el AT, incluyendo el de un verbo que quiere decir «decretar» o «inscribir» (Pr 8.15; Is 10.1; 49.16). Suele referirse a mandamientos, ordenanzas civiles, prescripciones legales y leyes rituales decretadas por una autoridad, ya sea humana (Mi 6.16) o por Dios mismo (6.1). La ley de Moisés incluye mandamientos (*miswah*), juicios (*mispat*) y estatutos (*choq*) (4.1–2). Israel tenía la responsabilidad de obedecer los estatutos de Dios y se habían comprometido a hacerlo (26.16–17).

Jurar: En hebreo *shaba* —6.13; 7.8; 10.20; 13.17; 19.8; 29.13; 31.7— el verbo que se traduce como *jurar* se relaciona con el término utilizado para el número siete. En efecto, el verbo significa «vincularse plenamente», es decir, «siete veces». En la antigüedad los juramentos se consideraban sagrados. El que prometía ser fiel a su palabra lo hacía más allá del costo personal. El AT describe a Dios jurando (Gn 24.7; Éx 13.5). No estaba obligado a hacerlo, no necesitaba jurar para asegurar que cumpliría con su palabra. Más bien, su juramento buscaba darle a su pueblo la certeza de que sus promesas eran absolutamente confiables.

Adoración: En hebreo *shachah* —4.19; 8.19; 11.16; 26.10; 30.17— es una palabra hebrea común que literalmente significa «postrarse». En la antigüedad, la persona caía postrada ante alguien que tenía una posición superior. Se inclinaban ante un rey para expresar sumisión total a su gobierno. Siguiendo el ejemplo de la fe de los antiguos la adoración cristiana sincera también debe expresar más que el amor por Dios. También expresará sumisión a su voluntad.

Maldecir: En hebreo *arar* —7.26; 13.17; 27.15, 20, 23; 28.16, 19— significa literalmente «vincular con una maldición». La maldición es lo opuesto a la bendición. Desea o ruega porque una persona u objeto sufra daño, injuria, enfermedad. Dios maldijo a la serpiente y al suelo tras el pecado de Adán y Eva (Gn 3.14, 17). Jeremías, desesperanzado, maldijo al hombre que había dado la noticia de su nacimiento (Jer 20.14–15). La seriedad del pacto de Dios con su pueblo se ilustra mediante la amenaza de maldición para quien lo viole (28.60–61). En el NT, Pablo enseña que Jesucristo se convirtió en «maldición» por nosotros para que pudiéramos ser libres de las maldiciones de la ley (Gá 3.13).

que dice ser: «La explicación de la ley dada por Moisés para la nueva generación». La estructura sigue los discursos dados por Moisés. Vea el Bosquejo.

En tercer lugar: ¿Cuál fue el pacto hecho en la tierra de Moab (29.1)? La opinión de la mayoría propone que este pacto fue una renovación del pacto sinaítico hecho casi cuarenta años antes con la primera generación. Aquí Moisés al parecer actualizó y renovó este mismo pacto con la segunda generación de Israel. La segunda posición ve este pacto como un pacto palestino el cual garantiza a la nación de Israel el derecho a la tierra, tanto en ese entonces como en el futuro. Una tercera posición es que en los caps. 29, 30 Moisés esperaba el nuevo pacto, debido a que Israel no guardaría el pacto sinaítico. La tercera posición parece ser la mejor.

BOSQUEJO

I. **Introducción: El contexto histórico de los discursos de Moisés (1.1–4)**

II. **El primer discurso de Moisés: Un prólogo histórico (1.5—4.43)**
- A. Un repaso histórico de los hechos misericordiosos de Dios desde Horeb hasta Bet-peor (1.5—3.29)
- B. Una exhortación a obedecer la ley (4.1–40)
- C. Tres ciudades de refugio son establecidas (4.41–43)

III. **El segundo discurso de Moisés: Las estipulaciones del pacto sinaítico (4.44—28.68)**
- A. Introducción (4.44–49)
- B. Los elementos básicos de la relación de Israel con el Señor (5.1—11.32)
  1. Los Diez Mandamientos (5.1–33)
  2. El compromiso total con el Señor (6.1–25)
  3. Separación de los dioses de otras naciones (7.1–26)
  4. Una advertencia en contra de olvidarse del Señor (8.1–20)
  5. Ilustraciones de la rebelión de Israel en el pasado (9.1—10.11)
  6. Una amonestación a temer y amar al Señor y obedecer su voluntad (10.12—11.32)
- C. Las estipulaciones específicas para la vida en la nueva tierra (12.1—26.29)
  1. Instrucciones para la adoración (12.1—16.17)
  2. Instrucciones para el liderazgo (16.18—18.22)
  3. Instrucciones para el orden social (19.1—23.14)
  4. Instrucciones de leyes misceláneas (23.15—25.19)
  5. Las primicias y los diezmos en la tierra (26.1–15)
  6. La afirmación de la obediencia (26.16–19)
- D. Las bendiciones y maldiciones del pacto (27.1—28.68)

IV. **El tercer discurso de Moisés: Otro pacto (29.1—30.20)**

V. **Los acontecimientos finales (31.1—34.12)**
- A. El cambio de liderazgo (31.1–8)
- B. La lectura futura de la ley (31.9–13)
- C. El canto de Moisés (31.14—32.47)
  1. La espera del fracaso de Israel (31.14–29)
  2. El testimonio del canto de Moisés (31.30—32.43)
  3. La comunicación del canto de Moisés (32.44–47)
- D. Los acontecimientos finales de la vida de Moisés (32.48—34.12)
  1. Las directrices para la muerte de Moisés (32.48–52)

2. La bendición de Moisés (33.1–29)
3. La muerte de Moisés (34.1–12)

Mientras tanto, en otras partes del mundo...
Etiopía se convierte en un poder independiente. En China florece la dinastía Chang.

REPUESTAS A PREGUNTAS DIFÍCILES

1. ¿Deuteronomio no es más que la versión de Moisés acerca de los pactos y tratados seculares de su época o representa una revelación singular de Dios?

El formato que Moisés usó para registrar no solo el material de Deuteronomio, sino también el resto del Pentateuco guarda cierta semejanza con otros documentos oficiales de una época de la historia en particular. El hecho ha sido utilizado por los historiadores para tratar de establecer la fecha del libro. También lo han utilizado los que cuestionan la singular revelación de Dios con el fin de afirmar que Moisés se remitió a copiar el estilo de otras naciones de su tiempo.

Las personas a las que Dios eligió para dejar registrada su revelación no reflejaban su personalidad, instrucción o estilo al escribir para Dios. Moisés había sido educado en Egipto, por lo cual era muy instruido, con educación avanzada, como un príncipe (Hch 7.22). Si pensamos en el Pentateuco como un registro de Moisés guiado por Dios durante la travesía del desierto no nos puede parecer inusual que su estilo guarde semejanza con los escritos oficiales y políticos de su época. Lo que sí distingue a los escritos de Moisés, y el resto de las Escrituras, no es tanto el estilo, sino el contenido inspirado por Dios y su autoridad.

OTROS TEMAS DE ESTUDIO EN DEUTERONOMIO

1. ¿Qué dice Moisés sobre las razones para revisar todo lo que había hecho Dios?
2. Según el capítulo 6, ¿cómo ha de preservar la ley cada generación?
3. ¿Qué relación había entre la ley y la Tierra Prometida?
4. ¿En qué aspectos se revela el amor de Dios a lo largo de este libro?
5. ¿Por qué murió Moisés sin poder entrar a la Tierra Prometida?

JOSUÉ
Valiente guerrero de Dios

TÍTULO

Este es el primero de los doce libros históricos, y obtuvo su nombre de las hazañas de Josué, el discípulo por quien Moisés oró y al que comisionó como líder de Israel (Nm 27.12–23). «Josué» quiere decir «Jehová salva», o «el Señor es salvación», y corresponde al nombre «Jesús» en el NT. Dios libró a Israel en el día de Josué cuando Él estuvo personalmente presente como el Jefe Salvador que peleó por Israel (5.14—6.2; 10.42; 23.3, 5; Hch 7.45).

AUTOR Y FECHA

Aunque el autor no es nombrado, el candidato más probable es Josué, quien era el testigo ocular clave de los acontecimientos registrados (cp. 18.9; 24.26). Un asistente al que Josué preparó pudo haber terminado el libro al incluir comentarios tales como los que tienen que ver con la muerte de Josué (24.29–33). Algunos han sugerido que esta sección fue escrita por el sumo sacerdote Eleazar, o su hijo, Finees. Rahab aún estaba viva en el tiempo cuando Josué 6.25 fue escrito. El libro fue terminado antes del reinado de David (15.63; cp. 2 S 5.5–9). El período más probable en el que se escribió es ca. 1405–1385 A.C.

Josué nació en esclavitud egipcia, fue adiestrado por Moisés, y por la decisión de Dios se levantó a su posición clave como guía de Israel en Canaán. Características distintivas de su vida incluyen: (1) servicio (Éx 17.10; 24.13; 33.11; Nm 11.28); (2) servicio como soldado (Éx 17.9–13); (3) exploración (Nm 13, 14); (4) súplica por parte de Moisés (Nm 27.15–17); (5) la soberanía de Dios (Nm 27.18ss); (6) la presencia del Espíritu (Nm 27.18; Dt 34.9); (7) separación por parte de Moisés (Nm 27.18–23; Dt 31.7, 8, 13–15); y (8) carencia de egoísmo al seguir de manera total al Señor (Nm 32.12).

CONTEXTO HISTÓRICO

Cuando Moisés pasó el liderazgo a Josué antes de morir (Dt 34), Israel estaba al final de su travesía de un período de cuarenta años por el desierto ca. 1405 A.C. Josué estaba llegando a los noventa años de edad cuando se convirtió en el líder de Israel. Él murió a la edad de ciento diez años (24.29), habiendo guiado a Israel a expulsar a la mayoría de los cananeos y habiendo dividido la tierra entre las doce tribus. Estando en las llanuras de Moab, al este del río Jordán y la Tierra Prometida (Gn 12.7; 15.18–21), los israelitas esperaban la dirección de Dios para conquistar la Tierra Prometida. Ellos enfrentaron a pueblos en el lado occidental del Jordán que se habían sumergido tanto en la iniquidad que Dios haría que la tierra, por decirlo así, vomitara a estos habitantes (Lv 18.24, 25). Él le daría a Israel la tierra por conquista, primordialmente para cumplir el pacto que le había dado a Abraham y sus descendientes, pero también para juzgar justamente a los habitantes pecaminosos (cp. Gn 15.16). La posesión por mucho tiempo atrás de diferentes secciones de la tierra por parte de varios pueblos se remontaba a antes de la época de Abraham

La conquista de Canaán

Las campañas del centro y el sur

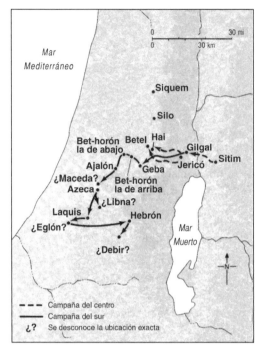

La campaña del norte

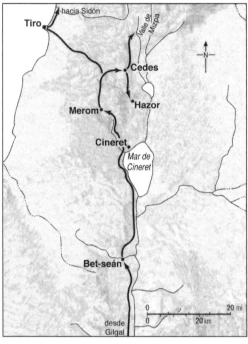

Los primeros diez capítulos de Josué describen la invasión de la Tierra Prometida y la conquista de sus regiones del centro y el sur.

Después de conquistar el centro y el sur de Canaán, Josué dirigió sus fuerzas hacia el norte hasta Hazor.

(Gn 10.15–19; 12.6; 13.7). Sus habitantes habían continuado en un declive moral adorando a muchos dioses hasta el tiempo de Josué.

PERSONAS DESTACADAS EN JOSUÉ

Josué: Guió a Israel a poseer la Tierra Prometida (1—24).

Rahab: Prostituta de Jericó que se salvó de morir debido a su obediencia a Dios; ancestro de David y Jesús (2; 6.17, 22, 23,25).

Acán: Desobedeció a Dios al robar del botín de Jericó; fue la causa de que Israel perdiera la batalla contra Hai; fue apedreado como castigo (7; 22.20).

Finees: Sacerdote e hijo de Eleazar; actuó como intermediario entre las tribus de Israel para impedir la guerra civil (22.13, 31–34; 24.33).

Eleazar: Hijo de Aarón; le sucedió como sumo sacerdote; ayudó a Josué a liderar a Israel (14.1; 17.4; 19.51; 21.1–3; 22.13–33; 24.33).

TEMAS HISTÓRICOS Y TEOLÓGICOS

Una característica clave es la fidelidad de Dios en cumplir su promesa de darle la tierra a los descendientes de Abraham (Gn 12.7; 15.18–21; 17.8). Por su guía (cp. 5.14—6.2), habitaron los territorios al este y el oeste del Jordán, y así la palabra «poseer» aparece casi veinte veces.

Relacionado a este tema se encuentra el fracaso de Israel al no llevar su conquista a toda la tierra (13.1). Jueces 1—2 más tarde describe los resultados trágicos de este pecado. Los versículos clave se enfocan en: (1) la promesa de Dios de posesión de la tierra (1.3, 6); (2) la meditación en la ley de Dios, lo cual era estratégico para su pueblo (1.8); y (3) la posesión parcial de la tierra por parte de Israel (11.23; 21.45; 22.4).

La distribución específica de distintas porciones en la tierra era la tarea de Josué, como se registra en los caps. 13 al 22. Se colocaron levitas estratégicamente en cuarenta y ocho ciudades para que los servicios espirituales de Dios a través de ellos estuvieran razonablemente dentro del alcance de los israelitas, independientemente del lugar en el que se encontraran.

Dios quería que su pueblo poseyera la tierra: (1) para guardar su promesa (Gn 12.7); (2) para preparar los acontecimientos que más tarde se llevarían a cabo en el plan de su reino (cp. Gn 17.8; 49.8–12), esto es, colocar a Israel en la posición adecuada durante los períodos de los reyes y profetas; (3) para castigar a pueblos que eran una afrenta para Él debido a la pecaminosidad extrema (Lv 18.25); y (4) a fin de ser un testimonio para otros pueblos (Jos 2.9–11), conforme al propósito principal del pacto de Dios alcanzaba a todas las naciones (Gn 12.1–3).

La preparación de Josué para el ministerio

1. Éx 17.9, 10, 13–14	Josué guió la batalla victoriosa contra los amalecitas.
2. Éx 24.13	Josué, el siervo de Moisés, acompañó al líder judío al monte de Dios (cp. 32.17).
3. Nm 11.28	Josué fue el ayudante de Moisés desde su juventud.
4. Nm 13.16	Moisés cambió su nombre de Oseas («salvación») a Josué («el Señor salva»).
5. Nm 14.6–10, 30, 38	Josué, junto con Caleb, espió la tierra de Canaán con otros diez. Solo Josué y Caleb instaron a la nación a poseer la tierra. De los 12 espías, únicamente ellos entraron a Canaán.
6. Nm 27.18	El Espíritu Santo moró en Josué.
7. Nm 27.18–23	Josué fue comisionado para el servicio espiritual por primera vez, para ayudar a Moisés.
8. Nm 32.12	Josué siguió al Señor de manera total.
9. Dt 31.23	Josué fue comisionado por segunda vez, para sustituir a Moisés.
10. Dt 34.9	Josué fue lleno del espíritu de sabiduría.

PRINCIPALES DOCTRINAS EN JOSUÉ

Fidelidad de Dios al darle la Tierra Prometida a los descendientes de Abraham (5.14—6.2; 11.23; 21.45; 22.4; Gn 12.7; 15.18–21; 17.8; Éx 33.2; Nm 34.2–15; Dt 12.9, 10; 25.19; He 4.8).

CARÁCTER DE DIOS EN JOSUÉ

Dios es santo: 24.19

Dios es celoso: 24.19

Dios cumple sus promesas: 22.4; 23.14

Dios provee: 7.14; 21.45

Dios se aíra: 10.25; 23.16

RETOS DE INTERPRETACIÓN

Los milagros siempre retan a los lectores a creer que el Dios que creó el cielo y la tierra (Gn 1.1) puede hacer otras obras poderosas también, o a explicarlos de tal manera que les quiten la identidad milagrosa. Tal como en el día de Moisés, los milagros en este libro fueron parte del propósito de Dios, tales como: (1) su retención de las aguas del Jordán (Jos 3.7–17); (2) la caída de los muros de Jericó (Jos 6.1–27); (3) las piedras de granizo (Jos 10.1–11); y (4) el día largo (Jos 10.12–15).

Otros retos incluyen: (1) ¿cómo se relaciona la bendición de Dios sobre la ramera Rahab, quien le respondió con fe, con el hecho de que ella mintió (Jos 2)?; (2) ¿por qué fueron ejecutados con Acán los miembros de su familia (Jos 7)?; (3) ¿por qué fue Hai, con menos hombres que Israel, difícil de conquistar (Jos 7—8)?; (4) ¿qué quiere decir que Dios envió delante de Israel «tábanos» (Jos 24.12)? Esta descripción, que también aparece en Éx 23.28, es un ejemplo de cómo Dios lucha por Israel (23.3, 5, 10, 18). Una fuerza tan asombrosa hizo huir al enemigo, como solo los temidos tábanos o avispas podrían hacerlo (Dt 7.20, 21).

CRISTO EN... JOSUÉ

AUNQUE ESTE LIBRO NO CONTIENE una profecía explícita sobre Cristo como Mesías, Josué representa un tipo de Cristo tanto por su nombre como por sus acciones. El nombre *Yeshua* representa el apelativo hebreo de Josué. El nombre, que significa «Jehová es salvación», también se traduce como «Jesús». En un momento Josué recibió la visión de un «Príncipe del ejército de Jehová» (5.13, 14). Este príncipe representa a Cristo (antes de su encarnación como hombre) y fue él quien guió a Josué, comandante del ejército de Israel, a la victoria sobre los cananeos.

BOSQUEJO

    I. Al entrar en la Tierra Prometida (1.1—5.15)
    II. Al conquistar la Tierra Prometida (6.1—12.24)
        A. La campaña central (6.1—8.35)
        B. La campaña del sur (9.1—10.43)
        C. La campaña del norte (11.1—15)
        D. El resumen de conquistas (11.16—12.24)
    III. Al distribuir porciones en la Tierra Prometida (13.1—22.34)
        A. Resumen de instrucciones (13.1–33)
        B. Oeste del Jordán (14.1—19.51)
        C. Ciudades de refugio (20.1–9)
        D. Ciudades de los levitas (21.1–45)
        E. Este del Jordán (22.1–34)
    IV. Al retener la Tierra Prometida (23.1—24.28)
        A. El primer discurso por parte de Josué (23.1–16)
        B. El segundo discurso por parte de Josué (24.1–28)
    V. Reflexión final (24.29–33)

RESPUESTAS A PREGUNTAS DIFÍCILES

1. ¿De qué modo podemos entender el carácter de Dios, tal como lo revela el resto de las Escrituras, en comparación con su cruel mandato de destruir por completo ciudades y pueblos en la conquista de la Tierra Prometida?

PALABRAS CLAVE EN

Josué

Piedra: En hebreo, *eben* —4.3, 5, 9, 20; 7.25; 8.31; 10.11, 18. Las piedras o rocas que había en el paisaje del antiguo Medio Oriente se utilizaban de distintas formas. Servían como material de construcción para casas, murallas y fortificaciones (1 R 5.17; 2 R 12.12). Se usaban para propósitos religiosos, para elevar pilares sagrados (Gn 35.14) y altares (Dt 27.5). También se apilaban como memoriales que marcaban lugares de revelación divina (Gn 28.18, 22) o de algún hecho importante en la vida de una persona (Gn 31.46) o nación (4.6). Como la piedra se usaba comúnmente como fundamento para una estructura, a Dios se le llamaba «Roca de Israel» (Gn 49.24). Pero Isaías también describió al Señor como «piedra para tropezar» para aquellos israelitas que le rechazaron (Is 8.14). Estas mismas imágenes se aplicaron a Jesucristo en el NT (Is 28.16; 1 P 2.4–8).

Trompeta: En hebreo *shophar* —6.5, 8, 9, 13, 16, 20— cuerno de animal (de un carnero o de macho cabrío) usado como trompeta (6.6; Jue 7.8). El término también puede hacer referencia a una trompeta de metal (Nm 10.2–10; 1 Cr 15.28; 2 Cr 15.14). El *shophar* era un instrumento para dar señales, utilizado en la guerra (Jue 3.27) y para reunir al pueblo en festivales religiosos como el Día de la Expiación (Lv 25.8; 2 S 6.5; Jl 2.1). El descenso de Dios al Monte Sinaí para revelar su ley se anunció con un toque de trompeta (Éx 19.20). Tanto el AT como el NT mencionan una trompeta que anuncia el día del Señor, el día en que el Señor vendrá en juicio (Sof 1.16; Mt 24.31).

Herencia: En hebreo *nachalah* —13.14, 33; 14.3; 17.4; 19.1, 9, 49; 21.3; 24.32— que significa «posesión» o «propiedad», vinculada a las promesas de Dios y en particular a las que tienen que ver con la Tierra Prometida (Gn 13.14–17). Utilizada en referencia a la Tierra Prometida no se refiere meramente a lo que legará una persona a sus hijos Más bien, Dios el Creador del mundo le otorgó a su pueblo una parcela de tierra específica. Fue él quien fijó sus límites y prometió liberarlos para que vivieran allí. Pero el concepto de la herencia de Israel va más allá de la simple relación con la tierra. Tanto David como Jeremías afirman que Dios mismo es la real herencia de su pueblo (Sal 16.5; Jer 10.16). El pueblo de Dios puede hallar gozo y plenitud en su relación con Dios. No hay nada que este mundo ofrezca como herencia que pueda compararse con Dios (1 P 1.4).

Reposo: En hebreo *shaqat* —1.13; 3.13; 10.20; 13.27; 17.2; 21.44; 22.4; 23.1— significa «estar en paz». El reposo implica estar libre de ansiedad y conflicto. Dios les prometió *reposo* a los israelitas en la Tierra Prometida (Éx 33.14; Dt 3.1–20; 12.9, 10). En el libro de Josué la idea del *reposo* se relaciona específicamente con los conflictos y hostilidades de Israel con sus vecinos. Dios le prometió a su pueblo un lugar de reposo donde se asentarían. La obtención de este reposo dependía de la completa obediencia de Israel al mandamiento divino de expulsar a los cananeos (11.23; 14.15). Los autores del NT también hablan del concepto del reposo. A los cristianos se nos dice que el cielo nos traerá reposo de la muerte, el dolor, el pecado y todos los demás problemas de la tierra (He 4.1; Ap 21.4).

Mientras tanto, en otras partes del mundo...

En Egipto el reinado pacífico de Amenhotep III mejora y amplía la cultura y el comercio egipcio (1420–1385 A.C.).

Cuando Josué dictó las órdenes para destruir Jericó, se hacía eco de los muy claros mandatos de Dios. Los pasajes como Éxodo 23.32, 33; 34.11–16 y Deuteronomio 7.1–5; 20.16–18 hacen que sea imposible suavizar o eludir la verdad de que Dios ordenó la destrucción de poblaciones enteras. No se trataba tan solo de soldados que mataban a soldados. Muchas de esas víctimas eran mujeres y niños. El desafío de quien estudia la Biblia con seriedad y humildad consiste en enfrentar esos horrores y las duras lecciones que enseñan sin tratar de hallar explicación para ello.

Si no sentimos creciente temor reverencial por la santidad de Dios y su justo juicio en cuanto al pecado, se esfumará nuestro entendimiento de la gracia y la misericordia de Dios. Si no reconocemos que Dios puede castigar —lo cual hace—, la posibilidad de la misericordia y el perdón no tiene peso. Si no intentamos ver todo el espectro de las acciones y el carácter de Dios, nos inclinaremos hacia lo que nos gusta o no nos gusta, y nos perderemos la relación que existe. Esas brechas en nuestra comprensión pueden llenarse en parte con la explicación bíblica.

El papel de Israel al aplicar el juicio de Dios no tenía nada que ver con la propia justicia de los israelitas. Si no fuera por la gracia de Dios, serían ellos muy probablemente los que habrían estado en el lugar de esos pueblos sentenciados a muerte: «No pienses en tu corazón cuando Jehová tu Dios los haya echado de delante de ti, diciendo: Por mi justicia me ha traído Jehová a poseer esta tierra; pues por la impiedad de estas naciones Jehová las arroja de delante de ti» (Dt 9.4.)

Dios podría haber usado la enfermedad, la hambruna, el fuego o el diluvio para limpiar la tierra, pero decidió utilizar al pueblo de Israel. Cuando ocurren terribles desastres naturales todos sufren. Resulta difícil aceptar que los niños corrieran la misma suerte que sus padres, pero así suele suceder. Y así fue, cuando Israel aplicó el juicio de Dios. ¿Fue injusto Dios al incluir a esos niños en el castigo? ¿O tienen responsabilidad los padres y líderes por arriesgar las vidas de los inocentes al rechazar a Dios? Algunas de esas interrogantes tendrán que resolverse más allá de la muerte, cuando ocurra el juicio final (He 9.27).

2. ¿Por qué bendijo Dios a Rahab y le dio un papel estelar en la historia a pesar de su mentira?

Dios no salvó la vida de Rahab debido a su mentira, sino porque tuvo fe en Dios. A Rahab se le dio la bendita oportunidad de ponerse del lado de Dios al proteger a dos espías israelitas, por lo que ella actuó dentro de las circunstancias en que se encontraba. Mintió con audacia, con ingenio. Tal vez su respuesta inicial no fue más que por hábito, por su profesión. Desde la perspectiva del rey de Jericó, Rahab sería culpable de traición, no solo por haber mentido. Demostraba una nueva lealtad, pero no sabía todavía que ese Dios en quien ahora quería confiar tenía reglas en cuanto a las mentiras.

El cambio drástico en la vida de Rahab cuando esos espías golpearon a su puerta se puede ver de diversas formas. Arriesgó su vida para confiar en Dios. El libro de Rut revela también que Rahab se casó y fue tatarabuela del rey David, y ancestro de Jesús. Siglos después Rahab, por su fe, aparecería entre las mujeres de la lista de Hebreos 11.

3. ¿Cómo se relaciona con nosotros la victoria garantizada que Dios le dio a Josué?

El libro de Josué comienza cuando Dios le da la comisión al nuevo líder de Israel. Dios describe la misión de Josué: entrar y tomar posesión de la tierra (1.2–6). Dios hizo que el éxito de Josué dependiera de tres factores clave: (1) la presencia de Dios mismo (1.5); (2) la fuerza y el coraje personal de Josué (1.7, 9); y (3) la atención de Josué a la Palabra de Dios y su aplicación (1.7, 8).

El proceso de la meditación bíblica comienza con una lectura atenta y detallada de la Palabra de Dios. Después pasa a la familiarización y la memorización. Y luego «de día y de noche meditarás» en ella (Jos 1.8). Josué tuvo que pasar tiempo suficiente estudiando el libro de la ley como para que este pasara a formar parte de él. El propósito de la Palabra de Dios se logra cuando la meditación nos lleva a la aplicación: «para que guardes y hagas conforme a todo lo que en él está escrito» (1.8).

«Porque entonces harás prosperar tu camino, y todo te saldrá bien» (1.8), le dijo Dios a Josué. Este halló que la medida suprema de la prosperidad y el éxito estaba en saber de qué modo quiere Dios que viva su pueblo y entonces vivir así. Dios le aseguró a Josué varias veces que estaría con él «dondequiera que vayas». ¿Qué mayor medida de éxito podría haber, que la de honrar al Dios omnipresente con nuestra obediencia?

OTROS TEMAS DE ESTUDIO EN JOSUÉ

1. ¿Qué características de Josué le hacían ser un líder excelente para Israel?
2. ¿Cuáles fueron los mayores desafíos de Josué en su papel de líder?
3. Repase Números 13—14 y compare las actitudes y las acciones del pueblo con la siguiente generación, que en Josué 1—2 se acerca a la Tierra Prometida.
4. ¿En qué formas cumplió Dios sus promesas a Israel a través de Josué?
5. ¿De qué manera aplicaría Josué 24.15 a su vida?

JUECES

Siervos escogidos para tiempos difíciles

TÍTULO

El libro lleva el nombre que es apropiado de «Jueces», el cual se refiere a líderes que Dios le dio a su pueblo para la preservación en contra de sus enemigos (2.16–19). El título hebreo quiere decir «libertadores» o «salvadores», como también jueces (cp. Dt 16.18; 17.19; 19.17). Doce de estos jueces se levantaron antes de Samuel; después Elí y Samuel elevaron la cuenta a catorce. Dios mismo es el Juez más alto (11.27). Jueces cubre unos trescientos cincuenta años desde la conquista de Josué (ca. 1398 A.C.) hasta que Elí y Samuel juzgaron antes del establecimiento de la monarquía (ca. 1043 A.C.).

AUTOR Y FECHA

Ningún autor se menciona en el libro, pero el Talmud judío identifica a Samuel, quien fue un profeta clave que vivió durante el tiempo en el que se llevaron a cabo estos acontecimientos, y probablemente pudo haber resumido la época (1 S 10.25). El tiempo fue antes de la captura de Jerusalén por parte de David ca. 1004 A.C. (2 S 5.6, 7) debido a que los jebuseos aún controlaban el lugar (Jue 1.21). Además el escritor se enfoca en una etapa en la que todavía no había rey en Israel (17.6; 18.1; 21.25). Debido a que Saúl comenzó su reinado alrededor del 1043 A.C., poco después de que su reinado comenzara es probable que se escribiera Jueces.

CRISTO EN... JUECES

EL LIBRO DE JUECES SIGUE al pueblo de Israel a lo largo de siete períodos de completa rebeldía contra Dios. Durante cada uno de esos períodos surgen jueces específicos, como liberadores y salvadores del pueblo que ha caído. Esos jueces ilustran a Cristo como definitivo Salvador y Rey de su pueblo (Lc 2.11; Jn 4.42; Mr 15.2).

CONTEXTO HISTÓRICO

Jueces es la trágica continuación al libro de Josué. En Josué, el pueblo fue obediente a Dios al conquistar la tierra. En Jueces, fue desobediente, idólatra y frecuentemente resultó derrotado. Jueces 1.1—3.6 se enfoca en los últimos días del libro de Josué. Jueces 2.6–9 da un repaso de la muerte de Josué. El relato describe siete ciclos distintos de la desviación de Israel del Señor, comenzando desde antes de la muerte de Josué y más adelante llegando a la apostasía. Cinco razones básicas son evidentes, que dan lugar a estos ciclos de declive moral y espiritual de Israel:

1. desobediencia al no echar a los cananeos de la tierra (1.19, 21, 35)
2. idolatría (2.12)
3. matrimonios con cananeos impíos (3.5–6)
4. no obedecer a los jueces (2.17)
5. dejar a Dios después de la muerte de los jueces (2.19).

Una secuencia de cuatro partes se repitió varias veces en esta fase de la historia israelita:

1. Israel dejó a Dios
2. Dios los disciplinó al permitir que fueran derrotados y subyugados por otros pueblos
3. Israel ruega por su liberación
4. Dios levantaba «jueces», ya fueran civiles o en algunas ocasiones héroes militares, que guiaban a Israel en la victoria en contra de sus opresores.

Catorce jueces se levantaron, seis de ellos jueces militares (Otoniel, Aod, Débora, Gedéon, Jefté y Sansón). Dos hombres tuvieron una importancia especial en liderazgo espiritual y así hicieron un contraste: (1) Elí, juez y sumo sacerdote (no un buen ejemplo); y (2) Samuel, juez, sacerdote y profeta (un buen ejemplo).

Jueces de Israel

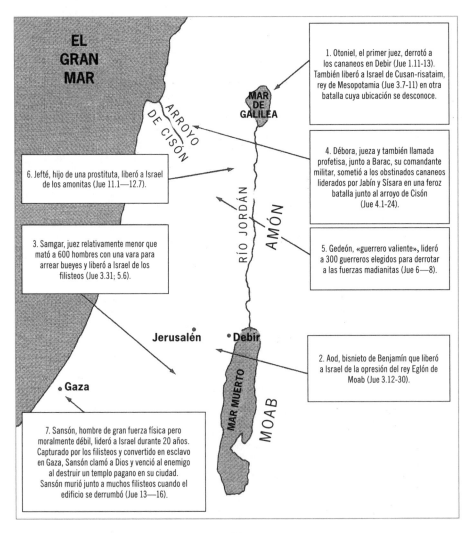

EL GRAN MAR

MAR DE GALILEA

ARROYO DE CISÓN

RÍO JORDÁN

AMÓN

Jerusalén

Debir

Gaza

MAR MUERTO

MOAB

1. Otoniel, el primer juez, derrotó a los cananeos en Debir (Jue 1.11-13). También liberó a Israel de Cusan-risataim, rey de Mesopotamia (Jue 3.7-11) en otra batalla cuya ubicación se desconoce.

4. Débora, jueza y también llamada profetisa, junto a Barac, su comandante militar, sometió a los obstinados cananeos liderados por Jabín y Sísara en una feroz batalla junto al arroyo de Cisón (Jue 4.1-24).

6. Jefté, hijo de una prostituta, liberó a Israel de los amonitas (Jue 11.1—12.7).

3. Samgar, juez relativamente menor que mató a 600 hombres con una vara para arrear bueyes y liberó a Israel de los filisteos (Jue 3.31; 5.6).

5. Gedeón, «guerrero valiente», lideró a 300 guerreros elegidos para derrotar a las fuerzas madianitas (Jue 6—8).

2. Aod, bisnieto de Benjamín que liberó a Israel de la opresión del rey Eglón de Moab (Jue 3.12-30).

7. Sansón, hombre de gran fuerza física pero moralmente débil, lideró a Israel durante 20 años. Capturado por los filisteos y convertido en esclavo en Gaza, Sansón clamó a Dios y venció al enemigo al destruir un templo pagano en su ciudad. Sansón murió junto a muchos filisteos cuando el edificio se derrumbó (Jue 13—16).

TEMAS HISTÓRICOS Y TEOLÓGICOS

Jueces es temático en lugar de ser cronológico. Entre sus temas principales encontramos el poder de Dios y la misericordia de pacto mostrada en la liberación de los israelitas de las consecuencias de sus fracasos, los cuales sufrieron por causa de su pecado (cp. 2.18–19; 21.25). En siete períodos de pecado a salvación (cp. «Bosquejo»), Dios compasivamente libró a su pueblo en todas las áreas geográficas de heredades pertenecientes a las tribus, las cuales Él les había dado antes a través de Josué (Jos 13—22). La apostasía cubría toda la tierra, como se indica por el hecho de que cada área está específicamente definida: sur (3.7-31); norte (4.1—5.31); central (6.1—10.5); oriental (10.6—12.15); y occidental (13.1—16.31). Su poder para rescatar fielmente brilla a la luz del oscuro trasfondo de terrible concesión humana y algunas veces giros horribles de pecado, como el resumen final (Jue 17—21). El último versículo (21.25) resume el relato: «En estos días no *había* rey en Israel; cada uno hacía *lo que* bien le parecía».

PERSONAS DESTACADAS EN JUECES

Otoniel: Primer juez de Israel; venció a un poderoso rey de Mesopotamia; trajo cuarenta años de paz a Israel (1.13-14; 3.7-11).

Aod: Segundo juez de Israel; trajo ochenta años de paz al contribuir a la conquista de los moabitas (3.15-31).

Débora: Profeta, única juez mujer de Israel; sucedió a Samgar como cuarto juez de Israel (4.4-16; 5).

Gedeón: Quinto juez de Israel; destruyó al ejército madianita (6—8).

Abimelec: Hijo malvado de Gedeón que se declaró rey de Israel; mató a setenta de sus medio hermanos (8.31—9.56).

Jefté: Juez de Israel y guerrero que conquistó a los amonitas (11.1—12.7).

Sansón: Dedicado a Dios como nazareo desde su nacimiento; también juez de Israel enviado para derrotar a los filisteos (13.24—16.31).

Dalila: Amante de Sansón que lo traicionó y entregó a los filisteos a cambio de dinero (16.4-21).

PALABRAS CLAVE EN

Jueces

Juez: En hebreo *shaphat* —2.16, 18; 10.2; 11.27; 12.9, 11; 15.20; 16.31— este término significa «librar» o «gobernar». Los jueces de Israel tenían muchas y variadas responsabilidades. Al igual que sus contrapartes de la modernidad, los jueces del Antiguo Testamento podían dirimir controversias y dictar sentencias o veredictos (Éx 18.16). Estos jueces también participaban en la aplicación de su juicio tanto al defender al justo (Sal 26.1) como al destruir al malvado (Éx 7.3). Muchos jueces eran líderes militares designados por Dios que, con el poder del Espíritu de Dios (6.34; 15.14), luchaban contra los opresores de Israel liberando así al pueblo. Más adelante el rey de Israel funcionó como juez nacional (1 S 8.5). En última instancia el perfecto juez de Israel es Dios. Solo él es capaz de juzgar impecablemente al malvado y liberar al justo (Isaías 11.4).

Acertijo: En hebreo *chidah* —14.12–19— significa «dicho misterioso» o «adivinanza». En la historia de Sansón se usa el acertijo en una competencia de ingenio. Proverbios le atribuye los acertijos al sabio (Pr 1.6). Cuando la reina de Sabá puso a prueba la sabiduría de Salomón, se describen sus preguntas con la misma palabra hebrea (1 R 10.1; 2 Cr 9.1). En la confrontación del Señor con María y Aarón, Dios se describe a sí mismo como hablando «en visiones» (utiliza la misma palabra en hebreo) a los profetas, pero a Moisés le habló cara a cara (Nm 12.6–8). Tal vez Pablo pensara en este último concepto cuando les advirtió a los de Corinto que hasta quien tuviera la capacidad de entender todos los misterios no tendría ni sería nada si no poseía el amor de Dios (1 Co 13.2).

Los jueces de Israel

Juez y tribu	Referencias en las Escrituras	Opresores	Período de opresión / descanso
(1) Otoniel (Judá) Hijo de Cenaz, hermano menor de Caleb	Jue 1.11–15; 3.1–11; Jos 15.16–19; 1 Cr 4.13	Cusan-risataim, rey de Mesopotamia	8 años / 40 años
(2) Aod (Benjamín) Hijo de Gera	Jue 3.12—4.1	Eglón, rey de Moab; amonitas; amalecitas	18 años / 80 años
(3) Samgar (quizás extranjero) Hijo de Anat	Jue 3.31; 5.6	filisteos	No dado / no dado
(4) Débora (Efraín), Barac (Neftalí) Hijo de Abinoam	Jue 4.1—5.31; He 11.32	Jabín, rey de Canaán; Sísara, capitán del ejército	20 años / 40 años
(5) Gedeón (Manasés) Hijo de Joás abiezerita. También llamado: Jerobaal (6.32; 7.1; 2 S 11.21)	Jue 6.1—8.32; He 11.32	madianitas; amalecitas; «pueblo del oriente»	7 años / 40 años
(6) Abimelec (Manasés) Hijo de Gedeón con una concubina	Jue 8.33—9.57; 2 S 11.21	Guerra civil	Abimelec gobernó a Israel 3 años
(7) Tola (Isacar) Hijo de Fúa	Jue 10.1, 2		Juzgó a Israel 23 años
(8) Jair (Galaad-Manasés)	Jue 10.3–5		Juzgó a Israel 22 años
(9) Jefté (Galaad-Manasés) Hijo de Galaad con una ramera	Jue 10.6—12.7; He 11.32	filisteos; amonitas; guerra civil con los hijos de Efraín	18 años / juzgó a Israel 6 años
(10) Ibzán (Judá o Zabulón) (Belén-Zabulón; cp. Jos 19.15)	Jue 12.8–10		Juzgó a Israel 7 años
(11) Elón (Zabulón)	Jue 12.11, 12		Juzgó a Israel 10 años
(12) Abdón (Efraín) Hijo de Hilel	Jue 12.13–15		Juzgó a Israel 8 años
(13) Sansón (Dan) Hijo de Manoa	Jue 13.1—16.31; He 11.32	filisteos	40 años / juzgó a Israel 20 años

PRINCIPALES DOCTRINAS EN JUECES

Misericordia de Dios al liberar a Israel (2.16, 18, 19; Dt 30.3; Jos 1.5; Sal 106.43–45; Lc 1.50; Ro 11.30–32; 2 Co 1.3; Ef 2.4).

Apostasía de Israel (3.7; 4.1; 6.1; 8.33; 10.6; 13.1; 21.25; Nm 31.1–3; Dt 32.18; 1 S 12.9; 1 R 11.33; Is 1.4; Ez 6.11–14; Jn 3.18–21; Ro 7.5, 6; Col 3.25; Tit 3.3).

EL CARÁCTER DE DIOS EN JUECES

Dios es justo: 5.11
Dios se aíra: 9.56

RETOS DE INTERPRETACIÓN

Los retos más interesantes son: (1) cómo ver los actos violentos de los hombres en contra de los enemigos o compatriotas, con la aprobación o sin la aprobación de Dios; (2) el uso de Dios de líderes que en algunas ocasiones hacen su voluntad y en otras siguen su propio impulso pecaminoso (Gedéon, Jefté, Sansón); (3) cómo ver el voto de Jefté y la ofrenda de su hija (11.3–40); y (4) cómo resolver la voluntad soberana de Dios con su obra providencial a pesar del pecado humano (cp. 14.4).

La cronología de los varios jueces en diferentes sectores de la tierra da lugar a preguntas de cuánto tiempo pasó y cómo los totales de tiempo pueden encajar en el período total desde el éxodo (ca. 1445 A.C.) hasta el cuarto año de Salomón, ca. 967–966 A.C., el cual se dice ser de cuatrocientos ochenta años (1 R 6.1; vea Jue 11.26 y la nota). Una explicación razonable es que las liberaciones y años de reposo bajo los jueces en distintas partes de la tierra incluían períodos de tiempo que empalmaban, de tal manera que algunos de ellos no siguieron de forma consecutiva, sino más bien al mismo tiempo durante los cuatrocientos ochenta años. La estimación de Pablo de «como por cuatrocientos cincuenta años» en Hechos 13.20 es una aproximación.

Período de los jueces

Hechos y jueces	Años
Israel sirve a Cusan-risataim (3.7, 8)	8
Paz tras la liberación de Otoniel (3.7–11)	40
Israel sirve a Moab (3.12)	18
Paz tras la liberación de Aod (3.12–30)	80
Samgar libera a Israel de los filisteos (3.31)	1
Israel sirve a Canaán (4.1–3)	20
Paz tras la liberación de Débora y Barac (4.1—5.31)	40
Israel sirve a Madián (6.1–6)	7
Paz tras la liberación de Gedeón (6.1—8.35)	40
Abimelec, rey de Israel (9.1–57)	3
Gobierno de Tola (10.1, 2)	23
Gobierno de Yaír (10.3–5)	22
Israel sirve a Amón y Filistea (10.6–10)	18
Gobierno de Jefté (10.6—12.7)	6
Gobierno de Ibzán (12.8–10)	7
Gobierno de Elón (12.11, 12)	10
Gobierno de Abdón (12.13–15)	8
Israel sirve a Filistea (13.1)	40
Gobierno de Sansón (12.1—16.31)	20

BOSQUEJO

I. **Introducción y resumen: La desobediencia de Israel (1.1—3.6)**
   A. Conquista incompleta de Canaán (1.1–36)
   B. El declive y el juicio de Israel (2.1—3.6)

II. **Una historia selecta de los jueces: La liberación de Israel (3.7—16.31)**
   A. Primer período: Otoniel frente a los de Mesopotamia (3.7–11)
   B. Segundo período: Aod y Samgar frente a los moabitas (3.12–31)
   C. Tercer período: Débora frente a los cananeos (4.1—5.31)
   D. Cuarto período: Gedeón frente a los madianitas (6.1—8.32)
   E. Quinto período: Tola y Jair frente a los efectos de Abimelec (8.33—10.5)
   F. Sexto período: Jefté, Ibzán, Elón y Abdón frente a los filisteos y los amonitas (10.6—12.15)
   G. Séptimo período: Sansón frente a los filisteos (13.1—16.31)

III. **Epílogo: El abandono de Israel (17.1—21.25)**
   A. La idolatría de Micaía y los danitas (17.1—18.31)
   B. El crimen en Gabaa y la guerra en contra de Benjamín (19.1—21.25)

Mientras tanto, en otras partes del mundo...

Se declara la prohibición en China y los géneros de seda se fabrican en volúmenes para su uso en el comercio chino.

RESPUESTAS A PREGUNTAS DIFÍCILES

1. Los hombres como Gedeón, Jefté y Sansón parecen exhibir tantos defectos como éxitos, todo en gran medida. ¿Por qué usa Dios a líderes con defectos y debilidades tan evidentes?

Una respuesta obvia a la pregunta es que aun cuando escoge usar a las personas, Dios suele usar a gente que tiene defectos y debilidades evidentes. Nadie escapa a esa categoría. Lo importante es que Dios usa en sus planes a las personas, a pesar de sus evidentes defectos. ¿Significa eso que los pecados del líder se excusan? Claro que no. De hecho, el líder tiene que rendir cuentas a un nivel superior. Notemos, por ejemplo, el hecho de que Moisés no tuvo oportunidad de entrar en la Tierra Prometida por un arranque de ira (Nm 20.10; Dt 3.24–27). Jefté hizo un voto apresurado y fue su hija la que sufrió la consecuencia (Jue 11.29–40). Lo que probablemente debiera atraer nuestra atención hacia esas personas que sirvieron a Dios no es tanto sus defectos, ni siquiera los grandes logros obrados por Dios a través de ellos, sino el hecho de que a pesar de sus defectos permanecieron fieles a Dios.

2. ¿Qué ganamos con estudiar las vidas de los jueces de Israel?

La Palabra de Dios incluye una rica variedad de ejemplos de la experiencia humana. A pesar de que gran parte del mundo ha pasado por una transformación superficial, las personas que lo habitan siguen siendo iguales a las de entonces. Cuando estudiamos las vidas de los jueces nos descubrimos a nosotros mismos. Esas victorias, derrotas, errores y aciertos conforman un vínculo común que atraviesa los siglos y dirigen nuestra atención al Dios que obró en sus vidas y a través de ellos. La invitación de los antiguos sigue siendo convincente, por silenciosa que sea: si vivimos con valentía para Dios, seguramente descubriremos cada día ese mismo tipo de presencia inmediata de Dios que formó parte de la experiencia de ellos.

OTROS TEMAS DE ESTUDIO EN JUECES

1. ¿Quiénes fueron los doce jueces de los que habla este libro y qué tan bien cumplieron sus misiones de liderazgo?
2. ¿A qué juez le parece que vale más la pena imitar?
3. ¿Cuáles eran las señales principales en las vidas de los israelitas que indicaban que ya no vivían comprometidos con Dios y que habían negociado con las culturas vecinas?
4. ¿Por qué rescataba Dios continuamente al pueblo?
5. ¿De qué modo ilustraría el último versículo de Jueces para que fuera una imagen de los tiempos en que usted vive: «En estos días no había rey en Israel; cada uno hacía lo que bien le parecía» (Jueces 21.25)?

RUT
La familia internacional de Dios

TÍTULO

Versiones antiguas y traducciones modernas coherentemente titulan este libro de esta manera debido a Rut la heroína moabita, quien se menciona por nombre doce veces (1.4 al 4.13). Solo dos libros en el AT tienen nombres de mujeres: Rut y Ester. El AT no se vuelve a referir a Rut, mientras que el NT la menciona una sola vez en el contexto de la genealogía de Cristo (Mt 1.5; cp. Rut 4.18–22). Es muy probable que «Rut» venga de una palabra moabita o hebrea que quiere decir «amistad». Rut llegó a Belén como una extranjera (2.10), se volvió una sierva (2.13), se casó con el rico Booz (4.13), y fue incluida en el linaje humano de Cristo (Mt 1.5).

AUTOR Y FECHA

La tradición judía apunta a Samuel como el autor, lo cual es posible debido a que no murió (1 S 25.1) hasta que hubo ungido a David como el rey escogido de Dios (1 S 16.6–13). No obstante, ni las características internas ni el testimonio externo identifican de manera conclusiva al escritor. Esta exquisita historia con mucha probabilidad apareció poco antes o durante el reinado de David en Israel (1011–971 A.C.), ya que David es mencionado (4.17, 22), pero no Salomón. Se dice que Goethe le llamó a esta pieza de literatura anónima, pero sin paralelos en excelencia, «la obra más hermosa y completa escrita a pequeña escala». Lo que Venus es a las estatuas y la Mona Lisa es a las pinturas, Rut lo es a la literatura.

CONTEXTO HISTÓRICO

Fuera de Belén (1.1), Moab (el enemigo permanente de Israel, el cual estaba al este del Mar Muerto), es la única otra entidad nacional / geográfica mencionada (1.1, 2). Este país se originó cuando Lot se convirtió en padre de Moab a través de una unión incestuosa con su hija mayor (Gn 19.37). Siglos más tarde los judíos encontraron oposición por parte de Balac, rey de Moab, a través del profeta Balaam (Nm 22—25). Durante dieciocho años Moab oprimió a Israel mientras este último se encontraba en el tiempo de los jueces (3.12–30). Saúl derrotó a los moabitas (1 S 14.47) mientras que David pareció disfrutar de una relación pacífica con ellos (1 S 22.3, 4). Más tarde, Moab volvió a turbar a Israel (2 R 3.5–27; Esd 9.1). Debido a la relación idólatra de Moab con Quemos (1 R 11.7, 33; 2 R 23.13) y a su oposición a Israel, Dios maldijo a Moab (Is 15, 16; Jer 48; Ez 25.8–11; Am 2.1–3).

> ### CRISTO EN... RUT
>
> Booz, como tipo de Cristo, se convierte en el pariente redentor de Rut (ver Palabras clave, más abajo). Este relato prefigura la venida de Jesús como Redentor de todos los creyentes (1 P 1.18, 19).

La historia de Rut ocurrió «en los días que gobernaban los jueces» a Israel (1.1), alrededor del 1370 al 1041 A.C. (Jue 2.16–19), y de esta manera es un puente que va de los jueces a la monarquía de Israel. Dios usó «un hambre en la tierra» de Judá (1.1) para iniciar este hermoso drama, aunque el hambre no se menciona en Jueces, lo cual causa dificultad al tratar de fechar los acontecimientos de Rut. No obstante, al contar hacia atrás en el tiempo a partir de la bien conocida fecha del reinado de David (1011–971 a.c.), el período de tiempo de Rut con mucha probabilidad sería cuando Jair fue juez, alrededor del 1126–1105 a.c. (Jue 10.3–5).

Rut cubre alrededor de once o doce años de acuerdo al siguiente escenario: (1) 1.1–18, diez años en Moab (1.4); (2) 1.19—2.23, varios meses (mediados de abril hasta mediados de junio) en el campo de Booz (1.22; 2.23); (3) 3.1–18, un día en Belén y una noche en la era; y, (4) 4.1–22, alrededor de un año en Belén.

PERSONAS DESTACADAS EN RUT

Rut: Nuera de Noemí, que luego se casó con Booz; ancestro directo de Jesús (capítulos 1—4).

Noemí: Viuda de Elimelec y suegra de Orfa y Rut; instruía con sabiduría a Rut (capítulos 1—4).

Booz: Próspero agricultor que se casó con Rut, la moabita; ancestro directo de Jesús (capítulos 2—4).

La historia de Rut

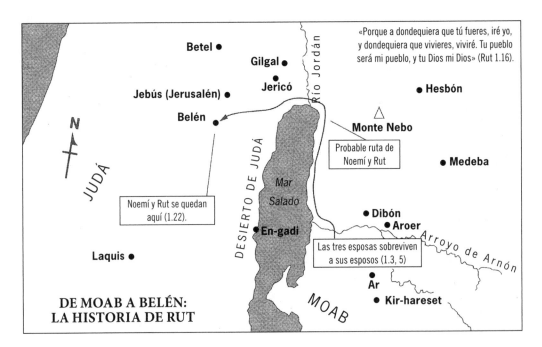

DE MOAB A BELÉN:
LA HISTORIA DE RUT

TEMAS HISTÓRICOS Y TEOLÓGICOS

Los ochenta y cinco versículos de Rut han sido aceptados como canónicos por los judíos. Junto con Cantar de los cantares, Ester, Eclesiastés y Lamentaciones, Rut es parte de los libros del AT del Megillot o «cinco pergaminos». Los rabinos leían estos libros en la sinagoga en cinco ocasiones especiales del año, Rut era leído en Pentecostés debido a las últimas escenas de la cosecha de Rut 2, 3.

Genealógicamente, Rut mira hacia atrás casi novecientos años a los acontecimientos en el tiempo de Jacob (4.11) y hacia adelante alrededor de cien años al reinado venidero de David (4.17, 22). Mientras que Josué y Jueces enfatizan el legado de la nación y su tierra de la promesa, Rut se enfoca en el linaje de David de regreso hasta la época patriarcal.

Genealogía de Rut

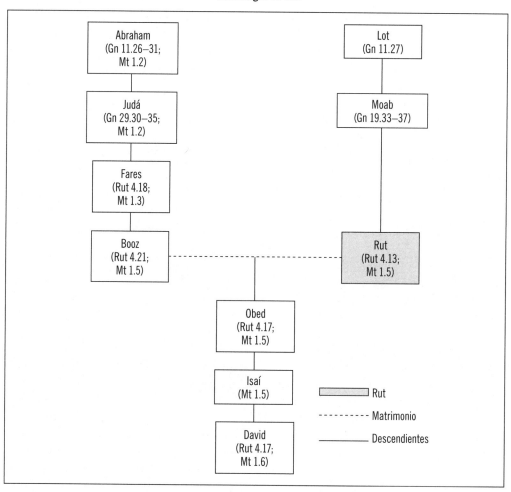

Por lo menos siete temas teológicos principales emergen en Rut. En primer lugar, Rut la moabita ilustra que el plan redentor de Dios se extendía más allá de los judíos a los gentiles (2.12). En segundo lugar, Rut demuestra que las mujeres son coherederas con los hombres de la gracia de la salvación de Dios (cp. Gá 3.28). En tercer lugar, Rut retrata a la mujer virtuosa de Proverbios 31.10 (cp. 3.11). En cuarto lugar, Rut describe la soberanía de Dios (1.6; 4.13) y su cuidado providencial (2.3) de personas al parecer no importantes en momentos que se ven insignificantes y que más adelante resultan monumentalmente cruciales para cumplir la voluntad de Dios. En quinto lugar, Rut junto con Tamar (Gn 38), Rahab (Jos 2) y Betsabé (2 S 11, 12) son parte de la genealogía de la línea mesiánica (4.17, 22; cp. Mt 1.5). En sexto lugar, Booz, como un tipo de Cristo, se convierte en el pariente-redentor de Rut (4.1–12). Finalmente, el derecho de David (y por lo tanto el derecho de Cristo) al trono de Israel es rastreado de regreso hasta Judá (4.18–22; cp. Gn 49.8–12).

PRINCIPALES DOCTRINAS EN RUT

Redención para judíos y gentiles (2.12; 1 S 24.19; Sal 58.11; Hch 13.46; Ro 10.11, 12; Gá 3.28; Ef 2.14).

Mujeres como coherederas junto a los hombres de la gracia salvadora de Dios (2.12; Hch 17.12; Gá 3.28).

Características de la mujer virtuosa (3.11; Pr 12.4; 31.10–31).

Derecho de David (y, por ende, de Cristo) al trono de Israel (4.18–22; Gn 49.8–12; Mt 1.1–7; Lc 3.32).

CARÁCTER DE DIOS EN RUT

Dios es soberano: 1.6; 4.13
Dios provee: 2.3

Pariente redentor

Calificación en el AT	Cumplimiento en Cristo
1. Relación sanguínea	Gá 4.4, 5; He 2.16, 17
2. Recursos necesarios	1 Co 6.20; 1 P 1.18.19
3. Voluntad de comprar	Jn 10.15–18; 1 Jn 3.16

RETOS DE INTERPRETACIÓN

Rut se debe entender como un relato histórico verdadero. Los hechos confiables que rodean a Rut, además de su compatibilidad total con Jueces más 1 y 2 de Samuel, confirman la autenticidad de Rut. Sin embargo, algunas dificultades individuales requieren una atención cuidadosa. En primer lugar, ¿cómo pudo Rut adorar en el tabernáculo que en ese entonces estaba en Silo (1 S 4.4), cuando Deuteronomio 3.3 claramente prohíbe que los moabitas entren en la asamblea por diez generaciones? Debido a que los judíos entraron a la tierra alrededor del 1405 A.C. y Rut no nació sino hasta alrededor del 1150 A.C., ella entonces representaba por lo menos la 11a. generación (probablemente más que esta) si la limitación del tiempo terminó en las diez generaciones. Si «diez generaciones» era una expresión que quería decir «para siempre» como Nehemías 13.1 implica, entonces Rut sería como el extranjero de Isaías 56.1–8 que se unió a sí mismo al Señor (1.16) y así se ganó la entrada a la asamblea.

En segundo lugar, ¿no hay un aire de inmoralidad en el hecho de que Booz y Rut pasaran la noche juntos antes del matrimonio (3.3–18)? Rut se involucró en una costumbre del antiguo Oriente Medio al pedirle a Booz que la tomara como su mujer, simbólicamente ilustrado al extender una prenda de ropa sobre la mujer en cuestión (3.9), tal como Jehová extendió su manto sobre Israel (Ez 16.8). El texto ni siquiera da lugar a la impropiedad moral más sutil, notando que Rut durmió a sus pies (3.14). De esta manera, Booz se convirtió en la respuesta a su propia oración, la cual había hecho poco antes por Rut (2.12).

PALABRAS CLAVE EN

Rut

Recoger: En hebreo *laqat* —2.2, 7, 15, 17–19, 23— utilizado aquí en el sentido de «levantar» o «reunir». En el Antiguo Testamento se muestra a distintas personas recogiendo diversos objetos: piedras (Gn 31.46), dinero (Gn 47.14), maná (Éx 16.4, 5, 26) y hasta personas sin escrúpulos (Jue 11.3). El profeta Isaías utilizó este término para describir la forma en que el Señor «recogería» o «reuniría» a su pueblo de entre todas las naciones y les restauraría a su propia tierra (Is 27.12). El verbo aparece treinta y cuatro veces en el Antiguo Testamento, doce de ellas aquí, en Rut 2. En este pasaje Rut utiliza la condición que el Señor le indicó a Moisés. Dios les había dicho a los israelitas que no cosecharan sus campos por completo, sino que dejaran parte del grano sin cosechar a fin de que los pobres y los extranjeros pudieran recogerlo para su sustento (Lv 19.9, 10; 23.22).

Pariente redentor: En hebreo *gak'al* —2.1, 20; 3.9, 12, 13; 4.1, 3, 6, 14— significa «pariente» o «pariente cercano» que actuaba como protector o guardián de los derechos de la familia. Se podía acudir a este pariente para que cumpliera distintos deberes: (1) volver a comprar propiedad que la familia había vendido; (2) proveer un heredero para un hermano fallecido casándose con la esposa de ese hermano y teniendo un hijo con ella; (3) volver a comprar a un pariente que hubiera sido vendido como esclavo debido a la pobreza; y (4) vengar a un pariente que hubiera sido asesinado, matando al asesino. Las Escrituras llaman Redentor o «pariente cercano» de Israel a Dios (Is 60.16) y a Jesús, Redentor de todos los creyentes (1 P 1.18, 19).

En tercer lugar, ¿acaso no llevaba el principio de levirato de Dt 25.5, 6 a incesto y poligamia si el pariente más cercano ya estaba casado? Dios no hubiera diseñado un buen plan para que incluyera la peor de las inmoralidades que debían ser castigadas con la muerte. Debe suponerse que la implementación de Deuteronomio 25.5, 6 solo podía incluir al pariente más cercano que pudiera casarse conforme estaba descrito por otras estipulaciones de la ley.

En cuarto lugar, ¿acaso no estaba estrictamente prohibido por la ley el matrimonio con una moabita? Las naciones o pueblos con quienes el matrimonio estaba prohibido fueron aquellas que poseían la tierra a la cual Israel entraría (Éx 34.16; Dt 7.1–3; Jos 23.12) las cuales no incluían a Moab (cp. Dt 7.1). Además, Booz se casó con Rut, una prosélita devota a Jehová (1.16, 17), no una adoradora pagana de Quemos, la principal deidad de Moab (compare problemas que más tarde se suscitaron en Esd 9.1, 2 y Neh 13.23–25).

BOSQUEJO

    I. **Ruina de Elimelec y Noemí en Moab (1.1–5)**

    II. **Noemí y Rut regresan a Belén (1.6–22)**

   III. **Booz recibe a Rut en su campo (2.1–23)**

    IV. **Romance de Rut con Booz (3.1–18)**

    V. **Booz redime a Rut (4.1–12)**

   VI. **Dios recompensa a Booz y a Rut con un hijo (4.13–17)**

  VII. **Derecho de David al trono de Judá (4.18–22)**

Mientras tanto, en otras partes del mundo...

Se desata la guerra civil bajo el reinado de Ramsés XI durante la vigesimoprimera dinastía de Egipto (1090–945 a.c.)

RESPUESTAS A PREGUNTAS DIFÍCILES

1. ¿Qué es el pariente redentor?

Cuando Booz negoció con otro pariente sobre el acuerdo respecto a la propiedad de Elimelec y Noemí (4.1–12) hizo referencia a una ley establecida por Moisés en Deuteronomio 25.5–10. Dicha ley decretaba acciones específicas que llevarían a cabo los sobrevivientes de la familia si un hijo casado moría sin tener un hijo que le heredara o diera continuidad a su nombre. Otro hombre (presumiblemente soltero) de la familia debía casarse con la viuda. El primer hijo que tuvieran heredaría la propiedad del hombre que había muerto.

El pariente de Booz estaba dispuesto a llegar a un acuerdo económico con Noemí respecto a su propiedad, pero no se dio cuenta de que Rut formaba parte del arreglo. Cuando Booz le informó esto al hombre, de inmediato renunció a su derecho a la propiedad. Con ello, Booz y Rut quedaron libres para casarse. Todo ese intercambio demuestra el compromiso con la integridad y el honor.

OTROS TEMAS DE ESTUDIO EN RUT

1. ¿En qué aspectos ilustra la relación de Noemí y Rut lo mejor de la amistad?
2. ¿En qué aspectos ilustra la historia de Rut la fidelidad de Dios?
3. ¿En qué formas explicó y expresó Rut su fe en Dios?
4. ¿De qué manera mostró sabiduría Booz al ocuparse de los asuntos de la herencia de Noemí y Rut?
5. Describe la relación de Noemí con Dios a lo largo del libro de Rut.
6. ¿Qué ilustraciones específicas de la provisión de Dios puede mencionar en su propia vida?

Una armonía de los libros de
SAMUEL, REYES Y CRÓNICAS

I. EL REINADO DE DIOS (1 S 1.1—7.17; 1 Cr 1.1—9.44)

    A. Tablas genealógicas (1 Cr 1.1—9.44)

        1. Genealogías de los patriarcas (1 Cr 1.1—2.2)

        2. Genealogías de las tribus de Israel (1 Cr 2.3—9.44)

    B. El fin de la teocracia (1 S 1.1—7.17)

        1. La vida temprana de Samuel (1 S 1.1—4.1a)

            a. Nacimiento e infancia de Samuel (1 S 1.1—2.11)

            b. Samuel en Silo (1 S 2.12—4.1a)

        2. El período de desastre nacional (1 S 4.1b—7.2)

            a. La derrota de Israel y la pérdida del arca (1 S 4.1b–11a)

            b. Caída de la casa de Elí (1 S 4.11b–22)

            c. El arca de Dios (1 S 5.1—7.2)

        3. Samuel, el último de los jueces (1 S 7.3–17)

II. EL REINADO DE SAUL (1 S 8.1—31.13; 1 Cr 10.1–14)

    A. Establecimiento de Saúl como el primer rey de Israel (1 S 8.1—10.27)

    B. El reinado de Saúl hasta su rechazo (1 S 11.1—15.35)

    C. El declive de Saúl y el ascenso de David (1 S 16.1—31.13)

        1. La historia temprana de David (1 S 16.1–23)

        2. El avance de David y el celo creciente de Saúl (1 S 17.1—20.42)

            a. David y Goliat (1 S 17.1–51)

            b. David en la corte de Saúl (1 S 18.1—20.42)

        3. La vida de David en el exilio (1 S 21.1—28.2)

            a. La huída de David (1 S 21.1—22.5)

            b. La venganza de Saúl en contra de los sacerdotes de Nob (1 S 22.6–23)

            c. El rescate de David de Keila (1 S 23.1–13)

            d. La última reunión de David con Jonatán (1 S 23.14–18)

            e. La traición de los zifitas en contra de David (1 S 23.19–24a)

            f. El escape de David de Saúl en el desierto de Maón (1 S 23.24b-28)

            g. La huída de David de Saúl; la misericordia de David para con la vida de Saúl en la cueva (1 S 23.29—24.22)

            h. La muerte de Samuel (1 S 25.1)

      i. David se casa con Abigail (1 S 25.2–44)

      j. La misericordia de David para con la vida de Saúl una vez más (1 S 26.1–25)

      k. La unión de David con los filisteos (1 S 27.1—28.2)

4. La caída de Saúl en la batalla contra los filisteos (1 S 28.3—31.13; 1 Cr 10.1–14)

      a. El temor de Saúl de los filisteos (1 S 28.3–6)

      b. La visita de Saúl a la adivina de Endor (1 S 28.7–25)

      c. David deja a los filisteos; derrota a los amalecitas (1 S 29.1—30.31)

      d. Saúl y sus hijos muertos (1 S 31.1–13; 1 Cr 10.1–14)

III. EL REINADO DE DAVID (2 S 1.1—24.25; 1 R 1.1—2.11; 1 Cr 10.14—29.30)

A. Las victorias de David (2 S 1.1—10.19; 1 Cr 10.14—20.8)

1. Los triunfos políticos de David (2 S 1.1—5.25; 1 Cr 10.14—12.40)

      a. David es rey de Judá (2 S 1.1—4.12; 1 Cr 10.14—12.40)

      b. David es rey sobre todo Israel (2 S 5.1–25)

2. Los triunfos espirituales de David (2 S 6.1—7.29; 1 Cr 13.1—17.27)

      a. El arca del pacto (2 S 6.1–23; 1 Cr 13.1—16.43)

      b. El templo y el pacto davídico (2 S 7.1–29; 1 Cr 17.1–27)

3. Los triunfos militares de David (2 S 8.1—10.19; 1 Cr 18.1—20.8)

B. Los pecados de David (2 S 11.1–27)

1. El adulterio de David con Betsabé (2 S 11.1–5)

2. El asesinato por parte de David de Urías heteo (2 S 11.6–27)

C. Los problemas de David (2 S 12.1—24.25; 1 Cr 21.1—27.34)

1. La casa de David sufre (2 S 12.1—13.36)

      a. La profecía de Natán en contra de David (2 S 12.1–14)

      b. El hijo de David muere (2 S 12.15–25)

      c. La lealtad de Joab a David (2 S 12.26–31)

      d. El incesto de Amnón (2 S 13.1–20)

      e. El asesinato de Amnón (2 S 13.21–36)

2. El reino de David sufre (2 S 13.37—24.25; 1 Cr 21.1—27.34)

      a. La rebelión de Absalón (2 S 13.37—17.29)

      b. La muerte de Absalón (2 S 18.1–33)

      c. La restauración de David como rey (2 S 19.1—20.26)

      d. El reinado de David evaluado (2 S 21.1—23.39)

      e. El censo del pueblo por parte de David (2 S 24.1—24.25; 1 Cr 21.1–30)

D. La preparación y organización de David para el templo (1 Cr 22.1—27.34)

E. Los últimos días de David (1 R 1.1—2.11; 1 Cr 28.1—29.30)

1. La salud decadente de David: Abisag sunamita (1 R 1.1–4)
2. El intento de Adonías por apoderarse del reino (1 R 1.5–9)
3. La unción de Salomón como rey (1 R 1.10–40; 1 Cr 29.20–25)
4. La sumisión de Adonías (1 R 1.41–53)
5. Las ultimas palabras de David (1 R 2.1–9; 1 Cr 28.1—29.25)
    a. Las palabras de David para Israel (1 Cr 28.1–8)
    b. Las palabras de David para Salomón (1 R 2.1–9; 1 Cr 28.9—29.19)
    c. La dedicación de David al templo (1 Cr 29.1–20)
6. La muerte de David (1 R 2.10, 11; 1 Cr 29.26–30)

IV. EL REINADO DE SALOMÓN (1 R 2.12—11.43; 1 Cr 29.21—2 Cr 9.31)

A. Comienza el reinado de Salomón (1 R 2.12–4.34; 1 Cr 29.21—1.17)
   1. El reinado de Salomón establecido (1 R 2.12; 1 Cr 29.21—2 Cr 1.17)
   2. Los adversarios de Salomón eliminados (1 R 2.13–46)
   3. El matrimonio de Salomón con la hija de Faraón (1 R 3.1)
   4. La condición espiritual de Salomón (1 R 3.2, 3)
   5. El sacrificio de Salomón en Gabaón (1 R 3.4; 2 Cr 1.2–6)
   6. El sueño y la oración de Salomón por sabiduría (1 R 3.5–15; 2 Cr 1.7–12)
   7. El juicio por parte de Salomón de las rameras con la sabiduría de Dios (1 R 3.16–28)
   8. Los oficiales de Salomón, su poder, riqueza y sabiduría (1 R 4.1–34; 2 Cr 1.13–17)

B. El esplendor de Salomón (1 R 5.1—8.66; 2 Cr 2.1—7.22)
   1. Preparativos para la construcción del templo (1 R 5.1–18; 2 Cr 2.1–18)
   2. La construcción del templo (1 R 6.1–38; 2 Cr 3.1–14)
   3. La construcción del palacio real (1 R 7.1–12)
   4. La manufactura de los vasos para el templo (1 R 7.13–51; 2 Cr 3.15—5.1)
   5. La dedicación y término del templo (1 R 8.1–66; 2 Cr 5.2—7.22)

C. La caída de Salomón (1 R 9.1—11.43; 2 Cr 8.1—9.31)
   1. El pacto davídico repetido (1 R 9.1–9)
   2. La desobediencia de Salomón al pacto (1 R 9.10—11.8; 2 Cr 8.1—9.28)
   3. La disciplina de Salomón por quebrantar el pacto (1 R 11.9–40)
   4. La muerte de Salomón (1 R 11.41–43; 2 Cr 9.29–31)

V. EL REINO DIVIDIDO (1 R 12.1—22.53; 2 R 1.1—17.44; 2 Cr 10.1—28.27)

A. El reino se divide (1 R 12.1—14.31)

      1. La causa de la división (1 R 12.1–24)

      2. Jeroboam, rey de Israel (1 R 12.25—14.20)

      3. Roboam, rey de Judá (1 R 14.21–31; 2 Cr 10.1—12.16)

  B. Los dos reyes de Judá (1 R 15.1–24; 2 Cr 13.1—16.14)

      1. Abiam o Abías, rey de Judá (1 R 15.1–8; 2 Cr 13.1–22)

      2. Asa, rey de Judá (1 R 15.9–24; 2 Cr 14.1—16.14)

  C. Los cinco reyes de Israel (1 R 15.25—16.28)

      1. Nadab, rey de Israel (1 R 15.25–31)

      2. Baasa, rey de Israel (1 R 15.32—16.7)

      3. Ela, rey de Israel (1 R 16.8–14)

      4. Zimri, rey de Israel (1 R 16.15–20)

      5. Omri, rey de Israel (1 R 16.21–28)

  D. Acab, rey de Israel (1 R 16.29—22.40)

      1. El pecado de Acab (1 R 16.29–34)

      2. Elías el profeta (1 R 17.1—19.21)

      3. Guerras con Siria (1 R 20.1–43)

      4. Nabot calumniado y asesinado (1 R 21.1–16)

      5. La muerte de Acab (1 R 21.17—22.40)

  E. Josafat, rey de Judá (1 R 22.41–50; 2 Cr 17.1—21.3)

  F. Ocozías, rey de Israel (1 R 22.51–53; 2 R 1.1–18)

  G. Joram, rey de Israel (2 R 3.1—8.15)

  H. Joram, rey de Judá (2 R 8.16–24; 2 Cr 21.4–20)

  I. Ocozías, rey de Judá (2 R 8.25—9.29; 2 Cr 22.1–9)

  J. Jehú, rey de Israel (2 R 9.30—10.36)

  K. Atalía, reina de Judá (2 R 11.1–16; 2 Cr 22.10—23.21)

  L. Joás, rey de Judá (2 R 11.17—12.21; 2 Cr 24.1–27)

  M. Joacaz, rey de Israel (2 R 13.1–9)

  N. Joás, rey de Israel (2 R 13.10–25)

  Ñ. Amasías, rey de Judá (2 R 14.1–22; 2 Cr 25.1–28)

  O. Jeroboam II, rey de Israel (2 R 14.23–29)

  P. Uzías, o Azarías, rey de Judá (2 R 15.1–7; 2 Cr 26.1–23)

  Q. Zacarías, rey de Israel (2 R 15.8–12)

  R. Salum, rey de Israel (2 R 15.13–15)

  S. Manahem, rey de Israel (2 R 15.16–22)

  T. Pekaía, rey de Israel (2 R 15.23–26)

  U. Peka, rey de Israel (2 R 15.27–31)

  V. Jotam, rey de Judá (2 R 15.32–38; 2 Cr 27.1–9)

  W. Acaz, rey de Judá (2 R 16.1–20; 2 Cr 28.1–27)

  X. Oseas, rey de Israel (2 R 17.1–41)

VI. EL REINO SOBREVIVIENTE DE JUDÁ (2 R 18.1—25.30; 2 Cr 29.1—36.23)

  A. Ezequías, rey de Judá (2 R 18.1—20.21; 2 Cr 29.1—32.33)

  B. Manasés, rey de Judá (2 R 21.1–18; 2 Cr 33.1–20)

  C. Amón, rey de Judá (2 R 21.19–26; 2 Cr 33.21, 25)

D. Josías, rey de Judá (2 R 22.1—23.30; 2 Cr 34.1—35.27)

E. Joacaz, rey de Judá (2 R 23.31–34; 2 Cr 36.1–3)

F. Joacim, rey de Judá (2 R 23.35—24.7; 2 Cr 36.4–8)

G. Joaquín, rey de Judá (2 R 24.8–16; 2 Cr 36.9, 10)

H. Sedequías, rey de Judá (2 R 24.17—25.21; 2 Cr 36.11–21)

I. Gedalías, gobernador de Judá (2 R 25.22–26)

J. Joaquín liberado en Babilonia (2 R 25.27–30)

K. Ciro decreta la reconstrucción de Jerusalén (2 Cr 36.22, 23)

Cronología de los reyes y profetas del Antiguo Testamento

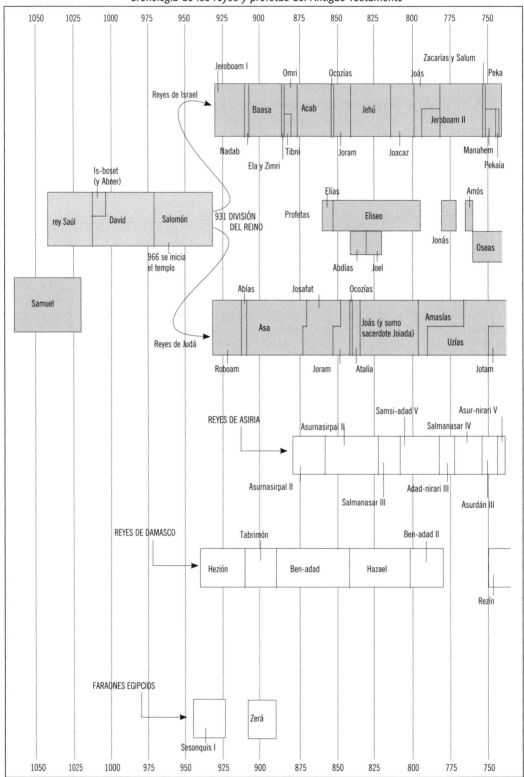

Cronología de los reyes y profetas del Antiguo Testamento

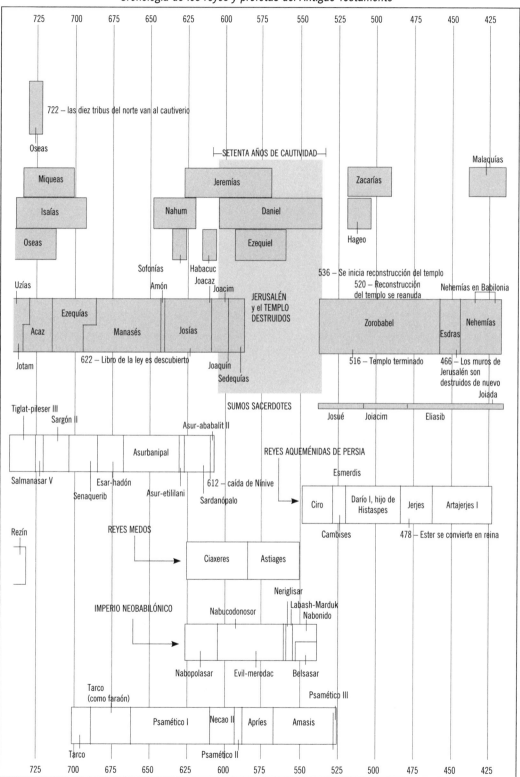

1 Y 2 SAMUEL
Calificaciones para ocupar el trono y establecimiento de la línea de David

TÍTULO

Primero y Segundo de Samuel fueron considerados como un libro en el manuscrito hebreo más antiguo, y más tarde fueron divididos en los dos libros por los traductores de la versión griega, la Septuaginta (LXX), una división seguida por la Vulgata en latín (Vg.) y por las traducciones en castellano y las Biblias hebreas modernas. Los manuscritos hebreos más antiguos titularon el libro entero «Samuel» por el hombre que Dios usó para establecer el reinado en Israel. Más adelante, los textos hebreos y las versiones en español llamaron al libro dividido «1 y 2 Samuel». La LXX los designó «Los libros Primero y Segundo de los Reinos» y la Vg.: «Primero y Segundo de Reyes», junto con nuestros 1 y 2 Reyes siendo «Tercero y Cuarto de Reyes».

AUTOR Y FECHA

La tradición judía le asignó la escritura de «Samuel» a Samuel mismo o a Samuel, Natán y Gad (basándose en 1 Cr 29.29). Pero Samuel no puede ser el escritor porque su muerte se registra en 1 S 25.1, antes que los acontecimientos asociados con el reinado de David llegarán a suceder. Además, Natán y Gad fueron profetas del Señor durante la vida de David y no habrían estado vivos cuando se escribió el libro de Samuel. Aunque los registros escritos de estos tres profetas podrían haber sido usados para información en la escritura de 1 y 2 Samuel, el autor humano de estos libros es desconocido. La obra llega al lector como un escrito anónimo, esto es, el autor humano habla de parte del Señor y da la interpretación divina de los acontecimientos narrados.

Los libros de Samuel no contienen indicación clara de la fecha de composición. El hecho de que el autor escribió después de la división del reino entre Israel y Judá en el 931 A.C. es claro, debido a las muchas referencias a Israel y Judá como entidades distintivas (1 S 11.8; 17.52; 18.16; 2 S 5.5; 11.11; 12.8; 19.42–43; 24.1, 9). Además, la afirmación con respecto a que Siclag pertenece a «los reyes de Judá hasta hoy» en 1 S 27.6 da evidencia clara de una fecha de escritura posterior a Salomón. No hay tal claridad con respecto a qué tan tarde la escritura del libro podría ser. No obstante, 1 y 2 Samuel están incluidos en los profetas anteriores en el canon hebreo, junto con Josué, Jueces y 1 y 2 Reyes. Si los profetas anteriores fueron compuestos como una unidad, entonces Samuel se escribió durante la cautividad babilónica (ca. 560–540 A.C.), debido a que 2 Reyes concluye durante el exilio (2 R 25.27–30). No obstante, debido a que Samuel tiene un estilo literario diferente que Reyes, es muy probable que fuera escrito antes del exilio durante el período del reino dividido (ca. 931–722 A.C.) y más tarde fue hecho una parte integral de los profetas anteriores.

CONTEXTO HISTÓRICO

La mayor parte de la acción registrada en 1 y 2 Samuel se llevó a cabo en las zonas montañosas en la tierra de Israel o alrededor de ellas. La nación de Israel estuvo concentrada en su mayor parte en un área que abarcaba alrededor de 144 km desde el campo montañoso de Efraín en el norte (1 S 1.1; 9.4) hasta el campo montañoso de Judá en el sur (Jos 20.7; 21.22) y de 24 km a 56 km de este a oeste. La altura central oscila en altitud de alrededor de 457 metros a cerca de 1.006 metros sobre el nivel del mar. Las principales ciudades de 1 y 2 Samuel se encuentran en estas partes montañosas: Silo, la residencia de Elí y el tabernáculo; Ramá, el pueblo de origen de Samuel; Gabaa, los cuarteles de Saúl; Belén, el lugar de nacimiento de David; Hebrón, la capital de David cuando él gobernó sobre Judá; y Jerusalén, la definitiva «ciudad de David».

Los acontecimientos de 1 y 2 Samuel se llevaron a cabo entre los años ca. 1105 A.C., el nacimiento de Samuel (1 S 1.1–28), y ca. 971 A.C., las últimas palabras de David (2 S 23.1–7). De esta manera, los libros cubren unos 135 años de historia. Durante esos años, Israel fue transformada de un grupo no muy unido de tribus bajo «jueces» a una nación unida bajo el reinado de una monarquía centralizada. Primordialmente se enfocan en Samuel (alrededor del 1105–1030 A.C.), Saúl quien reinó alrededor del 1052–1011 A.C., y David quien fue rey de la monarquía unida alrededor del 1011–971 A.C.

El reino de David

PERSONAS DESTACADAS EN 1 SAMUEL

Elí: Sumo sacerdote y juez de Israel durante cuarenta años; entrenó a Samuel para que fuera juez (1.3–28; 2.11—4.18).

Ana: Madre de Samuel; lo dedicó al Señor cuando él era un bebé (1.2—2.11, 21).

Samuel: Sacerdote, profeta y el más grande de los jueces de Israel; ungió a los dos primeros reyes de Israel (1.20; 2.11, 18–26; 3.1–21; 7.3—13.15; 15.1—16.13; 19.18–24; 25.1; 28.3–16).

Saúl: Primer rey de Israel designado por Dios; tuvo celos de David e intentó matarlo (9.2—11.15; 13.1—19.24; 20.24–33; 21.10, 11; 22.6—24.22; 25.44—27.4; 28.3—31.12).

Jonatán: Hijo de Saúl; fue amigo de David y lo protegió de Saúl (13.1—14.49; 18.1—23.18; 31.2).

David: El más grande de los reyes de Israel; también, pastor de ovejas, músico y poeta; ancestro directo de Jesucristo (16.11—30.27).

La vida de David

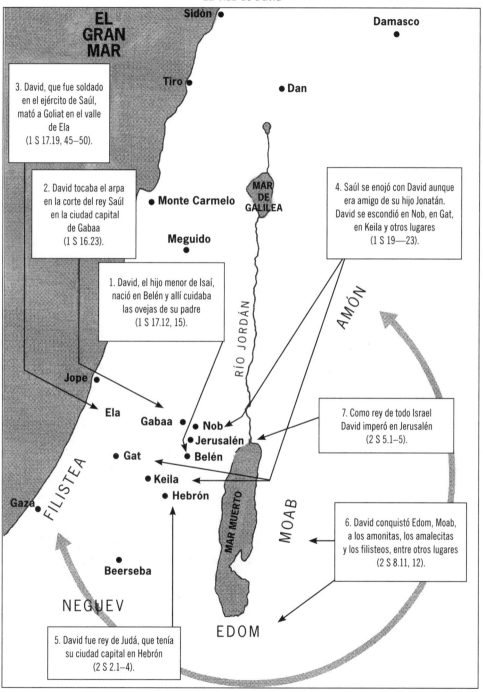

EL GRAN MAR

Sidón

Damasco

3. David, que fue soldado en el ejército de Saúl, mató a Goliat en el valle de Ela (1 S 17.19, 45–50).

Tiro

Dan

2. David tocaba el arpa en la corte del rey Saúl en la ciudad capital de Gabaa (1 S 16.23).

Monte Carmelo

MAR DE GALILEA

4. Saúl se enojó con David aunque era amigo de su hijo Jonatán. David se escondió en Nob, en Gat, en Keila y otros lugares (1 S 19—23).

Meguido

1. David, el hijo menor de Isaí, nació en Belén y allí cuidaba las ovejas de su padre (1 S 17.12, 15).

RÍO JORDÁN

AMÓN

Jope

Ela

Gabaa

Nob

Jerusalén

Belén

7. Como rey de todo Israel David imperó en Jerusalén (2 S 5.1–5).

Gat

Keila

Hebrón

Gaza

FILISTEA

MAR MUERTO

MOAB

6. David conquistó Edom, Moab, a los amonitas, los amalecitas y los filisteos, entre otros lugares (2 S 8.11, 12).

Beerseba

NEGUEV

EDOM

5. David fue rey de Judá, que tenía su ciudad capital en Hebrón (2 S 2.1–4).

La vida y el ministerio de Samuel

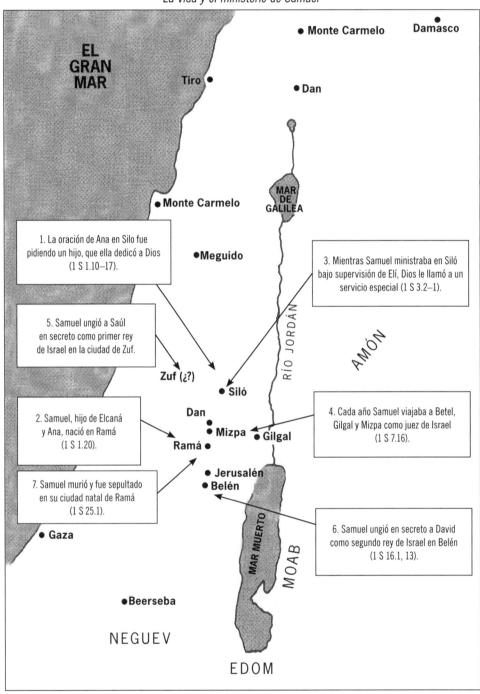

Monte Carmelo

Damasco

EL GRAN MAR

Tiro

Dan

MAR DE GALILEA

Monte Carmelo

1. La oración de Ana en Silo fue pidiendo un hijo, que ella dedicó a Dios (1 S 1.10–17).

Meguido

3. Mientras Samuel ministraba en Siló bajo supervisión de Elí, Dios le llamó a un servicio especial (1 S 3.2–1).

5. Samuel ungió a Saúl en secreto como primer rey de Israel en la ciudad de Zuf.

RÍO JORDÁN

AMÓN

Zuf (¿?)

Siló

2. Samuel, hijo de Elcaná y Ana, nació en Ramá (1 S 1.20).

Dan

Mizpa

Gilgal

Ramá

4. Cada año Samuel viajaba a Betel, Gilgal y Mizpa como juez de Israel (1 S 7.16).

7. Samuel murió y fue sepultado en su ciudad natal de Ramá (1 S 25.1).

Jerusalén

Belén

Gaza

MAR MUERTO

MOAB

6. Samuel ungió en secreto a David como segundo rey de Israel en Belén (1 S 16.1, 13).

Beerseba

NEGUEV

EDOM

El peligro filisteo

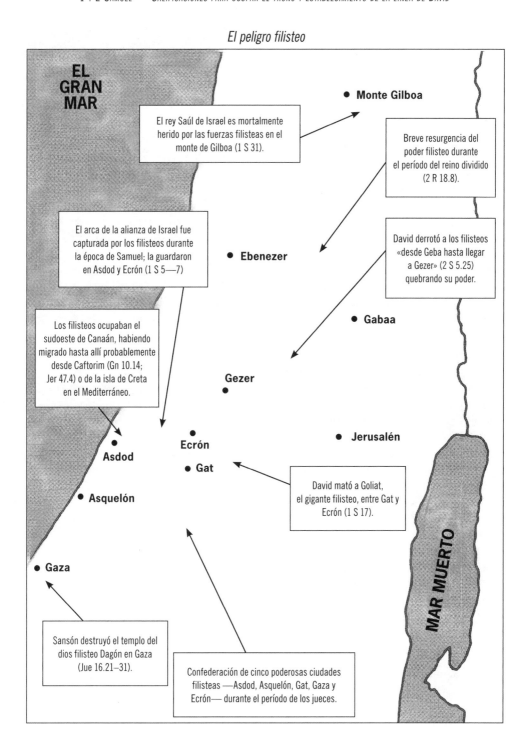

EL GRAN MAR

El rey Saúl de Israel es mortalmente herido por las fuerzas filisteas en el monte de Gilboa (1 S 31).

Monte Gilboa

Breve resurgencia del poder filisteo durante el período del reino dividido (2 R 18.8).

El arca de la alianza de Israel fue capturada por los filisteos durante la época de Samuel; la guardaron en Asdod y Ecrón (1 S 5—7)

Ebenezer

David derrotó a los filisteos «desde Geba hasta llegar a Gezer» (2 S 5.25) quebrando su poder.

Los filisteos ocupaban el sudoeste de Canaán, habiendo migrado hasta allí probablemente desde Caftorim (Gn 10.14; Jer 47.4) o de la isla de Creta en el Mediterráneo.

Gabaa

Gezer

Jerusalén

Ecrón

Asdod

Gat

David mató a Goliat, el gigante filisteo, entre Gat y Ecrón (1 S 17).

Asquelón

MAR MUERTO

Gaza

Sansón destruyó el templo del dios filisteo Dagón en Gaza (Jue 16.21–31).

Confederación de cinco poderosas ciudades filisteas —Asdod, Asquelón, Gat, Gaza y Ecrón— durante el período de los jueces.

1 Samuel

Oír: En hebreo *shama* —1.13; 2.23; 4.14; 7.9; 8.18; 17.11; 23.11; 25.24— que también significa «escuchar» u «obedecer». Este importante término aparece más de 1.100 veces en el AT. Implica que quien escucha presta toda su atención a quien está hablando. En algunos casos el término sugiere más que escuchar y obedecer la voz de Dios (ver Gn 22.18, donde se traduce como «obedecer»). En el tercer capítulo de 1 S, Samuel está escuchando para oír la voz de Dios con la determinación de obedecerle. Este joven es un ejemplo del tipo de persona que a Dios le deleita usar: alguien siempre preparado y dispuesto a recibir su Palabra y seguirla.

Rey: En hebreo *melek* —2.10; 8.6; 10.24; 15.11; 18.22; 21.11, 16; 24.20— y puede hacer referencia al gobernante de una ciudad pequeña (Jos 10.3) o al monarca de un gran imperio (Est 1.1–5). La jurisdicción del rey en la antigüedad incluía a las fuerzas armadas (8.20), la economía (1 R 10.26–29), la diplomacia internacional (1 R 5.1–11) y el sistema legal (2 S 8.15). A menudo era también líder espiritual (2 R 23.1–24), aunque a los reyes de Israel se les prohibía desempeñar determinadas funciones sacerdotales (13.9–14). La Biblia presenta a David como ejemplo del rey recto y justo, con el corazón fiel y dispuesto a servir a Dios (Hch 13.22). La promesa de Dios de darle a David un reino eterno (2 S 7.16) se ha cumplido en Jesucristo, descendiente en términos humanos de la familia real de David (Lc 2.4).

Completamente destruido: En hebreo *charam* —15.3, 8, 9, 15 18, 20— hace referencia a «apartar» lo que fuese inapropiado por motivos religiosos, usualmente con relación a la adoración de ídolos. En el mundo antiguo lo que fuera sagrado o contaminado no se consideraba adecuado para el uso común y por ello debía destruirse por completo. Según Deuteronomio 13.12–15, Israel debía destruir a toda persona y cosa lo suficientemente mala como para que se la considerara corrupta. A Acán violar este mandato le costó la vida (Jos 7) y a Saúl, su trono (15.9–11). Pablo nos recuerda que todos somos malos y como resultado de ello, impuros, merecedores de ser destruidos. Pero Dios en su misericordia ha decidido salvar a quienes ponen su confianza en Jesús (Ro 3.10–26).

PERSONAS DESTACADAS EN 2 SAMUEL

David: (Ver arriba.)

Joab: Comandante militar del ejército de David (2.13—3.39; 8.16; 10.7—12.27; 14.1–33; 18.2—24.9).

Betsabé: Cometió adulterio con David; fue reina de Israel y madre de Salomón; ancestro directo de Jesús (11.1–26; 12.24).

Natán: Profeta y consejero de David; le urgió a arrepentirse de su pecado (7.2–17; 12.1–25).

Absalón: Hijo de David; intentó hacer caer el trono de Israel (3.3; 13.1—19.10).

TEMAS HISTÓRICOS Y TEOLÓGICOS

Cuando 1 Samuel comienza, en términos espirituales, Israel se encontraba en un punto bajo. El sacerdocio estaba corrompido (1 S 2.12–17, 22–26), el arca del pacto no se hallaba en el tabernáculo (1 S 4.3—7.2), la idolatría era practicada (1 S 7.3, 4) y los jueces eran deshonestos (1 S 8.2, 3). A través de la influencia del piadoso Samuel (1 S 12.23) y David (1 S 13.14) estas condiciones fueron cambiadas. Segundo de Samuel concluye con la ira del Señor siendo retirada de Israel (2 S 24.25).

Durante los años narrados en 1 y 2 Samuel, los grandes imperios del mundo antiguo estaban en un estado de debilidad. Ni Egipto ni las potencias de Mesopotamia, Babilonia y Asiria eran amenazas para Israel en ese entonces. Las dos naciones más hostiles a los israelitas eran

2 Samuel

Arca: En hebreo *aron* —6.2, 4, 10, 12, 17; 7.2; 11.11; 15.24— puede traducirse como «cofre» (2 R 12.9) o «ataúd» (Gn 50.26), pero casi siempre aparece en la frase *aron haberith*, que significa «arca de la alianza» o «arca del pacto». El arca era un cofre de madera recubierto de oro (Éx 25.10–22) donde se guardaban los Diez Mandamientos (Éx 40.20), la vara o cayado de Aarón, y una vasija de maná (He 9.4). Estaba en el Lugar Santísimo como recordatorio del pacto de Israel con Dios y de su presencia entre ellos. Cuando los israelitas descuidaron el arca (1 S 4.1–11) Dios permitió que la capturaran para demostrar que su relación de pacto con ellos trascendía todo símbolo y toda superstición. Lo que él requería era la obediencia continua a su pacto y un corazón contrito, entregado a él (Sal 51.17; Is 57.15).

Jerusalén: En hebreo *yerushalaim* —5.5; 8.7; 11.1; 15.8, 29; 16.15; 17.20; 19.19; 24.16— se relacionaba con la palabra «paz». Durante el gobierno del rey David, Jerusalén fue la capital política y religiosa de Israel, convirtiéndose en el eje del desarrollo del plan de redención de Dios. Jerusalén aparece descrita de distintas formas en el AT como ciudad de Dios (Sal 87.1–3), lugar donde Dios ha puesto su nombre (2 R 21.4), lugar de salvación (Is 46.13), trono de Dios (Jer 3.17) y ciudad santa (Is 52.1). Los profetas anunciaron un tiempo en que Jerusalén sería juzgada debido a su iniquidad (Mi 4.10–12), pero al pronunciar el juicio también podían ver su gloriosa restauración (Is 40.2; 44.25–28; Dn 9.2; Sof 3.16–20). Esta visión de la Jerusalén restaurada incluía la esperanza de una nueva Jerusalén en la que Dios reuniría a todo su pueblo (Is 65.17–19; Ap 21.1, 2).

Guerreros: En hebreo *gibbor* —1.25; 10.7; 16.6; 17.8; 20.7; 23.8–22— es un término que pone énfasis en la excelencia o una inusual cualidad. En el AT se utiliza en referencia a la excelencia de un león (Pr 30.30), a hombres buenos o malos (Gn 10.9; 1 Cr 19.8), a gigantes (Gn 6.4), ángeles (Sal 103.20) e incluso a Dios (Dt 10.17; Neh 9.32). Las Escrituras declaran que el guerrero u hombre fuerte no alcanza la victoria por su fuerza (Sal 33.16), sino debido a su entendimiento y conocimiento del Señor (Jer 9.23–24). En el AT la frase *Dios poderoso* aparece tres veces, incluyendo la profecía mesiánica de Isaías sobre el nacimiento de Jesús (Is 9.6; 10.21; Jer 32.18).

los filisteos (1 S 4; 7; 13; 14; 17; 23; 31; 2 S 5) al oeste y los amonitas (1 S 11; 2 S 10—12) al este. La mayoría de los filisteos había emigrado de las Islas Agéas y Asia Menor en el siglo XII A.C. Después de habérseles negado el acceso a Egipto, se establecieron entre otros filisteos que ya existían a lo largo de la costa mediterránea de Palestina. Los filisteos controlaron el uso del hierro, el cual les dio una ventaja clara sobre Israel (1 S 13.19–22). Los amonitas eran descendientes de Lot (Gn 19.38) que vivieron en la Meseta Transjordánica. David conquistó a los filisteos (2 S 8.1) y a los amonitas (2 S 12.29–31), y a otras naciones que rodeaban a Israel (2 S 8.2–14).

Hay cuatro temas teológicos predominantes en 1 y 2 Samuel. El primero es el pacto davídico. Los libros están estructurados desde el punto de vista literario por dos referencias al rey «ungido» en la oración de Ana (1 S 2.10) y el cántico de David (2 S 22.51). Esta es una referencia al Mesías, el Rey que triunfaría sobre las naciones que se oponen a Dios (vea Gn 49.8–12; Nm 24.7–9, 17–19). De acuerdo con la promesa del Señor, este Mesías vendría a través de la línea de David y establecería el trono de David para siempre (2 S 7.12–16). Los acontecimientos de la vida de David registrados en Samuel son una sombra de las acciones del más grande Hijo de David (esto es, Cristo) en el futuro.

Un segundo tema es la soberanía de Dios, claramente vista en estos libros. Un ejemplo es el nacimiento de Samuel en respuesta a la oración de Ana (1 S 9.17; 16.12, 13). También, con relación a David, es particularmente evidente que nada puede frustrar el plan de Dios para hacerlo gobernar sobre Israel (1 S 24.20).

CRISTO EN... 1 SAMUEL

LA ORACIÓN DE ANA (2.10) anticipa a un futuro rey ungido por Dios. Este ungido, llamado también el Mesías, cumpliría la promesa de Dios de establecer el trono de David por siempre.

En tercer lugar, la obra del Espíritu Santo al capacitar a hombres para tareas divinamente determinadas es evidente. El Espíritu del Señor vino tanto sobre Saúl como sobre David después de haber sido ungidos como reyes (1 S 10.10; 16.13). El poder del Espíritu Santo trajo profecía (1 S 10.6) y victoria en la batalla (1 S 11.6).

En cuarto lugar, los libros de Samuel demuestran los efectos personales y nacionales del pecado. Los pecados de Elí y sus hijos resultaron en la muerte de cada uno de ellos (1 S 2.12–17, 22–25; 3.10–14; 4.17, 18). La falta de reverencia hacia el arca del pacto llevó a la muerte de varios israelitas (1 S 6.19; 2 S 6.6, 7). La desobediencia de Saúl resultó en el juicio del Señor, y él fue rechazado como rey sobre Israel (1 S 13.9, 13, 14; 15.8, 9, 20–23). Aunque David fue perdonado por su pecado de adulterio y asesinato después de su confesión (2 S 12.13), él sufrió las consecuencias inevitables y devastadoras de su pecado (2 S 12.14).

PRINCIPALES DOCTRINAS EN 1 SAMUEL

Pacto davídico: Promesa de Dios a David de extender su trono y su reino por siempre (2.10; Gn 49.8–12; Nm 24.7–9, 17–19; 2 R 8.19; 2 Cr 13.5; 21.7; Sal 89.20–37; Is 16.5; Hch 15.16–18; Ap 22.16).

Obra del Espíritu Santo: Que da poder a los seres humanos para las tareas asignadas por Dios (10.6, 10; 16.13; Nm 11.25, 29; Jue 14.6; 27.18; Mt 4.1; 28.19, 20; Mr 13.11; Lc 1.35; Jn 14.16, 17; Hch 1.8; 2.4; Ro 8. 5, 6; Gá 5.16–18; Stg 4.5, 6).

Pecado: El pecado de Israel produjo consecuencias personales y nacionales (3.10–14; 4.17, 18; 6.19; 13.9, 13, 14; 15.8, 9, 20–23; Gn 3; Nm 4.15; 15.30, 31; 1 R 11.38; 13.34; 2 R 21.12; Sal 106.43; Is 22.14; Jer 19.3; Ez 7.3; 18.30; Jn 8.34; Ro 2.5; He 10.4, 26–31).

PRINCIPALES DOCTRINAS EN 2 SAMUEL

Pacto davídico: Promesa de Dios a David de extender su trono y su reino por siempre (7.12–16; 22.51; ver otras referencias al pacto davídico en 1 S).

Pecado: El pecado de Israel creó consecuencias personales y nacionales (6.6, 7; 12.13, 14; ver otras referencias al pecado en 1 S).

Mesías: Anunciado por Natán a David, como rey ungido que triunfará sobre todas las naciones que se oponen a Dios (7.12–16; 22.51; Mt 1.16, 17; 12.22; Mr 1.1; Jn 7.42; Hch 2.30–33).

CARÁCTER DE DIOS EN 1 SAMUEL

Dios es santo: 2.2
Dios es poderoso: 14.6
Dios provee: 2.7, 8; 6.7–10, 12; 30.6
Dios es justo: 12.7

Dios es soberano: 9.17; 16.12, 13; 24.20

Dios es sabio: 2.3

Dios se aíra: 5.6; 6.19; 7.10; 31.6

CARÁCTER DE DIOS EN 2 SAMUEL

Dios es bueno: 2.6

Dios cumple sus promesas: 7.12, 13

Dios provee: 17.14, 15

Dios es verdadero: 2.6

Dios no tiene igual: 7.22

Dios es uno: 7.22

Dios es sabio: 7.20

Dios se aíra: 6.7; 21.1; 24.1, 15, 17

CRISTO EN... 2 SAMUEL

EL PACTO DAVÍDICO QUE hallamos en 2 Samuel 7.12–16 revela la promesa divina de extender el reino de David por toda la eternidad. Cristo cumple este pacto como Mesías que desciende directamente de la línea real de David. La vida de David, que leemos en 2 Samuel, prefigura el futuro reino de Cristo.

RETOS DE INTERPRETACIÓN

Los libros de Samuel contienen varios retos de interpretación que han sido ampliamente discutidos: (1) ¿Cuál de los manuscritos antiguos es el más cercano a los escritos originales? El texto hebreo (masorético) estándar ha sido relativa y pobremente preservado, y la LXX frecuentemente difiere de él. Por lo tanto, la lectura exacta del escrito original del texto es difícil de determinar en algunos lugares (vea 1 S 13.1). Se da por sentado que el texto masorético representa el texto original a menos que haya una imposibilidad gramatical o contextual. Esto explica muchas de las discrepancias numéricas. (2) ¿Es ambivalente Samuel en referencia al establecimiento del reinado humano en Israel? Se dice que mientras que 1 S 9—11 presenta una posición positiva del reinado, 1 S 8 y 12 son fuertemente antimonárquicos. No obstante, es preferible ver el libro como presentando una perspectiva equilibrada del reinado humano. Mientras que el deseo de Israel por un rey era aceptable (Dt 17.15), su razón por la que querían un rey mostraba falta de fe en el Señor (vea las notas de 1 S 8.5, 20). (3) ¿Cómo explicarse la conducta extraña de los profetas? Es comúnmente aceptado que 1 y 2 Samuel presentan a los profetas como oradores en éxtasis con conducta extraña, tal como los profetas paganos de las otras naciones. Pero no hay nada en el texto que sea inconsecuente con ver a los profetas como comunicadores de la revelación divina, algunas veces profetizando con acompañamiento musical (vea las notas sobre 1 S 10.5; 19.23, 24). (4) ¿Cómo ministró el Espíritu Santo antes de Pentecostés? El ministerio del Espíritu Santo en 1 S 10.6, 10; 11.6; 16.13, 14; 19.20, 23; 2 S 23.2 no estaba describiendo la salvación en el sentido del NT, sino una capacitación por parte del Señor para su servicio (vea también Jue 3.10; 6.34; 11.29; 13.25; 14.6, 19; 15.14). (5) ¿Cuál era la identidad del «espíritu malo de parte de Jehová» que atormentaba? ¿Es un ser personal, esto es, un demonio, o un espíritu de descontento creado por Dios en el corazón (cp. Jue 9.23)? Tradicionalmente, ha sido visto como un demonio. (6) ¿Cómo apareció Samuel en 1 S 28.3–5? Parece mejor entender la aparición de Samuel como el Señor permitiendo al muerto Samuel hablar con Saúl. (7) ¿Cuál es la identidad de la simiente de David en 2 S 7.12–15? Normalmente es tomado como Salomón. No obstante, el NT refiere las palabras a Jesús, el Hijo de Dios, en Hebreos 1.5.

BOSQUEJO DE 1 SAMUEL

I. Samuel: Profeta y juez de Israel (1.1—7.17)

    A. Samuel el profeta (1.1—4.1a)

        1. El nacimiento de Samuel (1.1–28)

        2. La oración de Ana (2.1–10)

        3. El crecimiento de Samuel (2.11–26)

        4. El oráculo en contra de la casa de Elí (2.27–36)

        5. La Palabra del Señor a través de Samuel (3.1–4.1a)

    B. Samuel el juez (4.1b—7.17)

        1. La saga del arca (4.1b—7.1)

        2. La victoria de Israel sobre los filisteos y el período de Samuel como juez (7.2–17)

II. Saúl: Primer rey sobre Israel (8.1—15.35)

    A. La ascensión de Saúl al reinado (8.1—12.25)

        1. La demanda de Israel de un rey (8.1–22)

        2. El proceso de Saúl para llegar a ser rey (9.1—11.13)

        3. La exhortación de Samuel a Israel con respecto al rey (11.14—12.25)

    B. El declive de Saúl en el reinado (13.1—15.35)

        1. La represión de Saúl (13.1–5)

        2. Las guerras de Saúl (13.16—14.52)

        3. El rechazo de Saúl (15.1–35)

III. David y Saúl: Transferencia del reinado en Israel (16.1—31.13)

    A. La introducción de David (16.1—17.58)

        1. La unción de David (16.1–13)

        2. David en la corte de Saúl (16.14–23)

        3. David el guerrero del Señor (17.1–58)

    B. David echado de la corte de Saúl (18.1—20.42)

        1. El enojo y el temor de Saúl hacia David (18.1–30)

        2. La defensa de David por parte de Jonatán y Mical (19.1—20.42)

    C. David huye de la persecución de Saúl (21.1—28.2)

        1. La matanza de los sacerdotes por parte de Saúl en Nob (21.1—22.23)

        2. La vida de Saúl librada dos veces por David (23.1—26.25)

        3. El desánimo de David y el refugio filisteo (27.1—28.2)

    D. La muerte de Saúl (28.3—31.13)

        1. La noche final de Saúl (28.3–25)

        2. La despedida de David por parte de los filisteos (29.1–11)

        3. La destrucción de David de los amalecitas (30.1–31)

        4. El día final de Saúl (31.1–13)

BOSQUEJO DE 2 SAMUEL

I. El reinado de David como rey sobre Israel (1.1—20.26)

    A. El advenimiento de David al reinado como rey sobre Judá (1.1—3.5)

        1. Las muertes de Saúl y Jonatán (1.1–27)

        2. David ungido por Judá (2.1–7)

3. Las victorias de David sobre la casa de Saúl (2.8—3.1)
4. Las esposas y los hijos de David en Hebrón (3.2–5)

B. El advenimiento de David al reinado sobre Israel (3.6—5.16)

1. Las muertes de Abner e Is-boset (3.6—4.12)
2. David ungido por todo Israel (5.1–5)
3. La conquista de David de Jerusalén (5.6–12)
4. Las esposas y los hijos de David en Jerusalén (5.13–16)

C. El reinado triunfal de David (5.17—8.18)

1. Las victorias de David sobre los filisteos (5.17–25)
2. Las victorias espirituales de David (6.1—7.29)
3. Las victorias de David sobre los filisteos, moabitas, arameos y edomitas (8.1–18)

D. El reinado turbulento de David (9.1—20.26)

1. La bondad de David extendida a Mefi-boset (9.1–13)
2. Los pecados de David de adulterio y homicidio (10.1—12.31)
3. Los problemas familiares de David (13.1—14.33)

   a. La violación de Tamar (13.1–22)
   b. El asesinato de Amnón (13.23–39)
   c. El recuerdo de Absalón y su regreso (14.1–33)

4. Las rebeliones en contra de David (15.1—20.26)

   a. La rebelión de Absalón (15.1—19.43)
   b. La rebelión de Seba (20.1–26)

II. Epílogo (21.1—24.25)

A. El juicio del Señor en contra de Israel (21.1–14)
B. Los héroes de David (21.15–22)
C. El canto de alabanza de David (22.1–51)
D. Las últimas palabras de David (23.1–7)
E. Los hombres valientes de David (23.8–39)
F. El juicio del Señor en contra de David (24.1–25)

Mientras tanto, en otras partes del mundo...

En áreas que hoy conocemos como Nevada y California, Estados Unidos, el pueblo Pinto prospera dejando evidencia de cabañas construidas con juncos, madera y piedra arenisca. En Egipto y Asiria la aristocracia adopta la costumbre de usar pelucas.

Desarrollo del argumento de 2 Samuel

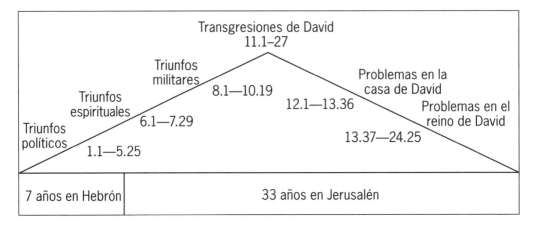

RESPUESTAS A PREGUNTAS DIFÍCILES

1. Si aceptamos la opinión académica de que los manuscritos antiguos que nos han llegado de 1 y 2 Samuel no se han preservado relativamente bien, ¿qué actitud debemos adoptar hacia estos libros como parte de la Palabra de Dios?

Debido a los problemas del copiado a mano y la preservación de los rollos, es una maravilla que contemos con los documentos antiguos que nos han llegado. Nuestra actitud debiera ser más bien de asombro respecto a que exista tan poca discrepancia y no tanto en cuanto a las dificultades que pueden confundir o quedar en el misterio.

Muchos de los descubrimientos de la ciencia en el análisis de manuscritos antiguos tienen que ver con errores típicos, comunes en el copiado a mano. Por ejemplo, cuando dos líneas de texto terminan con la misma palabra, o dos o más palabras iguales, el ojo del copista tiende a saltar la segunda línea, eliminándola. La atenta comparación entre manuscritos y la reconstrucción del texto suele revelar estos simples errores.

En el caso de 1 y 2 Samuel tenemos dos familias de textos antiguos: (1) el texto masorético en lengua hebrea, y (2) la LXX (Septuaginta), texto en griego traducido por estudiosos judíos cerca del año 100 A.C. Al comparar estos textos es verdad que se hallan más diferencias que en otros libros del AT. Hay frecuentes desacuerdos entre ambos en cuanto a cifras o números. Para resolver estas discrepancias, debido a la antigüedad y el lenguaje, el texto masorético se considera en general una versión más clara del manuscrito original, a menos que la gramática y el contexto indiquen que hay un error de copiado.

Uno de los aspectos importantes a recordar cuando se piensa en la posibilidad de errores textuales en las Escrituras es el siguiente: las doctrinas centrales de la fe cristiana jamás se basan en un único versículo de las Escrituras ni en alguna sección en disputa. El plan de salvación de Dios y el esquema principal de la enseñanza cristiana aparecen a lo largo de toda la extensión de las Escrituras.

2. ¿En qué pueden ayudar 1 y 2 Samuel a comprender el papel del Espíritu Santo en tiempos del AT?

Los libros 1 y 2 Samuel ilustran parte de la obra del Espíritu Santo en el AT. Las acciones del Espíritu en particular se destacan en los siguientes pasajes: 1 S 10.6, 10; 11.6; 16.13, 14; 19.20, 23; 2 Samuel 23.2. Estas referencias nos brindan varias conclusiones en cuanto al ministerio del Espíritu Santo: (1) era la «venida» ocasional sobre una persona elegida para una tarea o declaración en particular; (2) el ministerio del Espíritu no estaba bajo el control de la(s) persona(s); (3) podía darse o no la expectativa de la ayuda del Espíritu; (4) el Espíritu Santo inspiraba a determinadas personas a hablar o escribir el mensaje de Dios.

Jesús prometió la presencia del Espíritu Santo habitando en nosotros, a diferencia de esas visitas sorpresivas. Por cierto, a veces el creyente puede experimentar un poder del Espíritu Santo que le da capacidad para una tarea, pero la imagen del ministerio del Espíritu Santo cambia, de una visita externa de Dios en el AT, a la presencia residente de Dios en la vida del creyente en el NT.

3. ¿Fue siempre el gobierno de los reyes parte del plan de Dios? ¿O fue la demanda del pueblo que pedía un monarca una forma de disciplina divina?

Cuando Israel entró en la Tierra Prometida el pueblo encontró ciudades-estado cananeas gobernadas por reyes (Jos 12.7–14). Más adelante, durante la época de los jueces, Israel fue oprimido y esclavizado por naciones gobernadas por reyes (Jue 3.8, 12; 4.2; 8.5; 11.12). El libro de Jueces menciona varias veces la falta de un rey (Jue 17.6; 18.1; 19.1; 21.25). La idea de tener un rey, como lo tenían las naciones vecinas, era una tentación poderosa. Pero según Deuteronomio 17.14, Dios sabía que iban a querer eso y predijo que él les otorgaría permiso. El primer libro de Samuel (8.4–20), revela que lo que motivaba al pueblo en realidad era el rechazo a Dios.

A pesar de las advertencias de Samuel sobre las cosas desfavorables de la monarquía, el pueblo ofreció tres razones que consideraba convincentes sobre su necesidad de tener un rey (1 S 8.20): (1) ser como las demás naciones; (2) tener un juez nacional; (3) tener un gran héroe de guerra. Cada una de estas razones contradecía los propósitos específicos de Dios: (1) Israel debía ser una nación santa, no como las demás; (2) Dios era su juez supremo; (3) Dios había librado batallas por ellos mientras que un rey les enviaría a la batalla. El problema de Israel no era que querían un rey, sino más bien que querían reemplazar a Dios por un gobernante humano. Cambiaron a su maravilloso y poderoso Gobernante a quien no podían ver, por alguien a quien sí, aunque fuera capaz de cometer atroces errores.

Otros temas de estudio en 1 Samuel

1. ¿En qué aspectos afectó la vida de Samuel como juez y profeta su nacimiento e infancia?
2. ¿Qué características notables aparecen ilustradas en la vida de Ana, madre de Samuel?
3. ¿Qué relación tuvo Samuel con los dos primeros reyes de Israel y qué indicaba ello en cuanto a la opinión de Dios sobre los monarcas?
4. ¿Hasta qué punto es la obediencia uno de los temas centrales de 1 Samuel?
5. ¿De qué manera influye en su entendimiento de los propósitos de Dios para su vida el llamado específico de Dios a Samuel?

Otros temas de estudio en 2 Samuel

1. ¿Qué características importantes del carácter de David se ilustran en 2 Samuel?
2. ¿En qué aspectos era David «un hombre según el corazón de Dios»?
3. ¿Qué tipo de líder o rey era David?
4. ¿De qué modo comprueba la secuencia de los hechos entre David y Betsabé la seducción del pecado y sus consecuencias?
5. ¿Qué impidió que Dios rechazara a David después de sus muchos pecados?
6. La experiencia de David, ¿en qué afecta su entendimiento sobre lo que Dios ve en usted y su pecado?

1 Y 2 REYES
Desilusiones y desastres reales

TÍTULO

Primero y Segundo de Reyes eran originalmente un libro llamado en el texto hebreo «Reyes», de la primera palabra en el 1.1. La traducción griega del AT, la Septuaginta (LXX), dividió el libro en dos, y esto fue seguido por la versión de la Vulgata latina (Vg.) y las traducciones en castellano. La división fue por la conveniencia de copiar este libro extenso en pergaminos y códices y no se basó en características de contenido. Las Biblias hebreas modernas titulan los libros «Reyes A» y «Reyes B». La LXX y la Vg. relacionaron a Reyes con los libros de Samuel, y por esto los títulos en la LXX son «Los libros tercero y cuarto de los Reinos» y en la Vg. «Tercero y cuarto de Reyes». Los libros de 1 y 2 Samuel y 1 y 2 Reyes combinados son una crónica de la historia entera del reinado de Judá e Israel desde Saúl hasta Sedequías. Primero y Segundo de Crónicas proveen únicamente la historia de la monarquía de Judá.

AUTOR Y FECHA

La tradición judía propuso que Jeremías escribió Reyes, aunque esto es poco probable debido a que el acontecimiento final registrado en el libro (vea 2 R 25.27–30) ocurrió en Babilonia en el 561 A.C. Jeremías nunca fue a Babilonia, sino a Egipto (Jer 43.1–7), y habría tenido por lo menos ochenta y seis años de edad por el 561 A.C. De hecho, la identidad del autor no nombrado permanece desconocida. Debido a que el ministerio de los profetas es enfatizado en Reyes, parece que el autor con mucha probabilidad era un profeta no mencionado que vivió en el exilio con Israel en Babilonia.

Reyes fue escrito entre el 561–538 A.C. Debido a que el último acontecimiento narrado en el libro (2 R 25.27–30) establece la fecha más temprana posible de término y debido a que no hay registro del fin de la cautividad babilónica en Reyes, la liberación del exilio (538 A.C.) identifica la fecha de escritura más tardía posible. Esta fecha es algunas veces retada a la luz de las afirmaciones «hasta hoy» en 1 R 8.8; 9.13, 20, 21; 10.12; 12.19; 2 R 2.22; 8.22; 10.27; 14.7;

> ## CRISTO EN... 1 REYES
>
> LA SABIDURÍA DE SALOMÓN SIMBOLIZA A CRISTO, «el cual nos ha sido hecho por Dios sabiduría» (1 Co 1.30). Sin embargo en 1 Reyes Salomón llevó a su reino a la apostasía, al casarse con muchas mujeres extranjeras (11.1). En contraste con esto, Cristo mismo proclamó ser «más que Salomón» (Mt 12.42). El futuro reino de Cristo no terminará jamás.

16.6; 17.23, 34, 41; 21.15. No obstante, es mejor entender estas afirmaciones como aquellas de las fuentes usadas por el autor, en lugar de afirmaciones del autor mismo.

Es claro que el autor usó una variedad de fuentes al recolectar la información de este libro, incluso «el libro de los hechos de Salomón» (1 R 11.41), «las historias de los reyes de Israel»

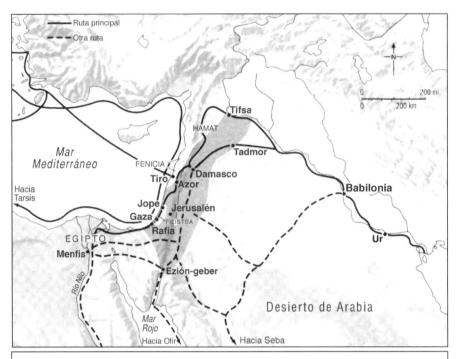

Extensión de la fama de Salomón

- Ruta principal
- - - Otra ruta

Mar Mediterráneo

FENICIA
Tiro
Azor
Jope
Gaza
FILISTEA
Rafia

HAMAT
Tifsa
Tadmor
Damasco
Jerusalén

EGIPTO
Menfis
Ezión-geber

Hacia Tarsis

Babilonia

Ur

Desierto de Arabia

Río Nilo

Mar Rojo
Hacia Ofir
Hacia Seba

N

200 mi
200 km

La influencia de Salomón en los asuntos políticos y económicos se veía aumentada por las rutas del comercio y el transporte que atravesaban su reino.

(1 R 14.19; 15.31; 16.5, 14, 20, 27; 22.39; 2 R 1.18; 10.34; 13.8, 12; 14.15, 28; 15.11, 15, 21, 26, 31), y «las crónicas de los reyes de Judá» (1 R 14.29; 15.7, 23; 22.45; 2 R 8.23; 12.19; 14.18; 15.6, 38; 16.19; 20.20; 21.17, 25; 23.28; 24.5). Además, Isaías 36.1—39.8 proveyó información usada en 2 Reyes 18.9—20.19, y Jeremías 52.31–34 parece ser la fuente para 2 Reyes 25.27–29. Esta explicación presenta un solo autor inspirado, viviendo en Babilonia durante el exilio, usando estos materiales como fuentes preexílicas que estaban a su disposición.

CONTEXTO HISTÓRICO

Una distinción debe ser hecha entre el contexto de las fuentes de los libros y el del autor de los libros. El material de las fuentes fue escrito por participantes y testigos oculares de los acontecimientos. Fue una información relevante, la cual era históricamente precisa con respecto a los hijos de Israel, desde la muerte de David y la subida al trono de Salomón (971 A.C.) hasta la destrucción del templo y Jerusalén por los babilonios (586 A.C.). De esta manera, Reyes rastrea las historias de dos conjuntos de reyes y dos naciones de personas desobedientes, Israel y Judá, y ambas estaban volviéndose más y más indiferentes a la ley de Dios y sus profetas e iban camino a la cautividad.

El libro de Reyes no solo es historia precisa, sino historia interpretada. El autor, un exiliado en Babilonia, deseaba comunicar las lecciones de la historia de Israel a los exiliados. Específicamente, él le enseñó a la comunidad en el exilio la razón por la que el juicio del Señor había venido. El escritor estableció al principio de su narración que el Señor requería obediencia por parte de los reyes a la ley mosaica, si su reino iba a recibir su bendición; la desobediencia traería el exilio

La division de los reinos

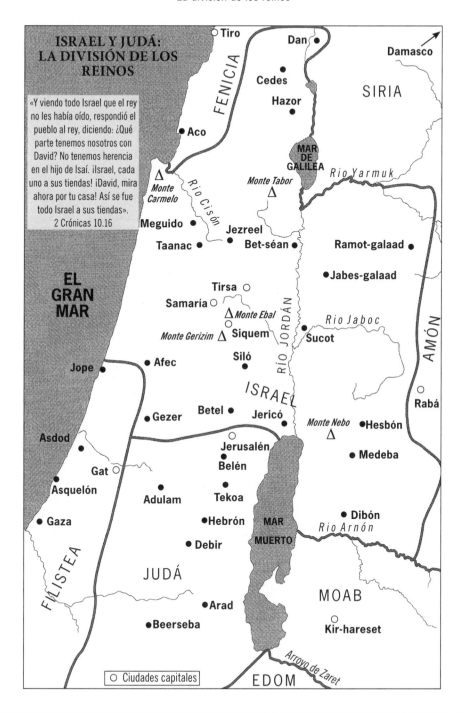

ISRAEL Y JUDÁ: LA DIVISIÓN DE LOS REINOS

«Y viendo todo Israel que el rey no les había oído, respondió el pueblo al rey, diciendo: ¿Qué parte tenemos nosotros con David? No tenemos herencia en el hijo de Isaí. ¡Israel, cada uno a sus tiendas! ¡David, mira ahora por tu casa! Así se fue todo Israel a sus tiendas».
2 Crónicas 10.16

FENICIA

Tiro

Dan

Damasco

Cedes

Hazor

SIRIA

Aco

MAR DE GALILEA

Río Yarmuk

Monte Carmelo

Río Cisón

Monte Tabor

Meguido

Jezreel

Taanac

Bet-séan

Ramot-galaad

Jabes-galaad

EL GRAN MAR

Tirsa

Samaría

Monte Ebal

Monte Gerizim

Siquem

RÍO JORDÁN

Río Jaboc

Sucot

AMÓN

Siló

Afec

ISRAEL

Jope

Gezer

Betel

Jericó

Monte Nebo

Hesbón

Rabá

Asdod

Jerusalén

Medeba

Gat

Belén

Asquelón

Adulam

Tekoa

Gaza

Hebrón

MAR MUERTO

Dibón

Río Arnón

Debir

JUDÁ

MOAB

Arad

Kir-hareset

Beerseba

Arroyo de Zaret

○ Ciudades capitales

EDOM

La gloria del reino unificado empezó a esfumarse cuando murió Salomón y su hijo, el necio Roboam, les habló con dureza a los representantes de Israel que pedían una reducción de los altos impuestos de la época de Salomón (12.1–24). Roboam reinó sobre Judá en el sur y Jeroboam fue el rey de Israel al norte.

EL Imperio Babilónico

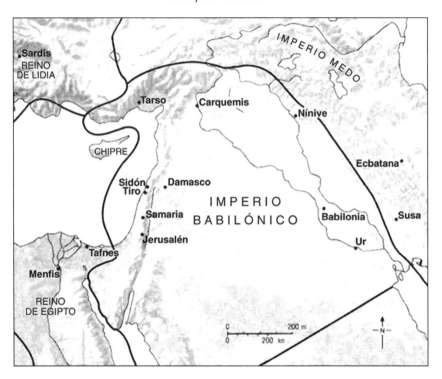

(1 R 9.3–9). La triste realidad que la historia reveló fue que todos los reyes de Israel y la mayoría de los reyes de Judá hicieron «lo malo ante los ojos de Jehová». Estos reyes malos eran apóstatas, que guiaron a su pueblo al pecado al no confrontar la idolatría, sino al apoyarla. Debido al fracaso de los reyes, el Señor envió a sus profetas para confrontar tanto a los monarcas como al pueblo con su pecado y su necesidad de regresar a Él. Debido a que el mensaje de los profetas fue rechazado, ellos predijeron que la(s) nación(es) serían llevadas al exilio (2 R 17.13–23; 21.10–15). Al igual que toda profecía pronunciada por los profetas en Reyes, esta palabra del Señor se cumplió (2 R 17.5, 6; 25.1–11). Por lo tanto, Reyes interpretó la experiencia del exilio del pueblo y les ayudó a reconocer por qué habían sufrido el castigo de Dios por la idolatría. También explicó que así como Dios había mostrado misericordia a Acab (1 R 22.27–29) y a Joaquín (2 R 25.27–30), del mismo modo también estaba dispuesto a mostrarles misericordia.

El contexto geográfico predominante de Reyes es la tierra entera de Israel desde Dan hasta Beerseba (1 R 4.25), incluso Transjordania. Cuatro naciones invasoras jugaron un papel dominante en la vida de Israel y Judá desde el 971 al 561 A.C. En el décimo siglo A.C., Egipto impactó la historia de Israel durante los reinados de Salomón y Roboam (1 R 3.1; 1.14–22, 40; 12.2; 14.25–27). Siria (Aram) presentó una gran amenaza para la seguridad de Israel durante el siglo noveno A.C., ca. 890–800 A.C. (1 R 15.9–22; 20.1–34; 22.1–4, 29–40; 2 R 6.8—7.20; 8.7–15; 10.32, 33; 12.17–18; 13.22–25). Los años desde ca. 800–750 A.C. fueron medio siglo de paz y prosperidad para Israel y Judá, porque Asiria neutralizó a Siria y no amenazó al sur. Esto cambió durante el reinado de Tiglat-pileser III (2 R 15.19, 20, 29). Desde la mitad del siglo octavo hasta la última parte del siglo séptimo A.C., Asiria aterró a Palestina, conquistando finalmente y destruyendo a Israel (el reino del norte) en el 722 A.C. (2 R 17.4–6), y sitió a Jerusalén en el 701 A.C. (2 R 18.17—19.37). Desde el

Los reyes de Israel y Judá

Rey ....**Referencia bíblica**

Reino unido
Saúl.. 1 S 9.1—31.13; 1 Cr 10.1–14
David... 2 S; 1 R 1.1—2.9; 1 Cr 11.1—29.30
Salomón.. 1 R 2.10—11.43; 2 Cr 1.1—9.31

Reino del norte (Israel)
Jeroboam I .... 1 R 12.25—14.20
Nadab.. 1 R 15.25–31
Baasa... 1 R 15.32—16.7
Ela... 1 R 16.8–14
Zimri.. 1 R 16.15–20
Tibni... 1 R 16.21, 22
Omri... 1 R 16.21–28
Acab... 1 R 16.29—22.40
Ocozías .... 1 R 22.51–53; 2 R 1.1–18
Joram .... 2 R 2.1—8.15
Jehú... 2 R 9.1—10.36
Joacaz.. 2 R 13.1–9
Joás... 2 R 13.10–25
Jeroboam II.. 2 R 14.23–29
Zacarías .... 2 R 15.8–12
Salum... 2 R 15.13–15
Manahem.. 2 R 15.16–22
Pekaía.. 2 R 15.23–26
Peka... 2 R 15.27–31
Oseas... 2 R 17.1–41

Reino del sur (Judá)
Roboam.. 1 R 12.1—14.31; 2 Cr 10.1—12.16
Abiam (Joram)...................................... 1 R 15.1–8; 2 Cr 13.1–22
Asa... 1 R 15.9–24; 2 Cr 14.1—16.14
Josafat... 1 R 22.41–50; 2 Cr 17.1—20.37
Joram .... 2 R 8.16–24; 2 Cr 21.1–20
Ocozías .... 2 R 8.25–29; 2 Cr 22.1–9
Atalía (reina) .... 2 R 11.1–16; 2 Cr 22.1—23.21
Joás... 2 R 11.17—12.21; 2 Cr 23.16—24.27
Amasías... 2 R 14.1–22; 2 Cr 25.1–28
Uzías (Azarías)..................................... 2 R 15.1–7; 2 Cr 26.1–23
Jotam... 2 R 15.32–38; 2 Cr 27.1–9
Acaz... 2 R 16.1–20; 2 Cr 28.1–27
Ezequías... 2 R 18.1—20.21; 2 Cr 29.1—32.33
Manasés... 2 R 21.1–18; 2 Cr 33.1–20
Amón.. 2 R 21.19–26; 2 Cr 33.21–25
Josías... 2 R 22.1—23.30; 2 Cr 34.1—35.27
Joacaz.. 2 R 23.31–33; 2 Cr 36.1–4
Joacim.. 2 R 23.34—24.7; 2 Cr 36.5–8
Joaquín... 2 R 24.8–16; 2 Cr 36.9, 10
Sedequías .... 2 R 24.18—25.21; 2 Cr 36.11–21

612 hasta el 539 A.C., Babilonia fue la potencia dominante en el mundo antiguo. Babilonia invadió a Judá (el reino del sur) tres veces, con la destrucción de Jerusalén y el templo ocurriendo en el 586 A.C. durante ese tercer ataque (2 R 24.1—25.21).

PERSONAS DESTACADAS EN 1 REYES

David: rey de Israel; nombró a su hijo Salomón como sucesor suyo (1—2.10).

Salomón: hijo de Betsabé y David; el tercero de los reyes de Israel, constructor del templo; Dios le hizo el hombre más sabio que haya existido (1.10—11.43).

Roboam: hijo de Salomón, que le sucedió como rey de Israel; sus malas acciones llevaron a que Israel se dividiera en dos reinos; luego imperó sobre el reino del sur, Judá (11.43—12.24; 14.21–31).

Jeroboam: malvado rey de las diez tribus del norte de Israel; erigió ídolos y nombró sacerdotes que no eran levitas (11.24—14.20).

Elías: profeta de Israel; sus extraordinarios actos de fe confrontaban a los profetas de Baal (17.1—19.21; 21.17–28).

Acab: el octavo de los reyes de Israel y el más malvado; fue peor que cualquiera de los otros reyes israelitas (16.28—17.1; 18.1—19.1; 20.1—22.40).

Jezabel: se casó con Acab y fue reina de Israel; promovía la adoración a Baal (16.31; 18.4–19; 19.1–2; 21.5–27).

El templo de Salomón

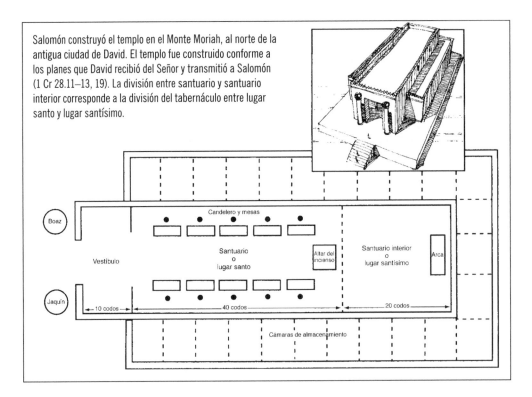

Salomón construyó el templo en el Monte Moriah, al norte de la antigua ciudad de David. El templo fue construido conforme a los planes que David recibió del Señor y transmitió a Salomón (1 Cr 28.11–13, 19). La división entre santuario y santuario interior corresponde a la división del tabernáculo entre lugar santo y lugar santísimo.

Boaz

Jaquín

Vestíbulo

Candelero y mesas

Santuario o lugar santo

Altar del incienso

Santuario interior o lugar santísimo

Arca

10 codos · 40 codos · 20 codos

Cámaras de almacenamiento

1 Reyes

Baal: En hebreo *ba'al* —16.31; 18.19, 21, 26, 40; 19.18; 22.53— significa literalmente «amo» o «esposo». Baal hace referencia a los dioses paganos de la fertilidad y las tormentas en el antiguo Medio Oriente. La literatura cananea vincula a Baal con la diosa de la fertilidad Asera, mencionada muchas veces en el AT (2 R 21.7). La adoración a esas deidades paganas incluía la automutilación, la prostitución ritual y el sacrificio de niños. Dios castigó a los israelitas por haber adoptado la adoración a Baal y Asera (Jue 2.11–15; Jer 19.4–6).

Súplica: En hebreo *techinnah* —8.28, 33, 45, 47, 52, 54, 59; 9.3— en referencia a solicitar a Dios o a una persona específica un favor o misericordia (Jer 37.20; 38.26). Salomón usa esta palabra varias veces en su oración de dedicación del templo (8.23—9.3; 2 Cr 6.14–42). A menudo se usa la súplica en relación con la angustia cuando se está en medio de enemigos (Sal 55.1–3; 119.70; Jer 36.7). La Biblia describe las súplicas de David (Sal 6.9), de Salomón (9.3) y del malvado rey Manasés que se humilló ante Dios (2 Cr 33.12, 13).

Nombre: En hebreo *shem* —1.47; 3.2; 5.5; 7.21; 8.17; 9.3; 11.36; 18.24— es muy probable que signifique «marcar». En la historia bíblica muchas veces el nombre de una persona describía características personales como su destino o posición (ver 1 S 25.25, donde aparece explicado el nombre de Nabal, que significa «necio», «tonto»). A veces Dios le cambiaba el nombre a una persona para reflejar un cambio en su carácter o posición (ver Gn 35.10). Los distintos nombres de Dios revelan importantes aspectos de su naturaleza (por ejemplo, Dios Altísimo, Dios Todopoderoso, YO SOY). El nombre de Dios debe usarse con honor y respeto (Éx 20.7). Dios le comunicó a Israel su nombre como expresión de su íntima relación de pacto con ellos (Éx 3.13–15).

Oro: En hebreo *zahab* —6.21, 28; 7.49; 9.28; 10.14; 12.28; 15.15; 20.3— en referencia tanto a la sustancia como al color del oro (1 R 10.16; Zac 4.12). El oro se menciona por lo general junto con la plata y era símbolo de riqueza (Gn 13.2; 2 Cr 1.15; Ez 16.13). Casi todas las referencias al oro en el AT tienen que ver con el templo y el palacio de Salomón (Éx 25.3; 2 Cr 2.7; 9.13–27). Por muy precioso que parezca el oro, no puede compararse en valor con la sabiduría (Job 28.17), el amoroso favor (Pr 22.1) y los mandamientos del Señor (Sal 19.9, 10; 119.72, 127).

PERSONAS DESTACADAS EN 2 REYES

Elías: profeta de Israel; no murió, sino que fue llevado directamente al cielo en un carro de fuego (1.3—2.11; 10.10, 17).

Eliseo: profeta nombrado como sucesor de Elías (2.1—9.3; 13.14–21).

La mujer sunita: hospedó a Eliseo en su casa; Elíseo resucitó a su hijo (4.8–37; 8.1–6).

Naamán: poderoso guerrero sirio que sufría de lepra; Eliseo lo sanó (5.1–27).

Jezabel: malvada reina de Israel; intentó impedir que Israel adorara a Dios; al fin fue asesinada y comida por los perros (9.7–37).

Jehú: ungido rey de Israel que Dios usó para castigar a la familia de Acab (9.1—10.36; 15.12).

Joás: rey de Judá, salvado de la muerte cuando era niño; siguió malos consejos y finalmente sus propios funcionarios lo asesinaron (11.1—12.21).

Ezequías: decimotercer rey de Judá que se mantuvo fiel a Dios (16.20—20.21).

Senaquerib: rey de Asiria que amenazaba a Judá; el Señor destruyó a su ejército (18.13—19.36).

Isaías: profeta que ministró a lo largo de los reinados de cinco reyes de Judá (19.2—20.19).

2 Reyes

Plata: En hebreo *keseph* —5.5, 23; 6.25; 7.8; 12.13; 14.14; 20.13; 23.35— literalmente conocida como «metal pálido», era la unidad básica de la moneda del AT (1 R 21.6; Is 55.1). Pero en el AT no hay referencia a monedas de plata porque en la antigüedad este metal se valuaba según su peso (Is 46.6; Jer 32.9–10). La plata junto con el oro fue uno de los materiales valiosos que se usaron para construir el tabernáculo y el templo (Éx 25.1–9; 2 Cr 2.7). En Eclesiastés Salomón da una advertencia en cuanto a la plata: «El que ama el dinero [plata], no se saciará de dinero [plata]» (Ec 5.10).

Ira: En hebreo *aph* —13.3; 17.11; 21.6, 15; 22.17; 23.26; 24.20— significa «nariz», «narina» o «ira» (Gn 2.7; Pr 15.1). Término que a menudo aparece junto con palabras que describen quemazón o ardor. A lo largo del AT, el lenguaje figurado como «nariz ardiente» representa la ira, por la respiración acelerada de la persona (Éx 32.10–12). Casi todas las referencias del AT en que aparece esta palabra describen la ira de Dios (Sal 103.8; Dt 4.24, 25). La justa ira de Dios se reserva para quienes violan su pacto (Dt 13.17; 29.25–27; Jos 23.16; Jue 2.20; Sal 78.38).

Lugares altos: En hebreo *bamah* —12.3; 14.4; 15.4; 17.9; 23.8, 15, 20— a menudo en referencia a un lugar sagrado, ubicado sobre terreno alto, como una colina por ejemplo. Antes de que se construyera el templo los israelitas adoraban al verdadero Dios en esos lugares altos (1 R 3.2–4). Pero cuando los israelitas empezaron a adorar a dioses paganos en esos santuarios, el término comenzó a relacionarse en el AT con la rebeldía religiosa y la apostasía de Israel (1 R 14.23; Sal 78.58; Jer 19.5).

Manasés: hijo de Ezequías; fue el decimocuarto rey de Judá; fue malo y causó que el juicio cayera sobre Jerusalén (20.21—21.18).

Josías: decimosexto rey de Judá; bisnieto de Ezequías; se mantuvo fiel a Dios (21.24—23.30).

Joacim: decimoctavo rey de Judá; practicaba el mal a los ojos del Señor (23.34—24.6).

Sedequías: vigésimo rey de Judá; capturado por los babilonios como castigo de Dios por practicar el mal (24.17—25.7).

Nabucodonosor: rey de Babilonia a quien Dios permitió conquistar Jerusalén (24.1—25.22).

Temas históricos y teológicos

Reyes se concentra, entonces, en la historia de los hijos de Israel desde el 971 a.c. hasta el 561 a.c. Primero de Reyes 1.1—11.43 se enfoca en la accesión y el reinado de Salomón (971–931 a.c.). Los dos reinos divididos de Israel y Judá (931–722 a.c.) son considerados en 1 R 12.1; 2 R 17.41. El autor ordenó el material de una manera distinta al hacer que la narración siga a los reyes tanto en el norte como en el sur. Para cada rey descrito se establece el siguiente marco literario. Todo rey es presentado con: (1) su nombre y relación a su predecesor; (2) su fecha de accesión en relación al año del gobernante contemporáneo en el otro reino; (3) su edad al llegar al trono (únicamente para los reyes de Judá); (4) la duración de su reinado; (5) su lugar de reinado; (6) el nombre de su madre (únicamente para Judá); y (7) evaluación espiritual de su reinado. Esta introducción es seguida de una narración de los acontecimientos que ocurrieron durante el reinado de cada rey. Los detalles de su narración varían mucho. Cada reinado concluye con: (1) una cita de fuentes; (2) notas históricas adicionales; (3) noticia de la muerte; (4) noticia de la sepultura; (5) el nombre del sucesor; y (6) en unas pocas instancias, una posdata añadida (p. ej., 1 R 15.32; 2 R 10.36). Segundo de Reyes 18.1—25.21 se enfoca en el tiempo en el que Judá sobrevivió por sí sola (722–586 a.c.). Dos párrafos de conclusión hablan de acontecimientos después del exilio babilónico (2 R 25.22–26, 27–30).

Tres temas teológicos son enfatizados en Reyes. En primer lugar, el Señor juzgó a Israel y a Judá debido a su desobediencia a su ley (2 R 17.7–23). Esta infidelidad por parte del pueblo fue incrementada por la apostasía de los reyes malos que los guiaron a la idolatría (2 R 17.21, 22; 21.11), y entonces el Señor ejerció su ira justa en contra de su pueblo rebelde. En segundo lugar, la palabra de los verdaderos profetas se cumplió (1 R 13.2, 3; 22.15–28; 2 R 23.16; 24.2). Esto confirmó que el Señor guardaba su Palabra, aun sus advertencias de juicio. En tercer lugar, el Señor recordó su promesa a David (1 R 11.12–13, 34–36; 15.4; 2 R 8.19). Aunque los reyes de la línea davídica probaron ser desobedientes al Señor, Él no llevó a la familia de David a un fin como lo hizo con las familias de Jeroboam I, Omri y Jehú en Israel. Aun cuando el libro cierra, la línea de David aún existe (2 R 25.27–30), así que hay esperanza para la «simiente» venidera de David (vea 2 S 7.12–16). El Señor es entonces visto como alguien fiel, y su Palabra es digna de confianza.

PRINCIPALES DOCTRINAS EN 1 REYES

Juicio de Dios sobre las naciones apóstatas (9.3–9; Dt 4.26; 28.37; 2 S 14—16; 2 Cr 7.19, 20; Sal 44.14; 89.30; Jer 24.9; Os 5.11, 12; Mt 23.33–36; Jn 3.18, 19; 12.48; Ro 2.5, 6; 2 P 3.10; Ap 18.10).

Profecías de Dios cumplidas (13.2–5; 22.15–28; Nm 27.17; 2 R 23.15–20; 2 Cr 18.16; Mt 9.36; Mr 6.34; Jn 2.18).

Fidelidad de Dios a su pacto con David (11.12–13, 34–36; 15.4; 2 S 7.12–16; Lc 1.30–33; Hch 2.22–36).

PRINCIPALES DOCTRINAS EN 2 REYES

Juicio de Dios sobre las naciones apóstatas (17.7–23; 21.10–15; Jue 6.10; 1 S 3.11; Jer 6.9; 19.3; Lam 2.8; Am 7.7, 8; Mt 23.33–36; Jn 3.18, 19; 12.48; Ro 2.5–6; 2 P 3.10; Ap 18.10).

Profecías de Dios cumplidas (23.16; 24.2; 1 R 13.2; Jer 25.9; 32.28; 35.11; Ez 19.8).

Fidelidad de Dios a su pacto con David (8.19; 25.27–30; 2 S 7.12–16; Lc 1.30–33; Hch 2.22–36).

EL CARÁCTER DE DIOS EN 1 REYES

Dios llena el cielo y la tierra: 8.27
Dios es glorioso: 8.11
Dios es misericordioso: 8.23
Dios cumple sus promesas: 8.56
Dios provee: 21.19; 22.30, 34, 37, 38

EL CARÁCTER DE DIOS EN 2 REYES

Dios es compasivo: 13.23
Dios es Uno: 19.15
Dios se aíra: 19.28, 35, 37; 22.17

RETOS DE INTERPRETACIÓN

El principal reto de interpretación en Reyes tiene que ver con la cronología de los reyes de Israel y Judá. Aunque se presenta información cronológica abundante en el libro de Reyes, esta información es difícil de interpretar por dos razones. En primer lugar, parece haber inconsistencia interna en la información dada. Por ejemplo, 1 R 16.23 afirma que Omri, rey de Israel, comenzó a reinar en el año 31 de Asa, rey de Judá, y que él reinó doce años. Pero de acuerdo a 1 R 16.29, Omri fue seguido por su hijo Acab en el año 38 de Asa, dándole a Omri un reinado de solo siete años, no doce. En segundo lugar, a partir de fuentes extrabíblicas (griegas, asirias y babilónicas), correlacionadas con información astronómica, una serie confiable de fechas puede ser calculada desde el 892 hasta el

CRISTO EN... 2 REYES

AUNQUE SOBRE LA NACIÓN DE JUDÁ cayó el gran juicio, Dios salvó al remanente judío que estaba cautivo en Babilonia. Este remanente preservó la línea real de David, por la cual entraría Cristo en el mundo. La apostasía de Judá exigía el juicio del Dios justo y recto, pero Dios siempre fue fiel a su pacto con David. Jesús el Mesías, como descendiente directo de David, liberaría a su pueblo del cautiverio que les mantenía en pecado.

566 A.C. Debido a que se cree que Acab y Jehú, reyes de Israel, son mencionados en registros Asirios, 853 A.C. puede ser fijado como el año de la muerte de Acab y 841 A.C. como el año en el que Jehú comenzó a reinar. Con estas fechas fijadas, es posible ir hacia atrás y hacia adelante para determinar que la fecha de la división de Israel de Judá fue ca. 931 A.C., la caída de Samaria en el 722 A.C., y la caída de Jerusalén en el 586 A.C. Pero cuando los años totales de reinados reales en Reyes son sumados, el número para Israel es doscientos cuarenta y un años (no los doscientos diez años del 931 al 722 A.C.) y para Judá trescientos noventa y tres (no los trescientos cuarenta y seis años del 931 al 586 A.C.). Es reconocido que en ambos reinos hubieron algunos coreinados, esto es, un período de gobierno durante el cual dos reyes, normalmente padre e hijo, gobernaron al mismo tiempo, y así los años que empalmaron fueron contados dos veces en el total para ambos reyes. Además, diferentes métodos para contar los años del gobierno de un rey y aun diferentes calendarios fueron usados en diferentes ocasiones en los dos reinos, resultando en las aparentes inconsistencias internas. La precisión general de la cronología en Reyes puede ser demostrada y confirmada.

Un segundo importante reto de interpretación tiene que ver con la relación de Salomón con los pactos abrahámico y davídico. Primero de Reyes 4.20, 21 ha sido interpretado por algunos como el cumplimiento de las promesas dadas a Abraham (cp. Gn 15.18–21; 22.17). No obstante, de acuerdo a Números 34.6, la frontera occidental de la Tierra Prometida a Abraham era el Mar Mediterráneo. En 1 R 5.1ss, Hiram es visto como el rey independiente de Tiro (a lo largo del Mediterráneo), tratando con Salomón como un semejante. El imperio de Salomón no fue el cumplimiento de la promesa de la tierra dada a Abraham por parte del Señor, aunque una gran porción de esa tierra estuvo bajo el control de Salomón. Además, las afirmaciones de Salomón en 1 R 5.5 y 8.20 son sus declaraciones de ser la simiente prometida del pacto davídico (cp. 2 S 7.12–16). El autor de Reyes sostiene la posibilidad de que el templo de Salomón fue el cumplimiento de la promesa del Señor hecha a David. No obstante, mientras que las condiciones para el cumplimiento de la promesa hecha a David son reiteradas a Salomón (1 R 6.12), es claro que Salomón no cumplió con estas condiciones (1 R 11.9–13). De hecho, ninguno de los reyes históricos en la casa de David cumplió con la condición de obediencia completa que tenía que ser la señal del Prometido. De acuerdo a Reyes, el cumplimiento de los pactos abrahámico y davídico no se llevó a cabo en el pasado de Israel, y así establece el fundamento para los profetas que vendrían más tarde (Isaías, Jeremías, Ezequiel, y los doce) que apuntarían a Israel a una esperanza futura bajo el Mesías cuando los pactos fueran cumplidos (vea Is 9.6, 7).

BOSQUEJO

Debido a que la división de 1 y 2 Reyes se lleva a cabo arbitrariamente a la mitad de la narración que tiene que ver con el rey Ocozías en Israel, el siguiente bosquejo es tanto para 1 como 2 Reyes.

I. **El reino unido: El reinado de Salomón (1 R 1.1—11.43)**
   A. El ascenso de Salomón (1 R 1.1—2.46)
   B. El inicio de la sabiduría y riqueza de Salomón (1 R 3.1—4.34)
   C. Las preparaciones para la construcción del templo (1 R 5.1–18)
   D. La construcción del templo y la casa de Salomón (1 R 6.1—9.9)
   E. Más proyectos de construcción de Salomón (1 R 9.10–28)
   F. La culminación de la sabiduría y riqueza de Salomón (1 R 10.1–29)
   G. El declive de Salomón (1 R 11.1–43)

II. **El reino dividido: Los reyes de Israel y Judá (1 R 12.1—2 R 17.41)**
   A. El levantamiento de la idolatría: Jeroboam de Israel / Roboam de Judá (1 R 12.1—14.31)
   B. Reyes de Judá e Israel (1 R 15.1—16.22)
   C. La dinastía de Omri y su influencia: El levantamiento y la caída de la adoración de Baal en Israel y Judá (1 R 16.23—2 R 13.25)
     1. La introducción de la adoración de Baal (1 R 16.23–34)
     2. La oposición de Elías a la adoración de Baal (1 R 17.1—2 R 1.18)
     3. La influencia de Eliseo con respecto al verdadero Dios (2 R 2.1—9.13)
     4. El derrocamiento de la adoración de Baal en Israel (2 R 9.14—10.36)
     5. El derrocamiento de la adoración de Baal en Judá (2 R 11.1—12.21)
     6. La muerte de Eliseo (2 R 13.1–25)
   D. Reyes de Judá e Israel (2 R 14.1—15.38)
   E. La derrota y el exilio de Israel por parte de Asiria (2 R 16.1—17.41)

III. **El reino sobreviviente: Los reyes de Judá (2 R 18.1—25.21)**
   A. El reinado justo de Ezequías (2 R 18.1—20.21)
   B. Los reinados impíos de Manasés y Amón (2 R 21.1–26)
   C. El reinado justo de Josías (2 R 22.1—23.30)
   D. La derrota y exilio de Judá por parte de Babilonia (2 R 23.31—25.21)

IV. **Epílogo: La rebelión continua del pueblo y la misericordia continua del Señor (2 R 25.22–30)**

Mientras tanto, en otras partes del mundo...

Tras la caída de Lidia, Babilonia y los medos, causada por Ciro el Grande (553 a 529 A.C.), se funda el Imperio Persa. El rey Ciro el Grande desarrolla un sistema de correo a caballo. También hay registros de que los griegos comenzaron a usar el papiro.

RESPUESTAS A PREGUNTAS DIFÍCILES

1. ¿Qué relación tienen los seis libros entre sí —1 y 2 Samuel, 1 y 2 Reyes y 1 y 2 Crónicas— como registro de la historia del reino de Israel?

Los libros 1 y 2 Samuel y 1 y 2 Reyes brindan un relato cronológico del reino de Israel, tanto en su estado original como después de la división. Los libros 1 y 2 Crónicas son un repaso especial de la línea de David (los reyes de Judá).

A aquellos que van sumando los años que indican la duración del reinado tal como aparecen en estos libros, a veces les sorprende que la aritmética dé resultados incongruentes. Las fuentes extrabíblicas también ofrecen algunas fechas que crean problemas si se las correlaciona con el texto. Hay dos factores importantes que sirven para explicar las aparentes incongruencias de estos registros: (1) en varios casos había corregencias (padres e hijos que compartían el trono) en las que los años de reinado aparecen registrados sin tomar en cuenta tal yuxtaposición; (2) ni los calendarios ni la cuenta oficial de los años era igual en los dos reinos.

OTROS TEMAS DE ESTUDIO EN 1 REYES

1. ¿Qué cualidades tenían en común los reyes exitosos?
2. ¿Qué defectos y malas decisiones caracterizaban a los reyes que fracasaban?
3. ¿Por qué se dividió el reino de David en el reino de Israel y el reino de Judá?
4. ¿Qué papel cumplió Elías en 1 Reyes?
5. ¿Qué nos enseña la construcción y la dedicación del templo de Dios en cuanto a las formas eficaces e ineficaces de honrar a Dios?
6. ¿Cuál es el esfuerzo individual y más concentrado que lleva a cabo usted en su vida para la gloria de Dios?

OTROS TEMAS DE ESTUDIO EN 2 REYES

1. ¿En qué se diferenciaban Elías y Eliseo, y qué influencia tuvieron en su sociedad?
2. ¿Qué profetas más menciona 2 Reyes?
3. ¿Cuáles son los propósitos de Dios tras los milagros que aparecen en 2 Reyes?
4. ¿Cuántos reyes tuvieron respectivamente Israel y Judá, y cuántos de ellos fueron buenos? ¿Cuántos fueron malos?
5. ¿Qué partes del carácter y la naturaleza de Dios se ilustran y destacan en 2 Reyes?
6. ¿Qué puede ver usted y reconocer en cuanto a la paciencia de Dios en su propia vida?

1 y 2 Crónicas
Repaso histórico y preludio del desastre

Título

El título original en la Biblia hebrea era «Los anales (esto es, acontecimientos o sucesos) de los días». Primero y Segundo de Crónicas eran un libro hasta que más tarde este fue dividido en libros separados en la traducción griega del AT, la Septuaginta (LXX), alrededor del 200 A.C. El título también cambió en ese entonces al título impreciso: «las cosas omitidas», esto es, reflejando material que no se encuentra en 1, 2 Samuel y 1, 2 Reyes. El título en castellano «Crónicas» se originó con la traducción Vulgata en latín de Jerónimo (alrededor del 400 D.C.), la cual usó el título más completo: «Las crónicas de la historia sagrada entera».

Las fuentes del cronista

La inspiración de las Escrituras (2 Ti 3.16) algunas veces fue llevada a cabo mediante revelación directa por parte de Dios sin un escritor humano, por ej., la ley mosaica. En otras ocasiones, Dios usó fuentes humanas, como se menciona en Lucas 1.1–4. Ese fue el caso en la experiencia del cronista como se evidencia por las muchas fuentes que contribuyeron. Sea que el material haya venido a través de revelación directa o por fuentes ya existentes, la inspiración de Dios a través del Espíritu Santo protegió a los autores originales de las Escrituras de cualquier error (2 P 1.19–21). Aunque relativamente pocos errores de los escribas han sido cometidos al copiar las Escrituras, pueden ser identificados y corregidos. De esta manera, el contenido original e inerrante de la Biblia ha sido preservado.

1. Libro de los reyes de Israel / Judá (1 Cr 9.1; 2 Cr 16.11; 20.34; 25.26; 27.7; 28.26; 32.32; 35.27; 36.8)
2. Las crónicas de David (1 Cr 27.24)
3. Libro de Samuel (1 Cr 29.29)
4. Libro de Natán (1 Cr 29.29; 2 Cr 9.29)
5. Libro de Gad (1 Cr 29.29)
6. Profecía de Ahías silonita (2 Cr 9.29)
7. Profecía de Iddo (2 Cr 9.29)
8. Libro de Semaías (2 Cr 12.15)
9. Libro de Iddo (2 Cr 12.15)
10. Historia de Iddo (2 Cr 13.22)
11. Escritos de Jehú (2 Cr 20.34)
12. Historia del libro de los reyes (2 Cr 24.27)
13. Hechos de Uzías escritos por Isaías (2 Cr 26.22)
14. Cartas / mensaje de Senaquerib (2 Cr 32.10–17)
15. Profecía de Isaías (2 Cr 32.32)
16. Palabras de los videntes (2 Cr 33.18)
17. Palabras de Hozai (2 Cr 33.19)
18. Instrucciones escritas por David y Salomón (2 Cr 35.4)
19. Los lamentos (2 Cr 35.25)

AUTOR Y FECHA

Ni Primero ni Segundo de Crónicas contiene afirmaciones directas en referencia al autor humano, aunque la tradición judía fuertemente se inclina a Esdras el sacerdote (cp. Esd 7.1–6) como
«el cronista». Es muy probable que estos registros fueron hechos alrededor del 450–430 A.C. El
registro genealógico en 1 Crónicas 1—9 apoya una fecha después del 450 A.C. para la escritura. El
NT no cita directamente ni a 1 ni a 2 Crónicas.

CONTEXTO HISTÓRICO

El contexto histórico inmediato incluyó el regreso de los judíos en tres fases del exilio babilónico
a la Tierra Prometida: (1) Zorobabel en Esdras 1—6 (alrededor del 538 A.C.); (2) Esdras en Esdras
7—10 (alrededor del 458 A.C.); y (3) Nehemías en Nehemías 1—13 (alrededor del 445 A.C.). La
historia previa mira hacia atrás a la deportación babilónica / exilio (ca. 605–538 A.C.) como es
predicho o reportado por 2 Reyes, Ester, Jeremías, Ezequiel, Daniel y Habacuc. Los profetas de
esta época de restauración fueron Hageo, Zacarías y Malaquías.

Los judíos habían regresado de sus setenta años de cautiverio (alrededor del 538 A.C.) a una
tierra que era marcadamente diferente de la que una vez gobernó el rey David (alrededor del
1011–971 A.C.) y el rey Salomón (971–931 A.C.): (1) No había rey hebreo, sino más bien un gobernante persa (Esd 5.3; 6.6); (2) no había seguridad para Jerusalén, por esa razón Nehemías tuvo
que reedificar el muro (Neh 1—7); (3) no había templo, por eso Zorobabel tuvo que reconstruir
una pobre semblanza de la gloria del templo anterior de Salomón (Esd 3); (4) los judíos ya no
dominaban la región, sino que más bien estaban a la defensiva (Esd 4; Neh 4); (5) disfrutaron
pocas bendiciones divinas que iban más allá del hecho de que regresaron; (6) poseyeron poco de
la riqueza anterior del reino; y (7) la presencia divina de Dios ya no residía en Jerusalén, habiendo
partido alrededor del 597–591 A.C. (Ez 8—11).

Dicho de una manera suave, su futuro se veía oscuro comparado con su pasado majestuoso,
especialmente en el tiempo de David y Salomón. El regreso podría ser mejor descrito como amargo y dulce, esto es, amargo debido a que su pobreza actual trajo memorias dolorosas acerca de
lo que se había perdido por el juicio de Dios sobre el pecado de sus ancestros, pero dulce porque
por lo menos estaban de regreso en la tierra que Dios le había dado a Abraham diecisiete siglos
antes (Gn 12.1–3). La genealogía selectiva del cronista y la historia de Israel, comenzando desde
Adán (1 Cr 1.1) hasta el regreso de Babilonia (2 Cr 26.23), tenía el propósito de recordarle a los
judíos las promesas e intenciones de Dios acerca de: (1) la tierra; (2) la nación; (3) el rey davídico;
(4) los sacerdotes levitas; (5) el templo; y (6) la verdadera adoración, ninguna de las cuales había
sido abrogada debido a la cautividad babilónica. Todo esto fue para recordarles su legado espiritual durante los tiempos difíciles que enfrentaron y para alentarlos a ser fieles a Dios.

PERSONAS DESTACADAS EN 1 CRÓNICAS

David: rey de Israel y ancestro de Jesucristo; Dios lo describe como «varón conforme a mi
corazón» (2.8—29.30; ver Hch 13.22).

Los valientes de David: grupo especial de guerreros comprometidos a luchar por el rey
David (11.10—28.1).

Natán: profeta y consejero de David; transmitió la voluntad de Dios en cuanto a que Salomón construyera el templo (17.1–15).

Salomón: hijo de David que fue el siguiente rey de Israel (3.5—29.28).

Los templos de la Biblia

TEMPLO	FECHA	DESCRIPCIÓN	REFERENCIA
El tabernáculo (templo móvil)	circa 1444 A.C.	Plano detallado que Moisés recibió del Señor Construido por artesanos divinamente designados Profanado por Nadab y Abiú	Éx 25.30; Éx 35.30—40.28; Lv 10.1–7
El templo de Salomón	966–586 A.C.	Planeado por David Construido por Salomón Destruido por Nabucodonosor	2 S 7.1–29; 1 R 8.1–66; Jer 32.28–44
El templo de Zorobabel	516–169 A.C.	Visión de Zorobabel Construido por Zorobabel y los ancianos de los judíos Profanado por Antíoco Epífanes	Esd 6.1–22; Esd 3.1–8; 4.1–14; Mt 24.15
El templo de Herodes	19 A.C.-70 A.D.	Restauración del templo de Zorobabel ordenada por Herodes el Grande Destruido por los romanos	Mr 13.2, 14–23; Lc 1.11–20; 2.22–38; 2.42–51; 4.21–24; Hch 21.27–33
El templo actual	Época actual	Está en el corazón del creyente El cuerpo del creyente es el único templo del Señor hasta que vuelva el Mesías	1 Co 6.19, 20; 2 Co 6.16–18
El templo de Apocalipsis 11	Período de la tribulación	Será construido por el anticristo durante la Tribulación Será profanado y destruido	Dn 9.2; Mt 24.15; 2 Ts 2.4; Ap 17.18
El templo (milenial) de Ezequiel	El milenio	Visión del profeta Ezequiel Lo construirá el Mesías durante su reino del milenio	Ez 40.1—42.20; Zac 6.12, 13
El templo eterno de su presencia	El reino eterno	El templo más grande de todos («El Señor Dios Todopoderoso y el Cordero son su templo») Templo espiritual	Ap 21.22; Ap 22.1–21

El templo (en griego, *hieron*) es un lugar de adoración, un espacio sagrado o santo principalmente construido para que la nación adore a Dios.

PERSONAS DESTACADAS EN 2 CRÓNICAS

Salomón: rey de Israel y constructor del templo del Señor; recibió gran sabiduría de Dios (1.1—9.31).

Reina de Sabá: se enteró de la reputación de sabio que tenía Salomón; visitó Jerusalén para ponerlo a prueba con preguntas difíciles sobre su éxito (9.1-12; ver Mt 12.42).

Roboam: hijo malo de Salomón que le sucedió en el trono de Israel; pronto dividió al reino y luego gobernó el reino de Judá, en el sur (9.31—13.7).

Asa: rey de Judá; trató de cumplir los propósitos de Dios por medios corruptos (14.1—16.14).

Josafat: sucedió a su padre Asa como rey de Judá; seguía a Dios, pero tomó varias decisiones malas (17.1—22.9).

Joram: hijo malo de Josafat que le sucedió como rey de Judá; promovía la adoración a los ídolos y mató a sus seis hermanos (21.1-20).

Uzías: (también llamado Azarías) sucedió a su padre Amasías como rey de Judá; en general, seguía a Dios, pero su actitud siempre fue orgullosa (26.1-23).

Acaz: sucedió a su padre Jotam como rey de Judá; llevó al pueblo a adorar a Baal y a otros ídolos con rituales que incluían el sacrificio de sus propios hijos (27.9—29.19).

Ezequías: sucedió a su padre Acaz como rey de Judá; obedecía a Dios y restauró el templo; dio inicio a la reforma religiosa en el pueblo (28.27—32.33).

Manasés: sucedió a su padre Ezequías como rey de Judá; hizo lo malo a los ojos del Señor, pero se arrepintió casi al final de su reinado (32.33—33.20).

Josías: sucedió a su padre Amón como rey de Judá; seguía al Señor y descubrió el libro de la ley del Señor mientras restauraba el templo (33.25—35.27).

TEMAS HISTÓRICOS Y TEOLÓGICOS

Primero y Segundo de Crónicas, como son llamados por Jerónimo, recrean una historia del AT en miniatura, con énfasis particulares en el pacto davídico y la adoración del templo. En términos de paralelo literario, 1 Crónicas es el compañero de 2 Samuel, ya que ambos detallan el reinado del rey David. Primero de Crónicas se inicia con Adán (1.1) y cierra con la muerte de David (29.26-30) en el 971 A.C. Segundo de Crónicas comienza con Salomón (1.1) y cubre el mismo período histórico que 1 y 2 de Reyes, mientras que se enfoca exclusivamente en los reyes del reino sur de Judá, de esta manera excluye la historia de las diez tribus del norte y sus gobernantes, debido a su impiedad total y adoración falsa. Comienza desde el reinado de Salomón (1.1) en 971 A.C. hasta el regreso de Babilonia en el 538 A.C. (36.23). Más del cincuenta y cinco por ciento del material en Crónicas es único, esto es, no se encuentra en 2 Samuel o en 1 y 2 Reyes. El «cronista» tendió a omitir lo que era negativo o en oposición al reinado de David; por otro lado, tendió a contribuir de manera única al certificar la adoración del templo y la descendencia de David. Mientras que 2 Reyes 25 termina tristemente con la deportación de Judá a Babilonia, 2 Crónicas 36.22-23 concluye lleno de esperanza con la liberación de los judíos de Persia y el regreso a Jerusalén.

Estos dos libros fueron escritos a los exiliados judíos repatriados como una crónica de la intención de Dios de bendecir en el futuro, a pesar del fracaso moral y espiritual pasado de la nación por el cual el pueblo pagó caro bajo la ira de Dios. Primero y Segundo de Crónicas podrían ser brevemente resumidos como sigue:

I. Una historia genealógica selecta de Israel (1 Cr 1—9)

II. El reino unido de Israel bajo Saúl (1 Cr 10), David (1 Cr 11—29) y Salomón (2 Cr 1—9)

III. La monarquía de Judá en el reino dividido (2 Cr 10—36.21)
IV. La liberación de Judá de su cautividad de setenta años (2 Cr 36.22, 23)

Los temas históricos están íntimamente ligados con los teológicos como se ve en que los propósitos divinos de Dios con Israel han sido y serán llevados a cabo en el escenario de la historia humana. Estos dos libros están diseñados para asegurarles a los judíos que regresaron que, a pesar de su pasado turbulento y su dilema actual, Dios será fiel a sus promesas de pacto. Han sido traídos de regreso por Dios a la tierra inicialmente dada a Abraham como una raza de personas cuya identidad étnica (judía) no fue afectada por la deportación y cuya identidad nacional (Israel) ha sido preservada (Gn 12.1–3; 15.5), aunque todavía se encuentran bajo el juicio de Dios prescrito por la ley mosaica (Dt 28.15–68). La línea sacerdotal del hijo de Eleazar, Finees, y la línea levítica aún estaban intactas de tal manera que la adoración en el templo podía continuar con la esperanza de que la presencia de Dios regresaría en un día (Nm 25.10–13; Mal 3.1). La promesa davídica de un rey aún era válida, aunque futura en su cumplimiento (2 S 7.8–17; 1 Cr 17.7–15). Su esperanza individual de vida eterna y restauración de las bendiciones de Dios descansó para siempre en el nuevo pacto (Jer 31.31–34).

Dos principios básicos enumerados en estos dos libros prevalecen a lo largo del AT: obediencia trae bendición, desobediencia trae juicio. En las Crónicas, cuando el rey obedeció y confió en el Señor, Dios lo bendijo y protegió. Pero cuando el rey desobedeció o confió en algo o alguien fuera del Señor, Dios le quitó su bendición y protección. Tres elementos de fracaso básicos encontrados en los reyes de Judá trajeron la ira de Dios: (1) pecado personal; (2) adoración falsa / idolatría; y (3) confianza en el hombre en lugar de en Dios.

CRISTO EN... 1 CRÓNICAS

EL PACTO DE DIOS CON DAVID le prometía una dinastía eterna: «Y cuando tus días sean cumplidos para irte con tus padres, levantaré descendencia después de ti, a uno de entre tus hijos, y afirmaré su reino. El me edificará casa, y yo confirmaré su trono eternamente. Yo le seré por padre, y él me será por hijo; y no quitaré de él mi misericordia, como la quité de aquel que fue antes de ti» (17.11–13). Como cumplimiento de esta promesa, Salomón construyó el templo para el Señor. El cumplimiento final de este pacto llegará con el establecimiento del reino eterno de Cristo el Mesías, descendiente directo de David.

PALABRAS CLAVE EN

1 Crónicas

Hijos: En hebreo *ben* —1.43; 3.12; 4.25; 5.14; 7.14; 9.4; 11.22; 22.9; 26.28— literalmente «construir». Los antiguos hebreos consideraban que sus hijos eran los «constructores» de las generaciones futuras. *Ben* puede hacer referencia a un hijo directo o a los futuros descendientes (1 R 2.1; 1 Cr 7.14). Los nombres del Antiguo Testamento como Benjamín, que significa «Hijo de la mano derecha», incorporan este sustantivo hebreo (Gn 35.18). En plural, *ben* puede traducirse como «hijos» sin que importe el sexo (ver Éx 12.37: «hijos de Israel»). Dios mismo utiliza este término para describir su relación única con Israel: «Israel es mi hijo, mi primogénito» (Éx 4.22).

PRINCIPALES DOCTRINAS EN 1 CRÓNICAS

Bendición: cuando el rey obedecía al Señor y confiaba en él, Dios le bendecía y protegía (11.4–9; 14.8–14; Éx 23.22; Dt 11.27; 1 S 15.22; Sal 5.12; 106.3; Ec 12.13; Is 30.18; Mt 5.6; Lc 11.28).

Juicio: cuando el rey desobedecía a Dios y depositaba su confianza en otra cosa, Dios retiraba su bendición (10.1–7; Dt 28.41; Job 12.23; Sal 78.32, 33; Is 42.24; Ez 39.23; Os 4.17; Am 3.6; 4.10; Mi 6.9; Mal 2.2; Mt 7.22, 23; 13.40–42; Jn 12.48).

El pacto de David: la promesa de Dios a Israel de restaurarles un rey no quedó en el olvido a causa del exilio (17.7–15; 2 S 7.1–17; 2 Cr 3.1, 2; Jer 31.31–34).

PRINCIPALES DOCTRINAS EN 2 CRÓNICAS

Sabiduría: Salomón sabía que la sabiduría era más importante que las riquezas, los honores o la victoria (1.7–12; 1 R 3.9; Pr 3.15; 16.7, 8; Mt 7.7; Stg 1.5).

CRISTO EN… 2 CRÓNICAS

EN 2 CRÓNICAS, LA LÍNEA de David sigue protegida por Dios. Salomón cumple con lo preparado por David para construir el templo del Señor. En el Nuevo Testamento, Cristo se compara con el templo: «Destruid este templo, y en tres días lo levantaré» (Jn 2.19). El templo que construyó Salomón fue destruido. Pero Cristo promete a los creyentes un templo eterno en él. En Apocalipsis 21.22 la Nueva Jerusalén no tiene templo porque «el Señor Dios Todopoderoso es el templo de ella, y el Cordero».

Bendición: cuando el rey obedecía al Señor y confiaba en él, Dios le bendecía y protegía (7.13, 19, 20; 9.13–22; Éx 23.22; Dt 11.27; 1 S 15.22; 1 Cr 11.4–9; 14.8–14; Sal 5.12; 106.3; Ec 12.13; Is 30.18; Mt 5.6; Lc 11.28).

Juicio: cuando el rey desobedecía a Dios y depositaba su confianza en otra cosa, Dios retiraba su bendición (7.14, 15; Dt 28.41; 1 Cr 10.1–7; Job 12.23; Sal 78.32, 33; Is 42.24; Ez 39.23; Os 4.17; Am 3.6; 4.10; Mi 6.9; Mal 2.2; Mt 7.22, 23; 13.40–42; Jn 12.48).

El pacto de David: la promesa de Dios a Israel de restaurarles un rey no quedó en el olvido a causa del exilio (3.1, 2; 2 S 7.1–17; 1 Cr 17.7–15; Jer 31.31–34).

EL CARÁCTER DE DIOS EN 1 CRÓNICAS

Dios es glorioso: 16.24
Dios es santo: 16.10
Dios es misericordioso: 16.34
Dios es poderoso: 29.11, 12
Dios cumple sus promesas: 17.23, 26
Dios provee: 29.12
Dios es uno: 17.20
Dios es sabio: 28.9

EL CARÁCTER DE DIOS EN 2 CRÓNICAS

Dios es bueno: 30.18
Dios es grande: 2.5
Dios es justo: 19.7
Dios es paciente: 33.10–13
Dios es poderoso: 13.4
Dios es verdadero: 6.17

Retos de interpretación

Primero y Segundo Crónicas presentan una combinación de registros genealógicos e históricos selectos y no se encuentra algún reto difícil de resolver dentro de ninguno de los dos libros. Algunos puntos salen a la superficie, tales como: (1) ¿Quién escribió 1 y 2 Crónicas? ¿Acaso el empalme de 2 Cr 36.22–23 con Esdras 1.1–3 apuntan a Esdras como autor? (2) ¿Acaso el uso de fuentes múltiples mancha la doctrina de la inerrancia de las Escrituras? (3) ¿Cómo explica uno las variaciones en las genealogías de 1 Cr 1—9 a partir de otras genealogías del AT? (4) ¿Estaban aún en vigencia las maldiciones de Deuteronomio 28, aunque la cautividad de setenta años había concluido? (5) ¿Cómo explica uno las pocas variaciones en números cuando compara a Crónicas con pasajes paralelos en Samuel y Reyes? (Vea «Una armonía de los libros de Samuel, Reyes y Crónicas».)

Bosquejo de 1 Crónicas

I. **Genealogía selecta (1.1—9.34)**
   A. Adán hasta antes de David (1.1—2.55)
   B. David a la cautividad (3.1–24)
   C. Doce tribus (4.1—9.2)
   D. Moradores de Jerusalén (9.3–34)

II. **El ascenso de David (9.35—12.40)**
   A. El legado y la muerte de Saúl (9.35—10.14)
   B. La unción de David (11.1–3)
   C. La conquista de Jerusalén (11.4–9)
   D. Los hombres de David (11.10—12.40)

III. **El reinado de David (13.1—29.30)**
   A. El arca del pacto (13.1—16.43)
   B. El pacto davídico (17.1–27)
   C. Historia militar selecta (18.1—21.30)
   D. Preparativos para la construcción del templo (22.1—29.20)
   E. Transición a Salomón (29.21–30)

PALABRAS CLAVE EN

2 Crónicas

Recto: En hebreo *yashar* —14.2; 20.32; 24.2; 25.2; 26.4; 27.2; 28.1; 34.2— literalmente «a nivel» o «derecho, erguido». El término hebreo *recto* se refiere a ser justo. Aparece en varios contextos para describir la justicia de Dios (Dt 32.4; Sal 111.7, 8), la integridad de las palabras de alguien (Job 6.25; Ec 12.10) o el estilo de vida de la persona recta (Pr 11.3, 6). A menudo se usa esta palabra para evaluar la calidad de los reyes en 1 y 2 Crónicas. David, como rey de Israel, era ejemplo de rectitud en su vida (1 R 3.6) y se convirtió en parámetro para juzgar a los reyes que le sucedieron (ver 17.3; 34.2).

Pascua: En hebreo *pesach* —30.1, 15; 35.1, 9, 11, 13, 18, 19— literalmente «pasar» o «saltar por encima». La celebración de la Pascua conmemoraba el día en que Dios pasó por alto a los primogénitos de los israelitas cuando la muerte asoló a Egipto. El Señor «pasó de largo» a quienes pintaban sus umbrales con la sangre del cordero pascual (Éx 12). La Pascua, según la especifica la ley de Moisés, les recuerda a los israelitas la gran misericordia de Dios con ellos (ver Lv 23.5–8; Nm 28.16–25; Dt 16.1–8). En el Nuevo Testamento Jesús también celebró la fiesta de la Pascua con sus discípulos (Mt 26.2, 18). Cristo fue el Cordero Pascual supremo cuando se sacrificó por nuestros pecados (Jn 1.29; 1 Co 5.7; 1 P 1.19).

Mientras tanto, en otras partes del mundo...

Los espartanos desarrollan el uso de químicos como sulfuro, brea y carbón para la guerra.

BOSQUEJO DE 2 CRÓNICAS

I. **El reinado de Salomón (1.1—9.31)**
- A. Coronación y comienzos (1.1–17)
- B. Construcción del templo (2.1—7.22)
- C. Riqueza y logros (8.1—9.28)
- D. Muerte (9.29–31)

II. **El reinado de los reyes de Judá (10.1—36.21)**
- A. Roboam (10.1—12.16)
- B. Abías (13.1–22)
- C. Asa (14.1—16.14)
- D. Josafat (17.1—21.3)
- E. Joram (21.4–20)
- F. Ocozías (22.1–9)
- G. Atalía (22.10—23.21)
- H. Joás (24.1–27)
- I. Amasías (25.1–28)
- J. Uzías (26.1–23)
- K. Jotam (27.1–9)
- L. Acaz (28.1–27)
- M. Ezequías (29.1—32.33)
- N. Manasés (33.1–20)
- O. Amón (33.21–25)
- P. Josías (34.1—35.27)
- Q. Joacaz (36.1–4)
- R. Joacim (36.5–8)
- S. Joaquín (36.9, 10)
- T. Sedequías (36.11–21)

III. **La proclamación del regreso de Ciro (36.22, 23)**

Mientras tanto, en otras partes del mundo...

Atenas y Esparta son rivales, pero acuerdan una tregua de treinta años (445 a 415 A.C.).

Respuestas a preguntas difíciles

1. ¿Acaso el uso de las fuentes externas afecta la afirmación de que la Biblia es inerrante? ¿También esos documentos fueron inspirados por Dios?

Los libros 1 y 2 Crónicas citan varias veces fuentes externas. Esdras incluye varias citas directas de documentos persas. Otros pasajes de las Escrituras incluyen referencias extrabíblicas. La respuesta a esta pregunta no debe reflejar solo casos aislados de textos externos, sino también los numerosos lugares en que la Biblia cita decretos extranjeros, líderes paganos u otros textos seculares.

El hecho de que las Escrituras citen una fuente externa a la Biblia no indica que esa fuente estuviera inspirada en su totalidad. El contenido de la Biblia es verdad. Las fuentes no necesariamente serán verdad porque estén citadas en la Biblia; los hechos están en la Biblia porque sucedieron en verdad. El contenido de la Biblia sigue siendo verdad incluso si aparece fuera de la Biblia. Hay elementos de verdad originalmente registrados fuera de las Escrituras y que estaban al alcance de aquellos a quienes Dios inspiró para escribir la Biblia, y se usaron en las Escrituras.

Estos factores extrabíblicos tienen el efecto añadido de recordarnos que la Palabra de Dios fue escrita en situaciones históricas reales que vivieron y registraron personas guiadas por Dios. Estas citas ponen énfasis en la relación de la Biblia con la realidad. La Palabra de Dios revela al Dios real: la realidad suprema.

Otros temas de estudio en 1 Crónicas

1. A medida que lee el registro histórico de los primeros nueve capítulos de 1 Crónicas, ¿qué propósito puede descubrir para tal registro?
2. ¿Cuáles son los hitos y la importancia de la vida del rey David desde la perspectiva de 1 Crónicas?
3. ¿Qué sucede con el arca del pacto en 1 Crónicas? ¿Cuál es el antecedente de ese suceso (ver 1 Samuel 5—6)?
4. Si David era un hombre conforme al corazón de Dios, ¿por qué no le permitió Dios construir el gran templo de Jerusalén?
5. ¿De qué modo se ilustra en 1 Crónicas la importancia de la adoración sincera?
6. ¿En qué aspectos armoniza la adoración que usted practica con los ideales que encontramos en 1 Crónicas?

Otros temas de estudio en 2 Crónicas

1. ¿A quiénes elegiría usted si tuviera que escoger dos o tres ejemplos de buenos reyes en 2 Crónicas?
2. ¿Qué reyes influyeron más en la gente durante sus reinados en cuanto a provocar que el pueblo hiciera el mal?
3. ¿Qué lecciones sobre la oración encontramos en 2 Crónicas?
4. ¿Cuál es el contexto y el significado de 2 Crónicas 7.14?
5. Hacia el final de 2 Crónicas la nación estaba destruida, al igual que el templo. ¿Cómo sucedió ese desastre?
6. ¿En qué aspectos se beneficia usted ahora debido a las buenas decisiones que tomó en el pasado?

ESDRAS
El retorno de los exiliados

TÍTULO

Aunque el nombre de Esdras no aparece en el relato del regreso postexílico de Judá a Jerusalén hasta el 7.1, el libro lleva su nombre («Jehová ayuda») como título. Esto se debe a que tanto la tradición judía como cristiana atribuyen este libro a este famoso escriba-sacerdote. Los escritores del Nuevo Testamento no citan el libro de Esdras.

AUTOR Y FECHA

Esdras es la persona que con mayor probabilidad escribió tanto Esdras como Nehemías, los cuales originalmente pudieron haber sido un libro. Esdras 4.8—6.18 y 7.12–26 fueron escritos en arameo. Aunque Esdras nunca afirma que él escribió estos libros, argumentos internos lo favorecen fuertemente. Después de su llegada a Jerusalén (alrededor del 458 A.C.), él cambió de escribir en tercera persona a hacerlo en primera persona. En la primera sección es probable que usó la tercera persona porque estaba citando sus memorias. Se cree que Esdras posiblemente sea el autor de los libros de Crónicas. Hubiera sido natural para el mismo autor continuar la narración del AT mostrando como Dios cumplió su promesa al regresar a su pueblo a la tierra después de setenta años de cautividad. También hay un fuerte tono sacerdotal en Crónicas, y Esdras fue un descendiente sacerdotal de Aarón (cp. 7.1–5). Los versículos de conclusión de 2 Crónicas (36.22, 23) son casi idénticos a los versículos de inicio de Esdras (1.1–3a), afirmando su papel como autor de ambos.

Esdras fue un escriba que tuvo acceso a muchísimos documentos administrativos que se encuentran en Esdras y Nehemías, en particular a aquellos que están en el libro de Esdras. Muy pocas personas habrían tenido acceso a los archivos reales del Imperio Persa, pero Esdras fue la excepción (cp. Esd 1.2–4; 4.9–22; 5.7–17; 6.3–12). Su papel como escriba de la ley se encuentra expresado en el 7.10: «Porque Esdras había preparado su corazón para inquirir la ley de Jehová y para cumplirla; y para enseñar en Israel sus estatutos y decretos». Fue un hombre fuerte y piadoso que vivió en el tiempo de Nehemías (cp. Neh 8.1–9; 12.36). La tradición dice que fue el fundador de la Gran Sinagoga, donde el canon completo del AT fue formalmente reconocido por primera vez.

Esdras guió el segundo regreso de Persia (alrededor del 458 A.C.), por lo tanto, el libro terminado fue escrito en algún punto en las siguientes décadas (alrededor del 457–444 A.C.).

CONTEXTO HISTÓRICO

Originalmente Dios había sacado a Israel de la esclavitud de Egipto en el éxodo (alrededor del 1445 A.C.). Cientos de años más tarde, antes de los acontecimientos de Esdras, Dios le dijo a su pueblo que si escogían quebrantar su pacto, Él volvería a permitir que otras naciones los llevaran como esclavos (Jer 2.14–25). A pesar de las advertencias continuas de Dios por boca de sus profetas, Israel y Judá escogieron rechazar a su Señor y participar en la adoración de dioses extraños, además de cometer las prácticas abominables que acompañaban a la idolatría (2 R 17.7–18; Jer 2.7–13). Fiel a su promesa, Dios trajo a los asirios y a los babilonios para disciplinar a Israel y Judá, que se habían alejado de Él.

Rutas de regreso de los judíos

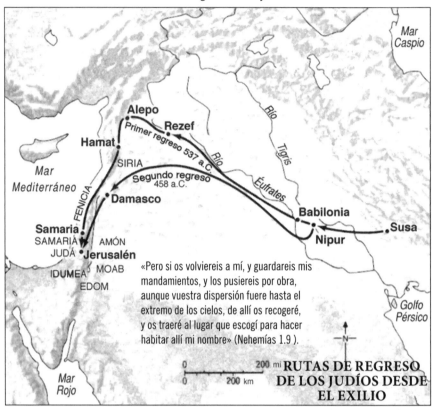

«Pero si os volviereis a mí, y guardareis mis mandamientos, y los pusiereis por obra, aunque vuestra dispersión fuere hasta el extremo de los cielos, de allí os recogeré, y os traeré al lugar que escogí para hacer habitar allí mi nombre» (Nehemías 1.9).

RUTAS DE REGRESO DE LOS JUDÍOS DESDE EL EXILIO

En el 722 A.C. los asirios deportaron a las diez tribus del norte y las dispersaron por todo su imperio (cp. 2 R 17.24–41; Is 7.8). Varios siglos después, en el 605–586 A.C., Dios usó a los babilonios para saquear y casi despoblar a Jerusalén. Debido a que Judá persistió en su infidelidad al pacto, Dios disciplinó a su pueblo con setenta años de cautividad (Jer 25.11), de los cuales regresaron a Jerusalén como lo reportaron Esdras y Nehemías. Ciro, el persa, conquistó Babilonia en el 539 A.C., y el libro de Esdras comienza con el decreto de Ciro un año después para que los judíos regresaran a Jerusalén (alrededor del 538 A.C.), y relata el reestablecimiento del calendario nacional de Judá de festividades y sacrificios, incluyendo la reedificación del segundo templo (comenzado en el 536 A.C. y terminado en el 516 A.C.).

Así como hubo tres olas de deportación de Israel a Babilonia (605 A.C., 597 A.C. y 586 A.C.), así hubo de hecho tres regresos a Jerusalén en un período de nueve décadas. Zorobabel regresó por primera vez en el 538 A.C. Él fue seguido por Esdras, quien guió el segundo regreso en el 458 A.C. Nehemías hizo lo mismo trece años después, en el 445 A.C. No obstante, la autonomía política sin estorbos nunca regresó. Los profetas Hageo y Zacarías predicaron durante el tiempo de Zorobabel, alrededor del 520 A.C. en adelante.

PERSONAS DESTACADAS EN ESDRAS

Esdras: escriba y maestro de la Palabra de Dios que dio inicio a una reforma religiosa en el pueblo; lideró al segundo grupo de exiliados desde Babilonia a Jerusalén (Esdras 7.1—10.16).

Ciro: rey persa que conquistó Babilonia; ayudó a que los exiliados israelitas pudieran volver a su tierra (Esdras 1.1—6.14).

Zorobabel: guió al primer grupo de exiliados israelitas desde Babilonia a Jerusalén; completó la reconstrucción del templo (Esdras 2.2—5.2).

Hageo: profeta posterior al exilio que animó a Zorobabel y al pueblo israelita a seguir reconstruyendo el templo (Esdras 5.1–2; 6.14).

Zacarías: profeta posterior al exilio que alentó a Zorobabel y al pueblo israelita a seguir reconstruyendo el templo (Esdras 5.1–2; 6.14).

Darío I: rey persa que apoyó a los israelitas para que pudieran reconstruir el templo (Esdras 4.5—6.14).

Artajerjes: rey persa que le permitió a Esdras volver a Jerusalén (Esdras 7.1) y restituir la adoración en el templo y la enseñanza de la Ley.

TEMAS HISTÓRICOS Y TEOLÓGICOS

El regreso de los judíos de la cautividad babilónica pareció como un segundo éxodo, soberanamente diseñado en algunas maneras igual que la primera redención de Israel de la esclavitud egipcia. El viaje de regreso de Babilonia incluyó actividades similares a las del éxodo original: (1) la reedificación del templo y los muros de la ciudad; (2) la reinstitución de la ley, lo cual hizo que Zorobabel, Esdras y Nehemías colectivamente parecieran como un segundo Moisés; (3) el desafío de enemigos locales; y (4) la tentación a casarse con no judíos, resultando en idolatría. Otros paralelos entre el éxodo original y el regreso de Babilonia debieron haberles parecido a los que regresaron como si el Señor les hubiera dado un nuevo comienzo.

En su relato del regreso, Esdras tomó información de una colección de documentos administrativos persas a los cuales él tuvo acceso como escriba. La presencia de documentos reales administrativos lleva un poderoso mensaje cuando es acompañada por la frase resonante «la mano de Jehová su Dios estaba sobre Esdras» (7.6, cp. 28). Los decretos, proclamaciones, cartas, listas,

CRISTO EN... ESDRAS

EL REGRESO DE ISRAEL A LA TIERRA de la promesa ilustra el perdón incondicional ofrecido de manera suprema a través de Cristo. La protección de Dios a su pueblo reforzaba su pacto con David de preservar su línea. Jesús, descendiente directo de la línea de David, llegaría luego para traer la salvación al mundo entero.

genealogías y memorias, muchos de ellos escritos por la administración persa, dan testimonio de la mano soberana de Dios en la restauración de Israel. El mensaje primario del libro es que Dios determinó y llevó a cabo la sombría situación pasada (cautividad) y continuó llevando a cabo su obra a través de un rey pagano y sus sucesores para darle a Judá esperanza para el futuro (regreso). La administración de Dios está por encima de la de cualquiera de los reyes de este mundo, y de esta manera el libro de Esdras es un mensaje de la gracia del pacto continuo de Dios con Israel.

Otro tema prominente que sale a la superficie en Esdras es la oposición de los residentes locales samaritanos cuyos ancestros habían sido importados de Asiria (4.2; cp. Jn 4.4–42). Por razones de sabotaje espiritual, los enemigos de Israel pidieron participar en la reconstrucción del templo (4.1, 2). Después de ser rechazados, los enemigos contrataron a consejeros en contra de los judíos (cp. 4.4, 5). Pero el Señor, a través de la predicación de Hageo y Zacarías, revivió el espíritu del pueblo y sus líderes para edificar, con las palabras «...esfuérzate... y trabajad; porque yo estoy con vosotros» (Hag. 2.4; cp. Esd 4.24—5.2). La reconstrucción volvió a iniciarse (alrededor del 520 A.C.) y poco después el templo fue terminado, dedicado y de nuevo en servicio a Dios (alrededor del 516 A.C.).

PRINCIPALES DOCTRINAS EN ESDRAS

La soberanía de Dios: el Señor controlaba y protegía el camino de los israelitas desde el exilio hasta su regreso a la Tierra Prometida (2.1; Gn 50.20; Job 42.2; Pr 16.1; Mt 10.29, 30; Jn 6.37; Ro 8.28).

EL CARÁCTER DE DIOS EN ESDRAS

Dios es bueno: 8.18
Dios es poderoso: 8.22
Dios es justo: 9.15
Dios es sabio: 7.25
Dios se aíra: 8.22

RETOS DE INTERPRETACIÓN

En primer lugar, ¿cómo se relacionan los libros históricos postexílicos de 1 y 2 Crónicas, Esdras, Nehemías y Ester con los profetas postexílicos Hageo, Zacarías y Malaquías? Los dos libros de Crónicas fueron escritos por Esdras como un recordatorio del reinado davídico prometido, el sacerdocio aarónico y la adoración del templo apropiada. Hageo y Zacarías profetizaron en el período de Esdras 4—6 cuando la construcción del templo se retomó. Malaquías escribió durante la segunda visita de Nehemías a Persia (cp. Neh 13.6).

En segundo lugar, ¿qué propósito tiene el libro? Históricamente, Esdras reporta los primeros dos de tres regresos postexílicos a Jerusalén de la cautividad babilónica. El primer regreso (caps. 1—6) fue bajo Zorobabel (ca. 538 A.C.) y el segundo (caps. 7—10) fue guiado por Esdras mismo (ca. 458 A.C.). Espiritualmente, Esdras reestableció la importancia del sacerdocio aarónico al rastrear su linaje hasta Eleazar, Finees y Sadoc (cp. Esd 7.1–5). Él reportó la reedificación del segundo templo (caps. 3—6). La

PALABRAS CLAVE EN

Esdras

Judíos: En hebreo *yehudi* —4.12, 23; 5.1, 5; 6.7, 8, 14— de la raíz que significa «alabar» o «dar gracias». Jacob utilizó este término al bendecir a su hijo Judá en Génesis 49.8: «Judá, te alabarán tus hermanos». Judío puede ser alguien de la tribu de Judá (Números 10.14) o un israelita que vive en la región geográfica conocida como Judá (ver Jer 7.30). En la época posterior al exilio «judío» se refería a los israelitas como pueblo. El uso del término judío también aparece en el NT. A Jesús le llaman «rey de los judíos» (Mt 27.29). Luego Pablo aclaró que el verdadero judío es la persona marcada por la «circuncisión [...] del corazón» (Ro 2.28, 29).

Remanente: En hebreo *sha'ar* —9.8, 15— significa literalmente «quedar» o «sobrar». El *remanente* hace referencia a las pocas personas que sobreviven a una catástrofe, como la del Diluvio. En la Biblia el término se refiere casi siempre a la reducida población israelita que sobrevivió al exilio (9.8). Los profetas también usan la palabra específicamente para describir a los israelitas que permanecieron fieles a Dios (Amós 5.14, 15). El profeta Isaías describió al Mesías reuniendo un día al remanente de Israel desde todas las naciones, atrayendo incluso a algunos gentiles hacia sí (Is 11.10, 11, 16). De modo que *remanente* apunta a la fidelidad con el pacto de Dios de salvar a su pueblo. Mediante la preservación de Israel todo el mundo sería bendecido por la venida del Mesías (Gn 12.3).

manera en que lidió con el terrible pecado de los matrimonios mixtos con extranjeras se presenta en los caps. 9, 10. Lo más importante es que reporta como la mano soberana de Dios movió a reyes y venció diferentes tipos de oposición para reestablecer a Israel como la simiente de Abraham, nacional e individualmente, en la Tierra Prometida a Abraham, David y Jeremías.

En tercer lugar, el templo fue edificado durante el reinado de Ciro. La mención de Asuero (4.6) y Artajerjes (4.7–23) podrían llevar a uno a concluir que el templo también pudo haber sido construido durante sus reinados. No obstante, tal conclusión viola la historia. Esdras no estaba escribiendo acerca de los logros de construcción de Asuero o Artajerjes, sino que más bien continuó relatando sus oposiciones después de que el templo fue construido, lo cual continuó hasta la época de Esdras. Al parecer, entonces, Esdras 4.1–5 y 4.24—5.2 lidian con la reconstrucción del templo bajo Zorobabel, mientras que el 4.6–23 es un paréntesis relatando la historia de oposición en los tiempos de Esdras y Nehemías.

En cuarto lugar, el intérprete debe decidir dónde encaja Ester en el tiempo de Esdras. Una evaluación cuidadosa indica que se llevó a cabo entre los acontecimientos de los caps. 6 y 7.

En quinto lugar, ¿cómo se relaciona el divorcio en Esdras 10 con el hecho de que Dios odia el divorcio (Mal 2.16)? Esdras no establece la norma, sino que más bien lidia con un caso especial en la historia. Parece haber sido decidido (Esd 10.3) sobre el principio de que el mal menor (divorcio) sería preferible al mal mayor de que la raza judía fuera contaminada por matrimonios mixtos, de tal manera que la nación y la línea mesiánica de David no se terminaran al mezclarse con los gentiles. Resolver el problema de esta manera exalta la misericordia de Dios, ya que la única otra solución habría sido matar a todos aquellos que estaban involucrados (maridos, mujeres e hijos) al apedrearlos, como fue hecho durante el primer éxodo en Sitim (Nm 25.1–9).

BOSQUEJO

I. **El primer regreso bajo Zorobabel (1.1—6.22)**
    A. El decreto de Ciro de regresar (1.1–4)
    B. Tesoros para reconstruir el templo (1.5–11)
    C. Aquellos que regresaron (2.1–70)
    D. Construcción del segundo templo (3.1—6.22)
        1. La construcción comienza (3.1–13)
        2. La oposición aparece (4.1–5)
        3. Explicación de la oposición futura (4.6–23)
        4. La construcción renovada (4.24—5.2)
        5. La oposición renovada (5.3—6.12)
        6. El templo terminado y dedicado (6.13–22)

II. **El segundo regreso bajo Esdras (7.1—10.44)**
    A. Esdras llega (7.1—8.36)
    B. Esdras guía el avivamiento (9.1—10.44)

Mientras tanto, en otras partes del mundo...

Las guerras persas finalmente cesan (490–449 A.C.) después de que el ateniense Cimon, hijo de Miltiades, derrota a los persas en Salamina.

RESPUESTAS A PREGUNTAS DIFÍCILES

1. ¿Qué partes del AT y qué personas se activaron en lo relativo al regreso de los judíos del exilio?

Los hechos del exilio aparecen en cinco libros históricos (1 y 2 Crónicas, Esdras, Nehemías y Ester) que provienen de esa época o bien cubren esos sucesos. Hay tres libros proféticos (Hageo, Zacarías y Malaquías) que provienen del mismo período. Para describir esos libros y esas personas a menudo se emplea el término postexílicos.

Los libros 1 y 2 Crónicas brindan un resumen de la historia visto desde los últimos días del exilio. Esdras y Nehemías van registrando los difíciles, aunque apasionantes, días del regreso a Judá y la reconstrucción de la nación. Hageo y Zacarías eran los profetas activos en la época que registra Esdras 4—6, cuando se estaba reconstruyendo el templo. Malaquías escribió y profetizó durante la nueva visita de Nehemías a Persia (Neh 13.6).

Aunque parte del propósito de estos libros es confirmar el continuo pacto de Dios con la casa de David y la ininterrumpida línea real, el énfasis pasa de la realeza a otros siervos de Dios. Un escriba, un copero y los profetas se convierten en sus agentes centrales. Y hasta Ester, aunque era una reina, tuvo que depender más de Dios que de su posición y su poder para cumplir la función que Dios le tenía reservada a fin de preservar a los judíos que estaban en Persia.

Todo esto prepara el escenario para las expectativas mezcladas en torno al nacimiento de Jesús, el cumplimiento del pacto de Dios con David, y la participación personal de Dios en la historia de la salvación.

2. ¿De qué modo encajan las instrucciones de Esdras sobre los matrimonios mixtos y el divorcio en el patrón general de la enseñanza bíblica acerca de estos temas tan importantes?

Esdras 9 y 10 registran un momento crítico en el restablecimiento del pueblo judío en su tierra. En los años previos a que Esdras llegara a Persia muchos de los judíos que habían regresado se casaban con mujeres paganas de la zona. La práctica no refleja circunstancias como las que hallamos en los matrimonios de Rahab o Rut, que eran gentiles que creyeron en Dios. Los hombres judíos que se casaban con extranjeras al volver del exilio ni pensaban en los antecedentes paganos de esas mujeres. Esdras se enteró de ello porque aparecía en el informe que recibió al llegar a Jerusalén.

Para Esdras esas eran las peores noticias. El casamiento mixto —es decir, con paganos— históricamente había tenido un importante papel en las muchas caídas y desastres de la nación. Esos matrimonios eran un acto de desobediencia a Dios. A Esdras lo abrumaban la vergüenza y la angustia ante esa situación (Esdras 9.3–4). Su pena era sincera y convincente. Al fin esos hombres confesaron su error y decidieron que quienes se habían casado con mujeres paganas tendrían que «apartarse» (divorciarse) de ellas. Sin embargo, Dios no había cambiado de idea sobre el divorcio. Malaquías, que vivió en la misma época, declaró que Dios detesta el divorcio (Mal 2.16).

Pueden destacarse varios hechos importantes acerca de este pasaje de Esdras. No se establece que sea aceptable el divorcio en circunstancias normales. Es fácil también olvidarse de que si bien la solución del divorcio fue grupal, se examinaron los matrimonios uno por uno. Se presume que en los casos en que las mujeres se habían convertido y creían en Dios no sucedía lo mismo que en aquellos en los que las mujeres veían que la cuestión de la fe violaba el acuerdo matrimonial.

Se observa la misericordia de Dios como una luz, sobre la humildad de los culpables y la atención y el cuidado para tratar estos temas. La estricta interpretación de la ley podría haber dado como resultado la muerte por apedreamiento para todos. Pero esa preocupación por corregir las cosas abrió las puertas a una solución, aunque en varios casos significara el dolor y la tristeza del divorcio.

OTROS TEMAS DE ESTUDIO EN ESDRAS

1. ¿Qué tipo de persona era Esdras?
2. Describa las actitudes, emociones y experiencias de los primeros peregrinos que volvieron del cautiverio a la Tierra Prometida.
3. ¿Qué clase de oposición a la reconstrucción de Jerusalén y el templo debió enfrentar el pueblo?
4. ¿Qué función tenía la Palabra de Dios en las vidas de quienes volvían del cautiverio?
5. ¿En qué aspectos demostraban su fe en Dios los exiliados que habían regresado?
6. ¿Qué ruinas de su propio pasado ha puesto en manos de Dios, confiando en él para reconstruirlas y poder disfrutar una vez más?

NEHEMÍAS
La reconstrucción de las murallas

TÍTULO

Nehemías («Jehová consuela») es un famoso copero que en las Escrituras nunca aparece fuera de este libro. Tal como con los libros de Esdras y Ester, titulados de acuerdo a sus contemporáneos, el libro relata acontecimientos selectos de su liderazgo y fue titulado con su nombre. Tanto la Septuaginta griega (LXX) como la Vulgata latina nombraron a este libro «Segundo de Esdras». Aunque los dos libros de Esdras y Nehemías están separados en la mayoría de las Biblias en español, es posible que en algún momento pudieron estar unidos formando un solo libro como lo están en la actualidad en los textos hebreos. Los escritores del Nuevo Testamento no citan a Nehemías.

AUTOR Y FECHA

Aunque gran parte de este libro fue claramente extraído de los diarios personales de Nehemías y escrito desde la perspectiva de Nehemías en primera persona (1.1–7.5; 12.27–43; 13.4–31), tanto las tradiciones judías como cristianas reconocen a Esdras como el autor. Esto está basado en evidencia externa de que Esdras y Nehemías eran originalmente

> ### CRISTO EN... NEHEMÍAS
>
> EL LIBRO DE NEHEMÍAS muestra la reconstrucción de la ciudad de Jerusalén y el reavivamiento del pueblo. Pero Israel seguía esperando la venida de un rey. Cristo el Mesías completa esta restauración de Israel como el muy esperado Rey de los judíos (Mt 27.11).

un libro como se refleja en la LXX y la Vulgata; también está basado en evidencia interna tal como el tema continuo de «la mano de Jehová», el cual domina tanto a Esdras como a Nehemías y el papel del autor como un sacerdote-escriba. Como un escriba, él tenía acceso a los archivos reales de Persia, los cuales explican la multitud de documentos administrativos que se encuentran registrados en los dos libros, especialmente en el libro de Esdras. A muy pocas personas se les habría permitido tener acceso a los archivos reales del Imperio Persa, pero Esdras fue la excepción (cp. Esd 1.2–4; 4.9–22; 5.7–17; 6.3–12).

Los acontecimientos en Nehemías 1 comienzan a finales del año 446 A.C., el año 20 del rey persa, Artajerjes (464–423 A.C.). El libro sigue cronológicamente a partir del primer término de Nehemías como gobernador de Jerusalén alrededor del 445–433 A.C. (Neh 1—12) hasta su segundo término, posiblemente comenzando alrededor del 424 A.C. (Neh 13). Nehemías fue escrito por Esdras en algún momento durante o después del segundo término de Nehemías, pero no después del 400 A.C.

CONTEXTO HISTÓRICO

Fiel a la promesa que Dios hizo de juicio, Él trajo a los asirios y a los babilonios para disciplinar a Judá e Israel, quienes habían desobedecido. En el 722 A.C. los asirios deportaron a las diez tribus del norte y las dispersaron por todo el mundo que en ese entonces se conocía (2 R 17). Varios

Cronología de Nehemías

REFERENCIA	FECHA		ACONTECIMIENTO
1.1, 4	noviembre-diciembre	446 A.C. (Quisleu)	Nehemías oye de los problemas y ora.
2.1, 5	marzo-abril	445 A.C. (Nisán)	Nehemías es enviado a Jerusalén.
3.1; 6.15	julio-agosto	445 A.C. (Ab)	Nehemías inicia el muro
6.15	agosto-septiembre	445 A.C. (Elul)	Nehemías termina el muro
7.73b	septiembre-octubre	445 A.C. (Tishri)	Se celebra el Día de las trompetas (implícito).
8.13–15	septiembre-octubre	445 A.C. (Tishri)	Fiesta de los tabernáculos celebrada.
9.1	septiembre-octubre	445 A.C. (Tishri)	Tiempo de confesión.
12.27	septiembre-octubre	445 A.C. (Tishri)	Muro dedicado.
13.6		445—433 A.C.	Primer período de Nehemías como gobernador (Neh 1—12).
13.6		433—424 A.C. (¿?)	Nehemías regresa a Persia.
No hay		433—? A.C.	Malaquías profetiza en Jerusalén durante la ausencia de Nehemías.
13.1, 4, 7		424—? A.C.	Nehemías regresa y sirve por un segundo período como gobernador (Neh 13).

siglos después, alrededor del 605–586 A.C., Dios usó a los babilonios para saquear, destruir y casi despoblar a Jerusalén (2 R 25) debido a que Judá había persistido en su infidelidad al pacto. Dios disciplinó a su pueblo con setenta años de cautividad en Babilonia (Jer 25.11).

Durante la cautividad de los judíos, el liderazgo del imperio mundial cambió de manos de los babilonios a los persas (alrededor del 539 A.C.; Dn 5), después de lo cual Daniel recibió la mayor parte de su revelación profética (cp. Dn 6, 9—12). El libro de Esdras comienza con el decreto de Ciro, un rey persa, estableciendo el regreso del pueblo de Dios a Jerusalén para reconstruir la casa de Dios (alrededor del 539 A.C.), y narra el establecimiento del calendario nacional de Judá de festividades y sacrificios. Zorobabel y Josué guiaron el primer regreso (Esd 1—6) y reconstruyeron el templo. Ester da un vistazo de los judíos que se quedaron en Persia (alrededor del 483–473 A.C.) cuando Amán intentó eliminar a la raza judía. Esdras 7—10 relata el segundo regreso guiado por Esdras en el 458 A.C. Nehemías relata el tercer regreso para reconstruir el muro alrededor de Jerusalén (alrededor del 445 A.C.).

En ese entonces en la historia de Judá, el Imperio Persa dominaba el mundo entero del Oriente Medio. Su administración de Judá, aunque llevada a cabo con una mano relajada, tenía en mente rebeliones o cualquier señal de insurrección por parte de sus vasallos. Reconstruir los muros de ciudades conquistadas presentaba la amenaza más visible para la administración central persa. Solo en un confidente cercano del rey mismo se podía confiar para tal operación. En el punto más crítico de la revitalización en Judá, Dios levantó a Nehemías para llevar a cabo una de las responsabilidades de mayor confianza en el imperio: el copero y confidente del rey. La vida bajo el rey persa Artajerjes (alrededor del 464–423 A.C.) tenía sus ventajas para Nehemías. Así como José, Ester y Daniel, él había alcanzado un papel significativo en el palacio que en ese entonces gobernaba al mundo antiguo, una posición a partir de la cual Dios lo podía usar para guiar la reedificación de los muros de Jerusalén a pesar de sus implicaciones para el control persa de esa ciudad.

Jerusalén en el tiempo de Nehemías

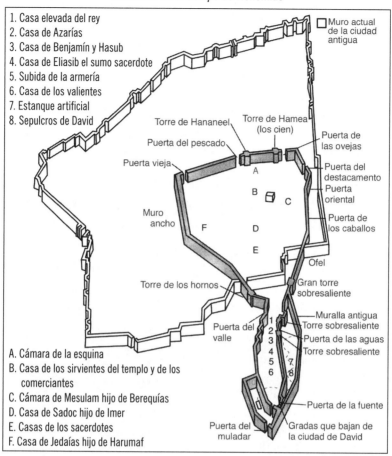

1. Casa elevada del rey
2. Casa de Azarías
3. Casa de Benjamín y Hasub
4. Casa de Eliasib el sumo sacerdote
5. Subida de la armería
6. Casa de los valientes
7. Estanque artificial
8. Sepulcros de David

☐ Muro actual de la ciudad antigua

Torre de Hananeel
Torre de Hamea (los cien)
Puerta del pescado
Puerta vieja
Puerta de las ovejas
Puerta del destacamento
Puerta oriental
Puerta de los caballos
Muro ancho
Ofel
Torre de los hornos
Gran torre sobresaliente
Muralla antigua
Torre sobresaliente
Puerta de las aguas
Torre sobresaliente
Puerta del valle
Puerta de la fuente
Puerta del muladar
Gradas que bajan de la ciudad de David

A. Cámara de la esquina
B. Casa de los sirvientes del templo y de los comerciantes
C. Cámara de Mesulam hijo de Berequías
D. Casa de Sadoc hijo de Imer
E. Casas de los sacerdotes
F. Casa de Jedaías hijo de Harumaf

Otras varias notas históricas son interesantes. Primero, Ester fue la madrastra de Artajerjes y pudo fácilmente haberlo influenciado a que viera amablemente a los judíos, en especial a Nehemías. En segundo lugar, las setenta semanas proféticas de Daniel comenzaron con el decreto de reconstruir la ciudad dado por Artajerjes en el 445 A.C. (cp. capítulos 1, 2). En tercer lugar, los papiros elefantinos (documentos egipcios), fechados en la última parte del siglo V A.C., apoyan el relato de Nehemías al mencionar a Sanbalat el gobernador de Samaria (2.19), Johanán (6.18; 12.23), y el hecho de que Nehemías fue reemplazado como gobernador de Jerusalén por Bigvai (alrededor del 410 A.C.; Neh 10.16). Finalmente, Nehemías y Malaquías representan los últimos escritos canónicos, tanto en términos del tiempo de los acontecimientos ocurridos (Mal 1—4; Neh 13) como en el tiempo cuando fueron registrados por Esdras. De esta manera los siguientes mensajes de Dios para Israel no vienen, sino hasta después de más de cuatrocientos años de silencio, luego de los cuales los nacimientos de Juan el Bautista y Jesucristo fueron anunciados (Mt 1; Lc 1, 2).

Teniendo la revelación completa del AT de la historia de Israel previa a la encarnación de Cristo, los judíos aún no habían experimentado la plenitud de los varios pactos y promesas de Dios para ellos. Mientras que había un remanente judío, como se le prometió a Abraham (cp. Gn 15.5), no parece ni siquiera ser tan grande como en el tiempo del éxodo (Nm 1.46). Los judíos ni poseyeron la tierra (Gn 15.7) ni gobernaron como nación soberana (Gn 12.2). El trono davídico estaba desocupado (cp. 2 S 7.16), aunque el sumo sacerdote fue de la línea de Eleazar y Finees (cp. Nm 25.10–13). La promesa de Dios de consumar el nuevo pacto de redención esperaba el nacimiento, la crucifixión y la resurrección del Mesías (cp. He 7—10).

PERSONAS DESTACADAS EN NEHEMÍAS

Nehemías: influyente copero del rey persa Artajerjes; lideró al tercer grupo de exiliados a Jerusalén para reconstruir los muros de la ciudad (1.1—13.31).

Esdras: líder del segundo grupo de exiliados que volvieron a Jerusalén; trabajó con Nehemías como escriba y sacerdote (8.1—12.36).

Sanbalat: gobernador de Samaria que intentó desalentar al pueblo e impedir la reconstrucción de los muros de Jerusalén (2.10—13.28).

Tobías: funcionario amonita que se burlaba de la reconstrucción de los muros para desalentar al pueblo (2.10—13.7).

TEMAS HISTÓRICOS Y TEOLÓGICOS

Un tema constante es la atención cuidadosa en la lectura de la Palabra de Dios para cumplir su voluntad. El avivamiento espiritual vino en respuesta a la lectura que Esdras hizo del «Libro de la ley de Moisés» (8.1). Después de leer, Esdras y algunos de los sacerdotes cuidadosamente explicaron su significado al pueblo que estaba presente (8.8). El día siguiente, Esdras se reunió con algunos de los jefes de las familias, los sacerdotes y levitas, «para entender las palabras de la ley» (8.13). El sistema sacrificial fue llevado a cabo con atención cuidadosa para cumplirlo «como está escrito en la ley» (10.34, 36). Tan profunda era su preocupación por vivir según la voluntad revelada de Dios que decidieron protestar y jurar «que andarían en la ley de Dios...» (10.29). Cuando las reformas matrimoniales fueron llevadas a cabo, actuaron de acuerdo con aquello que leyeron «en el libro de Moisés» (13.1).

Un segundo tema principal es la obediencia de Nehemías, a la cual se hace referencia explícitamente a lo largo del libro debido al hecho de que el mismo se basa en las memorias o los relatos en primera persona de Nehemías. Dios llevó a cabo su obra a través de la obediencia de Nehemías; no obstante, Él también llevó a cabo su obra a través del corazón de los que estaban erróneamente motivados, los malvados corazones de sus enemigos. Los enemigos de Nehemías fracasaron no tanto como resultado de los éxitos de las estrategias de Nehemías, sino

PALABRAS CLAVE EN

Nehemías

Confesar: En hebreo *yadah* —1.6; 9.2, 3— literalmente «echar» o «quitarse de encima». El verbo hebreo transmite la acción de «sacarse de encima» el pecado, reconociendo nuestra rebeldía contra los mandamientos de Dios (Neh 1.6; 9.2; Sal 32.3; Pr 28.13; Dn 9.4). La confesión también transmite acción de gracias por la grandeza de Dios (1 R 8.33, 35). La confesión de pecado es acción de gracias porque reconoce la gracia y la bondad del perdón de Dios (2 Cr 30.22; Dn 9.4).

Temible: En hebreo, *yare* —1.5, 11; 4.14; 6.14, 19; 7.2— literalmente «temer». El término hebreo sugiere la virtud que inspira reverencia o temor reverencial. El temor reverencial se relaciona con la vida conforme a la voluntad de Dios y el respeto por su carácter y su naturaleza (Lv 19.14; 25.17; Dt 17.19; 2 R 17.34). Así, aunque el miedo o temor común paraliza a la persona, el temor reverencial hacia Dios lleva a la sumisión y la obediencia a su voluntad. La persona que teme con reverencia a Dios sigue su voluntad (Sal 128.1) y evita la maldad (Job 1.1).

porque «Dios había desbaratado el consejo de ellos» (4.15). Dios usó la oposición de los enemigos de Judá para llevar a su pueblo a buscarlo de corazón, de la misma manera que usó el favor de Ciro para regresar a su pueblo a la tierra, para apoyar económicamente su proyecto, y hasta para proteger la reconstrucción de los muros de Jerusalén. No es sorprendente que Nehemías haya reconocido el verdadero motivo de su estrategia para repoblar a la Jerusalén antigua: esto lo «puso Dios en mi corazón» (7.5). Fue Él quien lo llevó a cabo.

Otro tema en Nehemías, como en Esdras, es la oposición. Los enemigos de Judá comenzaron a esparcir rumores que decían que el pueblo de Dios se había rebelado en contra de Persia. La meta era intimidar a Judá para que detuviera la reconstrucción de los muros. A pesar de la oposición de afuera y la terrible corrupción que rompía el corazón y la disensión de adentro, Judá terminó los muros de Jerusalén en tan solo cincuenta y dos días (6.15), experimentó un avivamiento después de la lectura de la ley por parte de Esdras (8.1ss), y celebró la fiesta de los tabernáculos (8.14ss; alrededor del 445 a.c.).

La descripción detallada del libro de los pensamientos, motivos y desalientos personales de Nehemías hace fácil que el lector se identifique primordialmente con él, en lugar de con el tema de «la mano soberana de Dios» y el mensaje primordial de su control e intervención en los asuntos de su pueblo y sus enemigos. Pero la conducta ejemplar del famoso copero es eclipsada por Dios, quien determinó y guió la reconstrucción de los muros a pesar de mucha oposición y muchos estorbos; el tema de «la buena mano de Dios» se encuentra a lo largo del libro de Nehemías (1.10; 2.8, 18).

Siete intentos por detener la obra de Nehemías

1.	2.19	Sanbalat, Tobías y Gesem se burlan de Nehemías.
2.	4.1–3	Sanbalat y Tobías se burlan de Nehemías.
3.	4.7–23	El enemigo amenazó con un ataque militar.
4.	6.1–4	Sanbalat y Gesem intentaron sacar a Nehemías de Jerusalén a Ono.
5.	6.5–9	Sanbalat amenazó a Nehemías con acusaciones falsas.
6.	6.10–14	A Semaías, Noadías y otros se les pagó para que profetizaran falsamente y así desacreditar a Nehemías.
7.	6.17–19	Tobías tenía espías en Jerusalén y le escribió cartas a Nehemías para asustarlo.

PRINCIPALES DOCTRINAS EN NEHEMÍAS

La Palabra de Dios: leer la Palabra de Dios requiere de cuidadosa atención para poder cumplir su voluntad (8.1, 8, 13; 10.29, 34, 36; 13.1; Esd 7.10; Sal 119.16, 140; Lc 11.28; Jn 5.39; Stg 1.25).

Obediencia: Dios obró por medio de la obediencia de Nehemías (7.5; Éx 19.5; Dt 13.4; 1 S 15.22; Jer 7.23; Ec 12.13; He 11.6; 1 P 1.2).

Oposición: a pesar de la oposición local y la penosa corrupción, Judá logró terminar los muros de Jerusalén en solo cincuenta y dos días (6.15; 8.1, 14; Sal 7.1; 69.26; Zac 2.8; Mt 5.10; Lc 6.22; Ro 8.35; 2 Ti 3.12).

EL CARÁCTER DE DIOS EN NEHEMÍAS

Dios es glorioso: 9.5

Dios es bueno: 1.10; 2.8, 18; 9.35

Dios es bondadoso: 9.17

Dios es paciente: 9.30
Dios es misericordioso: 9.17, 27
Dios es poderoso: 1.10
Dios provee: 9.6
Dios es justo: 9.8
Dios es uno: 9.6
Dios es sabio: 9.10

RETOS DE INTERPRETACIÓN

En primer lugar, debido a que gran parte de Nehemías es explicado con relación a las puertas de Jerusalén (cp. Neh 2, 3, 8, 12), uno necesita ver el mapa «Jerusalén en el tiempo de Nehemías» para orientarse. En segundo lugar, el lector necesita reconocer que la línea de tiempo de los capítulos 1—12 incluía alrededor de un año (445 A.C.), seguido por un largo período de tiempo (más de veinte años) después de Nehemías 12 y antes de Nehemías 13 (vea «Cronología de Nehemías»). Finalmente, debe ser reconocido que Nehemías de hecho sirvió como gobernador en dos períodos en Jerusalén, el primero del 445–433 A.C. (cp. Neh 5.14; 13.6) y el segundo comenzando posiblemente en el 424 A.C. y extendiéndose no más lejos del 410 A.C.

BOSQUEJO

    I. **El primer período de Nehemías como gobernador (1.1—12.47)**
       A. El regreso y la reconstrucción de Nehemías (1.1—7.73a)
          1. Nehemías sale hacia Jerusalén (1.1—2.20)
          2. Nehemías y el pueblo reconstruyen los muros (3.1—7.3)
          3. Nehemías recuerda el primer regreso bajo Zorobabel (7.4–73a)
       B. El avivamiento y la renovación de Esdras (7.73b—10.39)
          1. Esdras expone la ley (7.73b—8.12)
          2. El pueblo adora y se arrepiente (8.13—9.37)
          3. Esdras y los sacerdotes renuevan el pacto (9.38—10.39)
       C. El reestablecimiento y el regocijo de Nehemías (11.1—12.47)
          1. Jerusalén es reestablecida (11.1—12.26)
          2. El pueblo dedica los muros (12.27–47)
   II. **El segundo período de Nehemías como gobernador (13.1–31)**

Mientras tanto, en otras partes del mundo...

Platón empieza a estudiar filosofía, guiado por Sócrates (407 a 399 A.C.).

RESPUESTAS A PREGUNTAS DIFÍCILES

1. ¿Qué cualidades del liderazgo ilustra Nehemías con su vida?

Como muchos de los líderes bíblicos, Nehemías demostró que entendió el llamamiento de Dios en su vida. Siendo copero del rey o reconstructor de Jerusalén, Nehemías iba tras sus objetivos con compromiso, con cuidadosa planificación, delegando estratégicamente, resolviendo problemas con creatividad, centrándose en la tarea por cumplir y siempre dependiendo de Dios, en particular en las áreas que escapaban a su control. Cada una de las cualidades del liderazgo que se mencionan puede ilustrarse a partir de que Nehemías logró completar la tarea y el esfuerzo de reconstruir los muros de Jerusalén.

Ante todo Nehemías manifestaba su compromiso mediante su interés y profunda preocupación por la condición de su pueblo, los judíos, en Judá. También, oraba y planificaba. Reclamó la promesa divina de llevar de regreso a su pueblo a la Tierra Prometida, pero no asumió que él formaría parte de la acción de Dios. Más bien, se declaró disponible (1.11; 2.5).

E incluso cuando llegó a Jerusalén, Nehemías inspeccionó en persona lo que se necesitaba hacer antes de revelar sus planes. Luego reunió a los líderes locales para que le ayudaran y les propuso el desafío de hacerse responsables en aras del bien común. Les puso por delante una meta muy específica: la reconstrucción de los muros. Les asignó tareas a los obreros, buscando las porciones del muro que estuvieran cerca de sus hogares. De ese modo podrían ver el beneficio de reconstruir la protección que necesitaban.

A medida que avanzaban las obras Nehemías no permitió que los ataques o tretas de los enemigos o reyes le distrajeran de su objetivo. Tomaba en serio sus amenazas para armar al pueblo, pero no al punto de detener las obras. En todo momento encontramos a Nehemías hablando con Dios en oración, poniendo cada decisión ante él para que su suprema autoridad tomara las decisiones. Nehemías logró su cometido porque jamás perdió de vista las verdaderas razones de su trabajo, ni el origen del poder y la fuerza para poder completarlo.

2. ¿Cómo encaja Nehemías en la cronología de la historia mundial?

No se sabe con certeza cómo fue que Nehemías llegó a ser copero del rey Artajerjes, pero el hecho de que Ester fuera madrastra del rey quizá inclinara al monarca a elegir a un judío para esa posición de confianza. Cuando Nehemías cumplió con su misión de reconstruir los muros de Jerusalén, el Imperio Persa ya contaba con casi cien años de dominio. El decreto de repatriación del rey Ciro —de 539 A.C.— se originó en la situación del grupo de judíos que regresó a Israel liderado por Zorobabel. Al ver su desesperada situación, casi un siglo más tarde, Nehemías se sintió motivado a actuar.

Hay antiguos documentos egipcios (papiros de Elefantina) que datan aproximadamente del siglo V A.C. que confirman de forma independiente parte del relato de Nehemías. Sanbalat, gobernador de Samaria (2.19); Johanán (6.18; 12.23) y el mismo Nehemías aparecen mencionados.

Los hechos que registra el libro de Nehemías, junto con las profecías de Malaquías, conforman los últimos escritos inspirados del AT. Dios decidió permanecer en silencio durante cuatrocientos años después de ese período. Ese silencio terminó con los anuncios de los nacimientos de Juan el Bautista y Jesús.

OTROS TEMAS DE ESTUDIO EN NEHEMÍAS

1. ¿Qué característica particular de Nehemías le impresiona más?
2. ¿Qué características del liderazgo se ilustran en la vida de Nehemías?
3. ¿De qué manera utilizaba Nehemías la oración en su posición de líder?
4. ¿Cómo enfrentaba Nehemías los problemas?
5. La gran obra de Nehemías comenzó con un deseo. ¿Qué deseaba y cómo fue que este deseo dirigió sus acciones?
6. ¿Cuáles son los deseos que le dan a usted una mayor perspectiva con respecto a su vida?

ESTER
Una reina que servía a Dios

TÍTULO

«Ester» ha sido el título sin variación a lo largo de las edades. Este libro y el libro de Rut son los únicos dos libros del AT con nombres de mujeres. Tal como sucede con Cantar de los cantares, Abdías y Nahum, el NT no cita ni hace referencia a Ester.

«Hadasa» (2.7), que quiere decir «mirto», fue el nombre hebreo de Ester, el cual vino de la palabra persa «estrella» o posiblemente del nombre de la diosa babilonia del amor, Ishtar. Como la hija huérfana de su padre Abihail, Ester creció en Persia con su primo mayor, Mardoqueo, quien la crió como si hubiera sido su propia hija (2.7, 15).

AUTOR Y FECHA

El autor permanece sin conocerse, aunque Mardoqueo, Esdras y Nehemías han sido sugeridos. Sea quien sea la persona que haya escrito Ester, poseyó un conocimiento detallado de las costumbres, modales e historia persa, además de estar familiarizado de manera particular con el palacio en Susa (1.5-7). Esta persona también mostró un conocimiento íntimo del calendario y las costumbres hebreas, mientras que además mostró un fuerte sentido de nacionalismo judío. Posiblemente un judío persa, quien más tarde regresó a Israel, fue la persona que escribió Ester.

Ester aparece como el libro número diecisiete en la cronología literaria del AT y cierra la sección histórica del AT. Solo Esdras 7—10, Nehemías y Malaquías reportan parte de la historia del AT que va más allá de Ester. El relato en Ester termina en el 473 A.C. antes de que Asuero muriera asesinado (alrededor del 465 A.C.). Ester 10.2 habla como si el reinado de Asuero ya hubiera terminado, por lo tanto la fecha de escritura más temprana posible sería después de su reinado alrededor de la mitad del quinto siglo A.C. La fecha tardía más razonable sería previa al 331 A.C. cuando Grecia conquistó a Persia.

CONTEXTO HISTÓRICO

Ester ocurrió durante el período persa de la historia mundial, desde alrededor del 539 A.C. (Dn 5.30, 31) hasta cerca del 331 A.C. (Dn 8.1-27). Asuero gobernó desde alrededor del año 486 al 465 A.C. Ester cubre la porción de su reinado que va del 483 al 473 A.C. El nombre Asuero representa la transliteración hebrea del nombre persa «Khshayarsha», mientras que «Xerxes» representa su nombre griego.

Los acontecimientos de Ester ocurrieron durante el período de tiempo que se encuentra entre el primer regreso de los judíos después de la cautividad de setenta años en Babilonia (Dn 9.1-19) bajo Zorobabel alrededor del 538 A.C. (Esd 1—6) y el segundo regreso guiado por Esdras alrededor del 458 A.C. (Esdras 7—10). El viaje de Nehemías (el tercer regreso) de Susa a Jerusalén (Neh 1—2) ocurrió más adelante (alrededor del 445 A.C.).

Tanto Ester como Éxodo narran lo vigorosamente que los poderes extranjeros trataron de eliminar a la raza judía y como Dios soberanamente preservó a su pueblo de acuerdo con su

Fiestas judías

FIESTA DE	MES DEL CALENDARIO JUDÍO	CORRESPONDE A	REFERENCIAS
Pascua	Nisán 14	Mar.-abr.	Éx 12.1–14; Mt 26.17–20
Pan sin levadura*	Nisán 15–21	Mar.-abr.	Éx 12.15–20
Primicias*	Nisán 6 o Siván 16	Mar.-abr., mayo-jun.	Lv 23.9–14 Nm 28.26
Pentecostés (cosecha o semanas)	Siván 6 (50 días tras la cosecha de la cebada)	Mayo-jun.	Dt 16.9–12; Hch 2.1
Trompetas, Rosh Hashanah	Tisri 1, 2	Sept.-oct.	Nm 29.1–6
Día de Expiación Yom Kippur	Tisri 10	Sept.-oct.	Lv 23.26–32 He 9.7
Tabernáculos* (tiendas o enramadas)	Tisri 15–22	Sept.-oct.	Neh 8.13–18; Jn 7.2
Dedicación (Luces), Hanukkah	Chislev 25 (8 días)	Nov.-dic.	Jn 10.22
Purim (Suertes)	Adar 14, 15	Feb.-mar.	Est 9.18–21

* Las tres fiestas principales que requerían que todos los varones judíos de Israel viajaran al templo de Jerusalén (Éx 23.14–19).

promesa del pacto hecha a Abraham alrededor del 2100–2075 A.C. (Gn 12.1–3; 17.1–8). Como resultado de que Dios prevaleció, Ester 9, 10 registra el inicio de Purim: un nuevo festival anual en el 12o. mes (febrero-marzo) para celebrar la supervivencia de la nación. Purim se convirtió en uno de los dos festivales dados fuera de la legislación mosaica para ser aún celebrados en Israel (Hanukkah o el festival de las luces, es el otro, cp. Jn 10.22).

PERSONAS DESTACADAS EN ESTER

Ester: reemplazó a Vasti como reina de Persia; salvó a los judíos del maligno plan de Amán (2.7—9.32).

Mardoqueo: adoptó y crió a Ester; la aconsejó cuando era reina; luego reemplazó a Amán como segundo al mando bajo el rey Jerjes (2.5—10.3).

Cronología histórica de Ester

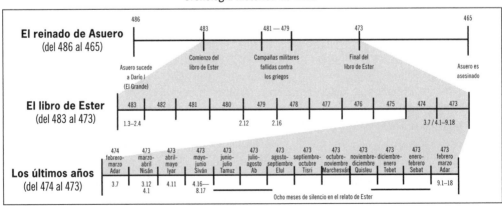

Rey Jerjes I: rey de Persia; se casó con Ester y la convirtió en reina (1.1—10.3).

Amán: segundo al mando bajo el rey Jerjes; conspiró para matar a los judíos (3.1—9.25).

Temas históricos y teológicos

Los ciento sesenta y siete versículos de Ester final y definitivamente han sido aceptados como canónicos, aunque la ausencia del nombre de Dios en el libro ha causado duda innecesaria acerca de su autenticidad. La Septuaginta griega (LXX) añadió ciento siete versículos apócrifos que supuestamente compensaron esta carencia. Junto con Cantar de los cantares, Rut, Eclesiastés y Lamentaciones, Ester es parte de los libros del AT del Megillot o «cinco rollos». Los rabinos leen estos libros en la sinagoga en cinco ocasiones especiales durante el año, Ester es leído en Purim (cp. 9.20–32).

El génesis histórico del drama que se lleva a cabo entre Mardoqueo (un descendiente de la tribu de Benjamín, de Saúl, 2.5) y Amán (un agagueo, 3.1, 10; 8.3, 5; 9.24) se remonta a casi mil años cuando los judíos salieron de Egipto (alrededor del 1445 a.c.) y fueron atacados por los amalecitas (Éx 17.8–16), cuyo linaje comenzó con Amalec, nieto de Esaú (Gn 36.12). Dios pronunció su maldición sobre los amalecitas, la cual resultó en su eliminación total como pueblo (Éx 17.14; Dt 25.17–19). Aunque Saúl (alrededor del 1030 a.c.) recibió órdenes de matar a todos los amalecitas, incluso a su rey Agag (1 S 15.2, 3), él desobedeció (1 S 15.7–9) e incurrió en el desagrado de Dios (1 S 15.11, 26; 28.18). Finalmente Samuel cortó en pedazos a Agag (1 S 15.32, 33). Debido a su linaje de Agag, Amán llevaba una profunda hostilidad hacia los judíos.

CRISTO EN... ESTER

Aunque el libro de Ester no menciona a Dios específicamente, la soberana protección de su pueblo se percibe a lo largo de todo el libro. Dios puso a Ester en la posición clave que le permitía impedir los planes de Amán para destruir a los judíos. Ester tipifica a Cristo por su disposición a entregar su vida para salvar a su pueblo. Ester también representa la posición de Cristo como abogado de Israel. En todos esos hechos Dios declara su amor por Israel y su constante protección de los judíos: «He aquí, no se adormecerá ni dormirá el que guarda a Israel» (Sal 121.4).

El tiempo de Ester llegó quinientos cincuenta años después de la muerte de Agag, pero a pesar de tal paso de tiempo ni Amán el agageo ni Mardoqueo el benjamita se habían olvidado de la enemistad tribal que aún hervía en el alma de cada uno de ellos. Esto explica la razón por la que Mardoqueo rehusó postrarse ante Amán (3.2, 3) y la razón por la que Amán trató de una manera tan intensa de exterminar a la raza judía (3.5, 6, 13). Como era de esperarse, la profecía de Dios de extinguir a los amalecitas (Éx 17.14; Dt 25.17–19) y la promesa de Dios de preservar a los judíos (Gn 17.1–8) prevaleció.

Debido a la fidelidad de Dios en salvar a su pueblo, el festival de Purim (nombrado de acuerdo a la palabra acadea para «suerte», 3.7; 9.26), una festividad anual de dos días de fiesta, regocijo y de enviarse alimento los unos a los otros y dar regalos a los pobres (9.21, 22), fue decretada para que se celebrara en toda generación, por toda familia, en toda provincia y ciudad (9.27, 28). Más adelante, Ester añadió una nueva característica de ayunar con lamento (9.31). Purim no se vuelve a mencionar en la Biblia, aunque ha sido celebrada a lo largo de los siglos en Israel.

Ester podría ser comparado a un juego de ajedrez. Dios y Satanás (como jugadores invisibles) movieron a reyes verdaderos, reinas verdaderas y nobles verdaderos. Cuando Satanás colocó a Amán en su lugar, fue como si hubiera anunciado «jaque». Dios entonces colocó a Ester y Mardoqueo para poner a Satanás en una posición de «jaquemate». Desde la caída del hombre

(Gn 3.1–19), Satanás ha tratado de romper la relación de Dios con su creación humana y evitar que se cumplan las promesas de pacto por parte de Dios con Israel. Por ejemplo, la línea de Cristo a través de la tribu de Judá había sido reducida a través del homicidio únicamente a Joás, quien fue rescatado y preservado (2 Cr 22.10–12). Más tarde, Herodes mató a los infantes de Belén, pensando que Cristo estaba en medio de ellos (Mt 2.16). Satanás tentó a Cristo para que denunciara a Dios y lo adorara a él (Mt 4.9). Pedro, por la insistencia de Satanás, trató de bloquear el viaje de Cristo al Calvario (Mt 16.22). Finalmente, Satanás entró en Judas, quien entonces traicionó a Cristo y lo entregó a los judíos y romanos (Lc 22.3–6). Aunque Dios no se menciona en Ester, Él estuvo en todos lados de manera aparente como el que se opuso y deshizo los planes malignos de Satanás por intervención providencial.

En Ester, todas las promesas incondicionales por parte de Dios hechas a Abraham (Gn 17.1–8) y a David (2 S 7.8–16) estuvieron en peligro. No obstante, el amor de Dios por Israel nunca resulta más evidente que en este dramático rescate de su pueblo de la eliminación inevitable. «He aquí, no se adormecerá ni dormirá el que guarda a Israel» (Sal 121.4).

PRINCIPALES DOCTRINAS EN ESTER

La fiesta de Purim como celebración de la fidelidad de Dios (3.7; 9.21, 22, 26–28, 31; Dt 16.11, 14; Neh 8.10, 12).

La promesa divina de preservar a los judíos (4.14; 8.17; Gn 17.1–8; 2 S 7.8–16; 2 Cr 22.10–12; Sal 121.4; Is 65.8–9; Jer 50.20; Mt 2.16).

EL CARÁCTER DE DIOS EN ESTER

Dios provee: 8.5–17

RETOS DE INTERPRETACIÓN

La pregunta más obvia presentada por Ester viene del hecho de que Dios no se menciona en ningún lugar, al igual que en el Cantar de los cantares de Salomón.

PALABRAS CLAVE EN

Ester

Ayuno: En hebreo *tsum* —4.3; 4.16— es un término cuya raíz significa simplemente «abstenerse de alimento». A veces ayunar significa abstenerse de beber, de bañarse, de ungir con aceite o de tener relaciones sexuales. En esencia, el ayuno reconoce la fragilidad humana ante Dios y apela a su misericordia. El ayuno era una práctica común en el mundo antiguo, relacionado con el luto (2 S 12.21, 22), la oración intercesora (4.3, 16), el arrepentimiento y la contrición por el pecado (Jer 36.9; Jon 3.5), y los momentos de angustia (Jue 20.26; Neh 1.4). Se requería el ayuno para el Día de la Expiación (ver la frase «afligiréis vuestras almas» en Lv 16.31). El ayuno podía durar desde un día (1 S 14.24; Dn 6.18) hasta siete (1 S 31.13) y en ocasiones extraordinarias, hasta cuarenta días (Éx 34.28). Sin embargo, y más allá del tipo de ayuno que se hiciera, el profeta Isaías amonestó a su pueblo para que participara de las acciones de rectitud y justicia social con su ayuno (Is 58.3–9).

Pur: En hebreo *pur* —3.7; 9.24, 26— en el libro de Ester hace referencia a la palabra hebrea que significa «suertes». Se echaban suertes usando dados para efectuar selecciones al azar (Neh 11.1). También se usaba el echar suertes para conocer la voluntad de determinados dioses (Jon 1.7). En Ester, Amán echa suertes a fin de determinar cuál es el día correcto para destruir a los judíos. Dios, por otra parte, reveló su soberano poder al elegir ese día en particular para liberar a los judíos. Incluso hoy los judíos celebran la fiesta de Purim, recordando su liberación (9.28).

Tampoco el autor ni algún participante se refieren a la ley de Dios, los sacrificios levíticos, la adoración y la oración. El escéptico se pudiera preguntar: «¿Por qué Dios nunca se menciona cuando el rey persa recibe más de ciento setenta y cinco referencias? Debido a que la soberanía de Dios prevaleció para salvar a los judíos, ¿por qué entonces Él no recibe el reconocimiento apropiado?».

Parece satisfactorio responder que si Dios deseara ser mencionado, Él simplemente de la misma manera soberana habría impulsado al autor a que escribiera de Él conforme actuaba para salvar a Israel. Esta situación parece ser más problemática en el ámbito humano que en el ámbito divino, porque Ester es la ilustración clásica de la providencia de Dios conforme Él, el poder invisible, controla todo para cumplir su propósito. No hay milagros en Ester, pero la preservación de Israel a través del control providencial de todo acontecimiento y persona revela la omnisciencia y omnipotencia de Jehová. Sea que Él se mencione o no, ese no es el punto. Claramente Él es el personaje principal en el drama.

En segundo lugar: «¿Por qué eran Mardoqueo y Ester tan seculares en sus estilos de vida?». Ester (2.6–20) no parece tener el celo de la santidad que Daniel tuvo (Dn 1.8–20). Mardoqueo mantuvo en secreto su linaje judío y el de Ester, a diferencia de Daniel (Dn 6.5). La ley de Dios estaba ausente en contraste a Esdras (Esd 7.10). Nehemías tenía un profundo anhelo por Jerusalén que parecía ser totalmente diferente a los deseos de Ester y Mardoqueo (Neh 1.1–2.5). (Ver la sección de «Respuestas a preguntas difíciles» para más observaciones sobre este asunto.)

BOSQUEJO

I. **Ester reemplaza a Vasti (1.1—2.18)**
   A. La insubordinación de Vasti (1.1–22)
   B. La coronación de Ester (2.1–18)

II. **Mardoqueo vence a Amán (2.19—7.10)**
   A. La lealtad de Mardoqueo (2.19–23)
   B. El ascenso y decreto de Amán (3.1–15)
   C. La intervención de Ester (4.1—5.14)
   D. El reconocimiento de Mardoqueo (6.1–13)
   E. La caída de Amán (6.14—7.10)

III. **Israel sobrevive el intento de genocidio por parte de Amán (8.1—10.3)**
   A. La abogacía de Ester y Mardoqueo (8.1–12)
   B. La victoria de los judíos (9.1–19)
   C. El inicio de Purim (9.20–23)
   D. La fama de Mardoqueo (10.1–3)

Mientras tanto, en otras partes del mundo...

Los chinos completan la construcción de la primera muralla que impediría que el pueblo huno entrara en China (356 A.C.).

RESPUESTAS A PREGUNTAS DIFÍCILES

1. ¿Por qué el libro de Ester no menciona directamente a Dios?

Parecen estar ausentes las claves habituales con respecto a la presencia de Dios. Nadie hace referencia a la ley de Dios, sacrificios, adoración u oración. Dios no parece ser reconocido ni en público ni en privado como protector de los judíos. Ester guarda un extraño silencio con respecto a Dios.

Y, de hecho, es un silencio tan obvio que se convierte en argumento. Ester desafía la tendencia que exige que Dios pruebe su poder y su presencia. ¿Tiene que aparecer Dios? Tendemos a esperar que Dios muestre su identidad de manera inequívoca. Sin embargo, muchas veces Dios se ha resistido a las resoluciones humanas. Dios se revela a sí mismo para propósitos que le son propios, no porque lo requieran los humanos.

A lo largo de la historia Dios muchas veces ha operado tras escenarios, no a simple vista. Las Escrituras están llenas de circunstancias inusuales en las que Dios obró de manera obvia. Pero Ester casi nos revela el procedimiento normal de Dios. Las huellas de Dios están a lo largo de toda la historia de Ester. Su ausencia superficial apunta a una presencia más profunda. Dios escogió ser sutil, pero estaba allí. Los hechos de Ester nos dan un modelo de esperanza para cuando Dios obra de manera menos obvia en nuestras vidas.

2. ¿Por qué el estilo de vida de Ester y Mardoqueo parece tan secular?

En comparación y contrastando con sus contemporáneos más cercanos Esdras, Nehemías y Daniel, los personajes centrales del libro de Ester parecen mundanos. Es muy obvia la falta de referencias a Dios en las conversaciones de Ester y Mardoqueo. ¿Son estas indicaciones sutiles de que Ester y Mardoqueo eran personas cuya fe casi no tenía efecto en su cotidianidad?

El libro de Ester no nos responde esto. Hay varios factores importantes, sin embargo, que impiden que saquemos conclusiones erróneas sobre Ester y Mardoqueo. El primero es el hecho de que el libro es limitado en los temas que abarca. Solo se registran unos pocos hechos importantes y se nos revelan muy pocos detalles de la vida interior de cualquiera de los protagonistas. Pero la integridad de sus acciones debiera hacer que nos inclinemos hacia la decisión de otorgarles el beneficio de la duda cuando se trata de la fe (4.13–16).

Hay otras consideraciones con respecto a esta cuestión: (1) Si bien la precaución de Mardoqueo en cuanto al anuncio en público del legado suyo y de Ester podría cuestionarse, también hay que señalar que otras personas tuvieron la misma precaución (Nehemías no menciona a Dios en su conversación con Artajerjes, registrada en Nehemías 2.1–8); (2) Los hechos públicos como la Pascua se habían dejado de lado durante el cautiverio, lo cual significaba que había menos ocasiones en las que se practicaba la fe en público (eso no significa que los judíos no fueran un pueblo marcado, porque la ley de Amán lograba identificarlos); (3) En su justo momento Ester sí se identificó como judía (7.34). Estas consideraciones no eliminan el hecho de que tanto Ester como Mardoqueo parecen menos consagrados a Dios que Daniel, por ejemplo. Sin embargo, se hace evidente el hecho de que Dios obró los propósitos divinos en sus vidas.

Otros temas de estudio en Ester

1. ¿Qué situaciones, hechos o ideas sobre la maldad del racismo puede encontrar en Ester?
2. Aunque no se menciona a Dios específicamente en Ester, ¿en qué aspectos le ve obrando?
3. ¿Qué tipo de persona era Ester? ¿Cómo lo sabe?
4. ¿En qué formas obró Dios para preservar y liberar a su pueblo?
5. Compare las personalidades de Amán y Mardoqueo.
6. ¿En qué aspectos diría usted que participa activamente para marcar una diferencia en la época de la historia en que le toca vivir?

JOB

El justo puede sufrir

TÍTULO

Como sucede con otros libros de la Biblia, Job lleva el nombre del personaje primordial de la narración. Este nombre pudo haber sido derivado de la palabra hebrea para «persecución», y por esta razón significar «el perseguido», o de una palabra árabe que quiere decir «arrepentirse», y por esta razón significar «el arrepentido». El escritor relata una época en la vida de Job. Los escritores del Nuevo Testamento citaron de manera directa a Job en dos ocasiones (Ro 11.35; 1 Co 3.19), además Ezequiel 14.14, 20 y Santiago 5.11 muestran que Job fue una persona real.

AUTOR Y FECHA

El libro no nombra a su autor. Job es un candidato poco probable, porque el mensaje del libro descansa en la ignorancia de Job de los acontecimientos que ocurrieron en el cielo con relación a su situación. Una tradición talmúdica sugiere a Moisés como el autor debido a que la tierra de Uz (1.1) era adyacente a Madián donde Moisés vivió durante cuarenta años, y él pudo haber obtenido un registro de la historia ahí. Salomón también es una buena posibilidad debido a la semejanza en contenido con partes del libro de Eclesiastés, como también el hecho de que Salomón escribió los otros libros de sabiduría (a excepción de Salmos, y fue el autor de los Salmos 72 y 127). Aunque vivió mucho tiempo después de Job, Salomón pudo haber escrito sobre acontecimientos que ocurrieron mucho tiempo antes de él, de la misma manera en la que Moisés fue inspirado para escribir acerca de Adán y Eva. Eliú, Isaías, Ezequías, Jeremías y Esdras también han sido sugeridos como posibles autores, pero sin apoyo.

La fecha de la escritura del libro puede ser mucho después de los acontecimientos registrados en él. Esta conclusión está basada en: (1) la edad de Job (42.16); (2) su período de vida de casi doscientos años (42.16), el cual encaja con el período patriarcal (Abraham vivió ciento setenta y cinco años, Gn 25.7); (3) la familia patriarcal como la unidad social; (4) los caldeos que asesinaron a los siervos de Job (1.17) eran nómadas y aún no se habían vuelto moradores de ciudades; (5) la riqueza de Job siendo medida en ganado en lugar de oro y plata (1.3; 42.12); (6) las funciones sacerdotales de Job dentro de su familia (1.4, 5); y (7) un silencio básico en asuntos tales como el pacto de Abraham, Israel, el éxodo y la ley de Moisés. Los acontecimientos de la odisea de Job parecen ser patriarcales. Job, por otro lado, parecía saber de Adán (31.33) y

Bosquejo biográfico de Job

1. Un hombre espiritualmente maduro (1.1, 8; 2.3)
2. Padre de muchos hijos (1.2; 42.13)
3. Dueño de muchos rebaños (1.3; 42.12)
4. Un hombre rico e influyente (1.3b)
5. Un sacerdote para su familia (1.5)
6. Un marido amoroso y sabio (2.9)
7. Un hombre importante en los asuntos comunitarios (29.7–11)
8. Un hombre benevolente (29.12–17; 31.32)
9. Un líder sabio (29.21–24)
10. Agricultor (31.38–40)

el diluvio noéico (12.15). Estas características culturales / históricas halladas en el libro parecen colocar los acontecimientos cronológicamente en un tiempo probablemente después de Babel (Gn 11.1–9), pero antes o contemporáneo con Abraham (Gn 11.27ss).

CONTEXTO HISTÓRICO

Este libro comienza con una escena en el cielo que le explica todo al lector (1.6—2.10). Job estaba sufriendo debido a que Dios estaba en competencia con Satanás. Job nunca supo eso, ni alguno de sus amigos, y por esta razón todos lucharon por explicar el sufrimiento desde la perspectiva de su ignorancia, hasta que finalmente Job descansó en nada más que la fe en la bondad de Dios y la esperanza de su redención. El hecho de que Dios defendió la confianza de Job es el mensaje de culminación del libro. Cuando no hay explicaciones racionales y ni siquiera teológicas para el desastre y el dolor, confía en Dios.

PERSONAS DESTACADAS EN JOB

Job: paciente en el sufrimiento; Dios puso a prueba su fe, pero él no pecó culpándolo (1.1—42.16).

Elifaz temanita: amigo de Job; creía que este sufría debido a su pecado (2.11; 4.1—5.27; 15.1–35; 22.1–30; 42.7–9).

Bildad suhita: otro de los amigos de Job; creía que este no se había arrepentido de sus pecados y que por eso sufría (2.11; 8.1–22; 18.1–12; 25.1–6; 42.9).

Zofar naamatita: tercer amigo de Job; creía que este merecía sufrir más por sus pecados (2.11; 11.1–20; 20.1–29; 42.9).

Eliú buzita: se enojó con los tres amigos de Job; creía que Dios usaba el sufrimiento para formar el carácter de Job (32.1—37.24).

TEMAS HISTÓRICOS Y TEOLÓGICOS

La ocasión y los acontecimientos que siguen a los sufrimientos de Job presentan preguntas significativas para la fe de los creyentes de todas las edades. ¿Por qué sirve Job a Dios? Job es reconocido por su justicia, siendo comparado con Noé y Daniel (Ez 14.14–20), y por su perseverancia espiritual (Stg 5.11). A lo largo de la prueba de Job se hace referencia a varias otras preguntas, p. ej.: «¿Por qué sufren los justos?» Aunque una respuesta a esa pregunta pareciera ser importante, el libro no presenta tal respuesta. Job nunca conoció las razones por las que sufrió y tampoco sus amigos. El justo que sufre no parece saber nada de los debates de la corte celestial que se llevan a cabo entre Dios y Satanás que dieron lugar a su dolor. De hecho, cuando fue finalmente confrontado por el Señor del universo, Job colocó su mano sobre

CRISTO EN... JOB

EL LIBRO DE JOB hace surgir muchas preguntas en cuanto al propósito del sufrimiento. Si bien es difícil hallar respuestas directas en Job, nuestra esperanza está en Cristo, que se identifica con nuestro sufrimiento (He 4.15). En última instancia Job clama a Cristo, el Mediador entre Dios y los seres humanos (9.33; 25.4; 33.23).

su boca y no dijo nada. La respuesta silenciosa de Job de ninguna manera trivializó el intenso dolor y la pérdida que él había sufrido. Solo enfatizó la importancia de confiar en los propósitos de Dios en medio del sufrimiento porque el sufrimiento, como cualquier otra de las experiencias humanas, es dirigido por la sabiduría divina perfecta. Finalmente, la lección aprendida fue que quizás uno nunca pueda conocer la razón específica de su sufrimiento; pero uno debe de confiar en el Dios soberano. Esa es la verdadera respuesta al sufrimiento.

El libro trata dos temas principales y muchos otros menores, tanto en el esquema narrativo del prólogo (caps. 1, 2) y el epílogo (42.7–17), como en el relato poético del tormento de Job que se encuentra entre estos dos polos (3.1—42.6). Una clave para entender el primer tema del libro es notar el debate entre Dios y Satanás en el cielo y cómo se relaciona con los tres ciclos de debates terrenales entre Job y sus amigos. Dios quería probarle la virtud de los creyentes a Satanás y a todos los demonios, ángeles y personas. Las acusaciones son llevadas a cabo por Satanás, quien cuestionó las declaraciones de Dios acerca de la justicia de Job como algo que no había sido probado, y por lo tanto cuestionable. Satanás acusó a los justos de ser fieles a Dios solo por lo que podían recibir. Debido a que Job no servía a Dios con motivos puros, de acuerdo a Satanás, la relación entera entre él y Dios era una farsa. La confianza de Satanás de que él podría volver a Job en contra de Dios vino, sin duda alguna, del hecho de que Satanás había guiado a los ángeles santos en rebelión con él. Satanás pensó que podía destruir la fe de Job en Dios al traer sufrimiento sobre él, y de esta manera mostrar en principio que la fe salvadora podría ser sacudida. Dios le permitió a Satanás probar su teoría si podía, pero este ultimo fracasó, ya que la verdadera fe en Dios mostró ser inquebrantable. Aun la esposa de Job le dijo que maldijera a Dios (2.9), pero él se rehusó; su fe en Dios nunca fracasó (vea 13.15). Satanás trató de hacer lo mismo con Pedro (vea Lc 22.31–34) y no tuvo éxito en destruir la fe de Pedro (vea Jn 21.15–19). Cuando Satanás ha desatado todo lo que puede hacer para destruir la fe salvadora, esta permanece firme (cp. Ro 8.31–39). Finalmente, Dios le probó a Satanás que la fe salvadora no puede ser destruida independientemente del número de problemas que sufra un santo, o de lo incomprensible e inmerecido que algo parezca.

Comparación de la teología de Satanás con la de los amigos de Job

Satanás	Amigos
SI Dios bendice a Job	ENTONCES sí será fiel.
SI Job es fiel	ENTONCES sí será bendecido.
O	
SI Dios no bendice a Job (Satanás acusó a Dios de chantajear a sus seguidores)	ENTONCES sí será infiel.
SI Job es infiel	ENTONCES será castigado.

Un segundo tema relacionado con el primero tiene que ver con probar la identidad de Dios a los hombres. ¿Sugiere este tipo de situación, en la que Dios y su oponente Satanás están cara a cara, y usando al justo Job como el caso de prueba, que Dios carece de compasión y misericordia para con Job? En absoluto. Como Santiago dice: «Habéis oído de la paciencia de Job, y habéis visto el fin del Señor, que el Señor es muy misericordioso y compasivo» (Stg 5.11). Fue para probar exactamente lo opuesto (42.10–17). Job dice: «¿Recibiremos de Dios el bien, y el mal no lo recibiremos?» (2.10). El siervo de Dios no niega que ha sufrido. Él niega que su sufrimiento sea resultado del pecado. Ni tampoco entiende por qué sufre. Job simplemente encomienda su prueba con un corazón devoto de adoración y humildad (42.5, 6) a un Creador soberano y perfectamente

El desafío de Dios a Job

Ante el temible desafío de Dios lo único que podía hacer Job era humillarse:	
Desafío de Dios	**Respuesta de Job**
Primero, la ignorancia de Job (38.1—40.2) • No estuvo en la creación • No puede explicar las fuerzas de la naturaleza	Job admite su ignorancia y guarda silencio (40.3–5)
Segundo, la fragilidad de Job (40.6—41.34) • No puede torcer los caminos de Dios • No puede controlar las fuerzas de la naturaleza	Job confiesa que ha sido presumido y se arrepiente (42.2–6)

sabio, y eso fue lo que Dios quiso que él aprendiera en este conflicto con Satanás. En el final, Dios inundó a Job con muchas más bendiciones de lo que él jamás había conocido.

La principal realidad del libro es el misterio inescrutable del sufrimiento inocente. Dios ordena que sus hijos caminen en tristeza y dolor, algunas veces debido al pecado (cp. Nm 12.10–12), algunas veces para disciplinar (cp. He 12.5–12), algunas veces para fortalecer (cp. 2 Co 12.7–10; 1 P 5.10), y algunas veces para dar oportunidad de revelar su consuelo y gracia (2 Co 1.3–7). Pero hay ocasiones en las que la razón del sufrimiento de los santos no se conoce, porque es por un propósito celestial que aquellos que están en la tierra no pueden discernir (cp. Éx 4.11; Jn 9.1–3).

Job y sus amigos querían analizar el sufrimiento y buscar causas y soluciones. Usando toda su teología sana y su entendimiento en la situación, buscaron respuestas, pero solo encontraron ideas inservibles y equivocadas, por las cuales Dios los reprendió al final (42.7). No pudieron conocer la razón por la que Job sufrió debido a que lo que sucedió en el cielo entre Dios y Satanás les era desconocido. Pensaron que conocían todas las respuestas, pero solo intensificaron el dilema por su ignorancia insistente.

Al observar algunos de los elementos de este gran tema, podemos ver las siguientes verdades en la experiencia de Job:

(1) Hay asuntos que se están llevando a cabo en el cielo con Dios acerca de los cuales los creyentes no tienen idea; sin embargo, afectan la vida de ellos.

(2) Aun el mejor esfuerzo por explicar los problemas de la vida puede ser inútil.

(3) El pueblo de Dios sufre. Cosas malas suceden todo el tiempo a buenas personas, por esta razón uno no puede juzgar la espiritualidad de una persona por sus circunstancias dolorosas o por sus éxitos.

(4) Aunque Dios parece estar lejos, la perseverancia en la fe es una virtud sumamente noble debido a que Dios es bueno y uno puede dejar con seguridad su vida en manos de Él.

(5) El creyente en medio del sufrimiento no debe abandonar a Dios, sino acercarse a Él, de tal manera que a partir de la comunión pueda venir el consuelo sin la explicación.

(6) El sufrimiento puede ser intenso, pero finalmente terminará para el justo y Dios lo bendecirá abundantemente.

PRINCIPALES DOCTRINAS EN JOB

Fidelidad en medio del sufrimiento (2.9; 13.15; Nm 12.10–12; Lc 22.31–34; Jn 21.15–19; 2 Co 1.3–7; 12.7–10; He 12.5–12; 1 P 5.10).

El carácter de Dios en Job

Dios libera: 33.27, 28

Dios es glorioso: 37.22

Dios es invisible: 23.8, 9

Dios es justo: 4.17; 8.3; 34.12; 37.23

Dios es amoroso: 7.17

Dios es poderoso: 5.9; 9.4, 10; 26.14; 36.22; 40.9

Dios provee: 1.21; 26.10; 37.9–13

Dios es justo: 36.3

Dios es inescrutable: 11.7; 37.23

Dios es sabio: 9.4; 11.11; 21.22; 23.10; 28.24; 34.21; 36.4, 5; 37.16

Dios se aíra: 9.13; 14.13; 21.17

Retos de interpretación

El reto de interpretación más crítico tiene que ver con el mensaje primordial del libro. Aunque frecuentemente se piensa que es el asunto primordial del libro, la pregunta de por qué Job sufre nunca es revelada a Job, aunque el lector sabe que tiene que ver con que Dios está mostrándole algo a Satanás, un asunto que completamente trasciende la capacidad de Job de entender. El comentario de Santiago en el caso de Job (5.11) llega a la conclusión de que todo fue para mostrar la compasión y misericordia de Dios, pero sin disculparse, no ofrece explicación del sufrimiento específico de Job. Los lectores se encuentran a sí mismos, colocando sus manos llenas de dilemas sobre sus bocas, sin derecho alguno de cuestionar o acusar al Creador sabio y Todopoderoso, que hará como le place, y al hacer esto, por un lado Él demuestra sus propósitos en la esfera espiritual a ángeles y demonios y por otro lado define su compasión y misericordia. Involucrarse en la «teodicia», esto es, el intento del hombre por defender la relación de Dios con la calamidad y el sufrimiento, se muestra como apropiado en estas circunstancias, aunque en el fin, es aparente que Dios no necesita ni quiere un abogado humano. El libro de Job incisivamente ilustra Deuteronomio 29.29: «Las cosas secretas pertenecen a Jehová nuestro Dios».

PALABRAS CLAVE EN

Job

Intachable: En hebreo *tam* —1.1,8; 2.3; 8.20; 9.20–22— significa «ser completo». La palabra se refiere a la integridad del individuo, una persona sana y entera. Se usa como término afectuoso para la esposa sulamita en Cantar de los Cantares (ver 5.2; 6.9). En el AT el intachable con frecuencia es el justo y recto (1.1, 8; 2.3; Sal 37.37; Pr 29.10) en contraste con el malvado o impío (9.22; Sal 64.2–4). La afirmación de Job de que es intachable concuerda con la forma en que Dios le evalúa, pero no implica absoluta perfección (1.8; 9.21; 14.16, 17). El salmista escribe que el futuro del hombre intachable es la paz, como sucedió con Job (42.10–12; Sal 37.37).

Aflicción: En hebreo *oni* —10.15; 30.16, 27; 36.8, 15, 21— proviene de la raíz que significa «miseria» o «pobreza». La imagen que evoca esta palabra es de alguien agobiado por el peso de una gran carga. Las Escrituras presentan al Señor, que ve las aflicciones que apenan a su pueblo y oye los gritos angustiados de los que sufren (como en Gn 16.11, Éx 2.23–25). El Señor nos urge a poner en él nuestras cargas porque es fuerte y nos ama tanto que nos ayudará en nuestros momentos de necesidad (1 P 5.7). Además, como él controla todo lo que sucede, podemos tener la certeza de que de las dificultades temporarias por las que estamos pasando hará algo bueno (Ro 8.28). Toda la historia de Job nos brinda un ejemplo de ello (42.10–17; 2 Co 12.7–10).

Ver: En hebreo *ra'ah* —19.27; 22.12; 40.11— término común que se usa en referencia a la función natural de los ojos y que por ello suele traducirse como «ver» (Gn 48.10; Dt 1.8; 2 R 3.14; Mi 7.9, 10). También tiene varios significados metafóricos, como aceptación (Gn 7.1; Nm 23.21) y provisión (Gn 22.8, 14; 1 S 16.1). Además puede transmitir la idea de seguridad y salvación como en este caso. En 42.5 la palara significa «ver» en el sentido de «llegar a reconocer» o «experimentar por completo» algo que ya se conocía o entendía.

La naturaleza de la culpabilidad y la inocencia de Job da lugar a preguntas que nos dejan perplejos. Dios declaró que Job era perfecto y recto, temeroso de Dios y apartado del mal (Job 1.1). Sin embargo, los consoladores de Job hicieron una pregunta crítica basada en el sufrimiento de él: ¿No había pecado Job? En varias ocasiones Job prontamente admitió haber pecado (7.21; 13.26). Pero Job cuestionó hasta qué punto había pecado comparado con la severidad de su sufrimiento. Dios al final reprendió a Job por sus demandas de ser justificado de las acusaciones de los consoladores (Job 38—41). No obstante, Él también declaró que lo que Job dijo era correcto y lo que los consoladores dijeron estaba mal (42.7).

Otro reto viene al mantener separado las suposiciones que Job y sus consoladores hicieron en cuanto al sufrimiento de Job. En el principio, todos estaban de acuerdo en que Dios castiga el mal, recompensa la obediencia y no es posible que haya excepciones a la regla. Job, debido a su sufrimiento inocente, fue forzado a concluir que son posibles las excepciones, ya que los justos también sufren. Él también observó que los impíos prosperan. Estas son más que pequeñas excepciones a la regla, de esta manera forzando a Job a volver a pensar en su entendimiento simple de la interacción soberana de Dios con su pueblo. El tipo de sabiduría que Job llega a adoptar no dependía meramente de la promesa de recompensa o castigo. Las disputas largas entre Job y sus acusadores fueron intentos por reconciliar las desigualdades percibidas de la retribución de Dios en la vida de Job. Tal método empírico es peligroso. Finalmente, Dios no le ofreció explicación a Job, sino que más bien llamó a todas las partes a un nivel más profundo de confianza en el Creador, quien gobierna por encima de un mundo confundido por el pecado con poder y autoridad, dirigido por sabiduría y misericordia perfectas.

Entender este libro requiere (1) entender la naturaleza de la sabiduría, particularmente la diferencia entre la sabiduría del hombre y la de Dios, y (2) admitir que Job y sus amigos carecían de la sabiduría divina para interpretar las circunstancias de Job con precisión, aunque sus amigos seguían tratando mientras que Job aprendía a estar satisfecho con la soberanía y misericordia de Dios. El punto de cambio de dirección o resolución para este asunto se encuentra en Job 28, donde la identidad de la sabiduría divina es explicada: la sabiduría divina es única y con un valor inestimable; el hombre no puede esperar comprarla; y Dios la posee en su totalidad. Quizá no sepamos qué está sucediendo en el cielo o cuáles son los propósitos de Dios, pero debemos confiar en Él. Debido a esto, el asunto de los creyentes sufriendo toma un lugar secundario al lado del asunto de la sabiduría divina.

Bosquejo

I. **El dilema (1.1—2.13)**
  A. Introducción a Job (1.1–5)
  B. Debates divinos con Satanás (1.6—2.10)
  C. Llegada de amigos (2.11–13)
II. **Los debates (3.1—37.24)**
  A. El primer ciclo (3.1—14.22)
    1. El primer discurso de Job expresa desesperanza (3.1–26)
    2. El primer discurso de Elifaz amablemente protesta e insta a la humildad y al arrepentimiento (4.1—5.27)
    3. La respuesta de Job a Elifaz expresa angustia y cuestiona las pruebas, pidiendo compasión en su dolor (6.1—7.21)

4. El primer discurso de Bildad acusa a Job de impugnar a Dios (8.1–22)

5. La respuesta de Job a Bildad admite que no es perfecto, pero puede protestar contra lo que parece injusto (9.1—10.22)

6. El primer discurso de Zofar le dice a Job que arregle su relación con Dios (11.1–20)

7. La respuesta de Job a Zofar le dice a sus amigos que están mal, que solo Dios sabe y que tiene la esperanza de que hable con él (12.1—14.22)

B. El segundo ciclo (15.1–21.34)

1. El segundo discurso de Elifaz acusa a Job de presunción y de menospreciar la sabiduría de los antiguos (15.1–35)

2. La respuesta de Job a Elifaz apela a Dios en contra de sus acusadores injustos (16.1—17.16)

3. El segundo discurso de Bildad le dice a Job que está sufriendo exactamente lo que merece (18.1–21)

4. La respuesta de Job a Bildad clama a Dios por compasión (19.1–29)

5. El segundo discurso de Zofar acusa a Job de rechazar a Dios al cuestionar su justicia (20.1–29)

6. La respuesta de Job a Zofar dice que desconoce la realidad (21.1–34)

C. El tercer ciclo (22.1—26.14)

1. El tercer discurso de Elifaz denuncia la crítica por parte de Job de la justicia de Dios (22.1–30)

2. La respuesta de Job a Elifaz es que Dios sabe que él está libre de culpa, y sin embargo en su providencia y propósito refinador permite el éxito temporal para los impíos (23.1—24.25)

3. El tercer discurso de Bildad se burla de la apelación directa de Job a Dios (25.1–6)

4. La respuesta de Job a Bildad declara que Dios es de hecho perfectamente sabio y absolutamente soberano, pero no simplista como pensaban ellos (26.1–14)

D. La defensa final de Job (27.1—31.40)

1. El primer monólogo de Job afirma su justicia y que el hombre no puede descubrir la sabiduría de Dios (27.1—28.28)

2. El segundo monólogo de Job recuerda su pasado, describe su presente, defiende su inocencia, y pide que Dios lo defienda (29.1—31.40)

E. Los discursos de Eliú (32.1—37.24)

1. Eliú entra en el debate para salir del punto muerto (32.1–22)

2. Eliú acusa a Job de presunción al criticar a Dios, no reconociendo que Él puede tener un propósito amoroso aun al permitir que Job sufra (33.1–33)

3. Eliú declara que Job ha atacado la integridad de Dios al decir que no sirve de nada vivir una vida piadosa (34.1–37)

4. Eliú alienta a Job a esperar pacientemente en el Señor (35.1–16)

5. Eliú cree que Dios está disciplinando a Job (36.1–21)

6. Eliú discute que los observadores humanos difícilmente pueden esperar entender adecuadamente los tratos de Dios al administrar justicia y misericordia (36.22—37.24)

III. La liberación (38.1—42.17)

- A. Dios interroga a Job (38.1—41.34)
  1. La primera respuesta de Dios a Job (38.1—40.2)
  2. La respuesta de Job a Dios (40.3-5)
  3. La segunda respuesta de Dios a Job (40.6—41.34)
- B. Job confiesa, adora y es vindicado (42.1-17)
  1. Job emite un juicio de sí mismo (42.1-6)
  2. Dios reprende a Elifaz, Bildad y Zofar (42.7-9)
  3. Dios restaura la familia, riqueza y larga vida de Job (42.10-17)

Mientras tanto, en otras partes del mundo...

Los egipcios descubren el uso del papiro e inauguran las primeras bibliotecas de Egipto.

RESPUESTAS A PREGUNTAS DIFÍCILES

1. ¿Qué tipo de relación tenía Job con Dios?

La biografía de Job comienza con una descripción de su carácter en cuatro aspectos: «perfecto y recto, temeroso de Dios y apartado del mal» (1.1). Oraba por sus hijos y le preocupaba mucho su relación con Dios (1.5). Era exitoso y rico, el estereotipo de un hombre bendecido. De hecho, Dios también añade su aprobación a Job, utilizando las mismas características que encontramos al principio del libro (1.8).

Ante la terrible y repentina pérdida de todo —hijos, sirvientes, animales— la primera respuesta de Job es la pena y el reconocimiento de la soberanía de Dios. «Jehová dio, y Jehová quitó; sea el nombre de Jehová bendito. En todo esto no pecó Job, ni atribuyó a Dios despropósito alguno» (1.21b, 22).

Ante el duro juicio de sus amigos, a Job le costaba entender por qué Dios parecía no estar dispuesto a ayudarlo. Cuando Dios habló por fin, se aclara al menos parte del problema de Job. Confundía la relación con Dios con la familiaridad con él. El Señor no reprendió la fe ni la sinceridad de Job. Más bien, cuestionó la insistencia de este en pedirle una respuesta ante sus dificultades. Al dejar que Job oyera solo un poco de lo mucho que ignoraba, Dios le mostró que había muchísimo que jamás podría entender. Como criatura, Job sencillamente no tenía derecho a exigirle una respuesta al Creador. Las últimas palabras de Job están llenas de humildad y arrepentimiento: «De oídas te había oído; mas ahora mis ojos te ven. Por tanto me aborrezco, y me arrepiento en polvo y ceniza» (42.5, 6). Job pasó sus últimos días disfrutando del mismo tipo de relación que tuvo antes con Dios. Oraba por sus amigos y formó otra familia, con hijos que amaban a Dios. Vivió una vida plena.

2. En el libro de Job, ¿qué tipo de relación tiene Satanás con Dios?

Satanás puede ser enemigo declarado de Dios, pero no es su igual. Satanás es una criatura y Dios es el Creador. Satanás era un ángel que no quería servir desde su exaltada posición, por lo que se rebeló contra Dios.

El continuo conflicto entre Satanás y Dios está ilustrado en la declaración de Satanás, que afirma que el justo sigue fiel a Dios solo por lo que obtiene. Confía en Dios solo mientras Dios sea bueno con él. Satanás desafiaba las afirmaciones de Dios respecto a la rectitud y la justicia de Job, al decir que no había sido puesto a prueba y que podía ser cuestionable. Parece que Satanás estaba convencido de que podía destruir la fe de Job en Dios haciéndolo sufrir.

Satanás sufrió otra derrota cuando Dios demostró a través de la vida de Job que la fe salvadora no puede destruirse por mucho que sufra el creyente o por incomprensible o inmerecido que parezca el sufrimiento.

Como no pudo destruir a Job, Satanás desaparece de la historia. Sigue siendo el enemigo derrotado de Dios, furioso por el inevitable triunfo del Creador.

3. ¿Por qué sufre el justo e inocente?

Por supuesto que no hay un solo ser humano que sea de veras justo o inocente. La Biblia declara que todos hemos pecado (Ro 3.23). Y todos los pecadores merecemos el castigo eterno. ¡Es por eso que Dios es tan maravilloso!

Al entender esa verdad, tenemos que admitir que en la escala humana, que es relativa, sí hay personas inocentes y justas. Es decir, hay personas más morales y virtuosas que otras, y algunas son más inocentes que otras. Consideremos, por ejemplo, a la persona que se esfuerza por vivir la Regla de Oro, o la que da con generosidad a los pobres. Por cierto, la mayoría considera que los niños son ingenuamente inocentes. Esta pregunta, entonces, debiera formularse de este modo: «¿Por qué sufren los niños y la gente que vive una vida ejemplar?».

La pregunta revela la suposición de que hay una relación directa entre la justicia y la inocencia por un lado, y la vida sin sufrimiento por el otro. Podrá haber alguna relación, pero no es directa. De hecho, el pecado al fin lleva al sufrimiento, pero este no es un indicador infalible del pecado. Los amigos de Job no podían ver más allá de esta presuposición. Para ellos, el sufrimiento de alguien siempre era efecto de una única causa: el pecado de la persona.

El justo y el inocente sufren por distintas razones: (1) a veces, las acciones justas en un mundo pecador tienen que ver con el sufrimiento, como cuando alguien justo sacrifica su vida por otra persona; (2) a veces los pecados ajenos incluyen al justo en el sufrimiento, como cuando sufre mucho un niño como resultado de las acciones de sus padres; (3) el justo e inocente no está exento de las situaciones dolorosas que surgen en un mundo imperfecto y pecador, como los dolores de muelas o los dedos aplastados; (4) la gente a veces sufre sin que haya una razón específica que pueda determinarse. Job es la perfecta ilustración de ello.

4. ¿Por qué no responde Dios todas las preguntas de Job (y las nuestras)?

Esta pregunta presupone que si Dios respondiera todas nuestras interpelaciones sería más fácil creer. Y eso no es verdad. La confianza trasciende todas las respuestas. A veces las preguntas se convierten en falta de confianza.

Finalmente, tenemos que confiar en Dios en mayor medida de lo que somos capaces de entender sus caminos. La lección de la experiencia de Job no nos prohíbe formular preguntas. Muchas veces esas preguntas nos llevarán a las razones de nuestro sufrimiento. Pero la experiencia de Job también nos advierte que no podemos entender todo nuestro sufrimiento todo el tiempo, y ni siquiera parte de nuestro sufrimiento, parte del tiempo.

Dios no responde todas nuestras preguntas sencillamente porque nosotros no podemos entender muchas de sus respuestas.

OTROS TEMAS DE ESTUDIO EN JOB

1. En el libro de Job, ¿qué aprendemos sobre el carácter de Satanás?
2. Resuma los argumentos de los amigos de Job.
3. ¿Qué les dice Dios a los amigos de Job?
4. ¿Qué le dice Dios finalmente a Job?
5. ¿En qué cambia Job, del hombre justo del comienzo del libro, al que vemos en el final?
6. ¿En qué medida le afecta a usted el libro de Job con respecto a las preguntas que tiene sobre el sufrimiento?

SALMOS
Cancionero de una nación

TÍTULO

La colección entera de Salmos se titula «Alabanzas» en el texto hebreo. Más adelante, los rabinos frecuentemente lo designaron «El libro de Alabanzas». La Septuaginta (LXX), la traducción griega del AT, lo tituló «Salmos» (cp. «El libro de Salmos» en el NT: Lc 20.42; Hch 1.20). El verbo griego de donde el sustantivo «salmos» viene en esencia denota «jalar o tañer (rascar) cuerdas», por lo tanto una asociación con acompañamiento musical se implica. El título en castellano se deriva del término griego y su contexto. Los Salmos constituyeron el «libro de himnos» antiguo de Israel, inspirado por Dios (2 Ti 3.16), el cual definía el espíritu y contenido apropiados de adoración.

Hay ciento dieciséis salmos que tienen sobrescritos o «títulos». El texto hebreo incluye estos títulos con los versos mismos. Cuando los títulos son analizados individualmente y estudiados como un fenómeno general, hay indicaciones significativas de que fueron colocados como apéndices a sus salmos respectivos poco tiempo después de su composición y que contienen información confiable (cp. Lc 20.42).

Estos títulos brindan diferentes tipos de información tal como el autor, la dedicación, la ocasión histórica, una asignación litúrgica a un director de adoración, instrucciones litúrgicas (p. ej. qué tipo de canción es, sea para tener acompañamiento musical, y qué tono usar), además de otras instrucciones técnicas de significado incierto debido a su gran antigüedad. Una preposición hebrea pequeña añadida aparece en la mayoría de los títulos de los salmos. Puede expresar diferentes relaciones, p. ej. «de», «desde», «por», «a», «para», «en referencia a», «acerca de». Algunas veces ocurre más de una vez, aun en títulos cortos, normalmente supliendo información tal como «de» o «por» persona X, «a» o «para» persona Y. No obstante, esta pequeña preposición con mayor frecuencia indica quién es el autor de un salmo, sea «de» David, el talentoso salmista de Israel, o «por» Moisés, Salomón, Asaf o los hijos de Coré.

AUTOR Y FECHA

Desde la perspectiva divina, el Salterio apunta a Dios como su autor. Viendo a los autores desde el punto de vista humano uno puede identificar a un grupo de más de siete compositores. El rey David escribió por lo menos setenta y cinco de los ciento cincuenta salmos; los hijos de Coré son responsables de diez (Sal 42, 44—49, 84, 85, 87); y Asaf contribuyó con doce (Sal 50, 73—83). Otros autores incluyeron a Salomón (Sal 72, 127), Moisés (Sal 90), Hemán (Sal 88) y Etán (Sal 89). Los cuarenta y ocho salmos restantes permanecen siendo anónimos en lo que a su autor concierne, aunque se piensa que Esdras es autor de algunos. El rango de tiempo de los Salmos se extiende desde Moisés, alrededor del 1410 A.C. (Sal 90), hasta la última parte del siglo sexto o principios del siglo quinto A.C., el período postexílico (Sal 126), el cual cubre unos novecientos años de historia judía.

CONTEXTO HISTÓRICO

El escenario de los salmos es doble: (1) los hechos de Dios en la creación y la historia, y (2) la historia de Israel. Históricamente, los salmos varían en tiempo desde el origen de la vida a los gozos postexílicos de los judíos liberados de Babilonia. Temáticamente, los salmos cubren un amplio espectro de tópicos, que van de la adoración celestial a la guerra terrenal. Los salmos recolectados forman el libro más largo en la Biblia y el libro del AT que se cita con mayor frecuencia en el NT. El Salmo 117 representa el capítulo que marca la mitad (de 1.189) de la Biblia. El Salmo 119 es el capítulo más largo en toda la Biblia. A lo largo de las edades, los salmos han retenido su propósito original primario, el cual es producir la alabanza y adoración apropiadas a Dios.

Contexto histórico de los salmos escritos por David

Salmo	Contexto histórico	Texto del AT
Sal 3	cuando David huyó de Absalón su hijo	2 S 15.13–17
Sal 7	con respecto a las palabras de Cus un benjamita	2 S 16.5; 19.16
Sal 18	el día en el que el Señor libró a David de sus enemigos / Saúl	2 S 22.1–51
Sal 30	en la dedicación de la casa de David	2 S 5.11, 12; 6.17
Sal 34	cuando David aparentó estar loco frente Abimelec	1 S 21.10–15
Sal 51	cuando Natán confrontó a David por su pecado con Betsabé	2 S 12.1–14
Sal 52	cuando Doeg edomita advirtió a Saúl acerca de David	1 S 22.9, 10
Sal 54	cuando los zifitas advirtieron a Saúl acerca de David	1 S 23.19
Sal 56	cuando los filisteos capturaron a David en Gat	1 S 21.10, 11
Sal 57	cuando David huyó de Saúl a la cueva	1 S 22.1; 24.3
Sal 59	cuando Saúl envió hombres para vigilar la casa para matar a David	1 S 19.11
Sal 60	cuando David peleó contra Mesopotamia y Siria	2 S 8.3, 13
Sal 63	cuando David estaba en el desierto de Judea	1 S 23.14; o 2 S 15.23–28
Sal 142	cuando David estaba en una cueva	1 S 22.1; 24.3

PERSONAS DESTACADAS EN SALMOS

David: rey de Israel; conocido como hombre conforme al corazón de Dios, dicho por Dios mismo (Sal 2—41; 51—70; 72.20; 78.70, 71; 86; 89; 96; 101; 103; 105; 108—110; 122; 124; 131—133; 138—145).

TEMAS HISTÓRICOS Y TEOLÓGICOS

El tema básico de los Salmos es vivir la vida real en el mundo real, donde dos dimensiones operan simultáneamente: (1) una realidad horizontal o temporal, y (2) una realidad vertical o trascendental. Sin negar el dolor de la dimensión terrenal, el pueblo de Dios debe vivir con gozo y dependiente de la persona divina y las promesas que permanecen firmes detrás de la dimensión celestial / eterna. Todos los ciclos de problemas y triunfos humanos proveen ocasiones para expresar quejas humanas, confianza, oraciones o alabanza al Señor soberano de Israel.

CRISTO EN... SALMOS

MUCHOS DE LOS SALMOS anticipan directamente la venida del Mesías y Rey, descendiente de la línea de David (2; 18; 20; 21; 24; 47; 110; 132). Como Cristo descendía directamente de la línea real de David, los salmos mesiánicos a menudo se refieren a él como hijo de David, o usan a David como un tipo de Cristo. Algunas profecías mesiánicas específicas y sus cumplimientos incluyen: 2.7 (y Mt 3.17; 16.10; Mr 16.6, 7); 22.16 (y Juan 20.25, 27; 40.7, 8; He 10.7); 68.18 (y Mr 16.19; 69.21; Mt 27.32); 118.22 (y Mt 21.42).

A la luz de esto, el libro de los Salmos presenta una amplia gama de teología, prácticamente envuelta en una realidad diaria. La pecaminosidad del hombre es documentada concretamente, no solo a través de los patrones de conducta del impío, sino también por los tropiezos periódicos de los creyentes. La soberanía de Dios es reconocida por todos lados, pero no a expensas de la responsabilidad humana genuina. Frecuentemente la vida parece estar fuera de control y, sin embargo, todos los acontecimientos y situaciones son entendidos a la luz de la providencia divina como estando en el camino correcto de acuerdo al tiempo de Dios. Vistazos alentadores de un «día de Dios» futuro motivan el llamado a la perseverancia hasta el fin. Este libro de alabanza manifiesta una teología muy práctica.

Tipos de salmos

Tipo	Salmos	Acto de adoración
Lamento personal y en grupo	3—7; 12; 13; 22; 25—28; 35; 38—40; 42—44; 51; 54—57; 59—61; 63; 64; 69—71; 74; 79; 80; 83; 85; 86; 88; 90; 102; 109; 120; 123; 130; 140—143	Expresa necesidad de la liberación de Dios
Acción de gracias	8; 18; 19; 29; 30; 32—34; 36; 40; 41; 66; 103—106; 111; 113; 116; 117; 124; 129; 135; 136; 138; 139; 146—148; 150	Recuerda las bendiciones de Dios; expresa gratitud
Coronación	47; 93; 96—99	Describe el dominio soberano de Dios
Peregrinaje	43; 46; 48; 76; 84; 87; 120—134	Establece un estado de adoración
Real	2; 18; 20; 21; 45; 72; 89; 101; 110; 132; 144	Retrata a Cristo el gobernante soberano
Sabiduría	1; 37; 119	Instruye en la voluntad de Dios
Imprecatorio	7; 35; 40; 55; 58; 59; 69; 79; 109; 137; 139; 144	Invoca la ira y el juicio de Dios en contra de sus enemigos

Un fenómeno comúnmente malentendido en Salmos es la asociación que con frecuencia se desarrolla entre el «uno» (el salmista) y los «muchos» (el pueblo teocrático). Casi todos estos casos ocurren en los salmos del rey David. Hubo una relación inseparable entre el gobernante mediador y su pueblo; como iba la vida para el rey, así iba para el pueblo. Además, algunas veces esta unión explica la relación aparente entre el salmista y Cristo en los salmos mesiánicos (o en porciones mesiánicas de ciertos salmos). Los llamados salmos imprecatorios (que pronuncian maldición) pueden ser mejor entendidos con esta perspectiva. Como el representante mediador de Dios en la tierra, David oró por juicio sobre sus enemigos, debido a que estos enemigos no solo lo estaban lastimando a él, sino que primordialmente estaban lastimando al pueblo de Dios. En términos definitivos, desafiaron al Rey de reyes, el Dios de Israel.

Principales doctrinas en Salmos

El ser humano pecador (1.4; 5.4; 32.1–4; 36.1; 51.2; 66.18; 78.17; 106.43; Gn 6.5; Lv 15.14; Dt 31.18; Job 4.17–19; Sal 130.3; Jer 17.9; Jn 1.10, 11; Ro 5.15–17; 1 Jn 1.8).

La ley de Dios (1.1, 2; 78.1; 119.97; Éx 20.1–21; Dt 5.6–21; Jer 11.4; Ro 7.7–14; Stg 1.25; 1 Jn 3.4).

EL CARÁCTER DE DIOS EN SALMOS

Dios es accesible: 15.1; 16.11; 23.6; 24.3, 4; 65.4; 145.18

Dios libera: 106.43–45

Dios es eterno: 90.2; 102.25–27; 106.48

Dios es glorioso: 8.1; 19.1; 57.5; 63.2; 79.9; 90.16; 93.1; 96.3; 102.16; 104.1, 31; 111.3; 113.4; 138.5; 145.5, 11, 12

Dios es bueno: 23.6; 25.8; 31.19; 33.5; 34.8; 52.1; 65.4; 68.10; 86.5; 104.24; 107.8; 119.68; 145.9

Dios es gracia: 116.5

Dios es grande: 86.10

Dios es santo: 22.3; 30.4; 47.8; 48.1; 60.6; 89.35; 93.5; 99.3, 5, 9; 145.17

Dios no cambia: 102.26–27

Dios es justo: 9.4; 51.4; 89.14; 98.9; 99.3, 4

Dios es bondadoso: 17.7; 24.12; 25.6; 26.3; 31.21; 36.7, 10; 40.10, 11; 42.7, 8; 48.9; 63.3; 89.33, 49; 92.2; 103.4; 107.43. 117.2; 119.76, 88, 149; 138.2; 143.8

Dios es paciente: 78.38; 86.15

Dios es misericordioso: 6.2, 4; 25.6; 31.7; 32.5; 36.5; 51.1; 52.8; 62.12; 86.5, 15; 89.28; 103.4, 8, 11, 17; 106.1; 107.1; 115.1; 118.1–4; 119.64; 130.7; 145.9; 147.11

Dios es Altísimo: 83.18

Dios es omnipresente: 139.7

Dios es omnisciente: 139.1–6

Dios es poderoso: 8.3; 21.13; 29.5; 37.17; 62.11; 63.1, 2; 65.6; 66.7; 68.33, 35; 79.11; 89.8, 13; 106.8; 136.12

Dios cumple sus promesas: 89.3, 4, 35, 36; 105.42

Dios provee: 16.8; 31.15; 33.10; 36.6; 37.28; 39.5; 73.16; 75.6, 7; 77.19; 91.3, 4, 11; 104.5–9, 27, 28; 119.15; 121.4; 127.1, 2; 136.25; 139.1–5, 10; 140.7; 145.9, 17; 147.9

Dios es justo: 5.8; 7.9, 17; 11.7; 19.9; 22.31; 31.1; 35.24, 28; 36.6, 10; 40.10; 48.10; 50.6; 51.14; 69.27; 71.2, 15, 16, 19, 24; 73.12–17; 85.10; 96.13; 97.2, 6; 98.2, 9; 103.17; 111.3; 116.5; 119.7, 40, 62, 123, 137, 138, 142, 144, 172; 143.1, 11; 145.7, 17

Dios es soberano: 2.4, 5; 3.3; 72.5

Dios es verdadero: 9.14; 11.7; 19.9; 25.10; 31.5; 33.4; 57.3, 10; 72.22; 85.10; 86.15; 89.14, 49; 96.13; 98.3; 100.5; 119.160; 139.2; 146.6

Dios es Uno: 83.18; 86.10

Dios es inescrutable: 145.3

Dios es recto: 25.8; 92.15

Dios es sabio: 1.6; 44.21; 73.11; 103.14; 104.24; 136.5; 139.2–4, 12; 142.3; 147.5

Dios se aíra: 2.2–5, 12; 6.1; 7.11, 12; 21.8, 9; 30.5; 38.1; 39.10; 58.10, 11; 74.1, 2; 76.6, 8; 78.21, 22, 49–51, 58, 59; 79.5; 80.4; 89.30–32; 90.7–9, 11; 99.8; 102.9, 10.

RETOS DE INTERPRETACIÓN

Es útil reconocer ciertos géneros o tipos literarios que continuamente ocurren en el Salterio. Algunos de los más obvios son: (1) el tipo de sabiduría con instrucciones para vivir correctamente; (2) patrones de lamentación que tienen que ver con los dolores de la vida (normalmente surgiendo de los enemigos de afuera); (3) salmos penitenciales (en su mayoría lidiando con el «enemigo» adentro, esto es, el pecado); (4) énfasis de reyes (el rey como un modelo espiritual o

Profecías mesiánicas en los salmos

Profecía	Salmo	Cumplimiento
1. Dios anunciará que Cristo es su Hijo	2.7	Mt 3.17; Hch 13.33; He 1.5
2. Todas las cosas serán colocadas bajo los pies de Cristo	8.6	1 Co 15.27; He 2.8
3. Cristo será resucitado de la tumba	16.10	Mr 16.6, 7; Hch 13.35
4. Dios desamparará a Cristo en su momento de agonía	22.1	Mt 27.46; Mr 15.34
5. Cristo será objeto de escarnio y ridículo	22.7, 8	Mt 27.39–43; Lc 23.35
6. Las manos y pies de Cristo serán perforados	22.16	Jn 20.25, 27; Hch 2.23
7. Apostarán por la ropa de Cristo	22.18	Mt 27.35, 36
8. Ni uno de los huesos de Cristo será quebrado	34.20	Jn 19.32, 33, 36
9. Cristo será aborrecido injustamente	35.19	Jn 15.25
10. Cristo vendrá para hacer la voluntad de Dios	40.7, 8	He 10.7
11. Cristo será traicionado por un amigo	41.9	Jn 13.18
12. El trono de Cristo será eterno	45.6	He 1.8
13. Cristo ascenderá al cielo	68.18	Ef 4.8
14. El celo por el templo de Dios consumirá a Cristo	69.9	Jn 2.17
15. A Cristo se le ofrecerá vinagre y hiel	69.21	Mt 27.34; Jn 19.28–30
16. El que traicione a Cristo será reemplazado	109.8	Hch 1.20
17. Los enemigos de Cristo se postrarán ante Él	110.1	Hch 2.34, 35
18. Cristo será un sacerdote como Melquisedec	110.4	He 5.6; 6.20; 7.17
19. Cristo será la principal piedra del ángulo	118.22	Mt 21.42; Hch 4.11
20. Cristo vendrá en el nombre del Señor	118.26	Mt 21.9

mediador); y (5) salmos de gratitud. Una combinación de estilo y tema ayuda a identificar tales tipos cuando aparecen.

La característica literaria más sobresaliente de los salmos es que todos ellos son poesía por excelencia. A diferencia de la mayoría de la poesía en castellano, la cual está basada en ritmo y métrica, la poesía hebrea se caracteriza esencialmente por paralelismos lógicos. Algunos de los tipos más importantes de paralelismos son: (1) sinónimos (el pensamiento de la primera línea vuelve a ser afirmado con conceptos similares en la segunda línea, p. ej. Sal 2.1); (2) antitético (el pensamiento de la segunda línea es contrastado con la primera, p. ej. Sal 1.6); (3) climático (la segunda y líneas subsecuentes retoman una palabra, frase o concepto crucial y la extienden en un formato escalonado, p. ej. Sal 29.1, 2); y (4) quiástico o introvertido (las unidades lógicas son desarrolladas en un patrón A… B… B'… A'…, p. ej. el Sal 1.2).

En una escala más grande, algunos salmos en su desarrollo del primer al último versículo emplean un arreglo acróstico o alfabético. Los salmos 9, 10, 25, 34, 37, 111, 112, 119 y el 145 son reconocidos como acrósticos completos o incompletos. En el texto hebreo, la primera letra de la primera palabra de cada versículo comienza con una consonante hebrea diferente, la cual avanza en orden alfabético hasta que las veintidós consonantes son cubiertas. Tal vehículo literario sin

Salmos

Selah: En hebreo *selah* —3.2; 24.10; 39.11; 47.4; 60.4 76.3; 88.10; 140.3— que deriva del verbo *salal* «elevar». Aparece en treinta y nueve salmos y en el «Salmo de Habacuc» (Hab 3). No hay quien conozca con precisión el significado de esta palabra, es decir, qué es lo que ha de elevarse. Algunos piensan que *selah* sirve para dar énfasis, en el sentido de «elevar» los pensamientos a Dios. Pero la mayoría de los académicos y estudiosos piensan que se trata simplemente de una anotación musical, como cuando se marca un interludio musical, una pausa o el cambio de clave.

Esperanza: En hebreo *yachal* —31.24; 42.11; 71.14; 119.49, 116; 130.5; 131.3— significa «esperar con expectativa». De las veces que aparece, casi la mitad ocurre en Salmos y con especial frecuencia en el Salmo 119. A veces se expresa la idea de la esperanza con confianza (Job 13.15; Is 51.5) y en otras la esperanza claramente es en vano (Ez 13.6). La Biblia dice que Noé esperó siete días antes de enviar la paloma (Gn 8.12) y afirma que los hombres esperaban oír el consejo de Job (Job 29.21). No obstante, el objeto principal de «la espera con expectativa» o «esperanza» es Dios, su Palabra, su juicio y su misericordia (33.18; 119.43; Mi 7.7). No es una esperanza puesta en el algo equivocado, porque aquel en quien depositamos nuestra esperanza es completamente fiel a sus promesas.

Salmo: En hebreo *mizmor* —los títulos de los capítulos 3; 9; 32; 54; 72; 84; 100; 101— deriva del verbo zamar, «hacer música». La palabra aparece solamente en el libro de Salmos; en cincuenta y siete de sus títulos. Puede referirse a un cántico de alabanza, o posiblemente a un cántico acompañado por determinado tipo de música instrumental. En treinta y cuatro de los títulos de los salmos *mizmor* aparece tras la frase «al director musical», tal vez como indicación de que los salmos eran cánticos que se acompañaban con música instrumental. Con frecuencia se identifica también al autor del salmo como los hijos de Coré (48; 84), Asaf (50; 82) y en especial David (23; 29; 51).

Ley: En hebreo *torah* —1.2, 19.7; 37.31; 89.30; 119.1, 55, 174— que por lo general se traduce como «ley». El sustantivo *torah* deriva del verbo *yarah* que significa «enseñar» y debe entenderse con la idea de «instrucción». Puede referirse a un conjunto de reglas como las instrucciones de los padres (Pr 1.8) o de un salmista (78.1). Pero por lo general se refiere a la ley de Dios. El autor del Salmo 119 expresó gran amor por la ley de Dios porque le llevaba a la sabiduría y la rectitud de la justicia (119.97–176). En el NT, Pablo también alaba y elogia la ley de Dios, porque le señala su pecado y le hace ver su desesperada necesidad de un Salvador (Ro 7.7).

Verdad: En hebreo *emet* —15.2; 25.10; 30.9; 43.3; 71.22; 108.4; 146.6— significa la verdad conforme a un parámetro, de la realidad creada o de los parámetros de Dios. La verdad suele relacionarse con la misericordia y en especial con la de Dios (57.3; 117.2; Gn 24.49). El término también se usa con frecuencia en el contexto del lenguaje legal. En el contexto secular, al referirse a testigos y juicios (Pr 14.25; Zac 8.16) y en el religioso, en referencia a la ley y los mandamientos de Dios (119.142, 151). La verdad es preciosa, y los profetas lamentaban su ausencia (Is 59.14; Jer 9.5; Os 4.1). Dios desea la verdad en el interior de su pueblo (15.2; 51.6); por ello conforma la base de un estilo de vida que le agrada.

duda alguna ayudaba en la memorización del contenido y servía para indicar que su tema en particular había sido cubierto de la «A a la Z». El Salmo 119 sobresale como el ejemplo más completo de esta herramienta, debido a que la primera letra de cada uno de sus veintidós párrafos de ocho versículos cubre completamente el alfabeto hebreo.

BOSQUEJO

Los ciento cincuenta salmos canónicos fueron organizados hace mucho tiempo atrás en cinco «libros». Cada uno de estos libros termina con una doxología (Sal 41.13; 72.18–20; 89.52; 106.48; 150.6). La tradición judía apeló al número cinco y decía que estas divisiones hacían eco al Pentateuco, esto es, los cinco libros de Moisés. Es verdad que hay grupos de salmos, tales como (1) aquellos unidos por una asociación con un individuo o grupo (p. ej. «Los hijos de Coré», Sal 42—49; Asaf, Sal 73—83); (2) aquellos dedicados a una función en particular (p. ej. «Cántico gradual», Sal 120—134), o (3) aquellos dedicados explícitamente a la alabanza en la adoración (Sal 146—150). Pero ninguna clave de configuración descubre el «misterio» del tema de organización de este arreglo de cinco libros. Por lo tanto, no hay estructura temática que se pueda identificar en la colección entera de salmos.

Mientras tanto, en otras partes del mundo...

Los chinos terminan de compilar su primer diccionario, que contiene 40.000 caracteres. El alfabeto griego evoluciona más allá de las antiguas formas semitas.

RESPUESTAS A PREGUNTAS DIFÍCILES

1. ¿Por qué hay tantas expresiones incómodas en Salmos, a veces en la mitad de los capítulos favoritos, como por ejemplo en los Salmos 23 y 139?

Dado que los salmos reflejan la vida real de manera genuina, es de esperar que sean incómodos en los mismos lugares en los que es incómoda la vida. Según el Salmo 23, el más conocido, la vida no tiene que ver solo con verdes pasturas y aguas tranquilas; incluye también la muerte y los enemigos. Los salmistas estaban convencidos de que conocían al único Dios verdadero. Cuando alguien los maltrataba, o maltrataba a su pueblo, a veces clamaban pidiendo que Dios aplicara un juicio muy específico sobre sus enemigos. Hay algo asombroso en los salmos, y es que incluyen sin miramiento alguno este tipo de clamor a Dios que, si somos sinceros, suelen ser eco de algunas de nuestras quejas más profundas y ocultas con respecto a Dios.

En el caso de David, su papel como rey y representante del pueblo de Dios parece palidecer ante su propia conciencia de sí como persona. Suele a veces complicarse el hecho de poder determinar si habla por sí mismo o por su pueblo como conjunto. Ello explicaría parte de la amargura que hay en los salmos que contienen maldiciones e invocan la justa ira de Dios, así como también el juicio contra sus enemigos.

2. ¿Qué tipos de salmos hay?

Los salmos cubren todo el espectro de la experiencia humana. Algunos hablan en términos generales en tanto otros son muy específicos respecto a los hechos cambiantes de la vida. Hay un salmo para casi todas las clases de días.

Los salmos pueden clasificarse, a grandes rasgos, en cinco tipos o grupos generales:

- Salmos sapienciales: instrucciones para una vida sabia (1; 37; 119).
- Salmos de lamentación: meditaciones sobre los dolores de la vida (3; 17; 120).
- Salmos de penitencia: meditaciones sobre la pena del pecado (51).
- Salmos de la realeza: meditaciones sobre el soberano gobierno de Dios (2; 21; 144).
- Salmos de acción de gracias: alabanza y adoración a Dios (19; 32; 111).

OTROS TEMAS DE ESTUDIO EN SALMOS

1. ¿Cuáles son los salmos que más conoce usted y qué impacto tienen en su vida?
2. ¿Qué aspectos de la relación saludable con Dios puede encontrar en el Salmo 23?
3. ¿Cómo podría usar el Salmo 51 para explicar lo que es el arrepentimiento sincero?
4. Lea el primer salmo y el último (1 y 150) y considere por qué se eligió ese lugar para cada uno.
5. ¿Cuál es el tema central del Salmo 119 y qué efecto tiene la longitud de este salmo en su impacto?
6. ¿Qué salmo o qué porción de un salmo le parece más útil en la oración?

PROVERBIOS
El camino de los sabios

TÍTULO

El título en la Biblia hebrea es «los Proverbios de Salomón» (1.1), como también en la Septuaginta griega (LXX). Proverbios reune los quinientos trece proverbios más importantes de los más de 3.000 ponderados por Salomón (1 R 4.32; Ec 12.9), junto con algunos proverbios de otros en quienes influyó Salomón con mucha probabilidad. La palabra «proverbio» quiere decir «ser como», de esta manera Proverbios es un libro de comparaciones entre imágenes comunes, concretas y las verdades más profundas de la vida. Proverbios son afirmaciones (o ilustraciones) sencillas y morales que enfatizan y enseñan realidades fundamentales acerca de la vida. Salomón buscó la sabiduría de Dios (2 Cr 1.8–12) y ofreció «dichos eficaces» diseñados para hacer que los hombres contemplen (1) el temor de Dios y (2) vivan por su sabiduría (1.7; 9.10). La suma de esta sabiduría es personificada en el Señor Jesucristo (1 Co 1.30).

AUTOR Y FECHA

La frase «Proverbios de Salomón» es más un título que una afirmación absoluta de quién es el autor (1.1). Mientras que el rey Salomón, que gobernó Israel del 971 al 931 A.C. y a quien Dios le otorgó gran sabiduría (vea 1 R 4.29–34), es el autor de la sección didáctica (caps. 1—9) y los proverbios del 10.1—22.16, resulta muy probable que él sea el único compilador de las «palabras de los sabios» en el 22.17—24.34, las cuales son de una fecha incierta antes del reinado de Salomón. La colección en los capítulos 25—29 fue originalmente compuesta por Salomón (25.1), pero copiada e incluida más tarde por el rey Ezequías de Judá (alrededor del 715–686 A.C.). El capítulo 30 refleja las palabras de Agur y el capítulo 31 las palabras de Lemuel, quien quizá fue Salomón. Proverbios no fue confeccionado en su forma final sino hasta los días de Ezequías o después. Salomón escribió sus proverbios antes de que su corazón se apartara de Dios (1 R 11.1–11), debido a que el libro revela una perspectiva piadosa y está dirigido a los «simples» y «jóvenes», que necesitan aprender el temor de Dios. Salomón también escribió los salmos 72 y 127, Eclesiastés y Cantar de los cantares. Vea «Autor y fecha» de Eclesiastés y Cantar de los cantares.

CONTEXTO HISTÓRICO

El libro refleja un contexto triple como: (1) literatura de sabiduría general; (2) principios de la vida dentro de la corte real; e (3) instrucción ofrecida en la relación tierna de un padre y madre con sus hijos, todo esto diseñado para producir meditación en Dios. Debido a que Proverbios es literatura de sabiduría, por naturaleza algunas veces es difícil de entender (1.6). La literatura de sabiduría es parte del todo de la verdad del AT; el sacerdote dio la *ley*, el profeta dio una *palabra* del Señor, y el sabio dio su *consejo* sabio (Jer 18.18; Ez 7.26). En Proverbios, Salomón el sabio da principios para los asuntos «difíciles» de la vida (1.6), los cuales no están directamente cubiertos por la ley o los profetas. Aunque es práctico, Proverbios no es superficial o externo, porque contiene elementos éticos que recalcan la vida de rectitud que fluye a partir de una relación correcta con Dios.

Maestros notables en las Escrituras

Moisés	Reconocido como líder de Israel, que le enseñó al pueblo la ley de Dios (Dt 4.5).
Bezalel y Aholiab	Dos artesanos maestros muy talentosos, convocados para que enseñaran a otros, con el fin de construir el tabernáculo (Éx 35.30–35).
Samuel	Último de los jueces de Israel antes de la monarquía. Le enseñó al pueblo «el camino bueno y recto» (1 S 12.23).
David	Preparó a su hijo Salomón para que construyera el templo y lo dotara de personal (1 Cr 28.9–21).
Salomón	Conocido por su excepcional sabiduría, que utilizó para enseñar sobre diversos temas como la literatura, la botánica y la zoología (1 R 4.29–34).
Esdras	Escriba y sacerdote comprometido no solo con cumplir la ley en lo personal, sino con enseñarla a los demás (Esd 7.10).
Jesús	Llamado Rabí («maestro», Juan 1.38; comparar Mt 9.11; 26.18; Jn 13.13), cuya enseñanza reveló la buena nueva de la salvación (Ef 4.20–21).
Bernabé	Uno de los maestros, entre los creyentes de Antioquía (Hch 13.1), con impacto duradero en Saulo tras su conversión a la fe (9.26–30).
Gamaliel	Reconocido rabí judío, maestro de Saulo en su juventud (Hch 22.3).
Pablo	Tal vez, el maestro más talentoso de la iglesia primitiva, que enseñó en todo el mundo romano y más notablemente en Antioquía (Hch 13.1) y la escuela de Tirano en Éfeso (19.9).
Priscila y Aquila	Dos creyentes que le enseñaban el camino de Dios a un joven orador llamado Apolos (Hch 18.26).
Apolos	Poderoso maestro de Alejandría, Egipto, cuya enseñanza preparó el camino para el evangelio en Éfeso (Hch 18.24–26).
Timoteo	Pastor y maestro de la iglesia de Éfeso (1 Ti 1.3; 2 Ti 4.2).
Tito	Pastor y maestro de una iglesia en la isla de Creta (Tit 2.1–15).

En el 4.1–4, Salomón relacionó tres generaciones al encomendar a su hijo Roboam lo que él aprendió a los pies de David y Betsabé. Proverbios es tanto un patrón para impartir tiernamente la verdad de generación a generación, como un vasto recurso para el contenido de la verdad a ser impartida. Proverbios contiene los principios y aplicaciones de las Escrituras que los personajes piadosos de la Biblia ilustraron en la vida de cada uno de ellos.

Personas destacadas en Proverbios

Salomón: rey de Israel a quien Dios otorgó gran sabiduría (1 R 4.29–34).

Agur: hijo de Jaqué, un sabio desconocido (Pr 30.1).

Lemuel: rey; las enseñanzas de su madre están incluidas (Pr 31); la antigua tradición judía lo identifica como Salomón, pero no se sabe más de él.

Temas históricos y teológicos

Salomón llegó al trono con gran promesa, privilegio, y oportunidad. Dios le había concedido su petición de entendimiento (1 R 3.9–12; 1 Cr 1.10, 11), y su sabiduría sobrepasaba a todos los demás (1 R 4.29–31). No obstante, la impactante realidad es que fracasó al no vivir la verdad que él conocía y aun enseñó a su hijo Roboam (1 R 11.1, 4, 6, 7–11), quien subsecuentemente rechazó la enseñanza de su padre (1 R 12.6–11).

Proverbios contiene una mina de oro de teología bíblica, reflejando temas de las Escrituras traídos al nivel de la justicia práctica (1.3), al dirigirse a las alternativas éticas del hombre, llamando a cuestionar cómo piensa, vive y administra su vida diaria a la luz de la verdad divina. Más aún, Proverbios llama al hombre a vivir como el Creador quiso que viviera cuando hizo al hombre (Sal 90.1, 2, 12).

La promesa continua de Proverbios es que generalmente los sabios (los justos que obedecen a Dios) viven más

CRISTO EN... PROVERBIOS

EL AUTOR DE PROVERBIOS quiso que los creyentes no solo escucharan la verdad, sino que también aplicaran esa sabiduría a sus vidas. Proverbios llama a hacer que la sabiduría se encarne (cap. 8) y, de hecho, así fue cuando «todos los tesoros de la sabiduría y del conocimiento» se hicieron carne en Cristo (Col 2.3). Si bien los lectores de Proverbios tenían la guía de la sabiduría en la palabra escrita, los creyentes del NT llegaron a conocer la Palabra de Dios en forma humana. Por eso Cristo no solo encarna los Proverbios, sino que, en realidad, Dios le ha hecho nuestra sabiduría (1 Co 1.30).

(9.11), prosperan (2.20–22), experimentan gozo (3.13–18) y la bondad de Dios temporalmente (12.21), mientras que los necios sufren vergüenza (3.35) y muerte (10.21). Por otro lado, debe recordarse que este principio general es equilibrado por la realidad de que los impíos algunas veces prosperan (Sal 73.3, 12), aunque solo temporalmente (Sal 73.17–19). Job ilustra que hay ocasiones en las que los piadosos sabios enfrentan el desastre y el sufrimiento.

Hay un número de temas importantes tratados en Proverbios, los cuales son ofrecidos sin tener un orden determinado y hablan de diferentes asuntos, por esta razón es útil estudiar los proverbios temáticamente como se ilustra.

I. La relación del hombre con Dios

A.	Su confianza	Pr 22.19
B.	Su humildad	Pr 3.34
C.	Su temor de Dios	Pr 1.7
D.	Su justicia	Pr 10.25
E.	Su pecado	Pr 28.13
F.	Su obediencia	Pr 6.23
G.	Enfrentando recompensas	Pr 12.28
H.	Enfrentando pruebas	Pr 17.3
I.	Enfrentando bendición	Pr 10.22
J.	Enfrentando muerte	Pr 15.11

II. La relación del hombre consigo mismo

A.	Su identidad	Pr 20.11
B.	Su sabiduría	Pr 1.5
C.	Su insensatez	Pr 26.10, 11
D.	Su conversación	Pr 18.21
E.	Su dominio propio	Pr 6.9–11
F.	Su bondad	Pr 3.3
G.	Su riqueza	Pr 11.4
H.	Su orgullo	Pr 27.1

I. Su enojo   Pr 29.11

J. Su pereza   Pr 13.4

III. La relación del hombre con otros

A. Su amor   Pr 8.17

B. Sus amigos   Pr 17.17

C. Sus enemigos   Pr 19.27

D. Su veracidad   Pr 23.23

E. Su chisme   Pr 20.19

F. Como un padre   Pr 20.7; 31.2–9

G. Como una madre   Pr 31.10–31

H. Como hijos   Pr 3.1–3

I. Al educar hijos   Pr 4.1–4

J. Al disciplinar hijos   Pr 22.6

Los dos temas principales que se encuentran entrelazados y empalmando el uno con el otro a lo largo de Proverbios son la sabiduría y la necedad (o insensatez). La sabiduría, la cual incluye conocimiento, entendimiento, instrucción, discreción y obediencia, está edificada sobre el temor del Señor y la Palabra de Dios. La necedad es todo lo opuesto a la sabiduría.

Principales doctrinas en Proverbios

Justicia y rectitud prácticas (1.3; Jn 14.21)

Beneficios de la sabiduría (2.20–22; 3.13–18; 9.11; 12.21; Job 28.17; Sal 37.3; 91.10; 1 P 3.13).

Relación del hombre con Dios (1.7; 3.34; 6.23; 10.22; 12.28; 15.11; 22.19; Gn 4.35; 26.12; Dt 8.18; Job 28.28; Sal 19.8; 111.10; Ec 12.13; Hch 1.24; Stg 4.6; 1 P 5.5; 2 P 1.19).

Relación del hombre consigo mismo (1.5; 3.3; 6.9–11; 11.4; 13.4; 20.11; 29.11; Éx 13.9; Dt 6.8; Jer 17.1; Ez 7.19; Sof 1.18; Mt 7.16; 2 Co 3.3).

Relación del hombre con los demás (3.1–3; 4.1–4; 8.17; 17.17; 19.27; 20.19; 23.23; Dt 8.1; Rut 1.16; 1 S 2.30; Sal 34.11, Ro 16.18).

El carácter de Dios en Proverbios

Dios es misericordioso: 28.13

Dios es omnisciente: 5.21

Dios provee: 3.6; 16.3, 9, 33; 19.21; 20.24; 21.30–31

Dios es sabio: 3.19; 15.11

Retos de interpretación

El primer reto es la naturaleza de la literatura de sabiduría en sí misma, la cual es, por lo general, difícil de entender. Al igual que las parábolas, las verdades que se buscan enseñar frecuentemente están veladas para la comprensión si se ven solo de manera superficial, y por esta razón deben ser ponderadas en el corazón (1.6; 2.1–4; 4.4–9).

Otro reto es el uso extensivo de paralelismo, lo cual es la colocación de verdades lado a lado de tal manera que la segunda línea expande, completa, define, enfatiza o llega a la conclusión lógica, el fin definitivo, o en algunos casos el punto de vista contrastante. Frecuentemente el paralelo real está solo implícito. Por ejemplo, el 12.13 contiene un paralelo no afirmado, pero claramente implicado, en que el justo atraviesa por problemas debido a sus palabras virtuosas (cp. 28.7). Al interpretar los Proverbios, uno debe: (1) determinar el paralelismo y frecuentemente completar lo que es asumido y no afirmado por el autor; (2) identificar el lenguaje figurado y expresar con otras palabras el pensamiento sin ese lenguaje figurado; (3) resumir la lección o principio del proverbio en unas cuantas palabras; (4) describir la conducta que es enseñada; y (5) encontrar ejemplos en las Escrituras.

Hay retos que también se encuentran en los diferentes contextos de Proverbios, los cuales afectan la interpretación y el entendimiento. En primer lugar, está el contexto en el que fueron hablados; en gran parte este es el contexto de los jóvenes en la corte real del rey. En segundo lugar, está el contexto del libro como un todo y como sus enseñanzas deben ser entendidas a la luz del resto de las Escrituras. Por ejemplo, hay mucho que se puede ganar al comparar la sabiduría que Salomón enseñó con la sabiduría que Cristo personificó. En tercer lugar, está el contexto histórico en el cual los principios y verdades usan ilustraciones de su propia época.

Un área final de reto entra al entender que Proverbios son guías divinas y observaciones sabias, esto es, enseñan principios subyacentes (24.3, 4) que no siempre son leyes inflexibles o promesas absolutas. Estas expresiones de verdad general (cp. 10.27; 22.4) generalmente tienen «excepciones», debido a la incertidumbre de la vida y la conducta impredecible de hombres

caídos. Dios no garantiza resultados uniformes o una aplicación para cada proverbio, pero al estudiarlos y aplicarlos, uno llega a contemplar la mente de Dios, su persona, sus atributos, sus obras y sus bendiciones. Todos los tesoros de la sabiduría y del conocimiento expresados en Proverbios están escondidos en Cristo (Col 2.3).

PALABRAS CLAVE EN

Proverbios

Sabiduría: En hebreo, *chokmah* —1.2; 4.5; 9.10; 14.6; 16.16; 18.4; 23.23; 31.26—, que también puede significar «destreza» pero cuyo uso más común se refiere a la aplicación diaria de la sabiduría práctica. Proverbios enseña que la verdadera sabiduría va más allá que el mero conocimiento de la verdad, a la vida de integridad moral (8.7–9). En tanto que la vida de pecado en última instancia lleva a la autodestrucción, en la sabiduría de Dios se halla la vida en abundancia (2.6; Job 11.6).

Necio: En hebreo, *ivvelet* —14.1; 12.23; 14.24; 15.2, 14; 19.3; 22.15; 24.9; 27.22—, que significa ausencia de sabiduría. Con excepción de dos veces en que parece en los Salmos, el término solo se encuentra en Proverbios donde la necedad del necio se contrasta a menudo con la sabiduría del sabio y prudente (13.16; 14.8, 18, 24). La necedad es lo que caracteriza el discurso de los necios y las reacciones de la persona impulsiva (12.23; 14.17, 29; 15.2, 14; 18.13). La necedad afecta el estilo de vida de la persona haciendo que su corazón se inquiete en oposición a Dios (15.21; 19.3). De hecho, se identifica a menudo a la necedad con la iniquidad y el pecado (5.22, 23; 24.9; Sal 38.4, 5). Aunque Proverbios no da grandes esperanzas de que el necio adulto pueda apartarse de su necedad, se identifica a la vara de la corrección como remedio en la niñez (22.15; 26.11; 27.22).

Mientras tanto, en otras partes del mundo…

Se establece la ciudad de Pekín, luego llamada Beijing, que hoy es la capital de China.

BOSQUEJO

I. **Prólogo (1.1–7)**
   A. Título (1.1)
   B. Propósito (1.2–6)
   C. Tema (1.7)

II. **Alabanza y sabiduría para los jóvenes (1.8—9.18)**

III. **Proverbios para todos (10.1—29.27)**
   A. De Salomón (10.1—22.16)
   B. De hombres sabios (22.17—24.34)
   C. De Salomón recolectados por Ezequías (25.1—29.27)

IV. **Notas personales (30.1—31.31)**
   A. De Agur (30.1–33)
   B. De Lemuel (31.1–31)

RESPUESTAS A PREGUNTAS DIFÍCILES

1. Algunos proverbios parecen poco claros o incluso contradictorios. ¿Cómo estudiarlos y aplicarlos, si no los entendemos?

En muchos casos esos proverbios que al principio parecen poco claros o contradictorios resultan más bien ser profundos, aunque elusivos. Este libro, en ocasiones, establece verdades obvias. El significado es muy claro: «El hijo necio es pesadumbre de su padre, y amargura a la que lo dio a luz» (17.25). Pero hay muchos proverbios que inducen a la meditación: «La suerte se echa en el regazo; mas de Jehová es la decisión de ella» (16.33), o «Hay camino que parece derecho al hombre, pero su fin es camino de muerte» (16.25). El hecho de que necesitemos buscar en el resto de las Escrituras, o que tengamos que pensar, debiera hacer que apreciemos más el libro de los Proverbios. Si Dios ha elegido esta forma inusual de ayudarnos a crecer, ¿por qué dudaríamos en prestarles toda nuestra atención a Proverbios?

Dado el contexto que rodea al libro, que es el resto de la Palabra de Dios, el hecho de que el estudiante no pueda entender un proverbio no debiera hacer que se piense que el mismo tiene algún error. Mejor será concluir que el estudiante todavía no sabe lo suficiente o que no ha prestado la debida atención. El sabio pondrá al proverbio que no entiende en espera para entenderlo mejor en otro momento, en vez de rechazarlo por considerar que no sirve. Las lecciones de Dios en el futuro de la vida de esa persona bien podrían echar luz sobre partes de la Biblia que le resultaban difíciles de interpretar.

2. ¿Cuáles son algunos de los principios generales y comprobados que pueden ayudarnos a interpretar Proverbios como corresponde?

Una de las características más comunes de Proverbios es que usa el paralelismo, que consiste en ubicar las verdades lado a lado de modo que la segunda declaración amplía, completa, define y destaca a la primera. A veces se llega a una conclusión lógica y en otras ocasiones se muestra un contraste, también lógico.

Los siguientes pasos pueden ayudar a quien estudia Proverbios a sentir mayor confianza para interpretarlos:

Determinar qué hechos, principios o circunstancias forman ideas en el paralelo de ese proverbio: qué conceptos o personas centrales se comparan o contrastan.

Identificar el lenguaje figurado y volver a formular la misma idea sin esas figuras, como por ejemplo, reformular la idea de «pon cuchillo a tu garganta» (23.1–3, LBLA).

Resumir la lección o principio del proverbio en pocas palabras.

Describir la conducta que se enseña o alienta.

Pensar en otros ejemplos de las Escrituras que puedan ilustrar la verdad de ese proverbio.

3. Hay muchos proverbios que parecen imponer absolutos en situaciones de la vida que no evidencian claridad. ¿Cómo se aplican los proverbios a decisiones y experiencias específicas de la vida?

Los Proverbios son guías o lineamientos divinos y sabias observaciones que enseñan principios para la vida (24.3, 4). No son leyes inflexibles ni promesas absolutas. Es porque se aplican a situaciones de la vida que pocas veces son idénticos, o que no tienen otras complicaciones. Las consecuencias de la conducta del necio, tal como las describe Proverbios, se aplican al que es completamente necio. La mayoría de las personas somos necias solo en ocasiones y por ello sufrimos ocasionalmente los efectos de la conducta insulsa. Se ve entonces que los proverbios suelen incluir excepciones debido a la incertidumbre de la vida y la impredecible conducta de los humanos pecadores.

El desafío maravilloso y el principio que expresa 3.5, 6 pone gran énfasis en confiar en el Señor «de todo tu corazón» y reconocerle «en todos tus caminos». Incluso poner esto en práctica, en forma parcial, constituye un gran desafío. Debido a la gracia de Dios no tenemos que cumplir estas condiciones a la perfección para poder vivir la verdad de que «él allanará tus sendas».

Dios no nos garantiza ni el resultado uniforme ni la aplicación de cada uno de los proverbios. Si los estudiamos y los aplicamos como creyentes podemos contemplar la mente, el carácter, los atributos, las obras y bendiciones de Dios. En Jesucristo están escondidos todos los tesoros de la sabiduría y el conocimiento que en parte expresan los Proverbios (Col 2.3).

OTROS TEMAS DE ESTUDIO EN PROVERBIOS

1. Utilizando el lenguaje de Proverbios, ¿cómo definiría usted la sabiduría?
2. ¿Qué lineamientos ofrece Proverbios en cuanto a las relaciones interpersonales?
3. ¿Qué temas recurrentes encuentra en Proverbios con referencia al trabajo?
4. ¿Cómo encaja Dios en las enseñanzas de Proverbios?
5. ¿Qué advertencias y consejos ofrece Proverbios sobre la palabra o la lengua?
6. Comente cómo se relaciona Proverbios 3.5, 6 con su propia vida.

ECLESIASTÉS
La vida sin Dios

TÍTULO

El título en español, Eclesiastés, viene de las traducciones griega y latina del libro de Salomón. La LXX usó el término griego *ekklēsiastēs* para su título. Quiere decir «predicador», derivado de la palabra *ekklēsia*, traducida «asamblea» o «congregación» en el NT. El título tanto de la versión griega como de la latina deriva del título hebreo, *Qoheleth*, que quiere decir «uno que llama o congrega» al pueblo. Se refiere al que se dirige a la asamblea; de aquí, el predicador (cp. 1.1, 2, 12; 7.27; 12.8–10). Junto con Rut, Cantar de los cantares, Ester y Lamentaciones, Eclesiastés es parte de los libros del AT del Megillot o «cinco rollos». Más adelante los rabinos leían estos libros en la sinagoga en cinco ocasiones especiales durante el año. Eclesiastés se leía en Pentecostés.

AUTOR Y FECHA

El perfil autobiográfico del escritor del libro sin duda alguna apunta a Salomón. La evidencia abunda: (1) el título encaja con Salomón, «hijo de David, rey en Jerusalén» (1.1) y «rey sobre Israel en Jerusalén» (1.12); (2) la odisea moral del autor relata la vida de Salomón (1 R 2—11); y (3) el papel de uno que «enseñó sabiduría al pueblo» y escribió «muchos proverbios» (12.9) corresponde a su vida. Todos estos apuntan a Salomón, el hijo de David, como el autor.

Una vez que Salomón es aceptado como el autor, la fecha y ocasión se vuelven claras. Salomón lo escribió probablemente en sus últimos años (no más tarde de alrededor el 931 A.C.), primordialmente para advertir a los jóvenes de su reino, sin omitir a otros. Él les advirtió que evitaran caminar en la vida por el camino de la sabiduría humana; los exhortó a vivir por la sabiduría revelada de Dios (12.9–14).

CONTEXTO HISTÓRICO

La reputación de Salomón por poseer una sabiduría extraordinaria encaja con el perfil de Eclesiastés. David reconoció la sabiduría de su hijo (1 R 2.6, 9) antes de que Dios le diera a Salomón una medida adicional. Después de que recibió un corazón «sabio y entendido» del Señor (1 R 3.7–12), Salomón ganó renombre por ser inmensamente sabio al emitir decisiones (1 R 3.16–28), una reputación que atrajo a «todos los reyes de la tierra» a sus cortes (1 R 4.34). Además, él compuso canciones y proverbios (1 R 4.32; cp. 12.9), actividad para la cual estaban

CRISTO EN... ECLESIASTÉS

SALOMÓN ESCRIBIÓ ECLESIASTÉS como advertencia a quienes intentan encontrar gozo sin Dios. De hecho, vivir sin Dios es imposible, porque él es el que «ha puesto eternidad en el corazón de ellos» (3.11). La búsqueda de la felicidad de Salomón, por medio de las experiencias y la filosofía, no lleva a nada sin Dios. Cristo no vino al mundo para hacer que la vida de los humanos fuera soportable. Vino a darnos vida «en abundancia» (Jn 10.9, 10). Cristo sigue siendo el único Pastor, fuente de toda sabiduría (12.11). Por eso, sin Cristo toda búsqueda será inútil e infructuosa.

calificados solo los mejores sabios. La sabiduría de Salomón, tal como la riqueza de Job, sobrepasó la sabiduría «de todos los orientales» (1 R 4.30; Job 1.3).

El libro es aplicable a todos los que escuchen y se beneficien, no tanto de las experiencias de Salomón, sino de los principios que extrajo como resultado. Su objetivo consiste en responder a algunas de las preguntas más desafiantes de la vida, particularmente donde parecen ser contrarias a las expectativas de Salomón. Esto ha llevado a que algunos, no sabiamente, asuman la perspectiva de que Eclesiastés es un libro lleno de escepticismo. Pero a pesar de la conducta y la manera de pensar asombrosamente no sabias, Salomón nunca dejó su fe en Dios (12.13, 14).

PERSONAS DESTACADAS EN ECLESIASTÉS

Salomón: rey de Israel; Dios le otorgó a Salomón su deseo de tener sabiduría. Fue la persona más sabia que haya existido (Ec 1.1—12.14).

TEMAS HISTÓRICOS Y TEOLÓGICOS

Tal como es verdad con la mayoría de la literatura bíblica de sabiduría, poca narración histórica se lleva a cabo en Eclesiastés, fuera del peregrinaje personal de Salomón. El sabio real estudió la vida con grandes expectativas, pero repetidamente lamentó sus fracasos, los cuales él reconoció que se debían a la maldición (Gn 3.14–19). Eclesiastés representa la dolorosa autobiografía de Salomón quien, durante gran parte de su vida, desperdició las bendiciones de Dios en su placer personal en lugar de la gloria de Dios. Él escribió con el objetivo de advertir a

---

PALABRAS CLAVE EN

Eclesiastés

Vanidad: En hebreo *hebel* —1.2; 2.1; 4.4; 6.2, 11; 7.15; 8.14; 9.9— básicamente significa «vapor» o «aliento», como el vapor que se disipa enseguida cuando uno exhala en un día frío. Con esta palabra el predicador describía toda búsqueda mundana como la riqueza, el honor, la fama y diversos placeres, comparándolos con el desesperado intento por retener aire en el puño de la mano (2.17). Algo absurdo, inútil. Jeremías usó la misma palabra para decir que la idolatría es «inútil» (Jer 18.15) y Job la empleó para lamentar lo breve de la vida humana (Job 7.16). El predicador de Eclesiastés, sin embargo, usó esta palabra más que cualquier otro autor del AT. Según él toda la vida es vanidad a menos que uno reconozca que todo proviene de la mano de Dios (2.24–26).

Afanarse: En hebreo *amal* —1.3; 2;10, 21; 3.13; 4.8; 5.19; 6.7; 10.15— que en general significa «esfuerzo» o trabajo a cambio de ganancia material (Sal 127.1; Pr 16.26), pero que también puede significar «problema» o «pena» (ver Job 3.10). El esfuerzo que se requiere para el trabajo humano y sus logros produce «pena» y «problemas» en el sentido de que jamás podrá satisfacer las más profundas necesidades del alma humana (6.7). Pero cuando el creyente reconoce que su trabajo es un don de Dios, la labor puede convertirse en gozo (5.18–20). Nuestro trabajo forma parte del plan de Dios para establecer su reino eterno. En este sentido, tenemos la certeza de que nuestro fiel compromiso con nuestro trabajo tendrá consecuencias eternas, cosechando recompensas eternas (ver 1 Co 3.8, 14; 15.58).

---

las generaciones siguientes para que no cometieran el mismo error trágico, en gran parte de la misma manera en la que Pablo escribió a los corintios (cp. 1 Co 1.18–31; 2.13–16).

La palabra clave es «vanidad», la cual expresa el intento fútil por estar satisfecho de manera independiente de Dios. Esta palabra es usada treinta y siete veces, expresando las muchas cosas difíciles de entender acerca de la vida. Todas las metas y las ambiciones terrenales, cuando son buscadas como fin en sí mismas, únicamente producen vacío. Pablo probablemente estaba haciendo eco de la insatisfacción de Salomón cuando escribió: «...la creación fue sujetada a vanidad» (la «vanidad» de Salomón; Ro 8.19–21). La experiencia de Salomón con los efectos de la maldición (vea Gn 3.17–19) lo llevaron a ver la vida como «perseguir el viento».

Salomón preguntó: «¿Qué provecho tiene el hombre de todo su trabajo…?» (1.3), una pregunta que él repitió en el 2.24 y en el 3.9. El rey sabio dedicó una considerable porción del libro a tratar este dilema. La imposibilidad de descubrir tanto las operaciones internas de la creación de Dios como la providencia personal de Dios en la vida de Salomón también fueron profundamente problemáticas para el rey, como lo fueron para Job. Pero la realidad del juicio para todos, a pesar de muchos elementos desconocidos, emergió como la gran certeza. A la luz de este juicio por parte de Dios, la única vida de satisfacción es la que es vivida en reconocimiento apropiado de Dios y en servicio a Él. Cualquier otro tipo de vida es frustrante y sin sentido.

Un equilibrio apropiado del tema preeminente de «disfruta la vida» con el del «juicio divino» dirije al lector hacia el Dios de Salomón con el cordón seguro de la fe. Por un tiempo, Salomón sufrió por el desequilibrio de tratar de disfrutar la vida sin considerar el temor del juicio de Yahweh sosteniéndolo en el camino de la obediencia. Finalmente, él llegó a entender la importancia de la obediencia. Los resultados trágicos de la experiencia personal de Salomón, junto con el entendimiento de una sabiduría extraordinaria, hacen de Eclesiastés un libro a partir del cual todos los creyentes pueden ser advertidos y crecer en su fe (cp. 2.1–26). Este libro muestra que si una persona percibe cada día de existencia, trabajo y provisión básica como un regalo de Dios, y acepta lo que Dios le da, entonces esa persona vive una vida abundante (cp. Juan 10.10). No obstante, uno que busca estar satisfecho fuera de Dios vivirá con futilidad independientemente de lo que acumule.

PRINCIPALES DOCTRINAS EN ECLESIASTÉS

Vanidad de la vida: el fútil intento de hallar satisfacción separados de Dios (1.2; 12.8; Gn 3.17–19; Sal 39.5, 6; 62.9; 144.4; Ro 8.19–21; Stg 4.14).

El significado de la vida (1.3; 2.24; 3.9; 12.13, 14; Is 56.12—57.2; Lc 12.19–21; Jn 10.10; 1 Co 15.32; 1 Ti 6.17).

Equilibrio en la vida: hay un momento y un tiempo para cada cosa (3.1–8, 17; Éx 15.20; Sal 126.2; Am 5.13; Ro 12.15; He 9.27).

El temor del Señor (12.13, 14; Dt 6.2; 10.12; Mi 6.8; Mt 12.36; Hch 17.30, 31; Ro 2.16; 1 Co 4.5; 2 Co 5.10).

EL CARÁCTER DE DIOS EN ECLESIASTÉS

Dios es paciente: 8.11
Dios es poderoso: 3.11

RETOS DE INTERPRETACIÓN

La declaración del autor de que «todo es vanidad» encierra el mensaje primario del libro (cp. 1.2; 12.8). La palabra traducida «vanidad» es usada por lo menos en tres maneras a lo largo del libro. En cada caso, ve la naturaleza de la actividad del hombre «bajo el sol» como: (1) «pasajera», lo cual considera la naturaleza transitoria de la vida, semejante al vapor (cp. Stg 4.14); (2) «fútil» o «sin

Las «vanidades» de Eclesiastés (1.2; 12.8)

1.	Sabiduría humana	2.14–16
2.	Esfuerzo humano	2.18–23
3.	Logro humano	2.26
4.	Vida humana	3.18–22
5.	Rivalidad humana	4.4
6.	Sacrificio humano egoísta	4.7, 8
7.	Poder humano	4.16
8.	Avaricia humana	5.10
9.	Acumulación humana	6.1–12
10.	Religión humana	8.10–14

significado», lo cual se enfoca en la condición maldecida del universo y los efectos debilitadores que tiene sobre la experiencia terrenal del hombre; o (3) «incomprensible» o «enigmática», lo cual considera las preguntas sin respuesta de la vida. Salomón emplea estos tres significados en Eclesiastés.

Mientras que en cada caso el contexto determinará en cuál significado se está enfocando Salomón, el significado de *vanidad* que más se repite es «incomprensible» o «imposible de conocer», refiriéndose a los misterios de los propósitos de Dios.

Bosquejo

El libro relata las investigaciones y conclusiones de Salomón con respecto a la obra de la vida del hombre, las cuales combinan toda su actividad y sus resultados potenciales incluyendo la satisfacción limitada. El papel de la sabiduría en experimentar éxito sale a la superficie de manera repetida, particularmente cuando Salomón debe reconocer que Dios no ha revelado todos los detalles. Esto lleva a Salomón a la conclusión de que los problemas primordiales de la vida después de la caída edénica involucran bendiciones divinas para ser disfrutadas y el juicio divino para el cual todos deben prepararse.

I. **Introducción (1.1–11)**
  A. Título (1.1)
  B. Poema: Una vida de actividad que parece cansada (1.2–11)
II. **La investigación de Salomón (1.12—6.9)**
  A. Introducción: El rey y su investigación (1.12–18)
  B. Investigación de búsqueda de placer (2.1–11)
  C. Investigación de sabiduría e insensatez (2.12–17)
  D. Investigación de trabajo y recompensas (2.18—6.9)
    1. Uno tiene que dejárselas a otro (2.18–26)
    2. Uno no puede encontrar el tiempo correcto para actuar (3.1—4.6)
    3. Uno frecuentemente debe trabajar solo (4.7–16)
    4. Uno puede fácilmente perder todo lo que adquiere (5.1—6.9)
III. **Las conclusiones de Salomón (6.10—12.8)**
  A. Introducción: El problema de no saber (6.10–12)
  B. El hombre no siempre puede descubrir qué ruta es la más exitosa que él puede tomar, porque su sabiduría es limitada (7.1—8.17)
    1. De la prosperidad y la adversidad (7.1–14)
    2. De la justicia y la impiedad (7.15–24)
    3. De las mujeres y la insensatez (7.25–29)
    4. Del hombre sabio y el rey (8.1–17)
  C. El hombre no sabe lo que vendrá después de él (9.1—11.6)
    1. Él sabe que morirá (9.1–4)
    2. Él no tiene conocimiento en la tumba (9.5–10)
    3. Él no conoce su tiempo para morir (9.11, 12)
    4. Él no sabe lo que sucederá (9.13—10.5)
    5. Él no sabe qué mal vendrá (10.16—11.2)
    6. Él no sabe qué bien vendrá (11.3–6)

D. El hombre debe disfrutar la vida, pero no el pecado, porque el juicio vendrá sobre todos (11.7—12.8)

IV. **El consejo final de Salomón (12.9–14)**

Mientras tanto, en otras partes del mundo...

La cultura china avanza en la escritura, la pintura con tinta y pincel, y las teorías matemáticas como la multiplicación y la geometría.

RESPUESTAS A PREGUNTAS DIFÍCILES

1. ¿En qué se relaciona la declaración del autor acerca de que «todo es vanidad» con el mensaje del libro de Eclesiastés?

La palabra que se traduce como «vanidad» se usa en al menos tres formas a lo largo del libro (ver «Retos de interpretación»). Si bien el contexto en cada una de las treinta y siete ocasiones en que aparece «vanidad» ayuda a determinar el significado en el que Salomón pensaba en particular, su uso más frecuente transmite la idea de «incomprensible» o «imposible de conocer». Expresaba las limitaciones humanas ante los misterios de los propósitos de Dios. La conclusión final de Salomón de «temer a Dios y guardar sus mandamientos» (ver 12.13, 14) establece que la única esperanza de la buena vida y la única respuesta razonable es la fe y la obediencia al Dios soberano. Dios dirige con precisión todas las actividades que hay bajo el sol, cada una a su debido tiempo según su perfecto plan, pero revela solo aquello que su perfecta sabiduría determina. Todos hemos de rendir cuentas. Quienes se niegan a tomar en serio a Dios y su Palabra, están destinados a vivir vidas severamente vanas.

2. Cuando el autor de Eclesiastés anima a sus lectores a «disfrutar de la vida» ¿piensa en alguna condición o advertencia?

Salomón equilibró el tema del disfrute con reiterados recordatorios del juicio divino. Hasta los mejores momentos de la vida no pueden excluir la conciencia de Dios como proveedor, ante quien todos hemos de rendir cuentas. Salomón declaró la posibilidad del disfrute como fundada en la fe (Ec 2.24–26).

Parte de Eclesiastés informa acerca del experimento del rey en cuanto a tratar de disfrutar la vida sin tomar en cuenta el juicio de Dios. Salomón descubrió que tal esfuerzo era en vano. Finalmente comprendió la importancia de la obediencia. Los trágicos resultados de la experiencia personal de Salomón, junto con el entendimiento de la sabiduría extraordinaria, convierten a Eclesiastés en un libro del que todos los creyentes pueden obtener lecciones y advertencias en cuanto a la fe (2.1–26). Este libro demuestra que la persona que ve cada día de la existencia, del trabajo y de la provisión básica como regalo de Dios y acepta lo que Dios le dé, vivirá en realidad una vida en abundancia. Pero el que busca la satisfacción aparte de Dios vivirá inútilmente, más allá de su éxito personal.

OTROS TEMAS DE ESTUDIO EN ECLESIASTÉS

1. ¿Cuántas cosas diferentes buscó Salomón en su experiencia, según Eclesiastés?
2. ¿Qué buscaba Salomón?
3. ¿A qué conclusiones llegó Salomón con respecto al significado de la vida?
4. ¿Qué aprende usted sobre el tiempo y su uso en el capítulo 3.1–8?
5. ¿Qué significa en Eclesiastés (3.11) la frase «ha puesto eternidad en el corazón de ellos»?
6. ¿En qué aspectos representan en su vida un desafío esas cosas que descubrió Salomón?

CANTAR DE LOS CANTARES
Dios honra el amor marital puro

TÍTULO

Las versiones de la Septuaginta griega (LXX) y la Vulgata latina (Vg.) siguen la hebrea (texto masorético) con traducciones literales de las primeras dos palabras en 1.1: «Cantar de los cantares». Varias versiones dicen: «El canto de Salomón», y de esta manera dan el sentido más completo del 1.1. El superlativo: «Cantar de los cantares» (cp. «Lugar santísimo» en Éx 26.33, 34 y «Rey de reyes» en Ap 19.16), indica que esta canción o canto es la mejor entre las mil cinco obras musicales de Salomón (1 R 4.32). La palabra traducida «cantar» frecuentemente se refiere a música que honra al Señor (cp. 1 Cr 6.31, 32; Sal 33.3; 40.3; 144.9).

AUTOR Y FECHA

Salomón, quien reinó sobre el reino unido cuarenta años (971–931 A.C.), aparece siete veces por nombre en este libro (1.1, 5; 3.7, 9, 11; 8.11, 12). A la luz de sus habilidades de escritor, capacidad musical (1 R 4.32), y el sentido de autoría sin dedicación del 1.1, esta parte de las Escrituras podría haber sido escrita en cualquier momento durante el reinado de Salomón. Debido a que se hace referencia a ciudades al norte y al sur en descripciones y los viajes de Salomón, tanto el período reflejado como el momento en el que se escribió apuntan al reino unido antes que se dividiera después que terminara el reinado de Salomón. Sabiendo que esta porción de las Escrituras contiene una canción o cantar compuesto por un autor, es mejor considerarla como una pieza unificada de literatura de sabiduría poética, en lugar de una serie de poemas de amor sin un tema o autor en común.

CONTEXTO HISTÓRICO

Dos personas dominan esta dramática canción de amor de la vida real. Salomón, cuyo reinado es mencionado cinco veces (1.4, 12; 3.9, 11; 7.5), aparece como «el amado». La doncella sulamita (6.13) permanece en la oscuridad; lo más probable es que ella fuera una residente de Sunem, 4,8 km al norte de Jezrel en la parte baja de Galilea. Algunos sugieren que es la hija de Faraón (1 R 3.1), aunque el canto no provee evidencia para esta conclusión. Otros favorecen a Abisag la sunamita que cuidó del rey David (1 R 1.1–4, 15). Una doncella desconocida de Sunem, cuya familia posiblemente había sido contratada por Salomón (8.11) parece ser la alternativa más

---

CRISTO EN... CANTAR DE LOS CANTARES

LAS PALABRAS DE SALOMÓN pintan una imagen íntima del matrimonio. Pero Cantares ilustra la relación espiritual entre Dios e Israel, su nación escogida, e incluso la relación que Dios desea con las personas. Salomón intenta expresar el amor del amante por su esposa. Es un misterio que solo puede revelarse plenamente en la relación íntima de Cristo y la iglesia (Ef 5.32).

Geografía de Cantar de los cantares

razonable. Ella habría sido la primera esposa de Salomón (Ec 9.9), antes que pecara al añadir seiscientas noventa y nueve esposas más y trescientas concubinas (1 R 11.3).

Algunos personajes no tan importantes los encontramos en varios y diferentes grupos en este libro. En primer lugar, note el comentario no poco frecuente de las «hijas de Jerusalén» (1.5; 2.7; 3.5; 5.8, 16.8.4), quienes podrían ser parte del personal de la casa de Salomón (cp. 3.10). En segundo lugar, amigos de Salomón entran en el 3.6–11; y en tercer lugar, también lo hacen los hermanos de la sulamita (8.8, 9). Es muy probable que la afirmación del 5.1b fuera la bendición de Dios sobre la unión de la pareja.

El escenario combina tanto escenas rurales como urbanas. Porciones se llevan a cabo en el campo al norte de Jerusalén, donde la sulamita vivió (6.13) y donde Salomón disfrutó de preeminencia como alguien que cultivaba viñas y era pastor (Ec 2.4–7). La sección de la ciudad incluye la boda y el tiempo después en la residencia de Salomón en Jerusalén (3.6—7.13).

La primera primavera aparece en el 2.11–13 y la segunda en el 7.12. Suponiendo una cronología sin espacios, Cantar de los cantares se llevó a cabo a lo largo de un período de tiempo de por lo menos un año de extensión, pero probablemente no más de dos años.

Lo típico en Cantar de los cantares

1.5	«tiendas de Cedar»	tiendas de tribus nómadas hechas de pelo oscuro de cabra
1.5	«cortinas de Salomón»	probablemente las cortinas hermosas del palacio de Salomón
1.9	«yegua»	una yegua joven
1.12; 4.13, 14	«nardo»	un aceite aromático sacado de una hierba de la India
1.13; 3.6; 4.6, 14; 5.1, 5, 13	«mirra»	una goma aromática de la corteza de un árbol de bálsamo hecho perfume en forma líquida o sólida
1.14; 4.13	«flores de alheña»	un arbusto común cuyos retoños blancos en primavera despiden un olor fragante
1.14	«En-gadi»	un hermoso oasis al oeste del Mar Muerto
1.15; 4.1; 5.12	«ojos… como palomas»	ojos hermosos, profundos, de un gris ahumado como los de la paloma
2.1	«rosa de Sarón»	probablemente una flor de bulbo como el azafrán, narciso o iris, que crece en el campo inferior (llanura de Sarón), al sur del Monte Carmelo
2.1, 16	«lirio de los valles»	posiblemente una flor de seis pétalos que crecía en las áreas fértiles y regadas
2.3, 5; 7.8; 8.5	«manzano, manzanas»	una fruta aromática y dulce, posiblemente un albaricoque
2.5	«pasas»	un alimento asociado con festividades religiosas, el cual tiene un posible significado erótico (cp. 2 S 6.19; Os 3.1)
2.7, 9, 17; 3.5; 8.14	«corzos»	miembros elegantes de la familia de los antílopes
2.7; 3.5	«ciervas»	venada
2.9, 17; 8.14	«cervatillo»	venado
2.14; 5.2; 6.9	«paloma»	un símbolo común de amor
2.17	«montes de Beter»	una barranca o montes accidentados en una localización no identificada de Israel
3.6; 4.6, 14	«incienso»	resina de ámbar extraída de árboles y usada para incienso / especias
3.6	«polvo aromático»	especias diversas
3.7, 9	«litera, carroza»	una silla de manos que transportaba al rey y a su esposa
3.9; 4.8, 11, 15; 5.15	«Líbano»	un país hermoso, al norte de Israel en la costa, con muchos recursos naturales
4.1; 6.5	«laderas de Galaad»	la meseta alta al este de Galilea y Samaria
4.4	«torre de David»	probablemente la torre de armería de Neh 3.19, 25

Lo típico en Cantar de los cantares

4.8	«cumbre de Amana»	el monte en el que se encuentra la fuente del río Amana en Siria
4.8	«cumbre de Senir y de Hermón»	los nombres amorreo y hebreo de la cima más alta en el norte de Israel (más de 2.743 m, cp. Dt 3.9)
4.10, 14, 16; 5.1, 13; 6.2; 8.14	«especias»	el aceite con olor dulce del bálsamo
4.14	«azafrán»	los pistilos y estambres secos, hechos polvo, de un pequeño azafrán
4.14	«caña aromática»	un pasto silvestre con una esencia de jengibre
4.14	«canela»	una especia tomada de la corteza de un árbol
4.14	«áloes»	una medicina picante con un fuerte aroma
5.14	«jacintos»	posiblemente una piedra amarillosa o verdosa semejante al topacio
5.14	«zafiros»	el lapislázuli azulado que era abundante en el este
6.4	«Tirsa»	un lugar conocido por su belleza natural y jardines localizado a 11 km al nordeste de Siquem en Samaria
6.13	«la reunión de dos campamentos»	lit., «la danza de las dos compañías» la cual posiblemente es una danza de origen desconocido asociada con el lugar de Mahanaim (cp. Gn 32.2)
7.4	«los estanques de Hesbón»	reservas de agua en la ciudad moabita de Hesbón cerca del Amán moderno
7.4	«la puerta de Bat-rabim»	posiblemente el nombre de una puerta en Hesbón
7.4	«la torre del Líbano»	es casi seguro que se refiere al color blanco de la montaña en lugar de a su altura de 3.046 metros
7.4	«Damasco»	la capital de Siria al este de las montañas del Líbano
7.5	«Monte Carmelo»	una montaña prominente y boscosa en la parte norte de Israel
7.13	«mandrágoras»	una hierba con fragancia penetrante considerada como un afrodisíaco (cp. Gn 30.14)
8.11	«Baal-hamón»	un lugar desconocido en el montañoso norte de Jerusalén

Parejas enamoradas

Salomón y su esposa muestran todo el afecto y el romance que universalmente relacionamos con el enamoramiento (Cnt 2.16). La suya es una de las muchas historias sobre el amor romántico que hallamos en la Biblia.	
Isaac y Rebeca	(Gn 24.1–67). Un padre busca y encuentra una esposa para su hijo y la joven pareja vive en profundo amor.
Jacob y Raquel	(Gn 29.1–30) Jacob trabaja durante 14 años para su suegro porque quiere casarse con Raquel.
Booz y Rut	(Rut 3—4) Los tecnicismos legales unen a la viuda moabita con un rico terrateniente de Belén, y de ellos desciende un rey.
Elcana y Ana	(1 S 1—2) Un esposo ama a su esposa a pesar de que ella no tiene hijos y Dios al fin la bendice con el nacimiento de un niño que luego será un poderoso juez de Israel.
David y Mical	(1 S 18.20—30) Un rey celoso manipula el amor sincero, pero en lugar de librarse de su némesis, el gobernante gana un yerno.
Salomón y la sulamita	(Cantar de los Cantares) Un bello poema romántico relata la historia de compromiso y deleite de dos amantes.
Oseas y Gomer	(Os 1.1—3.5) Dios llama al profeta Oseas para que busque a su esposa adúltera y restaure la relación a pesar de lo que ella hizo.
Cristo y la Iglesia	(Ef 5.25–33) Habiendo ganado la salvación del pecado para su Esposa, Cristo la ama y le sirve como a su propio cuerpo, estableciendo así un ejemplo para todos los esposos humanos.

PERSONAS DESTACADAS EN CANTAR DE LOS CANTARES

Rey Salomón: el novio a quien la esposa llama «amado» (1.7—8.12).

La mujer sulamita: la nueva esposa del rey Salomón (1.1—8.13).

Las hijas de Jerusalén: vírgenes sin identificar, que animan a la sulamita (1.4; 2.14; 3.5, 10, 11; 5.1, 8; 6.1, 12; 8.4).

TEMAS HISTÓRICOS Y TEOLÓGICOS

Los ciento diecisiete versículos en Cantar de los cantares han sido reconocidos por los judíos como parte de sus escritos sagrados. Junto con Rut, Ester, Eclesiastés y Lamentaciones, es incluido entre los libros del AT del Megillot o «cinco rollos». Los judíos leían este cantar en la Pascua, llamándolo «el Lugar santísimo». Sorprendentemente, Dios no es mencionado de manera explícita a excepción posiblemente del 8.6. Ningún tema teológico formal emerge. El NT nunca cita Cantar de los cantares directamente (ni Ester, Abdías o Nahum).

En contraste a los dos temas distorsionados de abstinencia la ascética y la perversión por lascivia fuera del matrimonio, el antiguo cantar de amor de Salomón exalta la pureza del afecto y el romance matrimonial. Es un paralelo de otros pasajes de las Escrituras que proveen un retrato del plan de Dios para el matrimonio y los enriquece, incluyendo la belleza y santidad de la intimidad sexual entre marido y mujer. Cantares apropiadamente está al mismo nivel de otros pasajes clásicos de las Escrituras, los cuales profundizan en este tema, p. ej., Génesis 2.24; Salmos 45;

Cantar de los Cantares

Amado: En hebreo *dod* —1.14; 2.8; 4.16; 5.1, 6, 10; 6.1; 8.14— en los poemas hebreos románticos *dod* es la forma en que se identifica al varón amante, como «amado» o «enamorado» (Is 5.1). El autor de Cantar de los cantares usa esta palabra treinta y dos veces. El nombre David deriva de *dod* y mantiene ese mismo sentido porque significa «amado». Cuando *dod* aparece en relatos significa «tío» u otro pariente cercano varón (1 S 14.50).

Mirra: En hebreo *mor* —1.13; 3.6; 4.6, 14; 5.1, 5, 13— describe un sabor amargo. El término proviene del verbo *marar* que significa «ser amargo». La mirra se obtiene de la resina o savia del árbol *commiphora myrrha*. Se prensa la resina y se mezcla con aceite para fabricar perfume (1.13; 5.1), incienso (3.6) y lociones (Est 2.12). Noemí adoptó el nombre Mara como símbolo de la amargura por la que pasó en su vida (Rut 1.20) y al niño Jesús los sabios le regalaron mirra (ver Mt 2.11). La mirra también se usaba como especia para embalsamar en tiempos del NT; y se usó en el cuerpo de Jesús (Jn 19.39).

Proverbios 5.15–23; 1 Corintios 7.1–5; 13.1–8; Efesios 5.18–33; Colosenses 3.18, 19; y 1 Pedro 3.1–7. Hebreos 13.4 capta la esencia de este cantar: «Honroso sea en todos el matrimonio, y el lecho sin mancilla; pero a los fornicarios y a los adúlteros los juzgará Dios».

PRINCIPALES DOCTRINAS EN CANTAR DE LOS CANTARES

El amor de Dios reflejado en el amor humano (6.2, 3; Gn 29.20; Lv 19.18; 2 Cr 36.15; Mt 14.14; Lc 15.20–24; Fil 1.8).

La gracia de Dios a través del matrimonio (Rut 1.9; Ez 16.6–8; Mt 1.20; He 13.4; 1 P 3.7).

EL CARÁCTER DE DIOS EN CANTAR DE LOS CANTARES

Dios es fiel: 8.5

Dios es amoroso: 8.6

Dios es puro: 3.5; 4.1–16

RETOS DE INTERPRETACIÓN

El Cantar de los cantares ha sufrido de interpretaciones forzadas a lo largo de los siglos por parte de aquellos que usan el método «alegórico» de interpretación, diciendo que este cantar no tiene base histórica real, sino que más bien retrata el amor de Dios por Israel y el amor de Cristo por la iglesia. La idea errónea de la himnología de que Cristo es la Rosa de Sarón y el Lirio de los valles es el resultado de este método (2.1). La variación «tipológica» admite la realidad histórica, pero concluye que finalmente retrata el amor de Cristo como novio por su novia la iglesia.

Una manera más satisfactoria de ver el Cantar de los cantares es tomarlo literalmente e interpretarlo en el sentido histórico normal, entendiendo el uso frecuente de lenguaje poético para mostrar la realidad. De esta manera, entendemos que Salomón relata (1) sus propios días de cortejo, (2) los primeros días de su primer matrimonio, seguido por (3) el proceso de maduración de esta pareja real a través de los buenos y malos días de la vida. El Cantar de los cantares expande las antiguas instrucciones matrimoniales de Génesis 2.24, y así provee música espiritual para una vida entera de armonía matrimonial. Es dado por Dios para demostrar su intención para el romance y la belleza del matrimonio, la más preciada de las relaciones humanas y «la gracia de la vida» (1 P 3.7).

Mientras tanto, en otras partes del mundo...

Se desarrolla plenamente la adoración de los griegos a dioses y diosas. Las principales deidades son, entre otras: Zeus, Hera, Poseidón, Apolo, Ares, Demetra, Atenea, Hermes y Artemisa.

BOSQUEJO

I. **El cortejo: «Dejar» (1.2—3.5)**
   A. Los recuerdos de los que se aman (1.2—2.7)
   B. La expresión de amor recíproco de los que se aman (2.8—3.5)

II. **La boda: «Al unirse» (3.6—5.1)**
   A. El novio real (3.6–11)
   B. La boda y la primera noche juntos (4.1—5.1a)
   C. La aprobación de Dios (5.1b)

III. **El matrimonio: «Entrelazándose» (5.2—8.14)**
   A. El primer desacuerdo importante (5.2—6.3)
   B. La restauración (6.4—8.4)
   C.   Al crecer en la gracia (8.5–14)

RESPUESTAS A PREGUNTAS DIFÍCILES

1. ¿Se debe interpretar Cantar de los cantares como el amor de persona a persona o como alegoría del amor de Dios por Israel, o el amor de Cristo por la iglesia?

Las interpretaciones alegóricas de este libro suelen forzarse. Negar el contexto humano e histórico de este cantar crea incomodidad con el tema y perturba el entendimiento de la naturaleza de las Escrituras. El lenguaje alegórico e idealista que usan los amantes podría hacer que uno suponga que hay libertad para entenderlo todo como alegoría, pero los mismos amantes objetarían, y con razón. La práctica de tomar el libro todo como alegoría proviene de un marco aparte del teológico y filosófico, no del contenido del libro.

Una de las formas de interpretación que guarda semejanzas con la de la alegoría, es la interpretación basada en la «tipología». Esto comienza cuando se admite la validez histórica del relato, pero a la vez se insiste en que el lenguaje idealizado de los amantes solo puede describir en última instancia el tipo de amor que Cristo ha mostrado hacia su iglesia.

La perspectiva más satisfactoria hacia Cantar de los cantares es la que toma el relato tal cual es, interpretándolo en el sentido histórico normal, y entendiendo el uso idealizado del lenguaje poético para pintar la realidad. Esta interpretación afirma el relato de Salomón acerca de las tres fases en su relación con la sulamita: sus primeros días de cortejo, los primeros días de su matrimonio y la maduración de la pareja real, a lo largo de los días buenos y malos de la vida de casados.

OTROS TEMAS DE ESTUDIO EN CANTAR DE LOS CANTARES

1. ¿En qué formas capta Cantar de los cantares la intensidad e intimidad del amor romántico?
2. ¿De qué modo hallamos que Cantar de los cantares expresa y alienta el compromiso?
3. ¿Qué factores hacen que las descripciones de la sexualidad en Cantar de los cantares sean saludables y buenas, en comparación con gran parte de lo que hay disponible en el resto de la cultura?
4. ¿Qué tipo de aspectos halla usted más valiosos en cuanto a la expresión del disfrute de la belleza del compañero de vida?
5. ¿Cómo calificaría usted el papel de Cantar de los Cantares en comparación con el resto de las Escrituras?

ISAÍAS

Anunciando al Rey sufriente

TÍTULO

El libro deriva su título del autor cuyo nombre quiere decir «Jehová es salvación» y es semejante a los nombres Josué, Eliseo y Jesús. Isaías es citado directamente en el NT más de sesenta y cinco veces, muchas más que cualquier otro profeta del AT, y mencionado por nombre más de veinte veces.

AUTOR Y FECHA

Isaías, el hijo de Amoz, ministró en Jerusalén y sus alrededores como un profeta a Judá durante los reinados de cuatro reyes de Judá: Uzías (llamado «Azarías» en 2 Reyes), Jotam, Acaz y Ezequías (1.1), desde ca. 739–686 A.C. Evidentemente venía de una familia de cierto rango, porque tuvo un acceso fácil al rey (7.3) y cercanía a un sacerdote (8.2). Él era casado y tenía dos hijos que llevaban nombres simbólicos: «Sear-jasub» («un remanente regresará», 7.3) y «Maher-salal-hasbaz» («apurándose al botín, corriendo a la presa», 8.3). Cuando fue llamado por Dios a profetizar en el año de la muerte del rey Uzías (ca. 793 A.C.), respondió con prontitud gustosa, aunque sabía desde el principio que su ministerio sería de advertencia y exhortación sin fruto (6.9–13). Habiendo sido criado en Jerusalén, él era una alternativa apropiada como consejero político y religioso para la nación.

Isaías fue un contemporáneo de Oseas y Miqueas. Su estilo de escritura no tiene rival en su versatilidad de expresión, brillantez de simbolismos y riqueza de vocabulario. El padre de la iglesia primitiva Jerónimo lo comparó a Demóstenes, el legendario orador griego. Su escritura en hebreo se caracteriza por un rango de 2.186 palabras diferentes, comparado a 1.535 en Ezequiel, 1.653 en Jeremías, y 2.170 en los Salmos. En 2 Crónicas 32.32 se registra que también escribió una biografía del rey Ezequías. El profeta vivió por lo menos hasta el 681 A.C., cuando escribió el relato de la muerte de Senaquerib (cp. 37.38). La tradición cuenta que encontró su muerte bajo el rey Manasés (ca. 695–642 A.C.) al ser cortado en dos con una sierra de madera (cp. He 11.37).

CRISTO EN... ISAÍAS

EL LIBRO DE ISAÍAS constituye uno de los más asombrosos ejemplos de la profecía mesiánica en el AT. Con vívidas imágenes Isaías nos brinda el cuadro del futuro Cristo como Siervo Sufriente, quien «como cordero [fue] llevado al matadero» (53.7) y que «justificará... a muchos, y llevará las iniquidades de ellos» (53.11).

Otras profecías mesiánicas que hallamos en Isaías, y que se cumplieron en el NT incluyen 7.14 (Mt 1.22, 23); 9.1–2 (Mt 4.12–16); 9.6 (Lc 2.11; Ef 2.14–18); 11.1 (Lc 3.23, 32; Hch 13.22, 23); 11.2 (Lc 3.22); 28.16 (1 P 2.4–6); 40.3–5 (Mt 3.1–3); 42.1–4 (Mt 12.15–21); 42.6 (Lc 2.29–32); 50.6 (Mt 26.67; 27.26, 30); 52.14 (Fil 2.7–11); 53.3 (Lc 23.18; Jn 1.11; 7.5); 53.4, 5 (Ro 5.6, 8); 53.7 (Mt 27.12–14; Jn 1.29; 1 P 1.18, 19); 53.9 (Mt 27.57–60); 53.12 (Mr 15.28); 61.1 (Lc 4.17–19, 21).

Contexto histórico

Durante el reinado próspero de Uzías de cincuenta y dos años (ca. 790–739 a.c.), Judá se desarrolló y llegó a ser un fuerte estado comercial y militar con un puerto para el comercio en el Mar Rojo y la construcción de muros, torres y fortalezas (2 Cr 26.3–5, 8–10, 13–15). Sin embargo, el período fue testigo de un declive en el nivel espiritual de Judá. La caída de Uzías fue el resultado de su intento por asumir los privilegios de un sacerdote y quemar incienso sobre el altar (2 R 15.3, 4; 2 Cr 26.16–19). Él fue juzgado con lepra, de la cual nunca se recuperó (2 R 15.5; 2 Cr 26.20, 21).

Su hijo Jotam (ca. 750–731 a.c.) tuvo que encargarse de los deberes del rey antes de la muerte de su padre. Asiria comenzó a emerger como una nueva potencia internacional bajo Tiglatpileser (ca. 745–727 a.c.) mientras que Jotam era rey (2 R 15.19). Judá también comenzó a recibir oposición por parte de Israel y Siria al norte durante su reinado (2 R 15.37). Jotam fue un constructor y guerrero como su padre, pero la corrupción espiritual aún existía en la tierra (2 R 15.34, 35; 2 Cr 27.1, 2).

Acaz tenía veinticinco años cuando comenzó a reinar en Judá y reinó hasta los cuarenta y uno (2 Cr 28.1, 8; ca. 735–715 a.c.). Israel y Siria formaron una alianza para combatir la amenaza Asiria que se incrementaba del este, pero Acaz rehusó incluir a Judá en la alianza (2 R 16.5; Is 7.6). Por esto, los vecinos del norte amenazaron derrocarlo y la guerra comenzó (734 a.c.). Con pánico, Acaz buscó al rey de Asiria para encontrar ayuda (2 R 16.7) y el rey asirio con gusto respondió saqueando a Gaza, llevando a toda Galilea y Galaad en cautiverio, y finalmente capturando Damasco (732 a.c.). La alianza de Acaz con Asiria llevó a que él introdujera un altar pagano en el templo de Salomón (2 R 16.10–16; 2 Cr 28.3). Durante su reinado (722 a.c.), Asiria capturó a Samaria, capital del reino del norte, y llevó a muchas de las personas más capaces de Israel a la cautividad (2 R 17.6, 24).

Ezequías comenzó su reinado sobre Judá en el 715 a.c. y continuó por veintinueve años hasta ca. 686 a.c. (2 R 18.1, 2). La reforma era una prioridad cuando se volvió rey (2 R 18.4, 22; 2 Cr 30.1). La amenaza de una invasión Asiria forzó a Judá a que le prometiera un pesado tributo a ese poder oriental. En el 701 a.c., Ezequías se enfermó seriamente con una enfermedad que amenazó su vida, pero él oró y Dios en su gracia extendió su vida por quince años (2 R 20; Is 38) hasta el 686 a.c. El gobernante de Babilonia usó la oportunidad de su enfermedad y recuperación para enviarle felicitaciones, probablemente buscando formar una alianza con Judá en contra de Asiria al mismo tiempo (2 R 20.12ss; Is 39). Cuando Asiria se volvió débil por la contienda interna, Ezequías rehusó pagar más tributo a ese poder (2 R 18.7). Entonces en el 701 a.c. Senaquerib, el rey Asirio, invadió las áreas de la costa de Israel, marchando hacia Egipto por el flanco sur de Israel. En el proceso aplastó a varios pueblos de Judea, robando y llevando a muchas personas a Asiria. Mientras que estaba sitiando a Laquis, él envió un contingente de fuerzas para sitiar a Jerusalén (2 R 18.17—19.8; Is 36.2—37.8). No obstante, la expedición fracasó, pero en un segundo intento él envió mensajeros a Jerusalén demandando que se rindieran de manera inmediata (2 R 19.9ss; Is 37.9ss). Con el aliento de Isaías, Ezequías se negó a rendirse, y cuando el ejército de Senaquerib cayó presa de un desastre repentino, él regresó a Nínive y nunca más volvió a amenazar a Judá.

Personas destacadas en Isaías

Isaías: profeta que ministró en los reinados de cuatro monarcas de Judá; su mensaje era de juicio y también de esperanza (1—66).

Sear-jasub: hijo de Isaías; su nombre significa «un remanente volverá» indicando la prometida fidelidad de Dios con su pueblo (7.3; 8.18; 10.21).

Maher-salal-hasbaz: hijo de Isaías; su nombre significa «el despojo se apresura, la presa se precipita» y marca el castigo venidero de Dios (8.1, 3, 18).

Temas históricos y teológicos

Isaías profetizó durante el período del reino dividido, dirigiendo el mayor enfoque de su mensaje al reino sureño de Judá. Él condenó el ritualismo vacío de su día (p. ej. 1.10–15) y la idolatría en la que tantos del pueblo habían caído (p. ej. 40.18–20). Él miró hacia adelante y vio la cautividad babilónica venidera de Judá a causa de esta partida del Señor (39.6, 7).

El cumplimiento de algunas de sus profecías durante su vida proveyó sus credenciales para la posición profética. El esfuerzo de Senaquerib por tomar Jerusalén fracasó, tal como Isaías había dicho que sucedería (37.6, 7, 36–38). El Señor sanó la enfermedad mortal de Ezequías, tal como Isaías lo había predicho (38.5; 2 R 20.7). Mucho antes de que Ciro, rey de Persia, apareciera

El juicio de Dios contra las naciones

	Abdías	Amós	Isaías	Jeremías	Habacuc	Ezequiel
Amón		1.13–15 Juicio		49.1–6 Juicio; restauración		25.1–7 Juicio
Babilonia			13.1—14.23 Juicio	50, 51 Juicio	2.6–17 Juicio	
Damasco		1.3–5 Juicio	17.1–3 Juicio; remanente	49.23–27 Juicio		
Edom	1.14 Juicio	1.11, 12 Juicio	21.11, 12 Juicio	49.7–22 Juicio		25.12–14 Juicio
Egipto			19 Juicio; restauración	46.1–26 Juicio		29—32 Juicio
Filistea		1.6–8 Juicio	14.29–32 Juicio	47 Juicio; remanente		25.15–17 Juicio
Moab		2.1–3 Juicio	15, 16 Juicio; remanente	48 Juicio; restauración		25.8–11 Juicio
Tiro		1.9, 10 Juicio	23 Juicio; restauración			26—28 Juicio

en la escena, Isaías lo nombró el libertador de Judá de la cautividad babilónica (44.28; 45.1). El cumplimiento de sus profecías de la primera venida de Cristo le han dado a Isaías aun mayor defensa (p. ej. 7.14). El patrón de cumplimiento literal de sus profecías que ya se han cumplido da certidumbre de que las profecías de la segunda venida de Cristo también verán un cumplimiento literal.

Más que cualquier otro profeta, Isaías provee información acerca del día futuro del Señor y el tiempo que seguirá. Él detalla numerosos aspectos del reino futuro de Israel sobre la tierra que no se encuentran en ningún otro lugar en el AT o en el NT, los cuales incluyen cambios en la naturaleza, el mundo animal, el estatus de Jerusalén entre las naciones, el liderazgo del Siervo Sufriente, y otros.

Descripción de Isaías del futuro reino de Israel

Descripción	Pasajes en Isaías
1. El Señor restaurará el remanente fiel de Israel a su tierra para que habite el reino desde su inicio.	1.9, 25–27; 3.10; 4.3; 6.13; 8.10; 9.1; 10.20, 22, 25, 27; 11.11, 12, 16; 14.1, 2; 14.22, 26; 26.1–4; 27.12; 28.5; 35.9; 37.4, 31, 32; 40.2, 3; 41.9; 43.5, 6; 46.3, 4; 49.5, 8; 49.12, 22; 51.11; 54.7–10; 55.12; 57.13, 18; 60.4, 9; 61.1–4, 7; 65.8–10; 66.8, 9, 19
2. Al derrotar el Señor a los enemigos de Israel, dará protección a su pueblo.	4.5, 6; 9.1, 4; 12.1–6; 13.4; 14.2; 21.9; 26.4, 5; 27.1–4; 30.30, 31; 32.2; 33.16, 22; 35.4; 49.8, 9; 49.17, 18; 52.6; 54.9, 10; 55.10, 11; 58.12; 60.10, 12, 18; 62.9; 66.16
3. En su reino, Israel disfrutará de gran prosperidad de muchas maneras.	26.15, 19; 27.2, 13; 29.18–20; 22.22, 23; 30.20; 32.3; 32.15–20; 33.6, 24; 35.3, 5, 6, 8–10; 40.11; 42.6, 7, 16; 43.5, 6, 8, 10, 21; 44.5, 14; 46.13; 48.6; 49.10; 52.9; 54.2, 3; 55.1, 12; 58.9, 14; 60.5, 16, 21; 61.4, 6–10; 62.5; 65.13–15, 18, 24; 66.21, 22
4. Durante el reino, la ciudad de Jerusalén alcanzará preeminencia mundial.	2.2–4; 18.7; 25.6; 40.5, 9; 49.19–21; 60.1–5, 13–15, 17; 62.3, 4
5. Israel será el centro de atención mundial durante el reino.	23.18; 54.1–3; 55.5; 56.6–8; 60.5–9; 66.18–21
6. La misión de Israel durante el reino será glorificar al Señor.	60.21; 61.3
7. Durante el reino, los gentiles serán bendecidos por medio del remanente fiel de Israel.	11.10; 19.18, 24, 25; 42.6; 45.22, 23; 49.6; 51.5; 56.3, 6–8; 60.3, 7, 8; 61.5; 66.19
8. La paz mundial prevalecerá durante el reino bajo el gobierno del Príncipe de paz.	2.4; 9.5, 6; 11.10; 19.23; 26.12; 32.18; 54.14; 57.19; 66.12
9. Durante el reino, el hombre alcanzará el más elevado nivel moral y espiritual que haya conocido desde la caída de Adán.	27.6; 28.6, 17; 32.16; 42.7; 44.3; 45.8; 51.4; 61.11; 65.21, 22

Descripción	Pasajes en Isaías
10. El liderazgo del gobierno durante el reino será superlativo con el Mesías a la cabeza.	9.6, 7; 11.2, 3; 16.5; 24.23; 25.3; 32.1; 32.5; 33.22; 42.1, 4; 43.15; 52.13; 53.12; 55.3–5
11. Los humanos disfrutarán de larga vida en el reino.	65.20, 22
12. El conocimiento del Señor será universal en el reino.	11.9; 19.21; 33.13; 40.5; 41.20; 45.6, 14; 49.26; 52.10, 13, 15; 54.13; 66.23
13. El mundo natural disfrutará de una gran renovación en el reino.	12.3; 30.23–26; 32.15; 35.1–4, 6, 7; 41.18, 19; 43.19, 20; 44.3, 23; 55.1, 2, 13; 58.10, 11
14. Los animales «salvajes» serán domados en el reino.	11.6–9; 35.9; 65.25
15. La aflicción y el luto no existirán en el reino.	25.8; 60.20
16. Un reino eterno, como parte de la nueva creación de Dios, vendrá después del reino milenario.	24.23; 51.6; 51.16; 54.11, 12; 60.11, 19; 65.17
17. El Rey juzgará el pecado manifiesto en el reino.	66.24

A través de un método literario llamado «acortamiento profético adelantado», Isaías predice acontecimientos futuros sin delinear secuencias exactas de los sucesos o intervalos de tiempo separándolos. Por ejemplo, nada en Isaías revela el período extendido separando las dos venidas del Mesías. Tampoco provee una distinción tan clara entre el reino futuro temporal y el reino eterno como Juan lo hace en Apocalipsis 20.1–10; 21.1—22.5. En el programa de Dios de la revelación progresiva, detalles de estas relaciones esperaban un vocero profético de un tiempo que vendría más tarde.

También conocido como el «profeta evangélico», Isaías habló mucho de la gracia de Dios para Israel, particularmente en sus últimos veintisiete capítulos. La pieza central es el capítulo 53 de Isaías. Un retrato sin paralelo de Cristo como el Cordero inmolado de Dios.

PRINCIPALES DOCTRINAS EN ISAÍAS

Cristo como el Siervo Sufriente (49.1—57.21; Sal 68.18; 110.1; Mt 26.39; Jn 10.18; Hch 3.13–15; Fil 2.8, 9; He 2.9).

La primera venida del Mesías (7.14; 8.14; 9.2, 6, 7; 11.1–2; Ez 11.16; Mt 1.23; Lc 1.31; 2.34; Jn 1.45; 3.16; Ro 9.33; 1 P 2.8; Ap 12.5).

La segunda venida del Mesías (4.2; 11.2–6, 10; 32.1–8; 49.7; 52.13, 15; 59.20, 21; 60.1–3; 61.2, 3; Jer 23.5; Zac 3.8; Mt 25.6; 26.64; Ro 13.11, 12; Fil 4.5; Ap 3.11).

La salvación a través de Cristo (9.6, 7; 52.13–15; 53.1–12; Is 12.2; Sal 103.11–12; Lc 19.9; Jn 3.16; Hch 16.31; Ro 3.21–24; 1 Ti 1.15).

El carácter de Dios en Isaías

Dios es accesible: 55.3, 6

Dios es eterno: 9.6

Dios es fiel: 49.7

Dios es glorioso: 2.10; 6.3; 42.8; 48.11; 59.19

Dios es santo: 5.16; 6.3; 57.15

Dios es justo: 45.21

Dios es bondadoso: 54.8, 10; 63.7

Dios es Luz: 60.19

Dios es paciente: 30.18; 48.9

Dios es amoroso: 38.17; 43.3, 4; 49.15, 16; 63.9

Dios es misericordioso: 49.13; 54.7, 8; 55.3, 7

Dios es poderoso: 26.4; 33.13; 41.10; 43.13; 48.13; 52.10; 63.12

Dios cumple sus promesas: 1.18; 43.2

Dios provee: 10.5–17; 27.3; 31.5; 44.7; 50.2; 63.14

Dios es justo y recto: 41.10

Dios es verdadero: 25.1; 38.19; 65.16

Dios no tiene igual: 43.10; 44.6; 46.5, 9

Dios es Uno: 44.6, 8, 24; 45.5–8, 18, 21, 22; 46.9–11

Dios es inescrutable: 40.28

Dios es sabio: 28.29; 40.14, 28; 42.9; 44.7; 46.10; 47.10; 66.18

Dios se aíra: 1.4; 3.8; 9.13, 14, 19; 13.9; 26.20; 42.24, 25; 47.6; 48.9; 54.8; 57.15, 16; 64.9

Retos de interpretación

Los retos de interpretación en un libro largo y significativo como Isaías son numerosos. El más crítico de ellos se enfoca en el hecho de si las profecías de Isaías recibirán cumplimiento literal o no, y si el Señor, en su programa, ha abandonado a Israel como nación y reemplazado permanentemente a la nación con la iglesia, de tal manera que no hay futuro para Israel como nación.

En el primer asunto, el cumplimiento literal de muchas de las profecías de Isaías ya ha ocurrido (ver «Temas históricos y teológicos»). Contender que aquellas que aún no han sido cumplidas verán un cumplimiento no literal no tiene fundamento bíblico. Este hecho descalifica la propuesta de que la iglesia recibe algunas de las promesas hechas originalmente a Israel. El reino prometido a David le pertenece a Israel, no a la iglesia. La exaltación futura de Jerusalén será sobre la tierra, no en el cielo. Cristo reinará personalmente sobre esta tierra como la conocemos, como también en los cielos nuevos y en la tierra nueva (Ap 22.1, 3).

En el último asunto, numerosos pasajes de Isaías apoyan la posición de que Dios no ha reemplazado al Israel étnico con una supuesta «nueva Israel». Isaías tiene demasiado que decir de la fidelidad de Dios con Israel, de modo que Él no rechazaría al pueblo a quien ha creado y escogido (43.1). La nación está en las palmas de sus manos, y los muros de Jerusalén siempre están delante de sus ojos (49.16). Él está ligado por su propia Palabra a cumplir las promesas que ha hecho para traerlos de regreso a sí mismo y bendecirlos en ese día futuro (55.10–12).

Isaías cumplido en el primer advenimiento de Cristo

Ref.	Cumplida de manera literal	Cumplida en tipo
7.14	El nacimiento virginal de Cristo	(Mt 1.23)
8.14, 15	Una piedra de tropiezo y una roca que hace caer	(Ro 9.33; 1 P 2.8)
8.17	La esperanza y confianza de Cristo en Dios	(He 2.13a)
8.18	El Hijo de Dios y los hijos de Dios	(He 2.13b)
9.1, 2	La llegada de Jesús a la zona de Zabulón y Neftalí	(Mt 4.12–16)
9.6a	El nacimiento de Emanuel	(Mt 1.23; Lc 1.31–33; 2.7, 11)
11.1	Avivamiento de la dinastía davídica	(Mt 1.6, 16; Hch 13.23; Ap 5.5; 22.16)
12.3	Agua de los pozos de salvación	(Jn 4.10, 14)
25.8	La muerte es sorbida	(1 Co 15.54)
28.11	El don de lenguas como una señal de autenticidad de los mensajeros de Dios	(1 Co 14.21, 22)
28.16	Encarnación de Jesucristo	(Mt 21.42)
29.18; 35.5	Jesús sana a los que estaban físicamente sordos y ciegos	(Mt 11.5)
40.3–5	Predicación de Juan el Bautista	(Mt 3.3; Mr 1.3; Lc 3.4–6; Jn 1.23)
42.1a, 2, 3	Cristo en su bautismo y transfiguración y su conducta general a lo largo de su primer advenimiento	(Mt 3.16, 17) (Mt 17.5)
42.6	Cristo extendió los beneficios del nuevo pacto a la iglesia	(He 8.6, 10–12)
42.7	Jesús sanó la ceguera física y proveyó libertad para los cautivos espirituales	(Mt 11.5; Lc 4.18)
42.7	Jesús disipó las tinieblas espirituales en su primera venida	(Mt 4.16)
50.6	Jesús golpeado y escupido	(Mt 26.67; 27.26, 30; Mr 14.65; 15.19; Lc 22.63; Jn 18.22)
50.7	Jesús afirmó su rostro para ir a Jerusalén	(Lc 9.51)
53.1	Israel no reconoció a su Mesías	(Jn 12.38)
53.4	Jesús sanó a personas enfermas como un símbolo de que Él llevaría el pecado	(Mt 8.16, 17)
53.7, 8	Felipe identifica a Jesús como aquel de quien el profeta escribió	(Hch 8.32, 33)
53.7	Jesús permaneció en silencio en todas las etapas de su juicio	(Mt 26.63; 27.12–14; Mr 14.61; 15.5; Lc 23.9; Jn 19.9; 1 P 2.23)
53.7	Jesús era el Cordero de Dios que quita el pecado del mundo	(Jn 1.29; 1 P 1.18, 19; Ap 5.6)
53.9	Jesús era completamente inocente de todos los cargos en su contra	(1 P 2.22)
53.11	Jesús vio la necesidad de ser crucificado entre dos criminales	(Lc 22.37)
54.13	Jesús vio a los que vinieron a Él en su primer advenimiento como enseñados por Dios	(Jn 6.45)
55.3	La resurrección de Cristo era un requisito previo para que ocupe algún día el trono de David en la tierra	(Hch 13.34)
61.1, 2a	Jesús vio el ministerio de su primer advenimiento como contraparte espiritual de la liberación de Israel en su segundo advenimiento	(Lc 4.18, 19)
62.11	Jesús cumplió el llamado a la hija de Sión en su entrada triunfal	(Mt 21.5)

PALABRAS CLAVE EN

Isaías

Luz: En hebreo *or* —2.5; 5.30; 10.17; 13.10; 30.26; 45.7; 58.10; 60.20— se refiere a la luz en sentido literal o simbólico. Este término hebreo suele indicar la luz del día o el amanecer (Jue 16.2; Neh 8.3), pero también puede en sentido simbólico hacer referencia a la vida y la liberación (Job 33.28, 30; Sal 27.1; 36.9; 49.19; Mi 7.8, 9). En la Biblia se relaciona con frecuencia a la luz con el verdadero conocimiento y entendimiento (42.6; 49.6; 51.4; Job 12.25) e incluso con la alegría, la buena fortuna y la bondad (Job 30.26; Sal 97.11). La Biblia dice que la luz es la vestimenta de Dios, imagen vívida de su honor, majestad, esplendor y gloria (Sal 104.2; Hab 3.3, 4). El estilo de vida correcto se caracteriza por andar en la luz de Dios (2.5; Sal 119.105; Pr 4.18; 6.20–23).

Bendición: En hebreo *berakah* —19.24, 25; 44.3; 51.2; 61.9; 65.8, 16; 66.3— que proviene de un verbo que expresa varias ideas importantes, como «llenar con potencia», «hacer fructífero» o «asegurar la victoria». La palabra hace alusión a la promesa de beneficiar a todas las naciones a través de los descendientes de Abraham (Gn 12.3). Cuando alguien bendice, le desea el bien a otro, o tal vez ofrece una oración por sí mismo o por alguien más (Gn 49; Dt 33.1). Los patriarcas del AT a menudo son recordados por sus bendiciones a sus hijos. Cuando Dios bendice, lo hace a quienes le siguen con fidelidad (Dt 11.27), dándoles la salvación (Sal 3.8), la vida (Sal 133.3) y el éxito (2 S 7.29).

Siervo: En hebreo *ebed* —20.3; 24.2; 37.35; 42.1; 44.21; 49.5; 53.11— que proviene de un verbo que significa «servir», «trabajar», o «esclavizar». Si bien *ebed* puede significar «esclavo» (Gn 43.18) en Israel la esclavitud era diferente a la de la mayoría de los lugares del Medio Oriente. La esclavitud estaba regulada por la ley de Moisés, que la prohibía por tiempo indefinido y requería que a los esclavos se les liberara en el año sabático (séptimo) (Éx 21.2), y en el Año del Jubileo, cada cincuenta años (Lv 25.25–28). A veces el término hebreo puede hacer referencia a los súbditos de un rey (2 S 10.19). Pero por lo general la mejor traducción es «siervo, sirviente». Dios hizo referencia a sus profetas como «mis siervos» (Jer 7.25) y habló del Mesías que vendría como siervo suyo, aquel que obedecería su voluntad a la perfección (ver 42.1–4; 49.1–6; 50.4–9; 52.13—53.12).

Salvación: En hebreo *yeshu'ah* —12.2; 25.9; 33.6; 49.6; 51.8; 59.11; 62.1— describe la liberación de la angustia y la consecuente victoria y bienestar. Es un término que aparece casi siempre en Salmos e Isaías, con frecuencia utilizado junto a la palabra *justicia*, lo cual indica una relación entre la justicia de Dios y su obra de salvación (45.8; 51.6, 8; 56.1; 62.1; Sal 98.2). Puede usarse el término para una victoria militar (1 S 14.45), pero en general es en referencia a la liberación de Dios (Éx 15.2; Sal 13.5, 6). Las expresiones *salvación del Señor* y *salvación de Dios* hablan de lo que Dios hace por su pueblo. La expresión *Dios de mi salvación* es de naturaleza más privada y se refiere a la liberación de una persona en particular (12.2; 52.10; Éx 14.13; 2 Cr 20.17; Sal 88.1; 98.3).

BOSQUEJO

I. **Juicio (1.1—35.10)**
  A. Profecías con respecto a Judá y Jerusalén (1.1—12.6)
    1. Pecados sociales de Judá (1.1—6.13)
    2. Enredos políticos de Judá (7.1—12.6)
  B. Oráculos de juicio y salvación (13.1—23.18)
    1. Babilonia y Asiria (13.1—14.27)
    2. Filistea (14.28–32)

      3. Moab (15.1—16.14)

      4. Siria e Israel (17.1–14)

      5. Etiopía (18.1–7)

      6. Egipto (19.1—20.6)

      7. Babilonia continuada (21.1–10)

      8. Edom (21.11, 12)

      9. Arabia (21.13–17)

    10. Jerusalén (22.1–25)

    11. Tiro (23.1–18)

  C. Redención de Israel a través del juicio del mundo (24.1—27.13)

      1. Devastación de la tierra por parte de Dios (24.1–23)

      2. Primer canto de gratitud por redención (25.1–12)

      3. Segundo canto de gratitud por redención (26.1–19)

      4. Disciplina de Israel y prosperidad final (26.20—27.13)

  D. Advertencias en contra de la alianza con Egipto (28.1—35.10)

      1. Ay de los políticos ebrios (28.1–29)

      2. Ay de los formalistas religiosos (29.1–14)

      3. Ay de aquellos que esconden los planes de Dios (29.15–24)

      4. Ay del partido proegipcio (30.1–33)

      5. Ay de aquellos que confían en caballos y carros (31.1—32.20)

      6. Ay del destructor asirio (33.1–24)

      7. Un clamor por justicia en contra de las naciones, particularmente Edom (34.1—35.10)

II. Interludio histórico (36.1—39.8)

  A. Intento de Senaquerib por capturar Jerusalén (36.1—37.38)

  B. Enfermedad y recuperación de Ezequías (38.1–22)

  C. Emisarios babilonios a Jerusalén (39.1–8)

III. Salvación (40.1—66.24)

  A. Liberación de la cautividad (40.1—48.22)

      1. Consuelo para los exiliados babilonios (40.1–31)

      2. El fin de la miseria de Israel (41.1—48.22)

  B. Sufrimientos del Siervo del Señor (49.1—57.21)

      1. La misión del Siervo (49.1—52.12)

      2. Redención por el Siervo Sufriente (52.13—53.12)

      3. Resultados de la redención del Siervo Sufriente (54.1—57.21)

  C. Gloria futura del pueblo de Dios (58.1—66.24)

      1. Dos tipos de religión (58.1–14)

      2. Ruego a Israel que abandone sus pecados (59.1–19)

      3. Bendición futura de Sión (59.20—61.11)

      4. Al acercarse a la liberación de Sión (62.1—63.6)

      5. Oración por liberación nacional (63.7—64.12)

      6. La respuesta del Señor a la súplica de Israel (65.1—66.24)

Mientras tanto, en otras partes del mundo...

Rómulo, legendario fundador de Roma, instituye un nuevo calendario en el que se divide el año en diez meses. En Italia avanza la odontología con la creación de los dientes postizos.

RESPUESTAS A PREGUNTAS DIFÍCILES

1. ¿Indica Isaías el permanente abandono de Dios con respecto al pueblo escogido?

Las profecías de Isaías nos brindan una larga perspectiva histórica, respaldando así el futuro papel de Israel en el plan de Dios. Según Isaías, Dios puede determinar un duro castigo para su pueblo, pero no ha reemplazado al Israel étnico por un «nuevo Israel». Las imágenes del NT confirman lo dicho por Isaías. En pasajes como Romanos 11, vemos por cierto que los gentiles son injertados al árbol del plan de salvación de Dios, pero ese mensaje no implica reemplazo total. Dios no olvida a quienes son suyos.

2. ¿En qué aspectos siguen abiertas al cumplimiento las profecías de Isaías, y de qué modo?

El cumplimiento literal de muchas de las profecías de Isaías forma parte de la historia antigua. Los manuscritos como la copia completa de Isaías hallados entre los rollos del Mar Muerto estaban bien gastados cuando sucedieron los hechos de la vida de Jesús. La validez de las declaraciones proféticas de Isaías sobre lo que ocurriría sugiere que también serán precisas sus profecías para el futuro. Argumentar que lo que no se ha cumplido solo puede consumarse de manera figurada equivale a miopía histórica y bíblica. La Palabra de Dios no cambia. El argumento que propone que la iglesia recibe algunas de las promesas que originalmente Dios le dio a Israel, no tiene base firme. El reino prometido a David sigue perteneciendo a Israel, no a la iglesia. La futura exaltación de Jerusalén será en la tierra, no en el cielo. Cristo reinará personalmente en esta tierra tal como la conocemos, y también en los nuevos cielos y la nueva tierra (Ap 22.1, 3).

OTROS TEMAS DE ESTUDIO EN ISAÍAS

1. El llamado de Isaías en 6.1–8 representa un hecho memorable en las Escrituras. ¿Qué indica acerca de la santidad de Dios?
2. En el gran capítulo sobre la salvación (Is 53), ¿cómo se describe el plan de Dios?
3. ¿Qué componentes del carácter de Isaías podemos hallar a lo largo de este libro?
4. ¿Qué equilibrio hay en las profecías de Isaías entre la esperanza y la salvación y el juicio o castigo?
5. ¿Qué profecías de Isaías sobre el Mesías Salvador le parecen más destacadas?
6. ¿Cómo entiende usted el llamamiento de Dios a su vida (ver nuevamente 6.1–8)?

JEREMÍAS

El testimonio de las lágrimas

TÍTULO

Este libro deriva su título del autor humano, quien comienza con «las palabras de Jeremías...» (1.1). Jeremías relata más de su propia vida que cualquier otro profeta, contando de su ministerio, las reacciones de sus auditorios, sus pruebas y sus sentimientos personales. Su nombre quiere decir: «Jehová arroja», en el sentido de establecer un cimiento, o: «Jehová establece, coloca, o envía».

Siete otros Jeremías aparecen en las Escrituras (2 R 23.31; 1 Cr 5.24; 1 Cr 12.4; 1 Cr 12.10; 1 Cr 12.13; Neh 10.2; Neh 12.1), y Jeremías el profeta es nombrado por lo menos nueve veces fuera de su libro (cp. 2 Cr 35.25; 36.12; 36.21, 22; Dn 9.2; Esd 1.1; Mt 2.17; 16.14; 27.9). El Antiguo y Nuevo Testamentos citan a Jeremías por lo menos siete veces: (1) Dn 9.2 (25.11, 12; 29.10); (2) Mt 2.18 (31.15); (3) Mt 27.9 (18.2; 19.2, 11; 32.6–9); (4) 1 Co 1.31 (9.24); (5) 2 Co 10.17 (9.24); (6) He 8.8–12 (31.31–34); y (7) He 10.16–17 (31.33, 34).

AUTOR Y FECHA

Jeremías, quien sirvió como sacerdote y también como profeta, fue el hijo de un sacerdote llamado Hilcías (no el sumo sacerdote de 2 R 22.8 que descubrió el Libro de la ley). Él era de la pequeña villa de Anatot (1.1), llamada hoy día Anata, a unos 4,8 km al noreste de Jerusalén en la porción de tierra que la tribu de Benjamín heredó. Como una lección visual a Judá, Jeremías permaneció soltero (16.1–4). Él fue asistido en el ministerio por un escriba llamado Baruc, a quien Jeremías dictaba y quien copiaba y tenía custodia sobre los escritos compilados de los mensajes del profeta (36.4, 32; 45.1). Jeremías ha sido conocido como «el profeta que lloraba» (cp. 9.1; 13.17; 14.17), viviendo una vida de conflicto debido a sus predicciones de juicio por parte de los babilonios invasores. Él fue amenazado, juzgado por su vida, colocado en un cepo, forzado a huir de Joacín, públicamente humillado por un falso profeta y arrojado a una cisterna.

Jeremías tuvo un ministerio dirigido en la mayoría de los casos a su propio pueblo en Judá, pero que en ocasiones se expandió a otras naciones. Apeló a sus compatriotas a que se arrepintieran y evitaran el juicio de Dios por medio de un invasor (caps. 7, 26). Una vez que la invasión se hizo realidad después de que Judá rehusó arrepentirse, él les rogó que no resistieran al conquistador babilonio para prevenir la destrucción total (cap. 27). También llamó a los delegados de otras naciones a que dieran oído a su consejo

Principales pruebas de Jeremías
1. Prueba por amenazas de muerte (11.18–23)
2. Prueba por aislamiento (15.15–21)
3. Prueba por el cepo (19.14—20.18)
4. Prueba por arresto (26.7–24)
5. Prueba por desafío (28.10–16)
6. Prueba por destrucción (36.1–32)
7. Prueba por violencia y encarcelamiento (37.15)
8. Prueba por hambre (38.1–6)
9. Prueba por cadenas (40.1)
10. Prueba por rechazo (42.1—43.4)

y se sometieran a Babilonia (cap. 27) y predijo juicios de Dios sobre varias naciones (25.12–38, caps. 46—51).

La fecha de su ministerio, el cual cubrió cinco décadas, va desde el año 13 del rey de Judá, Josías, notado en el 1.2 (627 A.C.), hasta más allá de la caída de Jerusalén a manos de Babilonia en el 586 A.C. (Jer 39, 40, 52). Después del 586 A.C., Jeremías fue forzado a ir con un remanente que huía de Judá a Egipto (Jer 43, 44). Posiblemente estuvo ministrando en el 570 A.C. Una nota rabínica dice que cuando Babilonia invadió Egipto en el 568/67 A.C., Jeremías fue llevado cautivo a Babilonia. Él pudo haber vivido hasta el punto de escribir la escena de conclusión del libro alrededor del 561 A.C. en Babilonia, cuando al rey de Judá, Joaquín, cautivo en Babilonia desde el 597 A.C., se le permitieron libertades en sus últimos días (52.31–34). Jeremías, si aún estaba vivo para ese entonces, tenía entre ochenta y cinco o noventa años de edad.

CONTEXTO HISTÓRICO

Los detalles de contexto de los tiempos de Jeremías son mostrados en 2 Reyes 22—25 y 2 Crónicas 34—36. Los mensajes de Jeremías muestran imágenes de: (1) el pecado de su pueblo; (2) el invasor a quien Dios enviaría; (3) los rigores del sitio; y (4) las calamidades de la destrucción. El mensaje de Jeremías de juicio inevitable por idolatría y otros pecados fue predicado en un período de cuarenta años (alrededor del 627—586 A.C. y más allá de esa fecha). Su profecía se llevó a cabo

Babilonia domina

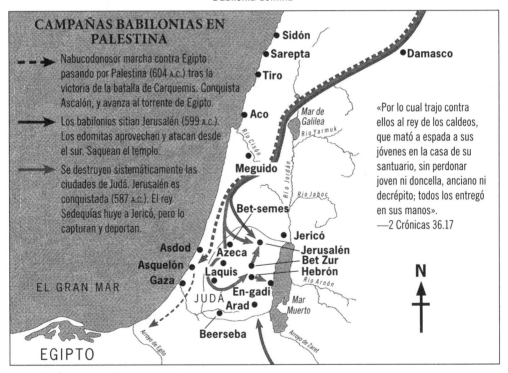

CAMPAÑAS BABILONIAS EN PALESTINA

Nabucodonosor marcha contra Egipto pasando por Palestina (604 A.C.) tras la victoria de la batalla de Carquemis. Conquista Ascalón, y avanza al torrente de Egipto.

Los babilonios sitian Jerusalén (599 A.C.). Los edomitas aprovechan y atacan desde el sur. Saquean el templo.

Se destruyen sistemáticamente las ciudades de Judá. Jerusalén es conquistada (587 A.C.). El rey Sedequías huye a Jericó, pero lo capturan y deportan.

«Por lo cual trajo contra ellos al rey de los caldeos, que mató a espada a sus jóvenes en la casa de su santuario, sin perdonar joven ni doncella, anciano ni decrépito; todos los entregó en sus manos».
—2 Crónicas 36.17

Aunque Joel y Miqueas ya habían profetizado que Judá sería juzgada, durante el reinado de Josías los profetas principales de Dios fueron Jeremías, Habacuc y Sofonías. Más tarde, los contemporáneos de Jeremías, Ezequiel y Daniel, tuvieron un importante papel como profetas.

durante los reinados de los últimos cinco reyes de Judá (Josías 640—609 A.C., Joacaz 609 A.C., Joacín 609—598 A.C., Joaquín 598—597 A.C. y Sedequías 597—586 A.C.).

La condición espiritual de Judá se caracterizaba por la adoración abierta de los ídolos (cp. cap. 2). El rey Acaz, precedido por su hijo Ezequías mucho antes de Jeremías en los días de Isaías, había establecido un sistema de sacrificio de niños al dios Moloc en el Valle de Hinom afuera de Jerusalén (735—715 A.C.). Ezequías guió reformas y limpiezas (Is 36.7), pero su hijo Manasés continuó promoviendo el sacrificio de niños junto con la idolatría abierta, la cual continuó hasta el tiempo de Jeremías (7.31; 19.5; 32.35). Muchos también adoraron a la «reina del cielo» (7.18; 44.19). Las reformas de Josías, que llegaron a su punto culminante en el 622 A.C., forzaron una represión de las peores prácticas de manera externa, pero el cáncer mortal del pecado era profundo y volvió a florecer rápidamente una vez más después de un avivamiento superficial. La falta de sinceridad religiosa, la deshonestidad, el adulterio, la injusticia, la tiranía en contra de los necesitados y la calumnia prevalecieron como la norma, no la excepción.

Políticamente, importantes acontecimientos ocurrieron en los días de Jeremías. Asiria vio su poder desvanecerse gradualmente; después Asurbanipal murió en el 626 A.C. Asiria se volvió tan débil que en el 612 A.C. su aparente capital invencible, Nínive, fue destruida (cp. el libro de Nahum). El Imperio Neobabilonio bajo Nabopolasar (625—605 A.C.) se convirtió en la potencia militar con victorias sobre Asiria (612 A.C.), Egipto (609—605 A.C.), e Israel en tres fases (605 A.C., como en Daniel 1; 597 A.C., como en 2 Reyes 24.10—16; y 586 A.C., como en Jeremías 39, 40, 52).

Mientras que Joel y Miqueas habían profetizado antes del juicio de Judá,

CRISTO EN... JEREMÍAS

LA IMAGEN DE CRISTO está entrelazada con las profecías de Jeremías siempre. Cristo como «fuente de agua viva» (2.13; Jn 4.14) se erige en marcado contraste con el juicio que cae sobre la nación de Judá que no se arrepiente. Jeremías también muestra a Cristo como «bálsamo en Galaad» (8.22), el buen Pastor (23.4), «vástago justo» (23.5), «el Señor nuestra salvación» (23.6) y David el rey (30.9).

durante el reinado de Josías, los principales profetas de Dios fueron Jeremías, Habacuc y Sofonías. Más adelante, contemporáneos de Jeremías, Ezequiel y Daniel, jugaron papeles proféticos prominentes.

PERSONAS DESTACADAS EN JEREMÍAS

Jeremías: sacerdote y profeta del reino sureño de Judá.

Rey Josías: decimosexto monarca del reino sureño de Judá; intentó seguir a Dios (1.1–3; 22.11, 18).

Rey Joacaz: malvado hijo de Josías y decimoséptimo monarca del reino sureño de Judá (22.9–11).

Rey Joacim: malvado hijo de Josías y decimoctavo monarca del reino sureño de Judá (22.18–23; 25.1–38; 26.1–24; 27.1–11; 35.1–19; 36.1–32).

Rey Joaquín (Jeconías): malvado hijo de Joacim y decimonoveno rey del reino sureño de Judá (13.18–27; 22.24–30).

Rey Sedequías: malvado tío de Joaquín y vigésimo monarca del reino sureño de Judá (21.1–14; 24.8–10; 27.12–22; 32.1–5; 34.1–22; 37.1–21; 38.1–28; 51.59–64).

Baruc: servía como escriba de Jeremías (32.12–16; 36.4–32; 43.3—45.4).

Ebed-melec: etíope funcionario del palacio que temía a Dios y ayudó a Jeremías (38.7—39.16).

Nabucodonosor: el más grande de los reyes de Babilonia; llevó al pueblo de Judá al cautiverio (21—52).

Los recabitas: obedientes descendientes de Jonadab, en contraste con el pueblo desobediente de Israel (35.1–19).

Temas históricos y teológicos

El tema principal de Jeremías es el juicio sobre Judá (caps. 1—29) con la restauración en el reino mesiánico futuro (23.3–8; 30—33). Mientras que Isaías enfocó muchos capítulos en una gloria futura para Israel (Is 40—66), Jeremías dio mucho menos espacio a este tema. Debido a que el juicio de Dios era inminente él se concentró en los problemas de la actualidad, mientras buscó volver a la nación de regreso de un punto en el que no podía regresar.

Un tema secundario es la disposición de Dios a liberar y bendecir a la nación solo si el pueblo se arrepentía. Aunque este es un énfasis frecuente, es mostrado de una manera muy vívida en la casa del alfarero (18.1–11). Otro enfoque es el plan de Dios para la vida de Jeremías, tanto en su proclamación del mensaje de Dios como en su compromiso para cumplir toda su voluntad (1.5–19; 15.19–21). Otros temas incluyen: (1) el anhelo de Dios porque Israel sea tierna con Él, como en los días del primer amor (2.1–3); (2) las lágrimas del siervo Jeremías, como «el profeta que lloraba» (9.1; 14.17); (3) la relación íntima que Dios tenía con Israel y que Él anhelaba mantener (13.11); (4) el sufrimiento, como en las pruebas de Jeremías (11.18–23; 20.1–18) y la suficiencia de Dios en todo problema (20.11–13); (5) el papel vital que la Palabra de Dios puede jugar en la vida (15.16); (6) el lugar de la fe al esperar restauración del Dios para quien nada es demasiado difícil (cap. 32, especialmente los vv. 17, 27); y (7) oración por la coordinación de la voluntad de Dios con la acción de Dios para restaurar a Israel a su tierra (33.3, 6–18).

Principales doctrinas en Jeremías

Ilustraciones del juicio de Dios
Una vara de almendro (1.11, 12)
Una olla que hierve (1.13–16)
Leones (2.15; 4.7; 5.6; 50.17)
Un viento seco de tormenta (4.11, 12; 18.17; 23.19; 25.32)
Lobo (5.6)
Leopardo (5.6)
Quitando las ramas de Judá (5.10)
Fuego (5.14)
Haciendo a esta casa (centro de adoración) como a Silo (7.14)
Serpientes, áspides (8.17)
Destruyendo ramas de olivo (11.16–17)
Sacando de raíz (12.17)
Cinto de lino hecho inservible (13.1–11)
Botellas llenas de vino y quebradas la una con la otra (13.12–14)
Una vasija de alfarero quebrada (19.10, 11; cp. 22.28)
Un martillo (la Palabra de Dios) quebrantando una piedra (23.29)
Una copa de ira (25.15)
Sión arada como un campo (26.18)
Llevando yugos de madera y hierro (27.2; 28.13)
Un martillo (Babilonia) (50.23)
Un monte destructor (Babilonia) (51.25)

Pecado: el pecado de Israel exigía que Dios les castigara (2.1–13, 23–37; 5.1–6; 7.16–34; 11.1–17; 17.1–4; 18.1–17; 23.9–40; Éx 23.33; Dt 9.16; 1 R 11.39; Esd 6.17; Job 1.22; Sal 5.4; Mi 3.8; Mt 5.30; Lc 17.1; Ro 1.29).

Juicio y castigo (4.3–18; 9.3–26; 12.14–17; 15.1–9; 16.5–13; 19.1–15; 24.8–10; 25.1–38; 39.1–10; 44.1–30; 46.1—51.14; Éx 12.12; Sal 1.5; Os 5.1; Am 4.12; Jn 12.31, 32; Ro 14.10; 2 Ts 1.7–10).

Restauración de Israel (23.3–8; 30—33; Dt 30.1–5; Sal 71.20, 21; Is 49.6; Nah 2.2; Hch 1.6–8; 15.16; 1 P 5.10).

EL CARÁCTER DE DIOS EN JEREMÍAS

Dios llena el cielo y la tierra: 23.24
Dios es bueno: 31.12, 14; 33.9, 11
Dios es santo: 23.9
Dios es justo: 9.24; 32.19; 50.7
Dios es bondadoso: 31.3
Dios es paciente: 15.15; 44.22
Dios es amoroso: 31.3
Dios es misericordioso: 3.12; 33.11
Dios es omnipresente: 23.23
Dios es potente: 5.22; 10.12; 20.11; 37.27
Dios cumple sus promesas: 31.33; 33.14
Dios es justo: 9.24; 12.1
Dios es soberano: 5.22, 24; 7.1–15; 10.12–16; 14.22; 17.5–10; 18.5–10, 25.15–38; 27.5–8; 31.1–3; 42.1–22; 51.15–19
Dios es verdadero: 10.10
Dios no tiene igual: 10.6
Dios es sabio: 10.7, 12; 32.19
Dios se aíra: 3.12, 13; 4.8; 7.19, 20; 10.10; 18.7, 8; 30.11; 31.18–20; 44.3

RETOS DE INTERPRETACIÓN

Varias preguntas surgen, tales como: (1) ¿Cómo puede uno explicar que Dios prohíba la oración por los judíos (7.16) y que diga que aun la mediación de Moisés y Samuel no podrían evitar el juicio (15.1)? (2) ¿Llevó a cabo Jeremías un viaje de varios cientos de kilómetros al río Éufrates o enterró su cinto cerca (13.4–7)? (3) ¿Cómo pudo él pronunciar cosas tan severas acerca del hombre que anunció su nacimiento (20.14–18)? (4) ¿Se relaciona la maldición sobre la línea real de Jeconías con Cristo (22.30)? (5) ¿Cómo debe uno de interpretar las promesas del regreso de Israel a su antigua tierra (caps. 30—33)? Y (6) ¿cómo cumplirá Dios el nuevo pacto con relación a Israel y la iglesia (31.31–34)? Vea «Respuestas a preguntas difíciles» con respecto a estos asuntos.

Un reto frecuente es entender los mensajes del profeta en su contexto de tiempo correcto, ya que el libro de Jeremías no siempre es cronológico, sino en orden cambiante, moviéndose de atrás para adelante y viceversa en el tiempo para tener un efecto temático. En contraste, Ezequiel, normalmente coloca su material en orden cronológico.

BOSQUEJO

    I. **Preparación de Jeremías (1.1–19)**
        A. El contexto de Jeremías (1.1–3)
        B. La elección de Jeremías (1.4–10)
        C. El encargo a Jeremías (1.11–19)
    II. **Proclamaciones a Judá (2.1—45.5)**
        A. Condenación de Judá (2.1—29.32)
            1. Primer mensaje (2.1—3.5)

Mientras tanto, en otras partes del mundo...

Se desarrollan sistemas que permiten que el agua llegue a determinadas ciudades: en Jerusalén, por medio de túneles subterráneos; en Nínive, mediante el uso de aljibes que Senaquerib mejoró con la construcción de acueductos.

RESPUESTAS A PREGUNTAS DIFÍCILES

1. ¿Cómo puede uno explicar que Dios le prohibiera orar por los judíos (7.16), pero al mismo tiempo dijese que ni siquiera la intervención de Moisés y Samuel podría impedir el juicio (15.1)?

Las cuestiones generales sobre la disposición o negativa de Dios a oír la oración de alguien tienen que responderse con referencia a pasajes específicos. Dios le dijo a Jeremías que no orara por el pueblo porque había decidido rechazar a Dios y se mantenía en esa actitud. Jeremías 7.16 comienza diciendo: «Tú, pues», e indica que lo que sigue expresa la conclusión de Dios. El pueblo no tiene interés alguno en las oraciones de Jeremías, por lo que no sirven, es como si Dios no las oyera.

Más adelante, en Jeremías 15.1, Dios describe la condición pecaminosa y desesperada de su pueblo diciendo que incluso las oraciones de Moisés y Samuel no impedirían las consecuencias que se avecinaban. El error espiritual que Dios expone en este pasaje tiene que ver

---

PALABRAS CLAVE EN

Jeremías

Sanar: En hebreo *rapha* —3.22; 6.14; 8.11; 15.18; 17.14; 30.17; 51.8— se refiere en sentido literal al trabajo del médico. En ocasiones puede hacer referencia a objetos inanimados, en cuyos casos la traducción más adecuada es «reparar» (2 R 18.30). Pero el uso más común es el de la idea de restaurar a lo normal como en 2 Crónicas 7.14, donde Dios promete restaurar la tierra si su pueblo ora. En Salmos se alaba a Dios por su mano sanadora (Sal 103.3), por sanar a los que sufren (Sal 147.3) y por sanar el alma a través de la salvación (Sal 30.2; 107.20). Isaías declaró que la sanidad del pueblo de Dios es resultado de las heridas del sacrificio de su Hijo (Is 53.5–12).

Pastor: En hebreo, *ro'ah* —6.3; 23.4; 31.10; 43.12; 49.19; 50.44; 51.23— hace referencia a quien alimenta y cuida a los animales domésticos. David dijo que Dios era su Pastor porque le proveía, lo sostenía y lo guiaba (Sal 23). También se veía como pastores de su pueblo a los reyes y otros líderes, y el título «pastor» se aplicaba con frecuencia a los reyes del Medio Oriente antiguo. David era un verdadero pastor-rey, que lideró y protegió con responsabilidad a su pueblo (2 S 5.1, 2). Jeremías reprendió a los líderes de Israel que eran falsos pastores y no cumplían con su responsabilidad de cuidar al pueblo de Dios y su bienestar espiritual (23.1–4).

Profeta: En hebreo *nabi* —1.5; 6.13; 8.10; 18.18; 23.37; 28.9; 37.3; 51.59— probablemente derivado de la raíz que significa «anunciar» o «proclamar» (19.14; Ez 27.4). También es posible que derive de un término hebreo que significa «hacer burbujas» o «derramar». La profecía puede compararse con el «burbujeo» del Espíritu Santo en la persona que transmite un mensaje divino (comparar Am 3.8; Mi 3.8). En tiempos del AT los profetas eran heraldos o voceros que transmitían el mensaje a otros (ver 1.5; 2.8; 2 R 17.13; Ez 37.7). En el caso de los profetas hebreos, hablaban por Dios mismo. Es esta la razón por la que presentaban sus mensajes con «así ha dicho Jehová de los ejércitos» en tantas ocasiones (ver 9.7, 17).

Palabra: En hebreo *dabar* —1.2; 5.14; 13.8; 21.11; 24.4; 32.8; 40.1; 50.1— que deriva del verbo «hablar» y se refiere a la palabra o lo que se ha dicho. La frase *palabra del Señor* es utilizada por los profetas en el comienzo de un mensaje divino (ver 1.13). En el caso de la literatura profética, *palabra* puede ser el término técnico que se usa para indicar la profecía. En la Biblia la palabra de revelación se relaciona con los profetas (26.5), así como la sabiduría se relaciona con los sabios y la ley con los sacerdotes (18.18). Jeremías utilizó *dabar* más que cualquier otro profeta para dejar en claro que Dios le daba la autoridad.

con la tentación a ofrecer la «oración correcta» como sustituto del arrepentimiento sincero. La idea de que una ceremonia religiosa vacía pueda satisfacer la justa indignación de un Dios santo no era tan solo un error de los antiguos. Hoy, como entonces, Dios deja que las personas experimenten los resultados de su conducta como oportunidad final para la corrección y el arrepentimiento.

2. La maldición sobre la línea real de Jeconías, ¿se relaciona con Cristo (22.30)?

Aunque Jeconías tuvo hijos (1 Cr 3.17, 18) se le consideraba sin hijos en el sentido de que no tenía hijos que reinaran («logrará sentarse sobre el trono») debido a la maldición sobre su descendencia. Esa maldición continuó en sus descendientes hasta José, el esposo de María. ¿Cómo podía entonces ser Jesús el Mesías si su padre estaba bajo esa maldición? Fue porque José no tenía que ver con la línea sanguínea de Jesús, puesto que este nació de una virgen (Mt 1.12). El derecho sanguíneo de Jesús al trono de David provenía de María, de Natán, hermano de Salomón, no de Salomón mismo (la línea de Jeconías), y así la maldición no estaba sobre él (Lc 3.31, 32). Cf. 36.30.

3. Parte de la profecía de Jeremías incluye la promesa de Dios de un nuevo pacto con su pueblo. ¿Cuál es este nuevo pacto y qué relación tiene con Israel, el NT y la iglesia?

En Jeremías 31.31–34, Dios anunció el futuro establecimiento de un nuevo pacto con su pueblo diciendo: «Daré mi ley en su mente, y la escribiré en su corazón; y yo seré a ellos por Dios, y ellos me serán por pueblo» (31.33). Este pacto es diferente de aquel en el que Dios dice: «No como el pacto que hice con sus padres el día que tomé su mano para sacarlos de la tierra de Egipto; porque ellos invalidaron mi pacto, aunque fui yo un marido para ellos» (v. 32). El cumplimiento de este nuevo pacto sería con las personas y también con Israel como nación (v. 36; Ro 11.16–17). Entre los indicadores externos finales de este pacto se cuentan (1) el restablecimiento del pueblo en su tierra (vv. 38–40 y capítulos 30 a 33) y (2) un tiempo de suprema dificultad (30.7).

En principio este pacto que también anunció Jesús (Lc 22.20) comenzó a ejercerse para los creyentes judíos y gentiles de la era de la iglesia (1 Co 11.25; He 8.7–13; 9.15; 10.14–17; 12.24; 13.20). La idea del remanente judío, que tantas veces aparece en las profecías del AT, es lo que el NT identifica como «un remanente escogido por gracia» (Ro 11.5). El nuevo pacto finalizará para el pueblo de Israel en los últimos tiempos, e incluirá su reunión en su antigua tierra, Palestina (capítulos 30 a 33). Fluirán al fin los arroyos de los pactos de Abraham, David y el nuevo pacto como uno solo en el reino del milenio gobernado por el Mesías.

OTROS TEMAS DE ESTUDIO EN JEREMÍAS

1. ¿Qué indica el primer capítulo de Jeremías acerca de los planes de Dios para cada persona?
2. Jeremías sirvió como profeta de Dios más de cuarenta años. ¿En qué aspectos falló? ¿Y en cuáles tuvo éxito?
3. ¿A qué se refiere Jeremías cuando escribe sobre el nuevo pacto (capítulo 31)?
4. ¿Qué relación tenía Jeremías con los reyes de su época?
5. ¿En qué aspectos enfatizan las profecías de Jeremías —capítulos 46 a 52— la soberanía de Dios ante el aparente poder de las naciones?
6. ¿Qué le enseña a usted Jeremías en cuanto a la fidelidad?

LAMENTACIONES
Esperanza en medio de la devastación

TÍTULO

«Lamentaciones» se derivó de una traducción del título tal como se encontraba en la traducción de la Vulgata latina (Vg.) del AT griego, la Septuaginta (LXX), y expresa la idea de «clamores fuertes». La exclamación hebrea *'ekah* («Cómo», la cual expresa «desmayo»), usada en el 1.1; 2.1 y 4.1, le da al libro su título hebreo. No obstante, los rabinos comenzaron a llamar al libro desde una época temprana «clamores fuertes» o «lamentaciones» (cp. Jer 7.29). Ningún otro libro entero del AT contiene únicamente lamentos, como lo hace esta endecha de sufrimiento, marcando el funeral de la que una vez fue la hermosa ciudad de Jerusalén (cp. 2.15). Este libro mantiene viva la memoria de esa caída y enseña a todos los creyentes cómo enfrentar el sufrimiento.

AUTOR Y FECHA

El autor de Lamentaciones no se nombra en el libro, pero hay indicaciones internas e históricas de que fue Jeremías. La LXX introduce Lamentaciones 1.1: «Y sucedió, después de que Israel había sido llevado cautivo… Jeremías se sentó llorando (cp. 3.48, 49, etc.)… lamentó… y dijo…». Dios le había dicho a Jeremías que hiciera que Judá se lamentara (Jer 7.29) y Jeremías también escribió lamentos para Josías (2 Cr 35.25).

Jeremías escribió Lamentaciones como un testigo ocular (cp. 1.13–15; 2.6, 9; 4.1–12), posiblemente con la ayuda de Baruc como secretario (cp. Jer 36.4; 45.1), durante o poco después de la caída de Jerusalén en el 586 A.C. Era mediados de julio cuando la ciudad cayó y mediados de agosto cuando el templo fue quemado. Es muy probable que Jeremías viera la destrucción de los muros, torres, hogares, palacio y templo. Él escribió mientras el acontecimiento permaneció dolorosamente fresco en su memoria, pero antes de su partida forzada a Egipto ca. 583 A.C. (cp. Jer 43.1–7). El lenguaje usado en Lamentaciones es un paralelo cercano del que usó Jeremías en gran parte de su libro profético (cp. 1.2 con Jer 30.14; 1.15 con Jer 8.21; 1.6 y 2.11 con Jer 9.1, 18; 2.22 con Jer 6.25; 4.21 con Jer 29.12).

CONTEXTO HISTÓRICO

Las semillas proféticas de la destrucción de Jerusalén fueron sembradas a través de Josué ochocientos años por adelantado (Jos 23.15, 16). Ahora, por más de cuarenta años, Jeremías había profetizado el juicio venidero y había sido objeto de burla por parte del pueblo por predicar juicio (ca. 645–605 A.C.). Cuando este juicio vino sobre el pueblo incrédulo por parte de Nabucodonosor y el ejército babilónico, Jeremías respondió con gran tristeza y compasión hacia su pueblo obstinado y en sufrimiento. Lamentaciones se relaciona muy de cerca con el libro de Jeremías, describiendo la angustia cuando Jerusalén experimentó el juicio de Dios por pecados de los que no se arrepintieron. En el libro que lleva su nombre, Jeremías había predicho la calamidad en los caps. 1—29. En Lamentaciones, él se concentra en más detalles del sufrimiento amargo y el quebrantamiento de corazón experimentado por la devastación de Jerusalén (cp. Sal 46.4, 5). Tan crítica fue la destrucción de Jerusalén, que los hechos son registrados en cuatro capítulos del AT por separado: 2 Reyes 25; Jeremías 39.1–11; 52; y 2 Crónicas 36.11–21.

Los ciento cincuenta y cuatro versículos han sido reconocidos por los judíos como parte de su canon sagrado. Junto con Rut, Ester, Cantar de los cantares y Eclesiastés, Lamentaciones es incluido entre los libros del AT del Megillot o «cinco rollos», los cuales eran leídos en la sinagoga en ocasiones especiales. Lamentaciones es leído el noveno día de Ab (julio–agosto) para recordar la fecha de la destrucción de Jerusalén por mano de Nabucodonosor. Es interesante notar que esta misma fecha más tarde marcó la destrucción del templo de Herodes a manos de los romanos en el 70 D.C.

Segundo de Reyes, Jeremías y Lamentaciones comparados

		2 Reyes 25 (Vea también 2 Cr 36.11–21)	Jeremías	Lamentaciones
1.	El sitio de Jerusalén	1, 2	39.1–3; 52.4, 5	2.20–22; 3.5, 7
2.	El hambre en la ciudad	3	37.21; 52.6	1.11, 19; 2.11, 12; 2.19, 20; 4.4, 5, 9, 10; 5.9, 10
3.	La huida del ejército y el rey	4—7	39.4–7; 52.8–11	1.3, 6; 2.2; 4.19, 20
4.	El palacio, el templo y la ciudad son quemados	8, 9	39.8; 52.13	2.3–5; 4.11; 5.18
5.	La brecha en los muros de la ciudad	10	33.4, 5; 52.7	2.7–9
6.	El exilio del pueblo	11, 12	28.3, 4, 14; 39.9, 10	1.1, 4, 5, 18; 2.9, 14; 3.2, 19; 4.22; 5.2
7.	El robo del templo	13—15	51.51	1.10; 2.6, 7
8.	La ejecución de los líderes	18—21	39.6	1.15; 2.2, 20
9.	La condición de siervo de Judá	22—25	40.9	1.1; 5.8, 9
10.	El fracaso de la ayuda externa esperada	24.7	27.1–11; 37.5–10	4.17; 5.6

PERSONAS DESTACADAS EN LAMENTACIONES

Jeremías: profeta de Judá; lamentaba la destrucción de Jerusalén (1.1—5.22).

Pueblo de Jerusalén: juzgado por Dios a causa de sus grandes pecados (1.1—5.22).

TEMAS HISTÓRICOS Y TEOLÓGICOS

El enfoque principal de Lamentaciones es el juicio de Dios en respuesta al pecado de Judá. Este tema puede ser seguido a lo largo del libro (1.5, 8, 18, 20; 3.42; 4.6, 13, 22; 5.16). Un segundo tema que sale a la superficie es la esperanza encontrada en la compasión de Dios (como en 3.22–24, 31–33; cp. Sal 30.3–5). Aunque el libro lidia con la desgracia, se vuelve a la gran fidelidad de Dios (3.22–25) y cierra con la gracia conforme Jeremías pasa de la lamentación a la consolación (5.19–22).

El juicio soberano de Dios representa un tercer tema en el libro. Su santidad fue tan ofendida por el pecado de Judá que finalmente Él trajo la calamidad destructiva. Babilonia fue escogida para ser su instrumento humano de ira (1.5, 12, 15; 2.1, 17; 3.37, 38; cp. Jer 50.23). Jeremías menciona a Babilonia más de ciento cincuenta veces desde Jeremías 20.4 a 52.34, pero en Lamentaciones él no menciona ni una vez de manera explícita a Babilonia o a su rey, Nabucodonosor. Solo el Señor es identificado como el que lidió con el pecado de Judá.

En cuarto lugar, debido a que el juicio que arrasó con todo pareció ser el fin de toda esperanza de salvación para Israel y el cumplimiento de las promesas de Dios (cp. 3.18), gran parte del libro aparece como oración: (1) 1.11, el cual representa una confesión con llanto por el pecado (cp. v. 18); (2) 3.8, con su angustia cuando Dios «cerró los oídos a mi oración» (cp. Jer 7.16; Lm 3.43–54); (3) 3.55–59, donde Jeremías clama a Dios por alivio; o 3.60–66, donde busca recompensa para los enemigos (la cual Jer 50, 51 garantiza); y (4) 5.1–22, con su apelación al cielo por misericordia restauradora (la cual Jer 30—33 asegura), basada en la confianza de que Dios es fiel (3.23).

CRISTO EN... LAMENTACIONES

LAS LÁGRIMAS DE JEREMÍAS surgían del profundo amor que le tenía al pueblo de Israel (3.48–49). De igual modo, Cristo mismo lloró por la ciudad de Jerusalén, diciendo: «¡Jerusalén, Jerusalén, que matas a los profetas, y apedreas a los que te son enviados! ¡Cuántas veces quise juntar a tus hijos, como la gallina junta sus polluelos debajo de las alas, y no quisiste!» (Mt 23.37–39; Lc 19.41–44). Si bien Cristo ha de juzgar a los que se rebelan contra él, también siente gran pena por perder a su amado pueblo.

Un quinto tema se relaciona con Cristo. Las lágrimas de Jeremías (3.48, 49) se comparan con las lágrimas de Jesús por la misma ciudad de Jerusalén (Mt 23.37–39; Lc 19.41–44). Aunque Dios fue el juez y ejecutor, traer esta destrucción fue motivo de tristeza para Él. La afirmación: «En toda angustia de ellos él [Dios] fue angustiado» (Is 63.9) fue verdadera en principio. Un día Dios enjugará toda lágrima (Is 25.8; Ap 7.17; 21.4) cuando ya el pecado no será más.

Un sexto tema es una advertencia implícita a todos los que leen este libro. Si Dios no vaciló en juzgar a su pueblo amado (Dt 32.10), ¿qué hará a las naciones del mundo que rechazan su Palabra?

PRINCIPALES DOCTRINAS EN LAMENTACIONES

Juicio de Dios por el pecado de Judá (1.5, 8, 18, 20; 3.42; 4.6, 13, 22; 5.16; Dt 28.43; Neh 9.26; Sal 137.7; Jer 14.20; 30.14; 52.28; Ez 16.37; Dn 9.5, 7, 16; Os 2.10; Sof 3.4; Mt 23.31).

Esperanza en la compasión de Dios (3.22–24, 31–33; Sal 30.3–5; Is 35.1–10; Jer 30.1–31.40; Ez 37.1–28; Os 3.5; 14.1–9; Jl 3.18–21; Am 9.11–15; Mi 7.14–20; Sof 3.14–20; Zac 14.1–11; Mal 4.1–6).

EL CARÁCTER DE DIOS EN LAMENTACIONES

Dios es fiel: 3.22–25; 5.19–22

Dios es bueno: 3.25

Dios es misericordioso: 3.22–23, 32

Dios se aíra: 1.5, 12, 15, 18; 2.1, 17, 20–22; 3.37–39

RETOS DE INTERPRETACIÓN

Ciertos detalles presentan dificultades iniciales. Entre ellos están: (1) oraciones imprecatorias de juicio sobre otros pecadores (1.21–22; 3.64–66); (2) la razón por la que Dios no oye la oración (3.8); y (3) la necesidad de un juicio que es tan severo (cp. 1.1, 14; 3.8). Vea «Respuestas a preguntas difíciles» con respecto a estos asuntos.

BOSQUEJO

I. **El primer lamento: Devastación de Jerusalén (1.1–22)**
   A. Tristeza de Jeremías (1.1–11)
   B. Tristeza de Jerusalén (1.12–22)

II. **El segundo lamento: El enojo del Señor explicado (2.1–22)**
   A. La perspectiva del Señor (2.1–10)
   B. Una perspectiva humana (2.11–19)
   C. La oración de Jeremías (2.20–22)

III. **El tercer lamento: La tristeza de Jeremías expresada (3.1–66)**
   A. Su aflicción (3.1–20)
   B. Su esperanza (3.21–38)
   C. Su consejo / oración (3.39–66)

IV. **El cuarto lamento: La ira de Dios detallada (4.1–22)**
   A. Para Jerusalén (4.1–20)
   B. Para Edom (4.21, 22)

V. **El quinto lamento: Las oraciones del remanente (5.1–22)**
   A. Para ser recordados por el Señor (5.1–18)
   B. Para ser restaurados por el Señor (5.19–22)

RESPUESTAS A PREGUNTAS DIFÍCILES

1. ¿En qué modo aparece la promesa de Cristo en un libro como Lamentaciones?

Jeremías sirve como una de las fuertes personalidades que prefiguran a Jesús en el AT. Las lágrimas de Jeremías por Jerusalén (3.48–49) se comparan muy estrechamente con las de Jesús por la misma ciudad (Mt 23.37–39; Lc 19.41–44). El dolor de Jeremías prepara a los creyentes para pensar en Dios como Juez justo que puede ejecutar el castigo, pero que al mismo tiempo sufre y se apena por el sufrimiento de su pueblo. Isaías describió el principio con esta declaración: «En toda angustia de ellos él fue angustiado, y el ángel de su faz los salvó» (Is 63.9).

Las lágrimas de Jeremías también sirven como recordatorio de la absoluta desolación de la persona sin Dios. Esas lágrimas apuntan a la promesa de Dios

---

PALABRAS CLAVE EN

Lamentaciones

Llorar: En hebreo *bakah* —1.2, 16— describe el llanto que expresa emociones que van desde la pena a la felicidad. Si bien suele relacionarse la palabra con la lamentación, o el llanto de duelo de los antiguos (2 S 1.12), también se utiliza para las expresiones de gozo (Gn 29.11). Los antiguos lloraron al despedirse (Rut 1.9), o por el mal que se avecinaba (Jer 9.1) y para expresar su gozo por la reconstrucción del templo una vez completada (Esd 3.12) y también al sepultar a alguien que había muerto (Gn 50.1). En Lamentaciones vemos llorar a Jeremías por los pecados del pueblo, pecados que darían como resultado la destrucción de Jerusalén (1.1, 16).

Renovar: En hebreo *chadash* —5.21— que puede significar «hacer nuevo» (Sal 51.10) o «reparar» (Is 61.4). Como adjetivo, el término identifica lo nuevo en contraste con lo viejo (como la «vieja cosecha» en contraste con la «nueva cosecha», ver Lv 26.10) o algo diferente cuando se lo compara con el statu quo (como el «nuevo espíritu», ver Ez 11.19; 18.31). La Biblia enseña que solamente Dios es quien hace todas las cosas nuevas, ya sea un nuevo cántico en el corazón de los fieles (Sal 40.3), una nueva fase en su plan de redención (Is 42.9; 43.19, (un nuevo nombre (Is 62.2), o un nuevo cielo y una nueva tierra (Is 65.17).

Mientras tanto, en otras partes del mundo...

Nace Pitágoras, el famoso matemático y creador del teorema que lleva su nombre, en 581 A.C.

de que un día quitará toda causa de llanto, y enjugará toda lágrima (Is 25.8; Ap 7.17; 21.4), cuando ya no exista el pecado.

2. ¿Cuál parece ser el propósito de Dios al incluir un libro como Lamentaciones en la Biblia?
El libro de Lamentaciones presenta una advertencia implícita a todos los lectores. A través de las palabras de Jeremías vemos las consecuencias desde adentro. El dolor y la tristeza que provienen del juicio son disuasivos. Si Dios no dudó en juzgar a su amado pueblo (Dt 32.10), ¿qué hará con las naciones y pueblos del mundo que rechazan su Palabra?

3. ¿Qué lecciones podemos encontrar en la audaz demanda de Jeremías con respecto al juicio contra los enemigos de Judá (1.21–22; 3.64–66) y su noticia de que Dios se niega a escuchar su oración (3.8)?
Las oraciones de los profetas y salmistas suelen parecernos muy duras. La confianza y la audacia de sus expresiones nos recuerdan que a menudo es bueno que Dios no haya prometido responder a nuestras oraciones tal y cual se lo pedimos. Podemos expresar nuestros verdaderos deseos y emociones en oración, pero seríamos necios si pensáramos que Dios se limitaría a nuestras percepciones. El llamado o pedido de Jeremías de la retribución fue respondido en parte en la caída de Babilonia (Is 46—47; Jer 50—51; Dn 5). Dios ejercerá justicia a su tiempo. Todas las cuentas se saldarán, finalmente, ante el gran Trono Blanco (Ap 20.11–15).

La descripción que hace Jeremías de su vida de oración nos pinta una imagen vívida de cómo se sentía él, aunque no tanto de lo que Dios estaba haciendo entonces. La respuesta negativa de Dios a las oraciones de Jeremías no se debió a que este fuera culpable de pecado alguno, sino más bien al perpetuo pecado de Israel, que no se arrepentía. Jeremías lo sabía y, sin embargo, oraba, lloraba y anhelaba ver que su pueblo se arrepintiera.

OTROS TEMAS DE ESTUDIO EN LAMENTACIONES

1. ¿Qué semejanzas y diferencias hay entre Lamentaciones y Jeremías?
2. ¿Cómo encaja Lamentaciones 3.22–32 en el resto del libro?
3. ¿Qué potentes sentimientos expresa Jeremías en Lamentaciones?
4. ¿Qué papel específico cumple Lamentaciones en las Escrituras?
5. ¿En qué formas puede ayudarle Lamentaciones en sus momentos de angustia?

EZEQUIEL
Reflejando la gloria de Dios

TÍTULO

El libro siempre ha sido nombrado por su autor, Ezequiel (1.3; 24.24), quien no es mencionado en ningún otro lugar en las Escrituras. Su nombre quiere decir «fortalecido por Dios», lo cual, de hecho, él experimentó para llevar a cabo el ministerio profético al que Dios lo había llamado (3.8, 9). Ezequiel usa visiones, profecías, parábolas, señales y símbolos para proclamar y dramatizar el mensaje de Dios a su pueblo exiliado.

AUTOR Y FECHA

Si «el año treinta» del 1.1 se refiere a la edad de Ezequiel, él tenía veinticinco años de edad cuando fue llevado cautivo y treinta cuando fue llamado al ministerio. Treinta años era la edad en la que los sacerdotes comenzaban su cargo, y por lo tanto era un año notable para Ezequiel. Su

El templo de Ezequiel

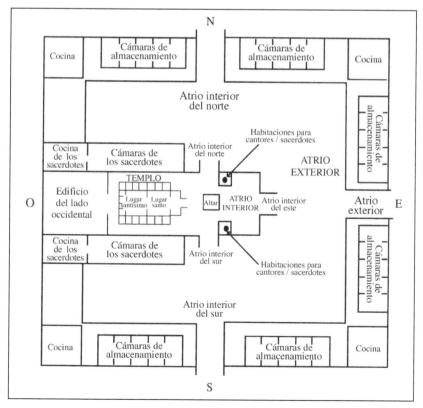

ministerio comenzó en el 593/92 A.C. y se extendió por lo menos veintidós años hasta el 571/70 A.C. (cp. 25.17). Él era un contemporáneo tanto de Jeremías (quien era unos veinte años mayor) y Daniel (quien era de la misma edad), al que menciona en el 14.14, 20; 28.3 como un profeta que ya era bien conocido. Al igual que Jeremías (Jer 1.1) y Zacarías (cp. Zac 1.1 con Neh 12.16), Ezequiel fue tanto un profeta como un sacerdote (1.3). Debido a su contexto sacerdotal, él estaba particularmente interesado y a la vez familiarizado con los detalles del templo; y así Dios lo usó para escribir mucho acerca de ellos (8.1—11.25; 40.1—47.12).

Ezequiel y su esposa (quien es mencionada en el 24.15–27) estaban entre los diez mil judíos que fueron llevados cautivos a Babilonia en el 597 A.C. (2 R 24.11–18). Ellos vivían en Tel-abib (3.15) en la cuenca del río Quebar, probablemente al sureste de Babilonia. Ezequiel escribe de la muerte de su esposa en el exilio (Ez 24.18), pero el libro no menciona la muerte de Ezequiel, la cual la tradición rabínica sugiere que ocurrió a manos de un príncipe israelita cuya idolatría él reprendió alrededor del 560 A.C.

El autor recibió su llamado a profetizar en el 593 A.C. (1.2), en Babilonia («en la tierra de los caldeos»), durante el quinto año de la cautividad del rey Joaquín, la cual comenzó en el 597 A.C. Frecuentemente, Ezequiel fecha sus profecías a partir del 597 A.C. (8.1; 20.1;

CRISTO EN… EZEQUIEL

EZEQUIEL CONTIENE VARIOS PASAJES que ilustran el triunfo de Israel a través de la obra del Mesías. Vemos a Cristo como «cogollo de aquel alto cedro» (17.22–24). Esta profecía mesiánica demuestra el linaje real de Cristo en relación con David. En las Escrituras se usa a menudo la imagen de la rama en referencia al Mesías y a Cristo como tierno retoño que será plantado en el monte de Israel (34.23, 24; 37.24, 25; Is 4.2; Jer 23.5; 33.15; Zac 3.8; 6.12). Sobre lo alto, Ezequiel pinta a Cristo como cedro majestuoso, que puede proteger con su sombra a Israel.

También, Cristo aparece como Pastor que cuida sus ovejas (34.11–31). Pero Ezequiel describe además el juicio del Pastor contra quienes abusan del pueblo de Israel o lo maltratan (34.17–24; ver Mt 25.31–46).

24.1; 26.1; 29.1; 30.20; 31.1; 32.1, 17; 33.21; 40.1). Él también fecha el mensaje en el 40.1 como en el 573/72, el decimocuarto año después del 586 A.C., esto es, la caída final de Jerusalén. La última profecía fechada de Jerusalén fue en el 571/70 A.C. (29.17).

Las profecías en los caps. 1—28 están en orden cronológico. En el 29.1, el profeta regresa a un año antes del 26.1. Pero a partir del 30.1 (cp. 31.1; 32.1, 17), él está cerca de ser estrictamente cronológico.

CONTEXTO HISTÓRICO

Desde la perspectiva histórica, el reino unido de Israel duró más de ciento diez años (ca. 1043–931 A.C.), pasando por los reinados de Saúl, David y Salomón. Después el reino dividido, Israel (norte) y Judá (sur), se extendió del 931 A.C. al 722/21 A.C. Israel cayó en manos de Asiria en el 722/21 A.C. quedando Judá, el reino sobreviviente por ciento treinta y cinco años, el cual cayó en manos de Babilonia en el 605–586 A.C.

En el contexto más inmediato, varias características fueron estratégicas. Políticamente, el poder militar de Asiria se derrumbó después del 626 A.C. y la capital, Nínive, fue destruida en el 612 A.C. por los babilonios y los medos (cp. Nahum). El Imperio Neobabilonio había manifestado su poderío desde que Nabopolasar tomó el trono en el 625 A.C., y Egipto, bajo Faraón Necao II, estaba determinado a conquistar lo que pudiera. Babilona aplastó a Asiria en el 612–605 A.C., y registró una victoria decisiva en contra de Egipto en el 605 A.C. en Carquemis, sin dejar, de acuerdo a la crónica babilonia, sobreviviente alguno. También en el 605 A.C., Babilonia, guiada por Nabucodonosor, comenzó la conquista de Jerusalén y la deportación de los cautivos, entre los cuales estaba Daniel (Dn 1.2). En diciembre de 598 A.C., volvió a sitiar a Jerusalén y en el 16 de marzo de 597 A.C. tomó posesión de ella. En esta ocasión se llevó cautivo a Joaquín y a un grupo de diez mil que incluyó a Ezequiel (2 R 24.11–18). La destrucción final de Jerusalén y la conquista de Judá, que incluyó la tercera deportación, ocurrió en el 586 A.C.

Religiosamente, el rey Josías (ca. 640–609 A.C.) había instituido reformas en Judá (cp. 2 Cr 34). Trágicamente, a pesar de su esfuerzo, la idolatría había insensibilizado a los judíos de tal manera que su despertar fue solo «tan profundo como su piel» en términos generales. El ejército egipcio mató a Josías al cruzar Palestina en el 609 A.C., y los judíos se hundieron en el pecado para juicio bajo Joacaz (609 A.C.), Joacim (609–598 A.C.), Joaquín (598–597 A.C.) y Sedequías (597–586 A.C.).

Domésticamente, Ezequiel y los diez mil vivieron en exilio en Babilonia (2 R 24.14), más como colonos que como cautivos, teniendo permiso de cultivar porciones de tierra bajo condiciones algo favorables (Jer 29). Aun Ezequiel tenía su propia casa (3.24; 20.1).

PALABRAS CLAVE EN

Ezequiel

Hijo de hombre: En hebreo *ben adam* —2.1; 3.17; 12.18; 20.46; 29.18; 39.17; 44.5; 47.6— aparece más de cien veces en referencia a Ezequiel. Sirve tanto para poner énfasis entre Dios el Creador y sus criaturas, como para marcar al profeta Ezequiel cual representante de la raza humana. La vida de Ezequiel era una parábola viva, un ejemplo didáctico para los cautivos hebreos que estaban en Babilonia (comparar 1.3; 3.4–7). En dichos y hechos, Ezequiel era «señal» para la casa de Israel (12.6). Jesús adoptó el título Hijo del Hombre porque también es una persona representativa, el «último Adán» que se convirtió en espíritu dador de vida (ver Mt 8.20; 1 Co 15.45). El título Hijo del Hombre también hace alusión a la visión de Daniel del ser celestial que es «como un hijo de hombre» (Dn 7.13). Así, ese título destaca el misterio de la Encarnación, el hecho de que Cristo es al mismo tiempo divino y humano. Como Dios-hombre Jesús fue una gloriosa señal para toda la humanidad pecadora (Lc 2.34).

Ídolos: En hebreo *gillulim* —6.4; 8.10; 14.6; 20.24; 23.30; 36.18; 44.10— relacionado con un verbo que significa «rodar» (Gn 29.3; Jos 10.18). Es un término que hace referencia a «cosas sin forma» como las piedras o los troncos que se usaban para tallar los ídolos (6.9; 20.39; 22.3; 1 R 21.26). El profeta Ezequiel usa esta palabra hebrea en relación a los ídolos casi cuarenta veces y siempre en tono despectivo, porque esos falsos dioses habían apartado a Israel del verdadero Dios (14.5). El término *gillulim* puede relacionarse con una expresión hebrea similar que significa «bolitas de estiércol». Más adelante los comentadores judíos se burlaban de los *gillulim* diciendo que eran «ídolos de estiércol», que no valían nada.

Gloria: En hebreo *kabod* —1.28; 3.23; 9.3; 10.18; 31.18; 43.2; 44.4— deriva de un verbo hebreo usado para calificar el valor o peso de una cosa. Puede referirse a algo negativo, como por ejemplo en referencia a Sodoma, describiendo el grave grado de pecado al que había llegado la ciudad como para merecer su total destrucción (Gn 18.20). Sin embargo, en general la palabra se usa para indicar grandeza y esplendor (Gn 31.1). La forma sustantiva se traduce como *honor* en ocasiones (1 R 3.13). En el AT se describe a la gloria de Dios habiendo adoptado la forma de una nube (Éx 24.15–18) que llenaba el templo (1 R 8.11). La respuesta adecuada ante la gloria de Dios es, como lo hizo Ezequiel, inclinarse en reverencia ante él (3.23; 43.3).

Proféticamente, los falsos profetas engañaron a los exiliados con certezas de un regreso pronto a Judá (13.3, 16; Jer 29.1). Del 593–585 A.C., Ezequiel advirtió que su amada Jerusalén sería destruida y su exilio prolongado, y por lo tanto, no había esperanza de un regreso inmediato. En el 585 A.C., una persona que se escapó de Jerusalén, quien había evadido a los babilonios, llegó a Ezequiel con las primeras noticias de que la ciudad había caído en el 586 A.C., alrededor de seis meses antes (33.21). Eso destrozó las falsas esperanzas de cualquier liberación inmediata para los exiliados, y entonces el resto de las profecías de Ezequiel se relacionaron a la restauración futura de Israel a su tierra de origen y las bendiciones futuras del reino mesiánico.

PERSONAS DESTACADAS EN EZEQUIEL

Ezequiel: profeta que le hablaba al pueblo de Israel en su cautiverio babilonio (1.1—48.35).

Líderes de Israel: que llevaron al pueblo de Israel a la idolatría (7.26—8.12; 9.5, 6; 11; 14.1–3; 20.1–3; 22.23–29).

Esposa de Ezequiel: no se nos dice el nombre de ella, pero su muerte fue símbolo de la futura destrucción del amado templo de Israel (24.15–27).

Nabucodonosor: rey de Babilonia a quien Dios usó para conquistar Tiro, Egipto y Judá (26.7–14; 29.17—30.10).

TEMAS HISTÓRICOS Y TEOLÓGICOS

La «gloria de Jehová» es central en Ezequiel, apareciendo en el 1.28; 3.12, 23; 10.4, 18; 11.23; 43.4, 5; 44.4. El libro incluye descripciones vívidas de la desobediencia de Israel y Judá, a pesar de la bondad de Dios (cap. 23; cp. cap. 16). Muestra el deseo de Dios porque Israel diera fruto que Él pueda bendecir; no obstante, los deseos egoístas habían dejado a Judá lista para el juicio, como una vid, lista para ser quemada (cap. 15). Hay bastantes referencias a la idolatría de Israel y sus consecuencias, tales como Pelatías cayendo muerto (11.13), una ilustración simbólica del desastre general para el pueblo.

Experiencias de señales de Ezequiel

(cp. Ez 24.24, 27)

1. Ezequiel estuvo encerrado, amarrado y mudo (3.23–27).
2. Ezequiel usó una tabla de adobe y una plancha de hierro como ilustraciones en su predicación (4.1–3).
3. Ezequiel tuvo que acostarse sobre su lado izquierdo por 390 días y sobre su lado derecho por 40 días (4.4–8).
4. Ezequiel tuvo que comer de manera inmunda (4.9–17).
5. Ezequiel tuvo que rasurarse su cabeza y barba (5.1–4).
6. Ezequiel tuvo que empacar sus pertenencias y escarbar para abrir una brecha en el muro de Jerusalén (12.1–14).
7. Ezequiel tuvo que comer su pan con temblor y beber su agua con estremecimiento (12.17–20).
8. Ezequiel afiló una espada y batió una mano contra otra (21.8–17).
9. Ezequiel retrató a Israel en el horno fundidor (22.17–22).
10. Ezequiel tuvo que cocinar una olla de comida (24.1–14).
11. Ezequiel no podía llorar la muerte de su esposa (24.15–24).
12. Ezequiel estuvo mudo por un tiempo (24.25–27).
13. Ezequiel unió dos palos y se volvieron uno (37.15–28).

Muchas escenas pintorescas ilustran principios espirituales. Entre estas se encuentran Ezequiel comiendo un rollo (cap. 2); las caras de cuatro ángeles representando aspectos de la creación sobre la cual Dios gobierna (1.10); una escena de «peluquería» (5.1–4); pinturas en las paredes del templo recordándole a los lectores lo que Dios realmente quiere en su lugar de morada, esto es santidad y no inmundicia (8.10); y carbones encendidos esparcidos mostrando juicio (10.2, 7).

Los principales temas teológicos son la santidad y la soberanía de Dios. Estos son comunicados a través de un contraste frecuente entre su gloria brillante y el despreciable contexto de los pecados de Judá (1.26–28; frecuente en los caps. 8—11; y 43.1–7). Relacionado muy de cerca está el propósito de Dios de triunfo glorioso para que todos sepan «que yo soy Jehová». Este monograma divino, la firma de Dios certificando sus obras, es mencionado más de sesenta veces, normalmente con un juicio (6.7; 7.4), pero ocasionalmente después de la restauración prometida (34.27; 36.11, 38; 39.28).

Otra característica involucra a los ángeles de Dios llevando a cabo su programa detrás de las escenas (1.5–25; 10.1–22). Un tema que también es importante es que Dios hace responsable a todo individuo por buscar la justicia (18.3–32).

Ezequiel también enfatiza la pecaminosidad en Israel (2.3–7; 8.9, 10) y otras naciones (a lo largo de los caps. 25—32). Él trata con la necesidad de la ira de Dios para lidiar con el pecado (7.1–8; 15.8); la frustración por parte de Dios de los planes del hombre para escapar de la Jerusalén sitiada (12.1–13; cp. Jer 39.4–7); y la gracia de Dios prometida en el pacto abrahámico (Gn 12.1–3) siendo cumplida en la restauración del pueblo de Abraham a la tierra del pacto (caps. 34, 36—48; cp. Gn 12.7). Dios promete preservar a un remanente de israelitas a través de quienes Él cumplirá sus promesas de restauración y mantendrá su Palabra inviolable.

PRINCIPALES DOCTRINAS EN EZEQUIEL

La obra de los ángeles: quienes cumplen el programa de Dios tras escenario, mostrando la gloria de Dios de distintas maneras (1.5–25; 10.1–22), destruyendo el mal (Gn 19.12–13) y adorando a Dios (Dt 32.43; Is 6.2–4; Ap 4.6–8).

La naturaleza pecadora de Israel (2.3–7; 5.6; 8.9, 10; 9.9; 1 S 8.7, 8; 2 R 21.16; Sal 10.11; 94.7; Is 6.9; 29.15; Jer 3.25; Mi 3.1–3; 7.3; Jn 3.20, 21; Hch 13.24; Ap 2.14).

EL CARÁCTER DE DIOS EN EZEQUIEL

Dios es glorioso: 1.28; 3.12, 23; 9.3; 10.4, 18, 19; 11.23; 43.4, 5; 44.4

Dios es santo: 1.26–28; 8–11; 43.1–7

Dios es justo: 18.25, 29; 33.17, 20

Dios es paciente: 20.17

Dios provee: 28.2–10

Dios se aíra: 7.19

RETOS DE INTERPRETACIÓN

Ezequiel usa un lenguaje simbólico de manera extensa, como lo hicieron Isaías y Jeremías. Esto da lugar a la pregunta de que si ciertas porciones de los escritos de Ezequiel deben ser tomadas literalmente o en sentido figurado, p. ej. ser atado con cuerdas, 3.25; si el profeta fue llevado corporalmente a Jerusalén o no, 8.1–3; cómo el juicio individual puede ser llevado a cabo en el cap. 18 cuando los impíos evaden la muerte en el 14.22, 23 y algunos de los piadosos mueren en una invasión, 21.3, 4; cómo Dios permitiría que la esposa de un profeta fiel muriera (24.15–27);

cuándo ocurrirán algunos de los juicios sobre otras naciones (caps. 25—32); si el tiempo en los caps. 40—46 será literal y en qué forma; y cómo las promesas del futuro de Israel se relacionan con el programa de Dios para la iglesia. Vea «Respuestas a preguntas difíciles» con respecto a estos asuntos.

BOSQUEJO

El libro puede ser dividido en términos generales en secciones acerca de condenación / retribución y después consolación / restauración. Una división más detallada divide al libro en cuatro secciones. En primer lugar, hay profecías de la ruina de Jerusalén (caps. 1—24). En segundo lugar, hay profecías de retribución sobre las naciones vecinas (caps. 25—32), con un vistazo de la restauración futura de Israel por parte de Dios (28.25, 26). En tercer lugar, hay un capítulo de transición (33) el cual da instrucciones con respecto a un último llamado para que Israel se arrepienta. Finalmente, la cuarta división incluye ricas expectativas que tienen que ver con la restauración futura de Israel por parte de Dios (caps. 34—48).

I. **Profecías de la ruina de Jerusalén (1.1—24.27)**
   A. Preparación y comisión de Ezequiel (1.1—3.27)
      1. Aparición divina a Ezequiel (1.1–28)
      2. Tarea divina para Ezequiel (2.1—3.27)
   B. Proclamación de la condenación de Jerusalén (4.1—24.27)
      1. Señales de juicio venidero (4.1—5.4)
      2. Mensajes con respecto al juicio (5.5—7.27)
      3. Visiones con respecto a la abominación en la ciudad y el templo (8.1—11.25)
      4. Explicaciones de juicio (12.1—24.27)
II. **Profecías de retribución a las naciones (25.1—32.32)**
   A. Amón (25.1–7)
   B. Moab (25.8–11)
   C. Edom (25.12–14)
   D. Filistea (25.15–17)
   E. Tiro (26.1—28.19)
   F. Sidón (28.20–24)
      Paréntesis: La restauración de Israel (28.25, 26)
   G. Egipto (29.1—32.32)
III. **Provisión para el arrepentimiento de Israel (33.1–33)**
IV. **Profecías de la restauración de Israel (34.1—48.35)**
   A. Reuniendo a Israel en la tierra (34.1—37.28)
      1. Promesa de un verdadero Pastor (34.1–31)
      2. Castigo de las naciones (35.1—36.7)
      3. Propósitos de restauración (36.8–38)
      4. Imágenes de restauración, huesos secos y dos palos (37.1–28)
   B. Desplazamiento de los enemigos de Israel de la tierra (38.1—39.29)
      1. Invasión de Gog para saquear a Israel (38.1–16)
      2. Intervención de Dios para proteger a Israel (38.17—39.29)
   C. Reestablecimiento de la verdadera adoración en Israel (40.1—46.24)
      1. Nuevo templo (40.1—43.12)
      2. Nueva adoración (43.13—46.24)

D. Redistribución de la tierra en Israel (47.1—48.35)
   1. Posición del río (47.1–12)
   2. Porciones para las tribus (47.13—48.35)

Mientras tanto, en otras partes del mundo…

Esopo, que había sido un esclavo frigio, escribe sus famosas fábulas. Los colonos griegos traen a Italia el árbol del olivo.

RESPUESTAS A PREGUNTAS DIFÍCILES

1. Al leer Ezequiel a veces resulta difícil determinar si el lenguaje que usa describe un hecho real o si es símbolo de una idea o principio. ¿Podemos usar algunos ejemplos del libro de Ezequiel para comprobar la diferencia?

La vida de Ezequiel le ofrecía a su audiencia una serie de experiencias y acciones que se convertían en momentos didácticos. Algunas de ellas eran escenas de visiones con significado especial. Por ejemplo, los primeros tres capítulos del libro cuentan visiones extensas en las que el profeta vio un remolino, criaturas celestiales y un rollo comestible; también, su llamamiento al ministerio profético.

Además Ezequiel llevó a cabo algunas acciones inusuales o muy simbólicas que tenían por intención pintar un mensaje o transmitir una advertencia. En 4.1–3 se le ordenó al profeta tallar una tablilla de arcilla y luego usar una plancha de hierro como señal del peligro que enfrentaba Jerusalén. Otros sermones en forma de acción fueron: las posturas de sueño como símbolos (4.4–8), la preparación del pan del sitio (4.9–17), el corte del cabello y su posterior quema (5.1–4). Dios mandaba a Ezequiel a responder incluso ante las tragedias de su vida de manera tal que comunicara un mensaje al pueblo. El profeta se enteró de que su esposa moriría, pero Dios le dijo que su pérdida serviría como una importante lección que el pueblo tenía que aprender. Así como no se le permitió hacer duelo a Ezequiel, tampoco se le permitiría llorar al pueblo cuando finalmente tuvieran que enfrentar la «muerte» de Jerusalén. «Ezequiel pues os será por señal; según todas las cosas que él hizo, haréis: cuando esto ocurra, entonces sabréis que yo soy Jehová el Señor» (24.24).

La singular naturaleza de la forma de enseñar de Ezequiel traza un marcado contraste entre la claridad de su mensaje y el obstinado rechazo del pueblo hacia ese mensaje. Su ministerio eliminaba toda excusa posible.

2 ¿Hay contradicción entre 18.1–20, en el que se enfatiza la responsabilidad individual por el pecado, y 21.1–7, donde Dios aplica el juicio tanto a los justos como a los impíos (v. 4)?

El tema específico de estos dos pasajes es bastante diferente. El primero habla de las consecuencias y responsabilidades individuales que son parte de la vida de cada persona. Ante Dios, no podemos dejar de rendir cuentas ni echarle la culpa a alguien más, ni presentar excusas. El segundo pasaje tiene que ver con las consecuencias comunitarias y comunes de vivir en un mundo pecaminoso. Cuando Dios decidió usar a Babilonia como arma de castigo, lo hizo consciente plenamente de que sufrirían y morirían algunas personas que le honraban. La relación de una persona con la sociedad significa que el bien y el mal que le acaecen a la sociedad pueden también afectar a personas que no hayan contribuido directamente a la causa.

Los principios de 18.1–20 finalmente prevalecen porque describen la manera en que, en una forma u otra, Dios saldará las cuentas morales. Cada uno de nosotros será responsable de su propia vida. Solo los que están «en Cristo» pueden pensar en ese momento con esperanza.

3. ¿Es el templo de los capítulos 40 a 46 uno de verdad?

El templo que se menciona aquí no puede ser el templo celestial, porque Ezequiel fue llevado a Israel para que lo viera (v. 2). No podía ser el templo de Zorobabel, porque la gloria de Dios no estaba presente entonces. No podía ser el templo eterno, porque el Señor y el Cordero son su templo (cf. Ap 21.22). Por lo tanto, el templo que se menciona tiene que ser el templo terrenal del milenio construido con todos los detalles exquisitos que se han de definir.

La porción santa

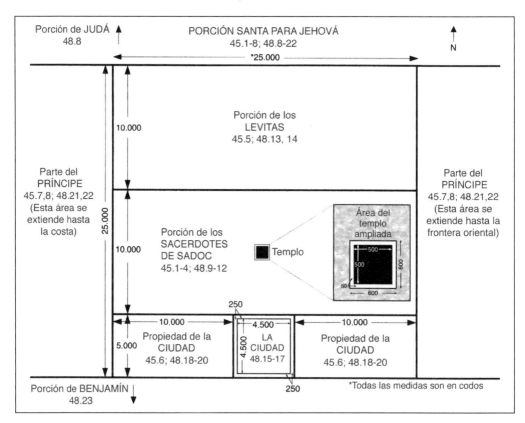

OTROS TEMAS DE ESTUDIO EN EZEQUIEL

1. ¿Qué visiones memorables recibió Ezequiel como parte de su rol profético?

2. ¿En qué aspectos ilustra y describe Ezequiel la santidad de Dios?

3. ¿Qué diferencias hay entre las falsas esperanzas que le ofrecen al pueblo los contemporáneos de Ezequiel y las promesas de restauración que él predicaba?

4. ¿Qué duras palabras de juicio pronunció Ezequiel con respecto a los líderes?

5. A lo largo del libro, ¿de qué forma pone acento Ezequiel en la importancia de la adoración sincera?

DANIEL
Retrato de un hombre conforme al corazón de Dios

Título

De acuerdo a la costumbre hebrea, el título es tomado del profeta, quien a lo largo del libro recibió revelaciones de Dios. Daniel es un puente que cruza a lo largo de los setenta años de la cautividad babilónica (ca. 605–536 A.C.; cp. 1.1 y 9.1–3). Nueve de los doce capítulos relatan revelaciones a través de sueños / visiones. Daniel fue el vocero de Dios al mundo gentil y judío, declarando los planes actuales y futuros de Dios. Lo que Apocalipsis es al NT profética y apocalípticamente, Daniel lo es al AT.

Autor y fecha

Varios versículos indican que el escritor es Daniel (8.15, 27; 9.2; 10.2, 7; 12.4, 5), cuyo nombre quiere decir: «Dios es mi Juez». Él escribió en primera persona de manera autobiográfica del 7.2 en adelante, y debe ser distinguido de los otros tres Danieles del AT (cp. 1 Cr 3.1; Esd 8.2; Neh 10.6). Como un joven, posiblemente de unos quince años de edad, Daniel fue llevado lejos de su familia noble en Judá y deportado a Babilonia a fin de lavarle el cerebro y hacerlo adoptar la cultura babilónica para asistir en la tarea de tratar con los judíos exiliados. En Babilonia pasó el resto de una vida larga (ochenta y cinco años o más). Él atravesó por la mayor parte del exilio, exitosamente exaltando a Dios por su virtud y servicio. Rápidamente emergió a una posición de autoridad en el gobierno por determinación real y sirvió como confidente de reyes y también profeta en dos imperios mundiales, estos son, el Babilonio (2.48) y el Medo-Persa (6.1, 2). Cristo confirmó a Daniel como el autor de este libro (cp. Mt 24.15).

Daniel vivió más allá del tiempo descrito en Daniel 10.1 (ca. 536 A.C.). Parece muy probable que escribió el libro poco después de esta fecha, pero antes de ca. 530 A.C. Daniel 2.4b—7.28, el cual proféticamente describe la dirección de la historia del mundo gentil, fue original y apropiadamente escrito en arameo, el idioma común de negocios internacionales. Ezequiel, Habacuc, Jeremías y Sofonías fueron los contemporáneos proféticos de Daniel.

Contexto histórico

El libro comienza en el 605 A.C. cuando Babilonia conquistó Jerusalén y llevó a Daniel, sus tres amigos y otros al exilio. Después pasa al derrocamiento final de la supremacía babilónica en el 539 A.C., cuando Medo-Persia sitia a Babilonia (5.30, 31), y va más allá al 536 A.C. (10.1). Después que Daniel fue transportado a Babilonia, los babilonios victoriosos conquistaron Jerusalén en dos etapas posteriores (597 A.C. y 586 A.C.). En ambas ocasiones, deportaron a más judíos cautivos. Daniel recordó fervientemente su hogar, en especial el templo en Jerusalén, casi setenta años después de haber sido llevado lejos de él (6.10).

Se hace referencia al contexto de Daniel en parte por Jeremías, quien nombra a tres de los últimos cinco reyes en Judá antes de la cautividad (cp. Jer 1.1–3); Josías (ca. 641–609 A.C.), Joacim (ca. 609–597 A.C.) y Sedequías (597–586 A.C.). Joacaz (ca. 609 A.C.) y Joaquín (ca. 598–597 A.C.) no son mencionados (cp. Jeremías: «Contexto histórico»). A Daniel también lo menciona Ezequiel (cp. 14.14, 20; 28.3) como siendo justo y sabio. El escritor de Hebreos hace referencia él como uno «de los profetas; que por fe… taparon bocas de leones» (He 11.32, 33).

El pecado continuo de los de Judea sin un arrepentimiento nacional finalmente llevó al juicio de Dios, del cual Jeremías, Habacuc y Sofonías habían dado bastante advertencia. Tiempo atrás, Isaías y otros profetas fieles de Dios también habían tocado la trompeta de peligro. Cuando el poder asirio había descendido para el 625 A.C., los neobabilonios conquistaron: (1) Asiria con su capital Nínive en el 612 A.C.; (2) Egipto en los siguientes años; y (3) Judá en el 605 A.C. cuando tomaron control de Jerusalén en la primera de tres etapas (también en 597 A.C., 586 A.C.). Daniel fue uno de los primeros grupos de deportados, y Ezequiel lo siguió en el 597 A.C.

El Israel del reino del norte había caído antes en manos de Asiria en el 722 A.C. Con la cautividad de Judá, el juicio estaba completo. En Babilonia, Daniel recibió la Palabra de Dios con respecto a etapas sucesivas de dominio mundial gentil a lo largo de los siglos hasta que el conquistador más grande, el Mesías, derrocara a todo el señorío gentil. Él entonces derrotará a todos los enemigos y resucitará a su pueblo de pacto a bendición en su reino milenario glorioso.

CRISTO EN… DANIEL

EN DANIEL VEMOS A CRISTO como piedra que «fue hecha un gran monte, que hinchó toda la tierra» (2.35). Las profecías de Daniel describen el reino de Cristo como eterno, diciendo que «consumirá a todos estos reinos» (2.44). Se llama a Cristo el Mesías venidero que será cortado (9.25, 26). Daniel identifica la fecha de su venida, que se corresponde con la fecha de la entrada triunfal de Jesús a Jerusalén.

Daniel también describe a Cristo como «uno como hijo de hombre» (7.13). Cristo mismo usó ese título (Mt 16.26; 19.28; 26.64) y demuestra la humanidad de Jesús. Pero Daniel describe al Hijo del hombre como alguien que habla con Dios Todopoderoso, a quien se le da autoridad universal.

PERSONAS DESTACADAS EN DANIEL

Daniel: también llamado Beltsasar; cautivo israelita que fue consejero del rey (1.1—12.13).

Nabucodonosor: gran rey de Babilonia; enloqueció durante un tiempo por no reconocer la soberana posición de Dios (1.1—4.37).

Sadrac: llamado también Ananías; judío exiliado que fue puesto a cargo de la provincia de Babilonia; Dios lo salvó del horno de fuego (1.7; 2.49; 3.8-30).

Mesac: también llamado Misael; judío exiliado que fue puesto a cargo de la provincia de Babilonia; Dios lo salvó del horno de fuego (1.7; 2.49; 3.8-30).

Abed-nego: también llamado Azarías, judío exiliado que fue puesto a cargo de la provincia de Babilonia; Dios lo salvó del horno de fuego (1.7; 2.49; 3.8-30).

Belsasar: sucesor de Nabucodonosor como rey de Babilonia; también usó a Daniel como intérprete (5.1-30).

Darío: persa que sucedió a Belsasar como gobernador de Babilonia; sus consejeros le tendieron una trampa para que enviara a Daniel a la fosa de los leones (5.31—6.28).

TEMAS HISTÓRICOS Y TEOLÓGICOS

Daniel fue escrito para alentar a los judíos exiliados al revelar el programa de Dios para ellos, tanto durante como después del tiempo del poder gentil en el mundo. Preeminente por encima de cualquier otro tema en el libro es el control soberano de Dios sobre los asuntos de todos los gobernantes y naciones, y su reemplazo final con el verdadero Rey. Los versículos clave son 2.20–22, 44 (cp. 2.28, 37; 4.34–35; 6.25–27). Dios no había sufrido derrota al permitirle a Israel caer (Dn 1), sino que providencialmente estaba cumpliendo sus propósitos firmes para un despliegue completo de su Rey, el Cristo exaltado. Él soberanamente permitió a los gentiles dominar Israel, esto es, Babilonia (605–539 A.C.), Medo-Persia (539–331 A.C.), Grecia (331–146 A.C.), Roma (146 A.C.–476 D.C.), y hasta el segundo advenimiento de Cristo. Estas etapas de poder gentil son presentadas en los caps. 2 y 7. Este mismo tema también incluye la experiencia de Israel tanto en la derrota como en, finalmente, su bendición del reino en los caps. 8—12 (cp. 2.35, 45; 7.27). Un aspecto clave dentro del tema principal del control soberano de Dios es la venida del Mesías para gobernar al mundo en gloria sobre todos los hombres (2.35, 45; 7.13, 14, 27). Él es como una piedra en el cap. 2, y como un hijo de hombre en el cap. 7. Además, Él es el Ungido (el Mesías) en el cap. 9.26. El capítulo 9 provee el marco cronológico desde el tiempo de Daniel hasta el reino de Cristo.

Un segundo tema entretejido en Daniel es el despliegue del poder soberano de Dios a través de los milagros. La era de Daniel es una de seis en la Biblia con un gran enfoque en milagros mediante los cuales Dios llevó a cabo sus propósitos. Otros períodos incluyen: (1) la creación y el diluvio (Gn 1—11); (2) los patriarcas y Moisés (Gn 12—Dt); (3) Elías y Eliseo (1 R 19—2 R 13); (4) Jesús y los apóstoles (Evangelios, Hechos); y (5) el tiempo del Segundo Advenimiento (Apocalipsis). Dios, quien tiene dominio eterno y capacidad de operar de acuerdo con su voluntad (4.34, 35), es capaz de llevar a cabo milagros, todos los cuales serían despliegues menores del poder que fue exhibido cuando Él actuó como Creador en Génesis 1.1. Daniel narra el relato y la interpretación de sueños, haciendo uso de la capacidad que Dios le dio, a través de los cuales Dios reveló su voluntad (caps. 2, 4, 7). Otros milagros incluyeron: (1) su escritura en la pared y la interpretación por parte de Daniel de esto (cap. 5); (2) su protección de los tres hombres en un horno de fuego ardiendo (cap. 3); (3) su provisión de seguridad para Daniel en un foso de leones (cap. 6); y (4) profecías sobrenaturales (caps. 2; 7; 8; 9.24—12.13).

PALABRAS CLAVE EN

Daniel

Interpretación: En arameo *peshar* —2.6, 30; 4.7, 18; 5.7, 15, 17; 7.16— literalmente significa «desatar» o «soltar». Es decir que Daniel podía desentrañar los misterios de los sueños y visiones. Los explicaba o resolvía. Sin embargo, siempre le dio enseguida el crédito a Dios por su capacidad para hacerlo (2.28).

Visión: En hebreo *chazon* —8.1, 13, 15, 26; 9.21, 24; 11.14— sueño o visión. Deriva de un verbo hebreo común que significa «ver». Los antiguos solían reconocer los sueños y visiones como revelaciones de los dioses o en el caso de los hebreos, de Dios mismo (Is 1.1). Daniel recibió de Dios un mensaje en una visión sobre el futuro de los reinos de Persia y Grecia. Su sueño estaba codificado en símbolos, por lo que requirió la ayuda del ángel Gabriel para interpretarlo (8.15–27). El autor de Proverbios insiste en que es esencial la revelación de Dios para el bienestar de una sociedad. Sin la ley de Dios, que está revelada en las Escrituras, se derrumban los cimientos de la sociedad (ver Pr 29.18).

PRINCIPALES DOCTRINAS EN DANIEL

La soberanía de Dios (2.20–22, 44; 1 R 3.9, 10; 4.29; Sal 31.15; Est 1.13; Job 12.18, 22; Heb 4.13; Stg 1.5).

Milagros de Dios (6.16–23; Éx 4.3, 4; 14.21, 22; Jos 6.6–20; 1 R 18.36, 38; Mt 9.5–13; Lc 17.14; Jn 2.6–10; 3.2; Hch 14.13; 19.11).

El Mesías prometido (2.35, 45; 7.13, 14, 27; 9.26; Is 28.16; Ez 1.26; Mt 16.16–20; 24.30; Lc 20.18; Jn 3.35, 36; 1 Co 15.27; Ef 1.22; Fil 2.9–11).

Carácter de Dios en Daniel

Dios es misericordioso: 9.9

Dios es poderoso: 3.17; 4.35

Dios provee: 4.29-31, 37

Dios es justo: 9.7, 16

Dios es verdadero: 4.37

Dios es sabio: 2.20–22

Dios se aíra: 9.16

Retos de interpretación

Los principales retos se centran en interpretar pasajes que tienen que ver con la tribulación futura y las promesas del reino. Aunque el uso del arameo imperial y la arqueología han confirmado la fecha temprana de escritura, algunos intérpretes escépticos, no dispuestos a reconocer profecías sobrenaturales que se cumplieron (hay más de cien tan solo en el cap. 11 que fueron cumplidas), colocan estos detalles en los tiempos intertestamentarios. Ven estas profecías no como milagrosamente prediciendo el futuro, sino simplemente como las observaciones de un escritor que vivió más tarde, quien está registrando acontecimientos de su propio día. De esta manera, fechan a Daniel en los días de Antioco IV Epífanes (175–164 a.c., cap. 8; 11.21–45). De acuerdo con esta posición, la expectativa de «la piedra» y del «Hijo del Hombre» (caps. 2, 7) terminó siendo una noción errónea que en realidad no se cumplió, o el escritor estaba siendo intencionalmente engañoso. De hecho, un período futuro de siete años (cp. 7.21, 22; 11.36–45; 12.1) y un reino literal de mil años (cp. Ap 20) después de la segunda venida de Cristo, cuando Él reinará sobre israelitas y gentiles (7.27), es enseñado. Esta será una era antes del estado final y distinta a este, que es absolutamente perfecto y definitivo, con el cielo nuevo y la tierra nueva, y su capital, la Nueva Jerusalén (Ap 21, 22). La interpretación literal de la profecía lleva a la perspectiva premilenarista.

Muchos otros aspectos de interpretación retan a los lectores: p. ej. interpretar números (1.12, 20; 3.19; 9.24–27); identificar al que es semejante a un hijo de hombre (7.13, 14); determinar si hay que ver al Antioco del pasado o al anticristo del futuro lejano en el 8.19–23; explicar los «setenta sietes» en el 9.24–27; y decidir si el Antioco del 11.21–35 aún es el mismo del 11.36–45 o si es el anticristo futuro.

Bosquejo

I. **El trasfondo personal de Daniel (1.1–21)**
    A. Conquista de Jerusalén (1.1, 2)
    B. Conscripción de judíos para adiestramiento (1.3–7)
    C. Valentía de cuatro hombres en la prueba (1.8–16)
    D. Elección de cuatro hombres para posiciones reales (1.17–21)

II. **La dirección profética del dominio gentil (2.1—7.28)**
    A. Dilemas de Nabucodonosor (2.1—4.37)
    B. Desenfreno y condenación de Belsasar (5.1–31)
    C. Liberación de Daniel (6.1–28)
    D. Sueño de Daniel (7.1–28)

III. La dirección profética del destino de Israel (8.1—12.13)
   A. Profecía del carnero y del macho cabrío (8.1–27)
   B. Profecía de las setenta semanas (9.1–27)
   C. Profecía de la humillación y restauración de Israel (10.1—12.13)

Mientras tanto, en otras partes del mundo...
Nace Confucio, el filósofo chino, que difunde sus filosofías en Asia.

RESPUESTAS A PREGUNTAS DIFÍCILES

1. ¿Cómo puede el que cree en la milagrosa naturaleza de las profecías de Daniel y en otros milagros responder a los escépticos que dudan de la autoría y antigüedad de Daniel dado que las predicciones son tan asombrosamente precisas?

La confianza en el origen divino de las Escrituras no se apoya en la fe ciega. Hay explicaciones razonables y evidencia aceptable corroborada que apuntan a la integridad de la Biblia. El hecho de que Daniel escribiera el libro en la lengua que hoy se conoce como arameo imperial indica una fecha muy temprana. Los rollos del Mar Muerto ofrecen evidencia de que el libro de Daniel se escribió en tiempos muy antiguos.

Cuando por definición se descartan la profecía precisa y los posibles milagros, es difícil probar el valor del libro de Daniel. Sin embargo, no es un problema que tenga que ver con la falta de evidencia, sino con la tozuda incredulidad. Los intérpretes escépticos no quieren reconocer las profecías sobrenaturales que se cumplieron (más de cien tan solo en el capítulo 11 se concretaron) e intentan remplazar la profecía milagrosa con la simple observación. Suponen que el escritor del libro de Daniel vivía en tiempos de Antíoco y que informó sobre hechos de su época, escribiendo como si fueran profecías. Es decir que el autor escribió como si predijera determinados hechos cuando en realidad estaba escribiendo después de que hubieran sucedido. Para esos académicos no habrá cantidad suficiente de profecías cumplidas que sirvan para convencerlos. En realidad, esto es un recordatorio para los creyentes de que no puede uno hacer entrar a nadie en el reino de Dios con meros argumentos. La evidencia más convincente necesita del Espíritu de Dios para que el que se resiste llegue a la fe sincera.

2. ¿Quién era la cuarta persona que había en el horno encendido en 3.19–25?

La liberación de Sadrac, Mesac y Abed-nego de ese horno en llamas fue un hecho asombroso, milagroso. Era un horno de verdad, las llamas quemaban. Los guardias que llevaron a los jóvenes hasta la boca del horno los acercaron tanto para poder echarlos dentro, que murieron. ¿Por qué complicar este milagro con una cuarta persona en ese horno? Porque el rey mismo notó la diferencia entre la cantidad de personas que había echado en el fuego y la cantidad de personas que vio caminando luego. La verdad por lo general incluye complicaciones inesperadas.

El rey llegó a la conclusión de que la cuarta persona era un ser celestial. Y describió al visitante de dos formas «semejante a hijo de los dioses» (3.25) y como un «ángel» (3.28). Cuando mandó que los tres amigos salieran del horno, el rey no invitó al siervo especial de Dios.

Visto desde el amplio contexto de la Escritura, el cuarto individuo pudiera haber sido la segunda persona de Dios (Jesucristo) antes de la Encarnación. Hay varias instancias similares en el Antiguo Testamento: Éxodo 3.2, Josué 5.13–15, Jueces 6.11 y otras. Si bien en estos informes aparece la palabra ángel, la persona tenía una conexión especial con el Señor. No era cualquier ángel, sino el Ángel del Señor. Su presencia tiene que haber sido inquietante, pero no se veía como un ángel que inspira temor y respeto. El rey vio a cuatro hombres en el horno. Identificó al que apareció milagrosamente allí como el Hijo de Dios. Bien puede haber sido una exclamación inspirada.

3. ¿Por qué se dice que el libro de Daniel es el equivalente del Antiguo Testamento al libro de Apocalipsis en el Nuevo Testamento?

Los libros de Daniel y Apocalipsis se complementan en distintas formas. Aunque los separan seiscientos años, ambos hablan del plan de Dios en la historia. Aunque gran parte de la visión profética de Daniel se había cumplido ya para la época en que Juan escribió Apocalipsis, hay dos formas específicas en las que la obra de Juan complementa la de Daniel:

Los dos libros en parte se ocupan de los últimos tiempos y ofrecen visiones proféticas paralelas de los últimos días del universo original, y del designio de Dios del nuevo cielo, la nueva tierra y el reino.

Apocalipsis confirma el entendimiento de la profecía que sugiere que el cumplimiento puede darse en etapas u oleadas. Por ejemplo, de las visiones que recibió Daniel, muchas se cumplieron hasta cierto punto en los hechos históricos anteriores a la vida de Cristo, pero se cumplirán final y completamente en los hechos del fin de la historia.

Otros temas de estudio en Daniel

1. Anote las características de Daniel según su biografía. ¿Qué tipo de persona era?
2. ¿Usaría a Daniel como ejemplo para los jóvenes? ¿Cómo?
3. ¿De qué manera equilibraba Daniel su responsabilidad como funcionario del gobierno y su relación con Dios?
4. ¿Qué nos enseñan sobre la fe los amigos de Daniel?
5. ¿Cuáles son las visiones de Daniel que más apelan a su curiosidad como para querer saber más?
6. ¿Qué nos enseña Daniel acerca de Dios?

OSEAS
Amor y compasión incondicionales

TÍTULO

El título se deriva del personaje principal y autor del libro. El significado de su nombre, «salvación», es el mismo del de Josué (cp. Nm 13.8, 16) y Jesús (Mt 1.21). Oseas es el primero de los doce profetas menores. «Menor» se refiere a la brevedad de las profecías en comparación con la longitud de las obras de Isaías, Jeremías y Ezequiel.

AUTOR Y FECHA

El libro de Oseas es la única fuente de información acerca del autor. Poco se conoce de él y aún menos acerca de su padre, Beeri (1.1). Probablemente, Oseas fue oriundo del reino norteño de Israel, debido a que muestra familiaridad con la historia, las circunstancias y la topografía del norte (cp. 4.15; 5.1, 13; 6.8, 9; 10.5; 12.11, 12; 14.6). Esto haría que él y Jonás fueran los únicos profetas del reino del norte que escribieron. Aunque él se dirigió tanto a Israel (el reino del norte) como a Judá (el reino del sur), identificó al rey de Israel como «nuestro rey» (7.5).

Oseas tuvo un período extenso de ministerio, profetizando ca. 755–710 A.C., durante los reinados de Uzías (790–739 A.C.), Jotam (750–731 A.C.), Acaz (735–715 A.C.) y Ezequías (715–686 A.C.) en Judá, y Jeroboam II (793–753 A.C.) en Israel (1.1). Su larga carrera cubrió a los últimos seis reyes de Israel desde Zacarías (753–752 A.C.) hasta Oseas (732–722 A.C.). El derrocamiento de Zacarías (el último de la dinastía de Jehú) en el 752 A.C. es mostrado como aún futuro (1.4). De esta manera siguió a la predicación de Amós en el norte, y también fue un contemporáneo de Isaías y Miqueas, quienes profetizaron en Judá. En 2 Reyes 14—20 y 2 Crónicas 26—32 se registra el período histórico del ministerio de Oseas.

CONTEXTO HISTÓRICO

Oseas comenzó su ministerio a Israel (también llamado Efraín, de acuerdo a su tribu más grande) durante los días finales de Jeroboam II, bajo cuya guía Israel estaba disfrutando tanto de paz política y prosperidad material, como también de corrupción moral y bancarrota espiritual. No obstante, después de la muerte de Jeroboam II (753 A.C.), la anarquía prevaleció e Israel declinó rápidamente. Hasta su derrocamiento por parte de Asiria veinte años más tarde, cuatro de los seis reyes de Israel fueron asesinados por sus sucesores. Profetizando durante los días que rodearon a la caída de Samaria, Oseas se enfoca en la desviación moral de Israel (cp. el libro de Amós) y su rompimiento de la relación de pacto con el Señor, anunciando que el juicio es inminente.

CRISTO EN... OSEAS

OSEAS PINTA LA RELACIÓN entre el esposo fiel (Oseas, Dios) y la esposa infiel (Gomer, Israel). La presencia de Cristo en el libro de Oseas es permanente, como Amado y redentor de su pueblo, así como Oseas fue redentor de su esposa Gomer. Oseas también muestra la posición de Cristo como Salvador de su pueblo: «No conocerás pues Dios fuera de mí, ni otro salvador sino a mí» (13.4).

Las circunstancias no estaban mucho mejor en el reino del sur. Usurpando la función sacerdotal, Uzías había sido azotado por la lepra (2 Cr 26.16–21); Jotam toleró las prácticas idólatras, abriendo el camino para que Acaz alentara la adoración de Baal (2 Cr 27.1—28.4). El avivamiento de Ezequías únicamente sirvió para reducir la aceleración de Judá hacia un destino similar al de su hermana del norte. Reyes débiles en ambos lados de la frontera repetidamente buscaron alianzas con sus vecinos paganos (7.11; cp. 2 R 15.19; 16.7) en lugar de buscar la ayuda del Señor.

PERSONAS DESTACADAS EN OSEAS

Oseas: profeta que le habló al reino norteño de Israel; su matrimonio reflejaba la relación de Dios con Israel (1.1—14.9).

Gomer: prostituta que se casó con Oseas (1.3–9).

Sus hijos: Jezreel, Lo-ammi y Lo-ruhama; el nombre de cada uno era reflejo de la relación de Dios con Israel (1.3—2.1).

TEMAS HISTÓRICOS Y TEOLÓGICOS

El tema de Oseas es el amor leal de Dios por su pueblo del pacto, Israel, a pesar de su idolatría. De esta manera Oseas ha sido llamado el San Juan (el apóstol del amor) del AT. El verdadero amor del Señor por su pueblo no tiene fin y no tolerará rival alguno. El mensaje de Oseas contiene mucha condenación, tanto nacional como individual, pero al mismo tiempo, él retrata incisivamente el amor de Dios hacia su pueblo con emoción ferviente. Oseas fue instruido por Dios a casarse con cierta mujer y experimentar con ella una vida doméstica, la cual era una dramatización del pecado y la infidelidad de Israel. La vida matrimonial de Oseas y su esposa, Gomer, proveen la rica metáfora que aclara los temas del libro: pecado, juicio y amor perdonador.

PALABRAS CLAVE EN

Oseas

Tropezar: En hebreo *kashal* —4.5; 5.5— literalmente «tambalearse», «tropezar y caer». Los profetas usaban con frecuencia esta palabra para describir la vida espiritual de los hebreos. Por ejemplo, Oseas compara a los falsos profetas y sus seguidores con los que tropiezan en la oscuridad. Tropiezan con el pecado de la idolatría y caen en su ruina (4.5; 5.5; Is 3.8). Isaías advierte que aquellos que confían en sus propias fuerzas tropezarán y caerán (Is 40.30), pero los que se dejan guiar por el Señor no tropezarán ni caerán (Is 63.13). De hecho, el Señor les da fuerzas a los que han tropezado en el pasado y ahora claman a él (1 S 2.4).

Fornicar: En hebreo *zanah* —2.5; 3.3; 4.15— en referencia a las relaciones sexuales ilícitas y en especial las que tienen que ver con prostitución. Se practicaban dos formas de prostitución en el mundo antiguo: la común y la ritual o «religiosa», que tenía que ver con los ritos paganos de la fertilidad. En la ley de Dios ambas prácticas estaban estrictamente prohibidas (Lv 19.29; Dt 23.17). Con frecuencia el AT usa la prostitución como imagen del pecado de la idolatría. Israel había prometido servir a un solo Dios (Éx 20.3), por lo que la idolatría era como la infidelidad marital en contra del Señor. Oseas se casó con una prostituta como símbolo vivo de la paciencia de Dios con respecto a las infidelidades de Israel (ver cap. 1).

PRINCIPALES DOCTRINAS EN OSEAS

El amor incondicional de Dios por su pueblo del pacto (6.1–3; 11.1–12; Dt 7.7; Job 7.17; Is 49.15, 16; Jn 3.16; Tit 3.4).

EL CARÁCTER DE DIOS EN OSEAS

Dios es accesible: 14.2

Dios es bueno: 3.5

Dios es bondadoso: 2.19

Dios es amoroso: 11.4

Dios es misericordioso: 2.23; 14.3–4

Dios provee: 2.8–9

Retos de interpretación

El hecho de que la esposa infiel, Gomer, simboliza a la Israel infiel es indudable, pero quedan preguntas. En primer lugar, algunos sugieren que las escenas matrimoniales en los caps. 1—3 deben ser tomadas únicamente como alegoría. Pero no hay nada en la narración, presentada en prosa simple, que cuestione su ocurrencia literal. Mucho de su efecto se perdería si no fuera literal. Cuando elementos no literales dentro del libro son introducidos, son presentados con «verá» (5.13; 9.10, 13), la forma hebrea normal de introducir escenas no literales. Además, no hay relato alguno de un profeta que se haya hecho a sí mismo el sujeto de una alegoría o parábola.

En segundo lugar, ¿cuáles son las implicaciones morales del mandato de Dios a Oseas de casarse con una prostituta? Parece mejor ver a Gomer como pura al tiempo del matrimonio con Oseas, para volverse más tarde una mujer inmoral. Vea «Respuestas a preguntas difíciles» con respecto a estos asuntos.

Una tercera pregunta surge con respecto a la relación entre el cap. 1 y el cap. 3 y si la mujer del cap. 3 es Gomer u otra mujer. Hay varios factores que sugieren que la mujer del cap. 3 es Gomer. En el 1.2, el mandato de Dios es: «Ve, tómate»; no obstante, en el 3.1, su mandato es: «Ve, ama», sugiriendo que el amor de Oseas tenía que ser renovado con la misma mujer. Además, dentro de la analogía del cap. 1, Gomer representa a Israel. Conforme Dios renueva su amor hacia la Israel infiel, así Oseas debe renovar su amor hacia la infiel Gomer. Si Oseas 3 denotara a una mujer diferente, confundiría la analogía.

Bosquejo

I. **Mujer adúltera y esposo fiel (1.1—3.5)**

    A. Oseas y Gomer (1.1–11)

    B. Dios e Israel (2.1–23)

    C. Ambas partes reconciliadas (3.1–5)

II. **Israel adúltera y el Señor fiel (4.1—14.9)**

    A. Israel adúltera hallada culpable (4.1—6.3)

    B. Israel adúltera desechada (6.4—10.15)

    C. Israel adúltera restaurada al Señor (11.1—14.9)

Mientras tanto, en otras partes del mundo...

Nace Confucio, el filósofo chino, que difunde sus filosofías en Asia.

RESPUESTAS A PREGUNTAS DIFÍCILES

1. ¿En verdad, Dios le ordenó a Oseas que se casara con una prostituta?

Hay intérpretes que intentan suavizar la cuestión al sugerir que las escenas maritales de los tres primeros capítulos de Oseas no son más que una alegoría de la relación de Dios con su pueblo. No hay nada en el relato que indique o sugiera tal cosa. El lenguaje de la orden de Dios en el texto original brinda cierto respaldo en cuanto a la castidad de Gomer en el momento de su boda con Oseas. Las palabras «tómate a una mujer fornicaria» (1.2) pueden entenderse como profecía (de lo que pasaría en el futuro). De modo que Gomer habría dado inicio a su conducta inmoral después del matrimonio. Esta explicación encaja mejor con la descripción de Israel, que salió de Egipto «en los tiempos de su juventud» (2.15; 9.10) y luego se apartó de Dios (11.1). El poder moral tras la acción de Oseas al recibir de vuelta a Gomer después del adulterio (capítulo 3) depende de la pureza de su unión original, la que ella violó. Si Oseas se hubiera casado con una prostituta reconocida, no habría tenido argumentos para sentirse injuriado por su adulterio.

OTROS TEMAS DE ESTUDIO EN OSEAS

1. Al leer el libro de Oseas, ¿cuántas imágenes diferentes de Dios puede hallar?
2. ¿En cuántas formas diferentes demostró Oseas el amor de Dios por su pueblo?
3. ¿Qué significaban los nombres de cada uno de los hijos de Oseas y Gomer?
4. En una escala de dificultad creciente, ¿qué puntaje le daría a la orden de Dios a Oseas de que se casara con una prostituta?
5. ¿Cómo describiría usted la acción más difícil que Dios le ha encomendado?

JOEL

El día del Señor

TÍTULO

Las versiones de la Septuaginta griega (LXX) y la Vulgata latina (Vg.) siguen el texto masorético hebreo (MT), titulando este libro de acuerdo con el nombre de Joel el profeta, el destinatario del mensaje de Dios (1.1). El nombre quiere decir «Jehová es Dios» y se refiere por lo menos a una docena de hombres en el AT. En el NT se hace referencia a Joel únicamente una vez (Hch 2.16–21).

AUTOR Y FECHA

El autor se identificó a sí mismo solo como «Joel, hijo de Petuel» (1.1). La profecía provee poco acerca del hombre. Aun el nombre de su padre no es mencionado en algún otro lugar en el AT. Aunque él desplegó un profundo celo por los sacrificios del templo (1.9; 2.13–16), su familiaridad con la vida pastoral y agrícola y su separación de los sacerdotes (1.13, 14; 2.17) sugieren que no era un levita. La tradición extrabíblica registra que él era de la tribu de Rubén, de la aldea Bet-om o Bet-haram, situada al noreste del Mar Muerto entre la frontera de Rubén y Gad. No obstante, el contexto de la profecía da lugar a pensar que era un oriundo de Judea cerca de Jerusalén, debido a que falta el tono propio de un extraño.

La fecha del libro se apoya únicamente en la posición canónica, referencias históricas y elementos lingüísticos. Debido a: (1) la falta de alguna mención de los poderes mundiales que vinieron a la escena más tarde en la historia (Asiria, Babilonia o Persia); (2) el hecho de que el estilo de Joel es como el de Oseas y Amós en lugar del de los profetas postexílicos; y (3) los paralelos verbales con otros profetas antiguos (Jl 3.16 con Am 1.2; Jl 3.18 con Am 9.13), una fecha de la última parte del siglo noveno A.C., durante el reinado de Joás (ca. 835–796 A.C.), parece ser la más convincente. No obstante, mientras que la fecha del libro no se puede conocer con exactitud, el efecto en su interpretación es mínimo. El mensaje de Joel no está confinado por el tiempo, formando una doctrina que puede ser repetida y aplicada en cualquier época.

CONTEXTO HISTÓRICO

Tiro, Sidón y Filistea habían llevado a cabo incursiones militares frecuentes a Israel (3.2 en adelante). Una sequía de envergadura y una invasión masiva de langostas habían destruido toda cosa verde de la tierra y traído una severa devastación económica (1.7–20), dejando al reino del sur débil. Este desastre físico le da a Joel la ilustración para el juicio de Dios. Tal como las langostas fueron un juicio sobre el pecado, los juicios futuros de Dios durante el día del Señor las excederán por mucho. En ese día, Dios juzgará a sus enemigos y bendecirá a los fieles. Ninguna mención es hecha de pecados específicos, ni Judá es reprendida por la idolatría. Sin embargo, posiblemente debido a una indiferencia cauterizada, el profeta los llama a un arrepentimiento genuino, amonestándolos: «Rasgad vuestro corazón, y no vuestros vestidos» (2.13).

PERSONAS DESTACADAS EN JOEL

Joel: profeta que le habló al pueblo de Judá durante el reinado de Joás (1.1—3.21).

El pueblo de Judá: el reino del sur, castigado por sus pecados con una plaga de langostas (1.2; 2.1; 3.1–2, 19–21).

TEMAS HISTÓRICOS Y TEOLÓGICOS

El tema de Joel es el día del Señor. Este tema aparece por todas partes en el mensaje de Joel, haciéndolo el tratado más concentrado de todo el AT (1.15; 2.1; 2.11; 2.31; 3.14). La frase es empleada diecinueve veces por ocho diferentes autores del AT (Is 2.12; 13.6, 9; Ez 13.5; 30.3; Joel 1.15; 2.1, 11, 31; 3.14; Am 5.18 [2 veces], 20; Abd 15; Sof 1.7, 14 [2 veces]; Zac 14.1; Mal 4.5). La frase no tiene referencia a un período de tiempo cronológico, sino a un período general de ira y juicio que pertenece de manera única al Señor. Es exclusivamente el día que revela su persona, poderoso, fuerte y santo, de esta manera aterra a sus enemigos. El día del Señor no siempre se refiere a un acontecimiento escatológico; en algunas ocasiones tiene un cumplimiento histórico cercano, como se ve en Ezequiel 13.5, donde habla de la conquista babilónica y la destrucción de Jerusalén. Así como es común en la profecía, el cumplimiento cercano es un acontecimiento histórico sobre el cual se incluye el cumplimiento más distante, escatológico.

El día del Señor frecuentemente es asociado con turbaciones sísmicas (p. ej. 2.1–11; 2.31; 3.16), problemas climatológicos (Ez 13.5 en adelante), nubes y oscuridad espesa (p. ej. 2.2; Sof 1.7 en adelante), turbulencia cósmica (2.3, 30), y un día grande «y muy terrible»

> ## CRISTO EN... JOEL
>
> LA PROFECÍA DE JOEL describía a Dios derramando su Espíritu sobre el pueblo de manera que un día «profetizarán vuestros hijos y vuestras hijas; vuestros ancianos soñarán sueños, y vuestros jóvenes verán visiones» (2.28–32). Pedro cita este pasaje de Joel como una profecía prefigurada y una muestra del Día de Pentecostés (Hch 2.16–21). El cumplimiento definitivo de la profecía de Joel llegará en el reino milenial de Cristo, cuando Dios derrame su Espíritu sobre toda la creación.

(2.11) que «vendrá como destrucción por el Todopoderoso» (1.15). La última mitad de Joel muestra el tiempo después del día del Señor en términos de promesa y esperanza. Habrá un derramamiento del Espíritu sobre toda carne, acompañado por palabras proféticas, sueños, visiones (2.28, 29), como también la venida de Elías, una epifanía trayendo restauración y esperanza (Mal 4.5, 6). Como resultado del día del Señor habrá bendiciones físicas, tiempos fructíferos y prosperidad (2.21 en adelante; 3.16–21). Es un día en el que el juicio es derramado sobre los pecadores, que más tarde lleva a bendiciones sobre el penitente y la reafirmación del pacto de Dios con su pueblo.

PRINCIPALES DOCTRINAS EN JOEL

El día de Jehová: período general de la ira y el juicio del Señor; el día en que Dios revela su carácter (1.15; 2.1–11, 31; 3.16; Is 2.12; 13.6; Ez 13.5; Sof 1.14; Mal 4.5, 6; Hch 2.20; 1 Co 5.5; 2 Co 1.14; 2 P 3.10).

EL CARÁCTER DE DIOS EN JOEL

Dios es accesible: 2.12
Dios es paciente: 2.13
Dios es misericordioso: 2.13
Dios se aíra: 2.12–14

RETOS DE INTERPRETACIÓN

Es preferible ver el cap. 1 como si estuviera describiendo una invasión real de langostas que destrozó la tierra. En el cap. 2, un nuevo nivel de descripción enfrenta al intérprete. Aquí el profeta está proyectando algo que está más allá de la plaga de langostas del cap. 1, elevando el nivel de descripción a nuevas altitudes, con intensidad incrementada que está enfocada en la plaga y la necesidad inmediata de arrepentimiento genuino. El uso por parte del profeta de símiles, por ejemplo «como aspecto de caballos» (2.4) y «como hombres de guerra» (2.7), sugiere que él aún está usando las langostas reales para ilustrar una invasión que solo puede ser el ataque masivo del día final del Señor.

Un segundo asunto que confronta al intérprete es la cita de Pedro de Joel 2.28–32 en Hechos 2.16–21. Ver «Respuestas a preguntas difíciles» con relación a este asunto.

BOSQUEJO

Siguiendo el 1.1, el contenido del libro se ordena bajo tres categorías fundamentales. En la primera sección (1.2–20) el profeta describe el día del Señor contemporáneo. La tierra está sufriendo una destrucción masiva causada por una plaga de langostas y sequía. Los detalles de la calamidad (1.2–12) son seguidos por llamados al arrepentimiento y la reforma comunal (1.13–20).

La segunda sección (2.1–17) provee una transición de la plaga histórica de langostas descrita en el cap. 1 al día del Señor escatológico en el 2.18—3.21. Empleando la plaga contemporánea de langostas como contexto, el profeta, con un nivel incrementado de intensidad, pinta un retrato vívido y fuerte de la visitación inminente del Señor (2.1–11), y usando una terminología poderosa y explícita, con tenacidad renueva la apelación al arrepentimiento (2.12–17).

En la tercera sección (2.18—3.21) el Señor habla directamente, asegurándole a su pueblo su presencia entre ellos (2.27; 3.17, 21). Esta porción del libro da por sentado que el arrepentimiento solicitado (2.12–17) había ocurrido y describe la respuesta celosa del Señor (2.18, 19a) a la oración colectiva. Joel 2.18–21 forma la transición del mensaje de lamentación y ay, así como las afirmaciones divinas de la presencia de Dios y el cambio de las calamidades, con el 2.19b, 20 que presenta la esencia y naturaleza de ese cambio. El Señor entonces da tres promesas para asegurarle a los penitentes de su presencia: restauración material a través de la sanidad divina de su tierra (2.21–27), restauración espiritual por medio del derramamiento divino de su Espíritu (2.28–32) y restauración nacional mediante el juicio divino sobre los injustos (3.1–21).

I. **El día del Señor experimentado: Histórico (1.1–20)**
    A. Fuente del mensaje (1.1)
    B. Mandato a contemplar la devastación (1.2–4)
    C. Término de la devastación (1.5–12)
    D. Llamado a arrepentirse a la luz de la devastación (1.13–20)

PALABRAS CLAVE EN

Joel

Espíritu: En hebreo *ruach* —2.28— relacionado con el verbo que significa «respirar» o «soplar». Puede referirse al aliento (Job 9.18; 19.17), al viento (Gn 8.1; Éx 10.13), al aire (Ec 1.14; Is 26.18), al aliento de vida (animal o humano, ver Gn 6.17; 7.14), a la disposición o ánimo (Gn 41.8; Ez 21.7), a un espíritu malo o angustiante (1 S 16.14–16) o al Espíritu de Dios (Gn 1.2; Sal 51.11). El espíritu de vida es el don de Dios para todas las criaturas (Job 12.10; 33.4; Ec 12.7). El otorgamiento del Espíritu Santo de Dios es un don especial para los creyentes, uno que da vida espiritual (Sal 51.10, 11; 143.10), poder (Jue 6.34), sabiduría y entendimiento (Is 11.2) y revelación divina, la que lleva a un mayor entendimiento de la Palabra de Dios y sus perfectos caminos (2.28; Is 61.1, 2).

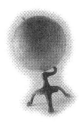

Mientras tanto, en otras partes del mundo...

En India se desarrolla el sistema de castas, dando inicio a siglos de segregación racial.

II. **El día del Señor ilustrado: Transición (2.1–17)**
   A. La alarma suena (2.1)
   B. El ejército invade (2.2–11)
   C. La amonestación a arrepentirse (2.12–17)
III. **El día del Señor descrito: Escatológico (2.18—3.21)**
   A. Introducción (2.18–20)
   B. Restauración material (2.21–27)
   C. Restauración espiritual (2.28–32)
   D. Restauración nacional (3.1–21)

RESPUESTAS A PREGUNTAS DIFÍCILES

1. ¿Significa el relato de Joel que de veras la tierra de Israel fue invadida por una plaga de langostas?

Las plagas de insectos como la que aparece en el libro de Joel son muy conocidas en muchos lugares del mundo. Joel describió en detalles los distintos momentos de la vida o las diferentes clases de langostas (1.4). Los detalles que Joel incluye hacen que sea más útil todavía este hecho como herramienta para enseñar, pero además ponen énfasis en el hecho de que el profeta vio con sus propios ojos los restos de su nación devastada.

La visión profética de Joel acerca del día de Jehová hizo que la tragedia de las langostas fuera una ilustración de la devastación final. En las comparaciones que el profeta hiciera con las langostas, estas son «como gente de a caballo» (2.4) y «como hombres de guerra» (2.7), pero el mensaje que subyace a esto anuncia el día que llegará, en el que hombres y caballos reales vendrán trayendo el juicio de Dios.

2. Cuando Pedro citó Joel 2.28–32, en el inicio de su sermón de Hechos 2.16–21, ¿de qué manera se relacionó su interpretación con el cumplimiento final de esa profecía?

Hay quienes ven los sucesos de Hechos 2 y la destrucción de Jerusalén en el año 70 A.D. como un cumplimiento definitivo del pasaje de Joel. Otros reservan su cumplimiento al día de Jehová, último, final. Parece probable que el derramamiento inicial del Espíritu Santo en Pentecostés no fuera un cumplimiento, sino una muestra del poder y la obra del Espíritu Santo. El pleno derramamiento del Espíritu Santo llegará en el reino del Mesías, después del día de Jehová. Esa fue la visión más grande de la profecía de Joel.

OTROS TEMAS DE ESTUDIO EN JOEL

1. ¿Cuáles son los detalles de la descripción que hace Joel de la plaga de langostas?
2. ¿En qué forma usó Joel la frase el *día de Jehová*?
3. ¿Cómo es que las langostas ilustran de qué forma Dios juzga a las naciones?
4. ¿Qué principios de gracia y misericordia incluyó Joel en sus mensajes?
5. ¿Qué le enseña a usted sobre el ministerio del Espíritu Santo el uso que hace Pedro de la profecía de Joel (Jl 2; Hch 2)?

AMÓS
Necesidad de justicia verdadera y adoración sincera

TÍTULO

Como con cada uno de los profetas menores, el título proviene del nombre del profeta a quien Dios dio su mensaje (1.1). El nombre de Amós quiere decir «carga» o «llevador de cargas». Él no debe ser confundido con Amoz («valeroso, fuerte»), el padre de Isaías (1.1).

AUTOR Y FECHA

Amós era de Tecoa, una pequeña villa a 16 km al sur de Jerusalén. Él fue el único profeta que dio su ocupación antes de declarar su comisión divina. Él no era de descendencia sacerdotal o noble, sino que trabajaba como uno «de los pastores» (1.1; cp. 2 R 3.4) y un recolector de «higos silvestres» (7.14). Era un contemporáneo de Jonás (2 R 14.25), Oseas (Os 1.1) e Isaías (Is 1.1). La fecha de escritura es a mediados del siglo octavo A.C., durante los reinados de Uzías, rey de Judá (ca. 790–739 A.C.) y Jeroboam II, rey de Israel (ca. 793–753 A.C.), dos años antes de un terremoto memorable (1.1; cp. Zac 14.5; ca. 760 A.C.).

CONTEXTO HISTÓRICO

Amós fue un profeta de Judea llamado a entregar un mensaje primordialmente a las tribus del norte de Israel (7.15). Políticamente era un tiempo de prosperidad bajo el reino largo y seguro de Jeroboam II quien, siguiendo el ejemplo de su padre Joás (2 R 13.25), de manera significativa «restauró los límites de Israel» (2 R 14.25). También fue un tiempo de paz tanto con Judá (cp. 5.5) como con sus vecinos más distantes; la amenaza que estaba continuamente presente de Asiria fue subyugada tiempo atrás en ese siglo debido al arrepentimiento de Nínive ante la predicación de Jonás (Jon. 3.10). No obstante, espiritualmente, fue un tiempo de corrupción desenfrenada y decadencia moral (4.1; 5.10–13; 2 R 14.24).

CRISTO EN... AMÓS

Las referencias a Cristo en el libro de Amós apuntan a la permanente restauración de Israel. El Señor habla a través de Amós y declara: «Pues los plantaré sobre su tierra, y nunca más serán arrancados de su tierra que yo les di» (9.15). La completa restauración de Israel y la recuperación de la tierra solo se cumplirán en la segunda venida de Cristo el Mesías.

PERSONAS DESTACADAS EN AMÓS

Amós: profeta de Judea que advirtió a Israel sobre el juicio de Dios (1.1—9.15).
Amasías: monarca del reino sureño de Judá; hijo de Joás (7.10–17).
Jeroboam II: malvado rey de Israel que sucedió a su padre, Joacaz (7.7–13).

TEMAS HISTÓRICOS Y TEOLÓGICOS

Amós se dirige a dos pecados primordiales de Israel: (1) una ausencia de adoración verdadera, y (2) una falta de justicia. En medio de su desempeño ritualista de adoración, no estaban buscando al Señor con el corazón (4.4, 5; 5.4–6) ni siguiendo su norma de justicia con sus vecinos (5.10–13; 6.12). Esta apostasía, evidenciada por el rechazo continuo y deliberado del mensaje profético de Amós, es el juicio divino prometido. No obstante, debido a su pacto, el Señor no abandonará a Israel en su totalidad, sino que traerá restauración futura al remanente justo (9.7–15).

PRINCIPALES DOCTRINAS EN AMÓS

Sincera adoración a Dios (4.4, 5; 5.4–6; Nm 28.3; Dt 4.29; 14.28; Lv 7.13; 2 Cr 15.2; Jer 29.13; Is 55.3, 6, 7; Jn 4.20–24; Ro 1.25; Ap 4.10–11).

Justicia: Dios le dio a Israel un parámetro de justicia con los demás (5.10–13; 6.12; Dt 16.20; 1 R 22.8; Pr 31.9; Is 29.21; 56.1; 59.15; 66.5; Jer 17.16–18; Col 4.1; 1 Ts 2.10).

Restauración futura del remanente fiel de Israel: (9.7–15; Is 27; 42–44; 65; 66; Jer 30—33; Ez 36; 37; 40—48; Dn 9.20–27; 12.1–3; Os 2.14–23; 14.4–7; Jl 3.19–21; Abd 17, 21; Mi 7.14–20; Sof 3.14–20; Hag 2.20–23; Zac 13; 14; Mal 4.1–3).

EL CARÁCTER DE DIOS EN AMÓS

Dios es santo: 4.2
Dios provee: 3.6

RETOS DE INTERPRETACIÓN

En el 9.11, el Señor prometió: «Yo levantaré el tabernáculo caído de David». En el Concilio de Jerusalén, convocado para discutir si los gentiles debían permitirse en la iglesia sin que se les requiriera circuncisión, Jacobo cita este pasaje (Hch 15.15, 16) para apoyar el informe de Pedro de cómo «Dios visitó por primera vez a los gentiles, para tomar de ellos pueblo para su nombre» (Hch 15.14). Algunos entonces han concluido que el pasaje se cumplió en Jesús, el mayor Hijo de David, a través de quien la dinastía de David fue reestablecida. No obstante, la referencia de Hechos es mejor vista como una ilustración de las palabras de Amós y no el cumplimiento. Ver «Respuestas a preguntas difíciles» con relación a este asunto.

La restauración definitiva de Israel

1. Is 27; 42—44; 65; 66	8. Abd 17, 21
2. Jer 30—33	9. Mi. 7.14–20
3. Ez 36; 37; 40—48	10. Sof 3.14–20
4. Dn 9.20–27; 12.1–3	11. Hag. 2.20–23
5. Os 2.14–23; 14.4–7	12. Zac 13—14
6. Jl 3.18–21	13. Mal 4.1–3
7. Am 9.11–15	

BOSQUEJO

I. **Juicios en contra de las naciones (1.1—2.16)**
   A. Introducción (1.1, 2)
   B. En contra de los enemigos de Israel (1.3—2.3)
   C. En contra de Judá (2.4, 5)
   D. En contra de Israel (2.6–16)

II. **Condenaciones en contra de Israel (3.1—6.14)**
   A. Pecado de irresponsabilidad (3.1–15)
   B. Pecado de idolatría (4.1–13)
   C. Pecado de decadencia moral (5.1—6.14)

III. **Visiones de juicio y restauración (7.1—9.15)**
   A. El Señor librará (7.1–6)
      1. Visión de las langostas (7.1–3)
      2. Visión del fuego (7.4–6)
   B. El Señor ya no librará (7.7—9.10)
      1. Visión de la plomada (7.7–9)
      2. Interludio histórico (7.10–17)
      3. Visión de la canasta de fruta (8.1–14)
      4. Visión del altar (9.1–10)
   C. El Señor restaurará (9.11–15)

Mientras tanto, en otras partes del mundo...

Los griegos empiezan a asentarse en el área que hoy conocemos como España. También se desarrolla el arte griego.

RESPUESTAS A PREGUNTAS DIFÍCILES

1. Puesto que Amós 9.11 aparece citado como profecía en el NT, ¿hasta qué punto se ha cumplido?

En el versículo el Señor promete: «Levantaré el tabernáculo caído de David». El apóstol Santiago citó la misma promesa en Hechos 15.15–16, durante el debate del primer Concilio de Jerusalén. Estaba en juego si se permitiría que los gentiles participaran de la iglesia sin ser circuncidados. Santiago tal vez pensó en este pasaje porque indica que parte del plan de Dios, desde siempre, fue incluir a los gentiles. Pero algunos piensan que el uso que hace Santiago indica el completo cumplimiento de la profecía de Amós. Le asignan la frase antes mencionada a Jesús como el más grande Hijo de David, a través de quien se restableció la dinastía de David.

Mejor parece ver que Santiago usa el pasaje como ilustración de las palabras de Amós, más que como cumplimiento. La profecía original contiene una frase clave: «en aquel día» (9.11) que indica, junto a los detalles del pasaje, que el profeta estaba hablando del regreso del Mesías en el segundo advenimiento, para sentarse en el trono de David. El establecimiento de la iglesia que efectuaron los apóstoles y la inclusión de los gentiles prepararon el escenario para ese

---

PALABRAS CLAVE EN

Amós

Buscar: En hebreo *darash* —5.4–6, 14— describe la acción de buscar, inquirir o pedir y preguntar. El pueblo de Israel empezó a adorar a los falsos dioses de Betel y Gilgal (5.4). Sin embargo, Amós alienta al bueno a buscar al único Dios verdadero. A lo largo de la historia, nadie de los que han buscado a Dios porque necesitan seguridad o perdón ha sufrido una desilusión de su parte (Sal 34.4; 77.2; 1 Cr 16.11; 2 Cr 30.19).

cumplimiento venidero. Las alusiones a un tiempo futuro («en aquel día», 9.11) en que Israel «posea el resto de Edom y a todas las naciones» (9.12) en que el Señor dice que «los plantaré sobre su tierra, y nunca más serán arrancados de su tierra que yo les di» (9.15) dejan en claro que el profeta está hablando del regreso del Mesías en la Segunda Venida, para ocupar el trono de David (cf. Is 9.7), y no del establecimiento de la iglesia, efectuado por los apóstoles.

OTROS TEMAS DE ESTUDIO EN AMÓS

1. ¿De qué manera aplican o ignoran los cristianos un pasaje como Amós 5.21–24 en el mundo de hoy?

2. ¿De qué modo destaca Amós que cada persona tendrá que rendir cuentas ante Dios por su vida?

3. ¿Qué tiene que decirles Amós a los cristianos que viven épocas de prosperidad?

4. ¿De qué manera ataca el mensaje de Amós a quienes llevan vidas espirituales superficiales?

5. ¿Hasta qué punto busca usted vivir según el parámetro de justicia de Dios?

ABDÍAS
Dios juzga a los enemigos de Israel

TÍTULO

El libro es nombrado de acuerdo al profeta que recibió la visión (1.1). Abdías quiere decir «siervo de Jehová» y ocurre veinte veces en el AT, refiriéndose por lo menos a veinte individuos más del AT. Abdías es el libro más corto en el AT y no es citado en el NT.

AUTOR Y FECHA

Nada se conoce con seguridad acerca del autor. Otras referencias del AT a hombres con este nombre no parecen referirse a este profeta. Sus menciones frecuentes de Jerusalén, Judá y Sión sugieren que pertenecía al reino del sur (cp. vv. 10–12, 17, 21). Abdías fue probablemente un contemporáneo de Elías y Eliseo.

La fecha de escritura es igualmente difícil de determinar, aunque se sabe que está ligada al ataque edomita contra Jerusalén descrito en los vv. 10–14. Al parecer Abdías escribió poco después del ataque. Hubo cuatro invasiones significativas de Jerusalén en la historia del AT: (1) por Sisac, rey de Egipto, ca. 925 A.C. durante el reinado de Roboam (1 R 14.25, 26; 2 Cr 12); (2) por los filisteos y árabes entre el 848–841 A.C. durante el reinado de Joram de Judá (2 Cr 21.8–20); (3) por Joás, rey de Israel, ca. 790 A.C. (2 R 14; 2 Cr 25); y (4) por Nabucodonosor, rey de Babilonia, cuando la caída de Jerusalén en el 586 A.C. De estas cuatro, solo la segunda y la cuarta probablemente encajan con la información histórica. La segunda es preferible, debido a que la descripción de Abdías no indica la destrucción total de la ciudad, la cual se llevó a cabo bajo el ataque de Nabucodonosor. Además, aunque los edomitas estaban involucrados en la destrucción de Jerusalén a manos de Nabucodonosor (Sal 137; Lm 4.21), es significativo que Abdías no menciona a los babilonios por nombre (como todos los demás profetas que escribieron acerca de la caída de Jerusalén), ni hay referencia alguna a la destrucción del templo o a la deportación del pueblo; de hecho, los cautivos parecen haber sido llevados al suroeste, no al este hacia Babilonia (cp. v. 20).

CONTEXTO HISTÓRICO

Los edomitas tienen su origen en Esaú, el primogénito (gemelo) de Isaac y Rebeca (Gn 25.24–26), quien luchó con Jacob aun mientras estaban en el vientre (Gn 25.22). El nombre de Esaú quiere decir «velludo», porque él era «todo velludo como una pelliza» (Gn 25.25). Él también es llamado Edom, lo cual quiere decir «rojo», debido a la venta de su primogenitura a cambio de algo de «guiso rojo» (Gn 25.30). Él mostró un menosprecio por las promesas del pacto al casarse con dos mujeres cananeas (Gn 26.34) y más adelante con la hija de Ismael (Gn 28.9). Le encantaba estar afuera y después que Jacob le robó la bendición de su padre fue destinado a permanecer siendo un hombre de los espacios abiertos (Gn 25.27; 27.38–40). Esaú se estableció en una región que en su mayor parte estaba constituida por montañas escabrosas al sur del Mar Muerto (Gn 33.16; 36.8, 9; Dt 2.4, 5) llamada Edom (gr. «Idumea»), el área de 64 km de ancho la cual se extiende aproximadamente 160 km al sur del Golfo de Akaba. La legendaria Carretera del rey, una ruta de caravana esencial uniendo a África del Norte con Europa y Asia, pasa a lo largo de la meseta oriental (Nm 20.17). La lucha y el nacimiento de Jacob y Esaú (Gn 25) forman el contexto definitivo de la profecía de Génesis 25.23: «Dos naciones hay en tu seno». Sus descendientes respectivos, Israel y Edom, fueron enemigos perpetuos. Cuando Israel salió de Egipto, Edom le negó a su hermano Jacob el paso por en medio de su tierra, localizada al sur del Mar Muerto (Nm 20.14–21). No obstante, Israel fue instruido por Dios a ser amable con Edom (Dt 23.7, 8). Abdías, habiendo recibido una visión de Dios, fue enviado a describir sus crímenes y a pronunciar destrucción total sobre Edom por su trato hacia Israel.

> ## CRISTO EN... ABDÍAS
>
> EN ABDÍAS CRISTO actúa como Juez de los enemigos de Israel (vv. 15, 16) y Salvador de su nación escogida (vv. 17–20). El triunfo final de Israel llega solo a través de Cristo.

Los edomitas se opusieron a Saúl (ca. 1043–1011 a.c.) y fueron sujetados bajo David (ca. 1011–971 a.c.) y Salomón (ca. 971–931 a.c.). Pelearon en contra de Josafat (ca. 873–848 a.c.) y exitosamente se rebelaron en contra de Joram (ca. 853–841 a.c.). Fueron conquistados una vez más por Judá bajo Amasías (ca. 796–767 a.c.), pero volvieron a ganar su libertad durante el reinado de Acaz (ca. 735–715 a.c.). Más tarde, Edom fue controlado por Asiria y Babilonia; y en el quinto siglo a.c. los edomitas fueron forzados por los nabateos a dejar su territorio. Se mudaron a la zona de Palestina del sur y llegaron a ser conocidos como los edomitas. Herodes el Grande, un edomita, se convirtió en rey de Judea bajo Roma en el 37 a.c. En un sentido, la enemistad entre Esaú y Jacob continuó con el intento de Herodes para asesinar a Jesús. Los edomitas participaron en la rebelión de Jerusalén en contra de Roma y fueron derrotados junto con los judíos por Tito en el 70 d.c. De una manera irónica, los edomitas aplaudieron la destrucción de Jerusalén en el 586 a.c. (cp. Sal 137.7),

> ## PALABRAS CLAVE EN
>
> ## Abdías
>
> **Orgullo:** En hebreo, *zadon*—versículo 3— significa literalmente «actuar con presunción u orgullo» (Dt 18.22; 1 S 17.28). Los autores del AT usaban esta palabra para referirse a la orgullosa nación de Edom (v. 3; Jer 49.16). El orgullo viene cuando los humanos piensan que pueden vivir sin Dios. Pero vivir sin Dios solo lleva a la vergüenza y la destrucción final (Pr 11.2; 13.10; Jer 49.16; Ez 7.10–12).

pero murieron tratando de defenderla en el 70 d.c. Después de ese entonces ya no se volvió a oír de ellos. Tal como Abdías predijo, serían cortados «para siempre» (v. 10); y «ni aun resto quedará de la casa de Esaú» (v. 18).

PERSONAS DESTACADAS EN ABDÍAS

Los edomitas: nación que se originó en Esaú, despreciada y juzgada por Dios (vv. 1–16).

TEMAS HISTÓRICOS Y TEOLÓGICOS

El libro es un estudio de caso de Génesis 12.1–3, con dos temas interrelacionados: (1) el juicio de Edom por parte de Dios por maldecir a Israel. Al parecer esto se le dijo a Judá y así le proporcionó confianza de que el día de Jehová (v. 15) traería juicio sobre Edom por su orgullo y su participación en la caída de Judá; (2) la restauración de Judá. Esto incluiría el territorio de los edomitas (vv. 19–21; Is 11.14). La bendición de Abdías incluye el cumplimiento cercano de la derrota de

Edom (vv. 1–15) bajo el ataque de los filisteos y árabes (2 Cr 21.8–20) y el cumplimiento lejano del juicio de la nación en el primer siglo D.C. y la posesión final de Israel de Edom (vv. 15–21).

PRINCIPALES DOCTRINAS EN ABDÍAS

Juicio de Dios sobre Edom y las naciones (vv. 1–16; Sal 83.5–18; 137.7; Is 11.14; 21.11, 12; 34.5; 63.1–6; Jer 49.7–22; Lm 4.21, 22; Ez 25.12–14; 35.1–15; Jl 3.19; Am 1.11, 12; 9.11, 12; Mal 1.2–5).

Misericordia de Dios con Israel, por su pacto (vv. 17–21; Sal 22.28; Is 14.1, 2; Dn 2.44; Jl 2.32; Am 9.8; Stg 5.20; Ap 11.15).

EL CARÁCTER DE DIOS EN ABDÍAS

Dios juzga: vv. 1–16

Dios restaura: vv. 17–21

RETOS DE INTERPRETACIÓN

La impactante semejanza entre Abdías 1–9 y Jeremías 49.7–22 da lugar a la pregunta: ¿Quién tomó de quién? Suponiendo que no hubo una tercera fuente en común, parece que Jeremías tomó, donde fue apropiado, de Abdías, debido a que los versículos compartidos forman una unidad en Abdías, mientras que en Jeremías están dispersos entre otros versículos.

El juicio de Dios sobre Edom

Más que cualquier otra nación mencionada en el AT, Edom es el objeto supremo de la ira de Dios.

- Sal 83.5–18; 137.7
- Is 11.14; 21.11, 12; 34.5; 63.1–6
- Jer 49.7–22
- Lm 4.21, 22
- Ez 25.12–14; 35.1–15
- Jl 3.19
- Am 1.11, 12; 9.11, 12
- Mal 1.2–5

BOSQUEJO

I. El juicio de Dios sobre Edom (1–14)

    A. Castigo de Edom (1–9)

    B. Crímenes de Edom (10–14)

II. El juicio de Dios sobre las naciones (15, 16)

III. La restauración de Israel por parte de Dios (17–21)

Mientras tanto, en otras partes del mundo...

Homero escribe la Ilíada y la Odisea, épicas clásicas griegas.

RESPUESTAS A PREGUNTAS DIFÍCILES

1. ¿Por qué incluyó Dios un libro tan corto en las Escrituras?

Ante todo, Abdías no es el libro más corto de la Biblia. Hay, de hecho, dos que son más cortos: 2 Juan (13 versículos) y 3 Juan (14 versículos). Estos libros no han de ignorarse porque sean cortos. Dios comunica muchísimo en apenas un poco de espacio.

En segundo lugar, Abdías y otros libros cortos nos ofrecen una visión altamente concentrada de algún tema en especial. El profeta tal vez haya ministrado por años y con docenas de mensajes, pero tuvo una visión. Dios le dio una potente advertencia para que la comunicara, e incluso el eco de esta verdad puede ofrecernos esperanza en nuestros días. En las palabras de cierre de Abdías: «Y el reino será de Jehová» (v. 21b).

OTROS TEMAS DE ESTUDIO EN ABDÍAS

1. ¿De qué acusaba Dios a los edomitas específicamente?
2. ¿De qué modo describió Dios su propia actitud con Israel en Abdías?
3. ¿Qué ilustraciones del orgullo incluye Abdías?
4. ¿De qué modo se aplican las advertencias sobre el orgullo en el libro de Abdías a su vida personal?

JONÁS
El misionero renuente

TÍTULO
Siguiendo la guía del texto masorético hebreo (MT), el título del libro se deriva del personaje principal, Jonás (que quiere decir «paloma»), el hijo de Amitai (1.1). Tanto la Septuaginta (LXX) como la Vulgata latina (Vg.) le atribuyen el mismo nombre.

AUTOR Y FECHA
El libro no tiene ninguna afirmación directa acerca de la persona que lo escribió. A lo largo del libro, repetidamente se hace referencia a Jonás en tercera persona, causando que algunos busquen otro autor. No obstante, no era una práctica extraña en el AT escribir en tercera persona (p. ej. Éx 11.3; 1 S 12.11). Además, la información autobiográfica revelada en sus páginas claramente apunta a Jonás como el autor. Los relatos en primera persona de acontecimientos y experiencias tan poco comunes serían mejor producto del mismo Jonás. Ni tampoco el versículo de introducción debe sugerir algo diferente, debido a que otros profetas tales como Oseas, Joel, Miqueas, Sofonías, Hageo y Zacarías tienen aperturas similares.

De acuerdo con 2 Reyes 14.25, Jonás vino de Gat-hefer cerca de Nazaret. El contexto lo coloca durante el largo y próspero reinado de Jeroboam II (ca. 793–753 A.C.), haciéndolo un profeta a las tribus del norte poco antes de Amós durante la primera mitad del siglo octavo A.C., ca. 760 A.C. Los fariseos estaban mal cuando dijeron «de Galilea nunca se ha levantado profeta» (Jn 7.52), porque Jonás era de Galilea. Una tradición judía que no se puede verificar dice que Jonás fue el hijo de la viuda de Sarepta a quien Elías resucitó de los muertos (1 R 17.8–24).

CONTEXTO HISTÓRICO
Como un profeta a las diez tribus del norte de Israel, Jonás comparte su contexto histórico con Amós. La nación disfrutó un tiempo de paz y prosperidad relativas. Tanto Siria como Asiria eran débiles, permitiendo a Jeroboam II que agrandara las fronteras del norte de Israel hasta donde habían estado en los días de David y Salomón (2 R 14.23–27). No obstante, espiritualmente fue un tiempo de pobreza; la religión era ritualista y más y más idólatra, y la justicia se había pervertido. El tiempo de paz y la riqueza la había hecho que estuviera en bancarrota espiritual, moral y ética (cp. 2 R 14.24; Am 4.1 en adelante; 5.10–13). Como resultado, Dios iba a castigarla al traer destrucción y cautividad de parte de los asirios en el 722 A.C. El arrepentimiento de Nínive pudo haber sido ayudado por dos plagas (765 y 759 A.C.) y un eclipse solar (763 A.C.), preparándolos para el mensaje de juicio por parte de Jonás.

PERSONAS DESTACADAS EN JONÁS
Jonás: reticente misionero a los de Nínive; hizo falta que lo tragara un pez gigante para que cumpliera con lo que Dios le había mandado hacer (1.1—9.9).

El capitán y la tripulación del barco en que iba Jonás: intentaron evitar la muerte de Jonás; lo lanzaron por la borda para que cesara la tormenta (1.5–16).

TEMAS HISTÓRICOS Y TEOLÓGICOS

Aunque fue un profeta de Israel, Jonás no es recordado por su ministerio en Israel, lo cual podría explicar por qué los fariseos errónea-

mente dijeron en el día de Jesús que ningún profeta había venido de Galilea (cp. Jn 7.52). Más bien, el libro relata el registro de su llamado a predicar arrepentimiento a Nínive y el hecho de que se rehusó a ir. Nínive, la capital de Asiria y con mala fama por su crueldad, era un némesis histórico de Israel y Judá. El enfoque de este libro se encuentra en esa ciudad gentil, que fue fundada por Nimrod, el bisnieto de Noé (Gn 10.6–12). Quizá la ciudad más grande en el mundo antiguo (1.2; 3.2, 3; 4.11), aun así fue destruida unos ciento cincuenta años después del arrepen-

timiento de la generación al tiempo de la visita de Jonás (612 A.C.), tal como Nahum profetizó (Nah 1.1 en adelante). El desagrado político por parte de Israel con respecto a Asiria, junto con un sentido de superioridad espiritual por ser el destinatario de la bendición del pacto de Dios, produjo una actitud recalcitrante en Jonás hacia la petición de Dios para el servicio misionero. Jonás fue enviado a Nínive en parte para avergonzar a Israel por el hecho de que una ciudad pagana se arrepintió ante la predicación de un extraño, mientras que Israel no se arrepentía aunque le predicaron muchos profetas. Pronto iba a aprender que el amor y la misericordia de Dios se extienden a todas sus criaturas (4.2, 10, 11), no solo a su pueblo de pacto (cp. Gn 9.27; 12.3; Lv 19.33, 34; 1 S 2.10; Is 2.2; Jl 2.28–32).

El libro de Jonás revela el dominio soberano de Dios sobre el hombre y toda la creación. La creación llegó a existir por medio de Él (1.9) y responde a cada uno de sus mandamientos (1.4, 17; 2.10; 4.6, 7; cp. Mr 4.41). Jesús empleó el arrepentimiento de los ninivitas para reprender a los fariseos, y así ilustró la dureza del corazón de los fariseos y su falta de disposición a arrepentirse (Mt 12.38–41; Lc 11.29–32). La ciudad pagana de Nínive se arrepintió ante la predicación de un profeta que no quería cumplir con su ministerio,

CRISTO EN… JONÁS

LA NOTORIEDAD DE JONÁS se debe a que es el único profeta con quien Jesús mismo se identificó (Mt 12.39–41). Así como Jonás estuvo tres días y tres noches en el vientre de la ballena, Cristo usa esta experiencia como ejemplo de los tres días y tres noches en que estaría «en las profundidades de la tierra» después de su crucifixión.

PALABRAS CLAVE EN

Jonás

Preparado: En hebreo *manah* —1.17; 4.6–8— describe el poder soberano de Dios para cumplir su voluntad. Literalmente, *manah* significa el poder de nombrar u ordenar. El gran poder de Dios en el libro de Jonás está en la preparación del pez, la planta, el gusano, que ilustran su soberanía sobre toda su creación. Dios usó a esos animales creados para revelarle a Jonás su misericordia y amor por todos. A través de los planes de Jonás, Dios guió siempre sus pasos (ver 4.6–8).

Lento para la ira: En hebreo, *erek appayim* —4.2— indica «la nariz arde» o «la nariz se calienta», lo que ilustra cómo respira agitadamente la persona enojada (Gn 30.2; Éx 4.14). En el AT la palabra que se refiere a la ira se relaciona directamente con la nariz. Así, cuando los autores del Antiguo Testamento hablan de Dios y refieren que es «lento para la ira», literalmente están diciendo «de larga nariz» (Sal 86.15; 103.8). La frase hebrea «lento para la ira» revela la gran misericordia y paciencia de Dios (Sal 145.8; Jl 2.13).

pero los fariseos no se arrepentían ante la predicación del más grande de todos los profetas, a pesar de la evidencia abrumadora de que Él, de hecho, era su Señor y Mesías. Jonás es un retrato de Israel, quien fue escogido y comisionado por Dios para ser su testigo (Is 43.10–12; 44.8), quien se rebeló en contra de su voluntad (Éx 32.1–4; Jue 2.11–19; Ez 6.1–5; Mr 7.6–9), pero que ha sido milagrosamente preservado por Dios a lo largo de siglos de exilio y dispersión para predicar finalmente su verdad (Jer 30.11; 31.35–37; Os 3.3–5; Ap 7.1–8; 14.1–3).

PRINCIPALES DOCTRINAS EN JONÁS

Misericordia de Dios con todas las naciones (4.2, 10, 11; Éx 34.6; Nm 14.18; Sal 86.5, 15; Jl 2.13; 1 Ti 2.4; 2 P 3.9).

Gobierno soberano de Dios (1.4, 9, 17; 2.10; 4.6, 7; Job 42.2; Sal 107.25; 146.6; Neh 9.6; Mt 10.29, 30; Hch 17.24; Ro 8.28).

EL CARÁCTER DE DIOS EN JONÁS

Dios es misericordioso: 4.2, 10–11

Dios provee: 1.4, 15

Dios se aíra: 4.2

RETOS DE INTERPRETACIÓN

El reto primordial es si el libro debe interpretarse como una narración histórica o como una alegoría / parábola. La gran escala de milagros, tales como ser mantenido vivo durante tres días y tres noches en un gran pez, ha llevado a algunos escépticos y críticos a negar su validez histórica y sustituir lecciones espirituales, ya sea para las partes constitutivas (alegoría) o para el libro como un todo (parábola). Pero independientemente de lo grandioso y milagroso que los acontecimientos hayan sido, la narración se debe ver como histórica. Centrado en un profeta del AT históricamente identificable que vivió en el siglo octavo A.C., cuyo relato ha sido registrado en forma narrativa, no hay más alternativa que entender a Jonás como histórico. Además, Jesús no enseñó la historia de Jonás como una parábola, sino como un relato real firmemente arraigado en la historia (Mt 12.38–41; 16.4; Lc 11.29–32).

Diez milagros en Jonás

1.	1.4	«Jehová hizo levantar un gran viento en el mar»
2.	1.7	«la suerte cayó sobre Jonás»
3.	1.15	«el mar se aquietó de su furor»
4.	1.17	«Jehová tenía preparado un gran pez»
5.	1.17	«que tragase a Jonás [vivo]»
6.	2.10	«mandó Jehová al pez, y vomitó a Jonás en tierra»
7.	3.10	«vio Dios lo que hicieron, que se convirtieron de su mal camino»
8.	4.6	«preparó Jehová Dios una calabacera»
9.	4.7	«Dios preparó un gusano»
10.	4.8	«preparó Dios un recio viento solano»

BOSQUEJO

I. **Al alejarse de la voluntad de Dios (1.1–17)**

    A. La comisión de Jonás (1.1, 2)

    B. La huída de Jonás (1.3)

    C. La búsqueda de Jonás (1.4–16)

    D. La preservación de Jonás (1.17)

II. **Al someterse a la voluntad de Dios (2.1–10)**

    A. La carencia de ayuda de Jonás (2.1–3)

    B. La oración de Jonás (2.4–7)

    C. El arrepentimiento de Jonás (2.8, 9)

    D. La liberación de Jonás (2.10)

III. **Al cumplir la voluntad de Dios (3.1–10)**

    A. La comisión renovada (3.1, 2)

    B. El profeta obedece (3.3, 4)

    C. La ciudad se arrepiente (3.5–9)

    D. El Señor perdona (3.10)

IV. **Al cuestionar la voluntad de Dios (4.1–11)**

    A. El profeta descontento (4.1–5)

    B. El profeta reprendido (4.6–11)

Mientras tanto, en otras partes del mundo...

Se documenta el primer eclipse solar autenticado en la historia de China, el 6 de septiembre de 775 A.C.

RESPUESTAS A PREGUNTAS DIFÍCILES

1. Las aventuras de Jonás, ¿fueron algo así como una historia mítica o de veras el profeta vivió esos milagros asombrosos?

Los que poseen dificultades con la idea de los milagros, tienen un gran problema con Jonás. Los milagros de este libro fueron a gran escala: una tormenta terrible, la supervivencia dentro de un gran pez, el arrepentimiento del líder de una potencia mundial reconocida. No es algo para los tímidos en la fe. Hay escépticos y críticos que sencillamente niegan la validez histórica de Jonás. Otros intentan ofrecer lecciones espirituales sustitutas, convirtiendo partes de Jonás en alegorías, o interpretando todo el libro como una parábola.

Hay dos factores que hablan fuerte a favor de tomar el libro de Jonás tal como lo leemos: (1) El rol de los milagros en Jonás era ofender al personaje central. Esos milagros hicieron que se viera cobarde, mezquino, amargado. Con la constante tensión entre el profeta y la misión que Dios le había dado, el mayor milagro de todos tal vez sea que finalmente Jonás registró esos sucesos históricos que glorificaban a Dios, pero humillaban al profeta. (2) Jesús hizo referencia a Jonás varias veces como una persona histórica, no como una parábola (ver Mt 12.38–44; 16.4; Lc 11.29–32).

2. ¿Qué le importaba a Dios lo que le pasara a Nínive?

Es esa precisamente la pregunta de Jonás. Por cierto, a él no le importaba Nínive, en absoluto. Esperaba que Dios cumpliera sus intenciones de destruir a la ciudad y oraba por ello. Pero Jonás también sabía que Dios suele dar advertencias como oportunidades. Jonás no quería que Nínive tuviera otra oportunidad.

Jonás detestaba a Nínive y su reputación. Resentía el sufrimiento que los gobernantes de Nínive le habían provocado a su propio pueblo. No podía identificarse con la gente de Nínive, solo les veía como enemigos, sin rostro. Dios le ofreció a Jonás una lección invalorable para que aprendiera lo que es la compasión. Provocó a Jonás al enojo y al escándalo mediante una planta, luego le explicó al profeta que tenía el derecho divino a ejercer la compasión sobre las miles de personas de Nínive que ignoraban su propia condición (4.1–11).

Otros temas de estudio en Jonás

1. ¿Por qué no quería Jonás ir a Nínive?
2. Describa los altibajos de la actitud de Jonás a lo largo de este libro.
3. ¿Por qué rescató Dios a Jonás a pesar de la flagrante desobediencia del profeta?
4. ¿Qué nos enseña el libro de Jonás sobre el amor de Dios?
5. ¿De qué formas, específicamente, puede identificarse usted con Jonás? ¿Qué querría evitar de las cosas que él vivió?

MIQUEAS
¿Quién como Dios?

TÍTULO

El nombre del libro es derivado del profeta quien, habiendo recibido la palabra del Señor, fue comisionado a proclamarla. Miqueas, cuyo nombre es compartido por otros en el AT (p. ej. Jue 17.1; 2 Cr 13.2; Jer 36.11), es una forma acortada de Micaías y quiere decir: «¿Quién es como Jehová?». En el 7.18, Miqueas usa un juego de palabras con su propio nombre, diciendo: «¿Quién es un Dios como tú?».

AUTOR Y FECHA

El primer versículo establece a Miqueas como el autor. Más allá de eso, poco se sabe de él. No se dice nada de sus padres, pero su nombre puede indicar un legado piadoso. Él rastrea sus raíces al pueblo de Moreset (1.1, 14), localizado en las faldas de los montes de Judá, aproximadamente 40 km al suroeste de Jerusalén, en la frontera de Judá y Filistea, cerca de Gat. De un área productivamente agrícola, él era como Amós, un residente del campo lejos de la política nacional y la religión, pero escogido por Dios (3.8) para entregar un mensaje de juicio a los príncipes y el pueblo de Jerusalén.

Miqueas coloca su profecía durante los reinados de Jotam (750–731 A.C.), Acaz (731–715 A.C.) y Ezequías (715–686 A.C.). Su condena a las injusticias sociales y la corrupción religiosa renueva el tema de Amós (mitad del siglo octavo A.C.) y sus contemporáneos, Oseas en el norte (ca. 755–710 A.C.) y en el sur, Isaías (ca. 739–690 A.C.). Esto encaja con lo que se conoce de la identidad de Acaz (2 R 16.10–18) y su hijo Ezequías antes de sus amplias reformas espirituales (2 Cr 29; 31.1). Sus referencias a la caída inminente de Samaria (1.6) claramente lo colocan antes del 722 A.C., aproximadamente en el 735–710 A.C.

CONTEXTO HISTÓRICO

Debido a que el reino del norte estaba a punto de caer ante Asiria durante el ministerio de Miqueas en el 722 A.C., el profeta fecha su mensaje con la mención de los reyes de Judá únicamente. Mientras que Israel era un destinatario ocasional de sus palabras (cp. 1.5–7), su atención primordial fue dirigida hacia el reino del sur en el que vivió. La prosperidad económica y la ausencia de crisis internacionales que marcaban los días de Jeroboam II (793–753 A.C.), durante los cuales las fronteras de Judá e Israel fueron rivales de las de David y Salomón (cp. 2 R 14.23–27), estaban deslizándose. Siria e Israel invadieron Judá, tomando al impío Acaz temporalmente cautivo (cp. 2 Cr 28.5–16; Is 7.1, 2). Después que Asiria había derrotado a Siria e Israel, el buen rey Ezequías retiró su lealtad a Asiria, haciendo que Senaquerib sitiara a Jerusalén en el 701 A.C. (cp. 2 R 18, 19; 2 Cr 32). El Señor entonces envió a su Ángel para librar a Judá (2 Cr 32.21). Ezequías fue usado por Dios para guiar a Judá de regreso a la verdadera adoración.

Después del reinado próspero de Uzías, quien murió en el 739 A.C., su hijo Jotam continuó con las mismas políticas, pero no quitó los centros de idolatría. La prosperidad externa solo era una fachada que disfrazaba la corrupción social desenfrenada y el sincretismo religioso. La adoración del dios cananeo de la fertilidad Baal estaba integrándose más y más con el sistema de sacrificios del AT, alcanzando proporciones epidémicas bajo el reinado de Acaz (cp. 2 Cr 28.1–4). Cuando Samaria cayó, miles de refugiados llegaron a Judá, trayendo su sincretismo religioso con ellos. Pero mientras que Miqueas (al igual que Oseas) se enfocó en este asunto, fue en contra de la desintegración de los valores personales y sociales que él dirigió sus represiones más incisivas y sus advertencias más fuertes (p. ej. 7.5, 6). Asiria era la potencia dominante y una amenaza constante para Judá, así que la predicción de Miqueas de que Babilonia, en ese entonces bajo dominio Asirio, conquistaría a Judá (4.10) parecía remota. De esta manera, lo que fue Amós para Israel, Miqueas lo fue para Judá.

PERSONAS DESTACADAS EN MIQUEAS

El pueblo de Israel: el reino del norte, a punto de caer en el cautiverio asirio (1.2—7.20).

TEMAS HISTÓRICOS Y TEOLÓGICOS

Primordialmente, Miqueas proclamó un mensaje de juicio a un pueblo que con persistencia buscaba el mal. De manera semejante a otros profetas (cp. Os 4.1; Am 3.1), Miqueas presentó su mensaje en terminología de demanda / corte (1.2; 6.1, 2). La profecía está ordenada en tres oráculos o ciclos, cada uno de ellos comenzando con la amonestación a «oír» (1.2; 3.1; 6.1). Dentro de cada oráculo, él pasa de la condenación a la esperanza. Condenación porque han quebrantado la ley de Dios dada en Sinaí; esperanza por el pacto incambiable de Dios con sus ancestros (7.20). Un tercio del libro se enfoca en los pecados de su pueblo; otro tercio se enfoca en el castigo de Dios por venir; y otro tercio promete esperanza para los fieles después del juicio. De esta manera, el tema de lo inevitable del juicio divino por el pecado se une al compromiso inmutable por parte de Dios con sus promesas del pacto. La combinación de (1) la coherencia absoluta de Dios al juzgar el pecado y (2) el compromiso inflexible a su pacto a través del remanente de su pueblo, provee a los oyentes una clara revelación de la persona del Soberano del universo. A través de intervención divina, Él traerá tanto juicio sobre los pecadores como bendición sobre aquellos que se arrepienten.

CRISTO EN... MIQUEAS

MIQUEAS NOS BRINDA UNA DE LAS PROFECÍAS MÁS significativas de la Biblia en cuanto al lugar de nacimiento de Jesús y su eternidad: «Pero tú, Belén Efrata, pequeña para estar entre las familias de Judá, de ti me saldrá el que será Señor en Israel; y sus salidas son desde el principio, desde los días de la eternidad» (5.2). Este pasaje lo utilizaron los escribas y sumos sacerdotes para responder a Herodes cuando quiso saber dónde había nacido Jesús (Mt 2.6). Jesús también usó Miqueas 7.6 para explicar la naturaleza de su venida (Mt 10.35, 36).

PRINCIPALES DOCTRINAS EN MIQUEAS

Dios juzga el pecado (1.2—2.5; 1 Cr 16.33; Sal 96.13; Ec 3.17; Mt 7.22–23; Jn 12.48; Ro 2.12; 2 Ti 4.1; Ap 20.12).

Pacto de Dios con los antepasados de Israel (7.20; Gn 15.7–18; 17.2–14, 19, 21; 26.3, 4; 28.13, 14; Éx 6.4; 2 S 23.5; 1 Cr 16.16, 17; Sal 89.3, 4; Lc 1.72–75; Hch 3.25; Gá 3.16).

EL CARÁCTER DE DIOS EN MIQUEAS

Dios es paciente: 7.1
Dios es misericordioso: 7.18, 20
Dios provee: 5.2
Dios es justo y recto: 6.4, 5; 7.9
Dios es verdadero: 7.20
Dios es Uno: 7.18
Dios se aíra: 7.9, 11

RETOS DE INTERPRETACIÓN

La semejanza verbal entre Miqueas 4.1–3 e Isaías 2.2–4 da lugar a la pregunta de quién citó a quién. Los intérpretes están divididos, sin respuestas claras en ninguno de los dos lados. Debido a que los dos profetas vivieron en proximidad cercana el uno del otro, profetizando durante el mismo período, esta semejanza es comprensible. Dios dio el mismo mensaje a través de dos predicadores. La frase de introducción, «en los postreros días» (4.1), aleja estos versículos de cualquier cumplimiento postexílico y requiere un marco de tiempo escatológico cercano al segundo advenimiento de Cristo y el principio del milenio.

Aparte de Isaías 2.2–4, otros tres pasajes de Miqueas son citados en otras partes en las Escrituras. Miqueas 3.12 es citado en Jer 26.18, donde se salva la vida de Jeremías de la sentencia de muerte del rey Joaquín. Miqueas 5.2 es citado por los principales sacerdotes y los escribas (Mt 2.6) en respuesta a la pregunta de Herodes del lugar de nacimiento del Mesías. Miqueas 7.6 es empleado por Jesús en Mateo 10.35, 36 cuando comisionó a sus discípulos.

PALABRAS CLAVE EN

Miqueas

Demanda: En hebreo *rib* —6.2— puede significar «disputa» o «pelea» en el sentido de feudo (Jue 12.2), «controversia» o «pelea» (Pr 17.14; 18.6) impulsada por un espíritu de rebeldía (Nm 20.13; Pr 17.14; 18.6) e incluso «demanda legal» (Job 31.13, 35; Jer 11.20). Los profetas usaban esta palabra con frecuencia como término técnico legal en contextos referidos a la relación de pacto del Señor con Israel (Jer 25.31; Jos 4.1; 12.2). En este capítulo Miqueas le informaba a Judá que Dios había presentado una demanda formal, legal, contra su pueblo. Les ordenaba presentarse ante el tribunal por violar estipulaciones del pacto que prohibían la idolatría y requerían que hubiera justicia social (6.2–16).

Compasión: En hebreo *raham* —7.19— se traduce como compasión y significa «amor desde el vientre»; también se traduce con frecuencia como *misericordia* (Is 14.1). La forma sustantiva de este verbo significa «vientre» y en consecuencia transmite la idea del tierno amor de una madre por su hijo indefenso (1 R 3.26). «Desde el vientre» habla de la profundidad de la emoción relacionada con esta expresión de amor. Dios ama a su pueblo con profunda compasión y amor, casi indescriptible. Dios usó una forma de este término hebreo para revelarle a Moisés su nombre y naturaleza: «Y pasando Jehová por delante de él, proclamó: ¡Jehová! ¡Jehová! fuerte, misericordioso y piadoso; tardo para la ira, y grande en misericordia y verdad» (Éx 34.6).

BOSQUEJO

   I. **Reflexión inicial (1.1)**
  II. **Dios congrega para juzgar y librar (1.2—2.13)**
     A. Samaria y Judá castigadas (1.2–16)
     B. Opresores juzgados (2.1–5)
     C. Falsos profetas renuncian (2.6–11)
     D. Promesa de liberación (2.12, 13)

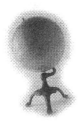

Mientras tanto, en otras partes del mundo...

El pueblo celta comenzó a avanzar hacia el sur del país que hoy conocemos como Escocia, para asentarse en el resto de Gran Bretaña.

III. **Dios juzga a los gobernantes y viene para librar (3.1—5.15)**
   A. Los líderes contemporáneos son culpables (3.1–12)
   B. El Líder venidero liberará y restaurará (4.1—5.15)
IV. **Dios trae condenaciones y liberación definitiva (6.1—7.20)**
   A. Mensajes de represión y lamento (6.1—7.6)
   B. Mensajes de confianza y victoria (7.7–20)

RESPUESTAS A PREGUNTAS DIFÍCILES

1. ¿De qué modo se usa un libro como Miqueas en el Nuevo Testamento?

Dos veces en el libro de Mateo hay pasajes de Miqueas que juegan un papel importante en los hechos de la época. En Mateo 2.6 los sumos sacerdotes y escribas citan 5.2 en respuesta a la pregunta de Herodes sobre el lugar de nacimiento del Mesías. Luego, en Mateo 10.35–36 Jesús cita 7.6 al darles a sus discípulos la comisión. La gente de los tiempos del Nuevo Testamento conocía muy bien a los profetas del Antiguo Testamento, por lo que sus escritos y pensamiento estaban repletos de frases y predicciones que Dios les había dado a los mensajeros en el pasado.

OTROS TEMAS DE ESTUDIO EN MIQUEAS

1. Si los estudiosos religiosos de los tiempos de Jesús conocían la profecía del Mesías y Belén, ¿por qué no creyeron que Jesús era el Salvador?
2. ¿Enseña Miqueas 6.6–8 que podemos agradar a Dios y ganar eterno favor siendo buenos?
3. ¿Qué propósito tiene vivir con el fin de agradar a Dios?
4. ¿De qué modo confrontó Miqueas la opresión nacional y personal que predominaba en su época?
5. ¿Cómo confrontó Miqueas la falsa fe de su propia sociedad? ¿Qué diría en nuestros días?

NAHUM

El juicio postergado es aplicado

TÍTULO

El título del libro es tomado del oráculo del profeta de Dios en contra de Nínive, la capital de Asiria. Nahum quiere decir «consuelo» o «consolación» y es una forma corta de Nehemías («consuelo de Yahweh»). Nahum no es citado en el NT, aunque puede haber una referencia a Nahum 1.15 en Romanos 10.15 (cp. Is 52.7).

AUTOR Y FECHA

La importancia de los profetas que escribieron no radicaba en la vida personal de cada uno de ellos, sino en su mensaje. De esta manera, alguna información del contexto acerca del profeta más allá de lo que está en la profecía es raro que se encuentre. En ocasiones uno de los libros históricos dará cierta luz adicional. En el caso de Nahum, nada es provisto a excepción de que él fue un elcosita (1.1), refiriéndose a su lugar de nacimiento o a su lugar de ministerio. Intentos por identificar el lugar de Elcos no han tenido éxito. Sugerencias incluyen Al-Qos, situado en Irak del norte (de esta manera Nahum habría sido un descendiente de los exiliados llevados a Asiria en el 722 A.C.), Capernaum («pueblo de Nahum») o un lugar en el sur de Judá (cp. 1.15). Su lugar de nacimiento o localización no es significativo para la interpretación del libro.

Sin mención alguna de reyes en la introducción, la fecha de la profecía de Nahum debe ser deducida por la información histórica. El mensaje de juicio en contra de Nínive retrata a una nación de fortaleza, mostrando un tiempo no solo previo a su caída en el 612 A.C., sino probablemente antes de la muerte de Asurbanipal en 626 A.C., después de lo cual el poder de Asiria cayó rápidamente. La mención de Nahum de la caída de No-Amón, también llamada Tebas (3.8–10), en el 663 A.C. (a manos de Asurbanipal) parece estar fresca en la mente de cada uno de ellos y no hay mención del avivamiento que ocurrió diez años más tarde, sugiriendo una fecha a mediados del siglo séptimo A.C. durante el reinado de Manasés (ca. 695–642 A.C.; cp. 2 R 21.1–18).

CRISTO EN... NAHUM

NAHUM PRESENTA LOS ATRIBUTOS DE DIOS describiendo también a la persona de Cristo en su venida futura. Cristo llegó a la tierra como el Mesías prometido, que atraía a los fieles hacia sí. Nahum habla de cómo Dios protege a los fieles, revelando: «Jehová es bueno, fortaleza en el día de la angustia; y conoce a los que en él confían» (1.7). Sin embargo, la segunda venida de Cristo traerá el juicio, ya que Cristo «guarda enojo para sus enemigos» (1.2).

CONTEXTO HISTÓRICO

Un siglo después de que Nínive se arrepintió ante la predicación de Jonás, ella regresó a la idolatría, violencia y arrogancia (3.1–4). Asiria estaba en la cúspide de su poder, habiéndose recobrado de la derrota de Senaquerib (701 A.C.) en Jerusalén (cp. Is 37.36–38). Sus fronteras se extendían hasta Egipto. Esarhadón recientemente había trasladado a las personas conquistadas a Samaria y Galilea en 670 A.C. (cp. 2 R 17.24; Esd 4.2), dejando a Siria y Palestina muy débiles. Pero Dios derribó a Nínive bajo el poder ascendente del rey de Babilonia, Nabopolasar, y su hijo, Nabucodonosor (ca. 612 A.C.). La caída de Asiria se llevó a cabo tal como Dios lo había profetizado.

PERSONAS DESTACADAS EN NAHÚM

El pueblo de Nínive: los asirios que habían vuelto a hacer lo malo y estaban destinados a la destrucción (2.1—3.19).

TEMAS HISTÓRICOS Y TEOLÓGICOS

Nahum constituye una secuela al libro de Jonás, quien profetizó más de un siglo antes. Jonás relata la remisión del juicio prometido por parte de Dios sobre Nínive, mientras que Nahum muestra la ejecución del juicio de Dios que más tarde se llevó a cabo. Nínive estaba orgullosa de su ciudad invulnerable, con sus muros alcanzando algo más de treinta metros de alto y con una fosa de alrededor de quince metros de ancho y dieciocho de profundidad; pero Nahum estableció el hecho de que el Dios soberano (1.2–5) traería venganza sobre aquellos que violaban su ley (1.8, 14; 3.5–7). El mismo Dios traería un juicio en contra del mal que era también redentor, otorgando sus misericordias sobre los fieles (cp. 1.7, 12, 13, 15; 2.2). La profecía trajo consuelo a Judá y a todos los que temían a los crueles asirios. Nahum dijo que Nínive terminaría con una «inundación impetuosa» (1.8); y sucedió cuando el río Tigris se desbordó para destruir suficiente los muros y dejar que los babilonios entraran. Nahum también predijo que la ciudad estaría escondida (3.11). Después de su destrucción en el 612 A.C., el lugar no fue redescubierto hasta 1842 D.C.

PALABRAS CLAVE EN

Nahum

Celoso: En hebreo *qanna* —1.2— se relaciona con un término cuya raíz puede significar «ansioso, celoso por» (1 R 19.10, 14) o incluso «enfurecerse» (Zac 8.2). Celoso es uno de los nombres de Dios (Éx 34.14). Cuando la expresión «el Señor tu Dios es un Dios celoso» aparece en el AT por lo general está relacionada con la advertencia en contra de la idolatría (Éx 20.5; Dt 4.24; 5.9; 6.14). El celo de Dios por su pueblo implica lealtad y adhesión exclusiva, debido a su santidad (Jos 24.19) y su rol como Creador y Redentor de su pueblo (Sal 95.6, 7; 96.2–5). Relacionamos por lo general los celos con una emoción egoísta que suele surgir de la inseguridad. Pero los celos de Dios provienen de su santidad. Él solo es el Santo (ver Is 6.3; 40.25) y no tolerará rival alguno (Éx 20.5).

PRINCIPALES DOCTRINAS EN NAHUM

El juicio de Dios: el Dios soberano se vengará de los que violaron su ley (1.8, 14; 3.5–7; Éx 20.5; Dt 28.41; Job 12.23; Ez 39.23; Jl 3.19; Am 3.6; Hch 17.31; Ro 2.16; Ap 6.17).

La amorosa bondad de Dios para con sus fieles (1.7, 12, 13, 15; 2.2; Nm 6.22–27; Sal 46.1; Is 33.2–4; 37.3–7, 29–38; Mt 11.28, 29; 19.13, 14; 2 Ti 2.24; Tit 3.4; 1 Jn 4.11).

EL CARÁCTER DE DIOS EN NAHUM

Dios es bueno: 1.7

Dios es celoso: 1.2

Dios es poderoso: 1.3

Dios provee: 1.4

Dios es soberano: 1.2–5
Dios se aíra: 1.2, 3, 6

Retos de interpretación

Fuera de la identidad incierta de Elcos (cp. «Autor y fecha»), la profecía no presenta dificultades de interpretación reales. El libro es un anuncio profético directo del juicio en contra de Asiria y su capital Nínive por las atrocidades crueles y prácticas idólatras.

Bosquejo

I. Reflexión inicial (1.1)
    II. La destrucción de Nínive declarada (1.2–15)
        A. El poder de Dios ilustrado (1.2–8)
        B. El castigo de Dios afirmado (1.9–15)
    III. La destrucción de Nínive detallada (2.1–13)
        A. La ciudad es atacada (2.1–10)
        B. La ciudad es desacreditada (2.11–13)
    IV. La destrucción de Nínive demandada (3.1–19)
        A. El primer cargo (3.1–3)
        B. El segundo cargo (3.4–7)
        C. El tercer cargo (3.8–19)

Mientras tanto, en otras partes del mundo...

Se reconoce a Japón como nación (660 a.c.).

Otros temas de estudio en Nahum

1. ¿En qué aspectos presenta el libro de Nahum un ejemplo de la paciencia de Dios?
2. ¿De qué acusaba Dios a la ciudad de Nínive?
3. ¿Por qué Dios dice que es un Dios celoso?
4. ¿Qué ejemplos de la soberanía de Dios hallamos en Nahum?
5. ¿Qué piensa usted sobre la posibilidad del juicio de Dios en su vida?

HABACUC
El justo por la fe vivirá

TÍTULO

Este libro profético toma su nombre de su autor y probablemente significa «uno que abraza» (1.1; 3.1). Al final de la profecía, este nombre se vuelve apropiado conforme el profeta se aferra a Dios independientemente de su confusión por los planes de Dios hacia su pueblo.

AUTOR Y FECHA

Como con muchos de los profetas menores, nada se conoce del profeta excepto por lo que puede ser inferido del libro. En el caso de Habacuc, la información interna casi no existe, lo que hace que las conclusiones de su identidad y vida sean conjeturas. Su simple introducción como «el profeta Habacuc» puede implicar que él no necesitaba presentación debido a que era un profeta conocido en sus días. Es cierto que él fue un contemporáneo de Jeremías, Ezequiel, Daniel y Sofonías.

La mención de los caldeos (1.6) sugiere una fecha a finales del siglo siete A.C., poco antes de que Nabucodonosor comenzara su marcha militar a través de Nínive (612 A.C.), Harán (609 A.C.) y Carquemis (605 A.C.), camino a Jerusalén (605 A.C.). El amargo lamento de Habacuc (1.2–4) puede reflejar un período de tiempo poco después de la muerte de Josías (609 A.C.), días en los que las reformas del rey piadoso (cp. 2 R 23) fueron rápidamente cambiadas por su sucesor, Joacim (Jer 22.13–19).

CRISTO EN... HABACUC

AUNQUE HABACUC NO MENCIONA nunca el nombre de Cristo, se regocija en el ministerio salvador de Jesús como «Dios de mi salvación» (3.18). Habacuc también prefigura la venidera salvación de Cristo: «Saliste para socorrer a tu pueblo, para socorrer a tu ungido» (3.13). El Antiguo Testamento y también el Nuevo señalan con claridad a Cristo como el Ungido (Sal 28.8; Dn 9.25, 26; Hch 4.17; 10.38; Heb 1.9).

CONTEXTO HISTÓRICO

Habacuc profetizó durante los días finales del Imperio Asirio y el principio del dominio de Babilonia a escala mundial bajo Nabopolasar y su hijo Nabucodonosor. Cuando Nabopolasar ascendió al poder en el 626 A.C., inmediatamente comenzó a expandir su influencia al norte y al oeste. Bajo el liderazgo de su hijo, el ejército babilónico venció a Nínive en el 612 A.C., forzando a la nobleza asiria a refugiarse primero en Harán y después en Carquemis. Nabucodonosor los persiguió, venciendo a Harán en el 609 A.C. y a Carquemis en el 605 A.C.

El rey egipcio Necao, viajando por Judá en el 609 A.C. para ayudar al rey asirio que huía, fue confrontado por el rey Josías en Meguido (2 Cr 35.20–24). Josías murió en la batalla que se llevó a cabo, dejando su trono a una sucesión de tres hijos y un nieto. Antes, como resultado de descubrir el Libro de la ley en el templo (622 A.C.), Josías había instituido reformas espirituales significativas en Judá (2 R 22, 23), aboliendo muchas de las prácticas idólatras de su padre Amón

(2 R 21.20–22) y su abuelo Manasés (2 R 21.11–13). No obstante, cuando murió, la nación rápidamente regresó a sus malos caminos (cp. Jer 22.13-19), causando que Habacuc cuestionara el silencio de Dios y aparente falta de acción para castigar (1.2–4) y así purificar a su pueblo de pacto.

PERSONAS DESTACADAS EN HABACUC

Habacuc: último profeta enviado a Judá antes de que cayera en el cautiverio de los babilonios (1.1—3.19).

Los caldeos: los babilonios que Dios usó para castigar a Judá (1.6–11; 2.2–20).

TEMAS HISTÓRICOS Y TEOLÓGICOS

Los versículos de apertura revelan una situación histórica semejante a los días de Amós y Miqueas. Esencialmente, la justicia había desaparecido de la tierra; la violencia y la impiedad se encontraban por todos lados, existiendo sin freno. En medio de estos días oscuros, el profeta clamó por intervención divina (1.2–4). La respuesta de Dios de que Él estaba enviando a los caldeos para juzgar a Judá (1.5–11) crea un dilema teológico aun más grande para Habacuc. ¿Por qué Dios no purificó a su pueblo y restauró su justicia? ¿Cómo podía Dios usar a los caldeos para juzgar a un pueblo más justo que ellos (1.12—2.1)? La respuesta de Dios de que Él también juzgaría a los caldeos (2.2–20), no satisfizo en su totalidad el dilema teológico del profeta; de hecho, únicamente lo intensificó. En la mente de Habacuc el asunto que clamaba por resolución ya no era la respuesta justa por parte de Dios hacia el mal (o la falta de bien), sino la defensa de la persona y el pacto de Dios con su pueblo (1.13). Al igual que Job, el profeta discutió con Dios y a través de esa experiencia alcanzó un entendimiento más profundo de la persona soberana de Dios y una fe más firme en Él (cp. Job 42.5, 6; Is 55.8, 9). Finalmente, Habacuc se dio cuenta de que Dios no debía ser adorado simplemente por las bendiciones temporales que otorgó, sino por lo que Él es (3.17–19).

PALABRAS CLAVE EN

Habacuc

Imagen: En hebreo *pesel*—2.18— se relaciona con un verbo que significa «tallar en piedra» o «cortar y tallar en madera» (ver Éx 34.4). *Pesel* es la imagen o ídolo a semejanza de un ser humano o animal, hecho de piedra, madera o metal. En el Monte Sinaí, Dios les prohibió a los hebreos que hicieran esos ídolos (Éx 20.4). Dios quería que el hecho de que los hebreos no usaran imágenes fuera la característica que distinguiera su verdadera religión. Por desdicha Israel siguió el ejemplo de sus vecinos paganos y adoraba imágenes talladas (Jue 18.30; 2 Cr 33.7). El salmista describe esas imágenes como sin valor alguno, y a quienes las adoran los llama vergüenza (Sal 97.7). Tanto Isaías (Is 40.18, 20; 44.9–20) como Habacuc (2.18, 19) ridiculizan a quienes ponen su confianza en imágenes hechas con las manos humanas. No tienen capacidad para ver, oír, hablar ni para hacer nada por sus devotos.

PRINCIPALES DOCTRINAS EN HABACUC

Naturaleza del juicio de Dios: Dios usó a los babilonios para castigar al pueblo de Judá (1.5–11; 2.2–20; Dt 28.49, 50; 2 R 24.2; 2 Cr 36.17; Jer 4.11–13; Ez 7.24; 21.31; Mi 4.10; Hch 17.31; Ro 2.16; Ap 6.17).

Adoración correcta a Dios: no hay que adorar a Dios solo por las bendiciones temporales, sino por lo que él es (3.17–19; Dt 28.1–14; Sal 97.12; Is 12.2; 41.16; 61.10; Lc 1.47; Fil 4.4; Ap 4.10–11).

Justificación por la fe: la salvación para las personas es por la fe en Dios solamente, no por obras (2.4; Gn 15.6; Lv 18.5; Is 45.25; 50.8, 9; Zac 3.4, 5; Jn 3.36; Ro 1.17; 5.1; Gá 3.11; Col 1.22, 23; Heb 3.12–14; 10.38).

EL CARÁCTER DE DIOS EN HABACUC

Dios es glorioso: 2.14
Dios se aíra: 3.2

RETOS DE INTERPRETACIÓN

Las preguntas del profeta representan unas de las fundamentales en toda la vida, con las respuestas que proveen piedras cruciales de fundamento sobre las cuales edificar un entendimiento apropiado de la persona de Dios y sus caminos soberanos en la historia. La esencia de su mensaje yace en el llamado a confiar en Dios (2.4): «El justo por su fe vivirá». Las referencias del NT dan una importancia poco común teológicamente a Habacuc. El escritor de Hebreos cita Habacuc 2.4 para aclarar la necesidad del creyente de permanecer fuerte y fiel en medio de la aflicción y las pruebas (He 10.38). El apóstol Pablo, por otro lado, emplea el versículo dos veces (Ro 1.17; Gá 3.11) para acentuar la doctrina de la justificación por la fe. No hay conflicto de interpretación alguno, ya que el énfasis tanto en Habacuc como en las referencias del NT va más allá del acto de la fe para incluir la continuidad de la fe. La fe no es un acto único, sino una manera de vivir. El verdadero creyente, declarado justo por Dios, habitualmente perseverará en la fe a lo largo de toda su vida (cp. Col 1.22, 23; He 3.12–14). Él confiará en el Dios soberano que solo hace lo que es justo.

BOSQUEJO

   I. **Reflexión inicial (1.1)**
  II. **Las perplejidades del profeta (1.2—2.20)**
     A. Su primera queja (1.2–4)
     B. La primera respuesta de Dios (1.5–11)
     C. Su segunda queja (1.12—2.1)
     D. La segunda respuesta de Dios (2.2–20)

Mientras tanto, en otras partes del mundo...

Se construye en Éfeso el templo de Artemisa, una de las siete maravillas del mundo.

III. La petición del profeta (3.1–19)
  A. Petición por misericordia de Dios (3.1, 2)
  B. Alabanza del poder de Dios (3.3–15)
  C. Promesa de la suficiencia de Dios (3.16–19)

Respuestas a preguntas difíciles

1. ¿En qué modo ayudan las respuestas de Dios a las profundas preguntas de Habacuc al lector moderno de este libro?

Las respuestas de Dios a las preguntas del profeta brindan un adecuado entendimiento del carácter de Dios y sus acciones soberanas en la historia. Definitivamente Habacuc demuestra que el significado de la vida no depende de respuestas intelectuales refinadas y complejas, sino de la confianza en Dios. El profeta se hace eco del tema de la vida en auténtica santidad: «El justo por su fe vivirá» (2.4). Los que leen hoy al profeta hallarán a un compañero de viaje que bien puede guiarlos a confiar en el mismo Dios en quien él confiaba.

2. ¿Qué impacto tiene Habacuc en el NT?

Los autores del NT citaron a Habacuc de una manera tal que le que dieron relevancia a este profeta. El autor de Hebreos citó 2.4 para ampliar la necesidad del creyente de permanecer fuerte y firme en medio de la aflicción (Heb 10.38). Por otra parte, el apóstol Pablo usó el mismo versículo dos veces (Ro 1.17; Gá 3.11) para poner el acento en la doctrina de la justificación por la fe.

Otros temas de estudio en Habacuc

1. ¿Cómo respondió Dios a la primera pregunta de Habacuc sobre por qué las cosas no son justas?
2. ¿Cómo respondió Dios a la segunda pregunta de Habacuc sobre por qué él no hace algo cuando las cosas no son justas?
3. Cuando usted tiene problemas y dudas, ¿cómo los resuelve?
4. ¿En qué aspectos es el libro de Habacuc un tributo a la soberanía de Dios?
5. Para Habacuc, ¿cuál es la fuente suprema de la esperanza en este mundo?

SOFONÍAS
Refugio en medio del juicio

TÍTULO

Como con cada uno de los doce profetas menores, la profecía lleva el nombre de su autor, el cual generalmente se piensa que quiere decir «Jehová esconde» (cp. 2.3).

AUTOR Y FECHA

Poco se conoce del autor, Sofonías. Tres otros individuos del AT comparten su nombre. Él rastrea su genealogía cuatro generaciones atrás al rey Ezequías (ca. 715–686 A.C.), permaneciendo solo entre los profetas que descendieron de sangre real (1.1). La genealogía real le habría dado la información del rey de Judá, Josías, cuyo reino fue el período de tiempo durante el cual predicó Sofonías.

El profeta mismo fecha su mensaje durante el reinado de Josías (640–609 A.C.). Las condiciones morales y espirituales detalladas en el libro (cp. 1.4–6; 3.1–7) parecen colocar la profecía previa a las reformas de Josías, cuando Judá estaba aún debilitándose en la idolatría e impiedad. Fue en el 628 A.C. que Josías derribó todos los altares a Baal, quemó los huesos de los falsos profetas y rompió los ídolos esculpidos (2 Cr 34.3–7); y en el 622 A.C. el Libro de la ley se encontró (2 Cr 34.8–35.19). Como consecuencia, es muy probable que Sofonías profetizara del 635–625 A.C. y fuera un contemporáneo de Jeremías.

CONTEXTO HISTÓRICO

Políticamente, la transferencia inminente del poder mundial asirio a los babilonios debilitó el dominio de Nínive sobre Judá, trayendo un elemento de independencia a Judá por primera vez en cincuenta años. El deseo del rey Josías de retener esta nueva libertad de los impuestos y del control extranjero sin duda alguna lo llevó a interferir más tarde con el intento de Egipto por ayudar al rey de Nínive que huía en el 609 A.C. (cp. 2 Cr 35.20–27). Espiritualmente, los reinados del hijo de Ezequías, Manasés (ca. 695–642 A.C.), extendiéndose por más de cuatro décadas; y su nieto Amón (ca. 642–640 A.C.), durante solo dos años, fueron marcados por la impiedad y la apostasía (2 R 21; 2 Cr 33). Los primeros años del reinado de Josías también fueron caracterizados por la maldad de sus padres (2 R 23.4). No obstante, en el 622 A.C., mientras estaban reparando la casa del Señor, Hilcías el sumo sacerdote encontró el Libro de la ley (2 R 22.8). Al leerlo, Josías inició reformas extensas (2 R 23). Fue durante los primeros años del reinado de Josías, previo al gran avivamiento, que este profeta de la undécima hora, Sofonías, profetizó y sin duda alguna tuvo una influencia sobre las enormes reformas que Josías trajo a la nación. Pero los reyes malos antes de Josías (cincuenta y cinco años) habían tenido tal efecto en Judá que nunca se recuperó. Las reformas de Josías fueron llevadas a cabo demasiado tarde y no pasaron más allá de su vida.

PERSONAS DESTACADAS EN SOFONÍAS

Sofonías: profeta que advirtió a Judá sobre el juicio que vendría, y también les dio esperanza para el futuro (1.1—3.20).

El pueblo de Judá: el rey Josías les había llevado a arrepentirse, pero al fin cayeron en el cautiverio de los babilonios (1.2—2.3; 3.1–20).

TEMAS HISTÓRICOS Y TEOLÓGICOS

El mensaje de Sofonías del día del Señor le advirtió a Judá que los días finales estaban cerca, a través del juicio divino a manos de Nabucodonosor, ca. 605–586 a.c. (1.4–13). Sin embargo, también va más allá de esto al cumplimiento lejano en los juicios de la septuagésima semana de Daniel (1.18; 3.8). La expresión «día del Señor» es descrita como un día que está cerca (1.7) y como un día de ira, problema, turbación, destrucción, desolación, tiniebla, lobreguez, nubes, oscuridad intensa, trompeta y alarma (1.15, 16, 18). Sin embargo, aun dentro de estos oráculos de ira divina, el profeta exhortó al pueblo a buscar al Señor, ofreciendo un refugio en medio del juicio (2.3) y proclamando la promesa de salvación final para su remanente fiel (2.7; 3.9–20).

CRISTO EN... SOFONÍAS

AUNQUE SOFONÍAS PINTA explícitamente el juicio de Dios, Cristo está presente como el «poderoso» que traerá la salvación a la tierra (3.17). Cristo mismo aludió a Sofonías (1.3, ver Mt 13.41 y 1.15, ver Mt 24.29) relacionando aun más las profecías de Sofonías con la segunda venida de Cristo.

PRINCIPALES DOCTRINAS EN SOFONÍAS

El día de Jehová (1.7, 14–16, 18; 3.8; Is 2.12; 13.6, 9; Ez 13.5; 20.3; Jl 1.15; 2.1, 11, 31; 3.14; Am 5.18–20; Abd 1–21; Zac 14.1; Mal 4.5).

La gracia de Dios en medio del juicio (2.3; 3.14–20; Sal 45.2; Is 26.20; Jl 2.14; Am 5.14, 15; Zac 12.10; Ro 5.21; 2 Co 12.9; Heb 4.16).

Salvación para el remanente creyente (2.7; 3.9–20; Is 35.4; 45.17; Jer 29.14; Mi 5.7, 8; Zac 9.16; Jn 3.16; Lc 1.68; Hch 5.31; Ro 11.26).

EL CARÁCTER DE DIOS EN SOFONÍAS

Dios juzga: 1.2, 3; 2.2; 3.6, 7
Dios es justo: 3.5
Dios es amoroso: 3.17
Dios se aíra: 1.14–18

RETOS DE INTERPRETACIÓN

El libro presenta una denuncia clara del pecado y una advertencia de juicio inminente sobre Judá. Algunos se han referido a la frase «devolveré yo a los pueblos pureza de labios»

PALABRAS CLAVE EN

Sofonías

Humilde: En hebreo *anav* —2.3— puede traducirse como *humilde* (Sal 34.2) o *manso* (Sal 37.11; ver también Mt 5.5) y que proviene de un verbo que significa «estar afligido» o «inclinado» (Sal 116.10). Encontramos en 2.3 dos formas de esta palabra, como *mansedumbre* y como *humilde*. Con frecuencia el término se refiere a los pobres u oprimidos (ver Pr 14.21; Am 2.7). Pero también señala la fuerza de carácter para soportar el sufrimiento sin resentirse. Es la naturaleza del que se arraiga en su firme fe en Dios y su bondad, sometiéndose siempre a la voluntad de Dios.

(3.9) aun más la restauración de un idioma universal, semejante a los días previos a la confusión de idiomas en la Torre de Babel (Gn 11.1–9). Señalan que la palabra «labios» también es usada en Génesis 11.7. No obstante, es mejor entender el pasaje como apuntando a una purificación de corazón y vida. Vea «Respuestas a preguntas difíciles» con respecto a estos asuntos.

BOSQUEJO

    I. **Reflexión inicial (1.1)**
   II. **El juicio del Señor (1.2—3.8)**
       A. Sobre la tierra entera (1.2, 3)
       B. Sobre Judá (1.4—2.3)
       C. Sobre las naciones vecinas (2.4–15)
          1. Filistea (2.4–7)
          2. Moab / Amón (2.8–11)
          3. Etiopía (2.12)
          4. Asiria (2.13–15)
       D. Sobre Jerusalén (3.1–7)
       E. Sobre todas las naciones (3.8)
  III. **La bendición del Señor (3.9–20)**
       A. Para las naciones (3.9, 10)
       B. Para Judá (3.11–20)

Mientras tanto, en otras partes del mundo...

En India se afianza la religión de Brahma, completándose los Vedas, los escritos sagrados de la religión, la educación y la filosofía.

RESPUESTAS A PREGUNTAS DIFÍCILES

1. ¿Cuán válida puede considerarse la interpretación de 3.9 —«devolveré yo a los pueblos pureza de labios»— como anticipación profética de que Dios restaurará una lengua universal?

Aunque hay quienes entienden esta frase como referencia a la reversión de lo decidido por Dios cuando confundió las lenguas en la torre de Babel (Gn 11.1–9), el contexto no se presta mucho como respaldo a tal interpretación. Si bien es cierto que el uso de la palabra *lengua* en Sofonías es idéntico al de Génesis, el contexto en general indica que lo que Sofonías estaba señalando era la pureza del corazón y la vida (Sof 3.13). A lo largo del AT el término *lengua* se traduce casi siempre como «labios». Combinado con «pureza», la referencia al discurso está indicando la pureza interior, una liberación del pecado (Is 6.5), algo que se demuestra en lo que se dice (Mt 12.34). Este tipo de discurso se purifica al eliminar de sus labios los nombres de los falsos dioses (Os 2.17). Es poco probable que Sofonías estuviera pensando aquí en un único idioma mundial.

OTROS TEMAS DE ESTUDIO EN SOFONÍAS

1. ¿Por qué indicó Dios una reacción tan fuerte hacia la idolatría?
2. ¿Qué aspectos reveló Sofonías sobre lo que él llama el «día de gozo»?
3. En el libro de Sofonías, ¿qué tiene que ver la misericordia con el juicio?
4. ¿En qué aspectos ofendía el pueblo a Dios con su estilo de vida?
5. Al leer la acusación de Dios contra el pueblo, piense en qué formas nuestro mundo de hoy adopta las mismas actitudes con respecto a él.

HAGEO

Dios tendrá su templo

TÍTULO

La profecía lleva el nombre de su autor. Debido a que su nombre quiere decir «el festivo», se cree que Hageo nació en un día festivo. Hageo es el segundo libro más corto en el AT (Abdías es más corto) y es citado por el NT una vez (cp. He 12.26).

AUTOR Y FECHA

Poco se conoce de Hageo fuera de su corta profecía. Él es mencionado brevemente en Esdras 5.1 y 6.14, en ambas ocasiones en conjunción con el profeta Zacarías. Las listas de refugiados en Esdras no mencionan nada de Hageo, no hay indicaciones de su parentela o linaje tribal. Tampoco la historia proporciona registro alguno de su ocupación. Él es la única persona en el AT con este nombre, aunque nombres similares aparecen (cp. Gn 46.16; Nm 26.15; 2 S 3.4; 1 Cr 6.30). Además, Hageo 2.3 puede sugerir que él también había visto la gloria del templo de Salomón antes que fuera destruido, haciéndolo por lo menos de setenta años de edad cuando escribió su profecía.

No hay ambigüedad o controversia acerca de la fecha de la profecía. La ocasión de cada una de sus cuatro profecías se especifica con claridad (1.1; 2.1; 2.10; 2.20), ocurriendo dentro de un lapso de tiempo de cuatro meses en el segundo año (ca. 520 A.C.) del rey persa Darío Hystaspes (ca. 521—486 A.C.). Es muy probable que Hageo haya regresado a Jerusalén de Babilonia con Zorobabel dieciocho años antes en el 538 A.C.

CONTEXTO HISTÓRICO

En el 538 A.C., como resultado de la proclamación de Ciro el Persa (cp. Esd 1.1–4), se le permitió a Israel regresar de Babilonia a su tierra bajo el liderazgo civil de Zorobabel y la guía espiritual de Josué el sumo sacerdote (cp. Esd 3.2). Alrededor de 50.000 judíos regresaron. En el 536 A.C. comenzaron a reconstruir el templo (cp. Esd 3.1—4.5), pero la oposición de los vecinos y la indiferencia de los judíos causó que la obra fuera abandonada (cp. Esd 4.1–24). Dieciséis años más tarde, Hageo y Zacarías fueron comisionados por el Señor para alentar al pueblo a (1) no solo reconstruir el templo, sino también a (2) reordenar sus prioridades espirituales (cp. Esd 5.1—6.22). Como resultado de esto, el templo fue terminado cuatro años más tarde (ca. 516 A.C.; cp. Esd 6.15).

CRISTO EN... HAGEO

EL LIBRO DE HAGEO revela el significativo lugar de Zorobabel en la línea mesiánica de David. Su posición, ilustrada por un anillo de sello (2.23; ver Palabras clave) continuaba la línea real de David de la que vendría Cristo. El nombre de Zorobabel aparece entre los ancestros de María (Lc 3.27) y José (Mt 1.12), lo cual demuestra su importancia como medio de injerto de ambas ramas del linaje de Cristo en una misma línea.

Los templos de la Biblia

Identificación	Fecha	Descripción	Referencias
El tabernáculo (templo móvil)	alrededor del 1444 a.c.	Plan detallado recibido por Moisés de parte del Señor Construido por artesanos divinamente establecidos Profanado por Nadab y Abiú	Éx 25—30; 35.30—40.38; Lv 10.1–7
El templo de Salomón	966–586 a.c.	Planeado para David Construido por Salomón Destruido por Nabucodonosor	2 S 7.1–29; 1 R 8.1–66; Jer 32.28–44
El templo de Zorobabel	516–169 a.c.	Pensado por Zorobabel Construido por Zorobabel y los ancianos de los judíos Profanado por Antioco Epífanes	Esd 3.1–8; 4.1–14; 6.1–22
El templo de Herodes	19 a.c.–70 d.c.	El templo de Zorobabel restaurado por Herodes el Grande Destruido por los romanos	Mr 13.2, 14–23; Lc 1.11–20; 2.22–38; 2.42–51; 4.21–24; Hch 21.27–33
El templo actual	Época actual	Se encuentra en el corazón del creyente El cuerpo del creyente es el único templo del Señor hasta que el Mesías regrese	1 Co 6.19, 20; 2 Co 6.16–18
El templo de Apocalipsis 11	Período de la tribulación	Será construido durante la tribulación por el anticristo Será profanado y destruido	Dn 9.2; Mt 24.15; 2 Ts 2.4; Ap 17.18
El templo (milenario) de Ezequiel	Milenio	Visto por el profeta Ezequiel Será construido por el Mesías durante su reino milenario	Ez 40.1—42.20; Zac 6.12, 13
El templo eterno de su presencia	El reino eterno	El más grande templo de todos («el Señor Dios Todopoderoso es el templo de ella, y el Cordero») Un templo espiritual	Ap 21.22; Ap 22.1–21

El templo (gr. *hieron*) es un lugar de adoración, un espacio sagrado o santo construido primordialmente para la adoración nacional de Dios.

PERSONAS DESTACADAS EN HAGEO

Hageo: profeta de Judá tras el retorno del exilio babilonio; urgió al pueblo a reconstruir el templo (1.3—2.23).

Zorobabel: líder de los judíos que salieron del exilio en Babilonia; representante oficial de la dinastía de David, a quien se le llama anillo del sello (1.1—2.23).

Josué: sumo sacerdote de Judá; líder conjunto con Zorobabel (1.1—2.4).

El pueblo de Judá: a quienes Hageo animaba a completar la reconstrucción del templo (1.2, 12; 2.2).

TEMAS HISTÓRICOS Y TEOLÓGICOS

El tema primordial es la reedificación del templo de Dios, el cual había estado en ruinas desde su destrucción a manos de Nabucodonosor en el 586 A.C. Por medio de cinco mensajes del Señor, Hageo exhortó al pueblo a renovar sus esfuerzos para construir la casa del Señor. Hageo motivó a la nación a notar que la sequía y la falta de cultivos eran causadas por no tener las prioridades espirituales en el lugar correcto (1.9–11).

Sin embargo, para Hageo la reconstrucción del templo no era un fin en sí misma. El templo representaba la morada de Dios, su presencia manifiesta con su pueblo escogido. A la destrucción del templo por parte de Nabucodonosor siguió la partida de la gloria de Dios que moraba allí (cp. Ez 8—11). Para el profeta, la reconstrucción del templo invitaba al regreso de la presencia de Dios en medio de ellos. Usando la situación histórica como trampolín, Hageo se gozó en la gloria suprema del templo mesiánico definitivo que estaba por venir (2.7), alentándolos con la promesa de una paz aún mayor (2.9), prosperidad (2.19), dominio divino (2.21, 22) y bendición nacional (2.23) durante el milenio.

PALABRAS CLAVE EN

Hageo

Anillo de sellar: En hebreo *chotam* —2.23— deriva de una raíz verbal que significa «fijar un sello», «sellar» o «ajustar con un sello». En tiempos del AT el anillo del sello era una piedra tallada en un anillo, pulsera o banda de oro o plata (ver Cantar de los cantares 8.6). Al presionarlo sobre cera o arcilla blanda el anillo dejaba la impresión de la insignia personal de su portador (ver Éx 28.11, 21, 36; 39.6, 14, 30). El anillo del sello era como una tarjeta de identificación o un escudo en el mundo antiguo (Gn 38.18). Era símbolo de posición y la naturaleza de lo sellado con ese anillo era de autoridad vinculante (1 R 21.8; Job 38.14). Hageo compara a Zorobabel con un anillo de sellar (2.23) y su imagen tiene implicaciones mesiánicas, porque Zorobabel anularía la maldición de Jeremías sobre la dinastía del rey Joaquín, restaurando la autoridad real de la línea del rey David (Jer 22.24—30).

PRINCIPALES DOCTRINAS EN HAGEO

Presencia de Dios en el templo (1.7, 8; 2.7–9; 1 R 8.10, 11; 2 Cr 5.13, 14; Ez 43.5; 1 Co 6.19, 20; 2 Co 6.16–18; Ap 21.22; 22.1–21).

Obediencia del pueblo que teme a Dios (1.12–15; Dt 11.8; 1 Cr 24.19; 2 Cr 19.9; Esd 5.2; Pr 15.33; Col 2.6, 7; 3.22).

EL CARÁCTER DE DIOS EN HAGEO

Dios es glorioso: 2.1–9

RETOS DE INTERPRETACIÓN

La ambigüedad de interpretación más importante dentro de la profecía es la frase: «el Deseado de todas las naciones» (2.7). Aunque existen muchas traducciones, hay en esencia solo dos interpretaciones. Algunos entienden que se refiere a Jerusalén (cp. Is 60.11; 61.6). No obstante, parece preferible ver aquí una referencia al Mesías, un Libertador que todas las naciones anhelarán. Vea «Respuestas a preguntas difíciles» con respecto a estos asuntos.

Esquema y cronología

		Año	Mes	Día
I.	La reprensión por la desobediencia 1.1–11	2	6	1
II.	El remanente responde y reedifica 1.12–15	2	6	24
III.	El regreso de la gloria de Dios 2.1–9	2	7	21
IV.	Preguntas religiosas 2.10–19	2	9	24
V.	El reinado del Señor 2.20–23	2	9	24

Mientras tanto, en otras partes del mundo...

Buda abandona las comodidades del mundo y su hogar para dar inicio a su estudio de la filosofía. En el año 521 a.c. predica su primer sermón en la ciudad santa de Benarés.

Respuestas a preguntas difíciles

1. ¿Qué quiso decir exactamente Hageo con la frase «el Deseado de todas las naciones» (2.7)?
Varias traducciones se han sugerido para la frase original, pero solo hay dos interpretaciones que parecen posibles. Al preceder a la declaración: «Mía es la plata, y mío es el oro» (2.8) y a referencias como Isaías 60.5 y Zacarías 14.14, hay quienes argumentan que Hageo estaba pensando en la ciudad de Jerusalén, a la que se llevará la riqueza de las naciones durante el reino milenial. Pero la interpretación más aceptada, sin embargo, lo ve como referencia al Mesías, al Libertador que anhelan todas las naciones. Esta interpretación cuenta con el respaldo de los rabíes de la antigüedad y la iglesia primitiva, y también la mención de la «gloria» en la última parte del versículo sugiere una referencia personal al Mesías (cf. Is 40.5; 60.1; Lc 2.32).

Otros temas de estudio en Hageo

1. ¿Qué métodos o argumentos usó Hageo para que el pueblo se dedicara a reconstruir el templo?
2. Encuentre en Hageo ilustraciones del concepto de las prioridades.
3. ¿Qué hizo Dios, a modo de advertencia e incentivo, para que el pueblo se pusiera a trabajar?
4. ¿Qué mensaje especial le dio Dios a Hageo para que se lo transmitiera a Zorobabel, líder de los israelitas?
5. ¿Qué tareas a largo plazo ha emprendido en su vida con el fin de servir a Dios?

ZACARÍAS
Preparativos para el Mesías que vendrá

TÍTULO

La tradición universal tanto de judíos como de cristianos apoya al profeta Zacarías como autor. Su nombre, común en más de veintinueve hombres del AT, quiere decir «Jehová recuerda». Este libro es el segundo únicamente después de Isaías en la amplitud de los escritos proféticos acerca del Mesías.

AUTOR Y FECHA

Al igual que Jeremías y Ezequiel, Zacarías era también un sacerdote (Neh 12.12–16). De acuerdo con la tradición, él era un miembro de la Gran Sinagoga, un concilio de ciento veinte originado por Nehemías y presidido por Esdras. Este concilio más tarde se desarrolló en el conjunto de los ancianos gobernantes de la nación, llamado el Sanedrín. Él nació en Babilonia y se unió a su abuelo, Ido, en el grupo de exiliados que regresaron por primera vez a Jerusalén bajo el liderazgo de Zorobabel y Josué el sumo sacerdote (cp. Neh 12.4). Debido a que ocasionalmente es mencionado como el hijo de su abuelo (cp. Esd 5.1; 6.14; Neh 12.16), se piensa que su padre, Berequías, murió a una edad temprana antes que pudiera suceder a su padre en el sacerdocio.

Las palabras de apertura de Zacarías son fechadas desde el 520 A.C., el segundo año de Darío I (cp. 1.1). El emperador persa Ciro había muerto y fue sucedido por Cambises (ca. 530—521 A.C.) quien con-

> ## CRISTO EN... ZACARÍAS
>
> EN EL LIBRO DE ZACARÍAS hay muchos pasajes que profetizan al Mesías venidero. A Cristo nos lo muestra como «mi siervo el Renuevo» (3.8), «en su trono, y habrá sacerdote» (6.13), y siendo aquel «a quien traspasaron» (12.10). Zacarías presenta con precisión a Cristo como humilde y triunfante a la vez. Cristo es el Rey que da la salvación, pero que viene «humilde, y cabalgando sobre un asno» (9.9).

quistó Egipto. Él no tenía hijo, se suicidó, y Darío emergió al trono al subyugar una revolución. Era un contemporáneo de Hageo y comenzó a profetizar dos meses después de él (cp. «Contexto histórico» de Hageo). Es llamado un joven en el 2.4, sugiriendo que Zacarías era más joven que Hageo. El tiempo que duró su ministerio es incierto; la última profecía fechada (7.1) vino aproximadamente dos años después de la primera, haciéndolas idénticas en tiempo que la profecía de Hageo (520—518 A.C.). Generalmente se piensa que los caps. 9—14 vinieron de un período que se llevó a cabo más tarde en su ministerio. Diferencias en estilo y referencias a Grecia indican una fecha de ca. 480—470 A.C., después de Darío I (ca. 521—486 A.C.) y durante el reinado de Jerjes (ca. 486—464 A.C.), el rey que hizo a Ester reina de Persia. De acuerdo a Mateo 23.35, él fue asesinado entre el templo y el altar, un destino semejante a un Zacarías que vino antes (cp. 2 Cr 24.20, 21), quien había sido apedreado hasta la muerte.

Contexto histórico

El contexto histórico de Zacarías es el mismo del de su contemporáneo, Hageo (cp. «Contexto histórico» de Hageo). En el 538 a.c., Ciro el persa liberó a los cautivos de Israel para reestablecer su tierra (cp. Esd 1.1–4) y alrededor de cincuenta mil regresaron de Babilonia. Ellos inmediatamente comenzaron a reedificar el templo (cp. Esd 3.1—4.5), pero la oposición de los vecinos, seguida por la indiferencia desde adentro, hizo que la obra fuera abandonada (cp. Esd 4.24). Dieciséis años más tarde (cp. Esd 5.1, 2), Zacarías y Hageo fueron comisionados por el Señor para motivar al pueblo a reconstruir el templo. Como resultado, el templo fue terminado cuatro años más tarde en el 516 a.c. (Esd 6.15).

Personas destacadas en Zacarías

Zacarías: profeta de Judá tras el exilio, que alentó a Judá a que terminaran de construir el templo (1.1—14.20).

Zorobabel: líder de los exiliados de Judá; trabajó en el templo (4.6–10).

Josué: sumo sacerdote de Israel después de que el remanente regresara allí (3.1–10; 6.11–13).

Los judíos que reconstruían el templo: que volvieron a Jerusalén después del exilio para obedecer a Dios (1.16; 4.9; 6.15; 8.13).

Temas históricos y teológicos

Zacarías se unió a Hageo para despertar al pueblo de su indiferencia, retándolos a volver a comenzar la reconstrucción del templo. El propósito primordial de Hageo fue reconstruir el templo; su predicación tiene un tono de represión por la indiferencia del pueblo, el pecado y la falta de confianza en Dios. Él fue usado para comenzar el avivamiento, mientras que Zacarías fue usado para que lo mantuviera fuerte con un énfasis más positivo, llamando al pueblo al arrepentimiento y reafirmándole las bendiciones futuras. Zacarías buscó alentar al pueblo a edificar el templo a la luz de la promesa de que algún día el Mesías vendría a habitarlo. El pueblo no solo estaba edificando para el presente, sino con la esperanza futura del Mesías en mente. Él alentó al pueblo, aún oprimido por potencias gentiles (1.8–12), con la realidad de que el Señor recordaría sus promesas de pacto con ellos y que Él los restauraría y los bendeciría. De esta manera el nombre del libro (el cual quiere decir «Jehová recuerda») contiene en ciernes el tema de la profecía.

Este «Apocalipsis del AT», como se le llama con frecuencia, se relaciona tanto con la audiencia inmediata de Zacarías como también con la del futuro. Esto emana en la estructura de la

PALABRAS CLAVE EN

Zacarías

Ángel: En hebreo *mal'ak* —1.9, 13; 2.3; 3.1, 5; 4.1; 5.5; 6.5; 12.8— puede hacer referencia a seres angélicos (4.1, 5; Gn 19.1; Sal 91.11), mensajeros humanos (Gn 32.3; Dt 2.26) o embajadores (Is 30.4; Ez 17.15). Uno de los usos especiales es en referencia a la manifestación de Dios, conocido como «ángel de Dios» o «ángel del Señor» en el AT (1.11; 3.6; ver Gn 16.7–13; 21.17; 22.15; Éx 14.19). En el AT los profetas (Hag 1.13) y sacerdotes (Mal 2.7) actúan como mensajeros de Dios. En Zacarías los ángeles traen revelaciones de Dios acerca del futuro e interpretan el significado de sueños y visiones (1.14; 6.4, 5). Jesús identificó a Juan el Bautista (Mt 11.10, 11) como el mensajero que prepararía el camino para el día de Jehová, anunciado en Malaquías 3.1.

Renuevo: En hebreo *tsemach* —3.8; 6.12— significa «brote» o «retoño». Es uno de los títulos del Mesías venidero, el Renuevo que brotaría de la casa real de David, dinastía que se había interrumpido con el exilio en Babilonia (Is 11.1). Muchos de los profetas prometieron que un rey de la línea de David reinaría en justicia (Jer 23.5, 6) y como sacerdote restablecería la correcta adoración al Señor (6.12, 13). En su ministerio Jesucristo cumplió esas predicciones, al asumir una función real (ver Jn 12.13–15; 1 Ti 6.13–16) y sacerdotal (ver Heb 4.14).

profecía misma, debido a que en cada una de las tres secciones principales (caps. 1—6; 7—8; 9—14), el profeta comienza históricamente y después avanza al tiempo del Segundo Advenimiento, cuando el Mesías regrese a su templo para establecer su reino terrenal. El profeta le recordó al pueblo que el Mesías tenía un compromiso tanto a corto como a largo plazo con su pueblo. De esta manera las palabras del profeta eran «buenas palabras, palabras consoladoras» (1.13) tanto para los exiliados del día de Zacarías como también para el remanente del pueblo escogido de Dios en ese día futuro.

Este libro es el más mesiánico, apocalíptico y escatológico en el AT. Primordialmente, es una profecía de Jesucristo, enfocándose en su gloria vendiera como un medio para consolar a Israel (cp. 1.13, 17). Mientras que el libro está lleno de visiones, profecías, señales, visitantes celestiales y la voz de Dios, también es práctico, lidiando con asuntos tales como el arrepentimiento, el cuidado divino, la salvación y la vida santa. La profecía estaba pronta a estar en silencio por más de cuatrocientos años hasta Juan el Bautista, entonces Dios usó a Zacarías para traer un brote rico y abundante de promesa para el futuro a fin de sustentar al remanente fiel a través de esos años de silencio.

Visiones de Zacarías

Las visiones de Zacarías tenían significado histórico en su época, como también lo tienen para todas las épocas. Dios salvará a su pueblo y hará que el juicio caiga sobre los malvados.	
Visión	**Significado**
Hombre y caballos entre los mirtos (1.8)	El Señor volverá a ser misericordioso con Jerusalén (1.14, 16, 17)
Cuatro cuernos, cuatro carpinteros (1.18–20)	Los que dispersaron a Judá son derribados (1.21)
El hombre con un cordel de medir (2.1)	Dios será un muro de fuego protector que rodeará a Jerusalén (2.3–5)
Purificación de Josué (3.4)	El Siervo, el Renuevo, viene a salvar (3.8, 9)
Candelabro de oro y olivos (4.2, 3)	El Señor da poder a Israel con su Espíritu (4.6)
Rollo que volaba (5.1)	Maldición para la falta de honestidad (5.3)
Mujer en el efa o canasto (5.6, 7)	Se eliminará la maldad (5.9)
Los cuatro carros (6.1)	Los espíritus del cielo ejecutan el juicio sobre toda la tierra (6.5, 7)

Principales doctrinas en Zacarías

Arrepentimiento: el arrepentimiento sincero tiene que ver con más que las meras palabras; también tienen que cambiar las acciones (1.1–6; 7.8–14; Is 31.6; 44.22; Jer 3.12; 18.11; Ez 18.30; Mi 7.19; Mal 3.7–10; Lc 15.20; Stg 4.8; 1 Co 10.11; 2 Co 6.6; Ap 21.3).

Cuidado divino: la gloria venidera de Jesucristo será de consuelo para Israel (1.13, 17; Sal 23.4; Is 30.26; 40.1, 2; 51.3; Jer 29.10; 50.4; Os 6.1; 14.4; 2 Co 1.3–7; Fil 2.1, 2; 2 Ts 2.16, 17).

El Mesías será rechazado en la primera venida (9.1—11.17; 13.7–9; Sal 22.1–18; Is 52.13–15; 53.1–12; Hch 2.23; 1 P 1.18–20).

El Mesías será aceptado en la segunda venida (12.1—14.21; Jer 33.15, 16; Dn 7.13, 14; Ro 14.11; Fil 2.10; Ap 16.15).

Vida santa (7.1-7; Lv 20.7; Is 1.10–15; 58.3–9; Ec 3.12; Ef 5.1; Fil 1.21; Col 3.12; 2 Ti 3.16, 17).

El carácter de Dios en Zacarías
Dios es bueno: 9.17

Retos de interpretación

Mientras que no hay retos numerosos de interpretación para el lector, dos pasajes dentro de la profecía presentan una notable dificultad de interpretación. En el 11.8, el Buen Pastor destruyó «a tres pastores en un mes». La presencia del artículo definido apunta a familiaridad, de tal manera que los judíos habrían entendido la identidad de estos pastores sin mayor referencia. No es tan fácil para los lectores modernos entenderlo. Numerosas opciones con respecto a su identidad han sido sugeridas. Una de las más antiguas, y probablemente la posición correcta, los identifica como tres órdenes de líderes: los sacerdotes, ancianos y escribas de Israel. Durante su ministerio terrenal, Jesús también confrontó la hipocresía de los líderes religiosos de Israel (cp. Mt 23), repudiándolos con fuertes denuncias, seguidas por la destrucción de la nación entera en el 70 d.c. Desde su venida, el pueblo judío no ha tenido otro profeta, sacerdote o rey.

Bastante discusión también rodea la identidad del individuo que poseía «heridas en tus manos» (13.6). Algunos lo han identificado con Cristo, y las heridas supuestamente se refieren a su crucifixión. Pero Cristo no podía haber negado que era un profeta, ni pudo haber dicho que era un granjero, o que fue herido en la casa de sus amigos. Obviamente, esta es una referencia a un falso profeta (cp. vv. 4–5) que fue herido en su adoración idólatra. El celo por el Señor será tan grande en el reino del Mesías que los idólatras harán todo intento por esconder su verdadera identidad, pero sus cicatrices serán la evidencia obvia de su iniquidad.

Bosquejo

    I. Llamado al arrepentimiento (1.1–6)

    II. Ocho visiones nocturnas de Zacarías (1.7—6.15)

        A. Hombre entre los árboles de mirra (1.7–17)

        B. Cuatro cuernos y cuatro carpinteros (1.18–21)

        C. Hombre con cordel de medir (2.1–13)

        D. Limpieza del sumo sacerdote (3.1–10)

        E. Candelabro de oro y dos árboles de olivo (4.1–14)

        F. Rollo volante (5.1–4)

        G. Mujer en el efa (5.5–11)

        H. Cuatro carros (6.1–8)

        I. Apéndice: Coronación de Josué el sumo sacerdote (6.9–15)

    III. Cuatro mensajes de Zacarías (7.1—8.23)

        A. Pregunta del ayuno (7.1–3)

        B. Cuatro respuestas (7.4—8.23)

            1. Reprensión por motivos equivocados (7.4–7)

            2. Arrepentimiento requerido (7.8–14)

3. Restauración de favor (8.1–17)

4. Ayunos se vuelven fiestas (8.18–23)

IV. **Dos cargas de Zacarías (9.1—14.21)**

A. El rechazo del Mesías en el primer advenimiento (9.1—11.17)

B. La aceptación del Mesías en el segundo advenimiento (12.1—14.21)

Mientras tanto, en otras partes del mundo

Con diferencia de un año (550 y 551 A.C.) nacen dos filósofos de relevancia mundial y mueren también con un año de diferencia (480 y 479 A.C.). Se trata de Gautama Buddha, que diera origen al budismo, y de Confucio, famoso filósofo chino.

RESPUESTAS A PREGUNTAS DIFÍCILES

1. ¿Por qué se dice que Zacarías es «el apocalipsis del Antiguo Testamento»?

El mensaje de Zacarías y el libro de Apocalipsis en el Nuevo Testamento operan casi de la misma forma. Las profecías de Zacarías tenían relación con su época y con las generaciones futuras. La profecía misma muestra el argumento que lleva a tal conclusión. En cada una de las tres secciones principales (cap. 1—6; 7—8; 9—14) el profeta comienza por lo histórico y luego avanza al tiempo de la Segunda Venida, cuando el Mesías regresa a su templo y establece su reino en la tierra.

El profeta le recordaba al pueblo que el Mesías tenía un compromiso con su pueblo, tanto a corto como a largo plazo; por ello, las palabras de Zacarías eran «buenas palabras, palabras consoladoras» (1.13) tanto para los exiliados de su época como para el remanente del pueblo escogido de Dios en ese día futuro. Es esta función dual, de hablarle al presente y al futuro a la vez, lo que hace que algunos digan que Zacarías es «el Apocalipsis del Antiguo Testamento».

OTROS TEMAS DE ESTUDIO EN ZACARÍAS

1. ¿De qué manera aplica usted el conocido versículo de Zacarías 4.6 a su vida?

2. ¿A qué hecho histórico se refería Zacarías 12.10?

3. ¿En qué aspectos habla Zacarías del celo de Dios?

4. ¿En qué forma sumó Zacarías su voz a la de Hageo para animar al pueblo a reconstruir el templo?

5. ¿Qué tiene que decirnos Zacarías sobre los sucesos futuros, más allá de los tiempos de Cristo?

MALAQUÍAS
Últimas palabras proféticas

TÍTULO

El título se deriva del autor de la profecía, Malaquías. Con esta última obra de los profetas menores, Dios cierra el canon del AT histórica y proféticamente.

AUTOR Y FECHA

Algunos han sugerido que el libro fue escrito de manera anónima, notando que el nombre, que quiere decir «mi mensajero» o «el mensajero de Jehová», podría ser un título en lugar de un nombre propio. Se señala que el nombre no ocurre en ningún otro lugar en el AT, ni se provee material de contexto alguno del autor. No obstante, debido a que todos los demás libros proféticos históricamente han identificado a su autor en el encabezamiento de la introducción, esto sugiere que Malaquías fue de hecho el nombre del último profeta del AT que escribió en Israel. La tradición judía lo identifica como un miembro de la Gran Sinagoga que recolectó y preservó las Escrituras.

Mirando únicamente a la evidencia interna, la fecha de la profecía apunta a la última parte del siglo quinto A.C., con mucha probabilidad durante el regreso de Nehemías a Persia ca. 433–424 A.C. (cp. Neh 5.14; 13.6). Los sacrificios estaban siendo ofrecidos en el segundo templo (1.7–10; 3.8), el cual fue terminado en el 516 A.C. (cp. Esd 6.13–15). Muchos años habían pasado desde entonces conforme los sacerdotes se habían vuelto más y más corruptos y estaban satisfechos con su estado espiritual (1.6—2.9). La referencia de Malaquías a «príncipe» (1.8) habla del tiempo del dominio persa en Judá cuando Nehemías estaba visitando Persia de nuevo (Neh 13.6), mientras que su énfasis en la ley (4.4) coincide con un enfoque similar por parte de Esdras y Nehemías (cp. Esd 7.14, 25, 26; Neh 8.18). También compartieron otras preocupaciones, tales como los matrimonios con mujeres extranjeras (2.11–15; cp. Esd 9—10; Neh 13.23–27), la retención de los diezmos (3.8–10; cp. Neh 13.10–14) y la injusticia social (3.5; cp. Neh 5.1–13). Nehemías llegó a Jerusalén en el 445 A.C. para reconstruir el muro y regresó a Persia en el 433 A.C. Más tarde volvió a Israel (ca. 424 A.C.) para lidiar con los pecados que Malaquías describió (Neh 13.6). Así que es probable que Malaquías fuera escrito durante el período de la ausencia de Nehemías, casi un siglo después de que Hageo y Zacarías comenzaron a profetizar. Semejante a Apocalipsis 2, 3 donde Cristo escribe lo que piensa de las condiciones de las iglesias, aquí Dios escribe a través de Malaquías para hacerle saber a Israel sus pensamientos de la nación.

CRISTO EN... MALAQUÍAS

LAS ÚLTIMAS PALABRAS proféticas del AT siguen revelando la esperanza en la venida de Cristo, el Mesías. Malaquías habla de dos mensajeros: el mensajero que precederá a Cristo, a quien el NT identifica como Juan el Bautista (ver Mt 3.3; 11.10, 14; 17.12; Mr 1.2; Lc 1.17; 7.26, 27; Jn 1.23) y Cristo, «ángel del pacto» (3.1). El libro de Malaquías cierra el Antiguo Testamento y marca el inicio de cuatrocientos años de silencio profético. Pero Malaquías deja a los lectores con una proclamación impactante: «He aquí viene» (3.1)

CONTEXTO HISTÓRICO

Solo cincuenta mil exiliados habían regresado a Judá de Babilonia (538–536 A.C.). El templo había sido reconstruido bajo el liderazgo de Zorobabel (516 A.C.) y el sistema de sacrificios renovado. Esdras había regresado en el 458 A.C., seguido por Nehemías en el 445 A.C. Después de estar de regreso en la tierra de Palestina por solo un siglo, el ritual de la rutina religiosa de los judíos llevó a una dureza de corazón ante el gran amor de Dios por ellos y a una separación de su ley por parte tanto del pueblo como de los sacerdotes. Malaquías reprendió y condenó estos abusos, criticando fuertemente al pueblo y llamándolos al arrepentimiento. Cuando Nehemías regresó de Persia la segunda vez (ca. 424 A.C.), vigorosamente los reprendió por estos abusos en el templo y el sacerdocio, por la violación del día de reposo, y por el divorcio ilegal de sus mujeres judías para que se pudieran casar con mujeres gentiles (cp. Neh 13).

Conforme más de dos milenios de historia del AT desde Abraham concluyeron, ninguna de las promesas gloriosas de los pactos abrahámico, davídico y del nuevo pacto habían sido cumplidas en su sentido definitivo. Aunque habían tenido lugar algunos pocos puntos cumbres en la historia de Israel, p. ej. con Josué, David y Josías, los judíos al parecer habían perdido toda oportunidad para recibir el favor de Dios. A menos de cien años después de haber regresado de la cautividad, ya se habían hundido en una profundidad de pecado que excedía las iniquidades anteriores que trajeron las deportaciones a Asiria y Babilonia. Más allá de esto, el Mesías que se había estado esperando por mucho tiempo no había llegado y no parecía estar a la vista.

Entonces, Malaquías escribió la profecía de cierre del AT en la cual él entregó el mensaje de Dios de juicio sobre Israel por su pecado continuo y la promesa de Dios de que un día en el futuro, cuando los judíos se arrepintieran, el Mesías sería revelado y las promesas del pacto de Dios serían cumplidas. Hubo más de cuatrocientos años de silencio divino, con solo las palabras de Malaquías resonando condenación en sus oídos, antes que otro profeta llegara con un mensaje de Dios. Este fue Juan el Bautista predicando: «Arrepentíos, porque el reino de los cielos se ha acercado» (Mt 3.2). El Mesías había venido.

PALABRAS CLAVE EN

Malaquías

Día: En hebreo *yom* —3.2, 17; 4.1, 3, 5— se usa de distintas formas en el AT. Puede hacer referencia a las horas de luz diurnas en contraste con la noche (Am 5.8), o al día de veinticuatro horas, un día determinado del mes (Gn 7.11). También a un período como el «tiempo» o la cosecha (Pr 25.13) e incluso a un año (2 S 13.23). La palabra aparece en la frase significativa «el día de Jehová» (ver Is 2.12; Ez 13.5; Jl 1.15; Sof 1.14). Para los profetas el día de Jehová era el día futuro en que Dios triunfaría decididamente sobre todos sus enemigos. Ese día sería uno de gran regocijo y bendición para los siervos fieles de Dios (Is 2), mientras que para los enemigos de Dios será un día de oscuridad (Am 5.18).

Probar: En hebreo *bachan* —3.10— significa «poner a prueba» (Job 23.10; Sal 139.23; Zac 13.9). El término puede significar «probar» en el aspecto de separar o discriminar una cosa de la otra (Job 34.3). Cuando se usa para indicar que Dios «prueba» al pueblo, se refiere a pruebas que fortalecen la fe (ver Sal 66.10–12; Jer 17.10; 20.12). El desafío de Malaquías a los israelitas a que pusieran a prueba a Dios es una instancia inusual en la que se anima al pueblo a poner a prueba la fidelidad del Señor (3.10). Esta palabra puede compararse con otro verbo hebreo que también indica prueba, *nasah*. Pero en este caso, suele indicar prueba en sentido negativo, por ejemplo la forma en que Israel ponía a prueba a Dios con su incredulidad (Éx 17.7; Sal 78.18; 95.9). La ley de Moisés les advertía a los israelitas que no debían tentar a Dios (Dt 6.16; Sal 95.9); eso señalaba adulterio espiritual (Mt 12.38, 39). Según Santiago, Dios pone a prueba a las personas para otorgarles la corona de la vida, pero Dios no tienta a nadie (Stg 1.12–14).

PERSONAS DESTACADAS EN MALAQUÍAS

Malaquías: profeta de Judá; último de los profetas del AT hasta Juan el Bautista (1.1—4.6).

Los sacerdotes: que mostraron su infidelidad casándose con mujeres extranjeras y dando falsas interpretaciones de la ley (1.7, 8; 2.1–9).

El pueblo de Judá: que contraía matrimonio con extranjeras y cayó en la idolatría (2.11–17).

TEMAS HISTÓRICOS Y TEOLÓGICOS

Repetidamente el Señor se refirió a su pacto con Israel (cp. 2.4, 5, 8, 10, 14; 3.1), recordándoles, desde sus palabras de apertura, su infidelidad a su relación de amor / matrimonio con ellos (cp. 1.2–5). El amor de Dios por su pueblo inunda el libro. Al parecer las promesas hechas por los profetas anteriores del Mesías venidero que traería la liberación final y las bendiciones que durarían toda una época, y el aliento de las promesas recientes (ca. 500 A.C.) de Hageo y Zacarías, solo habían hecho al pueblo y a sus líderes que estuvieran más determinados en su satisfacción espiritual. Pensaban que esta relación de amor podía ser mantenida únicamente por medio del ritual externo, sin importar cómo vivieran. En una represión penetrante tanto de los sacerdotes (1.6—2.9) como del pueblo (2.10–16), el profeta les recuerda que la venida del Señor que estaban buscando (3.1) sería en juicio para refinar, purificar y limpiar (3.2, 3). El Señor no solo quería conformidad externa a la ley, sino también una aceptación interna (cp. Mt 23.23). El profeta ataca la corrupción, la impiedad y la seguridad falsa al dirigir sus juicios hacia su hipocresía, infidelidad, compromiso, divorcio, adoración falsa y arrogancia.

Malaquías estableció su profecía en forma de una disputa, empleando el método de pregunta y respuesta. Las acusaciones del Señor en contra de su pueblo frecuentemente se encontraron con preguntas cínicas por parte de las personas (1.2, 6, 7; 2.17; 3.7, 8, 13). En otros momentos, el profeta se presentó a sí mismo como el abogado de Dios en una demanda, presentando preguntas retóricas al pueblo basadas en su crítica desafiante (1.6, 8, 9; 2.10, 15; 3.2).

Malaquías condenó a los sacerdotes y al pueblo por lo menos en seis áreas de pecado deliberado: (1) repudiar el amor de Dios (1.2–5); (2) negarse a darle a Dios el honor que se merece (1.6—2.9); (3) rechazar la fidelidad de Dios (2.10–16); (4) redefinir la justicia de Dios (2.17—3.6); (5) robar las riquezas de Dios (3.7–12); y (6) maldecir la gracia de Dios (3.13–15). Hay tres interludios en los que Malaquías pronunció el juicio de Dios: (1) a los sacerdotes (2.1–9); (2) a la nación (3.1–6); y (3) al remanente (3.16—4.6).

PRINCIPALES DOCTRINAS EN MALAQUÍAS

Pacto del Señor con Israel (2.4, 5, 8, 10, 14; 3.1; Nm 3.44–48; 18.8–24; 25.12; Dt 33.8–11; Ez 34.25).

Infidelidad de Israel (1.2–5; Jos 7.1; 1 Cr 5.25; Esd 9.4; Sal 78.8; Is 1.21; Ez 44.10; Os 1.2; Mt 25.29; Lc 12.46; Ro 3.3; 2 Ti 2.13).

La venida del Señor (3.1–3; Is 40.3; 63.9; Jer 10.10; Jl 2.11; Nah 1.6; Hab 2.7; Mt 11.10; Mr 1.2; Lc 1.76; 7.27; Jn 1.23; 2.14, 15).

EL CARÁCTER DE DIOS EN MALAQUÍAS

Dios es amoroso: 1.2, 3

La venida de Cristo

Profecía de Malaquías	Confirmada en el Nuevo Testamento
Como mensajero del pacto Cristo viene a su templo (3.1) y purifica a su pueblo (3.3).	Cristo purifica el templo (Jn 2.14–17) y santifica a su pueblo (Heb 13.12).
Su venida trae juicio (4.1).	Aquellos cuyos nombres no figuran en el Libro de la Vida son echados al lago de fuego (Ap 20.11–15).
Como Sol de justicia, Cristo sana a su pueblo (4.2).	Cristo sana a la multitud; al final ya no habrá enfermedad (Mt 12.15; Ap 21.4).
Su predecesor prepara el camino para la venida del Señor (3.1; 4.5).	Juan el Bautista anuncia a Cristo (Mt 11.10–14).

Retos de interpretación

El significado de Elías siendo enviado «antes que venga el día de Jehová, grande y terrible» (4.5) ha sido debatido. ¿Fue esto cumplido en Juan el Bautista o es aún algo futuro? ¿Reencarnará Elías? Parece mejor ver la profecía de Malaquías como una referencia a Juan el Bautista y no a un Elías que literalmente regresa. Vea «Respuestas a preguntas difíciles» con respecto a estos asuntos.

Bosquejo

I. La denuncia de los pecados de Israel (1.1—2.16)
    A. Recordatorio del amor de Dios por Israel (1.1–5)
    B. Reprensión de los sacerdotes (1.6—2.9)
        1. Menosprecio del altar de Dios (1.6–14)
        2. Menosprecio de la gloria de Dios (2.1–3)
        3. Menosprecio de la ley de Dios (2.4–9)
    C. Reprensión del pueblo (2.10–16)
II. La declaración del juicio de Israel y su bendición (2.17—4.6)
    A. Venida de un mensajero (2.17—3.5)
    B. Reto a arrepentirse (3.6–12)
    C. Crítica por parte de Israel en contra del Señor (3.13–15)
    D. Consolación al remanente fiel (3.16—4.6)

Mientras tanto, en otras partes del mundo...

Los griegos empiezan a construir el templo de Zeus en Olimpia y un templo de mármol en Delfos, en honor a Apolo.

RESPUESTAS A PREGUNTAS DIFÍCILES

1. ¿En qué aspectos cumple Juan el Bautista la última profecía de Malaquías en la que Dios promete enviar a Elías «antes que venga el día de Jehová, grande y terrible» (4.5)?

Se ha debatido mucho sobre la identidad y el significado del «Elías» de Malaquías. ¿Se cumplió esta profecía en Juan el Bautista o todavía ha de cumplirse? ¿Podría haber anunciado Dios la reencarnación de Elías? La evidencia parece inclinarse a favor de considerar que Juan el Bautista cumplió la profecía de Malaquías. Porque el ángel no solo anunció que Juan el Bautista iría «delante de él con el espíritu y el poder de Elías» (Lc 1.17), sino que Juan mismo declaró que él no era Elías (Jn 1.21). Concluimos que Juan era como Elías: (1) internamente en «espíritu y poder», y (2) externamente, por su independencia y porque no se conformaba a su tiempo. Para los judíos que recibían al Mesías, Juan sería el Elías de quien se hablaba (Mt 11.14; 17.9–13). Pero como el conjunto de los judíos rechazó al Rey, entonces se enviaría a otro profeta como Elías en el futuro, tal vez como uno de los dos testigos (Ap 11.1–19).

OTROS TEMAS DE ESTUDIO EN MALAQUÍAS

1. ¿Qué es lo que hace que Malaquías sea importante como último profeta del AT?
2. Cuando Dios habla en Malaquías 3.6, ¿a qué conclusiones quiere que llegue el pueblo?
3. ¿Qué aspectos diferentes del tema del pecado trató Malaquías en sus profecías?
4. ¿Qué aprendemos sobre el amor de Dios en Malaquías?
5. El amor de Dios, ¿en qué aspectos ha dejado en su vida una marca indeleble?

	Libro	Fecha aproximada en que se escribió	Autor
1.	Job	Desconocida	Anónimo
2.	Génesis	1445—1405 A.C.	Moisés
3.	Éxodo	1445—1405 A.C.	Moisés
4.	Levítico	1445—1405 A.C.	Moisés
5.	Números	1445—1405 A.C.	Moisés
6.	Deuteronomio	1445—1405 A.C.	Moisés
7.	Salmos	1410—450 A.C.	Varios autores
8.	Josué	1405—1385 A.C.	Josué
9.	Jueces	ca. 1043 A.C.	Samuel
10.	Rut	ca. 1030—1010 A.C.	Samuel (¿?)
11.	Cantar de los cantares	971—965 A.C.	Salomón
12.	Proverbios	971—686 A.C.	Principalmente Salomón
13.	Eclesiastés	940—931 A.C.	Salomón
14.	1 Samuel	931—722 A.C.	Anónimo
15.	2 Samuel	931—722 A.C.	Anónimo
16.	Abdías	850—840 A.C.	Abdías
17.	Joel	835—796 A.C.	Joel
18.	Jonás	ca. 760 A.C.	Jonás
19.	Amós	ca. 755 A.C.	Amós
20.	Oseas	755—710 A.C.	Oseas
21.	Miqueas	735—710 A.C.	Miqueas
22.	Isaías	700—681 A.C.	Isaías
23.	Nahum	ca. 650 A.C.	Nahum
24.	Sofonías	635—625 A.C.	Sofonías
25.	Habacuc	615—605 A.C.	Habacuc
26.	Ezequiel	590—570 A.C.	Ezequiel
27.	Lamentaciones	586 A.C.	Jeremías
28.	Jeremías	586—570 A.C.	Jeremías
29.	1 Reyes	561—538 A.C.	Anónimo
30.	2 Reyes	561—538 A.C.	Anónimo
31.	Daniel	536—530 A.C.	Daniel
32.	Hageo	ca. 520 A.C.	Hageo
33.	Zacarías	480—470 A.C.	Zacarías
34.	Esdras	457—444 A.C.	Esdras
35.	1 Crónicas	450—430 A.C.	Esdras (¿?)
36.	2 Crónicas	450—430 A.C.	Esdras (¿?)
37.	Ester	450—331 A.C.	Anónimo
38.	Malaquías	433—424 A.C.	Malaquías
39.	Nehemías	424—400 A.C.	Esdras

PERÍODO INTERTESTAMENTARIO

Más de cuatrocientos años separaron los acontecimientos finales (Neh 13.4–30) y la última profecía (Mal 1.1—4.6) que quedaron registrados en el Antiguo Testamento (ca. 424 A.C.) de las acciones iniciales (Lc 1.5–25) que se narran en el Nuevo Testamento (6 A.C.). Este período se llama con frecuencia «los cuatrocientos años de silencio». Sin embargo, la historia de estos años siguió el patrón pronosticado en Daniel (Dn 2.24, 45; 7.1–28; 8.1–27; 11.1–35) con precisión y exactitud. Aunque la voz de Dios permaneció en silencio, la mano de Dios dirigió de forma activa el transcurso de los sucesos que ocurrieron durante estos siglos.

HISTORIA JUDÍA

Como lo había predicho Daniel, el control de la tierra de Israel pasó del imperio de Media y Persia al de Grecia y luego al de Roma (Dn 2.39, 40; 7.5–7). Por cerca de doscientos años, el Imperio Persa sometió a los judíos (539–332 A.C.). Los persas permitieron que los judíos regresaran, reconstruyeran y adoraran en el templo en Jerusalén (2 Cr 36.22, 23; Esd 1.1–4). Durante unos cien años después de cerrarse el canon del Antiguo Testamento, Judea no dejó de ser un territorio persa sometido al gobernador de Siria, en el cual el sumo sacerdote ejercía cierto grado de autoridad civil. A los judíos se les permitió el ejercicio de su religión sin interferencia oficial del gobierno.

Entre el 334 A.C. y el 331 A.C., Alejandro Magno derrotó al rey persa Darío III en tres batallas decisivas que le dieron el control de los territorios del Imperio Persa. La tierra de Israel quedó así bajo el dominio griego en el 332 A.C. (Dn 8.5–7, 20, 21; 11.3). Alejandro permitió que los judíos observaran sus leyes en Judea y les concedió una exención de impuestos durante sus años sabáticos. Sin embargo, Alejandro procuró llevar la cultura griega o «helenismo» a los territorios que había conquistado. Su deseo era crear un mundo unido por el idioma y el pensamiento de los griegos. Esta política, llevada a cabo por los sucesores de Alejandro, fue tan peligrosa para la religión de Israel como lo había sido el culto de Baal, porque la forma de vida de los griegos era atractiva y sofisticada desde el punto de vista humano, pero opuesta por completo a Dios y a la piedad.

Tras la muerte de Alejandro en el 323 A.C., tuvo lugar una lucha entre sus generales con respecto a la división de su imperio (Dn 8.22; 11.4). Ptolomeo I Soter, fundador de la dinastía ptolemaica en Egipto, tomó control de Israel aunque un acuerdo del 301 A.C. la había asignado a Seleuco I Nicator, fundador de la dinastía seleucida de Siria. Esto provocó un enfrentamiento continuo entre ambas dinastías (Dn 11.5). Los ptolomeos gobernaron a Judea desde el 301 A.C. hasta el 198 A.C. (Dn 11.6–12) y bajo su dominio los judíos tuvieron una libertad religiosa relativa en un contexto de opresión económica.

En 198 A.C., Antíoco III el Grande derrotó a Ptolomeo V Epífanes y le arrebató el control de Palestina (Dn 11.13–16). Judea quedó bajo dominio seleucida hasta 143 A.C. (Dn 11.17–35). La tolerancia inicial de los seleucidas hacia las prácticas religiosas de los judíos llegó a su fin en el reino de Antíoco IV Epífanes (175–164 A.C.). Antíoco profanó y saqueó el templo de Jerusalén en el 170 A.C. En el 167 A.C., Antíoco ordenó la helenización de Palestina y prohibió a los judíos guardar sus leyes, observar el día de reposo, mantener sus fiestas, ofrecer sacrificios y circuncidar a sus hijos.

Se ordenó la destrucción de todos los ejemplares de la Torá y se instalaron altares para el culto idólatra. Además, Antíoco mandó a los judíos que ofrecieran sacrificios inmundos y que comieran carne de cerdo. Antíoco fue el primer monarca pagano que persiguió a los judíos por su fe (Dn 8.9–14, 23–25; 11.21–35).

Un sacerdote anciano llamado Matatías y sus cinco hijos lideraron la resistencia judía en contra de Antíoco y sus sucesores seleucidas. Esto llegó a conocerse como la revuelta de los Macabeos porque Judas Macabeo (lit., «martillo») fue el líder principal entre los cinco hermanos. Después de una guerra de veinticuatro años (166–142 A.C.), los judíos pudieron ganar su independencia de Siria gracias a la presión creciente de los romanos sobre los seleucidas. Los descendientes de Matatías fundaron la dinastía asmonea, nombre que se deriva de Hasmón, un ancestro de los Macabeos.

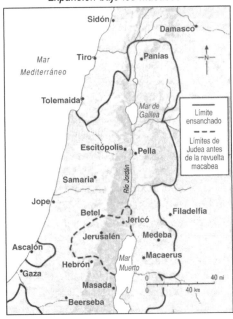

Expansión bajo los Macabeos

Los asmoneos se apoderaron del oficio del sumo sacerdote aunque no pertenecían al linaje de Sadoc (Nm 25.10–13; Ez 40.46; 48.11). En poco tiempo, los asmoneos empezaron a seguir las costumbres helénicas y las prácticas que ellos mismos resistieron en un principio. La influencia griega continuó en Palestina desde el 142 A.C. hasta el 63 A.C. por medio de esta dinastía nativa.

La dinastía asmonea terminó en el 63 A.C. cuando Pompeyo, un general de Roma, intervino en un enfrentamiento entre dos opositores que aspiraban a ser el sumo sacerdote: Aristóbolo II e Hircano II. De este modo, la tierra quedó bajo control romano (Dn 2.40; 7.7). Las insurrecciones continuas motivaron a los romanos a convertir a Herodes el Grande en rey de Judea. Este hombre había nacido en Idumea y fue un prosélito judío, pero toda su ideología era grecorromana. Gobernó Palestina del 37 A.C. a 4 A.C. y era el «rey de los judíos» cuando Jesús nació (Mt 2.1, 2).

DESARROLLOS JUDÍOS

Diáspora. La dispersión de Israel empezó con dos exilios: Israel hacia Asiria (2 R 17.23) y Judá hacia Babilonia (2 R 25.21). La mayoría de los israelitas no regresaron a Judea después del exilio y dejaron de ser cautivos para convertirse en colonos dentro del Imperio Persa. El movimiento geográfico de israelitas continuó en los Imperios Griego y Romano de tal modo que en el siglo I D.C. los judíos se encontraban a lo largo y ancho de la cuenca del Mediterráneo y en Mesopotamia. La mayoría de los israelitas vivían fuera de Palestina a finales del período intertestamentario.

Escribas y rabinos. Bajo la convicción de que el exilio había sucedido como resultado de una falta de conocimiento y obediencia a la Torá, los exiliados israelitas se dedicaron al estudio del Antiguo Testamento. Los escribas se volvieron expertos y se consideraba que tenían la autoridad en asuntos de interpretación de las Escrituras durante el período intertestamentario. Los rabinos eran los maestros que le transmitían el entendimiento que los escribas tenían de las Escrituras al pueblo de Israel.

Sinagoga. Con la destrucción del templo en el 586 A.C., la sinagoga se convirtió en el lugar de instrucción y culto para los judíos en el exilio. Puesto que la mayoría de los judíos no volvieron a Palestina después del primer exilio, las sinagogas continuaron su funcionamiento en la diáspora y también se establecieron en Palestina, incluso tras la reconstrucción del templo a cargo de Zorobabel en el 516 A.C.

Septuaginta. Debido a la preeminencia que tuvo el idioma griego desde ca. 330 A.C. en adelante, llegó a convertirse en el idioma principal de los judíos en la diáspora. Según una leyenda judía, alrededor del año 250 A.C., Ptolomeo Filadelfo reunió a setenta y dos eruditos que se encargaron de traducir el Antiguo Testamento al griego en setenta y dos días. Por esa razón, el término «septuaginta», que significa setenta en latín (LXX), fue el nombre que se le asignó a esta obra. Es probable que la labor de traducción se haya realizado entre el 250 A.C. y el 125 A.C. en Alejandría, Egipto. La Septuaginta se convirtió en la traducción griega del Antiguo Testamento más importante y de mayor uso.

Fariseos. Es probable que este partido religioso haya empezado como el grupo de «los santos» que estuvieron asociados con los Macabeos en la campaña para librar la tierra de cualquier elemento helénico. Cuando los mismos Macabeos se volvieron helenistas, estos santos se «separaron» (origen posible de su nombre) del poder religioso oficial establecido en Judea. Los fariseos hacían una interpretación estricta de la ley de conformidad con la naciente tradición oral y procuraban que su propio entendimiento de la ley fuera de cumplimiento obligatorio para todos los judíos. Aunque no eran numerosos, los fariseos eran mirados con buenos ojos por la mayor parte del pueblo en Palestina.

Saduceos. Es probable que su nombre se derive de «Sadoc» para aludir al linaje del sumo sacerdote. Estos judíos helenistas y aristócratas se convirtieron en los guardianes de los reglamentos y las prácticas del templo. Los saduceos rechazaban el Antiguo Testamento como las Escrituras a excepción de la Torá, así como cualquier enseñanza que, según su propia creencia, no se encontraba en la Torá (los primeros cinco libros del AT), p. ej., la resurrección de los muertos (Hch 23.6–8).

Control romano de Palestina

Cronología del período intertestamentario

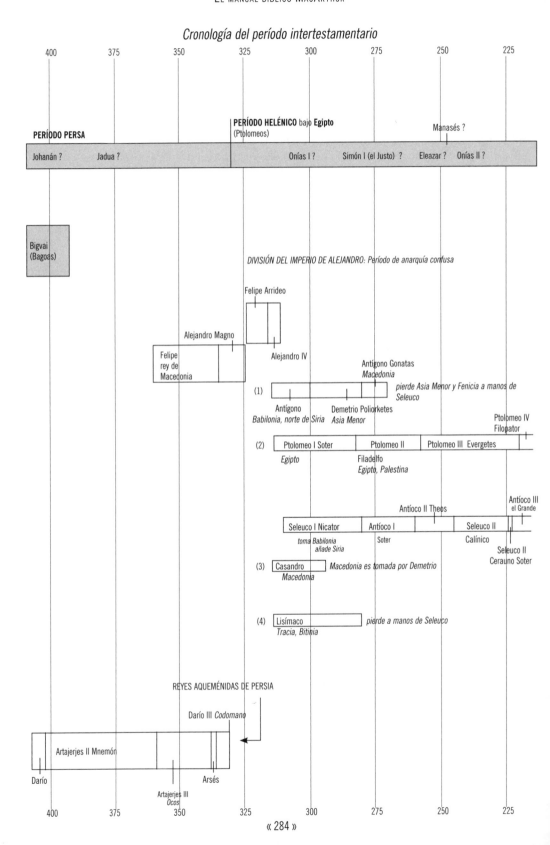

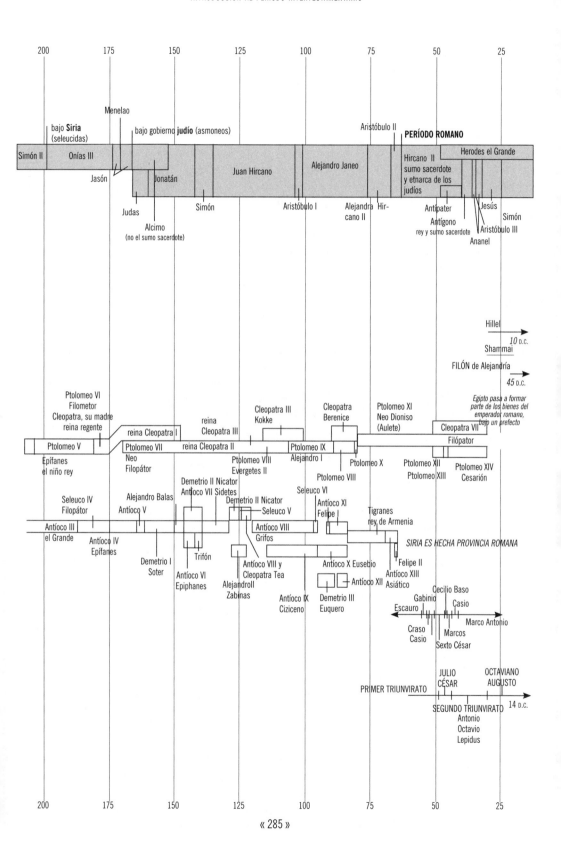

Cronología del
NUEVO TESTAMENTO

	Libro	Fecha aproximada en que se escribió	Autor
1.	Santiago	44—49 D.C.	Santiago
2.	Gálatas	49—50 D.C.	Pablo
3.	Mateo	50—60 D.C.	Mateo
4.	Marcos	50—60 D.C.	Marcos
5.	1 Tesalonicenses	51 D.C.	Pablo
6.	2 Tesalonicenses	51—52 D.C.	Pablo
7.	1 Corintios	55 D.C.	Pablo
8.	2 Corintios	55—56 D.C.	Pablo
9.	Romanos	56 D.C.	Pablo
10.	Lucas	60—61 D.C.	Lucas
11.	Efesios	60—62 D.C.	Pablo
12.	Filipenses	60—62 D.C.	Pablo
13.	Colosenses	60—62 D.C.	Pablo
14.	Filemón	60—62 D.C.	Pablo
15.	Hechos	62 D.C.	Lucas
16.	1 Timoteo	62—64 D.C.	Pablo
17.	Tito	62—64 D.C.	Pablo
18.	1 Pedro	64—65 D.C.	Pedro
19.	2 Timoteo	66—67 D.C.	Pablo
20.	2 Pedro	67—68 D.C.	Pedro
21.	Hebreos	67—69 D.C.	Desconocido
22.	Judas	68—70 D.C.	Judas
23.	Juan	80—90 D.C.	Juan
24.	1 Juan	90—95 D.C.	Juan
25.	2 Juan	90—95 D.C.	Juan
26.	3 Juan	90—95 D.C.	Juan
27.	Apocalipsis	94—96 D.C.	Juan

EVANGELIOS

La palabra «evangelio» se deriva de la griega *euangellion,* que significa «buenas noticias». En el griego secular *euangellion* se refería a un buen informe que se daba acerca de un suceso importante. Los cuatro Evangelios son las buenas noticias acerca de los acontecimientos más significativos de toda la historia: la vida, la muerte en la cruz y la resurrección de Jesús de Nazaret.

Los Evangelios no son biografías en el sentido moderno de la palabra, puesto que su intención no es presentarnos una narración completa de la vida de Jesús (cp. Jn 20.30; 21.25). Aparte de las narraciones del nacimiento, no proporcionan mucha información sobre los primeros treinta años de la vida de Jesús. Si bien el ministerio público de Jesús duró unos tres años, los Evangelios enfocan su atención sobre todo en la última semana de su vida (cp. Jn 12—20). Aunque desde la perspectiva histórica son completamente exactos, y aportan importantes detalles biográficos de la vida de Jesús, el propósito primario de los Evangelios es teológico y apologético (Jn 20.31). Nos proveen respuestas autorizadas a cuestiones relacionadas con la vida y el ministerio de Jesús, y fortalecen la seguridad del creyente en cuanto a la realidad de su fe (Lc 1.4).

Aunque se escribieron muchos evangelios falsos, la iglesia desde los primeros tiempos ha aceptado solo Mateo, Marcos, Lucas y Juan como Escrituras inspiradas. Si bien cada Evangelio tiene su propia perspectiva y singularidad (vea la explicación sobre el «problema sinóptico» en Marcos: «Retos de interpretación»), notamos que cuando a Mateo, Marcos y Lucas se les compara con Juan, aquellos comparten un punto de vista común. Debido a esto se les conoce como los Evangelios sinópticos (de una palabra griega que significa «ver juntos» o «compartir un punto de vista común»). Por ejemplo, Mateo, Marcos y Lucas se enfocan en el ministerio de Jesús en Galilea, mientras que Juan se centra en su ministerio en Judea. Los Evangelios sinópticos contienen numerosas parábolas, mientras que el de Juan no aporta ninguna. Juan y los Evangelios sinópticos registran solo dos sucesos comunes (Jesús caminando sobre el agua y la alimentación de los 5.000) antes de la llamada Semana de la pasión. Sin embargo, estas diferencias entre Juan y los Evangelios sinópticos no son contradictorias, sino complementarias.

Como ya hemos indicado, cada escritor de los Evangelios escribió desde una perspectiva propia y única, para una audiencia diferente. Como resultado, cada Evangelio contiene elementos distintivos. Considerados en conjunto, los cuatro Evangelios aportan un testimonio completo acerca de Cristo Jesús.

Mateo escribió principalmente para una audiencia judía, presentando a Jesús de Nazaret como el Mesías prometido y esperado, y el legítimo Rey de Israel. Su genealogía, a diferencia de la de Lucas, se enfoca en la descendencia de Jesús del rey David, el más grande rey de Israel. En Mateo aparecen intercaladas citas del Antiguo Testamento, presentando varios aspectos de la vida y el ministerio de Jesús como cumplimiento de las profecías mesiánicas. Solo Mateo usa la expresión «el reino de los cielos», evitando la frase paralela de «el reino de Dios» debido a las connotaciones no bíblicas que la misma tenía en el pensamiento judío del primer siglo. Así, pues, Mateo escribió su Evangelio para fortalecer la fe de los cristianos judíos y proveerles una herramienta apologética útil para la evangelización de los judíos.

Marcos se dirigió a una audiencia gentil, especialmente romana (vea Marcos: «Contexto histórico»). Marcos es el Evangelio de la acción; el uso frecuente de expresiones como «inmediatamente» y «entonces» (Mr 2.2, 3) le da a la narración movimiento y dinamismo. Jesús aparece en Marcos como el Siervo (cp. 10.45) que vino a sufrir por los pecados de muchos. El paso dinámico de la narración de Marcos apelaría especialmente a los romanos que se caracterizaban por la acción y el sentido práctico.

Lucas tenía en mente una audiencia gentil más amplia. Como un griego culto (vea Lucas: «Autor y fecha»), él escribió usando el estilo griego más cultivado y literario de los escritores del Nuevo Testamento. Era un investigador diligente (Lc 1.1–4) y un historiador cuidadoso. Lucas nos presenta a Cristo como el Hijo del Hombre (un título que aparece veintiséis veces), la respuesta a las necesidades y esperanzas de la raza humana, quien vino a buscar y a salvar a los pecadores perdidos (Lc 9.56; 19.10).

Juan, el último Evangelio que se escribió, hace hincapié en la deidad de Jesucristo (vea 5.18; 8.58; 10.33; 14.9). Juan escribió para fortalecer a los creyentes e invitar a los incrédulos a depositar su fe en Cristo. El apóstol expresó claramente en 20.31 su propósito al escribir: «Pero éstas se han escrito para que creáis que Jesús es el Cristo, el Hijo de Dios, y para que creyendo, tengáis vida en su nombre».

En conjunto, los cuatro Evangelios nos ofrecen un retrato completo del Dios-hombre, Jesús de Nazaret. En Él aparecen entretejidas la perfecta humanidad y deidad, haciendo así que pudiera ser el único sacrificio adecuado por los pecados de todo el mundo y el Señor por derecho propio de los que creen.

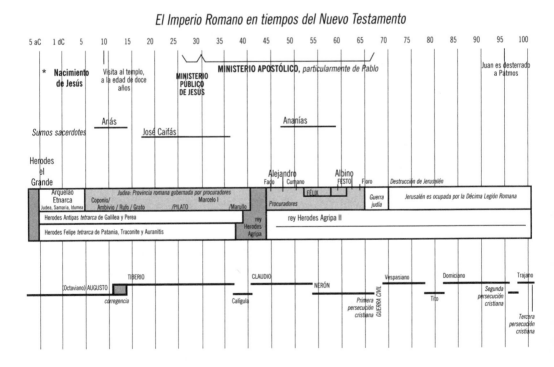

El Imperio Romano en tiempos del Nuevo Testamento

	Mateo	Marcos	Lucas	Juan
Los primeros seguidores de Jesús				1.35–51
Primer milagro: La conversión del agua en vino				2.1–11
La visita a Capernaum con sus discípulos				2.12
Primera purificación del templo en la Pascua				2.13–22
Una primera respuesta a los milagros de Jesús				2.23–25
La entrevista de Nicodemo con Jesús				3.1–21
Jesús reemplaza a Juan				3.22–36
Jesús sale de Judea	4.12	1.14a 4.1–4	3.19–20;	4.14a
La conversación con una mujer samaritana				4.5–26
El reto de una cosecha espiritual				4.27–38
Evangelización en Sicar				4.39–42
La llegada a Galilea				4.43–45

Sexta parte: El ministerio de Cristo en Galilea
LA OPOSICIÓN EN CASA Y NUEVO CUARTEL GENERAL

	Mateo	Marcos	Lucas	Juan
La naturaleza del ministerio galileo	4.17	1.14b-15	4.14b-15	
Jesús sana a un niño de Capernaum mientras se encuentra en Caná				4.46–54
Ministerio y rechazo en Nazaret			4.16–31	
Traslado a Capernaum	4.13–16			

LLAMAMIENTO DE LOS DISCÍPULOS Y MINISTERIO POR TODA GALILEA

	Mateo	Marcos	Lucas	Juan
El primer llamamiento de los cuatro	4.18–22	1.16–20		
La enseñanza en la sinagoga de Capernaum autenticada por la curación de un endemoniado		1.21–28	4.31b-37	
Curación de la suegra de Pedro y de otros	8.14–17	1.29–34	4.38–41	
Recorrido de Galilea con Simón y otros	4.23–24	1.35–39	4.42–44	
Segundo llamamiento de los cuatro			5.1–11	
Limpieza de un leproso seguida de mucha publicidad	8.2–4	1.40–45	5.12–16	
El perdón y la curación de un paralítico	9.1–8	2.1–12	5.17–26	
Llamamiento de Mateo	9.9	2.13–14	5.27–28	
Banquete en la casa de Mateo	9.10–13	2.15–17	5.29–32	
La presencia del Mesías cambia las cosas y se explica mediante tres ilustraciones	9.14–17	2.18–22	5.33–39	

CONTROVERSIA SOBRE EL DÍA DE REPOSO

	Mateo	Marcos	Lucas	Juan
Curación de un paralítico en Jerusalén en día de reposo				5.1–9
Intento de matar a Jesús por quebrantar el día de reposo y por hacerse igual a Dios				5.10–18
Discurso para demostrar la igualdad del Hijo con el Padre				5.19–47
Controversia porque los discípulos recogen espigas en día de reposo	12.1–8	2.23–28	6.1–5	
Curación de un hombre con una mano seca (paralizada) en día de reposo	12.9–14	3.1–6	6.6–11	
Jesús se retira al Mar de Galilea y le sigue mucha gente de varios lugares	12.15–21; 4.25		3.7–12	

ELECCIÓN DE LOS DOCE Y EL SERMÓN DEL MONTE

	Mateo	Marcos	Lucas	Juan
Los nombres de los doce apóstoles		3.13–19	6.12–16	
El escenario del Sermón	5.1–2		6.17–19	
Bendiciones de los que heredan el reino y ayes para los que no lo heredan	5.3–12		6.20–26	

	Mateo	Marcos	Lucas	Juan
La responsabilidad mientras se espera el reino	5.13–16			
La ley, la justicia y el reino	5.17–20			
Seis contrastes en la interpretación de la ley	5.21–48		6.27–30, 32–36	
Tres prácticas hipócritas que hay que evitar	6.1–18			
Tres prohibiciones en contra de la avaricia, el juicio severo y la insensata presentación de las cosas sagradas	6.19—7.6		6.37–42	
Aplicación y conclusión	7.7–27		6.31, 43–49	
Reacción de las multitudes	7.28–29			
LA FAMA CRECIENTE DE JESÚS Y LA IMPORTANCIA DEL ARREPENTIMIENTO				
La fe de un centurión y la curación de su siervo	8.1, 5–13		7.1–10	
Jesús resucita al hijo de la viuda de Naín			7.11–17	
La relación de Juan el Bautista con el reino	11.2–19		7.18–35	
Ayes sobre Corazín y Betsaida por fallar en arrepentirse	11.20–30			
Ungimiento de los pies de Jesús por una mujer pecadora, pero arrepentida			7.36–50	
PRIMER RECHAZO PÚBLICO DE PARTE DE LOS LÍDERES JUDÍOS				
Gira misionera con los doce y otros seguidores			8.1–3	
Los escribas y fariseos lanzan una acusación blasfema	12.22–37	3.20–30		
Jesús se niega a dar una señal	12.38–45			
Anuncio de nuevos vínculos espirituales	12.46–50	3.31–35	8.19–21	
MISTERIOS EN PARÁBOLAS ACERCA DEL REINO				
El escenario de las parábolas	13.1–3a	4.1–2	8.4	
La parábola del sembrador	13.3b-23	4.3–25	8.5–18	
La parábola del crecimiento espontáneo de la semilla		4.26–29		
La parábola de la cizaña	13.24–30			
La parábola del grano de mostaza		13.31–32	4.30–32	
La parábola de la levadura	13.33–35	4.33–34		
A los discípulos en la casa				
Explicación de la parábola de la cizaña	13.36–43			
La parábola del tesoro escondido	13.44			
La parábola de la perla de gran precio	13.45–46			
La parábola de la red	13.47–50			
La parábola del padre de familia	13.51–52			
CONTINÚA LA OPOSICIÓN				
Jesús cruza el lago y calma la tempestad	13.53; 8.18, 23–27	4.35–41	8.22–25	
Curación de los endemoniados gadarenos y la oposición resultante	8.28–34	5.1–20	8.26–39	
Regreso a Galilea, curación de la mujer que tocó el manto de Cristo y resurrección de la hija de Jairo	9.18–26	5.21–43	8.40–56	
Tres milagros de sanidad y otra acusación blasfema	9.27–34			
Última visita a la incrédula Nazaret	13.54–58	6.1–6a		
FIN DE LA CAMPAÑA EN GALILEA				
Escasez de obreros	9.35–38	6.6b		
Comisión de los doce	10.1–42	6.7–11	9.1–5	
Envío de obreros	11.1	6.12–13	9.6	
Herodes confunde la identidad de Jesús	14.1–2	6.14–16	9.7–9	
Encarcelamiento y decapitación de Juan el Bautista	14.3–12	6.17–29		
Regreso de los obreros		6.30	9.10a	

	Mateo	Marcos	Lucas	Juan
Séptima parte: El ministerio de Cristo alrededor de Galilea				
LECCIÓN DEL PAN DE VIDA				
Jesús se retira de Galilea	14.13–14	6.31–34	9.10b-11	6.1–3
Alimentación de los 5.000	14.15–21	6.35–44	9.12–17	6.4–13
Jesús evita un intento prematuro de hacerle rey	14.22–23	6.45–46		6.14–15
Jesús camina sobre el agua durante una tormenta en el lago	14.24–33	6.47–52		6.16–21
Curaciones en Genesaret	14.34–36	6.53–56		
Discurso sobre el verdadero Pan de vida				6.22–59
Deserción entre los discípulos				6.60–71
LECCIÓN SOBRE LA LEVADURA DE LOS FARISEOS, SADUCEOS Y HERODIANOS				
Conflicto sobre la tradición de la purificación ceremonial	15.1–20	7.1–23		7.1
Ministerio a una mujer gentil creyente en Tiro y Sidón	15.21–28	7.24–30		
Curaciones en Decápolis	15.29–31	7.31–37		
Alimentación de los 4.000 en Decápolis	15.32–38	8.1–9		
Regreso a Galilea y enfrentamiento con los fariseos y saduceos	15.39–16.4	8.10–12		
Advertencia sobre el error de los fariseos, saduceos y herodianos	16.5–12	8.13–21		
Curación de un ciego en Betsaida		8.22–26		
APRENDIZAJE Y CONFIRMACIÓN DE UNA LECCIÓN SOBRE EL MESÍAS				
Pedro identifica a Jesús como el Cristo y primera profecía sobre la iglesia	16.13–20	8.27–30	9.18–21	
Primera predicción directa del rechazo, crucifixión y resurrección	16.21–26	8.31–37	9.22–25	
La venida del Hijo del Hombre y el juicio	16.27–28	8.38–9.1	9.26–27	
Transfiguración de Jesús	17.1–8	9.2–8	9.28–36a	
Mandato de mantener la transfiguración en secreto	17.9	9.9–10	9.36b	
Elías, Juan el Bautista y la venida del Hijo del Hombre	17.10–13	9.11–13		
LECCIONES SOBRE LA RESPONSABILIDAD HACIA OTROS				
Curación del muchacho endemoniado y represión de la incredulidad		17.14–20, [21]	9.14–29	9.37–43a
Segunda predicción de la resurrección	17.22–23	9.30–32	9.43b-45	
Pago del impuesto del templo	17.24–27			
Eliminación de la rivalidad sobre la grandeza	18.1–5	9.33–37	9.46–48	
Advertencia sobre el ser de tropiezo para los creyentes	18.6–14	9.38–50	9.49–50	
Cómo tratar y perdonar al hermano que peca	18.15–35			
SUBIDA A JERUSALÉN PARA LA FIESTA DE LOS TABERNÁCULOS (CABAÑAS)				
Incredulidad de los hermanos de Jesús				7.2–9
Viaje a través de Samaria			9.51–56	7.10
Se requiere de los seguidores un compromiso completo	8.19–22		9.57–62	
Octava parte: El ministerio posterior de Cristo en Judea				
ENSEÑANZAS EN LA FIESTA DE LOS TABERNÁCULOS (CABAÑAS)				
Reacción mezclada ante la enseñanza y milagros de Jesús				7.11–31
Intento frustrado de arrestar a Jesús				7.32–52
[El perdón de Jesús a una mujer adúltera]				[7.53—8.11]
Conflicto sobre la afirmación de Jesús de que es la luz de mundo				8.12–20
Invitación a creer en Jesús				8.21–30
Relación con Abraham e intento de apedreamiento				8.31–59

	Mateo	Marcos	Lucas	Juan
Conflicto con la enseñanza farisea sobre el divorcio	19.1–12	10.1–12		
Ejemplo de los niños en relación con el reino	19.13–15	10.13–16	18.15–17	
Las riquezas y el reino	19.16–30	10.17–31	18.18–30	
Parábola sobre la soberanía del dueño de la viña	20.1–16			
Tercera predicción de la resurrección	20.17–19	10.32–34	18.31–34	
Advertencia sobre el orgullo ambicioso	20.20–28	10.35–45		
Curación del ciego Bartimeo y de su compañero	20.29–34	10.46–52	18.35–43	
Salvación de Zaqueo			19.1–10	
Parábola para enseñar responsabilidad mientras se demora el reino			19.11–28	

Décima parte: La presentación formal de Cristo a Israel y el conflicto resultante

LA ENTRADA TRIUNFAL Y LA HIGUERA

	Mateo	Marcos	Lucas	Juan
Llegada a Betania				11.55—12.1
María unge a Jesús para la sepultura	26.6–13	14.3–9		12.2–11
Entrada triunfal en Jerusalén	21.1–11, 14–17	11.1–11	19.29–44	12.12–19
Maldición de la higuera por tener hojas, pero no higos	21.18–19a	11.12–14		
Segunda purificación del templo	21.12–13	11.15–18	19.45–48	
Petición de unos griegos y la necesidad de que el Hijo del Hombre sea levantado				12.20–36a
Se aleja de la multitud incrédula y respuesta de Jesús				12.36b-50
La higuera seca y la lección sobre la fe	21.19b-22	11.19–25, [26]		

RETAN OFICIALMENTE LA AUTORIDAD DE CRISTO

	Mateo	Marcos	Lucas	Juan
Una pregunta de los principales sacerdotes, escribas y ancianos	21.23–27	11.27–33	20.1–8	
Se enseña el cumplimiento fiel de la responsabilidad mediante tres parábolas	21.28—22.14	12.1–12	20.9–19	
Una pregunta de los fariseos y herodianos	22.15–22	12.13–17	20.20–26	
Una pregunta de los saduceos	22.23–33	12.18–27	20.27–40	
Una pregunta de un escriba fariseo	22.34–40	12.28–34		

RESPUESTA DE CRISTO A LOS RETOS DE SUS ENEMIGOS

	Mateo	Marcos	Lucas	Juan
La relación de Cristo con David como Hijo y Señor	22.41–46	12.35–37	20.41–44	
Siete ayes en contra de los escribas y fariseos	23.1–36	12.38–40	20.45–47	
Lamento sobre Jerusalén	23.37–39			
Una viuda pobre ofrenda todo lo que tiene		12.41–44	21.1–4	

Undécima parte: Profecías en preparación para la muerte de Cristo

EL DISCURSO DEL MONTE DE LOS OLIVOS: PROFECÍAS ACERCA DEL TEMPLO Y EL REGRESO DE CRISTO

	Mateo	Marcos	Lucas	Juan
El escenario del discurso	24.1–3	13.1–4	21.5–7	
Principio de dolores de parto	24.4–14	13.5–13	21.8–19	
La abominación desoladora y subsiguiente tribulación	24.15–28	13.14–23	21.20–24	
La venida del Hijo del Hombre	24.29–31	13.24–27	21.25–27	
Señales de su cercanía, pero sin fecha conocida	24.32–41	13.28–32	21.28–33	
Cinco parábolas para enseñar vigilancia y fidelidad	24.42—25.30	13.33–37	21.34–36	
Juicio a la venida del Hijo del Hombre	25.31–46			

	Mateo	Marcos	Lucas	Juan
LOS ARREGLOS PARA LA TRAICIÓN				
Complot del Sanedrín para arrestar y matar a Jesús	26.1–5	14.1–2	21.37—22.2	
Acuerdo de Judas para traicionar a Jesús	26.14–16	14.10–11	22.3–6	
LA ÚLTIMA CENA				
Preparativos para comer la Pascua	26.17–19	14.12–16	22.7–13	
Comienzo de la cena de la Pascua	26.20	14.17	22.14–16	
Lavamiento de los pies de los discípulos				13.1–20
Identificación del traidor	26.21–25	14.18–21	22.21–23	13.21–30
Los discípulos discuten sobre quién es el mayor			22.24–30	
Primera predicción de la negación de Pedro			22.31–38	13.31–38
Conclusión de la Pascua e institución de la Cena del Señor (1 Co 11.23–26)	26.26–29	14.22–25	22.17–20	
DISCURSO Y ORACIONES DESDE EL APOSENTO ALTO A GETSEMANÍ				
Cristo responde a preguntas sobre dónde va, el Padre y el Espíritu Santo				14.1–31
La vid y los pámpanos				15.1–17
La oposición del mundo				15.18—16.4
La venida y el ministerio del Espíritu				16.5–15
Predicción del gozo que traería la resurrección				16.16–22
Promesa de paz y de respuesta a la oración				16.23–33
La oración de Jesús por sus discípulos y todos los que creerían				17.1–26
Segunda predicción de la negación de Pedro	26.30–35	14.26–31	22.39–40a	18.1
Las tres oraciones agonizantes de Jesús en Getsemaní	26.36–46	14.32–42	22.40b-46	
Duodécima parte: La muerte de Cristo				
TRAICIÓN Y ARRESTO				
Jesús traicionado, arrestado y abandonado	26.47–56	14.43–52	22.47–53	18.2–12
JUICIO				
La primera fase judía, ante Anás				18.13–24
La segunda fase judía, ante Caifás y el Sanedrín	26.57–68	14.53–65	22.54	
Las negaciones de Pedro	26.69–75	14.66–72	22.55–65	18.25–27
La tercera fase judía, ante el Sanedrín	27.1	15.1a	22.66–71	
Remordimiento y suicidio de Judas (Hch 1.18–19)	27.3–10			
La primera fase romana, ante Pilato	27.2, 11–14	15.1b-5	23.1–5	18.28–38
La segunda fase romana, ante Herodes Antipas			23.6–12	
La tercera fase romana, ante Pilato	27.15–26	15.6–15	23.13–25	18.39—19.16
CRUCIFIXIÓN				
La burla de los soldados romanos	27.27–30	15.16–19		
Camino al Gólgota	27.31–34	15.20–23	23.26–33a	19.17
Las primeras tres horas de la crucifixión	27.35–44	15.24–32	23.33b-43	19.18–27
Las últimas tres horas de la crucifixión	27.45–50	15.33–37	23.44–45a, 46	19.28–30
Testigos de la muerte de Cristo	27.51–56	15.38–41	23.45b, 47–49	
SEPULTURA				
Certificación de la muerte y obtención del cuerpo	27.57–58	15.42–45	23.50–52	19.31–38
Depositan el cuerpo de Jesús en la tumba	27.59–60	15.46	23.53–54	19.39–42
Las mujeres vigilan la tumba y la guardan los soldados	27.61–66	15.47	23.55–56	

	Mateo	Marcos	Lucas	Juan
Décimo tercera parte: La resurrección y ascensión de Cristo				
LA TUMBA VACÍA				
Las mujeres visitan la tumba	28.1	16.1		
La piedra removida	28.2–4			
Las mujeres encuentran vacía la tumba	28.5–8	16.2–8	24.1–8	20.1
Pedro y Juan encuentran vacía la tumba			24.9–11, [12]	20.2–10
LAS APARICIONES DESPUÉS DE LA RESURRECCIÓN				
Aparición a María Magdalena		[16.9–11]		20.11–18
Aparición a las otras mujeres	28.9–10			
Informe de los soldados a las autoridades judías	28.11–15			
Aparición a dos discípulos en el camino a Emaús		[16.12–13]	24.13–32	
Informe de los dos discípulos a los demás (1 Co 15.5a)			24.33–35	
Aparición a los diez discípulos reunidos		[16.14]	24.36–43	20.19–25
Aparición a los once discípulos reunidos (1 Co 15.5b)				20.26–31
Aparición a siete discípulos que estaban pescando				21.1–25
Aparición a los once en Galilea (1 Co 15.6)	28.16–20	[16.15–18]		
Aparición a Jacobo, su hermano (1 Co 15.7)				
Aparición a los discípulos en Jerusalén (Hch 1.3–8)			24.44–49	
LA ASCENSIÓN				
Despedida y bendición de Cristo (Hch 1.9–12)		[16.19–20]	24.50–53	

Los ministerios de los apóstoles

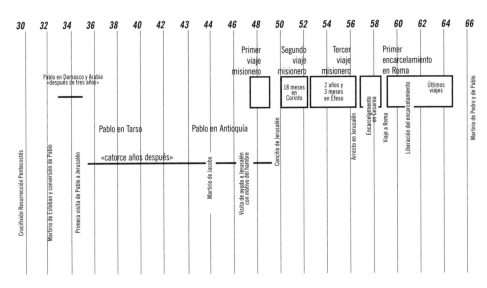

Breve visión general de la vida de Jesucristo

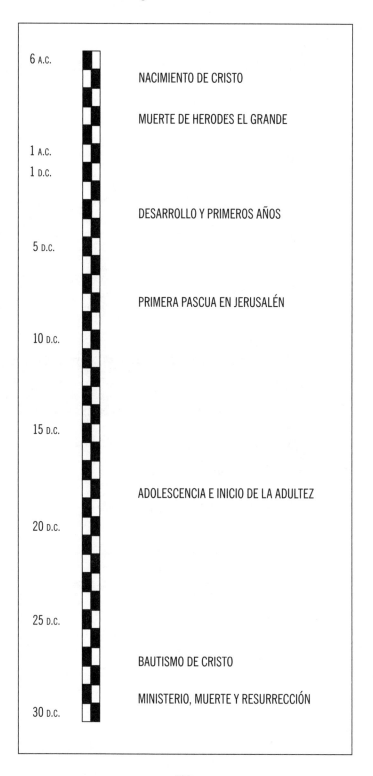

6 A.C.

NACIMIENTO DE CRISTO

MUERTE DE HERODES EL GRANDE

1 A.C.
1 D.C.

DESARROLLO Y PRIMEROS AÑOS

5 D.C.

PRIMERA PASCUA EN JERUSALÉN

10 D.C.

15 D.C.

ADOLESCENCIA E INICIO DE LA ADULTEZ

20 D.C.

25 D.C.

BAUTISMO DE CRISTO

MINISTERIO, MUERTE Y RESURRECCIÓN

30 D.C.

Breve visión general del ministerio de Jesucristo

26
invierno

primavera

MINISTERIO PÚBLICO DE JUAN EL BAUTISTA

Bautismo de Jesús
La tentación

verano

otoño
27
invierno

FINAL DEL MINISTERIO DE JUAN Y COMIENZO DEL DE CRISTO
Primera Pascua de su ministerio público

primavera

Entrevista de Nicodemo con Jesús

verano

otoño

Reto a una cosecha espiritual

28
invierno

Llamamiento a los discípulos
Segunda Pascua (no mencionada en los Evangelios)

primavera

MINISTERIO EN GALILEA
Fiesta de los tabernáculos; controversias sobre el día de reposo
Sermón del Monte

verano

otoño

Primer rechazo público; comienzo del ministerio de las parábolas
Campaña final en Galilea

29
invierno

Tercera Pascua
El Pan de vida

primavera

MINISTERIO ALREDEDOR DE GALILEA
Enseñanza sobre el Mesías aprendida y confirmada

verano

Fiesta de los tabernáculos
MINISTERIO FINAL EN JUDEA
Fiesta de la dedicación

otoño

30
invierno

MINISTERIO EN PEREA Y SUS ALREDEDORES

primavera

SEMANA DE LA PASIÓN
RESURRECCIÓN Y ASCENSIÓN

verano

El ministerio de Jesucristo

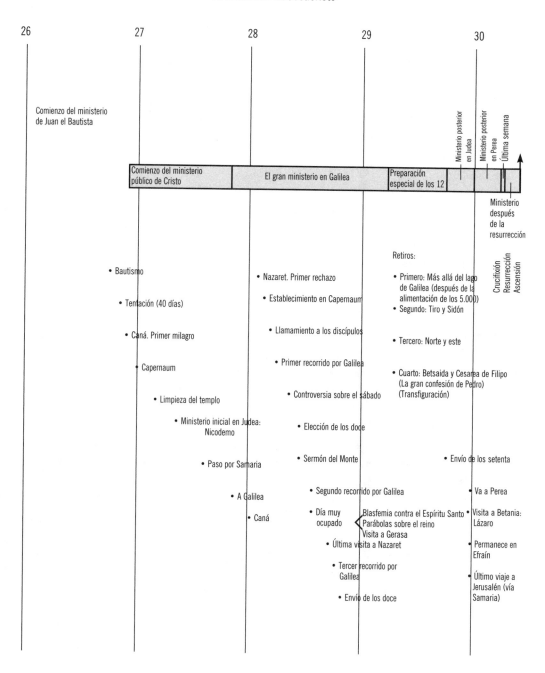

La semana de la pasión de Jesucristo

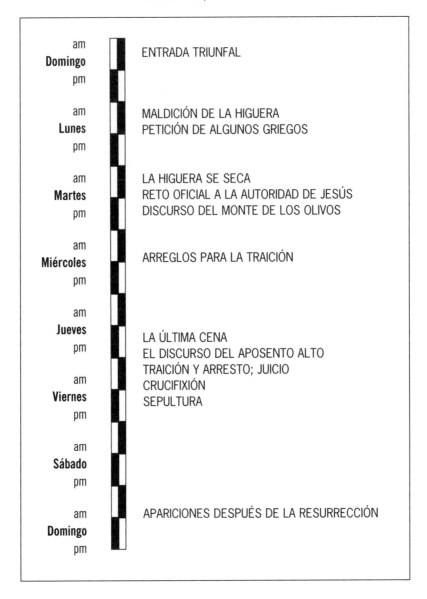

am **Domingo** pm		ENTRADA TRIUNFAL
am **Lunes** pm		MALDICIÓN DE LA HIGUERA PETICIÓN DE ALGUNOS GRIEGOS
am **Martes** pm		LA HIGUERA SE SECA RETO OFICIAL A LA AUTORIDAD DE JESÚS DISCURSO DEL MONTE DE LOS OLIVOS
am **Miércoles** pm		ARREGLOS PARA LA TRAICIÓN
am **Jueves** pm		LA ÚLTIMA CENA EL DISCURSO DEL APOSENTO ALTO
am **Viernes** pm		TRAICIÓN Y ARRESTO; JUICIO CRUCIFIXIÓN SEPULTURA
am **Sábado** pm		
am **Domingo** pm		APARICIONES DESPUÉS DE LA RESURRECCIÓN

MATEO
Jesús es el Mesías prometido

TÍTULO

Mateo quiere decir «regalo del Señor», y era el otro nombre de Leví (9.9), el publicano que dejó todo para seguir a Cristo (Lc 5.27, 28). Mateo fue uno de los doce apóstoles (10.3; Mr 3.18; Lc 6.15; Hch 1.13). En su propia lista de los doce, explícitamente se llama a sí mismo un «publicano» (10.3). En ningún otro lugar de las Escrituras se asocia el nombre de Mateo con «publicano», los otros evangelistas siempre emplearon su otro nombre, Leví, cuando hablaban de su pasado pecaminoso. Esta es una evidencia de humildad por parte de Mateo. Al igual que ocurre con los otros tres Evangelios, esta obra es conocida por el nombre de su autor.

AUTOR Y FECHA

La canonicidad y el hecho de que Mateo fue el autor de este Evangelio no fueron cuestionados en la iglesia primitiva. Eusebio (ca. 265–339 D.C.) cita a Orígenes (ca. 185–254 D.C.):

> Entre los cuatro Evangelios, los cuales son los únicos indisputables en la Iglesia de Dios bajo el cielo, he aprendido por tradición que el primero fue escrito por Mateo, quien en un tiempo fue un publicano, pero después un apóstol de Jesucristo, y fue preparado para los convertidos del judaísmo (*Ecclesiastical History* [Historia de la iglesia], 6.25).

Es claro que este Evangelio fue escrito en una fecha relativamente temprana, previa a la destrucción del templo en el 70 D.C. Algunos eruditos han propuesto una fecha tan temprana como el 50 D.C. Para una discusión más amplia de algunos de los asuntos relacionados al «Autor y fecha» de este Evangelio, especialmente «el problema sinóptico», vea Marcos: «Retos de interpretación».

CONTEXTO HISTÓRICO

El sabor judío del Evangelio según Mateo es impresionante. Esto es evidente aun en la genealogía de apertura, la cual Mateo rastrea solo hasta Abraham. En contraste, Lucas, buscando mostrar a Cristo como el Redentor de la humanidad, regresa hasta Adán. El propósito de Mateo es en cierta manera más estrecho: demostrar que Cristo es el Rey y Mesías de Israel. Este Evangelio cita más de sesenta veces pasajes proféticos del AT, haciendo énfasis en que Cristo es el cumplimiento de todas esas promesas.

La probabilidad de que la audiencia de Mateo fuera predominantemente judía se evidencia aun más por varios hechos: Mateo normalmente cita las costumbres judías sin explicarlas, en contraste a los otros Evangelios (cp. Mr 7.3; Jn 19.40). Constantemente se refiere a Cristo como «el Hijo de David» (1.1; 9.27; 12.23; 15.22; 20.30; 21.9, 15; 22.42, 45). Mateo llega a proteger sensibilidades judías con respecto al nombre de Dios, refiriéndose a «el reino de los cielos» cuando los otros evangelistas hablan de «el reino de Dios». Todos los temas principales del libro están arraigados en el AT y colocados a la luz de las expectativas mesiánicas de Israel.

El uso de Mateo del griego puede sugerir que estaba escribiendo como un judío palestino a judíos helenistas en otros lugares. Él escribió como un testigo ocular de muchos de los acontecimientos que describió, dando testimonio original de las palabras y obras de Jesús de Nazaret.

Su propósito es claro: demostrar que Jesús es el Mesías de la nación judía, esperado por mucho tiempo. Su gran cantidad de citas del AT está específicamente diseñada para mostrar la unión entre el Mesías de la promesa y el Cristo de la historia. Este propósito nunca está fuera de enfoque para Mateo y él llega a incluir muchos detalles incidentales de las profecías del AT como pruebas de las declaraciones mesiánicas de Jesús (p. ej. 2.17, 18; 4.13–15; 13.35; 21.4, 5; 27.9, 10).

PERSONAS DESTACADAS EN MATEO

Jesús: el prometido Mesías y Rey de los Judíos (1.1—28.20).

María: madre de Jesús el Mesías (1.1—2.23; 13.55).

José: esposo de María y descendiente de David; continuó la línea real hasta Jesús (1.16—2.23).

Juan el Bautista: profeta y precursor que anunció la venida de Cristo (3.1–15; 4.12; 9.14; 11.2–19; 14.1–12).

Los doce discípulos: Simón Pedro, Andrés, Jacobo o Santiago, Juan, Felipe, Bartolomé, Tomás, Mateo, Santiago (hijo de Alfeo), Tadeo, Simón, Judas Iscariote; doce hombres escogidos por Jesús para que lo ayudaran en su ministerio en la tierra (4.18–22; 5.1; 8.18–27; 9.9—28.20).

Los líderes religiosos: grupo compuesto por fariseos y saduceos, dos grupos religiosos que se unieron en su odio a Jesús (3.7–10; 5.20; 9.11–34; 12.10–45; 15.1–20; 16.1–12; 19.1–9; 21.23—28.15).

Caifás: sumo sacerdote y líder de los saduceos; condujo un juicio ilegal que llevó a Jesús a la muerte (26.3, 4, 57—68).

Pilato: gobernador romano que ordenó que se crucificara a Jesús en lugar de Barrabás (27.1–65).

María Magdalena: devota seguidora de Jesús; fue la primera en ver a Jesús después de su resurrección (27.56—28.11).

CRISTO EN... MATEO

MATEO LES ESCRIBE PRINCIPALMENTE a los judíos defendiendo a Jesús como el Rey y Mesías de Israel. Respalda el cumplimiento de Cristo como Mesías citando pasajes del AT más de sesenta veces en su Evangelio. Mateo demuestra la realeza de Jesús refiriéndose a él constantemente como «el Hijo de David» (1.1; 9.27; 12.23; 15.22; 20.30; 21.9, 15; 22.42, 45).

TEMAS HISTÓRICOS Y TEOLÓGICOS

Debido a que Mateo está enfocado en presentar a Jesús como el Mesías, el Rey de los judíos, un interés en las promesas del reino del AT corre a lo largo de este Evangelio. La frase típica de Mateo «el reino de los cielos» ocurre treinta y dos veces en este libro (y en ningún otro lugar en todas las Escrituras).

La genealogía de apertura está diseñada para documentar las credenciales de Cristo como el Rey de Israel y el resto del libro completa este tema. Mateo muestra que Cristo es el heredero de la línea real. Demuestra que Él es el cumplimiento de docenas de profecías del AT con respecto al rey que vendría. Ofrece evidencia tras evidencia para establecer la prerrogativa real de Cristo. Todos los demás temas históricos y teológicos en el libro giran alrededor de este.

Mateo registra cinco discursos principales: el Sermón del Monte (caps. 5—7); la comisión de los apóstoles (cap. 10); las parábolas del reino (cap. 13); un discurso acerca de la semejanza del creyente a un niño (cap. 18); y el discurso de su Segunda Venida (caps. 24—25). Cada discurso termina con una variación de esta frase: «cuando terminó Jesús estas palabras» (7.28; 11.1; 13.53; 19.1; 26.1). Esto se convierte en una frase que señala una nueva porción de narración. Una larga sección de apertura (caps. 1—4) y una corta conclusión (28.16–20) encierran al resto del Evangelio, el cual naturalmente se divide en cinco secciones, cada una con un discurso y una sección de narración. Algunos han visto un paralelo entre estas cinco secciones y los cinco libros de Moisés en el AT.

El conflicto entre Cristo y el fariseísmo es otro tema común en el Evangelio según Mateo. Pero Mateo es cuidadoso al mostrar el error de los fariseos por el beneficio de su audiencia judía, no por razones personales o un engrandecimiento de sí mismo. Mateo omite, por ejemplo, la parábola del fariseo y el publicano, aunque esa parábola lo habría favorecido.

Mateo también menciona a los saduceos más que cualquier otro de los Evangelios. Tanto los fariseos como los saduceos son regularmente retratados negativamente y puestos como ejemplos de advertencia. Su doctrina es una levadura que debe evitarse (16.11, 12). Aunque estos grupos estaban doctrinalmente en desacuerdo entre sí mismos, estaban unidos en su odio contra Cristo. Para Mateo, ellos epitomizaban a todos aquellos en Israel que rechazaban a Cristo como Rey.

El rechazo del Mesías de Israel es otro tema constante en este Evangelio. En ningún otro Evangelio son los ataques contra Jesús retratados tan fuertemente como aquí. Desde el escape a Egipto hasta la escena en la cruz, Mateo hace una pintura más vívida del rechazo de Cristo que cualquier otro de los evangelistas. En el relato de Mateo de la crucifixión, por ejemplo,

PALABRAS CLAVE EN

Mateo

Jesús: en griego *Iesous* —1.1; 4.23; 8.22; 11.4; 19.1; 24.1; 26.52; 27.37— equivalente al nombre hebreo Yeshua (Josué), literalmente «el Señor salvará». En tiempos del AT el nombre Jesús era común entre los judíos (Lc 3.29; Col 4.11). Pero el significado de este nombre expresa la obra redentora de Jesús en la tierra. El ángel mensajero enviado a José afirmó la importancia del nombre de Jesús «porque él salvará a su pueblo de sus pecados» (1.21). Y después del sacrificio de Jesús por los pecados de su pueblo, y de que resucitara de entre los muertos, los primeros apóstoles proclamaron a Jesús como el único Salvador (Hch 5.31; 13.23).

Cristo: en griego *Christos* —1.1, 18; 2.4; 11.2; 16.20; 23.8; 26.68; 27.22— literalmente «el Ungido». Muchos hablan de Jesucristo sin darse cuenta de que el título *Cristo* es en realidad una confesión de fe. *Mesías*, equivalente hebreo de Cristo, se usaba en el AT en referencia a los profetas (1 R 19.16), sacerdotes (Lv 4.5, 16) y reyes (1 S 24.6, 10) en el sentido de que todos ellos habían sido ungidos con aceite. Esta unción era símbolo de que Dios los dedicaba al ministerio. Jesucristo, el Ungido, sería el más grande Profeta, Sacerdote y Rey (Is 61.1; Jn 3.34). Con su dramática confesión: «Tú eres el Cristo, el Hijo del Dios viviente» (16.16), Pedro declaró su fe en Jesús como el Mesías prometido.

Bendito: en griego *makarios* —5.3–5, 11; 16.17; 24.46— literalmente «afortunado», o «dichoso». El término aparece en la literatura clásica griega, en la Septuaginta (traducción del AT al griego) y en el NT para describir la felicidad que solo puede provenir de Dios. En el NT *makarios* aparece por lo general en voz pasiva: Dios es el que bendice o derrama favor sobre la persona.

El reino de los cielos: en griego *hē basileia tōn ouranōn* —3.2; 4.17; 5.3, 10; 10.7; 25.1— literalmente «el reino de Dios». Los judíos evitaban pronunciar en voz alta el nombre de Dios como señal de respeto y honra. Utilizaban en cambio la palabra cielo como alternativa para referirse a Dios. *Cielo* también apunta al reino de Jesús. Jesús proclamó su reino dentro de los corazones de su pueblo. Este reino espiritual requería de arrepentimiento interior, no solo de la sumisión externa. Brindaba liberación del pecado, más que la liberación política que deseaban muchos judíos.

ningún ladrón se arrepiente, y ningún amigo o ser querido es visto al pie de la cruz. En su muerte, Él es desamparado aun por Dios (27.46). La sombra del rechazo nunca es quitada de la historia.

Sin embargo, Mateo lo retrata como a un Rey victorioso que un día regresará «sobre las nubes del cielo, con poder y gran gloria» (24.30).

PRINCIPALES DOCTRINAS EN MATEO

Jesús el Mesías: también llamado el Cristo; anunciado por profetas del AT como aquel al que esperaban, que moriría por los pecados del mundo (2.17, 18; 4.13–15; 13.35; 21.4, 5; 27.9, 10; Gn 49.10; Dt 18.15–18; 2 S 7.12–14; Is 52.13—53.12; Dn 9.26; Mi 5.2–5; Mr 1.1; Lc 23.2, 3; Jn 4.26; Hch 18.28).

EL CARÁCTER DE DIOS EN MATEO

Dios es accesible: 6.6; 27.51

Dios es bueno: 5.45; 19.17

Dios es santo: 13.41

Dios es paciente: 23.37; 24.48–51

Dios es perfecto: 5.48

Dios es poderoso: 6.13; 10.28; 19.26; 22.29

Dios provee: 6.26, 33, 34; 10.9, 29, 30

Dios no tiene igual: 19.17

Dios es uno: 4.10; 19.17

Dios es sabio: 6.8, 18; 10.29, 30; 24.36

Dios se aíra: 10.28; 25.41

RETOS DE INTERPRETACIÓN

Como se indicó antes, Mateo agrupa su material de narración alrededor de cinco grandes discursos. Él no hace intento alguno por seguir una cronología estricta, y una comparación de los Evangelios revela que Mateo coloca libremente las cosas fuera de orden. Él está lidiando con temas y conceptos generales, no estableciendo una línea de tiempo.

- El Sermón del Monte (caps. 5—7)
- La comisión de los apóstoles (cap. 10)
- Las parábolas del reino (cap. 13)
- La semejanza del creyente a un niño (cap. 18)
- El discurso de su segunda venida (caps. 24—25)

Los pasajes proféticos presentan un reto de interpretación particular. El discurso de Jesús en el Monte de los Olivos, por ejemplo, contiene algunos detalles que traen imágenes de la destrucción violenta de Jerusalén en el 70 D.C. Las palabras de Jesús en el 24.34 han llevado a algunos a concluir que todas estas cosas fueron cumplidas, aunque no literalmente, en la conquista romana de esa era. Pero este es un serio desatino de interpretación, forzando al intérprete a encontrar en estos pasajes significados espiritualizados, alegóricos, que no se apoyan en métodos exegéticos normales. El enfoque gramatical / histórico hermenéutico para estos pasajes es el enfoque a seguir, y da lugar a una interpretación consecuentemente futurista de profecías cruciales. Vea «Respuestas a preguntas difíciles» con respecto a estos asuntos.

Las parábolas de Jesús

Parábola	Mateo	Marcos	Lucas
1. Lámpara debajo de un almud	5.14–16	4.21, 22	8.16, 17; 11.33–36
2. Un hombre sabio construye sobre una roca y un hombre insensato construye sobre la arena	7.24–27		6.47–49
3. Tela no encogida (nueva) en un vestido viejo	9.16	2.21	5.36
4. Vino nuevo en odres viejos	9.17	2.22	5.37, 38
5. El sembrador	13.3–23	4.2–20	8.4–15
6. La cizaña	13.24–30		
7. La semilla de mostaza	13.31, 32	4.30–32	13.18, 19
8. La levadura	13.33		13.20, 21
9. El tesoro escondido	13.44		
10. La perla de gran precio	13.45, 46		
11. La red	13.47–50		
12. La oveja perdida	18.12–14		15.3–7
13. El siervo que no perdonó	18.23–35		
14. Los trabajadores en la viña	20.1–16		
15. Los dos hijos	21.28–32		
16. Los labradores malvados	21.33–45	12.1–12	20.9–19
17. La fiesta de bodas	22.2–14		
18. La higuera	24.32–44	13.28–32	21.29–33
19. Las vírgenes sabias y las insensatas	25.1–13		
20. Los talentos	25.14–30		
21. La semilla que crece en secreto		4.26–29	
22. El dueño de la casa ausente		13.33–37	
23. El acreedor y los dos deudores			7.41–43
24. El buen samaritano			10.30–37
25. Un amigo en necesidad			11.5–13
26. El rico insensato			12.16–21
27. Los siervos vigilantes			12.35–40
28. El siervo fiel y el siervo malo			12.42–48
29. La higuera estéril			13.6–9
30. La gran cena			14.16–24
31. La construcción de una torre y un rey preparándose para la guerra			14.25–35
32. La moneda perdida			15.8–10
33. El hijo pródigo			15.11–32
34. El siervo injusto			16.1–13
35. El hombre rico y Lázaro			16.19–31
36. Siervos inútiles			17.7–10
37. La viuda persistente			18.1–8
38. El fariseo y el publicano			18.9–14
39. Las minas (monedas valiosas)			19.11–27

BOSQUEJO

I. **(Prólogo) El advenimiento del Rey (1.1—4.25)**

   A. Su nacimiento (1.1—2.23)

      1. Su linaje (1.1–17)

      2. Su llegada (1.18–25)

      3. Su adoración (2.1–12)

      4. Sus adversarios (2.13–23)

   B. Su entrada al ministerio público (3.1—4.25)

      1. Su precursor (3.1–12)

      2. Su bautismo (3.13–17)

      3. Su tentación (4.1–11)

      4. Su ministerio temprano (4.12–25)

II. **La autoridad del Rey (5.1—9.38)**

   A. Discurso 1: El Sermón del Monte (5.1—7.29)

      1. Justicia y felicidad (5.1–12)

      2. Justicia y discipulado (5.13–16)

      3. Justicia y las Escrituras (5.17–20)

      4. Justicia y moralidad (5.21–48)

      5. Justicia y religión práctica (6.1–18)

      6. Justicia y cosas mundanas (6.19–34)

      7. Justicia y relaciones humanas (7.1–12)

      8. Justicia y salvación (7.13–29)

   B. Narración 1: Los milagros de autenticación (8.1—9.38)

      1. Un leproso limpiado (8.1–4)

      2. El siervo del centurión sanado (8.5–13)

      3. La suegra de Pedro sanada (8.14, 15)

      4. Multitudes sanadas (8.16–22)

      5. Los vientos y el mar reprendidos (8.23–27)

      6. Dos endemoniados liberados (8.28–34)

      7. Un paralítico perdonado y sanado (9.1–8)

      8. Un publicano llamado (9.9–13)

      9. Una pregunta respondida (9.14–17)

     10. Una niña levantada de los muertos (9.18–26)

     11. Dos hombres ciegos reciben la vista (9.27–31)

     12. Un hombre mudo habla (9.32–34)

     13. Multitudes vistas con compasión (9.35–38)

III. **Los objetivos del Rey (10.1—12.50)**

   A. Discurso 2: La comisión de los doce (10.1–42)

      1. Los hombres del Maestro (10.1–4)

      2. El envío de los discípulos (10.5–23)

      3. Marcas del discipulado (10.24–42)

   B. Narración 2: La misión del Rey (11.1—12.50)

      1. La identidad de Jesús afirmada para los discípulos de Juan (11.1–19)

2. Ayes pronunciados sobre los impenitentes (11.20–24)

3. Descanso ofrecido a los cansados (11.25–30)

4. Señorío afirmado sobre el día de reposo (12.1–13)

5. Oposición fomentada por los líderes judíos (12.14–45)

6. Relaciones eternas definidas por descendencia espiritual (12.46–50)

IV. **Los adversarios del Rey (13.1—17.27)**

A. Discurso 3: Las parábolas del reino (13.1–52)

1. Los terrenos (13.1–23)

2. El trigo y la cizaña (13.24–30, 34–43)

3. La semilla de mostaza (13.31, 32)

4. La levadura (13.33)

5. El tesoro escondido (13.44)

6. La perla de gran precio (13.45, 46)

7. La red (13.47–50)

8. El padre de familia (13.51, 52)

B. Narración 3: El conflicto del reino (13.53—17.27)

1. Nazaret rechaza al Rey (13.53–58)

2. Herodes asesina a Juan el Bautista (14.1–12)

3. Jesús alimenta a los cinco mil (14.13–21)

4. Jesús camina sobre el agua (14.22–33)

5. Multitudes buscan sanidad (14.34–36)

6. Los escribas y fariseos desafían a Jesús (15.1–20)

7. Una mujer sirofenicia cree (15.21–28)

8. Jesús sana multitudes (15.29–31)

9. Jesús alimenta a los cuatro mil (15.32–39)

10. Los fariseos y saduceos buscan una señal (16.1–12)

11. Pedro confiesa a Cristo (16.13–20)

12. Jesús predice su muerte (16.21–28)

13. Jesús revela su gloria (17.1–13)

14. Jesús sana a un niño (17.14–21)

15. Jesús predice su traición (17.22, 23)

16. Jesús paga el impuesto del templo (17.24–27)

V. **La administración del Rey (18.1—23.39)**

A. Discurso 4: La semejanza del creyente a un niño (18.1–35)

1. Un llamado a una fe semejante a la de un niño (18.1–6)

2. Una advertencia en contra de los que hacen tropezar (18.7–9)

3. Una parábola acerca de una oveja perdida (18.10–14)

4. Un patrón para disciplina en la iglesia (18.15–20)

5. Una lección acerca del perdón (18.21–35)

B. Narración 4: El ministerio en Jerusalén (19.1—23.39)

1. Algunas lecciones del Rey (19.1—20.28)

a. Acerca del divorcio (19.1–10)

b. Acerca del celibato (19.11, 12)

  c. Acerca de los niños (19.13–15)

  d. Acerca de la entrega (19.16–22)

  e. Acerca de quien puede ser salvo (19.23–30)

  f. Acerca de la igualdad en el reino (20.1–16)

  g. Acerca de su muerte (20.17–19)

  h. Acerca de la verdadera grandeza (20.20–28)

 2. Algunas obras del Rey (20.29—21.27)

  a. Él sana a dos hombres ciegos (20.29–34)

  b. Él recibe adoración (21.1–11)

  c. Él limpia el templo (21.12–17)

  d. Él maldice a una higuera (21.18–22)

  e. Él responde a un reto (21.23–27)

 3. Algunas parábolas del Rey (21.28—22.14)

  a. Los dos hijos (21.28–32)

  b. Los labradores malvados de la viña (21.33–46)

  c. La fiesta de bodas (22.1–14)

 4. Algunas respuestas del Rey (22.15–46)

  a. Los herodianos: en referencia a pagar impuestos (22.15–22)

  b. Los saduceos: en referencia a la resurrección (22.23–33)

  c. Los escribas: en referencia al primer y gran mandamiento (22.34–40)

  d. Los fariseos: en referencia al Hijo mayor de David (22.41–46)

 5. Algunos pronunciamientos del Rey (23.1–39)

  a. Ay de los escribas y fariseos (23.1–36)

  b. Ay de Jerusalén (23.37–39)

VI. La expiación del Rey (24.1—28.15)

 A. Discurso 5: El discurso del Monte de los Olivos (24.1—25.46)

  1. La destrucción del templo (24.1, 2)

  2. Las señales de los tiempos (24.3–31)

  3. La parábola de la higuera (24.32–35)

  4. La lección de Noé (24.36–44)

  5. La parábola de los dos siervos (24.45–51)

  6. La parábola de las diez vírgenes (25.1–13)

  7. La parábola de los talentos (25.14–30)

  8. El juicio de las naciones (25.31–46)

 B. Narración 5: La crucifixión y resurrección (26.1—28.15)

  1. El plan para matar al Rey (26.1–5)

  2. La unción de María (26.6–13)

  3. La traición de Judas (26.14–16)

  4. La Pascua (26.17–30)

  5. La profecía de la negación de Pedro (26.31–35)

  6. La agonía de Jesús (26.36–46)

  7. El arresto de Jesús (26.47–56)

  8. El juicio ante el concilio (26.57–68)

  9. La negación de Pedro (26.69–75)

Juicios, crucifixión y resurrección de Jesucristo

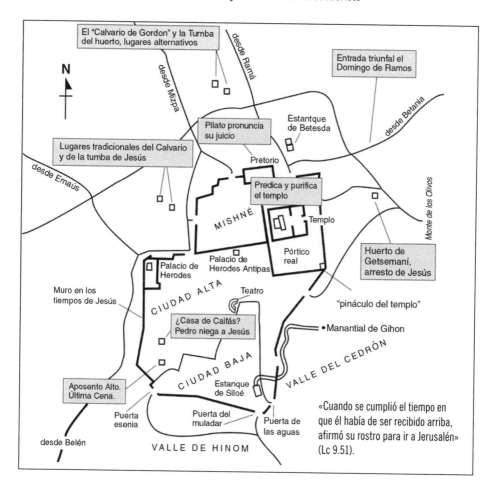

Mientras tanto, en otras partes del mundo...

En el año 23 A.C., primer registro de un encuentro de lucha de sumo en Japón.

Respuestas a preguntas difíciles

1. Los tres primeros Evangelios se parecen bastante en su redacción. ¿Quién copió a quien?

Es cierto que incluso una lectura rápida de Mateo, Marcos y Lucas nos mostrará muchas semejanzas impactantes. Comparemos, por ejemplo, Mateo 9.2–8; Marcos 2.3–12 y Lucas 5.18–26. Pero también hay significativas diferencias en la forma en que cada uno de los autores ve la vida, el ministerio y las enseñanzas de Jesús. La pregunta sobre cómo se explican estas semejanzas y diferencias se conoce como «problema sinóptico» (*syn* significa «junto» y *óptico* es «ver». En cuanto a los detalles del problema sinóptico, ver la sección «Retos de interpretación» de Marcos.

2. ¿Por qué hacen falta tres Evangelios parecidos?

Al examinar los Evangelios con atención, notando los puntos de vista de los autores y los detalles que incluye cada uno, llegamos a dos importantes conclusiones: (1) las diferencias entre Evangelio y Evangelio nos muestran su independencia y valor como parte de una imagen completa; (2) las semejanzas afirman el tema y mensaje común de los Evangelios. Sus relatos no se contradicen jamás, sino que más bien se complementan. Al verlos en conjunto, nos presentan un entendimiento mayor acerca de Cristo.

3. ¿Cómo interpretar las declaraciones proféticas de Jesús, muchas de las cuales están en Mateo 24 y 25?

El Sermón del Monte (Mateo 24—25) contiene algunos detalles que sugieren imágenes de la destrucción de Jerusalén en el año 70 A.D. Las palabras de Jesús en 24.34 han hecho que algunos piensen que todas estas cosas se cumplieron —aunque no de manera literal— en la conquista romana de esa época. A esta perspectiva se la conoce como «preterismo». Pero constituye un grave error. El intérprete preterista busca entender que en estos pasajes hay significados alegóricos que no se condicen con los métodos de estudio exegético normales. La perspectiva de estudio que honra al lenguaje y a la historia que hay detrás de los textos bíblicos se llama hermenéutica gramático-histórica, e implica examinar la gramática utilizada y el contexto histórico con el fin de llegar al significado que el autor quiso darle al pasaje. Esto tiene más sentido y brinda una interpretación congruente del cumplimiento futuro de las profecías cruciales.

4. ¿Por qué la genealogía de Jesús es distinta en Mateo y Lucas?

Las genealogías de Jesús que registran Mateo y Lucas tienen dos diferencias significativas: (1) la genealogía de Mateo sigue la línea de descendencia de José, en tanto que la de Lucas se remonta a los ancestros de Jesús a través de María; y (2) Mateo comienza su genealogía con Abraham, porque le interesa mostrar la conexión judía con Cristo y el plan de salvación de Dios, en tanto que Lucas da inicio a su genealogía con Adán y ve el papel de Cristo en la salvación de la humanidad.

5. ¿Hay en Mateo algún material que no encontremos en los otros Evangelios?

Mateo incluye nueve hechos de la vida de Jesús que solo aparecen en su Evangelio:

- El sueño de José (1.20–24).
- La visita de los sabios de Oriente (2.1–12).

- La huida a Egipto (2.13–15).
- Herodes mata a los niños (2.16–18).
- Judas se arrepiente (27.3–10; pero ver Hechos 1.18, 19).
- El sueño de la esposa de Pilato (27.19).
- Otras resurrecciones (27.52).
- El soborno de los soldados (28.11–15).
- La Gran Comisión (28.19, 20).

Otros temas de estudio en Mateo

1. ¿De qué manera especial decide Mateo introducir la biografía de Jesús?
2. Elija una o dos de las parábolas del reino de Mateo 13. ¿Qué idea central enseñaba Jesús con esas parábolas?
3. En la sección conocida como Sermón del Monte (Mateo 5—7), ¿de cuántos temas diferentes habló Jesús?
4. ¿Cómo revela Mateo a Jesús como Rey en su Evangelio?
5. ¿Qué razones encuentra usted para las muchas referencias de Mateo al AT en su Evangelio?
6. ¿De qué modo informa el Evangelio de Mateo la relación que usted tiene con Jesucristo?

MARCOS

Jesús es el Siervo sufriente

TÍTULO

Marcos, por quien este Evangelio es nombrado, fue alguien que estuvo muy cerca del apóstol Pedro y un personaje que continuamente aparece en el libro de Hechos, donde es conocido como «Juan, el que tenía por sobrenombre Marcos» (Hch 12.12, 25; 15.37, 39). Fue al hogar de la madre de Juan Marcos en Jerusalén a donde Pedro se dirigió cuando lo liberaron de la cárcel (Hch 12.12).

Juan Marcos era primo de Bernabé (Col 4.10). Marcos acompañó a Pablo y Bernabé en el primer viaje misionero de Pablo (Hch 12.25; 13.5). Pero él desertó en Perge y regresó a Jerusalén (Hch 13.13). Cuando Bernabé quiso que Pablo se llevara a Juan Marcos en el segundo viaje misionero, Pablo se negó. La fricción que resultó entre Pablo y Bernabé llevó a que se separaran (Hch 15.38–40).

Sin embargo, el titubeo inicial de Marcos evidentemente dio lugar a mayor fortaleza y madurez, y con el tiempo probó ser fiel aun al apóstol Pablo. Cuando Pablo le escribió a los colosenses, les instruyó a que si Juan Marcos venía, debían darle la bienvenida (Col 4.10). Pablo llegó a mencionar a Marcos como un colaborador (Flm 24). Más adelante, Pablo le dijo a Timoteo lo siguiente: «Toma a Marcos y tráele contigo, porque me es útil para el ministerio» (2 Ti 4.11).

La restauración de Juan Marcos al ministerio útil pudo haber sido, en parte, debido al ministerio de Pedro. La relación cercana de Pedro con Marcos es evidente en su descripción de él como «Marcos mi hijo» (1 P 5.13). Claro que Pedro, quien conocía el fracaso y su influencia en el joven, sin duda alguna fue clave para ayudarlo a salir de la inestabilidad de su juventud y llevarlo a la fortaleza y madurez que necesitaría para la obra a la cual Dios lo había llamado.

AUTOR Y FECHA

A diferencia de las epístolas, los Evangelios no nombran a sus autores. No obstante, los padres de la iglesia afirmaron de manera unánime que Marcos escribió este segundo Evangelio. Papías, obispo de Hierópolis, escribiendo alrededor del 140 D.C., afirmó:

> Y el presbítero [el apóstol Juan] dijo esto: Marcos, habiéndose convertido en el intérprete de Pedro, escribió con precisión lo que recordó. No obstante, no fue en orden exacto que él relató los dichos u obras de Cristo. Ya que él ni oyó al Señor ni lo acompañó. Pero después, como dije, acompañó a Pedro, quien acomodó sus instrucciones a las necesidades [de sus oyentes], pero sin intención alguna de dar una narración regular de los dichos del Señor. Por lo tanto, Marcos no cometió error alguno al escribir algunas cosas como él las recordó. Ya que de una cosa tomó cuidado especial, no omitir nada que había oído, y no colocar nada ficticio en las afirmaciones. [De la *Exposition of the Oracles of the Lord* (Exposición de los oráculos del Señor) (6)]

Justino Mártir, escribiendo alrededor del 150 D.C., se refirió al Evangelio de Marcos como «las memorias de Pedro» y sugirió que Marcos escribió su Evangelio mientras estaba en Italia. Esto está de acuerdo con la voz uniforme de la tradición temprana, la cual consideró este Evangelio como escrito en Roma, para el beneficio de los cristianos romanos. Ireneo, escribiendo alrededor del 185 D.C., llamó a Marcos «el discípulo e intérprete de Pedro» y registró que el segundo Evangelio consistió de lo que Pedro predicó acerca de Cristo. El testimonio de los padres de la iglesia difiere en cuanto a que este Evangelio fue escrito antes o después de la muerte de Pedro (ca. 67-68 D.C.).

Los eruditos evangélicos han sugerido fechas para la escritura del Evangelio de Marcos que van del 50 al 70 D.C. Una fecha antes de la destrucción de Jerusalén y el templo en el 70 D.C. se requiere por el comentario de Jesús en el 13.2. El Evangelio de Lucas fue claramente escrito antes de Hechos (Hch 1.1-3). La fecha de la escritura de Hechos probablemente puede ser fijada alrededor del 63 D.C., porque eso es poco tiempo después de que la narración termina (vea Hechos: «Autor y fecha»). Por lo tanto es probable, aunque no seguro, que Marcos fuera escrito en una fecha temprana, probablemente entre el 50 y 60 a.C.

CONTEXTO HISTÓRICO

Mientras que Mateo fue escrito a una audiencia judía, Marcos parece haberse enfocado en los creyentes romanos, particularmente gentiles. Cuando emplea términos arameos, Marcos los tradujo para sus lectores (3.17; 5.41; 7.11, 34; 10.46; 14.36; 15.22, 34). Por otro lado, en algunos lugares usó expresiones en latín en lugar de sus equivalentes en griego (5.9; 6.27; 12.15, 42; 15.16, 39). Él también contó el tiempo de acuerdo al sistema romano (6.48; 13.35) y explicó cuidadosamente las costumbres judías (7.3, 4; 14.12; 15.42). Marcos omitió elementos judíos tales como las genealogías que se encuentran en Mateo y Lucas. Este Evangelio también hace menos referencia al AT e incluye menos material que sería de interés particular para los lectores judíos, tal como aquello que era crítico de los fariseos y saduceos (los saduceos son mencionados solo una vez, en el 12.18). Cuando menciona a Simón de Cirene (15.21), Marcos

El bautismo de Jesús

lo identifica como el padre de Rufo, un miembro prominente de la iglesia en Roma (Ro 16.13). Todo esto apoya la posición tradicional de que Marcos fue escrito para una audiencia gentil que inicialmente estaba en Roma.

PERSONAS DESTACADAS EN MARCOS

Jesús: el Siervo que se ofreció a sí mismo como sacrificio por los pecados del mundo (1.1—16.19).

Los doce discípulos: Simón Pedro, Andrés, Jacobo o Santiago, Juan, Felipe, Bartolomé, Tomás, Mateo, Santiago (hijo de Alfeo), Tadeo, Simón, Judas Iscariote; doce hombres escogidos por Jesús para que le ayudaran en su ministerio en la tierra (1.16—16.20).

Pilato: gobernador romano que ordenó que crucificaran a Jesús en lugar de Barrabás (15.1–45).

Los líderes religiosos judíos: comprendían a los fariseos y saduceos, dos grupos religiosos unidos en su odio hacia Jesús (3.22; 11.27—15.32).

TEMAS HISTÓRICOS Y TEOLÓGICOS

Marcos presenta a Jesús como el Siervo del Señor que sufre (10.45). Su enfoque se encuentra en las obras de Jesús más que en su enseñanza, particularmente destaca el servicio y el sacrificio. Marcos omite los discursos largos encontrados en los otros Evangelios y con frecuencia relata breves extractos para brindar la esencia de la enseñanza de Jesús. Marcos también omite cualquier relato de la genealogía y el nacimiento de Jesús, comenzando donde el ministerio público de Jesús se inició: con su bautismo por Juan en el desierto.

Marcos demostró la humanidad de Cristo con mayor claridad que cualquiera de los otros evangelistas, enfatizando las emociones humanas de Cristo (1.41; 3.5; 6.34; 8.12; 9.36), sus limitaciones humanas (4.38; 11.12; 13.32) y otros pequeños detalles que subrayan el lado humano del Hijo de Dios (p. ej. 7.33, 34; 8.12; 9.36; 10.13–16).

PRINCIPALES DOCTRINAS EN MARCOS

La humanidad de Cristo: Jesús se humilló a sí mismo y se hizo hombre para reconciliar a la humanidad con Dios (1.41; 3.5; 4.38; 6.34; 8.12; 9.36; 11.12; 13.32; Is 50.6; 53.7; Mi 5.2; Lc 2.4–7; Jn 1.14; Ro 1.3, 4; 8.3; Fil 2.6–11; Col 2.9; He 4.15; 5.7).

El servicio: Jesús fue el perfecto ejemplo del que sirve de verdad, incluso hasta la muerte (8.34–37; 9.35; 10.43–45; Sof 9.9; Mt 20.28; 21.5; Lc 22.27; Jn 13.5; 2 Co 8.9; Fil 2.7).

EL CARÁCTER DE DIOS EN MARCOS

Dios es accesible: 15.38

Dios es uno: 2.7; 12.29

RETOS DE INTERPRETACIÓN

Tres preguntas significativas confrontan al intérprete de Marcos: (1) ¿cuál es la relación de Marcos con Lucas y Mateo? (vea «El problema sinóptico»); (2) ¿cómo debe uno interpretar los pasajes escatológicos? y (3) originalmente, los últimos doce versículos del capítulo 16, ¿fueron parte del Evangelio de Marcos? (Vea «Respuestas a preguntas difíciles» con respecto a los puntos 2 y 3.)

EL PROBLEMA SINÓPTICO

Una simple lectura superficial de Mateo, Marcos y Lucas revela tanto semejanzas impresionantes (cp. 2.3–12; Mt 9.2–8; Lc 5.18–26) como diferencias significativas, conforme cada uno ve la vida, el ministerio y las enseñanza de Jesús. La pregunta de cómo

CRISTO EN... MARCOS

MARCOS OMITE TODO RELATO DEL NACIMIENTO y los ancestros de Jesús, y se enfoca en su rol de Siervo sufriente del Señor (10.45). Más que en cualquier otro Evangelio, en Marcos encontramos la atención puesta en los hechos humildes de Jesús, más que en sus enseñanzas.

La vida de Jesús

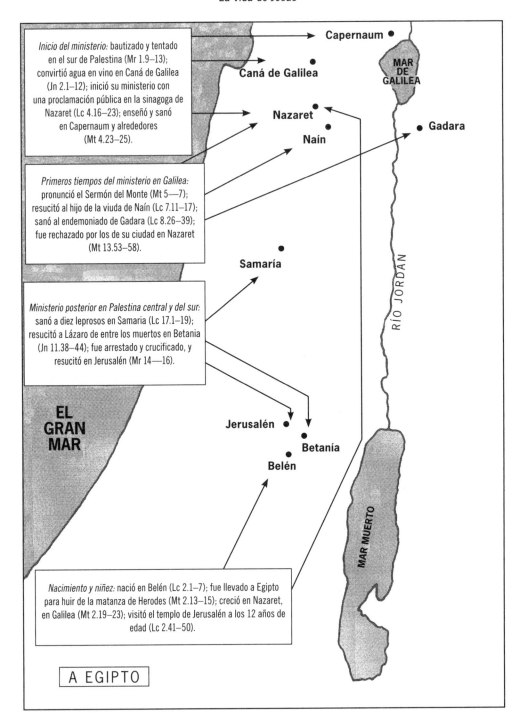

Inicio del ministerio: bautizado y tentado en el sur de Palestina (Mr 1.9–13); convirtió agua en vino en Caná de Galilea (Jn 2.1–12); inició su ministerio con una proclamación pública en la sinagoga de Nazaret (Lc 4.16–23); enseñó y sanó en Capernaum y alrededores (Mt 4.23–25).

Primeros tiempos del ministerio en Galilea: pronunció el Sermón del Monte (Mt 5—7); resucitó al hijo de la viuda de Naín (Lc 7.11–17); sanó al endemoniado de Gadara (Lc 8.26–39); fue rechazado por los de su ciudad en Nazaret (Mt 13.53–58).

Ministerio posterior en Palestina central y del sur: sanó a diez leprosos en Samaría (Lc 17.1–19); resucitó a Lázaro de entre los muertos en Betania (Jn 11.38–44); fue arrestado y crucificado, y resucitó en Jerusalén (Mr 14—16).

Nacimiento y niñez: nació en Belén (Lc 2.1–7); fue llevado a Egipto para huir de la matanza de Herodes (Mt 2.13–15); creció en Nazaret, en Galilea (Mt 2.19–23); visitó el templo de Jerusalén a los 12 años de edad (Lc 2.41–50).

Capernaum

MAR DE GALILEA

Caná de Galilea

Nazaret

Naín

Gadara

Samaría

RÍO JORDÁN

Jerusalén

Betania

Belén

EL GRAN MAR

MAR MUERTO

A EGIPTO

explicar estas semejanzas y diferencias se conoce como el «problema sinóptico» (*sin* quiere decir «junto»; *óptico* quiere decir «viendo»).

La solución moderna, aun entre evangélicos, ha sido suponer que alguna forma de dependencia literaria existe entre los Evangelios sinópticos. La teoría más comúnmente aceptada para explicar tal supuesta dependencia literaria es conocida como la teoría de las «Dos fuentes». De acuerdo a esa hipótesis, Marcos fue el primer Evangelio escrito, y Mateo y Lucas entonces usaron a Marcos como una fuente al escribir sus Evangelios. Los que proponen esta posición imaginan una fuente no existente, una segunda fuente, denominada Q (de la palabra alemana *Quelle*, «fuente»), y defienden que supuestamente esta es la fuente del material en Mateo y Lucas que no aparece en Marcos. Ellos proponen varias líneas de evidencia para apoyar su punto de vista.

En primer lugar, la mayoría de Marcos encuentra su paralelo en Mateo y Lucas. Debido a que es mucho más corto que Mateo y Lucas, los últimos dos entonces deben ser expansiones de Marcos. En segundo lugar, los tres Evangelios siguen el mismo bosquejo cronológico general, pero cuando Mateo o Lucas se apartan de la cronología de Marcos, el otro está de acuerdo con Marcos. Expresado de otra manera, Mateo y Lucas no se apartan de la cronología de Marcos en los mismos lugares. Esto, dicen, muestra que Mateo y Lucas usaron a Marcos para su marco histórico. En tercer lugar, en pasajes comunes a los tres Evangelios, las palabras de Mateo y Lucas rara vez están de acuerdo cuando difieren de las de Marcos. Los que proponen la teoría de las «Dos fuentes» ven eso como una confirmación de que Mateo y Lucas usaron el Evangelio de Marcos como fuente.

Sin embargo, esos argumentos no prueban que Mateo y Lucas usaron el Evangelio de Marcos como fuente. De hecho, el peso de la evidencia está fuertemente inclinado en contra de tal teoría:

(1) El testimonio casi unánime de la iglesia hasta el siglo diecinueve era que Mateo fue el primer Evangelio escrito. Tal evidencia tan impresionante no puede ser ignorada.

(2) ¿Por qué Mateo, un apóstol y testigo ocular de los acontecimientos de la vida de Cristo, dependería de Marcos (quien no fue un testigo ocular), hasta para el relato de su propia conversión?

(3) Un análisis estadístico significativo de los Evangelios sinópticos ha revelado que los paralelos entre ellos son mucho menos extensivos y las diferencias más significativas de lo que es comúnmente reconocido. Las diferencias, en particular, son un argumento en contra de la dependencia literaria entre los escritores de los Evangelios.

(4) Debido a que los Evangelios registran acontecimientos históricos, sería sorprendente si no siguieran la misma secuencia histórica general. Por ejemplo, el hecho de que tres libros de historia norteamericana tuvieran la Guerra de Independencia, la Guerra Civil, la Primera Guerra Mundial, la Segunda Guerra Mundial, la Guerra de Vietnam y la Guerra del Golfo en el mismo orden cronológico no probaría que los autores hayan leído los libros los unos de los otros. El acuerdo general en contenido no prueba dependencia literaria.

(5) Los pasajes en los que Mateo y Lucas están de acuerdo entre sí, pero no con Marcos (vea argumento tres en favor de la teoría de las «Dos fuentes»), forman alrededor de un sexto de Mateo y un sexto de Lucas. Si usaron el Evangelio de Marcos como fuente, no hay argumento satisfactorio que explique la razón por la que Mateo y Lucas cambiaron con tanta frecuencia y de la misma manera la forma en la que Marcos expresó sus ideas.

(6) La teoría de las «Dos fuentes» no puede explicar la importante sección en el Evangelio de Marcos (6.45—8.26), la cual Lucas omite. Esta omisión da a entender que Lucas no había visto el Evangelio de Marcos cuando él escribió.

Los milagros de Jesús

Milagro	Mateo	Marcos	Lucas	Juan
1. Limpieza de un leproso	8.2	1.40	5.12	
2. Sanidad del siervo de un centurión (de parálisis)	8.5		7.1	
3. Sanidad de la suegra de Pedro	8.14	1.30	4.38	
4. Sanidad de los enfermos por la tarde	8.16	1.32	4.40	
5. Calma la tormenta	8.23	4.35	8.22	
6. Demonios que entran a un grupo de cerdos	8.28	5.1	8.26	
7. Sanidad de un paralítico	9.2	2.3	5.18	
8. Resurrección de la hija del principal de la sinagoga	9.18, 23	5.22, 35	8.40, 49	
9. Sanidad de la mujer con hemorragia	9.20	5.25	8.43	
10. Sanidad de dos hombres ciegos	9.27			
11. Curación de un hombre poseído por demonios y mudo	9.32			
12. Sanidad de la mano seca de un hombre	12.9	3.1	6.6	
13. Curación de un hombre poseído por demonios, ciego y mudo	12.22		11.14	
14. Alimentación de los cinco mil	14.13	6.30	9.10	6.1
15. Camina sobre el mar	14.25	6.48		6.19
16. Sanidad de la hija de la mujer gentil	15.21	7.24		
17. Alimentación de los cuatro mil	15.32	8.1		
18. Sanidad del niño epiléptico	17.14	9.17	9.38	
19. Impuesto del templo en la boca del pez	17.24			
20. Sanidad de dos hombres ciegos	20.30	10.46	18.35	
21. La higuera se seca	21.18	11.12		
22. Un espíritu inmundo expulsado		1.23	4.33	
23. Sanidad de un sordomudo		7.31		
24. Sanidad de un hombre ciego en Betsaida		8.22		
25. Escapa de la multitud hostil			4.30	
26. Pesca milagrosa			5.1	
27. Resurrección del hijo de una viuda en Naín			7.11	
28. Sanidad de la mujer encorvada			13.11	
29. Sanidad del hombre hidrópico			14.1	
30. Limpieza de los diez leprosos			17.11	
31. Restauración de la oreja de un siervo			22.51	
32. Conversión del agua en vino				2.1
33. Sanidad del hijo del hombre noble (de fiebre)				4.46
34. Sanidad de un paralítico en Betesda				5.1
35. Sanidad del hombre que nació ciego				9.1
36. Resurrección de Lázaro				11.43
37. Segunda pesca milagrosa				21.1

(7) No hay evidencia histórica o de un manuscrito de que el documento Q existió en algún momento en la historia; es solamente una fabricación del escepticismo moderno y una manera de negar posiblemente la inspiración verbal de los Evangelios.

(8) Cualquier teoría de dependencia literaria entre los escritores de los Evangelios pasa por alto la importancia de sus contactos personales el uno con el otro. Marcos y Lucas fueron compañeros de Pablo (cp. Flm 24); la iglesia primitiva (incluso Mateo) se reunió por un tiempo en el hogar de la madre de Marcos (Hch 12.12); y Lucas fácilmente pudo haberse reunido con Mateo durante el encarcelamiento de Pablo por dos años en Cesarea. Tales contextos hacen que las teorías de dependencia literaria mutua sean innecesarias.

¡La solución más sencilla del problema sinóptico es que tal problema no existe! Debido a que los críticos no pueden probar la dependencia literaria entre los escritores de los Evangelios, no hay necesidad de explicarla. La posición tradicional de que los escritores de los Evangelios fueron inspirados por Dios y escribieron de manera independiente el uno del otro, a excepción de que los tres fueron movidos por el mismo Espíritu Santo (2 P 1.20), permanece como la única posición posible.

Conforme el lector compara los diferentes puntos de vista en los Evangelios, se aclara lo bien que armonizan y llevan a un retrato más completo del acontecimiento o el mensaje entero. Los relatos no son contradictorios, sino complementarios, revelando un entendimiento más completo cuando son unidos.

BOSQUEJO

I. **Prologo: En el desierto (1.1–13)**
   A. El mensaje de Juan (1.1–8)
   B. El bautismo de Jesús (1.9–11)
   C. La tentación de Jesús (1.12–13)

II. **Comienza su ministerio: En Galilea y las regiones que la rodeaban (1.14—7.23)**
   A. Él anuncia su mensaje (1.14–15)
   B. Él llama a sus discípulos (1.16–20)
   C. Él ministra en Capernaum (1.21–34)
   D. Él se extiende a Galilea (1.35–45)
   E. Él defiende su ministerio (2.1—3.6)
   F. Él ministra a multitudes (3.7–12)
   G. Él comisiona a los doce (3.13–19)
   H. Él reprende a los escribas y fariseos (3.20–30)
   I. Él identifica a su familia espiritual (3.31–35)
   J. Él predica en parábolas (4.1–34)
      1. El sembrador (4.1–9)
      2. La razón de las parábolas (4.10–12)
      3. La parábola del sembrador explicada (4.13–20)
      4. La lámpara (4.21–25)
      5. La semilla (4.26–29)
      6. La semilla de mostaza (4.30–34)
   K. Él demuestra su poder (4.35—5.43)
      1. Al calmar las olas (4.35–41)

      2. Al echar fuera demonios (5.1–20)

      3. Al sanar a los enfermos (5.21–34)

      4. Al levantar a los muertos (5.35–43)

  L. Él regresa a su ciudad de origen (6.1–6)

  M. Él envía a sus discípulos (6.7–13)

  N. Él gana un poderoso enemigo (6.14–29)

  Ñ. Él se reagrupa con los discípulos (6.30–32)

  O. Él alimenta a los cinco mil (6.33–44)

  P. Él camina sobre el agua (6.45–52)

  Q. Él sana a muchas personas (6.53–56)

  R. Él responde a los fariseos (7.1–23)

III. **Amplía su ministerio en diversas regiones gentiles (7.24—9.50)**

  A. Tiro y Sidón: Él libera a la hija de una mujer gentil (7.24–30)

  B. Decápolis: Él sana a un sordomudo (7.31–37)

  C. La costa oriental del Mar de Galilea: Él alimenta a los cuatro mil (8.1–9)

  D. Dalmanuta: Él disputa con los fariseos (8.10–12)

  E. El otro lado del lago: Él reprende a los discípulos (8.13–21)

  F. Betsaida: Él sana a un hombre ciego (8.22–26)

  G. Cesarea de Filipos y Capernaum: Él instruye a los discípulos (8.27—9.50)

      1. Pedro confiesa a Jesús como el Cristo (8.27–30)

      2. Él predice su muerte (8.31–33)

      3. Él explica el costo del discipulado (8.34–38)

      4. Él revela su gloria (9.1–10)

      5. Él aclara el papel de Elías (9.11–13)

      6. Él echa fuera a un espíritu obstinado (9.14–29)

      7. Él vuelve a predecir su muerte y resurrección (9.30–32)

      8. Él define la grandeza del reino (9.33–37)

      9. Él identifica el verdadero fruto espiritual (9.38–41)

     10. Él advierte de piedras de tropiezo potenciales (9.42–50)

IV. **Concluye su ministerio: El camino a Jerusalén (10.1–52)**

  A. Él enseña acerca del divorcio (10.1–12)

  B. Él bendice a los niños (10.13–16)

  C. Él confronta al joven rico (10.17–27)

  D. Él confirma las recompensas de los discípulos (10.28–31)

  E. Él prepara a los discípulos para su muerte (10.32–34)

  F. Él reta a los discípulos al servicio humilde (10.35–45)

  G. Él sana a un hombre ciego (10.46–52)

V. **Culmina su ministerio: Jerusalén (11.1—16.20)**

  A. La entrada triunfal (11.1–11)

  B. La purificación (11.12–19)

      1. Al maldecir a la higuera (11.12–14)

      2. Al limpiar el templo (11.15–19)

  C. Enseña en público y en privado (11.20—13.37)

1. En público: En el templo (11.20—12.44)
   a. Preludio: La lección de la higuera maldecida (11.20–26)
   b. Con respecto a su autoridad (11.27–33)
   c. Con respecto a su rechazo (12.1–12)
   d. Con respecto a pagar impuestos (12.13–17)
   e. Con respecto a la resurrección (12.18–27)
   f. Con respecto al primer mandamiento (12.28–34)
   g. Con respecto a la identidad verdadera del Mesías (12.35–37)
   h. Con respecto a los escribas (12.38–40)
   i. Con respecto a la verdadera ofrenda (12.41–44)
2. En privado: En el Monte de los Olivos (13.1–37)
   a. La pregunta de los discípulos acerca del fin de los tiempos (13.1)
   b. La respuesta del Señor (13.2–37)

D. Arreglos para la traición (14.1, 2, 10, 11)
E. La unción, la Última Cena, traición, arresto, juicio [fase judía] (14.3–9, 12–72)
   1. La unción: Betania (14.3–9)
   2. La Última Cena: Jerusalén (14.12–31)
   3. La oración: Getsemaní (14.32–42)
   4. La traición: Getsemaní (14.43–52)
   5. El juicio judío: Casa de Caifás (14.53–72)
F. El juicio [fase romana], crucifixión (15.1–41)
   1. El juicio romano: El pretorio de Pilato (15.1–15)
   2. La crucifixión: El Gólgota (15.16–41)
G. Sepultura en la tumba de José de Arimatea (15.42–47)
H. La resurrección (16.1–8)
I. Reflexión final (16.9–20)

Mientras tanto, en otras partes del mundo...

Comienza la dinastía Han en China y crea el grupo étnico más grande de ese país.

PALABRAS CLAVE EN

Marcos

Fe: en griego *pistis* —2.5; 4.40; 5.34, 36; 10.52; 11.22— «confianza» o «creencia». Tener fe es dejar de confiar en uno mismo y transferir esa fe a alguien o algo más. La mujer que había sufrido de hemorragias por años primero puso su confianza en los médicos. Luego, cuando intentó tocar el borde de la capa de Jesús, creyó en él y confió en que iba a curarla. Después que sanó, Jesús dijo que su fe la había sanado (ver Mt 8.10; 9.22, 29; 15.28; Lc 7.50; 8.48). En las epístolas, la palabra *pistis* a veces hace referencia al contenido de la fe y las creencias de la persona, la revelación de Dios en las Escrituras (ver Gá 1.23).

Evangelio: en griego *euangelion* —1.1, 14, 15; 13.10; 14.9; 16.15— literalmente «buenas nuevas» o «buen mensaje». Los mensajeros que llevaban la noticia de la victoria tras una batalla solían usar originalmente este término en griego. En el NT el vocablo apunta a la buena nueva de la salvación: Jesucristo vino a la tierra para abolir el poder del pecado en la vida de su pueblo, ofreciéndose a sí mismo como sacrificio perfecto en la cruz. Cristo manda a los creyentes a comunicar esta buena nueva al resto del mundo. Esta buena nueva es el mensaje de Cristo que da vida a un mundo que muere (16.15).

Escribas; sumos sacerdotes: en griego *grammateus* —2.6; 3.22; 8.31; 9.14; 11.18; 12.38; 15.31— literalmente «escritor». En sus inicios, los escribas eran transcriptores de la ley y lectores de las Escrituras. Más tarde actuaron como abogados y estudiosos de la religión al interpretar la ley civil y religiosa. La palabra griega se traduce como «sacerdotes líderes», un grupo que incluía al sumo sacerdote y otros sacerdotes expertos en las Escrituras. Es irónico que esos sacerdotes no se dieran cuenta que al burlarse de Jesús estaban cumpliendo la profecía de Isaías respecto del Mesías: «Despreciado y desechado entre los hombres, varón de dolores, experimentado en quebranto» (Is 53.3).

RESPUESTAS A PREGUNTAS DIFÍCILES

1. ¿Cómo es que Marcos escribió uno de los Evangelios si él no fue uno de los discípulos originales?

Aunque Marcos no era uno de los apóstoles originales de Jesús, tuvo que ver con muchos de los sucesos que registra el NT. Viajó acompañando al apóstol Pedro y aparece en reiteradas ocasiones a lo largo del libro de Hechos, en el que se le llama «Juan, el que tenía por sobrenombre Marcos» (Hch 12.12, 25; 15.37, 39). Cuando Pedro fue milagrosamente liberado de la prisión, lo primero que hizo fue ir a la casa de la madre de Juan Marcos en Jerusalén (Hch 12.12). La restauración de Juan Marcos al ministerio y su preparación para la escritura de este Evangelio se debió en parte a su larga relación, tan cercana, con Pedro (1 P 5.13). El Evangelio de Marcos representa principalmente la versión de Pedro sobre la vida de Jesús.

2. ¿Cómo se deben interpretar los pasajes de Marcos sobre los últimos tiempos?

El gran mensaje de Jesús en Marcos 13 se conoce como el Sermón del Monte, puesto que lo pronunció en el Monte de los Olivos. Allí predijo la destrucción venidera del templo, que hizo que los discípulos le preguntaran sobre los últimos tiempos. Cuando Jesús habla del final se refiere a la consumación de la era presente. Entre otras cosas predice la gran tribulación para el futuro, y su venida en poder y gloria.

Plano del templo de Herodes

3. Los últimos doce versículos del capítulo 16, ¿estaban originalmente en el Evangelio de Marcos?

La evidencia externa basta para sugerir que Marcos 16.9–20 no formaba parte del Evangelio de Marcos en sus orígenes. Si bien la mayoría de los manuscritos en griego contienen estos versículos, los más antiguos y confiables no los tienen. También existía un final más corto, pero no aparece en algunos textos. Además hay algunos manuscritos que si incluyen el pasaje indican que en las copias griegas más antiguas no estaban, en tanto que otros presentan marcas de escribas que indicaban que se dudaba sobre este pasaje. Los padres de la iglesia Eusebio y Jerónimo, del siglo IV, indican que casi todos los manuscritos griegos que tenían a mano no contenían los versículos 9 al 20.

La evidencia interna de este breve pasaje también es una fuerte indicación de que no fue Marcos el autor de esta porción. La transición gramatical entre los versículos 8 y 9 es abrupta, no guarda armonía. El vocabulario de estos versículos no es igual al que usó Marcos en el resto del texto. Hasta los hechos y las personas mencionados en estos versículos se presentan de manera distinta, incómoda. Por ejemplo, se nos presenta a María Magdalena como si no la hubiéramos conocido antes, cuando Marcos ya la menciona tres veces (versículo 1; 15.40, 47). Con ello es claro que Marcos 16.9–20 representa un antiguo intento por completar el Evangelio de Marcos.

Si bien en su mayoría resumen verdades que se enseñan en otra partes de las Escrituras, siempre hay que comparar estos versículos con el resto de las Escrituras, y no formular doctrinas basándose únicamente en ellos. Por otra parte, a pesar de todas estas consideraciones en cuanto a la probable falta de confiabilidad con respecto a la autoría de esta sección, es posible que se cometa un error. De modo que conviene considerar el significado de este pasaje y dejarlo en el texto, como sucede con otro que tiene una historia parecida: Juan 7.53—8.11.

4. ¿Incluye Marcos algún material que no aparece en los otros Evangelios?

Hay tres pasajes en Marcos que solo aparecen en su Evangelio:

La parábola de la semilla que brota (4.26–29).

La sanidad de un sordomudo (7.31–37).

La sanidad de un ciego (8.22–26).

OTROS TEMAS DE ESTUDIO EN MARCOS

1. ¿En qué maneras ilustró Marcos la actitud de servicio de Jesús en su Evangelio?
2. ¿Qué respuesta esperaba Jesús cuando les preguntó a sus discípulos: «Y vosotros, ¿quién decís que soy?» (Mr 8.29)?
3. ¿Cómo reveló su identidad Jesús cual Hijo de Dios en el Evangelio de Marcos?
4. ¿Qué papel juegan los milagros en Marcos para comprobar la especial identidad de Jesús?
5. ¿Cómo deja en claro Marcos en su Evangelio que los que creen en Jesús tienen la responsabilidad de comunicarles las buenas nuevas a los demás?

LUCAS

Jesús es el Hijo del Hombre

TÍTULO

Como con los otros tres Evangelios, el título se deriva del nombre del autor. De acuerdo con la tradición, Lucas era un gentil. El apóstol Pablo parece confirmar esto, distinguiendo a Lucas de los que eran «de la circuncisión» (Col 4.11, 14). Esto haría que Lucas fuera el único gentil que escribiera algún libro de las Escrituras. Él es responsable de escribir una porción significativa del NT, habiendo escrito tanto este Evangelio como el libro de Hechos. (Vea «Autor y fecha»).

Se conoce muy poco sobre Lucas. Él casi nunca incluyó detalles personales acerca de sí mismo, y nada definitivo se conoce en cuanto a su vida. Tanto Eusebio como Jerónimo lo identificaron como un oriundo de Antioquía (lo cual podría explicar la razón por la que tanto del libro de Hechos se centra en Antioquía, cp. Hch 11.19–27; 13.1–3; 14.26; 15.22, 23, 30–35; 18.22, 23). Lucas fue un compañero frecuente del apóstol Pablo, por lo menos desde el momento de la visión macedónica de Pablo (Hch 16.9, 10) hasta el momento del martirio de Pablo (2 Ti 4.11).

El apóstol Pablo se refirió a Lucas como a un médico (Col 4.14). El interés de Lucas en fenómenos médicos es evidente por el gran énfasis que le dio al ministerio de sanidad de Jesús (p. ej. 4.38–40; 5.15–25; 6.17–19; 7.11–15; 8.43–47, 49–56; 9.2, 6, 11; 13.11–13; 14.2–4; 17.12–14; 22.50, 51). En la época de Lucas, los médicos no tenían un vocabulario específico de terminología técnica; por esta razón cuando Lucas considera las sanidades y otros asuntos médicos, su lenguaje no es muy diferente al de los otros escritores de los Evangelios.

AUTOR Y FECHA

El Evangelio de Lucas y el libro de Hechos claramente fueron escritos por el mismo individuo (cp. 1.1–4; Hch 1.1). Aunque él nunca se identificó a sí mismo por nombre, es claro a partir de su uso de los verbos en primera persona del plural («nosotros») en muchas de las secciones de Hechos que fue un compañero cercano del apóstol Pablo (Hch 16.10–17; 20.5–15; 21.1–18; 27.1—28.16). Lucas es la única persona entre los colegas que Pablo menciona en sus propias epístolas (Col 4.14; 2 Ti 4.11; Flm 24), que encaja con el perfil del autor de estos libros. Esto está de acuerdo de manera perfecta con la tradición más antigua de la iglesia, la cual de manera unánime atribuyó este Evangelio a Lucas.

Lucas y Hechos parecen haber sido escritos alrededor del mismo tiempo. Lucas primero, después Hechos. Combinados, constituyen una obra de dos tomos dirigida a «Teófilo» (1.3; Hch 1.1; vea «Contexto histórico») dando una historia general del establecimiento del cristianismo, desde el nacimiento de Cristo hasta el encarcelamiento de Pablo bajo arresto en una casa en Roma (Hch 28.30–31).

El libro de Hechos termina con Pablo aún en Roma, lo cual lleva a la conclusión de que Lucas escribió estos libros desde Roma durante el encarcelamiento de Pablo allí (alrededor del 60–62 D.C.). Lucas registra la profecía de Jesús de la destrucción de Jerusalén en el 70 D.C. (19.42–44; 21.20–24), pero no hace mención del cumplimiento de esta profecía, sea aquí o en Hechos. Lucas se enfocó en registrar tales cumplimientos proféticos (cp. Hch 11.28), por esta razón es extremadamente improbable que él escribiera estos libros después de la invasión romana de Jerusalén. Hechos tampoco incluye mención alguna de la gran persecución que comenzó bajo Nerón en el

64 D.C. Además, muchos eruditos establecen la fecha del martirio de Jacobo en el 62 D.C., y si eso fue antes de que Lucas terminara su historia, él ciertamente lo habría mencionado. Entonces, la fecha más probable para este Evangelio es el 60 o 61 D.C.

CONTEXTO HISTÓRICO

Lucas dedicó sus obras al «excelentísimo Teófilo» (lit. «amante de Dios», 1.3; cp. Hch 1.1). Esta designación, la cual puede ser un apodo o un pseudónimo, es acompañada por una expresión formal («excelentísimo»). Posiblemente quiere decir que «Teófilo» fue un dignatario romano bien conocido, quizás uno de aquellos que se había vuelto a Cristo en la «casa de César» (Fil 4.22).

No obstante, es casi seguro que Lucas tenía en mente a una audiencia mucho más grande para su obra que este hombre. Las dedicaciones al principio de Lucas y Hechos son como la dedicación formal en un libro moderno. No son como la expresión o manera de expresarse de una epístola.

Lucas expresó de forma clara que su conocimiento de los acontecimientos registrados en su Evangelio vinieron de los informes de aquellos que

CRISTO EN... LUCAS

LUCAS, QUE ERA MÉDICO, presenta a Jesús como el Gran Médico (5.31, 32; 15.4–7, 31, 32; 19.10). Lucas examina la interacción de Jesús con cobradores de impuestos, mujeres, niños, gentiles y samaritanos, demostrando así su ministerio particular y único entre los marginados de la sociedad. Lucas también describe a Jesús como Hijo del Hombre, poniendo énfasis en su ofrenda y sacrificio de salvación para el mundo.

fueron testigos oculares (1.1, 2), implicando fuertemente que él mismo no fue un testigo ocular. Es claro a partir de su prólogo que su intención era dar un relato ordenado de los acontecimientos de la vida de Jesús, pero esto no quiere decir que siempre siguió un orden estrictamente cronológico en toda situación.

Al reconocer que él había recolectado su relato de varias fuentes a las que tuvo acceso, Lucas no estaba diciendo que no había sido inspirado para su obra. El proceso de inspiración nunca hace a un lado o elimina las personalidades, vocabularios y estilos de los autores humanos de las Escrituras. Los rasgos característicos de los autores humanos siempre están marcados de forma indeleble, en todos los libros de la Biblia. La investigación de Lucas no es excepción a esta regla. La investigación misma fue dirigida por la divina providencia. Y en su escritura, Lucas fue movido por el Espíritu de Dios (2 P 1.21). Por lo tanto, su relato es infaliblemente verdadero.

PERSONAS DESTACADAS EN LUCAS

Jesús: el Hijo del Hombre, que llevó una vida perfecta para reconciliar a los hombres y mujeres pecadores con Dios (1.26—24.53).

Elisabet: mujer que seguía a Dios, era esposa de Zacarías. Fue madre de Juan el Bautista (1.5–60).

Zacarías: sacerdote judío y padre de Juan el Bautista (1.4–79).

Juan el Bautista: profeta y precursor que anunciaba la venida de Cristo (1.13–80; 3.2—9.9).

María: virgen, madre de Jesús (1.26—2.51).

Los doce discípulos: Simón Pedro, Andrés, Santiago (Jacobo), Juan, Felipe, Bartolomé, Tomás, Mateo, Santiago (hijo de Alfeo), Tadeo, Simón, Judas Iscariote; doce hombres a los que Jesús escogió para que le ayudaran en su ministerio terrenal (1.2; 5.30—12.55; 16.1—24.53).

Herodes el Tetrarca: hijo de Herodes el Grande; hizo ejecutar a Juan el Bautista y participó del tribunal que juzgó a Jesús (3.1–20; 9.7–9; 23.6–16).

Pilato: gobernador romano que ordenó crucificar a Jesús en lugar de Barrabás (3.1; 13.1; 23.1–52).

María Magdalena: devota seguidora de Jesús; primera persona en ver a Jesús después de su resurrección (8.2; 24.10).

TEMAS HISTÓRICOS Y TEOLÓGICOS

El estilo de Lucas es el de un autor académicamente preparado y culto. Él escribió como un historiador meticuloso, con frecuencia dando detalles que ayudaron a identificar el contexto histórico de los acontecimientos que él describió (1.5; 2.1, 2; 3.1, 2; 13.1–4).

Su relato de la natividad es el más completo en todos los registros de los Evangelios y como el resto de la obra de Lucas, más pulido en su estilo literario. Él incluyó en la narrativa del nacimiento una serie de salmos de alabanza (1.46–55; 1.68–79; 2.14; 2.29–32, 34, 35). Solo él reportó las circunstancias no comunes que rodearon el nacimiento de Juan el Bautista, el anuncio a María, el pesebre, los pastores, Simeón y Ana (2.25–38).

Un tema que se percibe por todo el Evangelio de Lucas es la compasión de Jesús por los gentiles, samaritanos, mujeres, niños, recaudadores de impuestos, pecadores y otros que con frecuencia eran considerados como desechados por la sociedad de Israel. Cada vez que menciona a un recaudador de impuestos (3.12; 5.27; 7.29; 15.1; 18.10–13; 19.2) es en un sentido positivo. Sin embargo, Lucas no ignoró la salvación de aquellos que eran ricos y respetables, p. ej. 23.50–53. Desde el principio del ministerio público de Jesús (4.18) hasta las palabras finales del Señor en la cruz (23.40–43), Lucas enfatizó este tema del ministerio de Cristo a los rechazados de la sociedad. Una y otra vez él mostró como el Gran Médico ministró a los que estaban más conscientes de su necesidad (cp. 5.31, 32; 15.4–7, 31, 32; 19.10).

PALABRAS CLAVE EN

Lucas

Bautizar: en griego *baptizo* —3.7, 16, 12, 21; 7.29, 30; 12.50— literalmente «mojar» o «sumergir». La gente se acercaba a Juan para que los bautizara en el río Jordán. El bautismo de prosélitos gentiles al judaísmo era algo común para los judíos, pero este tipo de bautismo para los judíos era algo nuevo y desconocido. Juan los llamaba a bautizarse renunciando públicamente a su antiguo estilo de vida. Su bautismo también simbolizaba que preparaban sus corazones para la venida del Mesías. Pablo relacionaba al bautismo con la identificación de los creyentes con Cristo. Así como el género empapado de tintura absorberá su color, la persona inmersa en Cristo adoptará la naturaleza de Cristo.

Mamón: en griego *mamonas* —16.9, 11, 13— literalmente «riqueza», «dinero» o «propiedad». En Lucas 16 se utiliza este término para «riquezas». *Mammon* también es un ídolo o dios del corazón humano que está en conflicto con el verdadero Dios. La Biblia proclama que es imposible servir al mismo tiempo a este dios del mundo y al verdadero Dios.

Paraíso: en griego *paradeisos* —23.43— textualmente «jardín» o «parque». La Septuaginta utiliza esta palabra en sentido literal en Eclesiastés 2.5 y Cantar de los cantares 4.13, aunque el término también hace referencia al jardín de Edén (ver Gn 2.8). Con posterioridad, el paraíso también se describía como lugar de los muertos justos en el Seol (Lc 16.19–31). Cuando Jesús le habló al ladrón que estaba en la cruz, le aseguró que ese día estaría con él en el paraíso (23.42). Esto parece indicar que el término hace referencia a un lugar agradable para los muertos. Apocalipsis 2.7 habla del paraíso como restitución del huerto del Edén, hogar eterno para los creyentes (comparar Génesis 2 y Apocalipsis 22).

Mujeres del Nuevo Testamento

María, la madre virgen de Jesús, tiene un lugar de honor entre las mujeres del Nuevo Testamento. Ella es un verdadero ejemplo de fe, humildad y servicio (Lc 1.26–56).

Otras mujeres notables del Nuevo Testamento incluyen a las siguientes:

Nombre	Descripción	Referencia bíblica
Ana	Reconoció a Jesús como el Mesías esperado por mucho tiempo	Lc 2.36–38
Berenice	Hermana de Agripa ante quien Pablo llevó a cabo su defensa	Hch 25.13
Candace	Una reina de Etiopía	Hch 8.27
Claudia	Cristiana en Roma	2 Ti 4.21
Cloé	Una mujer que sabía acerca de las divisiones en la iglesia de Corinto	1 Co 1.11
Dámaris	Mujer de Atenas convertida durante el ministerio de Pablo	Hch 17.34
Dorcas (Tabita)	Cristiana en Jope quien fue resucitada de los muertos por Pedro	Hch 9.36–41
Drusila	Esposa de Félix, gobernador de Judea	Hch 24.24
Elisabet	Madre de Juan el Bautista	Lc 1.5, 13
Eunice	Madre de Timoteo	2 Ti 1.5
Febe	Una sierva, quizás una diaconisa, en la iglesia de Cencrea	Ro 16.1, 2
Herodías	Reina que demandó la ejecución de Juan el Bautista	Mt 14.3–10
Juana	Proveyó para las necesidades materiales de Jesús	Lc 8.3
Lidia	Convertida bajo el ministerio de Pablo en Filipos	Hch 16.14
Loida	Abuela de Timoteo	2 Ti 1.5
María Magdalena	Mujer de quien Jesús echó fuera demonios	Mt 27.56–61; Mr 16.9
Marta y María	Hermanas de Lázaro; amigas de Jesús	Lc 10.38–42
Priscila	Mujer de Aquila; trabajó con Pablo en Corinto y Éfeso	Hch 18.2, 18, 19
Safira	Retuvo bienes de la comunidad cristiana primitiva	Hch 5.1
Salomé	Madre de los discípulos de Jesús, Jacobo y Juan	Mt 20.20–24
Susana	Proveyó para las necesidades materiales de Jesús	Lc 8.3

El gran reconocimiento que Lucas le da a las mujeres es particularmente significativo. Desde el relato de la natividad, donde a María, Elisabet y Ana se les da preeminencia (caps. 1; 2), hasta los acontecimientos de la mañana de la resurrección, donde las mujeres una vez más son los personajes principales (24.1, 10), Lucas enfatizó el papel central de las mujeres en la vida y el ministerio de nuestro Señor (p. ej. 7.12–15, 37–50; 8.2, 3, 43–48; 10.38–42; 13.11–13; 21.2–4; 23.27–29, 49, 55, 56).

Otros varios temas se repiten formando hilos a lo largo del Evangelio de Lucas. Ejemplos de estos son el temor humano en la presencia de Dios; el perdón (3.3; 5.20–25; 6.37; 7.41–50; 11.4; 12.10; 17.3, 4; 23.34; 24.47); el gozo; el asombro ante los misterios de la verdad divina; el papel del Espíritu Santo (1.15, 35, 41, 67; 2.25–27; 3.16, 22; 4.1, 14, 18; 10.21; 11.13; 12.10, 12); el templo en Jerusalén (1.9–22; 2.27–38, 46–49; 4.9–13; 18.10–14; 19.45–48; 20.1—21.6; 21.37, 38; 24.53); y las oraciones de Jesús.

Comenzando con el 9.51, Lucas usó diez capítulos de su narración para ofrecer un diario del viaje final de Jesús a Jerusalén. Gran parte del material en esta sección solo lo encontramos en Lucas. Este es el corazón del Evangelio de Lucas, y muestra un tema que él enfatizó a lo largo de su narración: la progresión inevitable de Jesús hacia la cruz. Este fue el propósito mismo para el cual Cristo había venido a la tierra (cp. 9.22, 23; 17.25; 18.31–33; 24.25, 26, 46) y Él no iba a ser detenido. La salvación de los pecadores fue su entera misión (19.10).

PRINCIPALES DOCTRINAS EN LUCAS

Temor humano en presencia de Dios: es una respuesta normal y adecuada al enfrentarse a la poderosa obra de Dios (1.30, 65; 2.9, 10; 5.10, 26; 7.16; 8.25, 37, 50; 9.34, 45; 12.5; 23.40; Lv 19.14, 32; 25.17, 36, 43; Dt 25.18; Jue 6.22; 2 S 23.3; 2 Cr 20.29; 26.5; Pr 1.7; Neh 5.15; 13.22; Mr 16.5; Hch 9.31; 1 Ti 5.20).

Misterios de la verdad divina: la maravilla rodea los misterios de las palabras y acciones de Cristo (1.21, 63; 2.18, 19, 33, 47, 48; 5.9; 8.25; 9.43–45; 11.14; 20.26; 24.12, 41; Job 11.7; Dn 2.47; Mt 13.35; Mr 4.10–20; Ro 11.25; 1 Co 2.7; 4.1; Ef 5.32; Col 1.25–27; 4.3; 1 Ti 3.16; Ap 10.7).

Perdón: su lugar en la vida humana (3.3; 5.20–25; 6.37; 7.41–50; 11.4; 12.10; 17.3, 4; 23.34; 24.47; Gn 50.20, 21; Sal 7.4; Pr 19.11; Mt 6.1, 15; 18.22; Mr 11.25; 2 Co 2.5–11; Stg 2.13; 1 P 4.8).

El rol del Espíritu Santo: el Espíritu en nuestras vidas (1.15, 35, 41, 67; 2.25–27; 3.16, 22; 4.1, 14, 18; 10.21; 11.13; 12.10, 12; Gn 1.2; Job 26.13; Sal 104.30; Ez 37.11–14; Sof 4.7; Mt 12.28; Jn 14.16; 15.26; Hch 1.8; 8.29; Ro 8.11; 15.19; 1 Co 2.4, 13; 1 Ts 1.5; 1 P 3.18).

Muerte de Cristo en la cruz: el propósito mismo por el que Cristo vino a la tierra (9.22–23; 17.25; 18.31–33; 24.25, 26, 46; Is 53.7–9; Hch 13.29; 1 Co 1.18; 5.7; Gá 5.11; 6.14; Ef 5.2; Fil 2.8; Col 2.14; He 10.1, 11, 12).

EL CARÁCTER DE DIOS EN LUCAS

Dios es accesible: 23.45

Dios es santo: 1.49

Dios es paciente: 13.6–9

Dios es misericordioso: 1.50, 78

Dios es potente: 11.20; 12.5

Dios cumple sus promesas: 1.38, 45, 54, 55, 69–73

Dios provee: 2.1–4; 21.18, 32, 33; 22.35
Dios es sabio: 16.15

RETOS DE INTERPRETACIÓN

Al igual que Marcos, y en contraste a Mateo, Lucas parece enfocarse en una audiencia gentil (para una consideración del problema sinóptico, vea Marcos: «Retos de interpretación»). Él identificó lugares que habrían sido conocidos para todos los judíos (p. ej. 4.31; 23.51; 24.13), dando a entender que su audiencia iba más allá de aquellos que ya tenían conocimiento de la geografía de Palestina. Él normalmente prefirió usar una terminología griega en lugar de hebraísmos (p. ej. «Calvario» en lugar de «Gólgota» en el 23.33). Los otros Evangelios usan términos semíticos ocasionales tales como «Abba» (Mr 14.36), «rabí» (Mt 23.7, 8; Jn 1.38, 49) y «hosanna» (Mt 21.9; Mr 11.9, 10; Jn 12.13), pero Lucas los omitió o usó equivalentes griegos.

Lucas citó el AT menos que Mateo, y cuando cita pasajes del AT, casi siempre emplea la LXX, una traducción griega de las Escrituras hebreas. Además, la mayoría de las citas de Lucas del AT son referencias en lugar de ser citas directas, y muchas de ellas aparecen como las palabras de Jesús en lugar de la narración de Lucas (2.23, 24; 3.4–6; 4.4, 8, 10–12, 18, 19; 7.27; 10.27; 18.20; 19.46; 20.17, 18, 37, 42, 43; 22.37).

Lucas, más que cualquier otro escritor de los Evangelios, subrayó el espectro universal de la invitación del evangelio. Él retrató a Jesús como el Hijo del Hombre, rechazado por Israel y después ofrecido al mundo. Como se indicó arriba (vea «Temas históricos y teológicos»), Lucas repetidamente relató narraciones de gentiles, samaritanos y otros rechazados que encontraron gracia ante los ojos de Jesús. Este énfasis es precisamente lo que esperaríamos de un compañero cercano del «apóstol a los gentiles» (Ro 11.13).

Sin embargo, algunos críticos han dicho ver un gran vacío entre la teología de Lucas y la de Pablo. Es verdad que el Evangelio de Lucas está prácticamente carente de terminología que es claramente paulina. Lucas escribió con su propio estilo. No obstante, la teología que se encuentra implícita en lo que escribe está en perfecta armonía con la del apóstol. La médula de la doctrina de Pablo era la justificación por la fe. Lucas también enfatizó e ilustró la justificación por la fe en muchos de los incidentes y parábolas que él relató, principalmente el relato del fariseo y el publicano (18.9–14); la conocida historia del hijo pródigo (15.11–32); el incidente en casa de Simón (7.36–50); y la salvación de Zaqueo (19.1–10).

BOSQUEJO

I. El preludio al ministerio de Cristo (1.1—4.13)
    A. Preámbulo (1.1–4)
    B. El nacimiento de Jesús (1.5—2.38)
        1. El anuncio a Zacarías (1.5–25)
        2. El anuncio a María (1.26–38)
        3. La visitación (1.39–45)
        4. El Magníficat (1.46–56)
        5. El nacimiento del precursor (1.57–80)
        6. La natividad (2.1–38)
    C. La niñez de Jesús (2.39–52)
        1. En Nazaret (2.39, 40)
        2. En el templo (2.41–50)

3. Con su familia (2.51, 52)

D. El bautismo de Jesús (3.1—4.13)

   1. La predicación de Juan el Bautista (3.1–20)

   2. El testimonio del cielo (3.21, 22)

   3. La genealogía del Hijo del Hombre (3.23–38)

   4. La tentación del Hijo de Dios (4.1–13)

II. El ministerio en Galilea (4.14—9.50)

A. El comienzo de su ministerio (4.14–44)

   1. Nazaret (4.14–30)

   2. Capernaum (4.31–42)

     a. Un demonio echado fuera (4.31–37)

     b. Multitudes sanadas (4.38–42)

   3. Las ciudades de Galilea (4.43, 44)

B. El llamamiento de sus discípulos (5.1—6.16)

   1. Cuatro pescadores (5.1–26)

     a. A pescar hombres (5.1–11)

     b. A sanar enfermedades (5.12–16)

     c. A perdonar pecados (5.17–26)

   2. Leví (5.27—6.11)

     a. El evangelio: No para los justos, sino para pecadores (5.27–32)

     b. Los odres: No viejos, sino nuevos (5.33–39)

     c. El día de reposo: No para esclavitud, sino para hacer el bien (6.1–11)

   3. Los doce (6.12–16)

C. La continuación de su obra (6.17—9.50)

   1. Al predicar en el lugar llano (6.17–49)

     a. Bienaventuranzas (6.17–23)

     b. Ayes (6.24–26)

     c. Mandamientos (6.27–49)

   2. Al ministrar en las ciudades (7.1—8.25)

     a. Él sana al siervo de un centurión (7.1–10)

     b. Él resucita al hijo de una viuda (7.11–17)

     c. Él alienta a los discípulos de Juan el Bautista (7.18–35)

     d. Él perdona a una mujer pecadora (7.36–50)

     e. Él congrega a discípulos amorosos (8.1–3)

     f. Él enseña a las multitudes con parábolas (8.4–21)

     g. Él calma los vientos y las olas (8.22–25)

   3. Al viajar por Galilea (8.26—9.50)

     a. Él libera a un endemoniado (8.26–39)

     b. Él sana a una mujer (8.40–48)

     c. Él resucita a una niña (8.49–56)

     d. Él envía a los doce (9.1–6)

     e. Él confunde a Herodes (9.7–9)

     f. Él alimenta a la multitud (9.10–17)

     g. Él predice su crucifixión (9.18–26)

     h. Él revela su gloria (9.27–36)

      i. Él echa fuera un espíritu inmundo (9.37–42)

      j. Él instruye a sus discípulos (9.43–50)

III. **El viaje a Jerusalén (9.51—19.27)**

  A. Samaria (9.51—10.37)

    1. Una villa lo rechaza (9.51–56)

    2. Él rechaza a los tibios (9.57–62)

    3. Él envía a los setenta (10.1–24)

    4. Él presenta la parábola del buen samaritano (10.25–37)

  B. Betania y Judea (10.38—13.35)

    1. María y Marta (10.38–42)

    2. La oración del Señor (11.1–4)

    3. La importancia de la importunidad (11.5–13)

    4. La imposibilidad de la neutralidad (11.14–36)

    5. Ayes sobre los fariseos e intérpretes de la ley (11.37–54)

    6. Lecciones a lo largo del camino (12.1–59)

      a. En contra de la hipocresía (12.1–12)

      b. En contra del materialismo mundano (12.13–21)

      c. En contra de la preocupación (12.22–34)

      d. En contra de la infidelidad (12.35–48)

      e. En contra del amor a la comodidad (12.49–53)

      f. En contra de la falta de preparación (12.54–56)

      g. En contra de la división (12.57–59)

    7. Preguntas respondidas (13.1–30)

      a. Acerca de la justicia de Dios (13.1–9)

      b. Acerca del día de reposo (13.10–17)

      c. Acerca del reino (13.18–21)

      d. Acerca de los pocos que serán salvos (13.22–30)

    8. El lamento de Cristo (13.31–35)

  C. Perea (14.1—19.27)

    1. Invitado de un fariseo (14.1–24)

      a. Él los prueba acerca del día de reposo (14.1–6)

      b. Él les enseña acerca de la humildad (14.7–14)

      c. Él les habla acerca del banquete celestial (14.15–24)

    2. Maestro de multitudes (14.25—18.34)

      a. El costo del discipulado (14.25–35)

      b. La parábola de la oveja perdida (15.1–7)

      c. La parábola de la moneda perdida (15.8–10)

      d. La parábola del hijo pródigo (15.11–32)

      e. La parábola del mayordomo injusto (16.1–18)

      f. El hombre rico y Lázaro (16.19–31)

      g. Una lección acerca del perdón (17.1–4)

      h. Una lección acerca de la fidelidad (17.5–10)

      i. Una lección acerca de la gratitud (17.11–19)

      j. Una lección acerca de la preparación (17.20–37)

      k. La parábola de la viuda persistente (18.1–8)

l. La parábola del fariseo y el publicano (18.9–14)

m. Una lección acerca de ser semejante a un niño (18.15–17)

n. Una lección acerca del compromiso (18.18–30)

ñ. Una lección acerca del plan de redención (18.31–34)

3. Amigo de pecadores (18.35—19.10)

    a. Él abre los ojos del ciego (18.35–43)

    b. Él busca y salva a los perdidos (19.1–10)

4. Juez de toda la tierra (19.11–27)

    a. El fin de un largo viaje (19.11)

    b. La parábola de las minas (19.12–27)

IV. **La semana de la Pasión (19.28—23.56)**

  A. Domingo (19.28–44)

    1. La entrada triunfal (19.28–40)

    2. Cristo llora por la ciudad (19.41–44)

  B. Lunes (19.45–48)

    1. Él limpia el templo (19.45–46)

    2. Él enseña a las multitudes en la Pascua (19.47, 48)

  C. Martes (20.1—21.38)

    1. Él contiende con los gobernantes judíos (20.1–8)

    2. Él enseña a las multitudes en la Pascua (20.9—21.38)

      a. La parábola de los labradores malvados (20.9–19)

      b. Una respuesta a los fariseos acerca de pagar impuestos (20.20–26)

      c. Una respuesta a los saduceos acerca de la resurrección (20.27–40)

      d. Una pregunta para los escribas acerca de la profecía mesiánica (20.41–47)

      e. La lección de las blancas de la viuda (21.1–4)

      f. Una profecía acerca de la destrucción de Jerusalén (21.5–24)

      g. Algunas señales de los tiempos (21.25–38)

  D. Miércoles (22.1–6)

    1. La conspiración en contra de Jesús (22.1, 2)

    2. Judas se une a la conspiración (22.3–6)

  E. Jueves (22.7–53)

    1. Preparación para la Pascua (22.7–13)

    2. La Cena del Señor (22.14–38)

      a. El nuevo pacto instituido (22.14–22)

      b. Disputas entre los discípulos (22.23–30)

      c. La negación de Pedro predicha (22.31–34)

      d. La provisión de Dios prometida (22.35–38)

    3. La agonía en el huerto (22.39–46)

    4. El arresto de Jesús (22.47–53)

  F. Viernes (22.54—23.55)

    1. La negación de Pedro (22.54–62)

    2. Jesús es objeto de burla y golpeado (22.63–65)

    3. El juicio ante el concilio (22.66–71)

    4. El juicio ante Pilato (23.1–25)

      a. La acusación (23.1–5)

      b. La audiencia frente a Herodes (23.6–12)

      c. El veredicto de Pilato (23.13–15)

    5. La crucifixión (23.26–49)

    6. La sepultura (23.50–55)

  G. El día de reposo (23.56)

V. **La consumación del ministerio de Cristo (24.1–53)**

  A. La resurrección (24.1–12)

  B. El camino a Emaús (24.13–45)

  C. La ascensión (24.46–53)

Mientras tanto, en otras partes del mundo...

Octaviano derrota a Marco Antonio y Cleopatra en la batalla de Accio en el año 30 A.C., por lo que se suicidan. Como resultado, Egipto pasa a ser una provincia romana.

RESPUESTAS A PREGUNTAS DIFÍCILES

1 ¿Qué sabemos de Lucas?

Según la tradición y la limitada evidencia interna Lucas era gentil. El apóstol Pablo parece confirmarlo al diferenciarlo de quienes eran «de la circuncisión» (Col 4.11, 14). Tanto Eusebio como Jerónimo lo identifican como nacido en Antioquía. Lucas era frecuente compañero de Pablo, que se refería a Lucas como médico (Col 4.14). Hay más datos sobre Lucas en la sección «Autor y fecha», en páginas anteriores.

2. ¿Qué relación tiene Lucas con Mateo y Marcos?

Hallaremos muchas semejanzas impresionantes aun con una rápida lectura de los tres primeros evangelios. Comparemos Lucas 5.18–26, Mateo 9.2–8 y Marcos 2.3–12. También podemos hallar diferencias en la forma en que cada autor trata muchos de los detalles sobre Jesús. La cuestión que se ocupa de explicar estas semejanzas y diferencias se conoce como el «problema sinóptico». Ver más sobre el problema sinóptico en la sección «Retos de interpretación» de Marcos.

3. ¿Qué pasajes aparecen solamente en el Evangelio de Lucas?

Lucas incluyó doce hechos o pasajes importantes que no vemos en los otros Evangelios:

- Los hechos que precedieron al nacimiento de Juan el Bautista y Jesús (1.5–80).
- Escenas de la infancia o niñez de Jesús (2.1–52).
- Herodes pone en prisión a Juan el Bautista (3.19, 20).
- La gente de Nazaret rechaza a Jesús (4.16–30).
- Llamado de los primeros discípulos (5.1–11).
- Resurrección del hijo de la viuda (7.11–17).

- Una mujer unge los pies de Jesús (7.36–50).
- Algunas mujeres ministran a Cristo (8.1–3).
- Hechos, enseñanza y milagros durante los meses anteriores a la muerte de Cristo (10.1—18.14).
- Cristo se queda en casa de Zaqueo (19.1–27).
- Herodes juzga a Cristo (23.6–12).
- Algunas de las últimas palabras de Jesús antes de su ascensión (24.44–49).

OTROS TEMAS DE ESTUDIO EN LUCAS

1. ¿Qué evidencia podría señalar en el Evangelio de Lucas que indique que era médico?
2. ¿Cómo puede uno ver que el autor del Evangelio de Lucas era historiador?
3. ¿Qué detalles del nacimiento y los primeros años de Jesús le parecen significativos en particular, y por qué?
4. ¿En qué modo en particular muestra Jesús compasión en el Evangelio de Lucas?
5. ¿En qué aspectos destaca y reconoce Lucas la presencia del Espíritu Santo a lo largo de su Evangelio?
6. ¿Qué aspectos del relato de la resurrección en el Evangelio de Lucas dejan en claro que él reconocía la importancia histórica de los sucesos que registraba?

JUAN

Jesús es el Hijo de Dios

TÍTULO

El título del cuarto Evangelio continúa el patrón de los otros Evangelios, siendo originalmente identificado como «Según Juan». Al igual que los otros, «El Evangelio» fue añadido más tarde.

AUTOR Y FECHA

Aunque el nombre del autor no aparece en el Evangelio, la tradición de la iglesia primitiva fuerte y consecuentemente lo identificó como el apóstol Juan. El padre de la iglesia primitiva Ireneo (ca. 130–200 D.C.) fue un discípulo de Policarpo (ca. 70–160 D.C.), quien a su vez fue un discípulo del apóstol Juan, y él testificó basándose en la autoridad de Policarpo que Juan escribió el Evangelio durante su residencia en Éfeso en Asia Menor cuando era avanzado en edad (*Against Heresies* [Contra herejías] 2.22.5; 3.1.1). Después de Ireneo, todos los padres de la iglesia dieron por sentado que Juan era el escritor del Evangelio. Clemente de Alejandría (ca. 150–215 D.C.) escribió que Juan, consciente de los hechos establecidos en los otros Evangelios y siendo guiado por el Espíritu Santo, compuso un «Evangelio espiritual» (vea *Ecclesiastical History* [Historia de la iglesia] de Eusebio 6.14.7).

Reforzando la tradición de la iglesia primitiva hay características significativas internas del Evangelio. Mientras que los Evangelios sinópticos (Mateo, Marcos, Lucas) identifican al apóstol Juan por nombre aproximadamente veinte veces (incluyendo paralelos), él no es mencionado directamente por nombre en el Evangelio de Juan. En lugar de esto, el autor prefiere identificarse a sí mismo como el discípulo «al cual Jesús amaba» (13.23; 19.26; 20.2; 21.7, 20). La ausencia de cualquier mención del nombre de Juan directamente es impresionante cuando uno considera la participación importante que tuvieron otros discípulos que son nombrados en este Evangelio. Sin embargo, la designación continua de sí mismo como el discípulo «al cual Jesús amaba», una evasión deliberada por parte de Juan de su nombre personal, refleja su humildad y celebra su relación para con su Señor Jesús. Ninguna mención de su nombre fue necesaria debido a que sus lectores originales claramente entendieron que él era el autor del Evangelio. También, a través de un proceso de eliminación basado primordialmente en un análisis del material en los caps. 20—21, este discípulo «al cual Jesús amaba» se reduce al apóstol Juan (p. ej. 21.24; cp. 21.2). Debido a que el autor del Evangelio es exacto en mencionar los nombres de otros personajes en el libro, si el autor hubiera sido alguien fuera del apóstol Juan, no habría omitido el nombre de Juan.

La condición anónima del Evangelio fuertemente refuerza los argumentos en favor de que Juan sea el autor, ya que solo alguien de su bien conocida y preeminente autoridad como apóstol podría ser capaz de escribir un Evangelio que fuera diferente de una manera tan marcada en forma y sustancia de los otros Evangelios y haber recibido aceptación unánime en la iglesia primitiva. En contraste, los evangelios apócrifos producidos a mediados del siglo segundo en adelante fueron falsamente atribuidos a apóstoles u otras personas famosas asociadas de manera cercana a Jesús, sin embargo, universalmente fueron rechazados por la iglesia.

Palestina

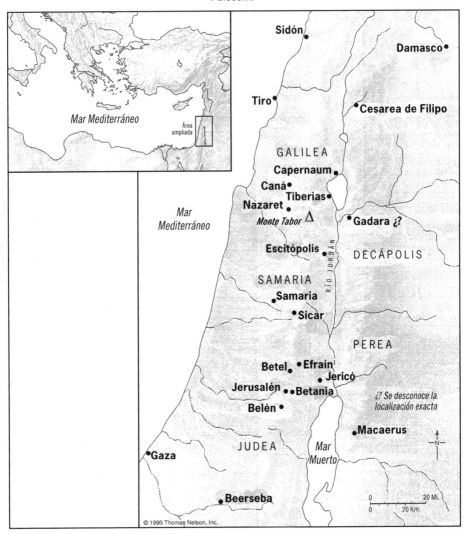

Juan y Jacobo, su hermano mayor (Hch 12.2), eran conocidos como «los hijos de Zebedeo» (Mt 10.2–4), y Jesús les dio el nombre de «Hijos del trueno» (Mr 3.17). Juan fue un apóstol (Lc 6.12–16) y uno de los tres asociados más íntimos de Jesús (junto con Pedro y Jacobo, cp. Mt 17.1; 26.37), siendo un testigo ocular y participante en el ministerio terrenal de Jesús (1 Jn 1.1–4). Después de la ascensión de Cristo, Juan se convirtió en un «pilar» en la iglesia de Jerusalén (Gá 2.9). Él ministró con Pedro (Hch 3.1; 4.13; 8.14) hasta que fue a Éfeso (la tradición dice antes de la destrucción de Jerusalén), desde donde escribió este Evangelio y de donde los romanos lo exiliaron a Patmos (Ap 1.9). Además del Evangelio que lleva su nombre, Juan también escribió 1, 2 y 3 de Juan y el libro de Apocalipsis (Ap 1.1).

Debido a que los escritos de algunos de los padres de la iglesia indican que Juan estuvo activamente escribiendo durante su edad madura y que ya estaba consciente de los Evangelios sinópticos, muchos fechan el Evangelio en algún momento después de la composición de estos últimos, pero previo al momento en el que Juan escribió 1, 2 y 3 Juan o Apocalipsis. Juan escribió su Evangelio ca. 80–90 D.C., alrededor de cincuenta años después de que fue testigo del ministerio terrenal de Jesús.

CONTEXTO HISTÓRICO

El hecho de que, de acuerdo con la tradición, Juan tenía conocimiento de los Evangelios sinópticos, es estratégico para el contexto histórico de su Evangelio. Al parecer, él escribió su Evangelio a fin de hacer una contribución única al registro de la vida del Señor («un Evangelio espiritual») y en parte, para ser suplementario como también complementario a Mateo, Marcos y Lucas.

Las características únicas del Evangelio refuerzan este propósito: en primer lugar, Juan suplió una gran cantidad de material único no registrado en los otros Evangelios. En segundo lugar, frecuentemente suplió información que ayuda a entender los acontecimientos en los sinópticos. Por ejemplo, mientras que los sinópticos comienzan con el ministerio de Jesús en Galilea, implican que Jesús tuvo un ministerio previo a este (p. ej. Mt 4.12; Mr 1.14). Juan suple la respuesta con información del ministerio previo de Jesús en Judea (cap. 3) y Samaria (cap. 4). En Marcos 6.45, después de la alimentación de los cinco mil, Jesús hizo que sus discípulos cruzaran el Mar de Galilea a Betsaida. Juan registró la razón. Las personas estaban a punto de hacer rey a Jesús debido a su multiplicación milagrosa del alimento y Él estaba evitando sus esfuerzos motivados erróneamente (6.26). En tercer lugar, Juan es el más teológico de los Evangelios, conteniendo, p. ej, un prólogo fuertemente teológico (1.1–18), mayores cantidades de material didáctico y de discurso en proporción a la narración (p. ej. 3.13–

> ## CRISTO EN... JUAN
>
> ES INCUESTIONABLE EL HECHO DE QUE EL EVANGELIO DE JUAN constituye una proclamación de la divinidad de Jesucristo. Juan revela ya en la primera oración la naturaleza de Cristo: «En el principio era el Verbo, y el Verbo era con Dios, y el Verbo era Dios» (1.1). Mientras el Evangelio de Marcos se centra en Jesús como el Hijo del Hombre, el mensaje de Juan es que «Jesús es el Cristo, el Hijo de Dios» (20.31). Lo que se destaca es que Jesús afirma ser Dios en siete declaraciones explícitas en que se designa a sí mismo como «Yo soy» (6.35; 8.12; 10.7, 9; 10.11, 14; 11.25; 14.6; 15.1, 5).

17) y la mayor cantidad de enseñanza sobre el Espíritu Santo (p. ej. 14.16, 17, 26; 16.7–14). Aunque Juan conocía los sinópticos y moldeó su Evangelio teniéndolos en mente, no dependió de ellos para obtener información. Más bien, bajo la inspiración del Espíritu Santo, utilizó su propia memoria como un testigo ocular al componer el Evangelio (1.14; 19.35; 21.24).

Las siete señales

Convierte el agua en vino (Jn 2.1–12)	Jesús es la fuente de vida.
Sana al hijo de un oficial del rey (Jn 4.46–54)	Jesús gobierna sobre la distancia.
Sana a un hombre paralítico en el estanque de Betesda (Jn 5.1–17)	Jesús gobierna el tiempo.
Alimenta a 5.000 (Jn 6.1–14)	Jesús es el pan de vida.
Camina sobre el agua, calma una tormenta (Jn 6.15–21)	Jesús gobierna sobre la naturaleza.
Sana a un hombre ciego de nacimiento (Jn 9.1–41)	Jesús es la luz del mundo.
Resucita a Lázaro de entre los muertos (Jn 11.17–45)	Jesús tiene poder sobre la muerte.

Juan

El Verbo: en griego *ho logos* —1.1, 14; 2.22; 5.24; 8.43; 15.3; 17.14, 17— en referencia al Creador del universo, incluso a la energía creativa que generó el universo. En el AT el término *logos* también puede relacionarse con la sabiduría como personificación o atributo de Dios (ver Pr 8). Tanto en el uso que le dan los griegos como en la forma en que emplean esta palabra los judíos, *logos* tenía relación con la idea de los comienzos: el mundo comenzó con el Verbo (Gn 1.3). Juan usó específicamente esta palabra para decir que el Hijo de Dios es divino. Jesús es la imagen del Dios invisible (Col 1.15), la sustancia misma de Dios (He 1.3). En las personas de Dios el Hijo funciona como revelación de Dios y, en realidad, es Dios.

Nacido de nuevo: en griego *gennaō anōthen* —3.3, 7— literalmente «de nuevo» o «de arriba». Jesús habló de un nacimiento novedoso, un nacimiento celestial o ambas cosas. Lo más probable es que Jesús estuviera hablando de un nacimiento celestial puesto que describió este hecho usando al viento como analogía, porque su origen es celestial, desconocido. Es claro que Nicodemo entendió que Jesús hablaba de un segundo nacimiento natural, de nacer de nuevo. Jesús explicó este nacimiento en 3.6–8, comparando el nacimiento en la carne con el nacimiento en el Espíritu.

Yo soy: en griego *egō eimi* —6.36; 8.58; 10.7, 14; 15.1; 18.5— literalmente «autoidentidad en autosuficiencia». En un respiro, Jesús proclamó que existía desde y para toda la eternidad y que él es Dios. Jesucristo, el Hijo de Dios, a diferencia de cualquier ser humano, jamás tuvo principio. Él es el Dios eterno. Jesús aclara su deidad al utilizar las palabras «YO SOY» para referirse a sí mismo. En Éxodo 3.14, Dios revela su identidad diciendo: «YO SOY EL QUE SOY». Así afirmó ante sus jueces Jesús que él es el Dios que existe en sí mismo y por toda la eternidad.

Creer: en griego *pisteuō* —1.7; 5.44; 6.64; 7.5; 10.26; 11.48; 13.19; 20.31— literalmente «poner la confianza en otro». Creer realmente en Jesús implica que confiamos por completo en él para que nos salve (3.15–16). Cuando Jesús estaba en la tierra muchas personas creían en sus milagrosos poderes, pero no ponían su fe en Jesús mismo (6.23–26). Otros querían creer en Jesús únicamente como defensor político de Israel (Mr 15.32). Sin embargo, tenemos que creer y confiar en el Jesús que nos presentan las Escrituras: el Hijo de Dios que humildemente se sacrificó a sí mismo para librarnos de las ataduras del pecado (Gá 1.3, 4; Fil 2.5–8).

El Evangelio de Juan es el único de los cuatro que contiene una afirmación precisa del propósito del autor (20.30, 31). Él declara: «Estas se han escrito para que creáis que Jesús es el Cristo, el Hijo de Dios, y para que creyendo, tengáis vida en su nombre» (20.31). Los propósitos primordiales, entonces, son dos: evangelístico y apologético. Reforzando el propósito evangelístico está el hecho de que la palabra «creer» se usa aproximadamente cien veces en el Evangelio (los sinópticos usan el término menos de la mitad de esta cantidad). Juan compuso su Evangelio a fin de proveer razones para la fe salvadora en sus lectores y como resultado, asegurarles que recibirían el regalo divino de la vida eterna (1.12).

El propósito apologético está relacionado muy de cerca al propósito evangelístico. Juan escribió para convencer a sus lectores de la verdadera identidad de Jesús como el Dios-hombre encarnado cuyas naturalezas divina y humana estaban perfectamente unidas en una persona que era el Cristo («Mesías») profetizado y Salvador del mundo (p. ej. 1.41; 3.16; 4.25, 26; 8.58). Él organizó su Evangelio alrededor de ocho «señales» o pruebas que refuerzan la verdadera identidad de Jesús llevando a la fe. La primera mitad de su obra se centra alrededor de siete señales milagrosas seleccionadas para revelar a la persona de Cristo y producir fe: (1) agua convertida en vino (2.1–11); (2) la sanidad del hijo del hombre noble (4.46–54); (3) la sanidad del hombre paralítico (5.1–18); (4) la alimentación de la multitud (6.1–15); (5) caminando sobre el agua (6.16–21); (6) la sanidad del hombre ciego (9.1–41); y (7) la resurrección de Lázaro (11.1–57). La octava señal es la pesca milagrosa (21.6–11) después de la resurrección de Jesús.

PERSONAS DESTACADAS EN JUAN

Jesús: el Verbo o Palabra de Dios que vino al mundo; plenamente Dios y al mismo tiempo plenamente humano (1.1—21.25).

Juan el Bautista: profeta y precursor que anunció la venida de Cristo (1.6–42; 3.23–27; 4.1; 5.33; 10.40–41).

Los discípulos: Simón Pedro, Andrés, Jacobo (Santiago), Juan, Felipe, Bartolomé, Tomás, Mateo, Santiago (hijo de Alfeo), Tadeo, Simón, Judas Iscariote; doce hombres elegidos por Jesús para que le ayudaran en su ministerio terrenal (1.52—21.14).

María: hermana de Lázaro; creyó y ungió a Jesús antes de su muerte (11.1—12.11).

Marta: hermana de Lázaro; conocida por su hospitalidad; creció en la fe cuando Jesús resucitó a su hermano de entre los muertos (11.17–45).

Lázaro: Jesús, su amigo, le resucitó de entre los muertos (11.1—12.17).

María, madre de Jesús: demostró su servicio a Jesús; confiada al cuidado de Juan cuando Jesús murió (2.1–12; 19.25–27).

Pilato: gobernador romano que ordenó que se crucificara a Jesús en lugar de Barrabás (18.29—19.38).

María Magdalena: devota seguidora de Jesús; primera persona en ver a Jesús después de su resurrección (19.25—20.18).

TEMAS HISTÓRICOS Y TEOLÓGICOS

De acuerdo con los propósitos evangelísticos y apologéticos de Juan, el mensaje general del Evangelio se encuentra en el 20.31: «Jesús es el Cristo, el Hijo de Dios». El libro, entonces, se centra en la persona y obra de Cristo. Tres palabras predominantes («señales», «creer» y «vida») en el 20.30, 31

Las afirmaciones «YO SOY»

En el texto griego de este Evangelio, encontramos un total de veintitrés veces la afirmación significativa «YO SOY» (gr. *egō eimi*) de nuestro Señor (4.26; 6.20, 35, 41, 48, 51; 8.12, 18, 24, 28, 58; 10.7, 9, 11, 14; 11.25; 13.19; 14.6; 15.1, 5; 18.5, 6, 8). En varias de estas referencias, Él une su «YO SOY» con siete metáforas tremendas que expresan su relación salvadora con el mundo.

«YO SOY el pan de vida» (6.35, 41, 48, 51).

«YO SOY la luz del mundo» (8.12).

«YO SOY la puerta de las ovejas» (10.7, 9).

«YO SOY el buen pastor» (10.11, 14).

«YO SOY la resurrección y la vida» (11.25).

«YO SOY el camino, y la verdad, y la vida» (14.6).

«YO SOY la vid verdadera» (15.1, 5).

reciben énfasis constante a lo largo del Evangelio para reforzar el tema de la salvación en Él, que es presentado por primera vez en el prólogo (1.1–18; cp. 1 Jn 1.1–4) y se vuelve a expresar a lo largo del Evangelio de diferentes maneras (p. ej. 6.35, 48; 8.12; 10.7, 9; 10.11–14; 11.25; 14.6; 17.3). Además, Juan provee el registro de cómo los hombres respondieron a Jesucristo y la salvación que Él ofreció. En resumen, el Evangelio se enfoca en: (1) Jesús como el Verbo, el Mesías y el Hijo de Dios; (2) quien trae la dádiva de salvación a la humanidad; (3) la cual acepta o rechaza el ofrecimiento.

Juan también presenta ciertos temas secundarios de contraste que refuerzan su tema principal. Él usa el dualismo (vida y muerte, luz y oscuridad, amor y odio, de arriba y de abajo) para comunicar información vital acerca de la persona y obra de Cristo y la necesidad de creer en Él (p. ej. 1.4, 5, 12, 13; 3.16–21; 12.44–46; 15.17–20).

También hay siete afirmaciones de «YO SOY» enfáticas que identifican a Jesús como Dios y Mesías (6.35; 8.12; 10.7, 9; 10.11, 14; 11.25; 14.6; 15.1, 5).

PRINCIPALES DOCTRINAS EN JUAN

Divinidad de Jesucristo: quién es en realidad Jesús (6.35; 8.12; 10.7, 9; 10.11, 14; 11.25; 14.6; 15.1, 5; 20.28–31; Is 9.6; 40.9; Jer 23.5, 6; Sof 13.7; Mt 1.23; Mr 2.7–10; Ro 9.5; 1 Co 1.30; Fil 2.6; Col 2.9; Tito 2.13; 1 Jn 5.20; Ap 22.13).

Salvación por medio de Jesucristo: cómo hemos de responder a Jesús (1.1–18; 6.35, 48; 8.12; 10.7, 9; 10.11–14; 11.25; 14.6; 17.3; Gn 3.15; Sal 3.8; 37.39; Is 45.2–22; 49.6; 59.16; 63.9; Lc 1.69; Hch 4.12; 16.31; Ro 5.8; 10.9; Ef 2.8; 5.23; 2 Ti 1.10; He 2.10; 5.9; 1 P 1.5; 1 Jn 1.1–4).

EL CARÁCTER DE DIOS EN JUAN

Dios es accesible: 1.51; 10.7, 9; 14.6

Dios es glorioso: 1.14

Dios es invisible: 1.18; 5.37

Dios es amoroso: 3.16; 15.9, 10; 16.27; 17.23, 26

Dios es recto y justo: 17.25

Dios es espíritu: 4.24

Dios es verdadero: 17.3, 17

Dios es uno: 10.30; 14.9–11; 17.3

Dios se aíra: 3.14–18, 36

RETOS DE INTERPRETACIÓN

Debido a que Juan compuso su registro en un estilo simple y claro, uno puede tender a subestimar la profundidad de este Evangelio. Debido a que el Evangelio de Juan es un Evangelio «espiritual» (vea «Autor y fecha»), las verdades que él expresa son profundas. El lector debe explorar el libro en oración y de una manera meticulosa, para descubrir la vasta riqueza de los tesoros espirituales que el apóstol, bajo la guía del Espíritu Santo (14.26; 16.13), ha depositado amorosamente en su Evangelio.

El recuento cronológico entre el Evangelio de Juan y los sinópticos presenta un reto, especialmente con relación al tiempo de la Última Cena (13.2). Mientras que los sinópticos muestran a los discípulos y al Señor en la Última Cena comiendo la comida de la Pascua la tarde del jueves (Nisán 14) y a Jesús siendo crucificado el viernes, el Evangelio de Juan afirma que los judíos no

Títulos de Jesús

Los dos títulos o nombres más populares de nuestro Señor que utilizamos los cristianos son *Jesús*, traducción del término hebreo *Josué*, que significa «Jahvé es salvación», y *Cristo*, traducción del término griego *Christos* que significa «Ungido» o «Mesías». A continuación, aparecen otros nombres o títulos de Cristo usados en el Nuevo Testamento. Cada título expresa una verdad definida sobre Jesús y su relación con los creyentes.

Nombre o título	Significado	Referencia bíblica
Adán, último Adán	Primero de una nueva raza de redimidos	1 Co 15.45
Alfa y Omega	Principio y fin de todas las cosas	Ap 21.6
Pan de vida	El único alimento esencial	Jn 6.35
Piedra angular	Verdadero fundamento para la vida	Ef 2.20
Pastor principal	Protector, sustentador y guía	1 P 5.4
Primogénito de entre los muertos	Nos lleva a la resurrección y la vida eterna	Col 1.18
Buen pastor	Que provee y cuida	Jn 10.11
Gran pastor de las ovejas	Confiable guía y protector	He 13.20
Sumo sacerdote	Perfecto sacrificio por nuestros pecados	He 3.1
Santo de Dios	Sin mancha es su naturaleza	Mr 1.24
Emanuel (Dios con nosotros)	Está con nosotros en todas las circunstancias de la vida	Mt 1.23
Rey de reyes, Señor de señores	El Todopoderoso ante quien se hincará toda rodilla	Ap 19.16
Cordero de Dios	Dio su vida como sacrificio por nosotros	Jn 1.29
Luz del mundo	Da esperanzas en medio de las tinieblas	Jn 9.5
Señor de gloria	Poder y presencia del Dios viviente	1 Co 2.8
Mediador entre Dios y los hombres	Nos lleva, redimidos y perdonados, a la presencia de Dios	1 Ti 2.5
Unigénito del Padre	Único Hijo de Dios, como no hay otro	Jn 1.14
Profeta	Fiel proclamador de las verdades de Dios	Hch 3.22
Salvador	Libra del pecado y de la muerte	Lc 1.47
Simiente de Abraham	Mediador del pacto de Dios	Gá 3.16
Hijo del Hombre	Se identifica con nosotros en nuestra humanidad	Mt 18.11
El Verbo	Presente con Dios en la creación	Jn 1.1

entraron al pretorio «para no contaminarse, y así poder comer la pascua» (18.28). Entonces, los discípulos habían comido la Pascua el jueves por la tarde, pero los judíos no. De hecho, Juan (19.14) afirma que el juicio y la crucifixión de Jesús fueron el día de la preparación para la Pascua y no después de haberla comido, de tal manera que con el juicio y la crucifixión, el viernes Cristo de hecho fue sacrificado al mismo tiempo en el que los corderos de la Pascua estaban siendo sacrificados (19.14). La pregunta es: «¿Por qué es que los discípulos comieron la comida de la Pascua el jueves?».

La respuesta se encuentra en una diferencia entre los judíos en la manera en la que contaban el principio y el final de los días. De Josefo, la Mishná y otras fuentes judías antiguas aprendemos que los judíos en Palestina del norte calculaban los días de salida a salida del sol. Esa área incluía la región de Galilea, donde Jesús y todos los discípulos, a excepción de Judas, habían crecido. Al parecer la mayoría, si no es que todos, de los fariseos usaban ese sistema para contar los días. Pero los judíos en la parte sur, la cual se centraba en Jerusalén, calculaban los días de puesta a puesta del sol. Debido a que todos los sacerdotes necesariamente vivían en Jerusalén o cerca de ella, como la mayoría de los saduceos, estos grupos siguieron la forma del sur.

Esta variación sin lugar a dudas causó confusión en algunas ocasiones, pero también tenía algunos beneficios prácticos. Durante el tiempo de la Pascua, p. ej., era posible que la fiesta fuera celebrada legítimamente en dos días adjuntos, y así permitía que los sacrificios del templo fueran llevados a cabo en un período de cuatro horas en total en lugar de dos. Esta separación de días también pudo haber tenido el efecto de reducir tanto los choques regionales como religiosos entre los dos grupos.

A la luz de esto, las aparentes contradicciones en los relatos de los Evangelios son fácilmente explicadas. Siendo galileos, Jesús y los discípulos consideraban que el día de la Pascua había comenzado cuando salió el sol el jueves y que había terminado cuando salió el sol el viernes. Los líderes judíos que arrestaron y juzgaron a Jesús, siendo en su mayoría sacerdotes y saduceos, consideraron que el día de la Pascua comenzó a la puesta del sol del jueves y que terminó a la puesta del sol del viernes. Por esa variación, predeterminada por la provisión soberana de Dios, Jesús pudo legítimamente celebrar la última comida de la Pascua con sus discípulos y sin embargo, aún ser sacrificado el día de la Pascua.

Una vez más uno puede ver cómo Dios soberana y maravillosamente provee para el cumplimiento preciso de su plan redentor. Jesús fue todo menos una víctima de los planes impíos de los hombres, mucho menos de la circunstancia ciega. Cada palabra que habló y cada acción que llevó a cabo fueron divinamente dirigidas y aseguradas. Aun las palabras y acciones de otros en contra de Él fueron divinamente controladas. Vea, p. ej., 11.49–52; 19.11.

BOSQUEJO

I. **La encarnación del Hijo de Dios (1.1–18)**
    A. Su condición eterna (1.1–2)
    B. Su obra preencarnada (1.3–5)
    C. Su testigo (1.6–8)
    D. Su rechazo (1.9–11)
    E. Su recepción (1.12, 13)
    F. Su deidad (1.14–18)

II. **La presentación del Hijo de Dios (1.19—4.54)**

A. Presentación por parte de Juan el Bautista (1.19–34)
    1. A los líderes religiosos (1.19–28)
    2. En el bautismo de Cristo (1.29–34)
B. Presentación a los discípulos de Juan (1.35–51)
    1. Andrés y Pedro (1.35–42)
    2. Felipe y Natanael (1.43–51)
C. Presentación en Galilea (2.1–12)
    1. Primera señal: agua convertida en vino (2.1–10)
    2. Los discípulos creen (2.11, 12)
D. Presentación en Judea (2.13—3.36)
    1. Limpieza del templo (2.13–25)
    2. Al enseñar a Nicodemo (3.1–21)
    3. Predicación de Juan el Bautista (3.22–36)
E. Presentación en Samaria (4.1–42)
    1. Testimonio a la mujer samaritana (4.1–26)
    2. Testimonio a los discípulos (4.27–38)
    3. Testimonio a los samaritanos (4.39–42)
F. Presentación en Galilea (4.43–54)
    1. Recepción por parte de los galileos (4.43–45)
    2. Segunda señal: Al sanar al hijo del hombre noble (4.46–54)

III. **La oposición al Hijo de Dios (5.1—12.50)**
A. Oposición en la fiesta en Jerusalén (5.1–47)
    1. Tercera señal: Al sanar al paralítico (5.1–9)
    2. Rechazo por parte de los judíos (5.10–47)
B. Oposición durante la Pascua (6.1–71)
    1. Cuarta señal: Al alimentar a los cinco mil (6.1–14)
    2. Quinta señal: Al caminar sobre el agua (6.15–21)
    3. Discurso del Pan de vida (6.22–71)
C. Oposición en la fiesta de los tabernáculos (7.1—10.21)
    1. La oposición (7.1—8.59)
    2. Sexta señal (9.1—10.21)
D. Oposición en la fiesta de la dedicación (10.22–42)
E. Oposición en Betania (11.1—12.11)
    1. Séptima señal: Resurrección de Lázaro (11.1–44)
    2. Los fariseos planean matar a Cristo (11.45–57)
    3. María unge a Cristo (12.1–11)
F. Oposición en Jerusalén (12.12–50)
    1. La entrada triunfal (12.12–22)
    2. El discurso acerca de la fe y el rechazo (12.23–50)

IV. **La preparación de los discípulos por el Hijo de Dios (13.1—17.26)**
A. En el Aposento Alto (13.1—14.31)
    1. Al lavarles los pies (13.1–20)
    2. Al anunciar la traición (13.21–30)
    3. Discurso de la partida de Cristo (13.31—14.31)

B. Camino al huerto (15.1—17.26)
1. Al instruir a los discípulos (15.1—16.33)
2. Al interceder ante el Padre (17.1–26)
V. **La ejecución del Hijo de Dios (18.1—19.37)**
A. El rechazo de Cristo (18.1—19.16)
1. Su arresto (18.1–11)
2. Sus juicios (18.12—19.16)
B. La crucifixión de Cristo (19.17–37)
VI. **La resurrección del Hijo de Dios (19.38—21.23)**
A. La sepultura de Cristo (19.38–42)
B. La resurrección de Cristo (20.1–10)
C. Las apariciones de Cristo (20.11—21.23)
1. A María Magdalena (20.11–18)
2. A los discípulos sin Tomás (20.19–25)
3. A los discípulos con Tomás (20.26–29)
4. Declaración de propósito del evangelio (20.30–31)
5. A los discípulos (21.1–14)
6. A Pedro (21.15–23)
VII. Conclusión (21.24, 25)

Mientras tanto, en otras partes del mundo...

En Asia avanza la música cuando la octava china se subdivide en sesenta notas musicales.

RESPUESTAS A PREGUNTAS DIFÍCILES

1. ¿Cómo llegan los eruditos a la conclusión de que la expresión «el discípulo a quien Jesús amaba» era la forma en que Juan se refería a sí mismo en el Evangelio de Juan?

Hay tres claves evidentes del Evangelio de Juan que ayudan a identificar al discípulo sin nombre que se llamaba a sí mismo «el discípulo al cual Jesús amaba» (13.23; 19.26; 20.2; 21.7, 20):

- Los primero padres de la iglesia invariablemente identifican al apóstol Juan como autor de este evangelio.
- Los autores de los otros evangelios a menudo mencionan a Juan como activo participante en el grupo de discípulos de Jesús.
- El nombre de Juan no aparece en el cuarto evangelio.

Si cuatro personas van juntas de viaje y cada una lleva su cámara de fotos, las fotos colectivas que tome cada persona naturalmente no incluirán al que toma la foto. Es más, otra persona tal vez podría adivinar quién tomó cada fotografía al ver qué integrante falta en el grupo. El Evangelio de Juan opera de ese modo. La ausencia de Juan mencionado por su nombre, habla a gritos de su presencia. En cuanto a la frase del autor, «el discípulo a quien Jesús amaba», es lo que transmite la humildad del apóstol y la profundidad de su relación con Jesús. La frase no indica que Juan se creía el único discípulo a quien Jesús amaba, sino simplemente expresa con toda sinceridad lo maravillado que se sentía este discípulo ante el hecho de que el Señor le amara.

2. ¿Qué hace al Evangelio de Juan tan diferente de los otros tres?

Clemente de Alejandría (c. 150–215 A.C.), uno de los primeros padres de la iglesia, quizá haya sido el primero en decir que la biografía de Jesús escrita por Juan era un «evangelio espiritual». Aparentemente Juan escribió su evangelio para hacer un aporte singular a los registros de la vida del Señor, suplementando y complementando al mismo tiempo los escritos de Mateo, Marcos y Lucas. (Ver «Contexto histórico» para más información.)

3. Los tiempos de cada suceso en partes del Evangelio de Juan parecen diferenciarse de los que indican los otros Evangelios. ¿Cómo explicar esas aparentes diferencias?

El cálculo cronológico entre el Evangelio de Juan y los Evangelios sinópticos de Mateo, Marcos y Lucas presentan un desafío en los relatos de la Última Cena (13.2). Los sinópticos nos muestran a los discípulos y al Señor en la Última Cena ingiriendo la comida de Pascua el jueves por la noche, y a Jesús siendo crucificado el viernes. Juan dice que el juicio y la crucifixión de Jesús fueron el día de la preparación para la Pascua (19.14) y no después de la comida de Pascua. Entonces uno se pregunta: «¿Por qué comieron los discípulos la cena de la Pascua el día jueves?». La respuesta está en el hecho de que en tiempos de Jesús los judíos calculaban el principio y el final de cada día de dos formas. Los judíos del norte de Palestina calculaban los días de un amanecer al siguiente amanecer. Los judíos del sur de Israel calculaban los días de atardecer en atardecer. El doble calendario explica con facilidad las aparentes contradicciones en los relatos de los evangelios. Ver «Retos de interpretación» para más profundidad sobre el tema.

Otros temas de estudio en Juan

1. ¿Cómo describiría usted la diferencia de estilo y perspectiva que hay entre Juan y los otros tres Evangelios?
2. ¿Qué propósitos tenía Juan en los primeros dieciocho versículos de su Evangelio?
3. Compare el uso de la palabra *cree* en Juan 3.16 con la misma palabra en otros versículos de Juan. ¿Qué tipo de creencia requiere Dios?
4. Reuma la enseñanza de Jesús sobre el Espíritu Santo en Juan 14.15–31 y 16.5–16.
5. ¿Ha respondido usted a la pregunta de Jesús en Juan 11.25–26?
6. Al igual que en los demás Evangelios, en el de Juan la resurrección de Jesús es el momento culminante. ¿Por qué es tan crucial en el cristianismo dicho suceso?

HECHOS
Cristo edifica su iglesia

TÍTULO

Como el segundo libro que Lucas dirigió a Teófilo (vea Lc 1.3), Hechos originalmente pudo no haber tenido título alguno. Los manuscritos griegos lo titulan «Hechos» y muchos añaden «de los apóstoles». La palabra griega traducida «Hechos» *(praxeis)* frecuentemente era usada para describir los logros de grandes hombres. Hechos incluye las notables figuras en los primeros años de la iglesia, especialmente Pedro (caps. 1—12) y Pablo (caps. 13—28). Pero el libro podría ser llamado de una manera más apropiada «Los Hechos del Espíritu Santo a través de los apóstoles», debido a que su obra soberana de supervisión resultó mucho más significativa que la de cualquier hombre. Fue el ministerio, la dirección, el control y la capacitación del Espíritu lo que fortaleció a la iglesia y la hizo crecer en números, poder espiritual e influencia.

AUTOR Y FECHA

Debido a que el Evangelio de Lucas fue el primer libro dirigido a Teófilo (Lc 1.3), es lógico concluir que Lucas también es el autor de Hechos, aunque no es nombrado en ninguno de los dos libros. Los escritos de los primeros padres de la iglesia tales como Ireneo, Clemente de Alejandría, Tertuliano, Orígenes, Eusebio y Jerónimo afirman que Lucas fue el autor, como también lo hace el canon muratorio (alrededor del 170 D.C.). Debido a que él es una figura relativamente oscura, mencionado únicamente tres veces en el NT (Col 4.14; 2 Ti 4.11; Flm 24), es poco probable que alguien hubiera falsificado una obra para hacerla aparecer como si fuera de Lucas. Un farsante seguramente habría atribuido su obra a una persona más prominente.

Lucas fue el amigo cercano de Pablo, compañero de viaje y médico personal (Col 4.14). Él fue un investigador cuidadoso (Lc 1.1–4) y un historiador preciso, desplegando un conocimiento íntimo de las leyes y costumbres romanas, como también de la geografía de Palestina, Asia Menor e Italia. Al escribir Hechos, Lucas se apoyó en fuentes escritas (15.23–29; 23.26–30), y sin duda alguna también entrevistó a personas clave, tales como Pedro, Juan, y otros en la iglesia en Jerusalén. El encarcelamiento de Pablo de dos años en Cesarea (24.27) le dio a Lucas una gran oportunidad de entrevistar a Felipe y a sus hijas (quienes fueron consideradas fuentes importantes de información en los primeros días de la iglesia). Finalmente, el uso frecuente de Lucas del pronombre «nosotros» en primera persona del plural (16.10–17; 20.5—21.18; 27.1—28.16) revela que él fue un testigo ocular de muchos de los acontecimientos registrados en Hechos.

CRISTO EN... HECHOS

EL LIBRO DE LOS HECHOS nos brinda el relato del ministerio de Jesús delegado a sus discípulos. Su misión consistía en proclamar al Cristo resucitado y cumplir la Gran Comisión que les había dado Jesús (Mt 28.19, 20). Los discípulos eran testigos de la salvación obrada por Cristo (4.12; 10.43).

Algunos creen que Lucas escribió Hechos después de la caída de Jerusalén (70 D.C., su muerte fue probablemente a mediados de los ochentas). No obstante, es más probable que él escribiera mucho antes, antes del final del primer encarcelamiento romano de Pablo (alrededor del 60–62 D.C.). Esa fecha es la explicación más natural para el término abrupto de Hechos, el cual deja a Pablo esperando juicio delante de César. Claro que Lucas, quien enfocó más de la mitad de Hechos en el ministerio de Pablo, habría dado el resultado de ese juicio y descrito el ministerio subsiguiente de Pablo, el segundo encarcelamiento (cp. 2 Ti 4.11) y su muerte si esos acontecimientos hubieran sucedido antes de que escribiera Hechos. El silencio de Lucas acerca de acontecimientos tan notables tales como el martirio de Santiago, cabeza de la iglesia de Jerusalén (62 D.C. de acuerdo al historiador judío Josefo), la persecución bajo Nerón (64 D.C.), y la caída de Jerusalén (70 D.C.), también sugiere que escribió Hechos antes de que esos acontecimientos ocurrieran.

CONTEXTO HISTÓRICO

Tal como Lucas claramente escribe en el prólogo a su Evangelio, él escribió para darle a Teófilo (y a los otros que leerían su obra) «la historia de las cosas» (Lc 1.1) que Jesús había llevado a cabo durante su ministerio terrenal. En línea con este propósito, Lucas escribió en su Evangelio un relato «por orden» (Lc 1.3) de esos importantes acontecimientos. Hechos continúa ese registro, notando lo que Jesús llevó a cabo a través de la iglesia primitiva. Comenzando con la ascensión de Jesús, pasando por el nacimiento de la iglesia en el día de Pentecostés, hasta la predicación de Pablo en Roma, Hechos narra el esparcimiento del evangelio y el crecimiento de la iglesia (cp. 1.15; 2.41, 47; 4.4; 5.14; 6.7; 9.31; 12.24; 13.49; 16.5; 19.20). También registra la oposición que continuamente se incrementaba en

PALABRAS CLAVE EN

Hechos

Espíritu: en griego *pneuma* —2.4; 5.9; 8.39; 10.19; 11.12; 16.7; 19.21; 23.9— del verbo *pneuo*, que significa «respirar» o «soplar». Unas veces se usa en referencia al viento y, otras, a la vida misma (ver Juan 3.8; Ap 13.15). Puede indicar la vida de los ángeles (He 1.14), los demonios (Lc 4.33) y los seres humanos (7.59). Pero la palabra también se utiliza para el Espíritu de Dios (ver 1 Co 2.11), es decir, el Espíritu Santo (Mt 28.19), la tercera Persona de la Trinidad, el que habita dentro de los creyentes (ver Santiago 4.5; 1 Juan 4.13). A este mismo Espíritu se le llama «el Espíritu de Jesucristo» (Fil 1.19); en los manuscritos figura el *Espíritu de Jesús* en 16.7. Este título pone énfasis en la unidad de acción entre Jesús y el Espíritu que encontramos a lo largo de este libro y el volumen que lo acompaña, el Evangelio de Lucas. Durante la época del ministerio de Jesús en la tierra era Jesús el que dirigía a los discípulos. Ahora, tras su resurrección y ascensión, los dirige el Espíritu de Jesús.

Gracia: en griego *charis* —4.33; 11.23; 13.43; 14.26; 15.11; 18.27; 20.32— que quizá sea el equivalente a *chesed* en hebreo, que significa «bondad amorosa», expresión que usaban a menudo los salmistas para describir el carácter y la naturaleza de Dios. En el Nuevo Testamento la palabra *charis* significa por lo general favor divino, buena voluntad, pero también «lo que da gozo» y «lo que se da gratis». Es este uso de *gracia* el que se señala puesto que era una de las palabras favoritas de Pablo para hablar del regalo de la salvación que Dios ofrece, y vemos aquí que Lucas la usa en el mismo sentido.

Reunidos, juntos: en griego *epi to auto* —1.15; 2.1, 44— expresión que significa «hacia una misma cosa» o «en el mismo lugar» y transmite la idea del propósito unánime o la unidad colectiva. En la iglesia primitiva adquirió el sentido especial de indicar la unión del cuerpo cristiano. Todos los miembros de la iglesia no solo se reunían con regularidad, sino que compartían todo en común, comprometiéndose con fervor y unidad los unos con los otros, así como con Cristo.

contra del evangelio (cp. 2.13; 4.1–22; 5.17–42; 6.9—8.4; 12.1–5; 13.6–12, 45–50; 14.2–6, 19, 20; 16.19–24; 17.5–9; 19.23–41; 21.27–36; 23.12–21; 28.24).

Teófilo, cuyo nombre quiere decir «amante de Dios», es desconocido para la historia fuera de su mención en Lucas y Hechos. Haya sido un creyente a quien Lucas estaba instruyendo, o un pagano a quien Lucas buscó convertir, no se sabe. La manera en la que Lucas se refiere a él como «oh excelentísimo Teófilo» (Lc 1.3) sugiere que era un oficial romano de cierta importancia (cp. 24.3; 26.25).

PERSONAS DESTACADAS EN HECHOS

Pedro: uno de los doce discípulos de Jesús, llamado «la Roca» (1.13—12.18; 15.7–14).

Juan: uno de los doce discípulos de Jesús, llamado «el discípulo a quien Jesús amaba» (1.13; 3.1—4.31; 8.14–25; ver Jn 21.20).

Jacobo o Santiago: uno de los doce discípulos; primer discípulo en morir por su fe en Cristo (1.13; 12.1, 2).

Esteban: designado como encargado de distribuir la comida en la iglesia primitiva; mártir por su fe en Cristo (6.3—8.2; 22.20).

Felipe: designado como encargado de distribuir la comida en la iglesia primitiva; uno de los primeros misioneros a Samaria (1.13; 6.5; 8.1–40; 21.8).

Pablo: Escritor y misionero del Nuevo Testamento; su nombre original era Saulo; perseguía a los cristianos antes de su conversión (7.58—8.3; 9.1–30; 11.25–30; 12.25—28.30).

Bernabé: su nombre significa «Hijo del aliento»; viajó como misionero con Pablo y luego con Juan Marcos (4.36; 9.27; 11.22—15.39).

Cornelio: oficial romano; uno de los primeros cristianos gentiles (10.1–48).

Timoteo: asistente de Pablo; luego fue pastor en Éfeso (16.1—20.4).

Lidia: creyente y anfitriona de Pablo y Silas; vendedora de tejido púrpura (16.13–40).

Silas: fungió como misionero; participó en los ministerios de Pablo, Timoteo y Pedro (15.22—18.5).

Apolos: predicador de Alejandría que ministró en Acaya; fue instruido por Aquila y Priscila (18.24—19.1).

Félix: gobernador romano de Judea; mantuvo a Pablo en prisión dos años (23.24—25.124).

Festo: sucedió a Félix como gobernador; revisó el caso de Pablo con Herodes Agripa II (24.27—26.32).

Herodes Agripa II: revisó el caso de Pablo con Festo; respondió con sarcasmo al evangelio (25.13—26.32).

Lucas: médico que viajó con Pablo; autor del libro de Hechos (16.10—28.31).

TEMAS HISTÓRICOS Y TEOLÓGICOS

Como la primera obra de historia de la iglesia que jamás se escribió, Hechos registra la respuesta inicial a la Gran Comisión (Mt 28.19, 20). Provee información de las primeras tres décadas de la existencia de la iglesia, material que no se encuentra en ningún otro lugar en el NT. Aunque no es primordialmente una obra doctrinal, Hechos enfatiza que Jesús de Nazaret era el Mesías esperado por mucho tiempo por Israel, muestra que el evangelio es ofrecido a todos los hombres (no solamente al pueblo judío), y enfatiza la obra del Espíritu Santo (mencionado más de cincuenta veces). Hechos también hace uso frecuente del AT: p. ej., 2.17–21 (Jl 2.28–32); 2.25–28

(Sal 16.8–11); 2.35 (Sal 110.1); 4.11 (Sal 118.22); 4.25, 26 (Sal 2.1, 2); 7.49, 50 (Is 66.1, 2); 8.32, 33 (Is 53.7, 8); 28.26, 27 (Is 6.9, 10).

Hechos abunda en transiciones: del ministerio de Jesús al de los apóstoles; del antiguo pacto al nuevo pacto; de Israel como la nación testigo de Dios a la iglesia (compuesta por judíos y gentiles) como el pueblo testigo de Dios. El libro de Hebreos establece la teología de la transición del antiguo pacto al nuevo; Hechos muestra la manifestación práctica del nuevo pacto en la vida de la iglesia.

PRINCIPALES DOCTRINAS EN HECHOS

Establecimiento de la iglesia: historia de cómo se difundió la fe (2.1; 4.23, 24, 32–37; 9.31; Mt 16.18; Ro 12.5; 1 Co 10.17; 12.12; Gá 3.28; Ef 4.15–16; 1 Ti 3.15; Ap 19.8).

La obra del Espíritu Santo: la forma en que el Espíritu de Dios dirigía a la iglesia y a cada creyente (1.8; 2.2–4, 16–18, 38; 4.8; 8.29; 11.12; 13.2; 16.6; 21.11; Gn 6.3; Nm 11.25–27; Neh 9.30; Is 48.16; Sof 7.12; Jn 15.26; Ro 8.16, 26; 1 Co 2.4, 9, 10; He 2.4; 1 Jn 3.24; 4.13; Ap 2.7, 11, 29).

EL CARÁCTER DE DIOS EN HECHOS

Dios es accesible: 14.27

Dios es glorioso: 7.2, 55

Dios es bueno: 14.17

Dios es justo: 17.31

Dios es el Altísimo: 7.48

Dios cumple sus promesas: 1.4; 2.33, 39; 7.17; 13.2, 23, 32; 26.6, 7

Dios provee: 1.26; 3.17, 18; 12.5; 17.26; 27.22, 31, 32

Dios es justo y recto: 17.31

Dios es sabio: 15.18

RETOS DE INTERPRETACIÓN

Debido a que Hechos es primordialmente una narración histórica, no un tratado teológico como Romanos o Hebreos, contiene relativamente pocos retos de interpretación. Aquellos que existen principalmente tienen que ver con la naturaleza de transición del libro (vea «Temas históricos y teológicos») e incluyen el papel de las señales y milagros.

BOSQUEJO

Prólogo (1.1–8)

I. El testimonio a Jerusalén (1.9—8.3)

    A. La espera de la iglesia (1.9–26)

    B. El establecimiento de la iglesia (2.1–47)

    C. El crecimiento de la iglesia (3.1—8.3)

        1. Apóstoles: Al predicar, sanar y soportar persecución (3.1—5.42)

        2. Diáconos: Al orar, enseñar y soportar persecución (6.1—8.3)

II. El testimonio a Judea y Samaria (8.4—12.25)

    A. El evangelio a los samaritanos (8.4–25)

    B. La conversión de un gentil (8.26–40)

    C. La conversión de Saulo (9.1–31)

D. El evangelio a Judea (9.32–43)
E. El evangelio a los gentiles (10.1—11.30)
F. La persecución por parte de Herodes (12.1–25)
III. **El testimonio a los fines de la tierra (13.1—28.31)**
A. El primer viaje misionero de Pablo (13.1—14.28)
B. El concilio de Jerusalén (15.1–35)
C. El segundo viaje misionero de Pablo (15.36—18.22)
D. El tercer viaje misionero de Pablo (18.23—21.16)
E. Los juicios de Pablo en Jerusalén y Cesarea (21.17—26.32)
F. El viaje de Pablo a Roma (27.1—28.31)

Mientras tanto, en otras partes del mundo...
Los romanos aprenden de los galos a usar el jabón para limpiar.

RESPUESTAS A PREGUNTAS DIFÍCILES

1. ¿Cómo puede defenderse la autoría de Lucas como escritor del libro de los Hechos de los Apóstoles si su nombre no aparece en la obra?

El Evangelio de Lucas y Hechos de los Apóstoles comparten muchos aspectos que señalan que el autor humano fue el mismo. Se dirigen a la misma persona: Teófilo (Lc 1.3; Hch 1.1). Su estilo es paralelo. El segundo libro afirma ser una extensión del primero. La falta del nombre del autor en un libro no es inusual, como problema para establecer su autoría. Muchos de los libros de la Biblia nos han llegado sin mención de la autoría humana del texto, pero en la mayoría de los casos hay claves, internas y externas, que nos llevan a poder identificar a los autores con razonable confianza. Uno de los beneficios que crea el anonimato inicial es que se reconoce que los libros de la Biblia se originaron por inspiración del Espíritu Santo. Quizá requiera de cierto esfuerzo el descubrir a quién usó Dios para escribir alguno de esos libros, pero no se puede dudar del Autor original. Ver «Autor y fecha» para más datos sobre la autoría de Lucas.

2. ¿Qué podemos aprender del libro de Hechos sobre la función especial del Espíritu Santo en nuestras vidas?

Cuando estudiamos el libro de Hechos debemos ser cautelosos en cuanto a la diferencia entre *descripción y prescripción*. Es una diferencia que tiene una importante función en la interpretación de los libros históricos de la Biblia. El hecho de que la Biblia describa un suceso no implica que ese hecho o acción pueda, deba o fuese a repetirse.

La llegada del Espíritu Santo como Auxiliador prometido (Jn 14.17), que Hechos describe como un suceso impactante (2.1–13) tuvo repeticiones parciales y selectas (8.14–19; 10.44–48; 19.1–7). Fueron casos especiales en que se nos dice que los creyentes recibieron al Espíritu Santo o fueron llenos de él. En cada uno de estos casos no hubo ni sonido ni lenguas de fuego, como en el suceso original (2.1–13), pero la gente hablaba en lenguas que no conocían (aunque otros sí reconocían). Son hechos que no han de tomarse como base para enseñar que hoy los creyentes han de esperar la misma evidencia —la de las lenguas— como acompañamiento del derramamiento del Espíritu Santo. Incluso en Hechos las conversiones genuinas no necesariamente llevaban a un derramamiento extraordinario del Espíritu Santo. Por ejemplo, ese mismo día de Pentecostés (2.41) que comenzó de manera tan dramática con el don de lenguas, una multitud de tres mil personas creyó y se bautizó, pero no se mencionan las lenguas con respecto a los nuevos conversos. Así que, ¿por qué es que la confirmación de la fe a veces sí estaba acompañada del don de lenguas? Es probable que demostrara que los creyentes provenían de diferentes grupos, y conformaban la iglesia. Cada uno de los nuevos grupos recibía una bienvenida especial por parte del Espíritu Santo. Así se sumaron a la iglesia samaritanos (8.14–19), gentiles (10.44–48) y creyentes del antiguo pacto (19.1–7); y se estableció de esa manera la unidad de la iglesia. Para demostrar esa unidad era necesario que hubiera en cada caso una réplica de lo ocurrido con los judíos creyentes en Pentecostés, como la presencia de los apóstoles y la venida del Espíritu, puesta de manifiesto por medio del don de lenguas en Pentecostés.

3. ¿Cómo se relaciona el bautismo del Espíritu Santo (1 Co 12.13) con las actividades del Espíritu Santo en el libro de Hechos?

En Hechos encontramos varias ocasiones en que los presentes «fueron llenos» del Espíritu Santo, o en que el Espíritu Santo «cayó», o «vino sobre ellos» (2.4; 10.44; 19.6). Pedro identifica esas acciones de Dios como cumplimiento de la profecía de Joel (Jl 2.28–32). Visto desde la perspectiva del NT en su totalidad, esas experiencias no son las mismas ni remplazan lo que Juan el Bautista (Mr 1.8) y Pablo describieron como bautismo por el Espíritu Santo (1 Co 12.13). El bautismo por el Espíritu es una acción única mediante la cual Dios ubica al creyente en su cuerpo, como miembro de este. Por otra parte, el derramamiento del Espíritu Santo es una realidad reiterada de una conducta controlada por el Espíritu, que Dios manda mantener a los creyentes (Ef 5.18). Pedro y los demás que vivieron ese derramamiento especial el día de Pentecostés (2.4) fueron llenos del Espíritu nuevamente (4.8, 31; 6.5; 7.55) y hablaban confiadamente la Palabra de Dios. Ese fue tan solo el principio. Estar llenos del Espíritu afecta a todas las áreas de la vida, no solo permite hablar confiados (Ef 5.18–33).

Otro temas de estudio en Hechos

1. ¿Cuál de los sucesos relatados en Hechos le habría gustado vivir en persona y por qué?
2. ¿Cómo comenzó la iglesia? ¿Cómo fue creciendo?
3. ¿Qué tipos de oposición enfrentaron los primeros cristianos?
4. ¿Cómo comunicaban su fe esos cristianos? ¿De qué maneras lo hacían?
5. ¿Cómo se reconocía y recibía el Espíritu Santo en la iglesia primitiva?
6. ¿En qué aspectos sigue usted llevando el evangelio a su Jerusalén, Judea, Samaria y los confines de la tierra (Hch 1.8)?

Trayectoria del apóstol Pablo

Origen:	Tarso de Cilicia (Hch 22.3) Tribu de Benjamín (Fil 3.5)
Entrenamiento:	Aprendió a hacer tiendas (Hch 18.3) Estudió con Gamaliel (Hch 22.3)
Primera religión:	Hebreo y fariseo (Fil 3.5) Perseguía a los cristianos (Hch 8.1–3; Fil 3.6)
Salvación:	Conoció al Cristo resucitado en el camino a Damasco (Hch 9.1–8) Recibió el derramamiento del Espíritu Santo en la calle llamada Derecha (Hch 9.17)
Llamado a la misión:	El Espíritu Santo envió a Pablo a hacer la obra de la iglesia en Antioquía (Hch 13.1–3) Llevó el evangelio a los gentiles (Gá 2.7–10)
Roles:	Habló por la iglesia de Antioquía en el concilio de Jerusalén (Hch 15.1–35) Se opuso a Pedro (Gá 2.11–21) Discutió con Bernabé sobre Juan Marcos (Hch 15.36–41)
Logros:	Tres largos viajes misioneros (Hechos 13—20) Fundó numerosas iglesias en Asia menor, Grecia y posiblemente también en España (Ro 15.24, 28) Escribió cartas a numerosas iglesias y distintas personas, que hoy conforman una cuarta parte de nuestro Nuevo Testamento
Final de su vida:	Después de su arresto en Jerusalén fue enviado a Roma (Hch 21.27; 28.16–31) Según la tradición cristiana, fue liberado de prisión y pudo seguir con su obra misionera en Macedonia; volvieron a arrestarlo y a ponerlo en prisión en Roma y lo decapitaron en las afueras de la ciudad.

Primer y segundo viajes misioneros de Pablo

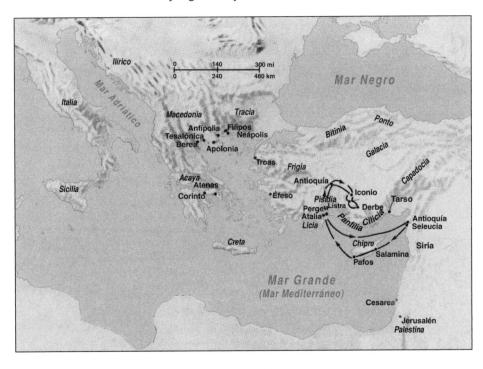

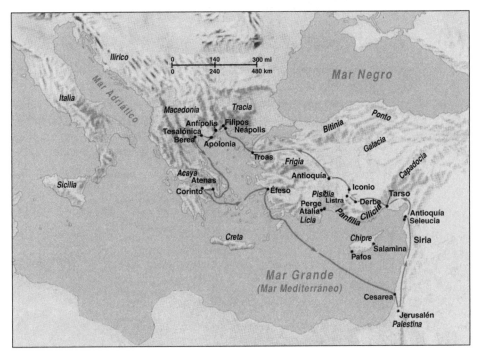

Tercer y cuarto viajes misioneros de Pablo

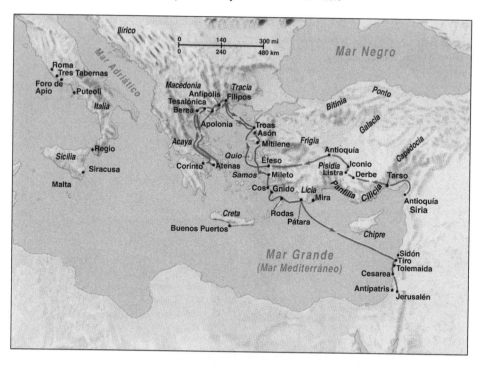

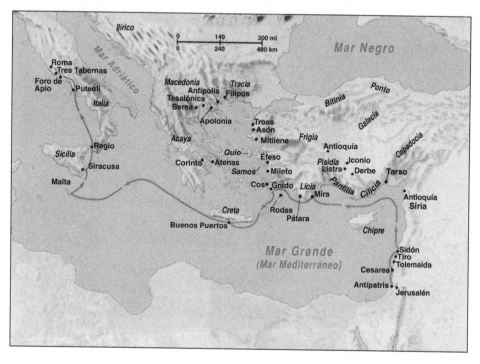

Principales sermones de Hechos

El libro de Hechos registra varios sermones y discursos importantes. Se incluyen más de veinte; la mayoría son de Pedro (7 en total) y de Pablo (11 en total). Debajo, una lista de los más significativos, junto con su tema y ubicación en el texto.

Discurso	Tema	Referencia bíblica
Pedro a las multitudes en Pentecostés	Explicación de Pedro acerca del significado de Pentecostés	Hechos 2.14–40
Pedro a las multitudes en el templo	El pueblo judío debía arrepentirse por crucificar al Mesías	Hechos 3.12–26
Pedro al Sanedrín	Testimonio de que el poder de Jesús sanó a un enfermo	Hechos 4.5–12
Esteban al Sanedrín	Repaso de Esteban de la historia judía, acusando a los judíos de matar al Mesías	Hechos 7
Pedro a los gentiles	Los gentiles pueden ser salvos de la misma manera que los judíos	Hechos 10.28–47
Pedro a la iglesia de Jerusalén	Testimonio de Pedro de sus experiencias en Jope y defensa de su ministerio a los gentiles	Hechos 11.4–18
Pablo a la sinagoga de Antioquía	Jesús era el Mesías, en cumplimiento de las profecías del Antiguo Testamento	Hechos 13.16–41
Pedro al consejo de Jerusalén	La salvación por la gracia es para todos	Hechos 15.7–11
Pedro al consejo de Jerusalén	Los conversos gentiles no tienen que circuncidarse	Hechos 15.13–21
Pablo a los ancianos de Éfeso	Seguir fiel a pesar de los falsos maestros y la persecución	Hechos 20.17–35
Pablo a la multitud de Jerusalén	Declaración de Pablo acerca de su conversión y su misión a los gentiles	Hechos 22.1–21
Pablo al Sanedrín	Defensa de Pablo, que se declara fariseo y ciudadano romano	Hechos 23.1–6
Pablo al rey Agripa	Declaración de Pablo de su conversión y su celo por el evangelio	Hechos 26
Pablo a los líderes judíos de Roma	Declaración de Pablo sobre su legado judío	Hechos 28.17–20

Ministerio de los apóstoles

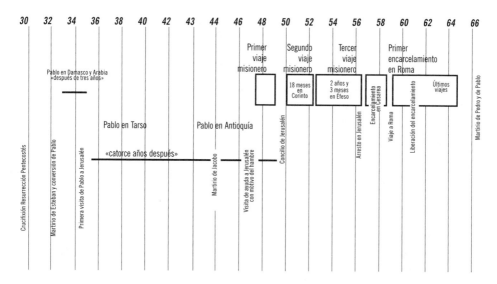

Ministerios del Espíritu Santo

Medio bautismal	1 Co 12.13
Llama al ministerio	Hch 13.2–4
Canal de revelación divina	2 S 23.2; Neh 9.30; Zac 7.12; Jn 14.17
Capacita	Éx 31.2, 3; Jue 13.25; Hch 1.8
Llena	Lc 4.1; Hch 2.4; Ef 5.18
Garantiza	2 Co 1.22; 5.5; Ef 1.14
Guarda	2 Ti 1.14
Ayuda	Jn 14.16, 26; 15.26; 16.7
Ilumina	1 Co 2.10–13
Establece su morada en el creyente	Ro 8.9–11; 1 Co 3.16; 6.19
Intercede	Ro 8.26, 27
Produce fruto	Gá 5.22, 23
Provee virtud espiritual	Gá 5.16, 18, 25
Regenera	Jn 3.5, 6, 8
Refrena / convence de pecado	Gn 6.3; Jn 16.8–10; Hch 7.51
Santifica	Ro 15.16; 1 Co 6.11; 2 Ts 2.13
Sella	2 Co 1.22; Ef 1.14; 4.30
Selecciona ancianos	Hch 20.28
Fuente de comunión	2 Co 13.14; Fil 2.1
Fuente de libertad	2 Co 3.17, 18
Fuente de poder	Ef 3.16
Fuente de unidad	Ef 4.3, 4
Fuente de dones espirituales	1 Co 12.4–11
Enseña	Jn 14.26; Hch 15.28; 1 Jn 2.20, 27

Las naciones de Pentecostés

Pentecostés, la fiesta judía que también se conoce como Fiesta de las Semanas, marcaba el final de la cosecha de la cebada. En esta fiesta anual, unos 50 días después de la resurrección de Jesús, se reunían en Jerusalén los judíos de todo el Imperio Romano para observar esta gran fiesta religiosa. Cuando el Espíritu Santo vino sobre los apóstoles empezaron a hablar en otras lenguas y esta gente que venía de distintas naciones les entendía perfectamente (Hch 2.5–13). Este mapa muestra las distintas regiones del Imperio Romano que estaban representadas en Jerusalén el Día de Pentecostés.

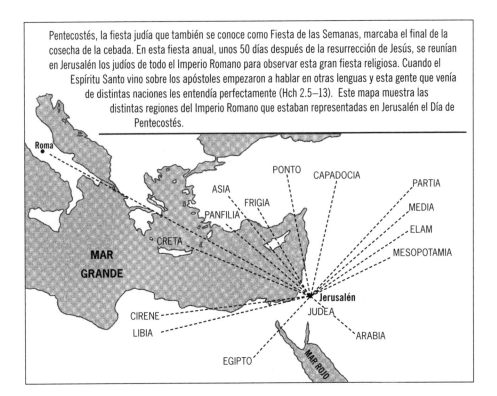

ROMANOS
Resumen de la doctrina cristiana

TÍTULO

El nombre de esta epístola viene de sus destinatarios originales: los miembros de la iglesia en Roma, la capital del Imperio Romano (1.7).

AUTOR Y FECHA

Nadie disputa que el apóstol Pablo escribió Romanos. Al igual que el primer rey de Israel (Saúl o Saulo era el nombre hebreo de Pablo; Pablo su nombre griego), era de la tribu de Benjamín (Fil 3.5). Él también era un ciudadano romano (Hch 16.37; 22.25). Pablo nació alrededor del tiempo del nacimiento de Cristo, en Tarso (Hch 9.11), una ciudad importante (Hch 21.39) en la provincia romana de Cilicia, localizada en Asia Menor (Turquía moderna). Él pasó gran parte de los primeros años de su vida en Jerusalén como un alumno del celebrado rabino Gamaliel (Hch 22.3). Al igual que su padre antes que él, Pablo era un fariseo (Hch 23.6), un miembro de la secta judía más estricta (cp. Fil 3.5).

Milagrosamente convertido mientras iba camino a Damasco (ca. 33–34 d.c.) para arrestar a cristianos en esa ciudad, Pablo inmediatamente comenzó a proclamar el mensaje del evangelio (Hch 9.20). Después de haber escapado con mucha dificultad de que le quitaran la vida en Damasco (Hch 9.23–25; 2 Co 11.32, 33), pasó tres años en Arabia Nabatea, al sureste del Mar Muerto (Gá 1.17, 18). Durante ese tiempo, recibió gran parte de su doctrina como revelación directa del Señor (Gá 1.11, 12).

Más que cualquier otro individuo, Pablo fue responsable por el esparcimiento del cristianismo a lo largo del Imperio Romano. Él hizo tres viajes misioneros por gran parte del mundo mediterráneo, predicando incansablemente el evangelio que en un tiempo buscó destruir (Hch 26.9). Después de que regresó a Jerusalén llevando una ofrenda para los necesitados en la iglesia ahí, fue falsamente acusado por algunos judíos (Hch 21.27–29), salvajemente golpeado por una multitud enfurecida (Hch 21.30, 31), y arrestado por los romanos. Aunque los gobernadores romanos, Félix y Festo, como también Herodes Agripa, no lo encontraron culpable de ningún crimen, la presión de los líderes judíos mantuvo a Pablo bajo la custodia romana. Después de dos años, el apóstol usó su derecho como ciudadano romano y apeló su caso a César. Después de un turbulento viaje (Hch 27, 28), incluyendo una tormenta violenta de dos semanas en el mar, que culminó en un naufragio, Pablo llegó a Roma. Liberado con el tiempo para tener un breve período de ministerio, fue arrestado una vez más y murió como un mártir en Roma alrededor del 65–67 d.c. (cp. 2 Ti 4.6).

Aunque físicamente no era impresionante (cp. 2 Co 10.10; Gá 4.14), Pablo poseyó una fortaleza interna que le fue otorgada a través del poder del Espíritu Santo (Fil 4.13). La gracia de Dios probó ser suficiente a fin de proveer para toda necesidad que tuvo (2 Co 12.9, 10), capacitando a este noble siervo de Cristo para terminar exitosamente su carrera espiritual (2 Ti 4.7).

Roma del siglo I

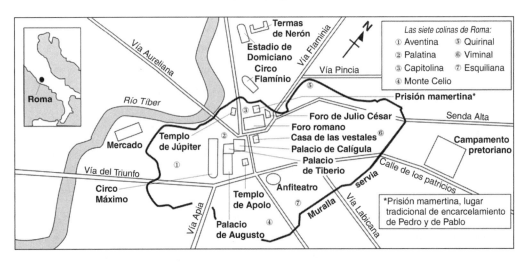

Pablo escribió Romanos desde Corinto, como las referencias a Febe (Ro 16.1, Cencrea era el Puerto de Corinto), Gayo (Ro 16.23) y Erasto (Ro 16.23), quienes estaban asociados con Corinto, indican. El apóstol escribió la carta hacia el cierre de su tercer viaje misionero (lo más probable es que fue en el 56 D.C.), conforme se preparaba para partir a Palestina con una ofrenda para los creyentes pobres en la iglesia en Jerusalén (Ro 15.25). A Febe se le dio gran responsabilidad de entregar esta carta a los creyentes romanos (16.1, 2).

CONTEXTO HISTÓRICO

Roma era la capital y la ciudad más importante del Imperio Romano. Fue fundada en el 753 A.C., pero no es mencionada en las Escrituras sino hasta los tiempos del NT. Roma está localizada a lo largo de las cuencas del río Tíber, a alrededor de veinticuatro kilómetros del Mar Mediterráneo. Hasta que un puerto artificial fue construido cerca de Ostia, el principal puerto de Roma era Puteoli, a unos doscientos cuarenta kilómetros de distancia. En el día de Pablo, la ciudad tenía una población de más de un millón de personas, muchas de las cuales eran esclavas. Roma se jactaba de tener edificios colosales, tales como el Palacio del Emperador, el Circo Máximo y el Foro, pero su belleza era manchada por los barrios en los que tantos vivían. De acuerdo a la tradición, Pablo fue martirizado afuera de Roma en la Vía Ostiana durante el reinado de Nerón (54–68 D.C.).

Algunos de aquellos que se convirtieron en el día de Pentecostés probablemente fundaron la iglesia en Roma (cp. Hch 2.10). Pablo había buscado por mucho tiempo visitar la iglesia romana, pero se le había hecho imposible hacer eso (1.13). En la providencia de Dios, la incapacidad de Pablo de visitar Roma le dio al mundo esta obra maestra inspirada de la doctrina del evangelio.

El propósito primordial de Pablo al escribir Romanos fue enseñarles las grandes verdades del evangelio de la gracia a creyentes que nunca habían recibido instrucción apostólica. La carta también lo introdujo a una iglesia en donde él era personalmente desconocido, pero esperaba visitar pronto por varias razones importantes: edificar a los creyentes (1.11); predicar el evangelio (1.15); y conocer a los cristianos romanos, para que pudieran alentarlo (1.12; 15.32), orar mejor por él (15.30), y ayudarlo con su ministerio planificado en España (15.28).

A diferencia de algunas de las otras epístolas de Pablo (p. ej., 1, 2 Co, Gá), su propósito al escribir no era corregir una teología aberrante o reprender la vida impía. La iglesia romana era doctrinalmente sana, pero, como todas las iglesias, estaba en necesidad de la instrucción doctrinal rica y práctica que esta carta provee.

PERSONAS DESTACADAS EN ROMANOS

Pablo: apóstol y autor del libro de Romanos (1.1—16.22).

Febe: diaconisa de la iglesia de Cencrea; a ella le confió Pablo la entrega de su carta (el libro de Romanos) a los creyentes de Roma (16.1–2).

TEMAS HISTÓRICOS Y TEOLÓGICOS

Debido a que Romanos es primordialmente una obra de doctrina, contiene poco material histórico. Pablo usa figuras conocidas del AT tales como Abraham (cap. 4), David (4.6–8), Adán (5.12–21), Sara (9.9), Rebeca (9.10), Jacob y Esaú (9.1–13) y Faraón (9.17) como ilustraciones. Él también relata algo de la historia de Israel (caps. 9—11). El capítulo 16 provee vistazos interesantes de la naturaleza e identidad de la iglesia del primer siglo y sus miembros.

El tema principal de Romanos es la justicia que viene de Dios: la gloriosa verdad que Dios justifica por gracia a pecadores culpables, condenados, únicamente a través de la fe en Cristo solamente. Los caps. 1—11 presentan las verdades teológicas de esa doctrina, mientras que los caps. 12—16 detallan su manifestación práctica en la vida de los creyentes individuales y la vida de la iglesia entera. Algunos temas específicos teológicos incluyen principios de liderazgo espiritual (1.8–15); la ira de Dios en contra de la humanidad pecadora (1.18–32); principios de juicio

Mentores al estilo del reino

divino (2.1–16); la universalidad del pecado (3.9–20); una exposición y defensa de la justificación por la fe solamente (3.21—4.25); la seguridad de la salvación (5.1–11); la transferencia del pecado de Adán (5.12–21); la santificación (caps. 6—8); la elección soberana (cap. 9); el plan de Dios para Israel (cap. 11); los dones espirituales y la piedad práctica (cap. 12); la responsabilidad del creyente para con el gobierno humano (cap. 13); y los principios de la libertad cristiana (14.1—15.12).

Principales doctrinas en Romanos

La humanidad pecadora: El pecado separa a todos los seres humanos de Dios; solamente Jesucristo puede reconciliar a Dios y a los hombres (3.9–20; Gn 3.6, 7; 18.20; Éx 32.31; Dt 9.7; 1 R 8.46; 14.16; Sal 38.18; Pr 20.9; Ec 7.20; Jer 2.22; Ro 5.12; 2 Co 5.21; He 4.15; 7.26).

Justificación por la fe: La total libertad del juicio y la esclavitud del pecado viene por la fe puesta solamente en Jesucristo (1.16, 17; 3.21—4.25; 5.1–2, 18; Lv 18.5; Is 45.25; 50.8; 53.11; Jer 23.6; Hab 2.4; Jn 5.24; Hch 13.39; 1 Co 6.11; Gá 2.14–21; 3.11; 5.4; Tit 3.7; Stg 2.10).

Santificación: Por medio de la propiciación de Cristo los que creen son glorificados y apartados para servir a Dios (6.1—8.39; 15.16; Sal 4.3; Ez 37.28; Hch 20.32; 26.18; 2 Co 6.17; Ef 5.26, 27; 1 Ts 4.3, 4; 5.23; 2 Ts 2.13; 2 Ti 2.21; He 2.11; 13.12; 1 P 1.2; Jud 1.1).

Reconciliación: El sacrifico de Jesucristo renueva la relación entre Dios y los seres humanos (5.1, 10–11; Lv 8.15; 16.20; Dn 9.24; Is 53.5; Mt 5.24–26; 2 Co 5.18–20; Ef 2.14–16; Col 1.20–22; 2.14; He 2.17).

El carácter de Dios en Romanos

Dios es accesible: 5.2

Dios es eterno: 1.20

Dios perdona: 3.25

Dios es glorioso: 3.23; 6.4

Dios es bueno: 2.4

Dios es incorruptible: 1.23

Dios es justo: 2.11; 3.4, 26

Dios es paciente: 2.4, 5; 3.25; 9.22

Dios es amoroso: 5.5, 8; 8.39; 9.11–13

Dios es misericordioso: 9.15, 18

Dios es poderoso: 1.16, 20; 9.21, 22

Dios cumple sus promesas: 1.1, 2; 4.13, 16, 20; 9.4, 8; 15.8

Dios provee: 8.28; 11.33

Dios es reconciliador: 5.1, 10

Dios es recto y justo: 2.5; 3.25, 26

Dios es inescrutable: 11.33

Dios es sabio: 11.33; 16.27

Dios se aíra: 1.18; 2.5, 6, 8; 3.5, 6; 5.9; 9.18, 20, 22

Retos de interpretación

Como la obra doctrinal preeminente en el NT, Romanos naturalmente contiene varios pasajes difíciles. La discusión de Pablo de la perpetuación del pecado de Adán (5.12–21) es uno de los pasajes teológicos más profundos de toda la Escritura. La naturaleza de la unión de la humanidad con Adán y cómo su pecado fue transferido a la raza humana siempre ha sido el tema de un debate intenso. Los estudiantes de la Biblia también están en desacuerdo en que el 7.7–25 describe la experiencia de Pablo como un creyente o incrédulo, o es una herramienta literaria sin intención alguna de ser autobiográfica. Las doctrinas cercanamente

CRISTO EN... ROMANOS

El Libro de Romanos es ante todo una obra doctrinal y presenta a Cristo como Redentor de la humanidad. Pablo declara que solo la fe en Cristo cubre el abismo que separa a Dios todopoderoso de la humanidad pecadora. Así, el ser humano es justificado por medio de la obra de Cristo en la cruz.

relacionadas con la elección (8.28–30) y la soberanía de Dios (9.6–29) han confundido a muchos creyentes. Otros cuestionan si los caps. 9—11 enseñan o no que Dios tiene un plan futuro para la nación de Israel y el asunto de la obediecia de los creyentes al gobierno humano (13.1–7). Vea «Respuestas a preguntas difíciles» para más información con respecto a estos asuntos.

BOSQUEJO

I. **Saludos e introducción (1.1–15)**

II. **Tema (1.16, 17)**

III. **Condenación: La necesidad de la justicia de Dios (1.18—3.20)**
   A. Gentiles injustos (1.18–32)
   B. Judíos injustos (2.1—3.8)
   C. Humanidad injusta (3.9–20)

IV. **Justificación: La provisión de la justicia de Dios (3.21—5.21)**
   A. La fuente de la justicia (3.21–31)
   B. El ejemplo de la justicia (4.1–25)
   C. Las bendiciones de la justicia (5.1–11)
   D. La imputación de la justicia (5.12–21)

V. **Santificación: La demostración de la justicia de Dios (6.1—8.39)**

VI. **Restauración: La recepción de Israel de la justicia de Dios (9.1—11.36)**

VII. **Aplicación: La conducta de la justicia de Dios (12.1—15.13)**

VIII. **Conclusión, saludos y bendición (15.14—16.27)**

RESPUESTAS A PREGUNTAS DIFÍCILES

1. ¿Quién era Pablo el apóstol y por qué parece tener dos nombres?

Pablo (nombre en griego) el apóstol, también era conocido como Saulo, su nombre en hebreo. Junto con su doble nombre, Pablo también podía ejercer su doble ciudadanía como descendiente judío de la tribu de Benjamín (Fil 3.5) y como romano (Hch 16.37; 22.25). Él nació más o menos al mismo tiempo que Cristo, en Tarso, en lo que es hoy Turquía (Hch 9.11).

Pablo, más que cualquier otra persona, difundió el cristianismo por el Imperio Romano. Hizo tres viajes misioneros por el lado norte del mar Mediterráneo predicando incansablemente el evangelio que antes había intentado destruir (Hch 26.9). Al final fue arrestado en Jerusalén (Hch 21.27–31), por lo que apeló pidiendo una audiencia ante el César, hasta que finalmente llegó a Roma (capítulos 27—28). Luego fue liberado y pudo dedicarse al ministerio durante un tiempo, pero volvieron a arrestarlo y murió como mártir en Roma, en el año 65 o 67 A.D. aproximadamente. (Ver «Autor y fecha» en páginas anteriores para más información.)

PALABRAS CLAVE EN

Romanos

Justificación: en griego *dikaiosis* —4.25; 5.18— deriva del verbo griego *dikaio* que significa «absolver» o «declarar justo» y que utilizó Pablo en 4.2, 5; 5.1. Es un término legal que se refiere al veredicto favorable en un juicio. La palabra nos presenta el contexto de un tribunal, con Dios presidiendo como Juez, determinando la fidelidad de cada persona a la ley. Pablo deja en claro, en la última sección de Romanos, que nadie puede ser declarado justo en el juicio de Dios (3.9–20). La ley no fue dada para justificar a los pecadores, sino para exponer su pecado. Y para remediar esta deplorable situación, Dios envió a su Hijo a fin de que muriera por nuestros pecados, como sustituto de nosotros. Cuando creemos en Jesús, Dios nos imputa su justicia y somos declarados justos ante Él. De esta forma Dios demuestra que es un Juez justo y nuestro Justificador, aquel que nos declara justos (3.26).

Reconciliación: en griego *katallage* —5.11; 11.15— básicamente significa «cambiar» o «intercambiar». En el contexto de las relaciones interpersonales el término implica un cambio de actitud por parte de ambas personas, de la enemistad a la amistad. Cuando se usa para describir la relación entre Dios y una persona, el vocablo implica un cambio de actitud, tanto por parte de la persona como de Dios. La necesidad de cambiar de conducta en los humanos pecadores es algo evidente, pero hay quienes argumentan que de parte de Dios no hace falta ningún cambio. Sin embargo, el cambio de actitud de Dios con el pecador es inherente a la doctrina de la justificación. Dios declara justa ante él a una persona que antes era su enemiga.

Esperanza: en griego *elpis* —4.18; 5.2; 8.20, 24; 12.12; 15.4, 13— señala a la «confiada expectativa» o «anticipación», y no a «buenos deseos» como puede entenderse en el lenguaje coloquial y común. El uso de la palabra esperanza en este contexto es inusual y también irónico, porque sugiere que los gentiles, que poco o nada saben sobre el Mesías, anticipaban su venida. Pero pensemos tan solo en Cornelio (Hch 10) y veremos que algunos gentiles sí anticipaban la venida del Mesías judío. Jesús fue enviado no solo para salvación de los judíos, sino también de los gentiles. Como Dios es el Autor de nuestra salvación podemos llamarle el Dios de la esperanza, porque él nos ha dado esperanza (15.13).

Ley: en griego *nomos* —2.12, 27; 3.27; 4.15; 7.1, 7, 23; 9.31; 13.10— significa principio interno de acción, bueno o malo, que opera con la regularidad de una ley. El término también se refiere al parámetro de vida de una persona. El apóstol Pablo describió tres de estas leyes. La primera es «la ley del pecado» que, operando a través de su carne, le hacía pecar. Pablo, como todos los demás creyentes, necesitaba que otra ley venciera a la «ley del pecado». Esta es «la ley del Espíritu de la vida en Cristo Jesús», que nos libera de la ley del pecado y la muerte (8.2). Al seguir esta ley los creyentes pueden cumplir los requisitos de justicia de la «ley de Dios» (8.4). La ley de Dios es el parámetro de la acción humana que se corresponde con la naturaleza justa de Dios.

2. Cuando Pablo escribe en Romanos 5.12: «Por tanto, como el pecado entró en el mundo por un hombre, y por el pecado la muerte, así la muerte pasó a todos los hombres, por cuanto todos pecaron», ¿qué es lo que quiere decir?

Lo que Pablo afirma sobre la perpetuidad del pecado de Adán (5.12–21) conforma uno de los pasajes teológicos más significativos de toda la Biblia. Establece la base de la enseñanza paulina de que la muerte de un hombre (Cristo) puede brindar salvación a muchos. A fin de demostrarlo, usa a Adán para ir desarrollando el principio de que es posible que las acciones de un solo hombre afecten inevitablemente a muchas personas.

En este pasaje la palabra *pecado* no se refiere a uno en particular, sino a la propensión inherente al pecado que invadió a la raza humana a través de Adán. Los seres humanos nos hicimos pecadores por naturaleza y Adán le dejó este legado a todos sus descendientes, esa naturaleza inherentemente pecadora que él poseía, como resultado de su primera desobediencia. Él fue quien se infectó y todos heredamos esa enfermedad. La naturaleza pecaminosa está presente desde el momento de la concepción (Sal 51.5) y eso hace imposible que cualquier persona viva de manera que agrade a Dios.

Cuando Adán pecó, su pecado transformó nuestra naturaleza interna y causó la muerte espiritual y la depravación que luego heredaron sus descendientes (toda la humanidad). Como toda la humanidad existía en la simiente de Adán y por la procreación hemos heredado su naturaleza de pecado, puede decirse que en Adán todos pecaron. Por eso, los seres humanos no son pecadores porque pecan, sino más bien, pecan porque son pecadores.

3. En versículos como Romanos 5.12 y 6.23, ¿a qué tipo de muerte se refiere Pablo?

La palabra *muerte* tiene tres manifestaciones distintas en la terminología bíblica:

- muerte espiritual o separación de Dios (Ef 1.1–2, 4, 18)
- muerte física (He 9.27)
- muerte eterna (también llamada segunda muerte) que incluye no solo la eterna separación de Dios, sino el eterno tormento en el lago de fuego (Ap 20.11–15)

Cuando el pecado entró en la raza humana a través de Adán, con él entraron todos esos aspectos de la muerte. Originalmente Adán no estaba sujeto a muerte, pero por medio de su pecado la muerte se convirtió en una dura certeza para él y su posteridad. La muerte a la que se refiere Romanos 6.23 incluye a la primera y la tercera de las descripciones ya enumeradas. Ese versículo establece dos verdades incuestionables: (1) la muerte espiritual y la eterna separación de Dios son la paga de la esclavitud de toda persona con respecto al pecado; y (2) la vida eterna es un regalo que Dios les da gratis a los pecadores que no la merecen si creen en su Hijo (Ef 2.8, 9).

4. En Romanos 7.7–25, ¿cuál es la perspectiva real de Pablo? ¿Está hablando de su propia experiencia como creyente o no creyente? ¿O su estilo no es más que un recurso literario?

Pablo utiliza en este pasaje el pronombre personal «yo», usando su propia experiencia como ejemplo de lo que vale para la humanidad no redimida (7.7–12) y para los cristianos sinceros (7.13–25). Hay quienes interpretan esta crónica del conflicto interno de Pablo como una

Mientras tanto, en otras partes del mundo...
El emperador MingTi introduce el budismo en China.

descripción de su vida antes de Cristo. Señalan que Pablo describe al individuo como «vendido al pecado» (7.14) y en cuya «carne no mora el bien» (7.18), como «miserable» atrapado en un «cuerpo de muerte» (7.24). Son descripciones que parecen contradecir la anterior descripción que hace Pablo del creyente (6.2, 6–7, 11, 17–18, 22).

Sin embargo, es correcto entender que aquí Pablo habla de un creyente. Esta persona desea obedecer la ley de Dios y odia el pecado (7.15, 19, 21). Es humilde y reconoce que en su condición humana nada bueno hay (7.18). Ve el pecado en sí mismo, pero no como lo único que hay (7.17, 20–22). Y sirve a Jesucristo con su mente (7.25). Pablo ya ha establecido que ninguna de esas actitudes describen al que no es salvo (1.18–21, 32; 3.10–20). Pablo usa el tiempo presente en los verbos que aparecen en el pasaje 7.14–25, y esto respalda la idea de que describía su experiencia como cristiano en ese momento mismo. Los que concuerdan en que Pablo hablaba como creyente sincero de todos modos hallan espacio para el desacuerdo, porque hay quienes ven a un cristiano carnal bajo la influencia de antiguos hábitos, en tanto otros ven a un cristiano legalista frustrado por sus débiles intentos humanos de agradar a Dios observando la ley de Moisés. No obstante, el pronombre personal «yo» apunta al apóstol Pablo, representante de la salud y la madurez espiritual. Con ello se puede llegar a la conclusión de que en 7.7–25 el apóstol Pablo tiene que estar describiendo a todos los cristianos —incluyendo a los más espirituales y maduros— que, cuando se examinan con sinceridad ante los parámetros justos y rectos de la ley de Dios, ven lo mucho que fallan. Notemos en particular la sinceridad y transparencia de Pablo en los cuatro lamentos (7.14–17, 18–20, 21–23, 24–25).

5. Explique el proceso al que se refiere Pablo en Romanos 8.28–30 y 9.6–29. ¿Qué nos dicen palabras como *llamados, que antes conoció, predestinó* y *elección* sobre nuestra posición ante Dios?

Con esas palabras Dios revela en términos humanos su rol divino en el proceso de la salvación. La descripción de Pablo ofende al espíritu humano porque minimiza nuestro rol. Pero solo quienes ven su propia inutilidad e indefensión ante el pecado pueden llegar a entender la magnitud de la gracia de Dios al actuar y escoger ya de antemano. Jamás sorprendemos a Dios. ¡Él siempre se nos anticipa! «Mas Dios muestra su amor para con nosotros, en que siendo aún pecadores, Cristo murió por nosotros» (Ro 5.8).

La palabra *llamados* se refiere no solo a la invitación general de Dios a creer el evangelio, sino a que él llama a sí a todos aquellos a los que ha escogido para salvación.

Que antes conoció (8.29) no solo se refiere a la omnisciencia de Dios, que desde la eternidad pasada sabía quién vendría a Cristo, sino que más bien habla de la elección predeterminada de Dios de darnos su amor y establecer una relación íntima. El término *elección* (9.11) se refiere a la misma acción por parte de Dios (1 P 1.1, 2, 20). La salvación no se inicia por decisión humana. Incluso la fe es un don de Dios (Ro 1.16; Jn 6.37; Ef 2.8, 9).

El término *predestinó* (8.29) significa literalmente «marcar, señalar, determinar de antemano». Aquellos a los que Dios elige son designados por él para su propósito, es decir, que sean conformes a la imagen de su Hijo (Ef 1.4–5, 11). El objetivo del propósito predestinado de Dios para los suyos es que sean como Jesucristo.

La realidad y la seguridad de nuestra posición ante Dios dependen de su carácter y su decisión, no de la nuestra. Pablo resumió su enseñanza sobre la seguridad del creyente en Cristo con una serie de preguntas y respuestas que llegan a lo más profundo del creyente. Y que alcanzan su punto máximo con lo que sigue: «¿Quién nos separará del amor de Cristo?» (8.35). La respuesta de Pablo es casi una expresión poética de alabanza a la gracia de Dios que obró la salvación para todos los escogidos que creen. Es un himno que habla de seguridad y certeza.

Otros temas de estudio en Romanos

1. ¿Qué temas principales presenta Pablo en el primer capítulo de Romanos?
2. ¿De qué modo trata Pablo el tema del pecado, en lo personal y en relación con el mundo en su conjunto?
3. ¿En qué aspectos definen los versículos 3.23; 5.8; 6.23; 10.9–10 el evangelio mencionado en Romanos 1.16?
4. ¿En qué difieren los últimos cinco capítulos de Romanos de los primeros once?
5. ¿Qué palabras clave ha meditado y entendido al estudiar Romanos?
6. Resuma lo que Pablo escribe en Romanos sobre el carácter y la obra de Dios.
7. ¿En qué aspectos ha producido el mensaje de Romanos un cambio en su propia vida?

I CORINTIOS
Disciplina para una iglesia indisciplinada

TÍTULO

La carta es nombrada por la ciudad de Corinto, en donde la iglesia a la que fue escrita estaba localizada. Con la excepción de las epístolas personales dirigidas a Timoteo Tito y Filemón, todas las cartas de Pablo llevan el nombre de la ciudad en donde existía la iglesia a la que se estaba dirigiendo.

AUTOR Y FECHA

Como se indica en el primer versículo, la epístola fue escrita por el apóstol Pablo, cuyo papel como autor no puede ser seriamente cuestionado. La realidad de que esta es una carta de Pablo ha sido universalmente aceptada por la iglesia desde el primer siglo, cuando Primera de Corintios fue escrita. Internamente, el apóstol afirma haber escrito la epístola (1.1, 13; 3.4–6; 4.15; 16.21). Externamente, esta correspondencia ha sido reconocida como genuina desde el 95 D.C. por Clemente de Roma, quien estaba escribiendo a la iglesia corintia. Otros líderes cristianos de los primeros años de la iglesia que certificaron a Pablo como autor incluyen a Ignacio (ca. 110 D.C.), Policarpo (ca. 135 D.C.) y Tertuliano (ca. 200 D.C.).

Es muy probable que esta epístola haya sido escrita en la primera mitad del 55 D.C. desde Éfeso (16.8, 9, 19) mientras Pablo estaba en su tercer viaje misionero. El apóstol tenía la meta de permanecer en Éfeso para completar su estancia de tres años (Hch 20.31) hasta Pentecostés (mayo / junio) 55 D.C. (16.8). Después él esperaba estar en Corinto (55–56 D.C.) para el invierno (16.6; Hch 20.2). Su partida a Corinto era esperada aún mientras escribía (4.19; 11.34; 16.8).

CONTEXTO HISTÓRICO

La ciudad de Corinto estaba localizada en la parte sur de Grecia, en lo que era la provincia romana de Acaya, ca. 72 km al oeste de Atenas. Esta parte baja, el Peloponeso, está conectada al resto de Grecia por un istmo de 6,4 km de ancho, el cual está delimitado al este por el Golfo Sarónico y al oeste por el Golfo de Corinto. Corinto está cerca de la mitad del istmo y se encuentra prominentemente situada en una meseta alta. Por muchos siglos, todo el tráfico terráqueo de norte a sur en esa área tenía que pasar a través o cerca de esta ciudad antigua. Debido a que el viaje por mar alrededor del Peloponeso representaba un viaje de 400 km que era peligroso y obviamente tomaba mucho tiempo, la mayoría de los capitanes trasladaban sus barcos sobre plataformas con ruedas o estructuras con ruedas para cruzar el istmo pasando directamente por Corinto. Como era de esperarse, Corinto prosperó como una de las principales ciudades de comercio, no solo para la mayoría de Grecia, sino para gran parte del área del Mediterráneo, incluyendo el Norte de África, Italia y Asia Menor. Un canal que cruzaba el istmo fue iniciado por el emperador Nerón durante el primer siglo D.C., pero no fue terminado sino hasta finales del siglo diecinueve.

Los Juegos del Istmo, uno de los dos eventos deportivos más importantes de ese día (el otro era los Juegos Olímpicos), eran llevados a cabo en Corinto, causando más tráfico de personas.

Aun por los estándares paganos de su propia cultura, Corinto se volvió tan moralmente corrupta que su nombre mismo se volvió sinónimo de desenfreno y depravación moral. «Corintianizar» llegó a indicar una inmoralidad descarriada y embriaguez desenfrenada. En el 6.9, 10, Pablo enlista algunos de los pecados específicos por los cuales la ciudad era notada y que antes habían caracterizado a muchos creyentes en la iglesia que estaba ahí. Trágicamente, algunos de los peores pecados aún se evidenciaban entre algunos de los miembros de la iglesia. Uno de esos pecados, el incesto, era condenado incluso por los gentiles más paganos (5.1).

Al igual que la mayoría de las ciudades griegas antiguas, Corinto tenía una acrópolis (lit. «una ciudad alta»), la cual se elevaba a más de 600 metros y era usada tanto para la defensa como para la adoración. El edificio más prominente en la acrópolis era un templo a Afrodita, la diosa griega del amor. Unas mil sacerdotisas, quienes eran prostitutas «religiosas», vivían y trabajaban ahí y bajaban a la ciudad en la tarde para ofrecer sus servicios a los hombres de la ciudad y los visitantes.

La iglesia en Corinto fue fundada por Pablo en su segundo viaje misionero (Hch 18.1ss). Como siempre, su ministerio comenzó en la sinagoga, en donde era asistido por dos creyentes judíos, Priscila y Aquila, con los que vivió durante un tiempo y quienes eran compañeros de oficio. Poco después, Silas y Timoteo se unieron a ellos y Pablo comenzó a predicar aun

CRISTO EN... 1 CORINTIOS

LA CARTA DE PABLO A LOS CORINTIOS ayudaba a los creyentes a madurar en su entendimiento de Cristo y corregía algunas de las falsas enseñanzas que florecían. Pablo destacó lo real de la muerte y la resurrección de Cristo ante quienes habían empezado a negar la resurrección de los muertos (15.12–28). La santificación por medio de Cristo también se muestra como proceso continuo por el cual los creyentes buscan vivir día a día agradando a Dios (1.2, 30).

más intensamente en la sinagoga. Cuando la mayoría de los judíos rechazaron el evangelio, él dejó la sinagoga, pero no antes de que Crispo, el líder de la sinagoga, su familia y muchos otros corintios se convirtieran (Hch 18.5–8).

Después de ministrar en Corinto por más de un año y medio (Hch 18.11), Pablo fue traído ante un tribunal romano por algunos de los líderes judíos. Debido a que los cargos fueron estrictamente religiosos y no civiles, el procónsul, Galión, cerró el caso. Poco después, Pablo se llevó a Priscila y Aquila con él a Éfeso. De ahí él regreso a Israel (vv. 18–22).

Incapaz de romper totalmente con la cultura de la cual venía, la iglesia en Corinto era excepcionalmente divisiva, mostrando su carnalidad e inmadurez. Después de que el dotado Apolos ministrara en la iglesia por algún tiempo, un grupo de sus admiradores establecieron un grupo que tenía que ver poco con el resto de la iglesia. Otro grupo que se había desarrollado era leal a Pablo, otro decía ser especialmente leal a Pedro (Cefas), y aun otro a Cristo únicamente (vea 1.10–13; 3.1–9).

El problema más serio de la iglesia corintia era la mundanalidad, una falta de disposición a divorciarse de la cultura que los rodeaba. La mayoría de los creyentes no podían separarse consecuentemente de sus caminos antiguos, egoístas, inmorales y paganos. Fue necesario que Pablo escribiera para corregir esto, como también para mandar a los cristianos fieles no solo a romper la comunión con los miembros desobedientes y no arrepentidos, sino a sacar a esos miembros de la iglesia (5.9–13).

Antes de que él escribiera esta carta inspirada, Pablo le había escrito a la iglesia otra correspondencia (vea 5.9), la cual también era de naturaleza correctiva. Debido a que una copia de esa carta nunca ha sido descubierta, se ha hecho referencia a ella como «la carta perdida». Hubo otra carta no canónica después de Primera de Corintios, normalmente llamada «la epístola severa» (2 Co 2.4).

Personas destacadas en 1 Corintios

Pablo: autor de las cartas a la iglesia de Corinto (1.1—16.24).

Timoteo: misionero a quien Pablo envió para ayudar a la iglesia de Corinto (4.17; 16.10, 11).

Miembros de la casa de Cloé: los que informaron a Pablo de las divisiones entre los cristianos de Corinto (1.11).

Temas históricos y teológicos

Aunque el enfoque principal de esta epístola es la corrección de la conducta en lugar de la doctrina, Pablo ofrece una enseñanza seminal en muchas doctrinas que directamente se relacionan con asuntos de pecado y justicia. De una u otra manera, una vida equivocada siempre emana de una creencia equivocada. Los pecados sexuales, p. ej., incluyendo el divorcio, están inevitablemente relacionados con desobedecer el plan de Dios para el matrimonio y la familia (7.1–40). La adoración apropiada está determinada por cosas tales como el reconocimiento de la persona santa de Dios (3.17), la identidad espiritual de la iglesia (12.12–27) y la participación pura de la Cena del Señor (11.17–34). No es posible que la iglesia sea edificada fielmente y eficazmente a menos que los creyentes entiendan y ejerciten sus dones espirituales (12.1—14.40). La importancia de la doctrina de la resurrección, claro, no puede ser enfatizada demasiado, porque si no hay resurrección de los muertos, entonces Cristo no ha resucitado. Y si Cristo no ha resucitado, entonces la predicación es vacía y también lo es la fe (15.13, 14).

Además de esos temas, Pablo lidia brevemente con el juicio de Dios de los creyentes, el cual si se entiende de forma adecuada producirá motivos correctos para vivir piadosamente (vea 3.13–15). El entendimiento correcto de los ídolos y dioses falsos, en general, era para ayudar a los corintios inmaduros a pensar maduramente acerca de tales cosas como comer carne que había sido sacrificada a los ídolos (8.1—11.1). El

PALABRAS CLAVE EN

1 Corintios

Resurrección: en griego *anastasis* —15.12, 13, 21, 42— literalmente «resurrección de entre los que han muerto». Es esta la forma en que aparece en la primera mitad de 15.12 y en otros versículos (ver Hch 17.31; 1 P 1.3). Cuando las Escrituras hablan de la resurrección en general, la frase más usada es «la resurrección de los muertos». Así es como aparece en la segunda mitad de 15.12 (ver también 15.13, 42). En Romanos 1.4 se habla de la resurrección de Cristo como «una resurrección de entre los muertos». Es la misma terminología que aparece en 15.21, donde el texto griego dice literalmente: «Porque como a través de un hombre vino la muerte, así también a través de un Hombre vino una resurrección de personas muertas». Esto muestra que la resurrección de Cristo incluía la resurrección de los creyentes a la vida eterna. Cuando él resucitó, muchos también resucitaron por estar unidos a él en su resurrección (ver Ro 6.4, 5; Ef 2.6; Col 3.1).

Dones espirituales: en griego *charisma* —12.4, 9, 28, 30–31— palabra estrechamente relacionada con el vocablo *charis* que significa «gracia» o «favor»; *charisma* identifica «lo que se da por gracia». Pablo utilizó el término *charisma* para que fungiera de sinónimo del vocablo griego *pneumatika*, exactamente «las cosas espirituales», porque las cosas que se dan por gracia son dones espirituales. El Señor les da estos dones a distintas personas en la iglesia para dar vida a las reuniones y edificar a los creyentes del cuerpo eclesial. Cada uno de los miembros ha recibido al menos un tipo de *carisma*, sea el don de enseñar, profetizar, ejercer la fe, sanar, obrar milagros, discernir espíritus, hablar en lenguas o interpretar lenguas, entre otros.

entendimiento y la expresión correctos del amor genuino, piadoso, era obligatorio para el uso correcto de los dones y aun para el conocimiento correcto acerca de todas las cosas de Dios (13.1–13).

Entonces Pablo lidia con la cruz, la sabiduría divina y la sabiduría humana, la obra del Espíritu en la iluminación, la carnalidad, las recompensas eternas, la transformación de la salvación, la santificación, la naturaleza de Cristo, la unión con Él, el papel divino para las mujeres, el matrimonio y el divorcio, el bautismo del Espíritu, la llenura de él y sus dones, la unidad de la iglesia en un cuerpo, la teología del amor y la doctrina de la resurrección. Todos estos establecen la verdad fundamental para una conducta piadosa.

Principales doctrinas en 1 Corintios

Pecado sexual: desobediencia al plan de Dios para el matrimonio y la familia (6.13, 18; 7.1–40; 2 S 11.1–4; Pr 2.16–19; Mt 5.32; 19.9; Mr 7.21; Hch 15.20; Ro 13.13; Gá 5.19; Ef 5.5; Col 3.5; He 12.16; Jud 1.4, 7).

Adoración apropiada: Dios merece toda nuestra adoración y alabanza, de corazón y con sinceridad. La adoración apropiada incluye el reconocimiento del santo carácter de Dios (3.17); la pureza en la participación de la Cena del Señor (11.17–34); y la identificación espiritual con la iglesia (12.12–27; Mt 2.1, 2; 2.11; 28.16, 17; Jn 4.20–24; 9.30–38; Ro 1.25; He 1.6; Ap 4.10, 11).

Dones espirituales: capacidades otorgadas en determinada medida a todos los creyentes por el Espíritu Santo para el ministerio (12.1—14.40; Is 35.4–6; Jl 2.28, 29; Mt 7.22, 23; 12.28; 24.24; Hch 2.1–4; 8.17–20; 10.44–46; 19.6; 1 Ts 5.20; 2 Ts 2.9; 1 Ti 4.14; 2 Ti 1.6; Ap 13.13, 14).

Resurrección de Jesús: es el eje de la esperanza de los cristianos; sin resurrección sería inútil la fe en Cristo (15.4, 12–28; Sal 2.7; 16.10; Is 26.19; Mt 20.19; Mr 9.9; 14.28; Lc 24.45, 46; Jn 2.19–22; 10.18; Hch 1.3; 2.24; 3.15; 13.33–35; Ro 1.4; 4.25; 6.4; 8.11, 34; Ef 1.20; Fil 3.10; Col 2.12; 2 Ti 2.8; 1 P 1.3, 21; 3.18; Ap 1.18).

El carácter de Dios en 1 Corintios

Dios es fiel: 1.9; 10.13

Dios es glorioso: 11.7

Dios es santo: 6.9–10

Dios es poderoso: 1.18, 24; 2.5; 3.6–8; 6.14

Dios es uno: 8.4, 6

Dios es sabio: 1.24; 2.7

Dios se aíra: 10.22

Retos de interpretación

El punto controversial de interpretación que está muy por encima de cualquier otro es el de los dones de señales discutidos en los caps. 12—14, particularmente los dones de milagros y de lenguas. Muchos creen que todos los dones son permanentes, de tal manera que el don de lenguas cesará (13.8) solo en el momento en el que los dones de profecía y conocimiento cesen, esto es, cuando aquello que es perfecto haya venido (v. 10). Aquellos que mantienen que las lenguas y los milagros aún son dones espirituales válidos en la iglesia de hoy día creen que deben ser empleados con el mismo poder con el que fueron usados en tiempos del NT por los apóstoles.

Otros creen que los dones milagrosos de señales han cesado. Esta controversia será resuelta en la sección «Respuestas a preguntas difíciles» más abajo.

El asunto del divorcio es problemático para muchos. El capítulo 7 habla de este tema, pero llama a una interpretación cuidadosa que dé lugar a la doctrina bíblica coherente sobre el asunto.

Los promotores del universalismo, la idea de que todos los hombres con el tiempo serán salvos, usan el 15.22 para apoyar esa posición, diciendo que, así como todo ser humano murió espiritualmente debido al pecado de Adán, todos serán salvos a través de la justicia de Cristo. Vea «Respuestas a preguntas difíciles» con respecto a este asunto.

De ese mismo capítulo 15, la frase obscura «bautizan por los muertos» (v. 29) es usada para defender la noción de que una persona muerta puede ser salvada al ser bautizada vicariamente a través de un cristiano vivo. Han existido más de cuarenta explicaciones sugeridas para este bautismo. Independientemente de cómo es interpretado ese versículo en particular, la farsa de que las personas muertas tengan la oportunidad de ser salvas es probada por muchos otros textos que son indisputablemente claros.

Un asunto mucho menos serio tiene que ver con el significado del 6.4, el cual se relaciona con los cristianos llevando a otros cristianos a la corte frente a los incrédulos. Este es un versículo difícil de traducir, como sugieren muchas versiones, pero el significado básico está claro: cuando los cristianos tienen discusiones y rencillas entre ellos, resulta inconcebible que acudan a

Las apariciones del Cristo resucitado

Para la fe cristiana es fundamental la resurrección corporal de Jesús. Al relatar las apariciones posteriores a la resurrección, el Nuevo Testamento no deja duda alguna acerca de la realidad de este acontecimiento.

- En Jerusalén o sus cercanías
  A María Magdalena (Jn 20.11–18)
  A las otras mujeres (Mt 28.8–10)
  A Pedro (Lc 24.34)
  A diez discípulos (Lc 24.36–43;
    Jn 20.19–25)
  A los once, incluido Tomás (Jn 20.26–29)
  En su ascensión (Lc 24.50–53;
    Hch 1.4–12)

- A los discípulos en el camino a Emaús
  (Lc 24.13–35)

- En Galilea (Mt 28.16–20; Jn 21.1–24)

- A quinientas personas (1 Co 15.6)

- A Jacobo y los apóstoles (1 Co 15.7)

- A Pablo en el camino a Damasco (Hch 9.1–6;
    18.9, 10; 22.1–8; 23.11; 26.12–18;
    1 Co 15.8)

personas menos calificadas (no creyentes) para solucionarlas. Incluso el más legalmente inexperto de los creyentes, que conoce la Palabra de Dios y obedece al Espíritu, es más competente para solucionar cualquier desacuerdo entre creyentes que el más experimentado de los incrédulos, que obvia la verdad de Dios y al Espíritu.

BOSQUEJO

    I. Introducción: El llamado y los beneficios de ser santo (1.1–9)
    II. División en la iglesia (1.10—4.21)
        A. La necesidad de unidad (1.10—3.23)
        B. La necesidad de servicio (4.1–21)
    III. Inmoralidad en la iglesia (5.1—6.20)
    IV. Matrimonio en la iglesia (7.1–40)
    V. Libertad en la iglesia (8.1—11.1)
    VI. Adoración en la iglesia (11.2—14.40)
        A. Papeles de hombres y mujeres en la iglesia (11.2–16)
        B. La Cena del Señor (11.17–34)
        C. Dones espirituales (12.1—14.40)
    VII. La esperanza de la iglesia: Resurrección (15.1–58)
    VIII. Un cargo a la iglesia (16.1–24)
        A. Mayordomía (16.1–4)
        B. Planes personales y saludos (16.5–24)

Mientras tanto, en otras partes del mundo...

El emperador romano Claudio I muere envenenado por su cuarta esposa, Agripina. Nerón, hijo de Agripina de otro matrimonio, sucede a Claudio como emperador.

RESPUESTAS A PREGUNTAS DIFÍCILES

1. ¿Qué factores dificultaban la sana inserción del evangelio en la ciudad de Corinto?

La mentalidad de los corintios hacía que fuese casi imposible para la iglesia romper del todo con la cultura imperante en el lugar. La congregación se conducía continuamente formando facciones, mostrando así su carnalidad e inmadurez. Después que Apolos hubiera ministrado con sus dones en esa iglesia durante un tiempo, hubo algunos de sus admiradores que formaron un grupo que casi no tenía nada que ver con el resto de la iglesia. Se formó otro grupo que era leal a Pablo y otro que afirmaba adherirse en especial a Pedro (Cefas); e incluso uno más, que solo se adhería a Cristo (1.10–13; 3.1–9). En lugar de que la iglesia tuviera un impacto significativo sobre la ciudad, era la ciudad la que ejercía su influencia sobre la iglesia.

Pablo sabía que esta iglesia jamás lograría dar fiel testimonio de Cristo hasta tanto entendieran que quienes afirmaban ser miembros de la iglesia, pero seguían siendo desobedientes a Dios y no se arrepentían, fueran apartados de la iglesia local (5.9–13). Los corintios no parecen haber estado dispuestos a pagar el precio de la obediencia.

2. ¿De qué modo ayuda la enseñanza de Pablo en 1 Corintios a resolver la controversia sobre los dones que aparece en los capítulos 12 al 14?

En esta carta se dedican tres capítulos al tema de los dones espirituales de los creyentes. El punto más controversial para la interpretación es el de los dones de señales y, en particular, el don de obrar milagros y el de hablar en lenguas. Pablo sabía que el tema era controvertido, pero también conocía lo importante que era para la salud de la iglesia. La atmósfera de falsas religiones que se vivía en Corinto hacía que hubiera que confrontar las falsas manifestaciones espirituales. Pablo le informó de ello a la iglesia y presentó a los creyentes de Corinto el desafío de que guiaran su conducta según la verdad y el Espíritu.

Las categorías de los dones en estos versículos no tienen que ver con talentos, capacidades o habilidades naturales. Tanto los creyentes como los no creyentes poseen esos recursos. Los dones son otorgados, soberana y sobrenaturalmente, por el Espíritu Santo y a todos los creyentes (12.7, 11), dándoles así la capacidad de edificarse espiritualmente los unos a los otros, honrando al Señor.

Las variedades de dones espirituales pueden agruparse en dos tipos muy generales: (1) los dones del habla y (2) los dones del servicio (12.8–10; Ro 12.6–8; 1 P 4.10, 11). Los dones verbales (profecía, conocimiento, sabiduría, enseñanza y exhortación) y los dones de servicio (liderazgo, ayuda, generosidad, misericordia, fe y discernimiento) son todos permanentes y operarán a lo largo de la era de la iglesia. Su propósito es el de edificar a la iglesia y glorificar a Dios. La lista que encontramos aquí y en Romanos 12.3–8 puede entenderse como representación de las categorías de los dones que el Espíritu Santo otorga a cada creyente, decidiendo cuáles o qué combinación les dará (12.11). Algunos creyentes pueden tener dones parecidos a los de otras personas, pero en cada caso el Espíritu ajustará el don a la medida del creyente.

Hay una categoría especial conformada por milagros, sanidades, lenguas e interpretación de lenguas que sirvió como conjunto de dones temporales limitados a la era apostólica y que por ello han cesado. Su propósito era el de autenticar a los apóstoles y su mensaje como la verdadera Palabra de Dios. Ya completa la Palabra de Dios, y autenticándose a sí misma, no hubo más necesidad de tales dones.

3. ¿Cómo trata Pablo el tema del divorcio para la iglesia de Corinto?

Pablo enseñó sobre el divorcio en un contexto en que respondía a una cantidad de preguntas que le había enviado la iglesia. La primera de esas cuestiones tenía que ver con el matrimonio, aspecto problemático debido a la corrupción moral de la cultura del lugar y la época que toleraba la fornicación, el adulterio, la homosexualidad, la poligamia y las concubinas.

El apóstol les recordaba a los creyentes que su enseñanza se basaba en lo que Jesús ya había aclarado durante su ministerio en la tierra (Mt 5.31, 32; 19.5–8). Jesús mismo basó su enseñanza en la Palabra de Dios revelada anteriormente (Gn 2.24; Mal 2.16).

El punto de partida de Pablo para la enseñanza confirmaba la prohibición de Dios en cuanto al divorcio. Escribió que en los casos en que un cónyuge cristiano ya se hubiera divorciado de su cónyuge también cristiano —a excepción del caso de adulterio (7.10–11)— ninguna de las dos partes era libre de volver a casarse. Debían reconciliarse o al menos no casarse otra vez.

Pablo añadió consejos sobre el tema de los conflictos matrimoniales creados en aquellos casos en que uno de los cónyuges se convertía al cristianismo (7.12–16). Ante todo, el cónyuge creyente vive bajo la orden de esforzarse por llevar adelante su matrimonio, buscando ganar a su esposo o esposa para Cristo. Si el cónyuge no creyente decide poner fin al matrimonio, la respuesta de Pablo es «sepárese» (7.15). Este término se refiere al divorcio (7.10–11). Si el cónyuge no creyente no puede tolerar la fe del otro y quiere divorciarse, mejor será que eso suceda con tal de preservar la paz en la familia (Ro 12.18). Por eso, el vínculo del matrimonio solo se rompe con la muerte (Ro 7.2), el adulterio (Mt 19.9) o la partida del que no es creyente.

Cuando se rompe el vínculo del matrimonio por alguna de esas causas, entonces los cristianos sí pueden volver a casarse con otro (7.15). A lo largo de las Escrituras, cuando el divorcio es legítimo, volver a casarse es una opción ya supuesta de antemano. Allí donde se permite el divorcio se permite volver a casarse.

En general la conversión y la obediencia a Cristo debieran llevarnos a una mayor fidelidad y a un creciente compromiso en todas las relaciones. Este extenso pasaje (7.1–24) repite con claridad el principio básico de que los cristianos deben aceptar la condición marital y social en que Dios les ha puesto y han de contentarse con servir a Dios allí donde él les guíe.

4. ¿Qué diferencia habría si nunca hubiera acontecido la resurrección de Jesús?

La resurrección de Jesús es lo menos opcional de la fe cristiana. Es el punto más importante entre las creencias esenciales del cristiano. El apóstol Pablo identificó al menos seis desastrosas consecuencias que serían inevitables si se demostrara que la resurrección de Jesús era mentira:

- No tendría sentido alguno predicar a Cristo (15.14).
- Inútil sería la fe en Cristo, porque él estaría muerto (15.14).
- Todos los testigos y predicadores de la resurrección serían mentirosos (15.15).
- Nadie sería redimido (salvo) del pecado (15.17).
- Todos los creyentes del pasado habrían muerto siendo unos tontos engañados (15.18).
- Los cristianos serían la gente más digna de lástima del mundo (15.19).

El Cristo resucitado, victorioso, que vendrá de nuevo, es el centro del cristianismo.

5. ¿Es cierto que 1 Corintios 15.22 enseña el universalismo, esa idea de que a fin de cuentas toda la humanidad será salva?

Hay quienes bajo una errada noción de justicia y una lamentable equivocación en cuanto a su entendimiento de Dios intentan ver en este versículo la base de la creencia en el universalismo (la salvación de todos, no importa cuál sea su fe). Los dos usos de la palabra *todos* en 15.22 se parecen solo en el sentido de que en ambos casos se aplica a los descendientes. El segundo *todos* aplica solamente a los creyentes. El contexto inmediato (versículo 23) limita ese segundo *todos* a «los que son de Cristo». Muchos otros pasajes enseñan claramente en contra del universalismo al afirmar el castigo eterno para los incrédulos (Mt 5.29; 10.28; 25.41, 46; Lc 16.23; 2 Ts 1.9; Ap 20.15).

Otros temas de estudio en 1 Corintios

1. En la iglesia de Corinto la gente tomaba partido y elegía lealtades. ¿Cómo respondió Pablo?
2. Al referirse a las preguntas acerca de las convicciones sobre la «carne ofrecida a los ídolos», ¿qué principios de la conducta cristiana explicó y aplicó Pablo?

3. ¿Qué tipos de inmoralidad debió confrontar Pablo en la iglesia corintia y cómo lo hizo?

4. Los capítulos 11 al 14 tratan sobre muchos asuntos que afectan la adoración colectiva. ¿Cuáles son las enseñanzas centrales de estos capítulos? ¿Las ha visto aplicadas en su iglesia? ¿O se ignoran?

5. ¿En qué cosas se diferencia la descripción de Pablo de la resurrección de Jesús y la explicación de su importancia y significado si se las compara con las de los Evangelios?

6. ¿En qué ha afectado su vida la resurrección de Jesucristo?

2 Corintios

Palabras de un pastor que ama a los suyos

Título

Esta es la segunda epístola del NT que el apóstol Pablo escribió a los cristianos en la ciudad de Corinto (vea «Autor y fecha» de 1 Corintios).

Autor y fecha

El hecho de que el apóstol Pablo escribió Segunda de Corintios no es cuestionado; la falta de cualquier motivo para que un farsante escribiera esta altamente personal y biográfica epístola ha llevado aun a los eruditos más críticos a afirmar a Pablo como su autor.

Varias consideraciones establecen una fecha pertinente para la escritura de esta carta. Fuentes extrabíblicas indican que julio del 51 d.c. es la fecha más probable para el inicio del proconsulado de Galión (cp. Hch 18.12). El juicio de Pablo ante él en Corinto (Hch 18.12–17) probablemente se llevó a cabo poco tiempo después de que Galión asumiera la posición. Dejando Corinto (probablemente en el 52 d.c.), Pablo navegó a Palestina (Hch 18.18), y de esta manera concluyó su segundo viaje misionero. Regresando a Éfeso en su tercer viaje misionero (probablemente en el 52 d.c.), Pablo ministró ahí por unos dos y medio años (Hch 19.8, 10). El apóstol escribió 1 Corintios desde Éfeso hacia el término de ese período (1 Co 16.8), con mucha probabilidad en el 55 d.c. Debido a que Pablo pensó quedarse en Éfeso hasta la siguiente primavera (cp. la referencia a Pentecostés en 1 Co 16.8), y 2 Corintios fue escrita después de que dejó Éfeso (vea el «Contexto histórico»), la fecha más probable para 2 Corintios es a finales del 55 o a principios del 56 d.c.

Contexto histórico

La asociación de Pablo con la importante ciudad comercial de Corinto (vea 1 Corintios: «Contexto histórico») comenzó en su segundo viaje misionero (Hch 18.1–18), cuando él pasó dieciocho meses (Hch 18.11) ministrando ahí. Después de dejar Corinto, Pablo oyó de inmoralidad en la iglesia corintia y escribió una carta (desde ese entonces perdida) para confrontar ese pecado, a la cual se hace referencia en 1 Corintios 5.9. Durante su ministerio en Éfeso, él recibió más reportes de problemas en la iglesia corintia en la forma de divisiones entre ellos (1 Co 1.11). Además, los corintios le escribieron a Pablo una carta (1 Co 7.1) pidiéndole aclaración en algunos asuntos. Pablo respondió escribiendo la carta conocida como 1 Corintios. Planificando permanecer en Éfeso por un poco más de tiempo (1 Co 16.8, 9), Pablo envió a Timoteo hacia Corinto (1 Co 4.17; 16.10, 11). Noticias molestas llegaron al apóstol (posiblemente de Timoteo) de más dificultades en Corinto, incluyendo la llegada de los autoproclamados falsos apóstoles.

A fin de crear la plataforma para enseñar su falso evangelio, comenzaron atacando a Pablo. Tenían que convencer a las personas de que se alejaran de Pablo si es que iban a tener éxito en predicar una doctrina de demonios. Dejando temporalmente la obra en Éfeso, Pablo fue inmediatamente a Corinto. La visita (conocida como «la visita dolorosa», 2.1) no tuvo éxito desde la perspectiva de Pablo; alguien en la iglesia corintia (posiblemente uno de los falsos apóstoles) abiertamente lo insultó (2.5–8, 10; 7.12). Entristecido por la falta de lealtad para defenderlo por parte de los corintios, buscando librarlos de más represión (cp. 1.23), y quizás esperando que el tiempo los hiciera volver en sí, Pablo regresó a Éfeso. Desde Éfeso, Pablo escribió lo que se conoce como la «carta severa» (2.4) y la envió con Tito a Corinto (7.5–16). Dejando Éfeso después de la revuelta iniciada por Demetrio (Hch 19.23—20.1), Pablo fue a Troas para reunirse con Tito (2.12, 13). Pero Pablo estaba tan ansioso de escuchar noticias de cómo los corintios habían respondido a la «carta severa» que no podía ministrar ahí aunque el Señor le había abierto la puerta (2.12; cp. 7.5). Entonces partió a Macedonia a fin de buscar a Tito (2.13). Para el inmenso alivio y gozo de Pablo, Tito lo recibió con las noticias de que la mayoría de los corintios se habían arrepentido de su rebelión en contra de Pablo (7.7). Siendo lo suficientemente sabio como para saber que algunas actitudes rebeldes aún se encontraban latentes bajo la superficie, y podrían volver a estallar, Pablo escribió (posiblemente desde Filipos, cp. 11.9 con Fil 4.15;

CRISTO EN... 2 CORINTIOS

LA SEGUNDA CARTA DE PABLO a los corintios revela a Jesucristo como el que consuela al perseguido (1.5; 12.9), cumple las promesas de Dios (1.20), es Señor por sobre la humanidad (4.5) y reconcilia perfectamente a los creyentes con Dios (5.19). Pablo declara que el creyente es nueva criatura, reconciliada por medio de la propiciación de Cristo «para que nosotros fuésemos hechos justicia de Dios en él» (5.21).

también, algunos de los primeros manuscritos enlistan a Filipos como el lugar en donde se escribió) a los corintios la carta llamada 2 Corintios. En esta carta, aunque el apóstol expresó su alivio y gozo por su arrepentimiento (7.8–16), su principal preocupación fue defender su apostolado (caps. 1—7), exhortar a los corintios a reiniciar las preparaciones de la colecta para los pobres en Jerusalén (caps. 8, 9), y confrontar a los falsos apóstoles de frente (caps. 10—13). Él entonces fue a Corinto, como había escrito (12.14; 13.1, 2). La participación de los corintios en la ofrenda de Jerusalén (Ro 15.26) implica que la tercera visita de Pablo a esa iglesia tuvo éxito.

PERSONAS DESTACADAS EN 2 CORINTIOS

Pablo: autor de las cartas a la iglesia de Corinto (1.1—13.14).

Timoteo: misionero a quien Pablo envió para asistir a la iglesia de Corinto (1.1–19).

Tito: hombre gentil que ayudó a recaudar el dinero para la iglesia de Jerusalén; Pablo confiaba en él para que llevara sus cartas a Corinto (2.13; 7.6—8.24; 12.18).

Falsos apóstoles: falsos maestros de la iglesia de Corinto que se hacían pasar por creyentes (11.13–15).

TEMAS HISTÓRICOS Y TEOLÓGICOS

Segunda de Corintios complementa el registro histórico del trato de Pablo con la iglesia corintia registrado en Hechos y en 1 Corintios. También contiene información biográfica importante de Pablo a lo largo de la epístola.

Aunque es una carta intensamente personal, escrita por el apóstol en medio de la batalla en contra de aquellos que estaban atacando su credibilidad, 2 Corintios contiene varios temas teológicos importantes. Muestra a Dios el Padre como un consolador misericordioso (1.3; 7.6), el Creador (4.6), el que resucitó a Jesús de los muertos (4.14; cp. 13.4), y quien también resucitará a los creyentes (1.9). Jesucristo es el que sufrió (1.5), cumplió las promesas de Dios (1.20), fue el Señor proclamado (4.5), manifestó la gloria de Dios (4.6), y el que en su encarnación se volvió pobre por los creyentes (8.9; cp. Fil 2.5–8). La carta muestra al Espíritu Santo como Dios (3.17, 18) y la garantía de la salvación de los creyentes (1.22; 5.5). Satanás es identificado como el «dios de este siglo» (4.4; cp. 1 Juan 5.19), un engañador (11.14), y el líder de los engañadores humanos y angélicos (11.15). Los últimos tiempos incluyen tanto la glorificación del creyente (4.16—5.8) como su juicio (5.10). La verdad gloriosa de la soberanía de Dios en la salvación es el tema de 5.14–21, mientras que 7.9, 10 establece la respuesta del hombre a la oferta de salvación de Dios, el arrepentimiento genuino. Segunda de Corintios también presenta el resumen más claro y conciso en toda las Escrituras de la expiación sustituta de Cristo (5.21; cp. Is 53) y define la misión de la iglesia de proclamar la reconciliación (5.18–20). Finalmente, la naturaleza del nuevo pacto recibe su exposición más completa fuera de la carta a los hebreos (3.6–16).

RETOS DE INTERPRETACIÓN

El principal reto que confronta al intérprete es la relación de los caps. 10—13 con los caps. 1—9. La identidad de los oponentes de Pablo en Corinto ha producido varias interpretaciones, así como también la identidad del hermano que acompañó a Tito a Corinto (8.18, 22). Si el ofensor mencionado en el 2.5–8 es el hombre incestuoso de 1 Corintios 5 también es incierto. Es difícil explicar la visión de Pablo (12.1–5) e identificar específicamente su «aguijón en la carne», el «mensajero de Satanás [enviado para abofetearlo]» (12.7). Vea «Respuestas a preguntas difíciles» con respecto a estos asuntos.

PALABRAS CLAVE EN

2 Corintios

Servicio: en griego *leitourgia* —9.12— indica «ministerio público» o «deber oficial». El término relacionado con esta palabra, *leitourgos*, suele usarse con frecuencia en la literatura griega en referencia a quien cumplía un servicio público (ver Ro 13.6). En general, significa servidor o administrador público. Pablo usó *leitourgia* en relación con el servicio de quienes trabajaban por la iglesia.

Apóstol: en griego *apostolos* —1.1; 11.5, 13; 12.11–12— que significa simplemente «enviados». De entre muchos discípulos que le seguían, Jesús escogió a doce para que fueran sus apóstoles. A estos hombres Jesús los envió para que llevaran su mensaje al mundo y luego establecieran iglesias. Pablo también fue designado apóstol por el Cristo resucitado que lo encontró en el camino a Damasco (ver Hch 9). El apostolado de Pablo se vio acompañado de mucho sufrimiento y, para colmo, unos falsos maestros dudaban de su autoridad en la iglesia de Corinto. Por eso en 2 Corintios, Pablo defiende reiteradas veces la autenticidad de su apostolado.

PRINCIPALES DOCTRINAS EN 2 CORINTIOS

Reconciliación con Dios: el sacrificio de Jesucristo renueva la relación entre Dios y el hombre (5.17–21; Ro 5.1, 10, 11; Lv 8.15; 16.20; Dn 9.24; Is 53.5; Mt 5.24–26; Ef 2.14–16; Col 1.20–22; 2.14; He 2.17).

Propiciación sustitutoria de Cristo por los pecados: la obra de Cristo en la cruz pagó la pena por el pecado (5.21; Is 53; Dn 9.24–27; Sof 13.1, 7; Jn 1.29, 36; 11.50–51; Hch 4.10; Ro 3.25; 5.8–11; Gá 1.4; 1 Ts 1.10; 1 Ti 2.5, 6; 1 P 1.11, 20; 1 Jn 2.2; 4.10; Ap 13.8).

Garantía de salvación para los creyentes: Dios adopta como hijos suyos a los creyentes fieles (1.22; 5.5; Sal 3.8; 37.39; Is 45.21, 22; 59.16; 63.9; Jer 3.23; Mr 16.16; Hch 4.12; 16.31; Ro 10.9; Ef 2.8; 1 Ts 5.9; 1 Ti 2.4; He 5.9; 1 P 1.5).

La naturaleza de Satanás: el rebelde original de las criaturas de Dios (4.4; 11.14, 15; Gn 3.1, 14; Job 1.6; Sof 3.1; Mt 4.3–10; 13.19; Lc 10.18; Ef 2.2; 6.11, 12; 1 Ts 2.18; 2 Ts 2.9; 1 Ti 3.6; 1 P 5.8; 2 P 2.4; 1 Jn 3.8; 5.19).

El juicio: la justa respuesta de Dios al pecado (5.9–11; Gn 19.29; Dt 32.39; Is 1.9; Mt 12.36, 37; Ro 1.18—2.16; 2 P 2.5, 6).

El carácter de Dios en 2 Corintios

Dios consuela: 1.3; 7.6

Dios es glorioso: 4.6

Dios es amoroso: 9.7; 13.11

Dios es misericordioso: 1.3

Dios es poderoso: 6.7; 9.8; 13.4

Dios cumple sus promesas: 1.20; 6.18; 7.1

Dios es reconciliador: 5.18, 19

Dios es espíritu: 3.17

Dios es verdadero: 1.20

Bosquejo

I. El saludo de Pablo (1.1–11)

II. El ministerio de Pablo (1.12—7.16)
   A. Los planes de Pablo (1.12—2.4)
   B. El castigo del ofensor (2.5–11)
   C. La ausencia de Tito (2.12, 13)
   D. La naturaleza del ministerio (2.14—6.10)
     1. El triunfo del ministerio (2.14–17)
     2. La felicitación del ministerio (3.1–6)
     3. La base del ministerio (3.7–18)
     4. El tema del ministerio (4.1–7)
     5. Las pruebas del ministerio (4.8–18)
     6. La motivación del ministerio (5.1–10)
     7. El mensaje del ministerio (5.11–21)
     8. La conducta del ministerio (6.1–10)
   E. Los corintios exhortados (6.11—7.16)
     1. A abrir el corazón de cada uno de ellos a Pablo (6.11–13)
     2. A separarse a sí mismos de los incrédulos (6.14—7.1)
     3. A estar seguros del amor de Pablo (7.2–16)

III. La colecta de Pablo (8.1—9.15)
   A. Los patrones de la ofrenda (8.1–9)
     1. Los macedonios (8.1–7)
     2. Jesucristo (8.8, 9)
   B. El propósito de la ofrenda (8.10–15)
   C. Los procedimientos de la ofrenda (8.16—9.5)
   D. La promesa de la ofrenda (9.6–15)

IV. El apostolado de Pablo (10.1—12.13)
   A. Autoridad apostólica (10.1–18)

B. Conducta apostólica (11.1–15)

C. Sufrimiento apostólico (11.16–33)

D. Credenciales apostólicas (12.1–13)

V. **La visita de Pablo (12.14—13.14)**

A. La carencia de egoísmo de Pablo (12.14–18)

B. Las advertencias de Pablo (12.19—13.10)

C. La bendición de Pablo (13.11–14)

Mientras tanto, en otras partes del mundo...

Nerón es declarado emperador romano con diecisiete años de edad. Durante el reinado de Nerón se incendiaron dos tercios de Roma.

Respuestas a preguntas difíciles

1. ¿Qué está queriendo decir Pablo cuando escribe acerca de estar «en Cristo» y que alguien es «nueva criatura» (5.17)?

Pablo usa la frase *en Cristo* al escribir sobre diversos aspectos de nuestra relación con Jesucristo como Señor y Salvador. Son dos palabras que comprenden una declaración breve pero profunda sobre el significado de la redención (salvación) del creyente, que incluye lo siguiente:

- la seguridad del creyente en Cristo que cargó con el juicio de Dios por el pecado en su propio cuerpo
- la aceptación del creyente en (por medio de) Cristo, el Único en quien Dios se agrada
- la futura certeza del creyente en él, que es la resurrección a la vida eterna, único garante de la herencia del creyente en el cielo
- la participación del creyente en la divina naturaleza de Cristo, la Palabra eterna (2 P 1.4)

Todos los cambios que Cristo produce en la vida del creyente dan como resultado un estado que puede con justicia llamarse «nueva criatura». Los términos describen algo creado a un nuevo nivel de excelencia cualitativa. Son paralelos de otros conceptos bíblicos como *regeneración* y *nuevo nacimiento* (ver Jn 3.3; Ef 2.1–3; Tit 3.5; 1 P 1.23; 1 Jn 2.29; 3.9; 5.4). La expresión incluye el perdón de los pecados del cristiano, que Cristo pagó con su muerte propiciatoria (Gá 6.15; Ef 4.24).

2. ¿Por qué cambia de manera tan abrupta el tono de 2 Corintios entre 9.15 y 10.1?

Hasta con una lectura somera se nota el cambio repentino de tono entre los capítulos nueve y diez de 2 Corintios. Esta diferencia visible ha dado lugar a varias explicaciones sobre la relación entre los capítulos 1—9 y 10—13.

Algunos argumentan que los capítulos 10 al 13 en realidad eran parte de la «carta que los entristeció», una misiva severa que Pablo menciona en 2.4. Basándose en esta teoría, se dice que esos cuatro capítulos cronológicamente pertenecen al período previo a los capítulos 1 al 9. Pero los capítulos 10 al 13, sin embargo, no pueden haber sido escritos antes de los capítulos 1 al 9, porque mencionan la visita de Tito como algo ya pasado (ver 8.6; 12.18). Además, el ofensor cuya conducta dio lugar a la carta severa de Pablo (2.5–8) no aparece mencionado en los capítulos 10 al 13.

Otros concuerdan en que los capítulos 10 al 13 son anteriores a los capítulos 1 al 9, pero sugieren que conforman una carta aparte. Suponen que Pablo, tras enviar a los corintios el texto de los capítulos 1 al 9, recibió informes de nuevos problemas en Corinto y que como respuesta escribió los capítulos 10 al 13. Una de las variantes de esta teoría propone que Pablo se detuvo tras escribir los capítulos 1 al 9, luego oyó las malas noticias de Corinto, y entonces escribió los capítulos 10 al 13. Aunque esta opinión preserva la unidad de 2 Corintios, Pablo no da indicación en esos últimos cuatro capítulos de que hubiera recibido noticias nuevas de Corinto.

La mejor interpretación ve a 2 Corintios como una única carta con dos secciones bien diferenciadas. Los capítulos 1 al 9 se dirigen a la mayoría arrepentida (ver 2.6) y los capítulos 10 al 13 a la minoría que todavía estaba bajo la influencia de los falsos maestros. Los siguientes datos respaldan esta teoría: (1) no hay autoridades de la antigüedad (manuscritos griegos, padres de la primera iglesia, traducciones antiguas) que indiquen que los capítulos 10 al 13 circularan como carta separada; (2) las diferencias generales en el tono de las dos secciones se han exagerado (comparar 6.11; 7.2 con 11.11; 12.14); y (3) los capítulos 10 al 13 conforman una conclusión lógica de los capítulos 1 al 9, con Pablo preparando a los corintios para su prometida visita (1.15–16; 2.1–3).

3. ¿A qué se refería Pablo con «un aguijón en mi carne» (12.7)?

Pablo da inicio a su relato sobre un aguijón en su carne indicando la razón que se le dio: «para que... no me exaltase desmedidamente». Es decir, para que se mantuviera humilde. Así como pasó con Job, Satanás era la causa inmediata, pero Dios era la causa ulterior tras el aguijón de Pablo. Por eso no se le quitó a pesar de los pedidos de Pablo (12.8). Dios tenía un propósito al permitir que Pablo sufriera de esa manera: «Bástate mi gracia» (12.9).

El uso que hace Pablo de la palabra *mensajero* (en griego, *angellos*, o ángel) de Satanás sugiere que el aguijón en la carne (literalmente «estaca», «espina») era un demonio; no una enfermedad física. De las 188 veces en que aparece en el NT la palabra griega *angellos*, al menos 180 se refieren a ángeles. Este en particular era un ángel de Satanás, un demonio que afligía a Pablo.

Tal vez la mejor explicación para este demonio es que habitaba al cabecilla de la conspiración de Corinto, el líder de los falsos apóstoles. Por medio de ellos, estaba destruyendo a la iglesia que Pablo amaba, clavándole así al apóstol una dolorosa estaca o aguijón. Hay respaldo adicional para esta teoría en el contexto de los capítulos 10 al 13, en los que Pablo habla a sus enemigos (los falsos profetas). El verbo que se traduce como «abofetee» siempre se refiere a malos tratos por parte de otras personas (Mt 26.67; Mr 14.65; 1 Co 4.11; 1 P 2.20). Finalmente, el AT con frecuencia describe como aguijones a los enemigos de Israel (Nm 33.55; Jos 23.13; Jue 2.3; Ez 28.24).

Otros temas de estudio en 2 Corintios

1. Basándonos en sus comentarios a lo largo de esta carta, ¿qué relación tenía Pablo con la iglesia de Corinto?

2. ¿Qué principios de la disciplina de la iglesia explica y aplica Pablo en esta carta?

3. ¿Qué aspectos del propio crecimiento espiritual y sus problemas menciona Pablo en esta carta?

4. En 2 Corintios 4, ¿cómo explica Pablo los límites del ministerio y las razones que hay tras la efectividad del evangelio?

5. A partir de la forma en que comenta Pablo la colecta de las congregaciones de Asia para la iglesia de Jerusalén, ¿qué halla que le ayude a usted a entender algunos de los principios de la generosidad entre los cristianos?

6. En su respuesta a quienes cuestionan su autoridad apostólica, ¿qué era lo que más le preocupaba a Pablo?

7. ¿En qué aspectos puede usted identificarse con las lecciones de Pablo sobre el aguijón en la carne (12.7)?

El Ágora de Corinto

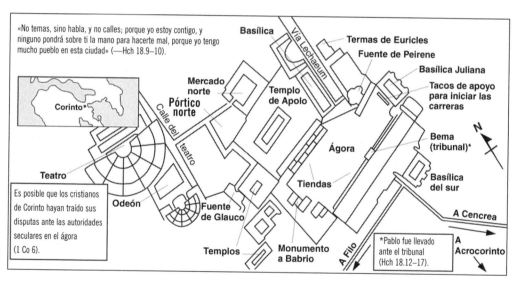

«No temas, sino habla, y no calles; porque yo estoy contigo, y ninguno pondrá sobre ti la mano para hacerte mal, porque yo tengo mucho pueblo en esta ciudad» (—Hch 18.9–10).

Corinto•

Basílica

Vía Lechaeum

Termas de Euricles

Fuente de Peirene

Basílica Juliana

Tacos de apoyo para iniciar las carreras

Mercado norte

Pórtico norte

Calle del teatro

Templo de Apolo

Ágora

Bema (tribunal)*

Teatro

Tiendas

Basílica del sur

Es posible que los cristianos de Corinto hayan traído sus disputas ante las autoridades seculares en el ágora (1 Co 6).

Odeón

Fuente de Glauco

A Cencrea

Templos

Monumento a Babrio

A Filo

A Acrocorinto

*Pablo fue llevado ante el tribunal (Hch 18.12–17).

GÁLATAS
Por la fe, libres y justificados

TÍTULO

Gálatas deriva su título (*pros Galatas*) de la región en Asia Menor (Turquía moderna) en donde las iglesias a las que se dirigió el escritor estaban localizadas. Es la única de las epístolas de Pablo específicamente dirigida a iglesias en más de una ciudad (1.2; cp. 3.1; 1 Co 16.1).

AUTOR Y FECHA

No hay razón para cuestionar las afirmaciones internas de que el apóstol Pablo escribió Gálatas (1.1; 5.2). Pablo nació en Tarso, una ciudad en la provincia de Cilicia, no lejos de Galacia. Bajo el famoso rabino Gamaliel, Pablo recibió un entrenamiento intenso en las Escrituras del AT y en las tradiciones rabínicas en Jerusalén (Hch 22.3). Siendo miembro de la secta ultraortodoxa de los fariseos (Hch 23.6), él fue una de las estrellas emergentes del judaísmo del primer siglo (1.14; cp. Fil 3.5, 6).

La dirección de la vida de Pablo dio un giro repentino y total cuando, viniendo de Jerusalén camino a Damasco para perseguir a los cristianos, fue confrontado por el Cristo resucitado y glorificado. Ese dramático encuentro convirtió a Pablo del principal perseguidor del cristianismo en su más grande misionero. Sus tres viajes misioneros y su viaje a Roma convirtieron al cristianismo de una fe que incluía a tan solo un pequeño grupo de creyentes palestinos judíos en un fenómeno a nivel del imperio. Gálatas es una de las trece cartas inspiradas que él dirigió a congregaciones gentiles o sus colaboradores. Para obtener mayor información biográfica de Pablo, vea Romanos: «Autor y fecha».

En el cap. 2, Pablo describió su visita al oncilio de Jerusalén de Hechos 15, por lo tanto debe haber escrito Gálatas después de ese acontecimiento. Debido a que la mayoría de los eruditos fechan el concilio de Jerusalén alrededor del 49 D.C., la fecha más probable para Gálatas es poco tiempo después.

CONTEXTO HISTÓRICO

En los días de Pablo, la palabra *Galacia* tenía dos significados distintos. En un sentido estricto étnico, Galacia era la región central de Asia Menor habitada por los gálatas. Era un pueblo céltico que había migrado a esa región de Galia (Francia moderna) en el tercer siglo A.C. Los romanos conquistaron a los gálatas en el 189 A.C., pero les permitieron tener cierta medida de independencia hasta el 25 A.C., cuando Galacia se convirtió en una provincia romana, incorporando algunas de las regiones no habitadas por los gálatas étnicos (p. ej., partes de Licaonia, Frigia y Pisidia). En un sentido político, *Galacia* llegó a describir la provincia romana entera, no meramente la región habitada por los gálatas étnicos.

Pablo fundó iglesias en las ciudades gálatas del sur de Antioquía, Iconio, Listra y Derbe (Hch 13.14—14.23). Estas ciudades, aunque estaban dentro de la provincia romana de Galacia, no se hallaban en la región étnica de los gálatas. No hay registro de que Pablo haya fundado iglesias en esa región del norte, en donde hay menos población.

Esos dos usos de la palabra *Galacia* hacen más difícil determinar quiénes fueron los destinatarios originales de la epístola. Algunos interpretan *Galacia* en su sentido racial estricto y argumentan que Pablo dirigió esta epístola a las iglesias en la región del norte de Galacia, habitada por los descendientes étnicos de Galia. Aunque el apóstol aparentemente cruzó la frontera y entró a los bordes de la Galacia étnica por lo menos en dos ocasiones (Hch 16.6; 18.23), Hechos no registra que él fundó iglesia alguna o que se involucró en algún ministerio evangelístico ahí.

Debido a que ni Hechos ni Gálatas menciona a alguna ciudad o persona de Galacia del norte (étnica), es razonable creer que Pablo dirigió esta epístola a las iglesias localizadas en la parte sur de la provincia romana, pero afuera de la región étnica de Galacia. Hechos registra el establecimiento de tales iglesias por parte del apóstol en Antioquía de Pisidia (13.14–50), Iconio (13.51—14.7; cp. 16.2), Listra (14.8–19; cp. 16.2), y Derbe (14.20, 21; cp. 16.1). Además, las iglesias a las que Pablo se dirigió aparentemente habían sido establecidas antes del concilio de Jerusalén (2.5), y las iglesias de Galacia del sur encajan con ese criterio, habiendo sido fundadas durante el primer viaje misionero de Pablo antes de que el concilio se reuniera. Pablo no visitó Galacia del norte (étnica), sino hasta después del concilio de Jerusalén (Hch 16.6).

Pablo escribió Gálatas para contrarrestar a los falsos maestros judaizantes que estaban minando la doctrina central del NT de la justificación por la fe. Ignorando el decreto explícito del concilio de Jerusalén (Hch 15.23–29), esparcieron su enseñanza peligrosa de que los gentiles primero debían convertirse en prosélitos judíos y someterse a toda la ley mosaica antes de que pudieran convertirse en cristianos (vea 1.7; 4.17, 21; 5.2–12; 6.12, 13). Sacudido por la apertura de

Las ciudades de Galacia

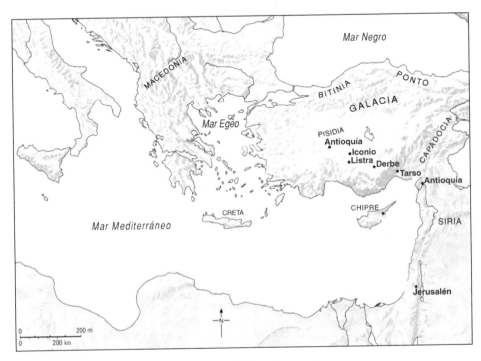

los gálatas a esa herejía destructora (cp. 1.6), Pablo escribió esta carta para defender la justificación por la fe y advertir a estas iglesias de las terribles consecuencias de abandonar esa doctrina esencial. Gálatas es la única epístola que Pablo escribió que no contiene una felicitación para sus lectores, esa obvia omisión refleja lo motivado que estaba a confrontar la deserción y defender la doctrina esencial de la justificación.

PERSONAS DESTACADAS EN GÁLATAS

Pablo: urgió a los gálatas a recordar que, por medio de Cristo Jesús, eran libres de la ley (1.1—6.18).

Pedro: líder de la iglesia de Jerusalén; Pablo lo confrontó por ver la salvación en la ley (1.18—2.21).

Bernabé: viajó con Pablo como misionero; permitió que Pablo corrigiera varias de sus erróneas creencias (2.1–13).

Tito: creyente gentil y amigo cercano de Pablo; luego sirvió en la isla de Creta (2.1–3).

Abraham: Pablo usó la vida de Abraham como ejemplo de la salvación de Dios por la sola fe (3.6—4.22).

Falsos maestros: maestros persuasivos que intentaban seducir a la gente para que se alejaran de las enseñanzas de Pablo (4.17–20).

TEMAS HISTÓRICOS Y TEOLÓGICOS

Gálatas provee información histórica invaluable acerca del contexto de Pablo (caps. 1—2), incluyendo su estancia de tres años en Arabia Nabatea (1.17, 18), lo cual Hechos no menciona; su visita de quince días con Pedro después de su estancia en Arabia (1.18, 19); su viaje al concilio de Jerusalén (2.1–10); y su confrontación a Pedro (2.11–21).

Como ya se notó, el tema central de Gálatas (como el de Romanos) es la justificación por la fe. Pablo defiende esa doctrina (la cual se encuentra en el corazón del evangelio) tanto en sus ramificaciones teológicas (caps. 3, 4) como prácticas (caps. 5, 6). Él también defiende su posición como un apóstol (caps. 1, 2) debido a que, como en Corinto, los falsos maestros habían tratado de ganarse una audiencia para su enseñanza hereje al minar la credibilidad de Pablo. Los principales temas teológicos de Gálatas impactan por su similitud con los que se

> ## CRISTO EN... GÁLATAS
>
> EL LIBRO DE GÁLATAS trata el tema de la libertad que Cristo da a los creyentes. Los gálatas sentían la tentación que traían los legalistas judíos de negociar esa libertad para volver a la esclavitud de la ley (2.4). La carta de Pablo urge a los creyentes a no estar «otra vez sujetos al yugo de esclavitud», sino que al contrario mantengan su posición de libertad en Jesucristo (5.1).

encuentran en Romanos, p. ej., la incapacidad de la ley para justificar (2.16; cp. Ro 3.20); el estado de muerte del creyente a la ley (2.19; cp. Ro 7.4); la crucifixión del creyente con Cristo (2.20; cp. Ro 6.6); la justificación de Abraham por la fe (3.6; cp. Ro 4.3); que los creyentes son los hijos espirituales de Abraham (3.7; cp. Ro 4.10, 11) y por lo tanto, bienaventurados (3.9; cp. Ro 4.23, 24); que la ley no trae salvación, sino la ira de Dios (3.10; cp. Ro 4.15); que el justo por la fe vivirá (3.11; cp. Ro 1.17); la universalidad del pecado (3.22; cp. Ro 11.32); que los creyentes son espiritualmente bautizados en Cristo (3.27; cp. Ro 6.3); la adopción de los creyentes como los hijos espirituales de Dios (4.5-7; cp. Ro 8.14–17); que el amor cumple la ley (5.14; cp. Ro 13.8–10); la importancia de

La ley y la gracia

FUNCIÓN		EFECTO	
La ley	La gracia	La ley	La gracia
Basada en obras (3.10)	Basada en la fe (3.11, 12)	Las obras nos ponen bajo una maldición (3.10)	Nos justifica por la fe (3.3, 24)
Nuestra guardiana (3.23, 4.2)	Centrada en Cristo (3.24)	Nos confina, antes de que venga la fe (3.23)	Cristo vive en nosotros (2.20)
Nuestro tutor (3.24)	Nuestro certificado de libertad (4.30, 31)	Nos lleva a Cristo (3.24)	Nos adopta como hijos y herederos (4.7)

La ley funciona para (1) declarar nuestra culpa, (2) llevarnos a Cristo, y (3) dirigirnos en una vida de obediencia. Sin embargo, la ley no tiene poder de salvación.

andar en el Espíritu (5.16; cp. Ro 8.4); la batalla de la carne contra el Espíritu (5.17; cp. Ro 7.23, 25); y la importancia de que los creyentes sobrelleven las cargas los unos de los otros (6.2; cp. Ro 15.1).

PRINCIPALES DOCTRINAS EN GÁLATAS

La justificación por la fe: total libertad del juicio y de la esclavitud del pecado, únicamente por la fe en Jesucristo (2.14–21; 3.11; 5.4; Lv 18.5; Is 45.25; 50.8; 53.11; Jer 23.6; Hab 2.4; Jn 5.24; Hch 13.39; Ro 1.16, 17; 3.21—4.25; 5.1, 2, 18; 1 Co 6.11; Tit 3.7; Stg 2.10).

La ley: los creyentes son libres de la esclavitud de la ley (2.20, 21; 5.1; Jer 31.33; Ro 2.12; 6.14; 7.4–6; Gá 3.10–13; He 8.10).

El rol del Espíritu Santo: el Espíritu continúa en la batalla constante contra los deseos de la carne (5.16, 17; Jn 14.16; Ro 5.3–5; 7.23, 25; 8.4–6; Fil 3.3; 1 P 3.18).

EL CARÁCTER DE DIOS EN GÁLATAS

Dios es misericordioso: 6.16

Dios es poderoso: 2.8

Dios cumple sus promesas: 3.16–19, 21, 22, 29; 4.4

RETOS DE INTERPRETACIÓN

En primer lugar, Pablo describió una visita a Jerusalén y una reunión subsiguiente con Pedro, Jacobo y Juan (2.1–10). Hay una cuestión que tiene que ser resuelta en ese texto para saber si esa fue su visita al concilio de Jerusalén (Hch 15), o su visita anterior trayendo alivio al hambre de la iglesia de Jerusalén (Hch 11.27–30). En segundo lugar, aquellos que enseñan la regeneración bautismal (la falsa doctrina que afirma que el bautismo es necesario para la salvación) apoyan su posición en el 3.27. En tercer lugar, otros han usado esta epístola para apoyar sus ataques en contra de los papeles bíblicos de los hombres y las mujeres, diciendo que la igualdad espiritual enseñada en el 3.28 es incompatible con el concepto tradicional de autoridad y sumisión. En cuarto lugar, aquellos que rechazan la doctrina de la seguridad eterna argumentan que la frase «de la gracia habéis caído» (5.4) describe a creyentes que perdieron su salvación. En quinto lugar,

---

PALABRAS CLAVE EN

Gálatas

Rudimentos, cosas elementales: en griego *stoicheia* —4.3, 9— que puede significar (1) «principios rudimentarios o elementales» o (2) «espíritus elementales». La palabra literalmente significa cosas puestas en fila, como un alfabeto. Se usaba para hablar de los principios rudimentarios (He 5.12) o elementos básicos del universo, ya fueran físicos (2 P 3.10) o espirituales. Pablo habla de los principios elementales en referencia a que la gente es esclava de los elementos básicos de la religión (ver Col 2.20); si se refiere a espíritus, está diciendo que la gente es esclava de los «espíritus elementales», apuntando a determinados dioses o demonios. *Principios* elementales es lo que mejor encaja en el contexto general de Gálatas, en tanto que *espíritus* se condice con 4.8–10. En cualquiera de los casos, Pablo estaba diciendo que hasta que llegó Cristo la gente era esclava.

Carne: en griego *sarx*—1.16; 2.20; 4.13, 14; 5.17; 6.12, 13— en la literatura griega el término *sarx* por lo general se refería tan solo al cuerpo humano. Y también se usó en este sentido en el Nuevo Testamento (ver Juan 1.14; Ap 17.16; 19.18, 21). Pero Pablo usó con frecuencia este término para referirse al ser humano caído en pecado, no solo al cuerpo, sino a su ser todo, incluyendo el alma y la mente afectados por el pecado. Así, Pablo suele contrastar a la *carne* con el *Espíritu*, como dos fuerzas completamente opuestas. El que no cree solo puede vivir en la carne, pero el creyente puede vivir en la carne o en el Espíritu. Pablo alienta reiteradas veces a los creyentes a vencer las acciones de la carne viviendo en el Espíritu.

---

hay desacuerdo en que si la afirmación de Pablo: «Mirad con cuán grandes letras os escribo de mi propia mano» se refiere a la carta entera, o solamente a los versículos de conclusión. Finalmente, muchos dicen que Pablo borró la línea entre Israel y la iglesia cuando identificó a la iglesia como el «Israel de Dios» (6.16). Sin embargo, con la frase el «Israel de Dios», Pablo quiere designar a todos los creyentes en Cristo judíos, aquellos que son descendientes tanto físicos como espirituales de Abraham.

Bosquejo

I. **Personal: El predicador de la justificación (1.1—2.21)**
   A. Disciplina apostólica (1.1–9)
   B. Credenciales apostólicas (1.10—2.10)
   C. Confianza apostólica (2.11–21)

II. **Doctrinal: Los principios de la justificación (3.1—4.31)**
   A. La experiencia de los gálatas (3.1–5)
   B. La bendición de Abraham (3.6–9)
   C. La maldición de la ley (3.10–14)
   D. La promesa del pacto (3.15–18)
   E. El propósito de la ley (3.19–29)
   F. Los creyentes como hijos (4.1–7)
   G. La futilidad del ritualismo (4.8–20)
   H. La ilustración de las Escrituras (4.21–31)

III. **Práctica: Los privilegios de la justificación (5.1—6.18)**
   A. Libertad del ritual (5.1–6)
   B. Libertad de los legalistas (5.7–12)

Mientras tanto, en otras partes del mundo...

Los godos que llegan desde lo que hoy es Suecia establecen un reino a lo largo de la cuenca del Vístula, el río más largo de Polonia.

C. Libertad en el Espíritu (5.13–26)
D. Libertad de la esclavitud espiritual (6.1–10)
E. Conclusión (6.11–18)

RESPUESTAS A PREGUNTAS DIFÍCILES

1. ¿De qué manera se condicen los hechos que se mencionan en Gálatas con la cronología de Hechos?

La comparación de las referencias de Hechos (11.27–30; 15.2, 12, 22, 35) y Gálatas (1.18; 2.1–10) parece indicar al menos tres visitas de Pablo a Jerusalén, incluyendo su viaje para participar del concilio de Jerusalén. Hubo otras visitas después del concilio (Hch 18.18–22; 21.15–17). La visita que menciona Gálatas 1.18 se refiere al primer contacto directo de Pablo con los apóstoles en Jerusalén, después de que se hubiera convertido. El capítulo 2.1 menciona un período de catorce años, tras lo cual Pablo volvió a Jerusalén, muy probablemente para participar del concilio de Jerusalén (Hch 15) convocado para resolver el tema de la salvación de los gentiles.

En términos lingüísticos, la expresión *otra vez* (2.1) no se refiere necesariamente a la siguiente visita, sino que podría estar diciendo «una vez más», sin considerar cuántas visitas hubo en el medio. De hecho, Pablo sí visitó Jerusalén al menos en una ocasión durante ese período de catorce años para llevar ayuda por la hambruna que afectaba a la iglesia del lugar (Hch 11.27–30; 12.24, 25). Simplemente no mencionó esa visita en Gálatas, tal vez porque no era de importancia en la defensa de su autoridad apostólica.

2. Gálatas 3.27 pareciera decir que el bautismo es necesario para la salvación. ¿Qué quiso decir Pablo en ese versículo?

El uso de la palabra *bautizados* en este versículo no está hablando del bautismo en agua, que no puede salvar. El uso que hace Pablo aquí de la palabra es metafórico, para referirse a que han sido «inmersos» en Cristo, puestos en él. El contexto general de este pasaje se refiere a la fe y al milagro espiritual de la unión con él en su muerte y resurrección. No está hablando de una ceremonia externa. La frase que sigue, «estáis revestidos», traza el resultado de la unión espiritual del creyente con Cristo. Pablo estaba destacando el hecho de que por medio de la salvación estamos unidos a Cristo. Ante Dios, nos revestimos de Cristo, su muerte, resurrección y justicia. En lo práctico necesitamos «vestirnos de Cristo» ante nuestra familia, amigos, vecinos y compañeros de trabajo, con nuestra conducta (Ro 13.14).

3. Lo que Pablo declara sobre el género, la raza y la posición social en cuanto a la igualdad en 3.28, ¿afecta otras enseñanzas bíblicas sobre los roles?

Este pasaje lo citan a veces quienes buscan contradecir los conceptos tradicionales de autoridad y sujeción, en particular en lo que concierne al matrimonio. El versículo no niega que el plan de Dios ha incluido distinciones raciales, sociales y sexuales entre los cristianos, sino que afirma que esas distinciones no implican desigualdad espiritual ante Dios. En otras palabras, la gran doctrina de la igualdad espiritual no es incompatible con los roles ordenados por Dios de liderazgo y sujeción, tanto en la iglesia como en la sociedad y el hogar. Hasta Jesucristo, que era plenamente uno con el Padre e igual a él, asumió un rol de sumisión durante su encarnación (Fil 2.5–8).

4. ¿Qué significa la frase «de la gracia habéis caído» (5.4) en relación con la doctrina de la seguridad eterna?

Pablo usa en este versículo dos expresiones que implican separación, pérdida y quebranto: «desligasteis» y «habéis caído». El término griego en «desligasteis» significa «separarse» o «ser cortado». Y el de «caído» significa «perder asidero». El contexto aclara lo que Pablo quiere decir. Todo intento de ser justificados por la ley equivaldrá al rechazo de la salvación por la gracia solamente, por sola fe. Los que antes estuvieron expuestos a la verdad de la gracia del evangelio y luego le dan la espalda a Cristo (He 6.4–6) y buscan ser justificados por la ley, se separan de Cristo y pierden todo futuro de salvación por la gracia de Dios. Abandonar a Cristo y al evangelio solo demuestra que su fe nunca fue sincera (Lc 8.13, 14; 1 Jn 2.19).

OTROS TEMAS DE ESTUDIO EN GÁLATAS

1. ¿Cómo explicó Pablo la relación de la ley con las obras de justicia en Gálatas?
2. ¿Por qué dice Pablo que los gálatas son «necios» o «tontos»?
3. ¿Qué les dijo Pablo a los gálatas sobre la fe? Esa descripción, ¿se condice con lo que usted entiende de la fe en su relación con Dios?
4. Cuando Pablo habla del concepto de la «libertad» en Gálatas, ¿a qué se refiere?
5. Pablo habló en detalle sobre los efectos de la presencia del Espíritu Santo en la vida del cristiano (5.16–26). ¿Cuáles son esos efectos y hasta qué punto los ha vivido usted?

EFESIOS
El cuerpo de Cristo es bendecido

TÍTULO

La carta está dirigida a la iglesia en la ciudad de Éfeso, capital de la provincia romana de Asia (Asia Menor, Turquía moderna). Debido a que el nombre Éfeso no es mencionado en los primeros manuscritos que hubo, algunos eruditos creen que la carta era una encíclica, teniendo el propósito de ser circulada y leída entre todas las iglesias en Asia Menor, y simplemente fue enviada primero a los creyentes en Éfeso.

AUTOR Y FECHA

No hay indicación de que el hecho de que Pablo fue el autor sea cuestionado. Él es indicado como el autor en la salutación de apertura (1.1; 3.1). La carta fue escrita desde la prisión en Roma (Hch 28.16–31) en algún momento entre el 60–62 D.C. y, por lo tanto, frecuentemente se hace referencia a ella como una epístola de la prisión (junto con Filipenses, Colosenses y Filemón). Pudo haber sido compuesta casi contemporáneamente con Colosenses e inicialmente enviada con esa epístola y Filemón por medio de Tíquico (Ef 6.21, 22; Col 4.7, 8). Vea Filipenses: «Autor y fecha» para una discusión sobre la ciudad desde la cual Pablo escribió.

CONTEXTO HISTÓRICO

Es probable que el evangelio fuera traído primero a Éfeso por Priscila y Aquila, una pareja excepcionalmente dotada (vea Hch 18.26), quienes fueron dejados ahí por Pablo en su segundo viaje misionero (Hch 18.18, 19). Localizada en la boca del río Caister, en el lado este del Mar Egeo, la ciudad de Éfeso fue quizás mejor conocida por su magnífico templo de Artemisa o Diana, una de las siete maravillas del mundo antiguo. También fue un importante centro político, educativo y comercial, clasificado con Alejandría en Egipto, y Antioquía de Pisidia en la parte sur de Asia Menor.

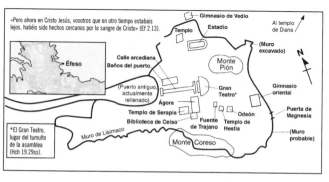

La ciudad de Éfeso

«Pero ahora en Cristo Jesús, vosotros que en otro tiempo estabais lejos, habéis sido hechos cercanos por la sangre de Cristo» (Ef 2.13).

*El Gran Teatro, lugar del tumulto de la asamblea (Hch 19.29ss).

La fuerte iglesia comenzada por Priscila y Aquila fue más tarde firmemente establecida por Pablo en su tercer viaje misionero (Hch 19) y pastoreada durante unos tres años. Después de que Pablo partió, Timoteo pastoreó la congregación durante quizás un año y medio, primordialmente para contrarrestar la falsa enseñanza de unos pocos hombres influyentes (tales como Himeneo y Alejandro), quienes probablemente eran ancianos en la congregación ahí

(1 Ti 1.3, 20). Debido a esos hombres, la iglesia en Éfeso estaba plagada de «fábulas y genealogías interminables» (1.4) y de ideas ascéticas y contrarias a la Biblia, tales como la prohibición del matrimonio y la abstención de ciertos alimentos (4.3). Aunque esos falsos maestros no entendían correctamente las Escrituras, propagaron sus interpretaciones impías con confianza (1.7), las cuales produjeron en la iglesia «disputas más bien que edificación de Dios que es por fe» (1.4). Treinta años o algo así más tarde, Cristo le dio al apóstol Juan una carta para esta iglesia indicando que su pueblo había dejado su primer amor por Él (Ap 2.1–7).

PERSONAS DESTACADAS EN EFESIOS

Pablo: instruyó a la iglesia de Éfeso en cuanto a su posición como cuerpo de Cristo y acerca de su relación con Dios (1.1—6.24)

Tíquico: enviado por Pablo a alentar a los creyentes de Éfeso (6.21, 22).

TEMAS HISTÓRICOS Y TEOLÓGICOS

Los primeros tres capítulos son teológicos, enfatizando la doctrina del NT, mientras que los últimos tres capítulos son prácticos y se enfocan en la conducta cristiana. Quizá, sobre cualquier otra cosa, esta es una carta de aliento y amonestación, escrita para recordarle a los creyentes de sus invaluables bendiciones en Jesucristo; y no solo para estar agradecido por esas bendiciones, sino también para vivir de una manera digna de ellas. A pesar de, y en parte aun debido a, las grandes bendiciones de un cristiano en Jesucristo, él puede tener la certeza de que será tentado por Satanás para que esté satisfecho y complacido en sí mismo. Fue por esa razón que, en el último capítulo, Pablo le recuerda a

CRISTO EN... EFESIOS

EN EL LIBRO DE EFESIOS, Pablo explica la singular relación entre Jesús y la iglesia como cuerpo suyo. Cristo es la cabeza de la iglesia, ya que une a los creyentes entre sí y fortalece al cuerpo (4.15, 16). Pablo también se centra en la posición del creyente, que está «en Cristo» (1.1, 3–7, 11–13; 2.5–6, 10, 13, 21; 3.6, 12).

los creyentes acerca de la armadura completa y suficiente provista para ellos a través de la Palabra de Dios y por su Espíritu (6.10–17), y de su necesidad de oración vigilante y persistente (6.18).

Un tema clave de la carta es el misterio (lo cual significa una verdad que en el pasado no había sido revelada) de la iglesia, el cual es «que los gentiles son coherederos y miembros del mismo cuerpo, y copartícipes de la promesa en Cristo Jesús por medio del evangelio» (3.6), una verdad completamente escondida a los santos del AT (cp. 3.5, 9). Todos los creyentes en Jesucristo, el Mesías, son iguales delante del Señor como sus hijos y ciudadanos de su reino eterno, una maravillosa verdad que solo los creyentes de esta época actual poseen. Pablo también habla del misterio de la iglesia como la novia de Cristo (5.32; cp. Ap 21.9).

Una verdad importante enfatizada es la de la iglesia como el cuerpo presente, espiritual, terrenal de Cristo, también una verdad distinta y previamente no revelada al pueblo de Dios. Esta metáfora muestra a la iglesia, no como una organización, sino como un organismo vivo compuesto de partes mutuamente relacionadas e interdependientes. Cristo es la Cabeza del cuerpo y el Espíritu Santo es su sangre de vida, por decirlo así. El cuerpo funciona a través del uso fiel de los dones espirituales de sus diferentes miembros, otorgados de una manera única y soberana por el Espíritu Santo en cada creyente.

Otros temas principales incluyen las riquezas y la plenitud de bendición para los creyentes. Pablo escribe acerca de «las riquezas de su gracia» (1.7), «las inescrutables riquezas de Cristo» (3.8), y «las riquezas de su gloria» (3.16). Pablo amonesta a los creyentes a ser «llenos de toda la plenitud de Dios» (3.19), llegar «a la unidad de la fe y del conocimiento del Hijo de Dios, a un varón perfecto, a la medida de la estatura de la plenitud de Cristo» (4.13), y ser «llenos del Espíritu» (5.18). Sus riquezas en Cristo están basadas en su gracia (1.2, 6, 7; 2.7), su paz (1.2), su voluntad (1.5), su beneplácito y propósito (1.9), su gloria (1.12, 14), su llamado y herencia (1.18), su poder y fortaleza (1.19; 6.10), su amor (2.4), su hechura (2.10), su Espíritu Santo (3.16), su ofrenda y sacrificio (5.2), y su armadura (6.11, 13). La palabra «riquezas» es usada cinco veces en esta carta; «gracia» es usada doce veces; «gloria» ocho veces; «plenitud» o «pleno» seis veces; y la frase clave «en Cristo» (o «en Él») unas doce veces.

PRINCIPALES DOCTRINAS EN EFESIOS

El misterio de la iglesia, el cuerpo de Cristo: todos los creyentes en Jesucristo son iguales ante el Señor como hijos suyos y ciudadanos de su eterno reino (1.22, 23; 3.6; 5.32; Col 1.24; Ap 21.9).

Las bendiciones de Jesucristo: todos los creyentes reciben las abundantes riquezas en Cristo por medio de su gracia y su herencia (1.2, 5–9; 2.7; 3.8, 16, 19; 4.13; 5.18; 6.10–13; Gn 24.31; 26.29; Sal 36.8; 63.5; 91.5–10; Is 12.2; 40.11; Mt 25.34; Jn 17.21; Ef 3.12; 2 P 1.4; Ap 13.8).

EL CARÁCTER DE DIOS EN EFESIOS

Dios es accesible: 2.13, 18; 3.12

Dios es glorioso: 1.12; 3.16

Dios es bondadoso: 2.7

Dios es amoroso: 2.4–5

Dios es misericordioso: 2.4

Dios es poderoso: 1.19; 3.7, 20; 6.10

Dios cumple sus promesas: 1.13; 2.12; 3.6

Dios es reconciliador: 2.14, 17

Dios es uno: 4.6

Dios es sabio: 1.8; 3.10

Dios se aíra: 5.6

PALABRAS CLAVE EN

Efesios

Propósito, designio, voluntad: en griego *prothesis* (1.9, 11; 3.11); griego *boule* (1.11); griego *thelema* (1.1, 5, 9, 11; 5.17; 6.6); tres palabras clave con relación conceptual que aparecen en 1.11. Pablo ya había usado dos veces una de ellas (*thelema*) en 1.1, 9. El término transmite la idea del deseo, un deseo íntimo, porque principalmente expresa emoción, más que volición. Así, la voluntad de Dios no es tanto la intención de él como el deseo de su corazón. El término *prothesis* indica intención o plan; literalmente significa «trazar de antemano», como cuando se traza un plano de obra. Este plan fue creado por designio de Dios, una traducción del término griego *boule*, que significa el resultado de una determinación deliberada. Pero tras el plan y el designio había no solo una mente maestra, sino un corazón lleno de amor.

Nuevo hombre: en griego *kainos anthropos* —2.15; 4.24— término que indica *nuevo*, pero no en el sentido de algo más reciente en el tiempo, sino de algo con una calidad o naturaleza diferente. Así, el *nuevo hombre* es la nueva humanidad creada en Cristo de la que participan todos los creyentes, tanto de manera individual como en su conjunto. Como Pablo ya había hablado del nuevo hombre creado en Cristo en términos de una nueva humanidad unificada y colectiva (2.14, 15), el nuevo hombre de este versículo también tiene que considerarse como conjunto (ver Col 3.9–11). En el contexto inmediato, Pablo está exhortando a cada creyente a vestirse de esta nueva naturaleza humana.

RETOS DE INTERPRETACIÓN

La teología general de Efesios es directa, no ambigua, y no presenta ideas o interpretaciones cuyos significados sean seriamente contendidos. No obstante, hay algunos textos que requieren un pensamiento cuidadoso para interpretarlos correctamente, específicamente: (1) 2.8, donde uno debe decidir si la salvación o la fe es el don; (2) 4.5, donde el tipo de bautismo debe ser discernido; y (3) 4.8, en su relación con Salmos 68.18.

BOSQUEJO

    I. Salutación (1.1, 2)
    II. El propósito de Dios para la iglesia (1.3–3.13)
       A. Predestinación en Cristo (1.3–6a)
       B. Redención en Cristo (1.6b–10)
       C. Herencia en Cristo (1.11–14)
       D. Recursos en Cristo (1.15–23)
       E. Nueva vida en Cristo (2.1–10)
       F. Unidad en Cristo (2.11–3.13)
    III. La plenitud de Dios para la iglesia (3.14–21)
    IV. El plan de Dios para la vida fiel en la iglesia (4.1–6)
    V. El Hijo de Dios capacita y edifica a la iglesia (4.7–16)
    VI. El patrón y principios de Dios para los miembros de la iglesia (4.17–32)
    VII. Los estándares de Dios para la fidelidad en la iglesia (5.1–21)
       A. Al andar en amor (5.1–7)
       B. Al vivir en la luz (5.8–14)
       C. Al andar en sabiduría y sobriedad (5.15–18a)
       D. Lleno del Espíritu de Dios (5.18b–21)
    VIII. Los estándares de Dios para la autoridad y sumisión en la iglesia (5.22–6.9)
       A. Maridos y mujeres (5.22–33)
       B. Padres e hijos (6.1–4)
       C. Jefes y empleados (6.5–9)
    IX. La provisión de Dios para las batallas espirituales de sus hijos (6.10–17)
       A. La batalla del creyente (6.10–13)
       B. La armadura del creyente (6.14–17)
    X. La apelación de Dios para la oración en la iglesia (6.18–20)
    XI. Bendición (6.21–24)

Mientras tanto, en otras partes del mundo...

El historiador judío Josefo se capacita y estudia para llegar a ser una fuente invalorable del trasfondo histórico de gran parte de la Biblia.

Respuestas a preguntas difíciles

1. ¿Por qué usa Pablo tantas veces la palabra *misterio* en su carta a los efesios?

En esta carta Pablo usa seis veces la palabra *misterio* (1.9; 3.3, 4, 9; 5.32; 6.19). En comparación, la palabra aparece dos veces en Romanos, una vez en 1 Corintios, cuatro veces en Colosenses y una vez en 1 Timoteo, y en ningún otro pasaje. En oposición al uso que nosotros le damos a «misterio» como serie de pistas para descubrir algo, Pablo usa la palabra señalando al misterio como verdad que hasta entonces no había sido revelada y que luego se ha aclarado. El término *misterio* preserva el sentido de que la verdad revelada tiene implicaciones tan asombrosas y maravillosas que, para quienes la aceptan, sigue causando maravilla y un sentido de humildad.

Efesios introduce diversos aspectos del «misterio». Pablo explica el uso que da a este término en 3.4–6, diciendo que «los gentiles son coherederos y miembros del mismo cuerpo, y copartícipes de la promesa en Cristo Jesús por medio del evangelio». Cuando se predican las inescrutables riquezas de Cristo entre los gentiles, uno de los resultados es el entendimiento de «todos... del misterio» (3.9). Y cuando se usa el plan de Dios para el matrimonio humano para explicar la relación única de Cristo con su esposa la iglesia, Pablo les recuerda a sus lectores que el verdadero tema es un gran misterio (5.32). Finalmente, Pablo les pide a los efesios que oren por él para que pueda «dar a conocer con denuedo el misterio del evangelio» (6.19). El evangelio no es misterioso porque sea difícil de entender. Es misterioso por lo inesperado, porque es gratis, porque no lo merecemos. Aunque Pablo no usó el término en este pasaje, su resumen del misterio a los efesios se encuentra en 2.8, 9: «Porque por gracia sois salvos por medio de la fe; y esto no de vosotros, pues es don de Dios; no por obras, para que nadie se gloríe».

2. ¿En qué modo conforman la gracia, la fe y las obras el proceso de salvación como lo describe Pablo en 2.8–10?

Pablo describe el proceso efectivo de la salvación como algo que Dios obra por gracia a través de la fe. En el versículo 8 —«y esto no de vosotros»— se refiere a toda su declaración anterior sobre la salvación, no solo a la gracia, sino también a la fe. Aunque las personas tienen que creer para ser salvas, también esa fe es parte del don del Dios que salva, y uno no puede ejercerla por propia facultad. La gracia de Dios cumple la acción crucial en cada uno de los aspectos de la salvación.

Aun las *obras*, que no pueden producir salvación, forman parte del don de Dios. Así como sucede con la salvación, la santificación y las buenas obras del creyente son por designio anticipado de Dios. Las oportunidades, las fuerzas y la voluntad para hacer buenas obras siguen a la decisión ordenada de Dios y son resultado de ella. Son frutos que resultan del poder de Dios, y una evidencia de que la gracia obra salvación por medio de la fe (ver Jn 15.8; Fil 2.12, 13; 2 Ti 3.17; Tit 2.14; Stg 2.16–26).

3. Pablo describe una cantidad de roles del liderazgo en 4.11. ¿Cómo entendemos esos roles en la iglesia en nuestros días?

Cristo tiene la autoridad y la soberanía para asignar los dones espirituales (4.7, 8) a quienes ha llamado a servir en su iglesia. No solo da los dones, sino que también brinda las personas que los tienen. El pasaje usa cinco términos para describir esos roles: apóstoles, profetas, evangelistas, pastores y maestros.

Apóstoles es un término del NT que aparece en particular referido a los doce discípulos que habían visto al Cristo resucitado (Hch 1.22), incluyendo a Matías, que remplazó a Judas. Más adelante, Pablo fue apartado en forma singular, como apóstol a los gentiles (Gá 1.15–17). Cristo escogió directamente a esos apóstoles, llamados «apóstoles de Cristo» (Gá 1.1; 1 P 1.1). Ellos tenían tres responsabilidades básicas:

- Establecer los fundamentos de la iglesia (2.20).
- Recibir, declarar y escribir la Palabra de Dios (3.5; Hch 11.28; 21.10, 11).
- Confirmar esa Palabra por medio de señales, milagros y portentos (2 Co 12.12; Hch 8.6, 7; He 2.3, 4).

El término apóstol se utiliza en forma más general en referencia a otras personas de la iglesia primitiva, incluido Bernabé (Hch 14.4), Silas y Timoteo (1 Ts 2.6), entre otros (Ro 16.7; Fil 2.25).

Los *profetas* no eran creyentes comunes que tenían el don de la profecía, sino aquellos que la iglesia primitiva había comisionado de manera especial. La función del profeta parece haber sido exclusivamente para que trabajara dentro de las congregaciones locales. A veces pronunciaban revelaciones prácticas y directas sobre Dios para una iglesia (Hch 11.21–28) o exponían una revelación ya otorgada (implícito en Hch 13.1). Como las funciones del apóstol y el profeta cesaron cuando se completó el NT, las necesidades de liderazgo de la iglesia se han visto cubiertas por otros roles.

Los *evangelistas* proclamaban la buena nueva de la salvación en Jesucristo a los incrédulos (Hch 21.8; 2 Ti 4.5). El verbo que se traduce como «predicar el evangelio» se usa cincuenta y cuatro veces en el NT, y el sustantivo que se traduce como «evangelio» aparece setenta y seis veces.

La frase *pastores* y *maestros* ha de entenderse en el contexto como función conjunta del liderazgo de la iglesia. La palabra griega que se traduce como «y» puede significar «en particular» (1 Ti 5.17). Pastor es el equivalente a «pastor de ovejas», por lo que las palabras *pastor* y *maestro,* y las dos funciones juntas, definen al pastor que enseña. Se identifica a esta persona como alguien que sigue al «gran Pastor», Jesús (He 13.20, 21; 1 P 2.25). También se puede llamar a esta persona «anciano» y «obispo» (Hch 20.28; 1 Ti 3.1–7; Tit 1.5–9; 1 P 5.1, 2).

4. ¿En qué aspectos establecen los principios de sumisión y amor la expectativa de Dios en cuanto al matrimonio cristiano, como se describe en 5.21–33?

La sección que comienza con un llamado a vivir en sabiduría (5.15) lleva al consejo general de Pablo sobre la sumisión (5.21). Este último versículo sirve de introducción a la sección siguiente (5.22—6.9), que describe las expectativas de Dios para diversas relaciones. Aquí, inequívocamente Pablo afirma que todo cristiano lleno del Espíritu ha de ser un cristiano humilde, sujeto. Eso es algo fundacional para todas las relaciones de esta sección. Ningún creyente es inherentemente superior a otro. Ante Dios, todos los creyentes son iguales, en todos los aspectos (5.28).

Habiendo establecido el principio fundamental de la sujeción (5.21), Pablo lo aplica en primer lugar a la esposa. Es un mandamiento que se aplica a toda esposa cristiana, sin calificaciones en cuanto a sus capacidades, educación, conocimiento de las Escrituras, madurez espiritual o cualquier otra cualidad, en relación con las capacidades de su esposo. La sujeción no implica que el esposo dé órdenes, sino que la esposa ofrezca amor con buena disposición. La frase *sus propios maridos* limita la sujeción de la esposa al hombre que Dios ha puesto sobre ella.

La esposa llena del Espíritu reconoce que la función de liderazgo del esposo no solo es ordenada por Dios, sino también reflejo del liderazgo amoroso de Cristo como cabeza y autoridad de la iglesia. Así como el Señor salvó a su iglesia de los peligros del pecado, la muerte y el infierno, el esposo provee, protege, preserva y ama a su esposa, llevándola a la bendición al estar ella sujeta a él (Tit 1.4; 2.13; 3.6).

Pablo tiene mucho más que decirle al hombre ubicado en el rol de autoridad dentro del matrimonio. Es una autoridad que implica supremas responsabilidades para los esposos respecto a sus esposas. Estos han de amar a sus esposas con el mismo amor sacrificial que Cristo tiene por su iglesia. Cristo dio todo lo que tenía, incluida su propia vida, por el bien de su iglesia, y es ese el parámetro de sacrificio para el amor del esposo por su esposa.

La claridad de los principios de Dios hace saber con toda certeza que los problemas en el matrimonio siempre han de resolverse buscando en ambas direcciones, de modo que cada una de las partes entienda sus funciones y responsabilidades. La falta de amor muchas veces es origen de problemas en el matrimonio, pero también puede serlo la falta de sujeción.

5. ¿Por qué insiste Pablo en 6.10–17 que los cristianos tienen que estar preparados para la batalla espiritual?

El creyente sincero que se describe en los capítulos 1 al 3, que tiene una vida controlada por el Espíritu como la que se describe en 4.1—6.9, puede tener la certeza de que en su camino se cruzará con la guerra espiritual. Pablo entonces cierra su carta con advertencias sobre las batallas que vendrán e instrucciones sobre la vida en victoria. El Señor provee a sus santos la armadura suficiente como para combatir al adversario y derrotarlo. Efesios 6.10–13 presenta de manera concisa las verdades básicas en cuanto a la preparación espiritual del creyente, además de verdades acerca del enemigo, la batalla y la victoria. Los versículos 14 al 17 especifican las seis piezas más necesarias de la armadura espiritual con la que Dios equipa a sus hijos para que resistan los ataques de Satanás y sean victoriosos. El equipamiento espiritual es un paralelo al equipo militar que solían usar los soldados en la época de Pablo:

- El cinturón de la verdad: el soldado vestía una túnica suelta. Como en la antigüedad el combate era más que nada una lucha cuerpo a cuerpo, la túnica suelta representaba un obstáculo y un potencial peligro. El cinto recogía el género suelto. El cinto que recoge todos los cabos sueltos espirituales es la «verdad», o mejor dicho, «la fidelidad a la verdad».

- La coraza de la justicia: pieza resistente de cuero u otro material, sin mangas, que cubría todo el torso del soldado protegiendo su corazón y otros órganos vitales. Como la justicia, o la santidad, es una característica tan distintiva de Dios, no cuesta entender por qué constituye la principal protección del cristiano contra Satanás y sus artilugios y estrategias.

- El calzado del evangelio: los soldados romanos vestían botas con clavos para un mejor agarre en el suelo. El evangelio de la paz tiene que ver con la buena nueva de que a través de Cristo los creyentes están en paz con Dios y que este se encuentra de su lado (Ro 5.6–10).

- El escudo de la fe: en griego este término por lo general se refiere al escudo grande que protegía todo el cuerpo del soldado. La continua confianza del creyente en la Palabra y la promesa de Dios es «por sobre todo» absolutamente necesaria para protegerle de tentaciones de todo tipo de pecado.
- El yelmo de la salvación: el yelmo protegía la cabeza, que en la batalla siempre es un blanco importante. Este pasaje les habla a los que ya son salvos y por ello no se refiere a conseguir la salvación. Más bien, como Satanás busca destruir la certeza de la salvación del creyente con las armas de la duda y el desaliento, el creyente tiene que estar consciente de su posición confiada en Cristo, como lo estaría de llevar un yelmo sobre la cabeza.
- La espada del Espíritu: los soldados solo tenían como arma una espada. De la misma manera, la Palabra de Dios es la única arma que necesita el creyente, infinitamente más poderosa que cualquiera de los recursos de Satanás.

OTROS TEMAS DE ESTUDIO EN EFESIOS

1. ¿En qué forma explica Pablo su descripción de la iglesia como misterio en Efesios?
2. Cuando Pablo describe a la iglesia como el cuerpo de Cristo en el capítulo 4, ¿qué procesos y relaciones destaca?
3. En el capítulo 5, ¿de qué modo usa Pablo el matrimonio como patrón de comprensión de la relación entre Cristo y la iglesia?
4. ¿Cuáles son los componentes de la armadura de Dios que Pablo describe en el capítulo 6? ¿Cómo utiliza usted esos componentes en su vida espiritual?
5. ¿En qué afecta su estilo de vida lo que Pablo presenta como guía para la vida en familia y las relaciones en el trabajo?
6. ¿Hasta qué punto representa Efesios 2.8–10 su propia relación con Cristo?

FILIPENSES
Cristo es la fuente del gozo y la fortaleza

TÍTULO

Filipenses deriva su nombre de la ciudad griega en donde la iglesia a la cual fue dirigida se encontraba. Filipos fue la primera ciudad de Macedonia en donde Pablo estableció una iglesia.

AUTOR Y FECHA

El testimonio unánime de la iglesia primitiva fue que el apóstol Pablo escribió Filipenses. Nada en la carta habría motivado a un impostor a escribirla.

La pregunta de cuándo se escribió Filipenses no puede ser separada de la del lugar desde donde fue escrita. La posición tradicional es que Filipenses, junto con las otras epístolas de la prisión (Efesios, Colosenses, Filemón), fue escrita durante el primer encarcelamiento de Pablo en Roma (ca. 60–62 D.C.). El entendimiento más natural de las referencias al «pretorio» (1.13) y «los santos... de la casa de César» (4.22) es que Pablo escribió desde Roma, en donde el emperador vivía. Las semejanzas entre los detalles del encarcelamiento de Pablo dados en Hechos y en las epístolas de la prisión también argumentan que esas epístolas fueron escritas desde Roma (p. ej., Pablo estaba cuidado por soldados, Hch 28.16; cp. 1.13, 14; se le permitió recibir visitantes, Hch 28.30; cp. 4.18; y tuvo la oportunidad de predicar el evangelio, Hch 28.31; cp. 1.12–14; Ef 6.18–20; Col 4.2–4).

Algunos han sostenido que Pablo escribió las epístolas de la prisión durante su encarcelamiento de dos años en Cesarea (Hch 24.27). Pero las oportunidades de Pablo de recibir visitantes y proclamar el evangelio fueron severamente limitadas durante ese encarcelamiento (cp. Hch 23.35). Las epístolas de la prisión expresan la esperanza de Pablo de un veredicto favorable (1.25; 2.24; cp. Flm 22). No obstante, en Cesarea, la única esperanza de Pablo de ser soltado era sobornar a Félix (Hch 24.26), o estar de acuerdo en tener un juicio en Jerusalén ante Festo (Hch 25.9). En las epístolas de la prisión, Pablo esperaba que la decisión en su caso fuera final (1.20–23; 2.17, 23). Eso no pudo ser verdad en Cesarea, debido a que Pablo pudo y apeló su caso al emperador.

Otra alternativa ha sido que Pablo escribió las epístolas de la prisión desde Éfeso. Pero en Éfeso, tal como en Cesarea, ninguna decisión final podía ser hecha en su caso debido a su derecho de apelar al emperador. Además, Lucas se encontraba con Pablo cuando escribió Colosenses (Col 4.14), pero aparentemente no estaba con el apóstol en Éfeso. Hechos 19, el cual registra la estancia de Pablo en Éfeso, no pertenece a una de las secciones que hace uso del «nosotros» de Hechos (vea Hechos: «Autor y fecha»). No obstante, el argumento más fuerte en contra de que Éfeso fuera el punto de origen para las epístolas de la prisión es que no hay evidencia de que Pablo haya sido encarcelado en Éfeso.

A la luz de las serias dificultades que enfrentan tanto la posición de Cesarea como la de Éfeso, no hay razón por la cual se rechace la posición tradicional de que Pablo escribió las epístolas de la prisión, incluyendo Filipenses, desde Roma.

La creencia de Pablo de que su caso sería pronto decidido (2.23, 24) apunta a que Filipenses haya sido escrita hacia el cierre del encarcelamiento de dos años en Roma del apóstol (ca. 61 D.C.).

CONTEXTO HISTÓRICO

Originalmente conocida como Krenides («Las pequeñas fuentes») debido a los numerosos manantiales que se encontraban en la cercanía, Filipos («ciudad de Felipe») recibió su nombre de Felipe II de Macedonia (el padre de Alejandro el Grande). Atraído por las minas de oro que estaban cerca, Felipe conquistó la región en el siglo cuarto A.C. En el siglo segundo A.C., Filipos se volvió parte de la provincia romana de Macedonia.

La ciudad existió en oscuridad relativa durante los siguientes dos siglos hasta que uno de los acontecimientos más famosos en la historia romana le trajo reconocimiento y expansión. En el 42 A.C., las fuerzas de Antonio y Octaviano derrotaron a las de Bruto y Casio en la Batalla de Filipos, y de esta manera terminaron con la República Romana y dieron lugar al Imperio Romano. Después de la batalla, Filipos se convirtió en una colonia Romana (cp. Hch 16.12), y muchos veteranos del ejército romano se establecieron ahí. Como una colonia, Filipos tenía autonomía del gobierno provincial y los mismos derechos otorgados a ciu-

CRISTO EN... FILIPENSES

FILIPENSES PRESENTA uno de los testimonios más conmovedores y persuasivos de la vida en Cristo. Pablo abre su corazón y describe su relación con su Señor diciendo que «para mí el vivir es Cristo, y el morir es ganancia» (1.21). La ausencia de egoísmo e interés propio no implica sentimientos de pérdida, sino solo de gozo y paz en Jesucristo (4.4–7). Por eso alienta a los creyentes a que imiten a Cristo (2.5).

dades en Italia, incluso el uso de la ley romana. Estaba exenta de algunos impuestos, y disfrutaba de la ciudadanía romana para sus residentes (Hch 16.21). Siendo una colonia también era la fuente de gran orgullo cívico para los filipenses, quienes usaban el latín como su idioma oficial, adoptaron las costumbres romanas, y establecieron el gobierno de su ciudad igual al de las ciudades italianas. Tanto Hechos como Filipenses reflejan el estatus de Filipos como una colonia romana.

La descripción de los cristianos como ciudadanos del cielo por parte de Pablo (3.20) era apropiada, debido a que los filipenses se jactaban de ser ciudadanos de Roma (cp. Hch 16.21). Los filipenses bien pudieron haber conocido a algunos de los miembros del pretorio (1.13) y de la casa de César (4.22).

La iglesia en Filipos, la primera fundada por Pablo en Europa, se remonta al segundo viaje misionero del apóstol (Hch 16.12–40). Evidentemente Filipos tenía una población judía muy pequeña. Debido a que no habían suficientes hombres para formar una sinagoga (el requisito eran diez hombres judíos que fueran cabezas de una casa), algunas mujeres devotas se reunían afuera de la ciudad en un lugar de oración (Hch 16.13) junto al río Gangites. Pablo les predicó el evangelio y Lidia, una mercader rica que trabajaba con bienes caros teñidos de púrpura (Hch 16.14), se convirtió en creyente (16.14, 15). Es probable que la iglesia filipense inicialmente se reuniera en su hogar espacioso.

La oposición satánica a la nueva iglesia inmediatamente se levantó en la persona de una muchacha esclava que adivinaba, poseída por un demonio, (Hch 16.16, 17). No queriendo ni siquiera tener un testimonio que estuviera de acuerdo con ellos de tal fuente mala, Pablo echó fuera al demonio de ella (Hch 16.18). El acto del apóstol llenó de ira a los amos de la muchacha, quienes ya no podían vender sus servicios como adivinadora (Hch 16.19). Arrastraron a Pablo y a Silas frente a los magistrados de la ciudad (Hch 16.20) e incitaron el orgullo cívico de los filipenses diciendo que los dos predicadores eran una amenaza para las costumbres romanas (Hch 16.20, 21). Como resultado, Pablo y Silas fueron azotados y encarcelados (Hch 16.22–24).

Los dos predicadores fueron milagrosamente liberados de la prisión esa noche por un terremoto, el cual enterneció al carcelero y abrió su corazón y el de su casa al evangelio (Hch 16.25–34). Al día siguiente los magistrados, llenos de pánico cuando oyeron que habían azotado y encarcelado ilegalmente a dos ciudadanos romanos, les rogaron a Pablo y a Silas que se fueran de Filipos.

Aparentemente Pablo visitó Filipos dos veces durante su tercer viaje misionero, una vez al principio (cp. 2 Co 8.1–5), y una vez más casi al final (Hch 20.6). Alrededor de cuatro o cinco años después de su última visita a Filipos, mientras que era un prisionero en Roma, Pablo recibió una delegación de la iglesia filipense. Los filipenses habían apoyado a Pablo generosamente en el pasado (4.15, 16), y también habían contribuido abundantemente para los necesitados en Jerusalén (2 Co 8.1–4). Ahora, oyendo del encarcelamiento de Pablo, le enviaron otra contribución (4.10), y junto con ella a Epafrodito para ministrar a las necesidades de Pablo. Desdichadamente, Epafrodito sufrió de una enfermedad casi fatal (2.26, 27) camino a Roma, o después de que llegó. A la luz de esto, Pablo decidió enviar a Epafrodito de regreso a Filipos (2.25, 26) y escribió la carta a los filipenses para enviarla con él.

Pablo tenía varios propósitos al componer esta epístola. En primer lugar, quería expresar a través de la escritura su gratitud por la ofrenda de los filipenses (4.10–18) En segundo lugar, quería que los filipenses supieran la razón por la que él decidió regresarles a Epafrodito, para que no pensaran que su servicio a Pablo había sido insatisfactorio (2.25, 26). En tercer lugar, él quería informarles acerca de sus circunstancias en Roma (1.12–26). En cuarto lugar, él escribió para exhortarlos a la unidad (2.1, 2; 4.2). Finalmente, él escribió para advertirles de los falsos maestros (3.1—4.1).

PALABRAS CLAVE EN

Filipenses

Suministración: en griego *epichoregia* —1.19— que se utiliza para describir lo que le proveería el director a todos los miembros de un coro griego que actuara en una obra de teatro en Grecia. Es decir, que se ocupaba de todos sus gastos. El término luego pasó a referirse a la provisión plena de todo tipo. La oración de los filipenses generaría la *suministración* del Espíritu. Pablo esperaba la plena provisión del Espíritu de Jesucristo como resultado de las oraciones de los filipenses.

Forma de Dios: en griego *morphe theou* (2.6) *Morphe*, el término griego que se traduce como forma, se utilizaba en general para expresar la manera en que existe una cosa, en que se ve, según lo que es. Así, la expresión *forma de Dios* puede entenderse correctamente como la esencial naturaleza y el carácter de Dios. Afirmar entonces que Cristo existía en la *forma* de Dios es decir que, aparte de su naturaleza humana, Cristo poseía todas las características y cualidades pertenecientes a Dios, puesto que él es, de hecho, Dios.

Virtud: en griego *arete* —4.8— término infrecuente en el NT, pero que se utilizaba mucho en los escritos griegos para indicar excelencia moral. Pedro, en su primera carta, usó la palabra para describir la excelente naturaleza o «las excelencias» de Dios (ver 1 P 2.9). Se nos dice que varias personas poseen esa excelencia, pero que es una cualidad que viene de Dios. Solo por el poder divino se puede ser moralmente excelente en esta tierra (2 P 1.3).

PERSONAS DESTACADAS EN FILIPENSES

Pablo: les escribió a los filipenses sobre el gozo y la fortaleza que encontramos en Cristo (1.1—4.23).

Timoteo: misionero de ascendencia judía y gentil, a quien Pablo preparó para que continuara con su ministerio en Filipo (1.1—2.23)

Epafrodito: fiel obrero de Filipo, enviado a Pablo con dinero para ayudarle (2.25–30; 4.18).

Evodia: fiel obrera a quien Pablo reprendió por no reconciliarse con Síntique, otra hermana de la iglesia (4.2, 3).

Síntique: fiel obrera a quien Pablo reprendió por no reconciliarse con Evodia (4.2, 3).

TEMAS HISTÓRICOS Y TEOLÓGICOS

Debido a que primordialmente es una carta práctica, Filipenses contiene poco material histórico (no hay citas del AT), fuera del tratado momentáneo de la autobiografía espiritual de Pablo (3.4–7). De la misma manera, hay poca instrucción teológica directa, también con una excepción momentánea. El magnífico pasaje describiendo la humillación y exaltación de Cristo (2.5–11) contiene algunas de las enseñanzas más profundas y cruciales acerca del Señor Jesucristo en toda la Biblia. El tema principal de la búsqueda de la semejanza a Cristo, como el elemento más definitivo del crecimiento espiritual y la pasión de Pablo en su propia vida, es presentado en el 3.12–14. A pesar del encarcelamiento de Pablo, el tono dominante de la carta es gozoso (1.4, 18, 25, 26; 2.2, 16–18, 28; 3.1, 3; 4.1, 4, 10).

PRINCIPALES DOCTRINAS EN FILIPENSES

La humildad de Cristo: Cristo vino al mundo a servir y a sacrificarse a sí mismo por la humanidad (2.5–8; Sal 22.6; 69.9; Is 50.6; 53.3, 7; Sof 9.9; Mt 11.29; 13.55; Lc 2.4–7, 51; 9.58; Jn 5.41; 13.14, 15; Ro 15.3; 2 Co 8.9; He 2.16; 4.15; 5.7).

Sumisión a Cristo: los creyentes han de imitar a Cristo (1.21; 3.7–14; Gn 43.14; Jue 10.15; 1 S 3.18; 2 S 15.26; Job 2.10; Sal 37.7; 46.10; Mt 6.10; Hch 7.59; He 12.6; 2 P 1.14).

Provisión de Cristo a los creyentes: Dios provee y cubre las necesidades de sus hijos (4.13, 19; Neh 9.19; Sal 146.7–9; Mt 9.36; Jn 7.37; 2 Co 9.12; 12.9, 10; He 4.16).

EL CARÁCTER DE DIOS EN FILIPENSES

Dios es glorioso: 2.11

Dios es misericordioso: 2.27

Dios provee: 1.12

RETOS DE INTERPRETACIÓN

La principal dificultad conectada con Filipenses es determinar en dónde fue escrita (vea «Autor y fecha»). El texto en sí mismo solo presenta un reto de interpretación significativo: la identidad de los «enemigos de la cruz» Al igual que había hecho en muchos de sus contactos con las iglesias que había fundado (Hch 20.28–31), Pablo les advirtió a los filipenses sobre los peligros de los falsos maestros. El lenguaje de Pablo implica que tales maestros no afirmaban abiertamente oponerse a Cristo, su obra en la cruz o la salvación solo por gracia a través de la fe, pero no buscaban asemejarse a Él al llevar una vida piadosa. Su fe era un fraude. Aparentemente, fingían ser amigos de Cristo y era posible que hubieran alcanzado posiciones de liderazgo en la iglesia, pero sus vidas demostraban su verdadera lealtad.

BOSQUEJO

   I. El saludo de Pablo (1.1–11)
  II. Las circunstancias de Pablo (1.12–26)
 III. Las exhortaciones de Pablo (1.27—2.18)
     A. A estar firmes en medio de la persecución (1.27–30)
     B. A estar unidos en humildad (2.1–4)
     C. A recordar el ejemplo de Cristo (2.5–11)
     D. A ser luz en un mundo oscuro (2.12–18)
 IV. Los compañeros de Pablo (2.19–30)
     A. Timoteo (2.19–24)
     B. Epafrodito (2.25–30)
  V. Las advertencias de Pablo (3.1—4.1)
     A. En contra del legalismo (3.1–16)
     B. En contra del libertinaje (3.17—4.1)
 VI. Amonestación de Pablo (4.2–9)
 VII. Gratitud de Pablo (4.10–20)
VIII. Despedida de Pablo (4.21–23)

Mientras tanto, en otras partes del mundo...

Llegan a China los monjes budistas de India llevando consigo sus cánticos, que luego se incorporaron a la música china.

RESPUESTAS A PREGUNTAS DIFÍCILES

1. ¿Qué podemos aprender acerca de Jesús basados en la gran bendición de 2.6–11?

Este es un pasaje clásico del NT que resume la divinidad, el carácter, la naturaleza y la encarnación de Jesucristo. Se define claramente como unidad, por lo que es probable que se cantara como himno en la iglesia primitiva.

Esta meditación comienza enfocándose en la eterna naturaleza de Cristo (2.6). El término griego traducido usualmente como *ser* no aparece en este pasaje, porque Pablo eligió otra palabra que destaca la esencia de la naturaleza de una persona, su estado o condición continuos. También, de las dos palabras griegas que se traducen como *forma*, Pablo eligió la que indica específicamente el carácter esencial e inmutable de algo, lo que es en sí mismo. La doctrina fundamental de la deidad de Cristo siempre ha incluido estas características cruciales (ver también Jn 1.1, 3–4, 14; 8.58; Col 1.15–17; He 1.3). Aunque Cristo tenía todos los derechos, privilegios y honores de la deidad —de los que era eterna y continuamente digno— su actitud no fue aferrarse a su posición, sino que la abandonó voluntariamente durante un tiempo.

El pasaje entonces describe el proceso que pasó Cristo para cumplir la encarnación. Ante todo, «se despojó a sí mismo» (2.7). El término griego utilizado aquí, *kenosis,* se utiliza hoy como palabra teológica para la doctrina del despojo de sí mismo de Cristo en su encarnación. Eso no significa que Jesús se haya despojado de su deidad. Pero sí que renunció o dejó a un lado sus privilegios en varias áreas:

- la gloria celestial (Jn 17.5)
- la autoridad independiente: durante su encarnación Cristo se sometió por completo a la voluntad de su Padre (Mt 26.39; Jn 5.30; He 5.8)
- prerrogativas divinas: Cristo dejó a un lado el despliegue voluntario de sus atributos divinos y se sometió a la dirección del Espíritu (Mt 24.36; Jn 1.45–49)
- riquezas eternas (2 Co 8.9)
- la relación favorable con Dios: Cristo sintió la ira del Padre por el pecado humano cuando estaba en la cruz (Mt 27.46).

Luego, Cristo adoptó la «forma de siervo, hecho semejante a los hombres» (2.7). Aparece aquí, y en el versículo 6, la misma palabra griega que se traduce como *forma.* Cristo era más que Dios en un cuerpo humano. Él adoptó todos los atributos esenciales del ser humano (Lc 2.52; Gá 4.4; Col 1.22) al punto que se identificó con las necesidades básicas y las debilidades humanas (He 2.14, 17; 4.15). Se hizo Dios-hombre: plenamente divino y plenamente humano.

Cristo también cumplió los plenos propósitos e implicaciones de su acción divina. Experimentó cada uno de los aspectos de la vida como ser humano, incluyendo la máxima obediencia de morir como criminal, cumpliendo el plan de Dios para Él (Mt 26.39; Hch 2.23).

La completa humillación de Cristo (2.5–8) está vinculada de manera inseparable a su exaltación obrada por Dios (2.9–11). Jesús fue honrado al menos en seis maneras: (1) su resurrección; (2) su coronación (su posición a la diestra de Dios); (3) su rol de intercesor por nosotros (Hch 2.32, 33; 5.30, 31; Ef 1.20, 21; He 4.15; 7.25, 26); (4) su ascensión (He 4.14); (5) su reconocido rol como sustituto supremo y perfecto por nuestros pecados; y (6) su título y nombre como Señor, que le identifica de manera plena como rey divino y soberano (Is 45.21–23; Mr 15.2; Lc 2.11; Jn 13.13; 18.37; 20.28; Hch 2.36; 10.36; Ro 14.9–11; 1 Co 8.6; 15.57; Ap 17.14; 19.16). Las Escrituras afirman reiteradas veces el título de Jesús como Dios-hombre.

2. ¿De qué manera captan las palabras *gozo* y *regocijo* el mensaje central de Pablo a este grupo de creyentes?

Cuatro veces usa Pablo la palabra *gozo* en esta carta (1.4, 25; 2.2; 4.1), y nueve veces emplea *regocijar* en alguna de sus conjugaciones (1.18 dos veces, 26; 2.17, 18; 3.1; 4.4 dos veces, 10). En los primeros capítulos estos términos se usan principalmente para describir la experiencia personal de Pablo en Cristo. Pero el inicio del capítulo 3 es un punto de transición, que lleva a una sección de instrucción espiritual. La expresión de Pablo «gozaos en el Señor» (3.1) contiene la primera aparición de la frase «en el Señor» en esta carta, la cual indica la razón del gozo del creyente y la esfera en la que existe ese gozo. El gozo del creyente no tiene relación con las circunstancias de la vida, sino que fluye de una relación indiscutible con el Señor soberano, una relación que no cambia.

El tema del gozo alcanza su punto más alto en 4.4 con la orden repetida: «Regocijaos en el Señor siempre. Otra vez digo: ¡Regocijaos!». Los versículos que siguen describen la conducta visible y las actitudes internas de la persona cuyo gozo es auténtico. Pablo también incluyó la promesa de Dios de otorgar su presencia y su paz a quienes viven regocijándose en el Señor.

Otros temas de estudio en Filipenses

1. Lea Filipenses 2.5–11 y luego describa con sus propias palabras cómo afectan su vida las acciones de Cristo.
2. En Filipenses 3, ¿con qué comparó Pablo todos sus logros al medirlos con lo que significa conocer a Cristo?
3. ¿Cuántas son las formas en que puede usted identificarse con el énfasis de Pablo en el gozo que se hace en esta carta?
4. ¿Qué guía le ofrece Pablo en el capítulo 4 que se relacione con su vida de oración y de pensamiento? ¿Practica algo de lo que Pablo enseña? ¿Qué cosas?
5. ¿A qué se refería Pablo en Filipenses 4.13, y hasta qué punto ha vivido usted la verdad de este descubrimiento?

COLOSENSES
El hombre se completa por medio de Dios el Hijo

TÍTULO

Colosenses es nombrada por la ciudad de Colosas, en donde la iglesia a la que es dirigida se encontraba. También tenía que ser leída en la iglesia vecina de Laodicea (4.16).

AUTOR Y FECHA

Pablo es identificado como el autor al principio (1.1; cp. v. 23; 4.18), como es costumbre en sus epístolas. El testimonio de la iglesia primitiva, incluyendo a figuras clave tales como Ireneo, Clemente de Alejandría, Tertuliano, Orígenes y Eusebio, confirma que la afirmación de apertura es genuina. Evidencia adicional para el hecho de que Pablo es el autor viene de los paralelos cercanos con Filemón, la cual es universalmente aceptada como una carta que fue escrita por Pablo. Ambas fueron escritas (ca. 60–62 D.C.) mientras Pablo era un prisionero en Roma (4.3, 10, 18; Flm 9, 10, 13, 23); además, los nombres de las mismas personas (p. ej. Timoteo, Aristarco, Arquipo, Marcos, Epafras, Lucas, Onésimo y Demas) aparecen en ambas epístolas, mostrando que ambas fueron escritas por el mismo autor alrededor del mismo tiempo. Para información biográfica de Pablo vea Romanos: «Autor y fecha».

CONTEXTO HISTÓRICO

Colosas era una ciudad en Frigia, en la provincia romana de Asia (parte de Turquía moderna), a unos 160 km al este de Éfeso en la región de las siete iglesias de Apocalipsis 1—3. La ciudad se encontraba junto al río Lico, no lejos de donde fluía en el río Maender. El Valle Lico se estrechaba en Colosas a una anchura de unos 3,2 km y el Monte Cadmo se levantaba a más de 2.400 metros sobre la ciudad.

Colosas era una ciudad próspera en el siglo quinto A.C. cuando el rey persa Jerjes (Asuero, cp. Est. 1.1) marchaba a través de la región. La lana negra y los teñidos (hechos de los depósitos de tisa que se encontraban en el área) eran productos importantes. Además, la ciudad estaba situada en la unión de las principales rutas de comercio de norte a sur y de este a

CRISTO EN… COLOSENSES

El mensaje de Colosenses afirma el terminado perfecto del creyente en Cristo (1.28). Pablo destaca la deidad de Jesús contestando a quienes atacaban a la Persona de Cristo con «filosofías y huecas sutilezas» (2.8, 9). Debemos aceptar la plenitud de Cristo a fin de que Dios les permita a los creyentes llegar a la plenitud de la vida en él (2.10).

oeste. No obstante, para el día de Pablo, el camino principal había sido redirigido a través de la ciudad cercana de Laodicea, y de esta manera daba la vuelta a Colosas, lo cual llevó a su declive y a que las ciudades vecinas como Laodicea y Hierápolis prosperaran.

Aunque la población de Colosas era primordialmente gentil, había una gran colonia judía que se remontaba a los días de Antíoco el Grande (223–187 A.C.). La población mezclada de

Colosas de judíos y gentiles se manifestaba a sí misma tanto en la composición de la iglesia como en la herejía que la plagaba, la cual contenía elementos tanto de legalismo judío como de misticismo pagano.

La iglesia en Colosas comenzó durante el ministerio de Pablo en Éfeso (Hch 19), el cual duró tres años. Su fundador no fue Pablo, quien nunca había estado ahí (2.1), sino Epafras (1.5–7), quien al parecer fue salvado durante una visita a Éfeso, y probablemente después comenzó la iglesia en Colosas cuando regresó a casa. Varios años después de que la iglesia colosense fuera fundada, una peligrosa herejía surgió para amenazarla, una no identificada con ningún sistema histórico en particular. Contenía elementos de lo que más tarde llegó a conocerse como gnosticismo: que Dios es bueno, pero la materia es mala, que Jesucristo era meramente una de una serie de emanaciones descendiendo de Dios y siendo menos que Dios (una creencia que los llevó a negar su verdadera humanidad), y que un secreto conocimiento que estaba por encima de las Escrituras era necesario para ser iluminado y para la salvación. La herejía colosense también incluyó aspectos del legalismo judío, p. ej. la necesidad de la circuncisión para la salvación, la observación de los rituales ceremoniales de la ley del AT (leyes de alimentación, festivales, días de reposo) y el ascetismo rígido. También llamaba a la adoración de ángeles y la experiencia mística. Epafras estaba tan preocupado por esta herejía que realizó el largo viaje de Colosas a Roma (4.12, 13), en donde Pablo era un prisionero.

Esta carta fue escrita desde la prisión en Roma (Hch 28.16–31) en algún momento entre el 60–62 D.C. y, por lo tanto, se hace referencia a ella como a una epístola de la prisión (junto con Efesios Filipenses y Filemón). Pudo haber sido compuesta casi de manera contemporánea con Efesios, e inicialmente enviada con esa epístola y Filemón por medio de Tíquico (Ef 6.21, 22; Col 4.7, 8). Vea Filipenses: «Autor y fecha» para una discusión de la ciudad desde la cual Pablo escribió. Él escribió esta carta para advertir a los colosenses de la herejía que enfrentaban, y les envió la carta con Tíquico, quien estaba acompañando al esclavo que había huido, Onésimo, de regreso a su amo, Filemón, un miembro de la iglesia colosense (4.7–9; vea Filemón: «Contexto histórico»). Epafras se quedó en Roma (cp. Flm 23), quizá para recibir más instrucciones de Pablo.

PERSONAS DESTACADAS EN COLOSENSES

Pablo: urge a la iglesia de Colosas a huir de las falsas doctrinas que niegan la deidad de Cristo (1.1—4.18).

Timoteo: misionero que viajaba con Pablo (1.1).

Tíquico: enviado a la iglesia de Colosas para llevar cartas y noticias de Pablo (4.7–9).

Onésimo: sirvió fielmente con Pablo antes de volver a Colosas (4.9) para reconciliarse con Filemón, que había sido su amo (ver el libro de Filemón).

Aristarco: tesalonicense que viajó con Pablo en su tercer viaje misionero (4.10).

Marcos: primo de Bernabé que acompañó a Pablo y a Bernabé en el primer viaje misionero (4.10).

Epafras: fundador de la iglesia colosense (1.7, 8; 4.12, 13).

TEMAS HISTÓRICOS Y TEOLÓGICOS

Colosenses contiene enseñanza en varias áreas clave de teología, incluyendo la deidad de Cristo (1.15–20; 2.2–10), la reconciliación (1.20–23), la redención (1.13, 14; 2.13, 14; 3.9–11), la elección (3.12), el perdón (3.13), y la naturaleza de la iglesia (1.18, 24, 25; 2.19; 3.11, 15). También, como se notó arriba, refuta la enseñanza hereje que amenazaba a la iglesia colosense (cap. 2).

Las glorias de Cristo

«No que seamos competentes por nosotros mismos para pensar algo como de nosotros mismos, sino que nuestra competencia proviene de Dios» (2 Co 3.5).

Una de las grandes verdades de las Escrituras es la declaración de que Jesucristo es completamente suficiente para todos los asuntos de la vida y la piedad (2 P 1.3, 4). Él es suficiente para la creación (Col 1.16, 17), la salvación (He 10.10–12), la santificación (Ef 5.26, 27) y la glorificación (Ro 8.30). Es tan puro que en Él no hay suciedad, tacha, mancha de pecado, contaminación, mentira, engaño, corrupción, error o imperfección (1 P 1.18–20).

Cristo es tan completo que no hay otro Dios fuera de Él (Is 45.5). Es el Hijo unigénito (Jn 1.14, 18). Todos los tesoros de la sabiduría y del conocimiento están en Él (Col 2.3). En Él habita corporalmente toda la plenitud de la deidad (Col 2.9). Es el heredero de todas las cosas (He 1.2). Creó todas las cosas y todas las cosas fueron hechas por Él, a través de Él y para Él (Col 1.16). Sostiene todas las cosas por la palabra de su poder (Col 1.17; He 1.3). Es el primogénito de toda creación (Col 1.15). Es la representación exacta de Dios (He 1.3).

Él es el único mediador entre Dios y el hombre. Él es el sol que alumbra; el médico que sana; el muro de fuego que defiende; el amigo que consuela; la perla que enriquece; el arca que sostiene; y la roca para sustentarnos en las presiones más fuertes. Él está sentado a la diestra del trono de la Majestad en las alturas (He 1.3; 8.1). Él es mejor que los ángeles (He 1.4–14); mejor que Moisés; mejor que Aarón; mejor que Josué; mejor que Melquisedec; mejor que todos los profetas; más grande que Satanás (Lc 4.1–12); y más fuerte que la muerte (1 Co 15.55).

Él no tiene principio ni fin (Ap 1.17, 18). Es el cordero sin mancha de Dios. Él es nuestra paz (Ef 2.14). Él es nuestra esperanza (1 Ti 1.1). Es nuestra vida (Col 3.4). Él es el camino vivo y verdadero (Jn 14.6). Es la gloria de Israel (1 S 15.29). Es la raíz y el linaje de David, la estrella resplandeciente de la mañana (Ap 22.16). Es Fiel y Verdadero (Ap 19.11). Es el autor y consumador de nuestra fe (He 12.1, 2). Es el autor de nuestra salvación (He 2.10). Es el campeón. Es el escogido (Is 42.1). Es apóstol y sumo sacerdote de nuestra fe (He 3.1). Él es el siervo justo (Is 53.11).

Él es el Señor de los ejércitos, el Redentor, el Santo de Israel, el Dios de toda la tierra (Is 54.5). Él es el varón de dolores (Is 53.3). Él es la luz. Es el Hijo del Hombre (Mt 20.28). Él es la vid. Es el pan de vida. Es la puerta. Él es Señor (Fil 2.10–13). Es profeta, sacerdote y rey (He 1.1–3). Es nuestro reposo (He 4.9). Él es nuestra justicia (Jer 23.6). Es el Maravilloso consejero, el Dios fuerte, el Padre eterno, el Príncipe de paz (Is 9.6). Él es el Príncipe de los pastores (1 P 5.4). Es el Señor Dios de los ejércitos. Es Señor de las naciones. Es el León de Judá. El Verbo vivo. La Roca de salvación. El Espíritu eterno. Él es el Anciano de días, Creador y Consolador, Mesías. ¡Él es el gran YO SOY (Jn 8.58)!

Principales doctrinas en Colosenses

La deidad de Cristo: Jesús no solo vino de Dios; él es el único y verdadero Dios y Mesías (1.15–20; 2.2–10; Sal 24.7, 10; 45.6, 7; Is 7.14; 8.13, 14; 9.6; 40.3, 11; Jer 23.5, 6; Sof 13.7; Mt 1.23; 3.3; 12.8; 26.63–67; Mr 2.7, 10; Jn 1.1, 14, 18; 3.16; Hch 10.36; Ro 9.5; Tit 2.13; He 13.20; 1 P 2.8).

Reconciliación: el sacrificio de Jesucristo renueva la relación entre Dios y el hombre (1.20–22; 2.14; Lv 8.15; 16.20; Dn 9.24; Is 53.5; Mt 5.24–26; Ro 5.1, 10, 11; 2 Co 5.18–20; Ef 2.14–16; He 2.17).

Redención: Jesucristo pagó un precio por nuestra salvación: su propia muerte en la cruz (1.13, 14; 2.13, 14; 3.9–11; Is 43.1; 44.21–23; Mt 20.28; Lc 1.68; Hch 20.28; 1 Co 1.30; 6.20; 7.23; Gá 3.13; 4.4, 5; He 9.12; 1 P 1.19; Ap 5.9).

Elección: Dios conoce desde antes del inicio de los tiempos la vida y el futuro de cada creyente (3.12; Mt 20.16; Jn 6.44; 13.18; 15.16; Hch 22.14; Ro 8.29; 9.11, 15, 16; 1 Co 1.27; Ef 1.4, 5, 11; 1 Ts 1.4; 2 Ts 2.13; Tit 1.1; 1 P 1.2).

Perdón: hemos de perdonar a los demás con la misma misericordia que Dios nos perdona a nosotros (3.13; Sal 7.4; Pr 19.11; Mt 18.22; Mr 11.25; Lc 6.36; 17.4; 23.34; Ro 12.19; Ef 4.32; 1 P 4.8).

Naturaleza de la iglesia como cuerpo de Cristo: todos los que creen en Jesucristo son iguales ante el Señor como hijos suyos y ciudadanos de su eterno reino (1.18, 24, 25; 2.19; 3.11, 15; Ef 1.22, 23; 3.6; 5.32; Ap 21.9).

La preeminencia de Cristo

CRISTO

EL GOBIERNO UNIVERSAL
Imagen visible de Dios (1.15)
Agente de la creación (1.16)
El sustentador (1.17)
Cabeza de la iglesia (1.18)

EN LA RECONCILIACIÓN
Agrada al Padre (1.19, 20)
Nos reconcilia por medio de su muerte (1.21, 22)
Vive en nosotros como nuestra esperanza de gloria (1.27)

EN LA SABIDURÍA Y EL CONOCIMIENTO
Fuente de todos los tesoros (2.2, 3)
La filosofía del mundo no se conforma a él (2.8)

EN LA OBSERVANCIA PERSONAL
Tenemos vida en él (2.11–13)
No son necesarios el legalismo ni el ritualismo (2.16–23)

EN LA VIDA CRISTIANA
Él es nuestra vida (3.3)
Podemos evitar la inmoralidad y bendecir a otros (3.5–14)

EL CARÁCTER DE DIOS EN COLOSENSES

Dios es accesible: 1.21, 22

Dios es invisible: 1.15

Dios es justo: 3.25

Dios es potente: 1.11; 2.12

Dios es reconciliador: 1.20

Dios se aíra: 3.6

RETOS DE INTERPRETACIÓN

Las sectas que niegan la deidad de Cristo se han aferrado a la descripción de Él como «el primogénito de toda creación» (1.15) como prueba de que fue un ser creado. La afirmación de Pablo de que los creyentes serán «santos y sin mancha e irreprensibles» si permanecen «fundados y firmes

Títulos de Cristo

Nombre o título	Significado	Referencia bíblica
Adán, postrer Adán	El primero de la nueva raza de los redimidos	1 Co 15.45
Alfa y Omega	El principio y fin de todas las cosas	Ap 21.6
Pan de vida	El alimento esencial	Jn 6.35
Principal piedra del ángulo	Un fundamento seguro para la vida	Ef 2.20
Príncipe de los pastores	Protector, sustentador y guía	1 P 5.4
Primogénito de los muertos	Nos guía a la resurrección y a la vida eterna	Col 1.18
Buen pastor	Proveedor y cuidador	Jn 10.11
Gran pastor de las ovejas	Guía digna de confianza y protector	He 13.20
Sumo Sacerdote	Un sacrificio perfecto por nuestros pecados	He 3.1
Santo de Dios	Naturaleza sin pecado	Mr 1.24
Emanuel (Dios con nosotros)	Está con nosotros en todas las circunstancias de la vida	Mt 1.23
Rey de reyes, Señor de señores	El Todopoderoso, ante quien toda rodilla se doblará	Ap 19.16
Cordero de Dios	Dio su vida como sacrificio por nosotros	Jn 1.29
Luz del mundo	Trae esperanza en medio de la oscuridad	Jn 9.5
Señor de gloria	El poder y la presencia del Dios vivo	1 Co 2.8
Mediador entre Dios y los hombres	Nos trae a la presencia de Dios redimidos y perdonados	1 Ti 2.5
Unigénito del Padre	El único Hijo de Dios, no hay otro como Él	Jn 1.14
Profeta	Fiel proclamador de las verdades de Dios	Hch 3.22
Salvador	Libra del pecado y la muerte	Lc 1.47
Simiente de Abraham	Mediador del pacto de Dios	Gá 3.16
Hijo del Hombre	Se identifica con nosotros en su humanidad	Mt 18.11
El Verbo	Presente con Dios en la creación	Jn 1.1

en la fe» (1.22, 23) ha llevado a algunos a enseñar que los creyentes pueden perder su salvación. Algunos han argumentado la existencia del purgatorio basándose en la afirmación de Pablo, «cumplo en mi carne lo que falta de las aflicciones de Cristo» (1.24). Pablo estaba enfrentando persecución debido a Cristo. A pesar de su muerte en la cruz, los enemigos de Cristo no se habían saciado en su deseo de hacerle daño, de modo que desviaron su odio hacia aquellos que predicaban el evangelio (cp. Jn 15.18, 24; 16.1–3). Fue en ese sentido que Pablo habló de las aflicciones de Cristo que faltaban.

Además, otros ven un apoyo para la regeneración bautismal (2.12). La circuncisión simbolizaba la necesidad del hombre de purificar su corazón (cp. Dt 10.16; 30.6; Jer 4.4; 9.26; Hch 7.51; Ro 2.29) y era una señal externa de la limpieza del pecado que viene por medio de la fe en Dios (Ro 4.11; Fil 3.3). En el momento de la salvación, los creyentes experimentan una «circuncisión» espiritual «al echar de vosotros el cuerpo pecaminoso carnal» (cp. Ro 6.6; 2 Co 5.17; Fil 3.3; Tit 3.5). Este es el nuevo nacimiento, la nueva creación en la conversión. La señal externa de la transformación interna ya completada es ahora el bautismo en agua del creyente (Hch 2.38).

Finalmente, la identidad de la carta de Laodicea (4.16) ha causado mucha confusión. La carta a los colosenses estaba supuesta a ser leída públicamente en las iglesias de Colosas y Laodicea. La carta de Laodicea era una epístola separada de Pablo, usualmente identificada con la epístola a los efesios. Los manuscritos antiguos del libro de Efesios no contienen las palabras «en Éfeso», indicando que con toda seguridad esta era una carta circular escrita para varias iglesias de la región. Tíquico puede haber entregado Efesios en la iglesia de Laodicea primero.

Bosquejo

I. **Asuntos personales (1.1–14)**
   A. El saludo de Pablo (1.1, 2)
   B. La gratitud de Pablo (1.3–8)
   C. La oración de Pablo (1.9–14)

II. **Instrucción doctrinal (1.15—2.23)**
   A. Acerca de la deidad de Cristo (1.15–23)
   B. Acerca del ministerio de Pablo (1.24—2.7)
   C. Acerca de la filosofía falsa (2.8–23)

III. **Exhortaciones prácticas (3.1—4.18)**
   A. Conducta cristiana (3.1–17)
   B. Casas cristianas (3.18—4.1)
   C. Plática cristiana (4.2–6)
   D. Amigos cristianos (4.7–18)

Mientras tanto, en otras partes del mundo...

Llega a China un embajador del rey de Nu, país ubicado en la isla de lo que hoy es Japón, para rendir homenaje al emperador Liu Xiu de la dinastía Han.

Respuestas a preguntas difíciles

1. ¿Cómo armoniza la doctrina bíblica de la deidad de Cristo con un pasaje como 1.15–20, que describe a Cristo cual «primogénito de toda la creación»?

Este pasaje, 1.15–20, incluye una potente defensa de la deidad de Cristo. Aparentemente, la negación de la deidad de Cristo era un componente central de la herejía que ponía en peligro a la iglesia de Colosas. Pero irónicamente, a lo largo de los siglos ha habido sectas que utilizaron la frase «primogénito de toda la creación» (1.15) para restar significado a la deidad de Cristo. Suponen que si Jesús nació en la creación, entonces se parece más a nosotros que a Dios.

PALABRAS CLAVE EN

Colosenses

Jesucristo: en griego *Iesous Christos* (1.1–4, 28; 2.6; 3.17). Muchas personas creen que *Jesucristo* hace referencia al nombre y apellido de Jesús. Sin embargo, *Jesús* es un nombre humano que significa «el Señor salva» (ver Mt 1.21). El título *Cristo* describe una posición única. Jesús es «el Ungido». Sirve como perfecto Rey, Profeta y Sumo Sacerdote de la humanidad. El nombre *Jesucristo* se difundió después de que Jesús se revelara como el Mesías prometido. Pablo indicó la supremacía de Jesucristo al utilizar este nombre combinado en el inicio de su carta a los colosenses.

Primogénito: en griego *prototokos* —1.15, 18— literalmente «primero en el tiempo» o «en primer lugar». En este contexto *prototokos* debiera traducirse como preeminente o «en el primer lugar». Por eso Jesucristo es el «primogénito» que reina sobre toda la creación (ver Éx 4.22; Dt 21.16, 17; Sal 89.23). Este título revela la humanidad del Hijo como criatura principal de toda la creación. Pero tal designación de ninguna manera sugiere que Cristo mismo fuera creado por Dios. El siguiente versículo declara con claridad que Cristo es el Creador de todas las cosas. Por tanto, Cristo no puede ser un ser creado. Es, más bien, el Hijo de Dios eterno y la segunda Persona de la Deidad.

Perfecto: en griego *teleios* —1.28; 4.12— literalmente «fin», «límite» o «cumplimiento». Pablo usa este término para describir la terminación o perfección de los creyentes en Cristo (Col 1.28; 4.12). Los cristianos avanzan hacia la «perfección», y van haciéndose a imagen de Dios cuando su fe madura por medio de la tribulación (Stg 1.4). Al expresar el amor de Dios por el prójimo, los cristianos se hacen más plenos y completos (3.14; 1 Jn 4.12). Así como Pablo buscaba el objetivo de la perfección en su andar cristiano (Fil 3.12–14), también nosotros debemos hacer que la perfección en Cristo sea nuestro objetivo. Para la humanidad, el objetivo de la perfección se completará cuando llegue «lo perfecto» (1 Co 13.10).

La palabra griega que se traduce como primogénito, sin embargo, puede hacer referencia a quien nació antes en términos cronológicos, pero con mayor frecuencia se refiere a la preeminencia en posición o rango (He 1.6; Ro 8.9). En este contexto, *primogénito* claramente significa de más alto rango, y no creado primero (Sal 89.27; Ap 1.5) por diversas razones:

- Cristo no puede ser al mismo tiempo «primogénito» y «unigénito» (ver Jn 1.14, 18; 3.16, 18; 1 Jn 4.9) y si el primogénito pertenece a una clase, la clase aparece en forma plural (1.18; Ro 8.29), pero aquí «creación», que es la clase, aparece en singular.
- Si Pablo estuviera enseñando que Cristo era un ser creado, entonces se prestaría a acordar con los herejes que él mismo intentaba refutar.
- Es imposible que Cristo sea al mismo tiempo creado y Creador de todas las cosas (1.16). Jesús es el primogénito en el sentido de que tiene la preeminencia (1.18) y posee el derecho a la herencia «sobre toda la creación» (He 1.2; Ap 5.1–7, 13).

2. ¿Qué tiene que ver la afirmación condicional «si en verdad permanecéis fundados y firmes en la fe» (1.22, 23) con que el creyente pueda perder o no su salvación?

La doctrina cristiana que tiene que ver con esta pregunta se conoce como «perseverancia de los santos». La Biblia, como en este caso, a veces nos llama a aferrarnos a nuestra fe (He 10.23; Ap 3.11) o nos advierte que no hemos de caer y apartarnos (He 10.26–29). Estas amonestaciones no niegan las muchas promesas de que el creyente sincero perseverará (Jn 10.28, 29; Ro 8.38, 39; 1 Co 1.8, 9; Fil 1.6). Más bien, estas advertencias y consejos se cuentan entre los medios que Dios utiliza para asegurar que perseveremos en la fe. Las afirmaciones condicionales como la de 1.22 y 23 simplemente recalcan el mensaje de que quienes sí se apartan de Cristo brindan evidencia concluyente de que jamás fueron creyentes sinceros (1 Jn 2.19). Decir que Dios asegura nuestra perseverancia no implica que seamos pasivos en ese proceso. Dios mantiene «por medio de la fe» (1 P 1.5) nuestra fe.

3. ¿Qué son las epístolas de la prisión y en qué prisión estaba Pablo cuando las escribió?
Cuatro de las cartas de Pablo pertenecen al grupo de las epístolas de la prisión: Efesios, Filipenses, Colosenses y Filemón. En cada una de ellas se incluyen claras referencias internas a la prisión que conformaba el entorno en el que escribía las cartas (Ef 3.1; 4.1; 6.20; Fil 1.7, 13, 14, 17; Col 4.3, 10, 18; Flm 1, 9, 10, 13, 23). Las semejanzas entre los detalles que da Pablo de la prisión en Hechos, y los que aparecen en las epístolas, respaldan la postura tradicional de que Pablo las escribió desde la prisión de Roma. Algunos de estos detalles son:

- Pablo estaba custodiado por soldados (Hch 28.16; Fil 1.13, 14).
- Pablo podía recibir visitas (Hch 28.30; Fil 4.18).
- Pablo tenía oportunidad de predicar el evangelio (Hch 28.31; Ef 6.18–20; Fil 1.12–14; Col 4.2–4).

También se ha sugerido que cuando escribió al menos algunas de estas cartas, Pablo puede haber estado en Cesarea y Éfeso. El apóstol pasó dos años en prisión en Cesarea (Hch 24.27), pero en esa época tenía muy limitadas oportunidades de recibir visitas y proclamar el evangelio (Hch 23.35). Las epístolas de la prisión expresan la esperanza de Pablo en cuanto a tener un veredicto favorable (Fil 1.25; 2.24). Sin embargo, en Cesarea, la única esperanza que Pablo tenía de que lo liberaran era sobornando a Félix (Hch 24.26) o aceptando que Festo encabezara el tribunal del juicio en Jerusalén (Hch 25.9). En estas epístolas desde la prisión, Pablo esperaba que fuera definitiva la decisión en su caso (Fil 1.20–23; 2.17, 23). Eso no podría haber sido así en Cesarea, porque Pablo podía —lo que hizo— apelar ante el emperador.

La otra prisión sugerida es la de Éfeso. Y en este caso aplican casi todas las dificultades que se presentan al sugerir la prisión de Cesarea. El argumento más contundente contra la posibilidad de que Pablo escribiera estas cartas desde la prisión de Éfeso es que no hay evidencia de que estuviera encarcelado en esa ciudad.

A la luz de las grandes dificultades para las posturas que sugieren que escribió estas epístolas desde Cesarea y Éfeso, no hay razón para rechazar la postura tradicional que indica que Pablo escribió las epístolas desde Roma mientras esperaba su audiencia ante el emperador, habiendo apelado como ciudadano romano que buscaba justicia.

OTROS TEMAS DE ESTUDIO EN COLOSENSES

1. Basándose en sus argumentos, ¿qué falsa enseñanza refutaba Pablo en Colosenses?
2. ¿Sobre qué temas o aspectos del carácter de Jesucristo puso énfasis Pablo en Colosenses?
3. ¿Cómo describe Pablo los requisitos del auténtico discípulo de Cristo en Colosenses?
4. En el último capítulo de Colosenses, ¿qué tipo de ayuda les pidió Pablo a los cristianos de Colosas?
5. ¿En qué formas depende usted de otros cristianos para que le alienten en sus esfuerzos por seguir a Cristo?

I Tesalonicenses
Cristo vendrá de nuevo

Título
En el NT griego, 1 Tesalonicenses es titulada literalmente «A los Tesalonicenses». Esto representa la primera correspondencia canónica del apóstol Pablo a la iglesia en la ciudad de Tesalónica (cp. 1.1).

Autor y fecha
El apóstol Pablo se identificó a sí mismo dos veces como el autor de esta carta (1.1; 2.18). Silvano (Silas) y Timoteo (3.2, 6), los compañeros de viaje de Pablo en el segundo viaje misionero cuando la iglesia fue fundada (Hch 17.1–9), también fueron mencionados en el saludo de apertura de Pablo (1.1). Aunque Pablo fue el único autor inspirado, la mayoría de los pronombres en la primera persona del plural (nosotros, nuestro) se refieren a los tres. No obstante, durante la visita de Timoteo de regreso a Tesalónica, únicamente se refieren a Pablo y a Silvano (3.1, 2, 6). Comúnmente Pablo usó tales plurales editoriales porque las cartas venían con el apoyo total de sus compañeros.

El hecho de que Pablo es el autor no ha sido cuestionado hasta hace poco por parte de críticos radicales. Sus intentos por atacar a Pablo como el autor han fracasado a la luz del peso combinado de la evidencia favoreciendo a Pablo, como: (1) las afirmaciones directas que afirman que Pablo es el autor (1.1; 2.18); (2) la correlación perfecta de la carta con los viajes de Pablo en Hechos 16—18; (3) la multitud de detalles íntimos con respecto a Pablo; y (4) la confirmación de verificaciones históricas múltiples comenzando con el canon de Marción en el 140 D.C.

La primera de las dos cartas de Pablo escritas desde Corinto a la iglesia de Tesalónica es fechada ca. 51 D.C. Esta fecha ha sido arqueológicamente verificada por una inscripción en el templo de Apolos en Delfos (cerca de Corinto) que fecha el servicio de Galión como procónsul en Acaya en el 51–52 D.C. (Hch 18.12–17). Debido a que la carta de Pablo a las iglesias de Galacia probablemente fue escrita ca. 49–50 D.C., esta fue su segunda pieza de correspondencia canónica.

Contexto histórico
Tesalónica (Salónica moderna) yace cerca del lugar antiguo de Terma en el Golfo Termaico en las partes nortes del Mar Egeo. Esta ciudad se volvió la capital de Macedonia (ca. 168 A.C.) y disfrutó del estatus de una «ciudad libre», la cual fue gobernada por su propia ciudadanía (Hch 17.6) bajo el Imperio Romano. Debido a que estaba localizada en la carretera principal que iba de este a oeste, la Vía Ignacia, Tesalónica servía como los cuarteles generales de la actividad política y comercial en Macedonia, y llegó a ser conocida como «la madre de toda Macedonia». En los días de Pablo la población alcanzó las 200.000 personas.

Originalmente Pablo viajó 160 km desde Filipos vía Anfípolis y Apolonia a Tesalónica en su segundo viaje misionero (50 D.C.; Hch 16.1—18.22). Como era su costumbre al llegar, él buscó la sinagoga en la cual enseñar a los judíos locales el evangelio (Hch 17.1, 2). En esa ocasión, dialogó con ellos a partir del AT en referencia a la muerte y resurrección de Cristo para probar que Jesús de Nazaret verdaderamente era el Mesías prometido (Hch 17.2, 3). Algunos judíos creyeron y poco después prosélitos griegos y algunas mujeres de recursos de la comunidad también fueron convertidos (Hch 17.4). Entre estos nuevos creyentes se menciona a Jasón (Hch 17.5), Gayo (Hch 19.29), Aristarco (Hch 20.4), y Segundo (Hch 20.4).

Debido a su ministerio eficaz, los judíos causaron que el equipo de Pablo fuera arrojado de la ciudad (Hch 17.5–9), y entonces se fueron al sur a evangelizar Berea (Hch 17.10). Ahí Pablo tuvo una experiencia similar a la de Tesalónica con conversiones seguidas de hostilidad, y así los creyentes enviaron fuera a Pablo. Se dirigió a Atenas, mientras que Silvano y Timoteo permanecieron en Berea (Hch 17.11–14). Ellos se volvieron a unir a Pablo en Atenas (cp. Hch 17.15, 16 con 3.1), desde donde Timoteo más tarde fue enviado de regreso a Tesalónica (3.2). Al parecer, Silas después viajó de Atenas a Filipos, mientras que Pablo viajó solo a Corinto (Hch 18.1). Fue después de que Timoteo y Silvano se volvieron a unir a Pablo en Corinto (Hch 18.5) cuando escribió 1 Tesalonicenses en respuesta al buen reporte de Timoteo sobre la iglesia.

Sin duda alguna Pablo tuvo razones múltiples para escribir, todas ellas viniendo de su preocupación suprema por el rebaño del cual él había sido separado. Algunos de los propósitos de Pablo claramente incluyeron: (1) alentar a la iglesia (1.2–10); (2) responder a acusaciones falsas (2.1–12); (3) consolar al rebaño perseguido (2.13–16); (4) expresar su gozo por la fe de ellos (2.17—3.13); (5) recordarles la importancia de la pureza moral (4.1–8); (6) condenar el estilo de vida lleno de pereza (4.9–12); (7) corregir un mal entendimiento de los acontecimientos proféticos (4.13—5.11); (8) terminar con las tensiones dentro del rebaño (5.12–15); y (9) exhortar al rebaño en las áreas elementales de la vida cristiana (5.16–22).

Comunidades con iglesias cristianas hacia el 100 D.C.

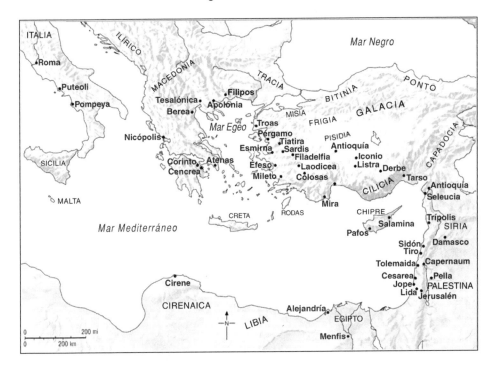

Personas destacadas en 1 Tesalonicenses

Pablo: le escribió a la iglesia de Tesalónica para confirmar la segunda venida de Cristo y elogiarlos por su fidelidad (1.1—5.28).

Timoteo: dio testimonio de la fidelidad de la iglesia de Tesalónica (1.1—3.10).

Silas: viajó con Pablo como misionero (1.1).

Temas históricos y teológicos

Se ha hecho referencia a ambas cartas a Tesalónica como «las epístolas escatológicas». No obstante, a la luz de su enfoque más extensivo en la iglesia, serían mejor categorizadas como las epístolas de la iglesia. Cinco temas principales se encuentran entretejidos en 1 Tesalonicenses: (1) un tema apologético con la correlación histórica entre Hechos y 1 Tesalonicenses; (2) un tema eclesiástico con el retrato de una iglesia sana, creciente; (3) un tema pastoral con ejemplos de actividades y actitudes de pastoreo; (4) un tema escatológico con el enfoque en acontecimientos futuros como la esperanza de la iglesia; y (5) un tema misionero con el énfasis en la proclamación del evangelio y el establecimiento de iglesias.

> ## Cristo en... 1 Tesalonicenses
>
> Primera de Tesalonicenses trata el tema de la esperanza del creyente en Cristo y, en particular, en su segunda venida (1.10; 2.19; 3.13; 4.16; 5.23). Pablo instruye a los creyentes a prepararse para el día del Señor, porque llegará «como ladrón en la noche» (5.2). Pero no es un día que los creyentes han de temer, puesto que Cristo obtiene nuestra salvación y nos guarda de la ira de Dios.

Principales doctrinas en 1 Tesalonicenses

Santificación: por medio de la propiciación de Cristo los creyentes son glorificados y apartados para el servicio a Dios (3.12, 13; 4.3, 4, 16–18; 5.23; Sal 4.3; Ez 7.28; Hch 20.32; 26.18; Ro 6.1—8.39; 15.16; 2 Co 6.17; Ef 5.26, 27; 2 Ts 2.13; 2 Ti 2.21; He 2.11; 13.12; 1 P 1.2; Jud 1.1).

Segunda venida de Cristo: el regreso de Cristo marcará el juicio a toda la humanidad (1.10; 2.19; 3.13; 4.16; 5.23; Sal 50.3, 4; Dn 7.13; Mt 24.36; 25.31; Mr 13.32; Jn 14.3; 1 Co 1.8; Tit 2.13; 2 P 3.12; Jud 1.14; Ap 1.7).

El carácter de Dios en 1 Tesalonicenses

Dios es fiel: 5.24

Dios se aíra: 1.10; 2.16

Retos de interpretación

Primordialmente los retos para entender esta epístola involucran las secciones que son escatológicas en naturaleza: (1) la ira venidera (1.10; 5.9); (2) el regreso de Cristo (2.19; 3.13; 4.15; 5.23); (3) el rapto de la iglesia (4.13–18); y (4) el significado y tiempo del día del Señor (5.1–11). Vea «Respuestas a preguntas difíciles».

Bosquejo

I. El saludo de Pablo (1.1)

II. Los pensamientos personales de Pablo (1.2—3.13)

    A. Gratitud por la iglesia (1.2–10)

    B. Recordatorios para la iglesia (2.1–16)

    C. Preocupaciones por la iglesia (2.17—3.13)

II. **Las instrucciones prácticas de Pablo (4.1—5.22)**

    A. Acerca de la pureza moral (4.1–8)

    B. Acerca de la vida disciplinada (4.9–12)

    C. Acerca de la muerte y el rapto (4.13–18)

    D. Acerca de la vida santa y el día del Señor (5.1–11)

    E. Acerca de las relaciones de la iglesia (5.12–15)

    F. Acerca de los aspectos elementales de la vida cristiana (5.16–22)

IV. **Bendición de Pablo (5.23–24)**

V. **Comentarios finales de Pablo (5.25–28)**

Mientras tanto, en otras partes del mundo...

Carataco, un jefe tribal galés, es tomado como cautivo por los invasores romanos después que le traicionara Cartimandua, reina de los Brigantes de Yorkshire.

Repuestas a preguntas difíciles

1. ¿De qué modo responde Pablo a la preocupación de los tesalonicenses sobre el destino de los cristianos que ya habían muerto?

La afirmación de 4.13–18 brinda una respuesta poderosa y firme a algunas de las cuestiones recurrentes que preocupan a los cristianos que enfrentan la muerte de seres queridos en Cristo. A los tesalonicenses les preocupaban los mismos aspectos prácticos. Aunque el ministerio de Pablo en Tesalónica fue breve, lo que está claro es que el pueblo creyó en la realidad del regreso de su Salvador, y albergaban esa esperanza (1.3, 9, 10; 2.19; 5.1–2; 2 Ts 2.1, 5). Vivían con la expectativa de esa venida, esperando a Cristo ansiosamente. Sabían que su regreso era el suceso más grande de la historia de la redención, por lo que esperaban con ansias su participación en el mismo. El versículo 13 (ver también 2 Ts 2.1–3) indica que a los creyentes les preocupaban aquellos que pudieran perderse el regreso de Cristo. Si nos basamos en las respuestas de Pablo, sus preguntan parecen haber sido: «¿Qué sucede con los cristianos que mueren antes de que él regrese? ¿Se pierden su venida?».

Es claro que los tesalonicenses esperaban que la venida de Cristo fuera inminente. E indudablemente habían interpretado la enseñanza de Pablo como indicación de que en definitiva Cristo volvería muy pronto, mientras ellos estuvieran vivos todavía. Es natural que sintieran confusión ante la persecución, experiencia de la que suponían que la venida del Señor les libraría.

La respuesta de Pablo comienza con un comentario sobre la tristeza. No dice que los cristianos no deben entristecerse por la muerte de otro cristiano. Más bien, lo que Pablo indica es que la pena para el cristiano está llena de esperanza, no de desesperación. Luego la carta ofrece una serie de promesas que afectan a quienes «duermen en Cristo», los creyentes que mueren. Así como Jesús murió y resucitó, también resucitarán quienes han muerto en Cristo (4.14 y Jn 14.1–3; 1 Co 15.51–58). Estos textos describen el rapto de la iglesia (el cual incluye a los cristianos muertos) que ocurrirá cuando venga Jesús a recoger a sus redimidos para llevarlos al cielo.

Los que estén vivos y quienes hayan muerto experimentarán el retorno del Señor al mismo tiempo (4.15). Parece que los tesalonicenses estaban bien informados sobre el juicio del día del Señor (5.1, 2) pero no acerca del hecho que le antecede, que es el rapto de la iglesia. Hasta que Pablo expuso el hecho como una revelación de Dios a él, había sido un secreto y la única mención anterior es la enseñanza de Jesús en Juan 14.1–3. Como Pablo no conocía los tiempos de Dios, vivía y hablaba como si ese suceso fuese a ocurrir antes que él muriera. Como todos los cristianos de la época, creía que era un hecho cercano (Ro 13.11; 1 Co 6.14; 10.11; 16.22; Fil 3.20, 21; 1 Ti 6.14; Tit 2.13).

«El Señor mismo… descenderá» (4.16). Esto cumple la promesa de Jesús en Juan 14.1–3. Hasta entonces él permanece en el cielo (1.10; He 1.1–3). Los creyentes que hayan muerto resucitarán primero para participar del regreso de Cristo (4.16; 1 Co 15.52). Y los que estén vivos al momento del rapto acompañarán a los muertos que resuciten (4.17) para «recibir al Señor en el aire».

Pablo les asegura a los tesalonicenses, y a todos los creyentes, que Jesús no permitirá que ninguno de los suyos se pierda su regreso. El último versículo del capítulo revela la intención principal de Pablo en este pasaje: alentar a los cristianos que habían perdido a sus seres queridos. El consuelo se basa en lo siguiente:

- Los muertos resucitarán y participarán de la venida del Señor buscando a los suyos.
- Los que estén vivos cuando Cristo venga se reunirán para siempre con sus seres queridos.

PALABRAS CLAVE EN

1 Tesalonicenses

Santificación: en griego *hagiasmos* —4.3–4— literalmente «apartados», se refiere a un proceso mediante el cual Dios aparta lo que es santo. Pero la santificación es perfecta solo en principio; la humanidad no la ha conseguido. Aunque seguimos estando en un mundo pecaminoso, nuestra relación con Dios es como si ya hubiéramos sido perfeccionados (He 10.10). El sacrificio de Cristo nos santificó (nos hizo santos) y esa santificación tiene el resultado perdurable que sigue obrando en nosotros, haciéndonos santos (He 10.14).

Espíritu; alma; cuerpo: en griego *pneuma* —4.8; 5.19, 23— literalmente «espíritu»; en griego *psuche* —5.23— textualmente «vida»; en griego *soma* —5.23— exactamente «cuerpo». Primera de Tesalonicenses 5.23 es el único escenario del NT en donde el ser de la persona se define en tres partes. Pero en este pasaje, las tres partes conforman a la persona toda. El espíritu le permite el contacto y la regeneración del Espíritu divino (Jn 3.6; Ro 8.16). El alma o *psuche* habla de la personalidad o esencia de la persona. Por último, los autores del NT identifican al *cuerpo* como entidad física, separada del alma o el espíritu de la persona. Como lo indica este versículo, Dios obra desde adentro hacia afuera, santificando todo nuestro ser para la vida eterna.

Venida: en griego *parousia* —2.19; 3.13; 4.15; 5.23— literalmente «presencia» y se usa comúnmente en el NT para describir la visita de personas importantes como los reyes. Así, el término apunta a una «venida» única, extraordinaria. Esta palabra se usa en el NT para referirse a la segunda venida de Cristo. Esta gloriosa venida revelará a Cristo como Rey por sobre todas las cosas.

- Todos los creyentes, tanto los vivos como los muertos, estarán eternamente con el Señor (4.17, 18).

2. ¿A qué se refiere Pablo con «los tiempos y... las ocasiones» (5.1) y por qué no le pareció necesario escribirle sobre eso a la iglesia?

El capítulo 5 comienza con un giro de Pablo, que pasa del tema específico de las bendiciones del rapto de los creyentes (4.13–18) al juicio de los incrédulos (5.1–11). Los dos términos, *tiempos* y *ocasiones*, hacen referencia a la medición y a las características de los tiempos, respectivamente (Dn 2.21; Hch 1.7). En vez de escribirles sobre esto, a Pablo solamente le hace falta recordarles lo que ya se les había enseñado.

Aparentemente los tesalonicenses sabían todo lo que Dios quería que supieran los creyentes sobre el juicio venidero, y habiéndoles enseñado sobre el rapto (4.13–18) todo lo que Pablo tiene que hacer entonces es animarlos. Pablo les exhorta a vivir de modo que agraden a Dios a la luz del juicio venidero que caerá sobre el mundo, y que no se dejen distraer tratando de indagar sobre los tiempos proféticos. No podían conocer los tiempos del juicio final de Dios, pero sí sabían que llegaría de manera inesperada (5.2).

3. ¿En qué aspectos suma Pablo su voz al resto de las Escrituras al usar la expresión «el día del Señor» (5.2)?

En el AT aparece diecinueve veces *el día del Señor* y encontramos esta frase cuatro veces en el NT (Hch 2.20; 1 Ts 5.2; 2 Ts 2.2; 2 P 3.10). Los profetas del AT usaban el *día del Señor* para describir:

- Inminentes juicios históricos (Is 13.6–12; Ez 30.2–19; Jl 1.15; 3.14; Am 5.18–20; Sof 1.14–18).
- Juicios divinos escatológicos en el futuro lejano (Jl 2.30–32; Sof 14.1; Mal 4.1,5). En seis ocasiones se hace referencia a este día como «terrible» y cuatro veces se le define como «día de venganza».

El NT lo llama día de «ira», día de «visitación» y «gran día del Dios Todopoderoso» (16.14).

Implica juicios de Dios terribles (Jl 2.30, 31; 2 Ts 1.7), porque el mundo peca de manera abrumadora. El futuro día del Señor, cuando se derrama la ira de Dios, encaja en dos partes: el fin del período de tribulación de siete años (Ap 19.11–21) y el final del milenio. Esos dos momentos están separados por mil años. Pedro hace referencia al final del período de mil años en relación con el último día del Señor (2 P 3.10; Ap 20.7–15).

Aquí la referencia al día del Señor se refiere a la conclusión del período de la tribulación. La frase «ladrón en la noche» nunca se usa en las Escrituras en referencia al rapto de la iglesia, sino a la venida de Cristo en juicio el día del Señor, cuando terminen los siete años de tribulación, que son algo diferente al rapto de la iglesia (4.15), el cual sucede inmediatamente antes de este período de siete años. También se usa en referencia al juicio al final del milenio (2 P 3.10). Así como llega el ladrón, sin aviso e inesperadamente, llegará el día del Señor, en sus dos fases finales y definitivas.

Otros temas de estudio en 1 Tesalonicenses

1. ¿Qué enseñó Pablo sobre la segunda venida de Cristo en 1 Tesalonicenses?

2. ¿Cómo usó Pablo sus propias experiencias para alentar a los tesalonicenses?

3. ¿Qué comentarios y consejos registró Pablo sobre la persecución de los creyentes tesalonicenses?

4. ¿Qué afirmaciones de aliento ofrece Pablo sobre la fe de los tesalonicenses?

5. ¿Qué evidencia hay en su vida personal que demuestre que usted está preparado para la segunda venida de Cristo?

2 TESALONICENSES
Consuelo, corrección y confrontación

TÍTULO

En el NT griego, 2 Tesalonicenses es titulada «A los Tesalonicenses». Esta representa la segunda correspondencia canónica de Pablo a la comunidad de creyentes en la ciudad de Tesalónica (cp. 1.1).

AUTOR Y FECHA

Al igual que en 1 Tesalonicenses, Pablo se identificó a sí mismo dos veces como el autor de esta carta (1.1; 3.17). Silvano (Silas) y Timoteo, los colaboradores de Pablo en la fundación de la iglesia, estaban presentes con él cuando escribió. La evidencia, tanto dentro de esta carta como con respecto al vocabulario, estilo y contenido doctrinal, fuertemente apoya a Pablo como el único autor posible. El tiempo de esta escritura seguramente se llevó a cabo unos pocos meses después de la primera epístola, mientras que Pablo aún estaba en Corinto con Silas y Timoteo (1.1; Hch 18.5) a finales del 51 D.C. o a principios del 52 D.C. (vea 1 Tesalonicenses: «Autor y fecha»).

CONTEXTO HISTÓRICO

Para la historia de Tesalónica, vea 1 Tesalonicenses: «Contexto histórico». Algunos han sugerido que Pablo escribió esta carta desde Éfeso (Hch 18.18–21), pero su estancia de dieciocho meses en Corinto proveyó una amplia oportunidad para que ambas epístolas a los tesalonicenses fueran escritas (Hch 18.11).

Aparentemente, Pablo se había mantenido al tanto de los sucesos en Tesalónica a través de la correspondencia o por medio de mensajeros. Quizás el portador de la primera carta le trajo de regreso a Pablo noticias acerca de la condición de la iglesia, la cual había madurado y se había expandido (1.3); pero la presión y la persecución también se habían incrementado. Las semillas de la falsa doctrina con respecto a la venida del Señor habían sido sembradas, y la conducta de las personas era desordenada. Entonces Pablo le escribió a su amado rebaño quien estaba: (1) desalentado por la persecución y necesitaba incentivo para perseverar; (2) engañado por los falsos maestros que los confundieron acerca del regreso del Señor; y (3) siendo desobediente a los mandatos divinos, particularmente al rehusarse a trabajar.

CRISTO EN... 2 TESALONICENSES

LA SEGUNDA CARTA DE PABLO A LOS TESALONICENSES describe los efectos de la segunda venida de Cristo. En 1 Tesalonicenses se revela la expectativa del retorno de Cristo y 2 Tesalonicenses describe la glorificación de los creyentes ese día, así como el juicio de Dios a los incrédulos (1.10, 12; 2.8–12).

Pablo escribió para hablar de esos tres asuntos al ofrecer: (1) consuelo para los creyentes perseguidos (1.3–12); (2) corrección para los creyentes falsamente enseñados y asustados (2.1–15); y (3) confrontación para los creyentes desobedientes e indisciplinados (3.6–15).

PERSONAS DESTACADAS EN 2 TESALONICENSES

Pablo: escribió para ofrecer guía y consejo sobre cómo mantener sana a la iglesia, con un testimonio efectivo (1.1—3.18).

Silas: viajó con Pablo como misionero (1.1).

Timoteo: viajó con Pablo como misionero (1.1).

TEMAS HISTÓRICOS Y TEOLÓGICOS

Aunque los caps. 1, 2 contienen mucho material profético debido a que el principal asunto era un serio malentendido generado por los falsos maestros acerca del día del Señor venidero (Pablo revela que ese día no había venido y no lo haría hasta que ciertos acontecimientos ocurrieran), aun así es mejor llamarle a esta epístola una «carta pastoral». El énfasis se encuentra en cómo mantener una iglesia sana con un testimonio eficaz en respuesta apropiada a una escatología sana y la obediencia a la verdad.

La escatología, es decir, los temas relacionados con el futuro y el fin de los tiempos, domina los asuntos teológicos. Una de las afirmaciones más claras de la escatología personal para los incrédulos se encuentra en el 1.9. La disciplina de la iglesia es el enfoque principal del 3.6–15, el cual necesita ser considerado junto con Mt 18.15–20; 1 Co 5.1–13; Gá 6.1–5; y 1 T 5.19, 20 para entender la enseñanza bíblica completa acerca de este tema.

Comparación del acento en 1 y 2 Tesalonicenses

1 Tesalonicenses	2 Tesalonicenses
• Habla de cómo fueron evangelizados los tesalonicenses cuando recibieron la Palabra de Dios.	• Habla de la edificación de los tesalonicenses señalando su progreso en la fe, el amor y la paciencia.
• El acento está puesto en la inminencia e importancia del regreso del Señor.	• Se corrigen las cosas que no entienden bien sobre el regreso del Señor.
• Se consuela y alienta a los santos.	• Se asegura a los santos que Dios juzgará a sus enemigos.

PRINCIPALES DOCTRINAS DE 2 TESALONICENSES

Disciplina en la iglesia: instrucciones claras sobre la conducta cristiana, necesarias para la salud de la iglesia (3.6–15; Mt 18.15–20; 1 Co 5.1–13; Gá 6.1–5; 1 Ti 5.19, 20).

Eterna recompensa y retribución: después de la muerte cada ser humano estará, o bien con Dios para siempre (recompensa eterna) o separado de la presencia y gloria de Dios para siempre (castigo eterno) (1.5–12; Mt 8.12; 22.13; 25.30; Lc 16.24–26; Ro 2.7; 2 Co 5.10; Col 3.24; He 11.6; Ap 20.14, 15; 22.5).

EL CARÁCTER DE DIOS EN 2 TESALONICENSES

Dios es bueno: 1.11

Dios es amoroso: 2.16

Dios es justo y recto: 1.6

Dios se aíra: 1.8

Retos de interpretación

La recompensa y la retribución eternas son discutidas en el 1.5–12 en tales términos generales que es difícil identificar precisamente algunos de los detalles con respecto al tiempo exacto. Los asuntos que conciernen al día del Señor (2.2), quién lo detiene (2.6, 7) y el inicuo (2.3, 4, 8–10) proveen material profético desafiante para interpretar. Vea «Respuestas a preguntas difíciles».

Bosquejo

I. El saludo de Pablo (1.1, 2)

II. El consuelo de Pablo para la aflicción (1.3–12)
    A. A manera de aliento (1.3, 4)
    B. A manera de exhortación (1.5–12)

III. La corrección de Pablo del error profético (2.1–17)
    A. Crisis profética (2.1, 2)
    B. Corrección apostólica (2.3–12)
    C. Consuelo pastoral (2.13–17)

IV. La preocupación de Pablo por la iglesia (3.1–15)
    A. Con respecto a la oración (3.1–5)
    B. Con respecto a la vida indisciplinada (3.6–15)

V. La bendición de Pablo (3.16–18)

Mientras tanto, en otras partes del mundo...

Se drena el lago Fucino en Italia central bajo instrucciones de Claudio para fines de cultivo.

Respuestas a preguntas difíciles

1. ¿En qué aspectos amplía Pablo parte de su enseñanza sobre el día del Señor en 2.1–5?

Los cristianos de Tesalónica tenían un persistente problema con la tensión entre la actitud anhelante del pronto regreso del Señor y las realidades de la vida cotidiana, que requería esfuerzo y compromiso. Los falsos maestros avivaban las llamas de la confusión. La idea de que había llegado ya el día del Señor entraba en conflicto con lo que Pablo les había enseñado antes sobre el rapto. Quien les estuviera diciendo que ya estaban en el día del Señor afirmaba que el mensaje provenía de Pablo. Y así, se le daba supuesta autoridad apostólica a la mentira, con el resultado de que se creaba una sensación de alarma, miedo y conmoción. En 2.1–12, Pablo corrige el error que tanto había inquietado a los de Tesalónica. Les muestra que el día del Señor no ha llegado todavía y que no puede llegar hasta que se cumplan determinadas realidades, más especialmente la del «hombre de pecado» (versículo 3).

El versículo 3 se refiere a la apostasía (abandono de las creencias). Claramente es un suceso único que podrá identificarse de manera específica, un acto de consumada rebeldía, un hecho de magnitud definitiva. La clave para identificar el un hecho depende de la

PALABRAS CLAVE EN

2 Tesalonicenses

Perdición: en griego *olethros* —1.9— no se refiere a destrucción, aniquilación o extinción, al fin de la existencia, sino más bien a la pérdida de todo lo bueno y valedero. En 1 Corintios, Pablo usa la palabra para referirse a las consecuencias inmediatas del pecado (1 Co 5.5). Y en 1 Tesalonicenses 1.9 emplea la misma palabra para describir las eternas consecuencias del pecado (ver también 1 Ti 6.9). El castigo del pecado no es la aniquilación, sino la eterna separación del amor de Cristo. Así como a los creyentes les pertenece la vida eterna, a quienes se rebelan contra Cristo les espera el interminable sufrimiento.

Inicuo: en griego *ho anomos* —2.8— textualmente «sin ley», apunta al hombre consumido por la rebelión. A esta figura maligna se le llama también «el anticristo» (1 Jn 4.2, 3) y «la bestia» (Ap 13.1). Desafía directamente a Jesucristo, encarnación de la justicia. Al final, el Rey soberano del universo derrotará a este hombre.

identidad de la persona principal que tiene que ver con ese suceso, a quien Pablo llama «hombre de pecado». Esta figura también se conoce como «príncipe que ha de venir» (Dn 9.26) y «cuerno pequeño» (Dn 7.8). Juan le llama «la bestia» (Ap 13.2–10, 18), pero la mayoría lo conoce como el anticristo. La apostasía se refiere al acto mismo de suprema abominación que revela al anticristo final y prepara el camino para los hechos que darán lugar al día del Señor. En apariencia se le verá como apoyando la religión, de modo que Dios y Cristo no se verán como enemigos suyos hasta la apostasía. Se exalta a sí mismo y se opone a Dios al mudarse al templo, lugar de adoración a Dios, declarándose Dios y exigiendo que el mundo le adore (versículo 4). En este acto de autoidentificación satánica, comete la gran apostasía desafiando a Dios. La tribulación de siete años que le sigue, bajo el reinado del anticristo (Dn 7.25; 11.36–39; Mt 24.15–21; Ap 13.1–8) culmina con el día del Señor.

Esta sección de la carta de Pablo luego hace énfasis en que los tesalonicenses no han de sentirse preocupados ni afligidos pensando que se han perdido el rapto y que por eso están viviendo el día del juicio. Han sido destinados para la gloria y no para el juicio, de modo que no estarán incluidos entre los engañados y juzgados ese día.

2. ¿En qué forma armoniza la enseñanza de Pablo en 3.6–15 sobre la disciplina en la iglesia con otros importantes pasajes de las Escrituras sobre el mismo tema?

Pablo trató un tema en particular acerca de la disciplina de la iglesia en 3.6–15 al escribirles a los de Tesalónica. Se pueden consultar otros pasajes paralelos al estudiar este texto, como Mateo 18.15–20; 1 Corintios 5.1–13; Gálatas 6.1–5 y 1 Timoteo 5.19, 20.

Este pasaje (3.6–15) brinda instrucciones específicas sobre la naturaleza de la respuesta de la iglesia ante quien deliberadamente se niega a seguir la palabra de Dios esperando beneficiarse de la comunión con el pueblo de Dios, pero sin estar dispuesto a participar de manera sincera. Pablo dice: «Si alguno no quiere trabajar, tampoco coma» (3.10). Eran creyentes que vivían como parásitos, de la generosidad de otros creyentes, y Pablo ya había hablado del tema en su primera carta (1 Ts 4.11).

El pasaje ofrece un mandato enfático, una confrontación personal, una advertencia compasiva. Ante todo, los versículos 6 y 14 instruyen a los otros creyentes a retirarse y no juntarse con esa persona. Es decir, Pablo ordenaba que la iglesia no viviera en comunión con cristianos desobedientes, a fin de producir vergüenza (versículo 14) y con ello era de esperar que la persona se arrepintiera. En segundo lugar, Pablo les dice a los holgazanes que «trabajando sosegadamente coman su propio pan» (versículo 12) y elimina así toda excusa de no haber sido advertidos en cuanto a la disciplina. Tercero, Pablo añade dos advertencias importantes, recordándoles a los creyentes que los verdaderamente necesitados merecen que se les ayude, y les urge: «No os canséis de hacer bien» (versículo 13). También les advierte que limiten esa amonestación disciplinaria. Por ese motivo, «no lo tengáis por enemigo, sino amonestadle como a hermano» (versículo 15). Si bien el que no se arrepiente de su pecado ha de tratarse con firmeza, los cristianos tienen que recordar continuamente que esa persona a la que disciplinan es un hermano o una hermana en el Señor. Toda advertencia a esa persona sobre su pecado debe hacerse con amor y preocupación, orando que pueda restaurarse.

Otros temas de estudio en 2 Tesalonicenses

1. ¿En qué formas podemos comparar o contrastar el mensaje de Pablo en 2 Tesalonicenses con el de 1 Tesalonicenses?
2. Registre lo que Pablo describe sobre los últimos tiempos.
3. ¿Qué actitud esperaba Pablo que tuvieran los cristianos a la luz de la venida de Cristo?
4. ¿Cómo describiría usted su actitud ante la posibilidad de que le persiguieran por ser cristiano?

I TIMOTEO

El ministro joven

TÍTULO

Esta es la primera de dos cartas inspiradas que Pablo le escribió a su amado hijo en la fe. Timoteo recibió su nombre, el cual quiere decir «uno que honra a Dios», de su madre (Eunice) y su abuela (Loida), judías devotas que se convirtieron en creyentes en el Señor Jesucristo (2 Ti 1.5) y le enseñaron a Timoteo las Escrituras del AT desde su niñez (2 Ti 3.15). Su padre era griego (Hch 16.1) y pudo haber muerto antes de que Timoteo conociera a Pablo.

Timoteo era de Listra (Hch 16.1–3), una ciudad en la provincia romana de Galacia (parte de Turquía moderna). Pablo llevó a Timoteo a Cristo (1.2, 18; 1 Co 4.17; 2 Ti 1.2), sin duda alguna durante su ministerio en Listra en su primer viaje misionero (Hch 14.6–23). Cuando él volvió a visitar Listra en su segundo viaje misionero, Pablo escogió a Timoteo para que lo acompañara (Hch 16.1–3). Aunque Timoteo era muy joven (probablemente casi veinte años o a principios de sus años veinte, debido a que alrededor de quince años más tarde Pablo se refirió a él como a un joven, 4.12), él tenía una reputación piadosa (Hch 16.2). Timoteo iba a ser el discípulo, amigo y colaborador de Pablo por el resto de la vida del apóstol, ministrando con él en Berea (Hch 17.14), Atenas (Hch 17.15), Corinto (Hch 18.5; 2 Co 1.19), y acompañándolo en su viaje a Jerusalén (Hch 20.4). Él estuvo con Pablo en su primer encarcelamiento romano y fue a Filipos (2.19–23) después de la liberación del apóstol. Además, Pablo frecuentemente menciona a Timoteo en sus epístolas (Ro 16.21; 2 Co 1.1; Fil 1.1; Col 1.1; 1 Ts 1.1; 2 Ts 1.1; Flm 1). Muchas veces Pablo envió a Timoteo a iglesias como su representante (1 Co 4.17; 16.10; Fil 2.19; 1 Ts 3.2), y 1 Timoteo lo muestra en otra tarea, sirviendo como pastor de la iglesia en Éfeso (1.3). De acuerdo a Hebreos 13.23, Timoteo fue encarcelado en algún lugar y liberado.

AUTOR Y FECHA

Muchos críticos modernistas se deleitan en atacar las afirmaciones claras de las Escrituras y, sin ninguna buena razón, niegan que Pablo escribió las epístolas pastorales (1, 2 Ti, Tit). Ignorando el testimonio de las cartas mismas (1.1; 2 Ti 1.1; Tit 1.1) y el de la iglesia primitiva (el cual es tan fuerte para las epístolas pastorales como para cualquier otra de las epístolas de Pablo, a excepción de Ro y 1 Co), estos críticos mantienen que en el segundo siglo un seguidor devoto de Pablo escribió las epístolas pastorales. Como prueba, ofrecen cinco líneas de supuesta evidencia: (1) las referencias históricas en las epístolas pastorales no pueden ser armonizadas con la cronología de la vida de Pablo dada en Hechos; (2) la falsa enseñanza descrita en las epístolas pastorales equivale al gnosticismo plenamente desarrollado del siglo segundo; (3) la estructura organizacional de la iglesia en las epístolas pastorales es la del segundo siglo, y está demasiado desarrollada para el día de Pablo; (4) las epístolas pastorales no contienen los grandes temas de la teología de Pablo; (5) el vocabulario griego de las epístolas pastorales contiene muchas palabras que no se encuentran en las otras cartas de Pablo, ni en el resto del NT.

Mientras que no es necesario dignificar tales ataques sin validez alguna por parte de incrédulos con una respuesta, ocasionalmente tal respuesta ilumina. Por esta razón, en contestación a los argumentos de los críticos, puede señalarse que: (1) Esta contención de incompatibilidad histórica es válida únicamente si Pablo nunca fue liberado del encarcelamiento romano mencionado en Hechos. Pero fue liberado, debido a que Hechos no registra la ejecución de Pablo y Pablo mismo esperaba ser liberado (Fil 1.19, 25, 26; 2.24; Flm 22). Los acontecimientos históricos en las epístolas pastorales no encajan en la cronología de Hechos porque sucedieron después del cierre de la narración de Hechos, la cual termina con el primer encarcelamiento de Pablo en Roma. (2) Mientras que hay semejanzas entre la herejía de las epístolas pastorales y el gnosticismo del segundo siglo (vea Colosenses: «Contexto histórico»), también hay diferencias importantes. A diferencia del gnosticismo del siglo segundo, los falsos

CRISTO EN... 1 TIMOTEO

LA CARTA DE PABLO A TIMOTEO describe a la persona de Cristo como «manifestado en carne, justificado en el Espíritu, visto de los ángeles, predicado a los gentiles, creído en el mundo, recibido arriba en gloria» (3.16). Pablo también habla de las acciones de Cristo como rescate y Salvador de la humanidad (2.6; 4.10). Pablo le recuerda a Timoteo que ha de mantener la fe en Cristo (1.14) y pelear «la buena batalla de la fe» (6.12).

maestros de las epístolas pastorales aún estaban dentro de la iglesia (cp. 1.3–7) y su enseñanza estaba basada en el legalismo judaico (1.7; Tit 1.10, 14; 3.9). (3) La estructura organizacional de la iglesia mencionada en las epístolas pastorales es, de hecho, consecuente con la que Pablo estableció (Hch 14.23; Fil 1.1). (4) Las epístolas pastorales mencionan los temas centrales de la teología de Pablo, incluyendo la inspiración de las Escrituras (2 Ti 3.15–17); la elección (2 Ti 1.9; Tit 1.1, 2); la salvación (Tit 3.5–7); la deidad de Cristo (Tit 2.13); su obra como mediador (2.5); y la expiación sustituta (2.6). (5) Los temas a tratar en las epístolas pastorales requirieron un vocabulario diferente del que Pablo usó en otras epístolas. Ciertamente un pastor hoy día usaría un vocabulario diferente en una carta personal a un colega pastor, en comparación al que usaría en una obra de teología sistemática.

La idea de que un «impostor pío» escribió las epístolas pastorales enfrenta diferentes dificultades: (1) La iglesia primitiva no aprobaba tales prácticas y seguramente habría expuesto esto como una artimaña, si de hecho hubiera habido una (cp. 2 Ts 2.1, 2; 3.17). (2) ¿Por qué falsificar tres cartas que incluyen un material similar y no doctrina desviada? (3) Si fuera una falsificación, ¿por qué no inventar un itinerario para Pablo que hubiera armonizado con Hechos? (4) ¿Habría colocado un seguidor devoto de Pablo, que vivió más tarde, las palabras de 1.13, 15 en la boca de su maestro? (5) ¿Por qué incluiría advertencias en contra de los engañadores (2 Ti 3.13; Tit 1.10), si él mismo era uno?

La evidencia parece ser clara de que Pablo escribió 1 Timoteo y Tito poco después de su liberación de su primer encarcelamiento romano (ca. 62–64 D.C.), y 2 Timoteo desde la prisión durante su segundo encarcelamiento romano (ca. 66–67 D.C.), poco antes de su muerte.

CONTEXTO HISTÓRICO

Después de haber sido liberado de su primer encarcelamiento romano (cp. Hch 28.30), Pablo visitó de nuevo varias de las ciudades en las que él había ministrado, incluyendo Éfeso. Dejando a Timoteo ahí para enfrentar problemas que habían surgido en la iglesia efesia, tales como una falsa doctrina (1.3–7; 4.1–3; 6.3–5), desorden en la adoración (2.1–15), la necesidad de líderes calificados (3.1–14), y el materialismo (6.6–19), Pablo prosiguió a Macedonia, desde donde le escribió a Timoteo esta carta para ayudarlo a llevar a cabo su tarea en la iglesia (cp. 3.14, 15).

Personas destacadas en 1 Timoteo

Pablo: alentaba a Timoteo en su ministerio en Éfeso (1.1—6.21).

Timoteo: su nombre significa «el que honra a Dios»; fue pastor de la iglesia de Éfeso (1.2—6.21).

Temas históricos y teológicos

Primera de Timoteo es una carta práctica que contiene instrucción pastoral de Pablo a Timoteo (cp. 3.14, 15). Debido a que Timoteo estaba bien versado en la teología de Pablo, el apóstol no tenía necesidad de darle una instrucción doctrinal extensiva. No obstante, esta epístola expresa muchas verdades teológicas importantes, tales como la función apropiada de la ley (1.5–11); la salvación (1.14–16; 2.4–6); los atributos de Dios (1.17); la caída (2.13, 14); la persona de Cristo (3.16; 6.15, 16); la elección (6.12); y la segunda venida de Cristo (6.14, 15).

Principales doctrinas de 1 Timoteo

Salvación: solo a través de Jesucristo (1.14–16; 2.4–6; Gn 3.15; Sal 3.8; 37.39; Is 45.21, 22; 49.6; 59.16; 63.9; Lc 1.69; Jn 1.1–18; 6.35, 48; 8.12; 10.7, 9; 10.11–14; 11.25; 14.6; 17.3; Hch 4.12; 16.31; Ro 5.8; 10.9; Ef 2.8; 5.23; 2 Ti 1.10; He 2.10; 5.9; 1 P 1.5; 1 Jn 1.1–4).

La caída: el pecado entró en toda la humanidad por la desobediencia de los dos primeros seres humanos (2.13, 14; Gn 3.6, 11, 12; 6.5; Job 15.14; 25.4; Sal 51.5; Is 48.8; Jer 16.12; Mt 15.19; Ro 5.12, 15, 19; 2 Co 11.3).

La persona de Cristo: Cristo es plenamente Dios y plenamente hombre (3.16; 6.15, 16; Is 7.14; Mt 4.11; Jn 1.14; Ro 1.3, 4; Hch 1.9; 1 Jn 4.2, 3; 5.6).

La elección: antes del inicio de los tiempos Dios conocía ya la vida y el futuro de sus hijos (6.12; Dt 7.6; Mt 20.16; Jn 6.44; 13.18; 15.16; Hch 22.14; Ef 1.4; 1 Ts 1.4; Tit 1.1).

La segunda venida de Cristo: el regreso de Cristo marcará el juicio para toda la humanidad (6.14, 15; Sal 50.3, 4; Dn 7.13; Mt 24.36; 25.31; Mr 13.32; Jn 14.3; 1 Co 1.8; 1 Ts 1.10; 2.19; 3.13; 4.16; 5.23; Tit 2.13; 2 P 3.12; Jud 1.14; Ap 1.7).

El carácter de Dios en 1 Timoteo

Dios es eterno: 1.17

Dios es inmortal: 1.17; 6.16

Dios es invisible: 1.17

Dios es paciente: 1.16

Dios es misericordioso: 1.2, 13

Dios cumple sus promesas: 4.8

Dios es uno: 2.5

Dios es sabio: 1.17

Retos de interpretación

Hay desacuerdo en cuanto a la identidad de los falsos maestros (1.3) y las genealogías (1.4) que tenían que ver con sus enseñanzas (ver «Respuestas a preguntas difíciles»). También ha sido materia de debate el significado preciso de «entregado a Satanás» (1.20). En este contexto Pablo había sacado a los dos hombres de la iglesia, acabando así con su influencia y apartándoles de la protección y el cuidado del pueblo de Dios. Ya no estaban dentro del ambiente de la bendición de Dios, sino bajo el control de Satanás. En algunos casos ha habido creyentes entregados a Satanás, y eso ha sido por obra de Dios y para sus propósitos positivos, como el de revelar la autenticidad de la fe salvadora, mantenerlos humildes y dependiendo de Él, permitirles que fortalecieran a otros, u ofrecer alabanza a Dios (cf. Job 1.1–22; Mt 4.1–11; Lc 22.31–33; 2 Co 12.1–10; Ap 7.9–15). Dios entrega a determinadas personas a Satanás para juicio como sucedió con el rey Saúl (1 S 16.12–16; 28.4–20), Juan (Jn 13.27) y el pecador empedernido de la iglesia de Corinto.

La carta contiene pasajes clave en el debate sobre la extensión de la propiciación (2.4–6; 4.10) y sobre si todos serán salvos. Al respecto vea más información en «Respuestas a preguntas difíciles».

En los capítulos 2 y 3 la enseñanza de Pablo sobre el rol de las mujeres (2.9–15) ha generado grandes discusiones, en particular sobre su declaración de que no han de asumir posiciones de liderazgo en la iglesia (2.11, 12). Es importante conocer más a fondo los problemas que ocupaban a Pablo en particular. En la iglesia había mujeres que vivían vidas impuras, centradas en sí mismas (cf. 5.6, 11–15; 2 Ti 3.6) y esa práctica se trasladaba al servicio de adoración donde se convertía en distracción. Debido al papel central de la adoración en la vida de la iglesia, Pablo apela a Timoteo para que confronte el problema. También hay muchos que se han confundido con el texto de que la mujer puede salvarse siendo madre (2.15). La palabra «salvarse» podría traducirse mejor en este contexto como «preservarse». No es que Pablo abogue por la idea de que las mujeres se salvan eternamente del pecado al tener hijos, o de que puedan mantener su salvación siendo madres, ya que estas dos cosas serían claras contradicciones de la enseñanza del NT de la salvación por la gracia solamente, por la sola fe (Ro 3.19, 20). Pablo está enseñando que incluso cuando una mujer carga con el estigma de ser el instrumento inicial que llavó a la raza humana al pecado, son las mujeres al ser madres las que pueden ser preservadas o libradas de

PALABRAS CLAVE EN

1 Timoteo

Rescate: en griego *antilutron* —2.6— textualmente «rescate o redención», compuesto por dos palabra: *anti* que significa «sustitución» y *lutron*, que significa «rescate de un esclavo o prisionero». El *antilutron* es el pago que se entrega en sustitución de un esclavo. El amo del esclavo acepta el pago para dar libertad al esclavo. Gálatas 3.13 muestra que Cristo pagó el rescate por los pecadores que estaban bajo la maldición de la ley. El sacrificio de Cristo en la cruz nos redimió de la esclavitud del pecado.

Obispo: en griego *episkopos* —3.1–2— literalmente «el que supervisa». En el NT los ancianos actuaban como supervisores de sus congregaciones (Hch 20.17, 28). Eran responsables de mantener los asuntos internos de la iglesia. Para cumplir esa tarea varios ancianos tenían posiciones de responsabilidad en sus congregaciones (ver Hch 14.23; Tit 1.5–7). Después de la época del NT se remplazó la palabra anciano por *obispo* y se hizo costumbre que un solo obispo supervisara a cada congregación.

Pláticas sobre cosas vanas: en griego *kenophonia* —6.20— exactamente «palabras vacías». Pablo usa este término con el fin de describir la carencia total de significado espiritual. Es decir, que los logros humanos no valen nada si no provienen de la voluntad de Dios. En la época de Pablo los judaizantes intentaban convencer a los creyentes, usando filosofías que parecían muy inteligentes. Pablo dijo que su locuacidad consistía en *palabras vacías* (ver 6.20; Ef 5.6; Col 2.8; 2 Ti 2.16). Por otra parte, la enseñanza de Pablo y los apóstoles no sería en vano. Perduraría por toda la eternidad, puesto que su origen es la inmutable voluntad de Dios (Mt 5.18; 1 Co 15.12–15).

ese estigma criando a una generación de hijos que aman a Dios (cf. 5.10). Como las madres tienen un vínculo y una intimidad únicos con sus hijos y pasan con ellos mucho más tiempo que los padres, entonces tienen una influencia mucho mayor en sus vidas y por ello una responsabilidad y oportunidad únicas para criar hijos que amen a Dios.

Finalmente, se ha debatido sobre si el hecho de que el anciano deba ser «esposo de una sola esposa» excluye a los divorciados o solteros, lo mismo que acerca de si Pablo se refiere a las esposas de los diáconos o las diaconisas (3.11). Aquí el apóstol no habla del matrimonio o el divorcio. El punto no es el estado civil del anciano, sino su pureza moral y sexual. Es esta la calificación que encabeza la lista, porque es el área en que hay mayor propensión a fallar de parte de los líderes. En 3.11 lo más probable es que Pablo esté hablando, no de las esposas de los diáconos, sino de las mujeres que sirven como diaconisas.

Aquellos que creen que los cristianos pueden perder su salvación citan 4.1 como respaldo de su opinión. El término griego que se traduce como «abandonar» se corresponde con la raíz de «apóstata» y se refiere a quien se aparta de una posición original. Son los cristianos de nombres nada más que se asocian con los que creen sinceramente el evangelio, pero que se apartan después de creer mentiras y engaños, revelando así su verdadera naturaleza de inconversos.

Hay una pregunta sobre la identidad de las viudas de 5.3–16. ¿Son mujeres necesitadas a las que ministra la iglesia, o una orden de mujeres mayores que ministran a la iglesia? Esta sección se refiere a las mujeres necesitadas y apoya el mandato de las Escrituras de que las mujeres que han perdido el respaldo de sus esposos tienen que recibir ayuda (cf. Éx 22.22–24; Dt 27.19; Is 1.17). La continua compasión de Dios por las viudas no hace más que reforzar este mandamiento (cf. Sal 68.5; 146.9; Mr 12.41–44; Lc 7.11–17).

Finalmente, el «doble honor» del que son dignos los ancianos que dirigen bien los asuntos (5.17, 18), ¿se refiere a dinero o a un mayor reconocimiento de parte de sus congregaciones? Esta expresión no significa que estos hombres debieran recibir exactamente el doble de dinero que recibían los demás, sino que porque se habían ganado el respeto, su paga debía ser más generosa.

BOSQUEJO

I. Saludo (1.1, 2)

II. **Instrucciones con respecto a la falsa doctrina (1.3–20)**
   A. La falsa doctrina en Éfeso (1.3–11)
   B. La verdadera doctrina de Pablo (1.12–17)
   C. La exhortación a Timoteo (1.18–20)

III. **Instrucciones con respecto a la iglesia (2.1—3.16)**
   A. La importancia de la oración (2.1–8)
   B. El papel de las mujeres (2.9–15)
   C. Los requisitos para los líderes (3.1–13)
   D. La razón de la carta de Pablo (3.14–16)

IV. **Instrucciones con respecto a los falsos maestros (4.1–16)**
   A. La descripción de los falsos maestros (4.1–5)
   B. La descripción de los verdaderos maestros (4.6–16)

V. **Instrucciones con respecto a las responsabilidades pastorales (5.1—6.2)**
   A. La responsabilidad con los miembros en pecado (5.1, 2)
   B. La responsabilidad con las viudas (5.3–16)
   C. La responsabilidad con los ancianos (5.17–25)

    D. La responsabilidad con los esclavos (6.1, 2)

VI. **Instrucciones con respecto al hombre de Dios (6.3–21)**

    A. El peligro de la falsa enseñanza (6.3–5)

    B. El peligro de amar el dinero (6.6–10)

    C. La virtud y la motivación apropiadas de un hombre de Dios (6.11–16)

    D. El uso apropiado del tesoro (6.17–19)

    E. El uso apropiado de la verdad (6.20, 21)

Mientras tanto, en otras partes del mundo...

La tribu Mogollón, en la región sudeste de lo que hoy es Estados Unidos, construía casas circulares de barro.

RESPUESTAS A PREGUNTAS DIFÍCILES

1. Cuando Pablo escribe: «palabra fiel», ¿está citando otro pasaje de las Escrituras?

Pablo utilizó esta frase varias veces en las epístolas pastorales (1.15; 3.1; 4.9; 2 Ti 2.11; Tit 3.8). En cada uno de esos casos lo que sigue a la frase resume una doctrina clave, y la frase que añade —«digna de ser recibida por todos»— suma énfasis a su declaración. Aparentemente esos dichos eran conocidos en las iglesias como expresiones concisas de la verdad esencial del evangelio. Timoteo y Tito, durante sus viajes misioneros, tienen que haber oído a Pablo ampliar el concepto de esas afirmaciones muchas veces.

Esos dichos no citan directamente otros pasajes de las Escrituras. Más bien, resumen una enseñanza bíblica. Por ejemplo, en 1.15 la afirmación de que «Cristo Jesús vino al mundo para salvar a los pecadores» se basa en las declaraciones de Jesús que están registradas en Mateo 9.13 y Lucas 19.10. Es natural que al usarlas Pablo, bajo inspiración del Espíritu Santo, esos dichos se confirmaran como Palabra de Dios.

2. Si 2.4–6 afirma que Dios «quiere que todos los hombres sean salvos», ¿por qué no son salvos todos los seres humanos? ¿Hasta dónde llega la salvación?

El término griego que se traduce como «quiere» o «desea» no es la misma palabra utilizada para expresar la voluntad decretada de Dios (su eterno propósito soberano). Más aun, expresa la voluntad de Dios en cuanto a desear. Hay una diferencia entre el *deseo* de Dios y su eterno *propósito* de salvación, que trasciende sus deseos. Dios no quiere que las personas pequen. Detesta el pecado con todo su ser (ver Sal 5.4; 45.7). Detesta sus consecuencias, la eterna maldad en el infierno. Dios no quiere que las personas permanezcan en la maldad por siempre, en eterno remordimiento, odiándole por siempre. Sin embargo, Dios, para su propia gloria y para manifestar esa gloria en ira, decidió ser paciente con «los vasos de ira preparados para destrucción» (ver Ro 9.22). En su eterno propósito escogió solo a los elegidos del mundo (ver Jn 17.6) y pasó de largo a los demás, dejándoles a merced de las consecuencias de su pecado, su incredulidad y su rechazo a Cristo (ver Ro 1.18–32). En última instancia, las decisiones y acciones de Dios están determinadas por su propósito eterno y soberano, no por sus deseos.

Pablo describe la función de Cristo en la salvación con la frase «rescate por todos» (2.6). Jesús mismo utilizó palabras similares al describir su propósito de ser «rescate por muchos» (Mt 20.28). El «todos» se ve calificado por los muchos. No todos serán rescatados (aunque su muerte sería suficiente), sino tan solo los muchos que creen por obra del Espíritu Santo y por quienes se obró la propiciación. El «para todos» debiera entenderse en dos sentidos:

- Los beneficios temporales de la propiciación llegan a todos universalmente (por ejemplo, en las diarias experiencias de la compasión y la gracia de Dios).
- La muerte de Cristo bastó para cubrir los pecados de todos.

Sin embargo, el aspecto sustitutorio de su muerte se aplica solamente a los escogidos. La muerte de Cristo por ello no tiene límites en su suficiencia, pero sí en su aplicación. El hecho de que no todos sean salvos no tiene que ver con la capacidad salvadora de Cristo, sino con la profundidad del pecado de la humanidad y el plan soberano de Dios.

3. ¿Qué instrucciones le dio Pablo específicamente a Timoteo que podrían aplicarse a toda persona joven?

El joven que busca vivir como discípulo de Jesucristo podrá hallar una guía esencial en 4.12–16, donde Pablo enumera cinco áreas (versículo 12) en las que Timoteo debía dar el ejemplo en la iglesia:

- En su «palabra» o discurso: ver también Mateo 12.34–37; Efesios 4.25, 29, 31.
- En su «conducta» o la vida recta: ver también Tito 2.10; 1 Pedro 1.15; 2.12; 3.16.
- En el «amor» o servicio sacrificial a los demás: ver también Juan 15.13.
- En la «fe» o fidelidad, o compromiso, no en la creencia: ver también 1 Corintios 4.2.
- En la «pureza», y en particular la pureza sexual: ver también 4.2.

Los versículos que siguen contienen más bloques que contribuyen a la edificación de la vida del discípulo:

- Timoteo debía participar en la lectura pública, el estudio y la aplicación de las Escrituras (4.13).
- Timoteo debía usar con diligencia su don espiritual, confirmado y afirmado de manera pública (4.14).
- Timoteo debía consagrarse a avanzar, progresando en su andar con Cristo (4.15).
- Timoteo debía cuidarse a sí mismo y a la doctrina (4.16).

Las prioridades del líder cristiano deben resumirse en la santidad personal y la enseñanza pública de Timoteo. Todas las exhortaciones de Pablo en los versículos 6 al 16 encajan en una u otra de esas dos categorías. Con la atención a su propia vida en santidad y la fiel predicación de la Palabra, Timoteo seguiría siendo el instrumento humano que Dios usaría para llevar el evangelio y salvar a algunos de los que le oyeran. Aunque la salvación es obra de Dios, él se complace en obrarla por medio de instrumentos humanos.

4. ¿Cuáles son las características del falso maestro?

Pablo le dio a Timoteo un perfil muy útil de los falsos maestros, identificando tres características principales en 6.3. Los falsos maestros se revelan a sí mismos: (1) al «enseñar otra cosa», una doctrina diferente, o cualquier enseñanza que contradiga lo que Dios reveló en las Escrituras (ver Gá 1.6–9); (2) en que «no se conforman a las sanas palabras» y no concuerdan con la enseñanza sana, específicamente con la enseñanza que contienen las Escrituras (ver 2 P 3.16); y (3) rechazan «la doctrina que es conforme a la piedad». La enseñanza que no se basa en las Escrituras siempre dará como resultado una vida que no es santa. En vez de que sus vidas estén marcadas por la santidad, los falsos maestros se caracterizarán por el pecado (ver 2 P 2.10–22; Jud 4, 8–16).

5. ¿Qué instrucciones le dio Pablo a Timoteo en cuanto al trato con la gente rica?

Pablo aconsejó a Timoteo (6.17–19) en cuanto a qué enseñarles a los que son ricos en posesiones materiales, es decir, a quienes tienen más de lo necesario en términos de alimento, ropa y techo. Pablo ya había dicho (6.6–8) que los cristianos debían contentarse y no buscar más de lo que Dios les ha dado, puesto que él es la fuente del verdadero contentamiento. En vez de criticar a los ricos o mandarles a despojarse de sus riquezas, Pablo los llama a ser buenos administradores de los recursos que Dios les dio (ver también Dt 8.18; 1 S 2.7; 1 Cr 29.12; 2 Co 3.5; 9.8; Fil 4.11–13, 19).

Los que tienen abundancia se enfrentan a la constante tentación de sentirse superiores y arrogantes, mirando a los demás por encima del hombro (6.17). Pablo le recordó a Timoteo que las riquezas y el orgullo suelen ir de la mano. Así, cuanto más rica sea la persona, tanto mayor será su tentación al orgullo (ver Pr 18.23; 28.11; Stg 2.1–4). De hecho, quienes tienen mucho suelen depositar su confianza en su riqueza (ver Pr 23.4, 5). Sin embargo, Dios brinda seguridad, mucho más de la que pudiera ofrecer cualquier inversión terrenal (ver Ec 5.18–20; Mt 6.19–21).

OTROS TEMAS DE ESTUDIO EN 1 TIMOTEO

1. ¿Qué indicaciones sobre la juventud de Timoteo y su relación con Pablo encontramos en esta carta?
2. ¿Qué tareas le asignó Pablo a Timoteo?
3. ¿Cómo describió Pablo el tipo de líderes que Timoteo debía buscar para la iglesia?
4. En el capítulo 4, Pablo le da a Timoteo consejos para la disciplina personal. ¿Qué le aconsejó?
5. ¿Qué relaciones señaló Pablo al describir el modo en que debe operar la iglesia dentro de una comunidad?
6. ¿En qué aspectos puede usted identificarse con Timoteo?

2 TIMOTEO
Últimas palabras

TÍTULO
Esta epístola es la segunda de dos cartas inspiradas que Pablo el apóstol le escribió a su hijo en la fe, Timoteo (1.2, 2.1). Para información biográfica de Timoteo, vea 1 Timoteo: «Título». Es titulada, como lo son las otras cartas personales de Pablo a individuos (1 Timoteo, Tito, y Filemón), con el nombre del destinatario (1.2).

AUTOR Y FECHA
El asunto de que Pablo es el autor de las epístolas pastorales es discutido en 1 Timoteo: «Autor y fecha». Pablo escribió 2 Timoteo, la última de sus cartas inspiradas, poco tiempo antes de su martirio (ca. 67 D.C.).

CONTEXTO HISTÓRICO
Pablo fue liberado de su primer encarcelamiento romano por un corto período de su ministerio durante el cual escribió 1 Timoteo y Tito. No obstante, 2 Timoteo, encuentra a Pablo una vez más en una prisión romana (1.16; 2.9), arrestado de nuevo debido a la persecución de los cristianos por parte de Nerón. A diferencia de la esperanza y confianza de ser liberado durante su primer encarcelamiento (Fil 1.19, 25, 26; 2.24; Flm 22), en esta ocasión él no tenía tales esperanzas (4.6–8). En su primer encarcelamiento en Roma (ca. 60–62 D.C.), antes de que Nerón hubiera comenzado la persecución de los cristianos (64 D.C.), él solo estaba bajo arresto en casa y tenía la oportunidad de gozar de mucha interacción con las personas y el ministerio (Hch 28.16–31). No obstante, en esta ocasión, cinco o seis años más tarde (ca. 66–67 D.C.), se encontraba en una celda fría (4.13), en cadenas (2.9), y sin esperanza alguna de ser liberado (4.6). Abandonado por todos aquellos que estaban cercanos a él por temor a la persecución (cp. 1.15; 4.9–12, 16) y enfrentando la ejecución inminente, Pablo le escribió a Timoteo, alentándolo a que se apurara a llegar a Roma para una última visita con el apóstol (4.9, 21). No se sabe si Timoteo llegó a Roma antes de la ejecución de Pablo. De acuerdo a la tradición, Pablo no fue liberado de este segundo encarcelamiento romano, sino que sufrió el martirio que él había previsto (4.6).

En esta carta, Pablo, consciente de que el fin estaba cerca, entregó el manto no apostólico del ministerio a Timoteo (cp. 2.2) y lo exhortó a permanecer fiel en sus deberes (1.6), retener la sana doctrina (1.13, 14), evitar el error (2.15–18), aceptar la persecución por el evangelio (2.3, 4; 3.10–12), poner su confianza en las Escrituras y predicarlas implacablemente (3.15—4.5).

PERSONAS DESTACADAS EN 2 TIMOTEO
Pablo: escribió para alentar e instruir a Timoteo en su ministerio pastoral en Éfeso (1.1—4.22).

Timoteo: el nombre significa «el que honra a Dios»; fungió como pastor de la iglesia de Éfeso (1.2—4.22).

Una comparación entre los dos encarcelamientos romanos de Pablo

Primer encarcelamiento	Segundo encarcelamiento
Hechos 28, escribió las epístolas de la prisión	2 Timoteo
Acusado por los judíos de herejía y sedición	Perseguido por Roma y arrestado como un delincuente en contra del imperio
Persecusiones esporádicas locales (60–63 d.c.)	Persecución de Nerón (64–68 d.c.)
Condiciones de vida decentes en una casa alquilada (Hch 28.30, 31)	Malas condiciones, en un calabozo frío y oscuro
Muchos amigos lo visitaron	Prácticamente solo (únicamente Lucas estaba con él)
Muchas oportunidades para dar testimonio	Oportunidades para dar testimonio restringidas
Esperaba ser puesto en libertad (Fil 1.24–26)	Esperaba su ejecución (2 Ti 4.6)

Lucas: compañero de viaje de Pablo; la única persona que permaneció con el apóstol cuando estuvo en prisión (4.11).

Marcos: acompañó a Pablo y Bernabé en su primer viaje misionero (4.11).

TEMAS HISTÓRICOS Y TEOLÓGICOS

Parece que Pablo pudo haber tenido razón para temer que Timoteo estuviera en peligro de debilitarse espiritualmente. Esto habría sido una seria preocupación para Pablo debido a que Timoteo necesitaba continuar la obra del apóstol (cp. 2.2). Mientras que no hay indicaciones históricas en otras partes del NT que indiquen la razón por la que Pablo estaba tan preocupado, hay evidencia en la epístola misma a partir de lo que él escribió. Esta preocupación es evidente, p. ej., en la exhortación de Pablo a avivar su don (1.6), a reemplazar el temor con poder, amor y dominio propio (1.7), a no avergonzarse de Pablo y del Señor, sino a sufrir voluntariamente por el evangelio (1.8), y a aferrarse a la verdad (1.13, 14). Resumiendo el problema potencial de Timoteo, quien podría estarse debilitando bajo la presión de la iglesia y la persecución del mundo, Pablo lo llama a: (1) generalmente esforzarse (2.1), la exhortación clave de la primera parte de la carta, y a (2) continuar predicando la palabra (4.2), la amonestación principal de la última parte. Estas palabras finales a Timoteo incluyen pocas afirmaciones de reconocimiento y felicitación, pero muchas amonestaciones, incluyendo unos veinticinco imperativos.

CRISTO EN... 2 TIMOTEO

LA SEGUNDA CARTA DE PABLO alienta a Timoteo a permanecer cerca de «las sanas palabras que de mí oíste, en la fe y amor que es en Cristo Jesús» (1.13). Timoteo debía continuar el ministerio de Pablo, por lo que el apóstol le recuerda sobre la persona de Cristo (2.8; 4.1, 8), y su llamamiento a «que prediques la palabra» (4.2). Pablo le asegura a Timoteo que sufrirá persecución por seguir a Cristo (3.12), pero lo urge a mantenerse firme en la fe «que es en Cristo Jesús» (3.15).

Debido a que Timoteo estaba muy inmerso en la teología de Pablo, el apóstol no le dio más instrucción doctrinal. No obstante, hizo referencia a varias doctrinas importantes, incluyendo la salvación por la gracia soberana de Dios (1.9, 10; 2.10), la persona de Cristo (2.8; 4.1, 8), y la perseverancia (2.11–13); además Pablo escribió el texto crucial del NT de la inspiración de las Escrituras (3.16, 17).

Ministerio de Timoteo

Timoteo debe...	Porque...
Participar del sufrimiento por el evangelio (1.8; 2.3).	Al participar del sufrimiento otros serán salvos (2.10).
Continuar en la sana doctrina (1.13; 2.15).	La falsa doctrina se difunde y lleva a la impiedad (2.16, 17).
Alejarse de las lujurias de la juventud (2.22).	Debe purificarse y ser apartado para que le use el Maestro (2.21).
Evitar peleas y contiendas (2.23–25).	Debe llevar a otros con amor a la verdad (2.24–26).
Predicar el evangelio con diligencia (4.2).	Vendrá la gran apostasía (4.3, 4).

PRINCIPALES DOCTRINAS EN 2 TIMOTEO

La salvación por la soberana gracia de Dios: solo viene a través de Jesucristo (1.9, 10; 2.10; Gn 3.15; Sal 3.8; 37.39; Is 45.21, 22; 49.6; 59.16; 63.9; Lc 1.69; Jn 1.1–18; 6.35, 48; 8.12; 10.7, 9; 10.11–14; 11.25; 14.6; 17.3; Hch 4.12; 16.31; Ro 5.8; 10.9; Ef 2.8; 5.23; 1 Ti 1.14–16; 2.4; He 2.10; 5.9; 1 P 1.5; 1 Jn 1.1–4).

La persona de Cristo: es Juez divino del mundo y Mesías que desciende de la simiente de David (2.8; 4.1, 8; Is 7.14; Mt 4.11; Jn 1.14; Ro 1.3, 4; Hch 1.9; 1 Ti 3.16; 6.15, 16; 1 Jn 4.2, 3; 5.6).

Perseverancia: el creyente que persevera da evidencia de la sinceridad de su fe (2.11, 13; Job 17.9; Sal 37.24; Pr 4.18; Jn 8.31; 1 Co 15.58; Gá 6.9; Fil 1.6; Col 1.21–23; He 3.6, 14).

Inspiración de las Escrituras: Dios usó las mentes, vocabularios y experiencias de los escritores bíblicos para producir su propia Palabra infalible e inerrante (3.16, 17; Hch 1.16; Ro 3.2; 9.17; Gá 3.8; He 3.7; 1 P 4.11; 2 P 1.21).

EL CARÁCTER DE DIOS EN 2 TIMOTEO

Dios es poderoso: 1.8

Dios cumple sus promesas: 1.1

Dios es sabio: 2.19

RETOS DE INTERPRETACIÓN

No hay retos importantes en esta carta que involucren asuntos teológicos. Hay información limitada con respecto a varios individuos nombrados en la epístola: p. ej., Figelo y Hermógenes (1.15), Onesíforo (1.17; cp. 4.19), Himeneo y Fileto (2.17, 18), Janes y Jambres (3.8) y Alejandro (4.14).

BOSQUEJO

I. Saludo y gratitud (1.1–5)

II. La perseverancia de un hombre de Dios (1.6–18)
    A. La exhortación (1.6–11)
    B. Los ejemplos (1.12–18)
        1. Pablo (1.12–14)
        2. Onesíforo (1.15–18)

II. Los patrones de un hombre de Dios (2.1–26)
    A. Pablo (2.1, 2)
    B. Un soldado (2.3, 4)
    C. Un atleta (2.5)
    D. Un granjero (2.6, 7)
    E. Jesús (2.8–13)
    F. Un obrero (2.14–19)
    G. Un instrumento (2.20–23)
    H. Un siervo (2.24–26)

IV. Los peligros de un hombre de Dios (3.1–17)
    A. Al enfrentar la apostasía (3.1–9)
    B. Al derrotar la apostasía (3.10–17)

V. La predicación del hombre de Dios (4.1–5)
    A. El encargo a predicar (4.1, 2)
    B. La necesidad de la predicación (4.3–5)

VI. Comentarios para concluir (4.6–18)
    A. El triunfo de Pablo (4.6–8)
    B. Las necesidades de Pablo (4.9–18)

VII. Las despedidas de Pablo (4.19–22)

Mientras tanto, en otras partes del mundo...

Ya están ocurriendo en Israel los hechos que culminarán con la destrucción de Jerusalén en el año 70 A.D.

RESPUESTAS A PREGUNTAS DIFÍCILES

1. En 1.7, ¿a quién o a qué se refiere el término *espíritu*?

La afirmación contrasta dos actitudes, más que hacer referencia al Espíritu Santo, cuya presencia (1.14) produce el segundo «espíritu» mencionado en 1.7. El espíritu de cobardía o miedo que podría traducirse como «timidez» denota un temor vergonzoso y cobarde causado por un carácter débil y egoísta. Como no es producto de la presencia de Dios, entonces tiene que provenir de otro lado. La amenaza y el peligro de la persecución romana que bajo Nerón se hacía más feroz, la hostilidad de los de la iglesia de Éfeso que resentían el liderazgo de

Timoteo, y los ataques de los fasos maestros con sus sofisticados sistemas de engaños, pueden haber sido abrumadores para Timoteo. Pero si tenía miedo, el mismo no provenía de Dios.

Pablo le recordó a Timoteo, como antídoto del miedo, los recursos que Dios provee. Dios ya les ha dado a los creyentes todos los recursos espirituales que necesitan para cada tribulación y peligro (ver Mt 10.19, 20). Ante todo, el «poder» divino —la efectiva y productiva energía espiritual— ya lo tiene el creyente (ver Sof 4.6; Ef 1.18–20; 3.20) y, en segundo lugar, Dios provee «amor». Un amor que se enfoca en agradar a Dios y buscar el beneficio de otro más que el propio (ver Ro 14.8; Gá 5.22, 25; Ef 3.19; 1 P 1.22; 1 Jn 4.18). En tercer lugar, Dios promueve una mente sana. Esto hace referencia a una mente disciplinada, con dominio propio, con las prioridades correctas. Es lo opuesto al miedo y la cobardía que causan desorden y confusión. Centrarnos en la naturaleza soberana de nuestro Dios eterno y en sus perfectos propósitos hace que los creyentes puedan controlarse con sabiduría cristiana y confianza en toda situación (ver Ro 12.3; 1 Ti 3.2; Tit 1.8; 2.2).

2. ¿Cuántas generaciones de discipulado incluye 2.2?

Pablo instruye a Timoteo en el proceso de transmitir el mensaje del evangelio y menciona cuatro generaciones de vidas transformadas por la gracia de Cristo. La primera que menciona es su propia generación, la de Pablo. Así que le recuerda a Timoteo que el origen de su mensaje a los demás era la innumerable cantidad de horas de predicación y enseñanza que había oído del apóstol, «ante muchos testigos». La siguiente generación era la de Timoteo. Lo que había oído debía transmitirlo a otros. Esos otros serían la generación siguiente. No era un público reunido al azar, sino creyentes «fieles» con capacidad para enseñar. Y, a su vez, estos le enseñarían a la siguiente generación sobre la «gracia que es en Cristo Jesús». El proceso de

---

PALABRAS CLAVE EN

2 Timoteo

Aparición: en griego *epiphaneia* —1.10; 4.1, 8— concretamente significa «brillo» y se utilizaba en la literatura griega para indicar una aparición divina. El término *epifanía* es un equivalente cercano. Los autores del NT utilizan esta palabra para referirse a la primera venida de Jesús, momento en que él entra en este mundo como hombre (ver 1.10). También se usa para hablar de la segunda venida de Jesús y específicamente de su aparición ante el mundo entero (ver Mt 24.27).

Libros, pergaminos: en griego *biblion* —4.13— *membrana* (4.13). En el NT es común el término *biblion*, pero *membrana* solo aparece aquí. La palabra deriva del latín, haciendo referencia a la piel de animal que se utilizaba para escribir. Se han interpretado las dos palabras de este pasaje de tres maneras: (1) los *rollos* eran copias de libros del AT, y los *pergaminos*, copias de diversos libros del NT; (2) los *libros* eran copias de libros del AT y el NT, y los *pergaminos* estaban en blanco y eran material de escritura, o bien apuntes en borrador; o (3) las dos palabras se refieren a la misma cosa: *libros de pergamino* o cuadernos de notas. Si la tercera interpretación es correcta, sugeriría que Pablo quería recuperar algunos cuadernos con notas en borrador que había dejado al momento en que lo arrestaron.

Inspiración de Dios: en griego *theopneustos* —3.16— significa «respirado por Dios», de *theos* (Dios) y *pneo* (respirar). Aunque resulta difícil traducir y recrear la idea de esta expresión griega, sabemos que Pablo quiso decir que toda Escritura es inspirada por Dios con su aliento. La definición afirma el origen divino de la Biblia, por lo que Dios no solo inspiró a los autores que escribieron las palabras que aparecen en ella, sino también a quienes la leen con un corazón lleno de fe.

reproducción espiritual que comenzó en la iglesia primitiva debe continuar hasta que el Señor regrese.

3. ¿Por qué incluyó Pablo un discurso de despedida en su segunda carta a Timoteo?

Si bien a lo largo de la carta encontramos pistas sobre el ánimo de Pablo, el pasaje de 4.6–8 se centra en la autoevaluación del apóstol. Casi al final de su vida, Pablo podía reflexionar sin remordimientos, sin lamentar nada. En estos versículos examina su vida desde tres ángulos: (1) la realidad del momento, en el que se acercaba al final de su vida y para el cual estaba preparado (versículo 6); (2) el pasado, en el que había sido fiel (versículo 7); (3) el futuro, anticipando su recompensa celestial (versículo 8).

Otros temas de estudio en 2 Timoteo

1. ¿Qué instrucciones precisas le dio Pablo a Timoteo sobre la actitud del ministro del evangelio?

2. ¿Qué repitió Pablo en 2 Timoteo que ya había señalado con énfasis en su primera carta?

3. ¿En qué aspectos describe el capítulo 2 el proceso mediante el cual se difunde el evangelio?

4. ¿Cómo encaja la afirmación de Pablo en 2 Timoteo 3.16 con el resto de la carta?

5. ¿Qué peligros señaló Pablo a su joven discípulo acerca del ministerio en tiempos difíciles?

6. ¿Quién le brinda a usted el mayor aliento en su vida cristiana? ¿Qué tipo de respuesta le ha dado?

TITO
Preciado mensajero

TÍTULO

Esta epístola se nombra de acuerdo a su destinatario, Tito, quien es mencionado por nombre trece veces en el NT (1.4; Gá 2.1, 3; 2 Ti 4.10; para las nueve veces en 2 Co, vea «Contexto histórico»). El título en el NT griego literalmente se lee «A Tito». Junto con 1 y 2 Timoteo, estas cartas a los hijos de Pablo en la fe son tradicionalmente llamadas «las epístolas pastorales».

AUTOR Y FECHA

El hecho de que el apóstol Pablo la escribió (1.1) esencialmente no es desafiado (vea 1 Timoteo: «Autor y fecha»). Tito fue escrita entre el 62–64 D.C., mientras Pablo ministraba a iglesias en Macedonia entre su primer y segundo encarcelamiento romano, desde Corinto o desde Nicópolis (cp. 3.12). Es muy probable que Tito sirviera con Pablo tanto en el segundo como en el tercer viaje misionero. Tito, al igual que Timoteo (2 Ti 1.2), se había convertido en un amado discípulo (1.4) y colaborador en el evangelio (2 Co 8.23). La última mención de Tito por parte de Pablo (2 Ti 4.10) reporta que él había ido a ministrar en Dalmacia, la antigua Yugoslavia. La carta probablemente fue entregada por Zenas y Apolos (3.13).

CONTEXTO HISTÓRICO

Aunque Lucas no mencionó a Tito por nombre en el libro de los Hechos, parece probable que Tito, un gentil (Gá 2.3), conoció a Pablo y pudo haber sido llevado a la fe en Cristo por él (1.4) antes o durante el primer viaje misionero del apóstol. Más tarde, Tito ministró durante un período de tiempo con Pablo en la Isla de Creta y fue dejado atrás para continuar y fortalecer la obra (1.5).

Después de que Artemas o Tíquico (3.12) llegaron para dirigir el ministerio ahí, Pablo quería que Tito se le uniera en la ciudad de Nicópolis, en la provincia de Acaya en Grecia, y se quedara a lo largo del invierno (3.12).

Debido a su relación con la iglesia en Corinto durante el tercer viaje misionero de Pablo, Tito es mencionado nueve veces en 2 Corintios (2.13; 7.6, 13, 14; 8.6, 16, 23; 12.18), en donde

CRISTO EN... TITO

EN EL LIBRO DE TITO se mantiene con firmeza la deidad de Cristo, «aguardando la esperanza bienaventurada y la manifestación gloriosa de nuestro gran Dios y Salvador Jesucristo» (2.13). Pablo se refiere a Dios y a Cristo como Salvador a lo largo del libro, y enfatiza tanto en la persona de Cristo como en Dios y en el plan de salvación (1.3, 4; 2.10, 13; 3.4, 6).

Pablo se refiere a él como «mi hermano Tito» (2.13) y «mi compañero y colaborador» (8.23). El joven anciano ya estaba familiarizado con los judaizantes, falsos maestros en la iglesia, quienes entre otras cosas insistían en que todos los cristianos, gentiles como también judíos, estaban bajo la autoridad de la ley mosaica. Tito había acompañado a Pablo y Bernabé años antes al concilio de Jerusalén, en donde esa herejía fue el tema (Hch 15; Gá 2.1–5).

Creta, una de las islas más grandes en el Mar Mediterráneo, midiendo 256 km de largo por 56 km en su punto más ancho, situada al sur del Mar Egeo, había sido brevemente visitada por Pablo en su viaje a Roma (Hch 27.7–9, 12, 13, 21). Él regresó ahí a ministrar y más tarde dejó a Tito para continuar la obra, de una manera muy parecida a como dejó a Timoteo en Éfeso (1 Ti 1.3), mientras que él iba a Macedonia. Es muy probable que le escribiera a Tito en respuesta a una carta suya o un reporte de Creta.

PERSONAS DESTACADAS EN TITO

Pablo: le escribió a Tito para darle aliento y aconsejarle como líder de la iglesia (1.1—3.15).

Tito: creyente griego enviado por Pablo como pastor de la iglesia en la isla de Creta (1.4—3.15).

TEMAS HISTÓRICOS Y TEOLÓGICOS

Tal como las dos cartas de Pablo a Timoteo, el apóstol da aliento y consejo personal a un joven pastor quien, aunque bien entrenado y fiel, enfrentó oposición continua por parte de hombres impíos dentro de las iglesias en las que ministró. Tito tenía que comunicar ese aliento y consejo a los líderes que necesitaban establecer en las iglesias cretenses (1.5).

En contraste a varias de las otras cartas de Pablo, tales como aquellas a las iglesias en Roma y Galacia, el libro de Tito no se enfoca en explicar o defender la doctrina. Pablo tenía confianza total en el entendimiento y las convicciones teológicas de Tito, algo evidenciado por el hecho de que le encomendó un ministerio tan demandante. A excepción de la advertencia de los falsos maestros y judaizantes, la carta no proporciona corrección teológica, pudiendo ser un fuerte indicador de que Pablo también tenía confianza en la preparación doctrinal de la mayoría de los miembros de la iglesia ahí, a pesar del hecho de que un gran número de ellos eran nuevos creyentes. Las doctrinas que esta epístola afirma incluyen: (1) La elección soberana de Dios de los creyentes (1.1, 2); (2) su gracia salvadora (2.11; 3.5); (3) la deidad y la segunda venida de Cristo (2.13); (4) la expiación sustituta de Cristo (2.14); y (5) la regeneración y renovación de los creyentes por el Espíritu Santo (3.5).

PALABRAS CLAVE EN

Tito

Dios nuestro Salvador: en griego *tou sōtēros hēmōn theou* —1.3; 2.10; 3.4— en las epístolas pastorales aparece con frecuencia esta expresión u otras similares. En cada uno de estos versículos, la expresión describe a Dios Padre. Los autores del AT hablan de Dios como Salvador (ver Sal 24.5; Is 12.2; 45.15, 21) y lo mismo hacen algunos de los escritores del NT (Lc 1.47; Jud 25). En las epístolas pastorales se llama Salvador al Hijo (1.4; 2.13; 3.6; 2 Ti 1.10) y en 2.13, el Hijo es «nuestro Dios y Salvador», identificando así con claridad a Jesús como Dios.

Lavamiento de la regeneración: En griego *loutron palingenesias* —3.5— donde la palabra que se traduce como «lavamiento» puede hacer referencia al recipiente mismo en que se lava. En Efesios 5.26, donde también aparece este término en el NT como la otra de dos únicas instancias, el significado natural es lavado. Aquí también se presenta la acción de lavar. El texto dice de manera simple que la regeneración se caracteriza por la acción del lavamiento que la acompaña. La actividad regeneradora del Espíritu Santo en otros pasajes de las Escrituras también se llama «purificación» (ver Ez 36.25–27; Jn 3.5). En griego la palabra que se traduce como *regeneración* significa, en sentido estricto, «nacer de nuevo»; lo cual indica el nuevo nacimiento que produce el Espíritu Santo (ver Jn 3.6; Ro 8.16; Gá 4.6). Dios así nos salva por medio de un proceso que tiene dos aspectos: el lavamiento de la regeneración y la renovación del Espíritu Santo.

Regularmente se hace referencia a Dios y Cristo como a Salvador (1.3, 4; 2.10, 13; 3.4, 6) y el plan salvador es tan enfatizado en el 2.11–14 que indica que el enfoque principal de la epístola es el de preparar a las iglesias de Creta para el evangelismo eficaz. Esta preparación requería líderes piadosos que no solo pastorearan a los creyentes bajo su cuidado (1.5–9), sino que también prepararan a esos cristianos para evangelizar a sus vecinos paganos, quienes habían sido caracterizados por uno de sus propios compatriotas como «mentirosos, malas bestias, glotones ociosos» (1.12). A fin de ganar a una audiencia para el evangelio entre tales personas, la preparación primordial de los creyentes para el evangelismo era vivir entre ellos mismos con el testimonio irreprochable de una vida justa, amorosa, no egoísta y piadosa (2.2–14) en un marcado contraste con la vida desenfrenada de los falsos maestros (1.10–16). Cómo se conducían en referencia a las autoridades gubernamentales y los incrédulos también era crucial para su testimonio (3.1–8).

Varios temas principales se repiten a sí mismos a lo largo de Tito. Incluyen: obra(s) (1.16; 2.7, 14; 3.1, 5, 8, 14); fe y doctrina sanas (1.4, 9, 13; 2.1, 2, 7, 8, 10; 3.15); y salvación (1.3, 4; 2.10, 13; 3.4, 6).

PRINCIPALES DOCTRINAS EN TITO

Divina elección soberana de los creyentes: antes del inicio de los tiempos Dios conocía íntimamente la vida y el futuro de sus hijos (1.1–2; Dt 7.6; Mt 20.16; Jn 6.44; 13.18; 15.16; Hch 22.14; Ef 1.4; 1 Ts 1.4; 1 Ti 6.12).

Gracia salvadora de Dios: Jesucristo es el don de gracia de Dios a la humanidad caída en pecado (2.11; 3.5; Sal 84.11; Jn 1.14; 3.16–18; Ro 5.15, 17; Ef 1.6; 1 Ti 2.5, 6; 4.10; He 4.16; Stg 1.17; 1 P 5.10; 1 Jn 2.2).

Deidad y segunda venida de Cristo: la segunda venida de Jesucristo revelará su gloria plena como Dios (2.13; Ro 8.22, 23; 1 Co 15.51–58; Fil 3.20, 21; 1 Ts 4.13–18; 2 P 1.1; 1 Jn 3.2, 3).

Propiciación sustitutoria de Cristo: Cristo se entregó a sí mismo en sacrificio para que a quienes crean en él les sean perdonados sus pecados (2.14; Is 53.4–12; Jn 15.13; Hch 4.12; Ro 5.8–11; 8.32; 2 Co 5.18, 19; Gá 1.4; He 10.14; 1 P 3.18; 1 Jn 2.2; 4.10).

Regeneración y renovación de los creyentes por el Espíritu Santo: la salvación está acompañada del regalo de una vida nueva, generada por el Espíritu, con el poder del Espíritu, protegida por el Espíritu, como hijos y herederos de Dios (3.5; Ez 36.25–29; Joel 2.28; Jn 3.3–6; Ro 5.5; 8.2; Ef 5.26; Stg 1.18; 1 P 1.23; 1 Jn 2.29; 3.9; 4.7; 5.1).

EL CARÁCTER DE DIOS EN TITO

Dios es bueno: 3.4–6

Dios es amoroso: 3.4–7

Dios es misericordioso: 1.18; 3.5

Dios cumple sus promesas: 1.2

Dios es verdadero: 1.2

RETOS DE INTERPRETACIÓN

La carta a Tito se presenta a sí misma de una manera directa, la cual debe de ser tomada al pie de la letra. Los pocos retos de interpretación incluyen: (1) ¿Los hijos en el 1.6 son simplemente «fieles» o son «creyentes»? En el NT el término «fieles» se usa siempre para referirse a los creyentes y nunca para los incrédulos, de modo que aquí se alude a los hijos cuya fe en Cristo los ha salvado y que reflejan esto en su conducta. (2) ¿Cuál es «la esperanza bienaventurada» del 2.13? Esta es una referencia general a la segunda venida de Jesucristo, incluyendo la resurrección y el reino de los santos con Cristo en gloria (2 Ti 2.10).

BOSQUEJO

    I. **Salutación (1.1–4)**
    II. **Esenciales para el evangelismo eficaz (1.5—3.11)**
        A. Entre líderes (1.5–16)
            1. Reconocimiento de los ancianos (1.5–9)
            2. Reprensión de los falsos maestros (1.10–16)
        B. En la iglesia (2.1–15)
            1. Vida santa (2.1–10)
            2. Doctrina sana (2.11–15)
        C. En el mundo (3.1–11)
            1. Vida santa (3.1–4)
            2. Doctrina sana (3.5–11)
    III. **Conclusión (3.12–14)**
    IV. **Bendición (3.15)**

Mientras tanto, en otras partes del mundo...

La reina Boadicea de Britania lidera una revuelta contra el emperador romano Nerón después de que sus legiones saquearan y se anexaran brutalmente parte de sus tierras. Los orgullosos britones luchan con tal ferocidad que los romanos debieron enviar más soldados. La victoria fue de los romanos, pero a un costo muy alto.

RESPUESTAS A PREGUNTAS DIFÍCILES

1. ¿En qué aspectos indica la carta de Pablo a su discípulo Tito que el mensaje era no solo para él y los cristianos de Creta?

Tito 2.11–13 presenta el núcleo de la carta de Pablo a Tito. El apóstol ya había hecho énfasis en el propósito soberano de Dios al convocar a los ancianos como líderes (1.5) y al mandar a su pueblo a vivir en justicia y rectitud (2.1–10). Ese propósito brindará el testimonio que cumplirá el plan y propósito de salvación de Dios. Como siempre, el apóstol pensaba en una audiencia mayor que la de los destinatarios de su carta. El evangelio tiene alcance universal. Aquí Pablo condensa el plan de salvación de Dios en tres realidades: (1) salvación de la penalidad merecida por el pecado (versículo 11); (2) salvación del poder del pecado (versículo 12); y (3) salvación de la presencia del pecado (versículo 13).

Al describir la «gracia de Dios [que] se ha manifestado para salvación» (versículo 11), Pablo no se refería simplemente al atributo divino de la gracia, sino a Jesucristo mismo, la gracia encarnada, el regalo de suprema gracia de Dios a una humanidad caída en pecado (ver Jn 1.14). La frase «todos los hombres» (versículo 11), a pesar de los esfuerzos por convertirla en prueba del universalismo, no brinda respaldo para tal error. En 3.4 se traduce «humanidad» como «hombre», en referencia a la humanidad en general como categoría, no como cada una de las personas. Jesucristo efectuó una ofrenda suficiente como para cubrir los pecados de todos los que creen (ver Jn 3.16–18; 1 Ti 2.5, 6; 4.10; 1 Jn 2.2). Las palabras de apertura de esta carta a Tito dejan en claro que la salvación se hace efectiva únicamente por medio de «la fe de los escogidos de Dios» (1.1). Pablo sabía muy bien que el evangelio tenía implicaciones universales. De toda la humanidad, serán salvos solamente los que creen (ver Jn 1.12; 3.16; 5.24, 38, 40; 6.40; 10.9; Ro 10.9–17).

2. ¿En qué aspectos argumenta 3.1–11 a favor del valor de la evangelización?

A lo largo de esta carta Pablo deja en claro que Tito tenía un rol más grande que solo el de mantener a la iglesia que había en Creta. El propósito de Pablo era la evangelización. Quería que con su trabajo Tito atrajera a más personas a la fe en Cristo. Para que eso ocurriera las instrucciones de Pablo se centraban en equipar a las iglesias de Creta de forma que evangelizaran de manera efectiva. Los parámetros de Pablo para el liderazgo requerían de líderes cristianos que no solo fueran pastores de los creyentes a su cuidado (1.5–9), sino que equiparan a esos cristianos para que evangelizaran a sus vecinos paganos. Este patrón de Pablo es congruente y su mejor descripción está en 2 Timoteo 2.2.

Las observaciones finales de Pablo le indican a Tito que debe recordarles a los creyentes a su cargo lo siguiente: (1) la importancia de una buena actitud hacia los gobernantes que no son salvos (3.1) y toda la gente en general (3.2); (2) su estado anterior como incrédulos perdidos en el pecado (3.3); (3) la salvación por gracia a través de Jesucristo (3.4–7); (4) el testimonio de justicia a un mundo no salvo (3.8) y (5) su responsabilidad de oponerse a los falsos maestros y miembros facciosos de la iglesia (3.9–11). Todos estos temas demuestran ser esenciales para la evangelización efectiva. El testimonio humilde y compasivo de un cuerpo de creyentes bien ordenado constituye el mensaje más convincente del evangelio.

OTROS TEMAS DE ESTUDIO EN TITO

1. Al estudiar Tito, encuentre dónde está ubicada la isla de Creta.
2. Compare Tito con 1 Timoteo. ¿Qué semejanzas puede hallar en las dos cartas?
3. ¿Cómo resume Pablo el evangelio al escribirle a Tito?
4. ¿Cuáles son los roles principales del liderazgo en la iglesia según lo que Pablo le instruye a Tito?
5. ¿Hasta qué punto le importaba a Pablo el carácter moral de los líderes de la iglesia?
6. ¿A qué grupo de cristianos representa usted y qué tan en serio se toma esa responsabilidad?

FILEMÓN

Igualdad espiritual y verdadero perdón

TÍTULO

Filemón, el destinatario de esta carta, era un miembro prominente de la iglesia en Colosas (vv. 1, 2; cp. Col 4.9), la cual se reunía en su casa (v. 2). La carta era para él, su familia y la iglesia.

AUTOR Y FECHA

El libro afirma que el apóstol Pablo fue su escritor (vv. 1, 9, 19), una afirmación que pocos en la historia de la iglesia han disputado, especialmente debido a que no hay nada en Filemón que un impostor hubiera sido motivado a escribir. Es una de las epístolas de la prisión, junto con Efesios, Filipenses y Colosenses. Su cercana relación con Colosenses, la cual Pablo escribió alrededor del mismo tiempo (ca. 60–62 D.C.; cp. los vv. 1, 16), confirmó desde hace mucho tiempo atrás y sin cuestionamientos el hecho de que Pablo era el autor por parte de los padres de la iglesia primitiva (p. ej., Jerónimo, Crisóstomo y Teodoro de Mopsuestia). El canon más antiguo, el muratorio (ca. 170 D.C.), incluye a Filemón. Para información biográfica de Pablo, vea Romanos: «Autor y fecha»; para la fecha y lugar de la escritura de Filemón, vea Efesios y Filipenses: «Autor y fecha».

CONTEXTO HISTÓRICO

Filemón había sido salvado bajo el ministerio de Pablo, probablemente en Éfeso (v. 19), varios años antes. Con suficientes recursos económicos como para tener una casa grande (cp. el v. 2), Filemón también poseía por lo menos un esclavo, un hombre llamado Onésimo (lit. «útil» un nombre común para los esclavos). Onésimo no era creyente en el momento en el que robó algo de dinero (v. 18) de Filemón y huyó. Al igual que muchísimos miles de esclavos prófugos, Onésimo huyó a Roma, buscando perderse en la enorme población de esclavos de la capital del Imperio Romano. A través de circunstancias no registradas en las Escrituras, Onésimo conoció a Pablo en Roma y se convirtió en cristiano.

El apóstol rápidamente llegó a amar al esclavo prófugo (vv. 12, 16) y anhelaba mantener a Onésimo en Roma (v. 13), en donde estaba proveyendo un servicio de mucho valor a

> ## CRISTO EN... FILEMÓN
>
> LA RELACIÓN ENTRE PABLO, ONÉSIMO Y FILEMÓN presenta una bellísima ilustración de la mediación de Cristo entre el Padre y la humanidad. Pablo aceptó la pena de Onésimo con gusto con tal de renovar la relación entre Onésimo y Filemón, su antiguo amo.
>
> La obra de perdón de Pablo también representa la fuerza que Dios les da a los cristianos para mostrar compasión y misericordia.

Pablo en su encarcelamiento (v. 11). Pero al robarle y huir de Filemón, Onésimo había tanto quebrantado la ley romana como defraudado a su amo. Pablo sabía que se tenían que enfrentar esos asuntos, y decidió enviar a Onésimo de regreso a Colosas. Era demasiado peligroso para él hacer el viaje solo (debido al peligro de los caza-esclavos), y por eso Pablo lo envió de regreso con

Cómo obra el amor en Filemón

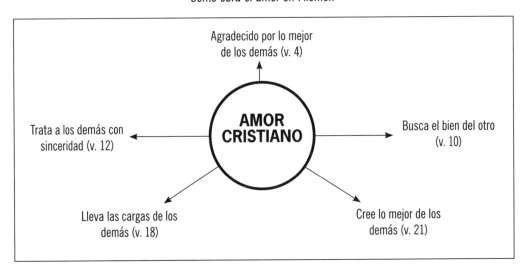

Tíquico, quien estaba regresando a Colosas con la epístola a los Colosenses (Col 4.7–9). Junto con Onésimo, Pablo le envió a Filemón esta hermosa carta personal, alentándolo a perdonar a Onésimo y darle la bienvenida de regreso al servicio como a un hermano en Cristo (vv. 15–17).

Personas destacadas en Filemón

Pablo: escribió para urgir a Filemón a que perdonara y aceptara a Onésimo como a su hermano (versículos 1 al 25).

Filemón: miembro prominente de la iglesia de Colosas; había sido amo de Onésimo (versículos 1 al 25).

Onésimo: esclavo de Filemón que había escapado; después de conocer a Pablo en Roma se convirtió (versículos 10 al 22).

Temas históricos y teológicos

Filemón provee información histórica de muchísimo valor acerca de la relación de la iglesia primitiva con la institución de la esclavitud. La esclavitud estaba esparcida en el Imperio Romano (de acuerdo a algunas estimaciones, los esclavos constituían un tercio, quizá más, de la población) y era una parte aceptada de la vida. En los días de Pablo, la esclavitud prácticamente había oscurecido al trabajo libre. Los esclavos podían ser doctores, músicos, maestros, artistas, bibliotecarios o contadores; en breve, casi todos los trabajos podían y estaban ocupados por esclavos.

Legalmente los esclavos no eran considerados personas, sino herramientas de sus amos. Como tales, podían ser comprados, vendidos, heredados, intercambiados o tomados para pagar la deuda de su amo. Sus amos casi tenían poder ilimitado para castigarlos, y algunas veces lo hacían severamente por las infracciones más ligeras. No obstante, para el tiempo del NT, la esclavitud estaba comenzando a cambiar. Dándose cuenta de que los esclavos contentos eran más productivos, los amos tendían a tratarlos con mayor flexibilidad. No era raro que un amo le enseñara a un esclavo su propio oficio, y algunos amos y esclavos se volvían amigos cercanos. Aunque aún no los reconocían como personas bajo la ley, el Senado Romano en el 20 D.C. les otorgó a los esclavos acusados de crímenes el derecho de un juicio. También se volvió más común para los esclavos que se les otorgara (o comprara) su libertad. Algunos esclavos disfrutaban de un servicio muy favorable y lucrativo bajo sus amos y estaban en una mejor situación que la de muchos hombres libres, porque tenían cuidado y provisión asegurados. Muchos hombres libres luchaban en la pobreza.

El NT en ningún lugar ataca directamente a la esclavitud, si lo hubiera hecho, las insurrecciones resultantes de esclavos habrían sido brutalmente aplastadas y el mensaje del evangelio confundido sin esperanza con el de la reforma social. En lugar de esto, el cristianismo atacó los males de la esclavitud al cambiar el corazón de los esclavos y sus amos. Al enfatizar la igualdad espiritual del amo y el esclavo (v. 16; Gá 3.28; Ef 6.9; Col 4.1; 1 Ti 6.1, 2), la Biblia terminó con los abusos de la esclavitud. El rico tema teológico que por sí solo domina la carta es el perdón, un tema que se encuentra a lo largo de las Escrituras del NT (cp. Mt 6.12–15; 18.21–35; Ef 4.32; Col 3.13). La instrucción de Pablo aquí provee la definición bíblica del perdón, sin usar la palabra en absoluto.

PRINCIPALES DOCTRINAS EN FILEMÓN

Perdón: Cristo ofrece el perfecto ejemplo del perdón (vv. 16, 17; Mt 6.12–15; 18.21–35; Ef 4.32; Col 3.13).

Igualdad: el cristianismo acabó con los males de la esclavitud al cambiar el corazón de amos y esclavos, destacando la igualdad espiritual de unos y otros (v. 16; Mt 20.1–16; Mr 10.31; Gá 3.28; Ef 6.9; Col 4.1; 1 Ti 6.1, 2).

EL CARÁCTER DE DIOS EN FILEMÓN

Dios perdona: versículos 16, 17
Dios es imparcial: versículo 16

RETOS DE INTERPRETACIÓN

No hay retos de interpretación significativos en esta carta personal de Pablo a su amigo Filemón.

BOSQUEJO

I. Saludo (1–3)
II. La virtud de uno que perdona (4–7)
III. Las acciones de uno que perdona (8–18)
IV. Los motivos de uno que perdona (19–25)

Mientras tanto, en otras partes del mundo...

Los romanos empiezan a producir bronce y desarrollan un sistema para la extracción del oro de las vetas.

RESPUESTAS A PREGUNTAS DIFÍCILES

1. ¿Quién era Onésimo y por qué le escribió Pablo a Filemón sobre él?

Onésimo era un esclavo, propiedad de Filemón, miembro importante de la iglesia de Colosas. Debido a una feliz y divina coincidencia, Onésimo conoció a Pablo después de haber huido de Filemón. En ese momento se consideraba que Onésimo había cometido dos delitos, porque al escapar también le había robado a su amo. Onésimo se convirtió al cristianismo poco después de conocer a Pablo.

Aunque Onésimo servía a Pablo y le era útil, el apóstol decidió enviarlo de regreso a Filemón. Y mandó a Tíquico como su escolta, junto con una carta personal con explicaciones para Filemón. Este colosense acaudalado le debía mucho a Pablo, porque el apóstol era el mensajero que le había llevado el evangelio. Pablo no dudó en mencionar esa deuda para que Filemón tomara conciencia de lo importante que sería recibir y perdonar a este esclavo vagabundo.

La carta de Pablo a Filemón nos brinda un dato muy importante con respecto a la perspectiva del NT sobre la esclavitud. En vez de atacar directamente esta práctica terrible, el cristianismo desarmó esa institución desde adentro al cambiar de manera drástica la relación entre amos y esclavos. Para más datos sobre este tema, ver la introducción a esta carta.

2. ¿Cómo intervino Pablo ante Filemón en beneficio de Onésimo?

Pablo volvió a presentarle a Filemón al esclavo Onésimo como hijo suyo en la fe (versículo 10). Pablo había llevado al esclavo a Cristo mientras estaba en la prisión de Roma. Como *Onésimo* era un nombre común entre los esclavos que significaba «útil», Pablo juega con las palabras, como tributo a la nueva vida de Onésimo en Cristo. La descripción de Pablo (versículo 11) básicamente significa: «útil, antes inútil, pero ahora realmente útil». Onésimo había sido transformado de manera radical por la gracia de Dios.

Aunque Pablo no cuestiona la posición legal de Onésimo ante Filemón por ser su esclavo (versículo 16), sí desafía a Filemón a establecer una relación nueva con Onésimo. No pide la libertad del esclavo (1 Co 7.20–22), sino que ruega al amo que reciba a su esclavo como a un hermano creyente en Cristo (ver Ef 6.9; Col 4.1; 1 Ti 6.2). Pablo no estaba tratando de abolir la esclavitud, sino de lograr que la relación dentro de esa institución fuera justa, bondadosa. El amo y el esclavo debían disfrutar de la unidad espiritual y la comunión al adorar y ministrar juntos.

Pablo también reconoció que el perdón de Filemón implicaría un costo. El robo original y la pérdida debida a la ausencia de Onésimo eran problemas justificables de los que Pablo se ocuparía. Si Filemón sentía que había que compensarlo, Pablo le estaba diciendo que se disponía a pagar la deuda de Onésimo. Sin embargo, añadió también, y en tono amable, que Filemón podía considerar su deuda con Pablo al hacer el cálculo de lo que había perdido.

OTROS TEMAS DE ESTUDIO EN FILEMÓN

1. ¿Cómo trata Pablo el tema de la esclavitud cuando le escribe a Filemón?

2. ¿En qué principio basa Pablo su argumento a fin de animar a Filemón para que perdone a Onésimo?

3. ¿En qué tono escribe Pablo la carta?

4. ¿Cómo resolvería usted la tensión entre Onésimo, Filemón y Pablo, de modo que todos quedaran satisfechos?

HEBREOS
Cristo es nuestro Sumo Sacerdote

TÍTULO

Cuando los varios libros del NT fueron formalmente reunidos en una colección poco después del 100 D.C., los títulos fueron añadidos por conveniencia. Esta epístola lleva el título griego tradicional, «A los Hebreos», el cual fue certificado por lo menos en el siglo segundo D.C. No obstante, dentro de la epístola misma, no hay identificación de los destinatarios como hebreos (judíos) o gentiles. Debido a que la epístola está llena de referencias a la historia y religión hebrea y no trata ninguna práctica gentil o pagana en particular, el título tradicional ha sido mantenido.

AUTOR Y FECHA

El autor de Hebreos es desconocido. Pablo, Bernabé, Silas, Apolos, Lucas, Felipe, Priscila, Aquila, y Clemente de Roma han sido sugeridos por diferentes eruditos, pero el vocabulario, estilo y diversas características literarias de la epístola no apoyan claramente ninguna afirmación en particular. Es significativo que el escritor se incluya a sí mismo entre aquellas personas que habían recibido confirmación del mensaje de Cristo por medio de otros (2.3). Eso parecería anular a alguien como Pablo, quien decía que había recibido tal confirmación directamente de Dios y no de los hombres (Gá 1.12). Haya sido quien haya sido el autor, él prefirió citar las referencias del AT del AT griego (LXX) en lugar del texto hebreo. Incluso la iglesia primitiva expresó diferentes opiniones acerca del autor y la erudición contemporánea admite que el rompecabezas aún no tiene solución. Por lo tanto, parece que es mejor aceptar el anonimato de la epístola. Claro que, finalmente, el autor fue el Espíritu Santo (2 P 1.21).

El uso del tiempo presente en el 5.1–4; 7.21, 23, 27, 28; 8.3–5, 13; 9.6–9, 13, 25; 10.1, 3, 4, 8, 11; y 13.10, 11 podría indicar que el sacerdocio levítico y el sistema de sacrificios aún estaban en operación cuando la epístola fue compuesta. Debido a que el templo fue destruido por el general (más tarde emperador) Tito Vespasiano en el 70 D.C., la epístola debió de haber sido escrita antes de esa fecha. Además, puede notarse que Timoteo acababa de ser liberado de la prisión (13.23) y que la persecución estaba volviéndose severa (10.32–39; 12.4; 13.3). Estos detalles parecen indicar una fecha para la epístola alrededor del 67–69 D.C.

CONTEXTO HISTÓRICO

El énfasis en el sacerdocio levítico y los sacrificios, como también en la ausencia de cualquier referencia a los gentiles, apoyan la conclusión de que una comunidad de hebreos era la destinataria de la epístola. Aunque estos hebreos eran primordialmente convertidos a Cristo, probablemente había un número de incrédulos en medio de ellos, quienes fueron atraídos por el mensaje de la salvación, pero que aún no habían hecho un compromiso total de fe en Cristo (vea «Retos de interpretación»). Una cosa es clara a partir del contenido de la epístola: la comunidad de hebreos estaba enfrentando la posibilidad de una persecución intensificada (10.32–39; 12.4). Conforme confrontaban esta posibilidad, los hebreos estaban siendo tentados a deshacerse de cualquier identificación con Cristo. Quizá consideraron reducir a Cristo de ser el Hijo de Dios a un mero ángel. Tal precedente ya había sido establecido por la comunidad Qumrán de judíos mesiánicos viviendo cerca del Mar Muerto. Ellos se habían dado de baja de la sociedad, establecido una comuna religiosa, e incluyeron la adoración de ángeles en su rama del judaísmo reformado. La comunidad Qumrán había llegado al punto de decir que el ángel Miguel era más alto en estatus que el Mesías venidero. Este tipo de aberraciones doctrinales podrían explicar el énfasis en Hebreos 1 de la superioridad de Cristo sobre los ángeles.

Posibles lugares de los destinatarios de la epístola incluyen Palestina, Egipto, Italia, Asia Menor y Grecia. La comunidad que fue la destinataria primaria pudo haber circulado la epístola entre aquellas áreas e iglesias de trasfondo hebreo que se encontraban a su alrededor. Esos creyentes probablemente no habían visto a Cristo personalmente. Al parecer, habían sido evangelizados por aquellos que «oyeron» a Cristo y cuyos ministerios habían sido certificados «con señales y prodigios y diversos milagros» (2.3, 4). De esta manera, los destinatarios

CRISTO EN... HEBREOS

ESTA OBRA ESTÁ DIRIGIDA a lectores judíos y es una obra de contrastes. Los creyentes judíos corrían peligro de caer de nuevo en los rituales de la ley. Pero Hebreos exhorta a sus lectores a recordar la provisión de Dios de un sacerdote perfecto y del sacrificio en Cristo para liberar a los que estaban bajo la ley. Hebreos presenta a Cristo como el sacrificio perfecto por sobre los sacrificios inadecuados de los judíos (9.9, 12–15). Cristo también es superior como Sumo Sacerdote, Profeta y Rey con respecto a todos los que le precedieron (4.14–16; 12.1,2).

podrían haber estado en una iglesia afuera de Judea y Galilea o en una iglesia en aquellas áreas, pero establecidos entre personas de la generación que seguía a aquellos que habían sido testigos oculares de Cristo. La congregación ni era nueva, ni le faltaba instrucción («debiendo ser ya maestros»), sin embargo, algunos de ellos aún necesitaban «leche, y no alimento sólido» (5.12).

«Los de Italia» (13.24) es una referencia ambigua debido a que podría designar a los que habían partido de Italia y estaban viviendo en otros lugares, o a aquellos que aún se encontraban en Italia y estaban siendo señalados como residentes oriundos de ese país. Grecia o Asia Menor también deben ser consideradas debido al establecimiento aparente que se llevó a cabo mucho tiempo atrás, por parte de la iglesia ahí, y debido al uso consecuente de la LXX.

La generación de hebreos recibiendo esta epístola había practicado los sacrificios levíticos en el templo en Jerusalén. Los judíos viviendo en exilio habían substituido la sinagoga por el templo, pero aún sentían una profunda atracción por la adoración del templo. Algunos tenían los medios para llevar a cabo peregrinajes regulares al templo en Jerusalén. El escritor de esta epístola enfatizó la superioridad del cristianismo sobre el judaísmo y la superioridad del sacrificio llevado a cabo por Cristo de una vez por todas sobre los sacrificios levíticos repetidos e imperfectos observados en el templo.

PERSONAS DESTACADAS EN HEBREOS

Abel: hijo de Adán y Eva; ofreció a Dios un sacrificio más aceptable que el de su hermano (11.4; 12.24).

Enoc: vivía en cercana comunión con Dios; fue llevado al cielo sin morir (11.5).

Noé: obedeció a Dios y construyó el arca (11.7).

Abraham: siguió a Dios y fue el padre de la nación judía (2.16; 6.13—11.19).

Sara: confió en Dios, que le daría un hijo en su ancianidad (11.11).

Isaac: hijo de Abraham y Sara; bendijo a sus hijos Jacob y Esaú, de acuerdo a la voluntad de Dios (11.9–20).

Jacob: hijo de Isaac; bendijo y adoptó a los hijos de José antes de su muerte (11.9, 20–21).

José: creyó en que Dios liberaría de Egipto a la nación de Israel (11.22).

Moisés: con coraje sirvió a Dios y guió a Israel en su salida de Egipto (3.2–16; 7.14—12.25).

Rahab: obedeció a Dios al dar refugio en su casa a los espías israelitas (11.31).

Personas de fe del Antiguo Testamento: que hicieron grandes cosas para Dios y también sufrieron gran persecución (11.32–40).

TEMAS HISTÓRICOS Y TEOLÓGICOS

Debido a que el libro de Hebreos está fundado en la obra del sacerdocio levítico, un entendimiento del libro de Levítico es esencial para interpretar apropiadamente Hebreos. El pecado de Israel continuamente había interrumpido la comunión de Dios con su pueblo escogido y del pacto, Israel. Por lo tanto, en su gracia Él soberanamente estableció un sistema de sacrificios que simbólicamente representaron el arrepentimiento interno de los pecadores y su perdón divino. No obstante, la necesidad de sacrificios nunca terminó debido a que el pueblo y los sacerdotes continuaban pecando. La necesidad de toda la humanidad consistía en tener a un sacerdote perfecto y un sacrificio perfecto que de una vez y para siempre quitara el pecado. La provisión de Dios de ese sacerdote y sacrificio perfecto en Cristo es el mensaje central de Hebreos.

La epístola a los Hebreos es un estudio de contraste, entre las provisiones imperfectas e incompletas del antiguo pacto, dadas bajo Moisés, y las provisiones infinitamente mejores del nuevo pacto ofrecido por el Sumo Sacerdote perfecto, el unigénito Hijo de Dios y el Mesías, Jesucristo. Incluidos en las provisiones «mejores» están: mejor esperanza, testamento, promesa, sacrificio, sustancia, país y resurrección. Aquellos que pertenecen al nuevo pacto moran en una atmósfera completamente nueva y

---

PALABRAS CLAVE EN

Hebreos

Pacto: en griego *diathēkē* —8.6, 8–10; 9.4; 10.16, 29; 12.24— cuyo significado literal es «acuerdo», «voluntad» o «testamento». En 9.15–20, el autor de Hebreos explica por qué el nuevo pacto (8.7) ha completado el primer pacto que se hizo en el Monte Sinaí. El autor usa la palabra *diatheke* a lo largo de la sección como análoga a «testamento o voluntad». Así como el contenido de un testamento entra en efecto cuando muere la persona, la muerte de Cristo dio inicio al nuevo pacto que nos libera de las ataduras del primero.

Mediador: en griego *mesitēs* —8.6; 9.15; 12.24— textualmente «intermediario». Pablo califica a Moisés como mediador del pacto del Monte Sinaí. Moisés actuó como vínculo de comunicación entre Dios y los israelitas. Les informó a los israelitas cuáles eran sus obligaciones de acuerdo al pacto, y apeló a Dios por el bien de Israel (ver Gá 3.19, 20). Actuando en esa misma posición Jesús es el Mediador del nuevo pacto. Activó este pacto por medio de su propio sacrificio en la cruz. Ahora está sentado a la diestra del Padre intercediendo por nosotros (7.25).

Redención: en griego *apolutrōsis* —9.15— que significa literalmente «redención». Cuando la usan los autores del NT, esta palabra y el término relacionado con ella, *lutrōsis* significan redención. *Redención* refleja la acción de liberar, soltar o recomprar pagando el precio del rescate. El precio del rescate por el pecado de la humanidad es la muerte. Pero Cristo pagó este precio de rescate por medio de su propio sacrificio (1 P 1.18, 19) y así nos liberó de las ataduras del pecado para llevarnos de regreso a la familia de Dios (Gá 3.13; 4.5).

celestial, adoran a un Salvador celestial, tienen un llamado celestial, reciben un don celestial, son ciudadanos de un país celestial, esperan con anhelo una Jerusalén celestial, y sus nombres mismos están escritos en el cielo.

Uno de los temas teológicos clave en Hebreos es que todos los creyentes ahora tienen acceso directo a Dios bajo el nuevo pacto y, por lo tanto, pueden acercarse al trono de Dios confiadamente (4.16; 10.22). La esperanza de uno está en la presencia misma de Dios, a la cual sigue al Salvador (6.19, 20; 10.19, 20). La enseñanza primordial simbolizada por el servicio del tabernáculo fue que los creyentes bajo el pacto de la ley no tenían acceso directo a la presencia de Dios (9.8), sino que fueron excluidos del lugar santísimo. El libro de Hebreos puede ser brevemente resumido de esta manera: los creyentes en Jesucristo, como el sacrificio perfecto de Dios por el pecado, tienen al Sumo Sacerdote perfecto a través de cuyo ministerio todo es nuevo y mejor que bajo el pacto de la ley.

Superioridad de Cristo

Jesús es más grande que los profetas, 1.1–3 Siete afirmaciones del carácter:	Jesús es más grande que los ángeles, 1.4–14 Siete citas de las Escrituras:
Heredero de todas las cosas (v. 2).	Salmos 2.7 (v. 5).
Creador (v. 2).	2 Samuel 7.14 (v. 3).
Manifiesta el ser de Dios (v. 3).	Deuteronomio 32.43 o Salmos 97.7 (v. 6).
La perfecta representación de Dios (v. 3).	Salmos 104.4 (v. 7).
Sustenta todas las cosas (v. 3).	Salmos 45.6, 7 (vv. 8, 9).
Salvador (v. 3).	Salmos 102.25–27 (vv. 10–12).
Señor exaltado (v. 3).	Salmos 110.1 (v. 13).

No obstante, esta epístola es más que un tratado doctrinal. Es intensamente práctica en su aplicación a la vida diaria (vea el cap. 13). El escritor mismo aun se refiere a su carta como a una «palabra de exhortación» (13.22; cp. Hch 13.15). A lo largo del texto se encuentran exhortaciones diseñadas para estimular a los lectores a la acción. Esas exhortaciones son dadas en la forma de seis advertencias:

- Advertencia en contra de desviarse de «las cosas que hemos oído» (2.1–4)
- Advertencia en contra de no creer a la «voz» de Dios (3.7–14)
- Advertencia en contra de degenerar «los primeros rudimentos de las palabras de Dios» (5.11—6.20)
- Advertencia en contra de menospreciar «el conocimiento de la verdad» (10.26–39)
- Advertencia en contra de devaluar «la gracia de Dios» (12.15–17)
- Advertencia en contra de alejarse de aquel «que habla» (12.25–29)

Otro aspecto significativo de esta epístola es la clara exposición de pasajes selectos del AT. El escritor claramente era un hábil expositor de la Palabra de Dios. Su ejemplo es instructivo para predicadores y maestros:

- 1.1—2.4   Exposición de versículos de Salmos; 2 S 7; Dt 32
- 2.5–18   Exposición de Salmos 8.4–6
- 3.1—4.13   Exposición de Salmos 95.7–11
- 4.14—7.28   Exposición de Salmos 110.4
- 8.1—10.18   Exposición de Jeremías 31.31–34
- 10.32—12.3   Exposición de Habacuc 2.3, 4
- 12.4–13   Exposición de Proverbios 3.11, 12
- 12.18–29   Exposición de Éxodo 19, 20

PRINCIPALES DOCTRINAS EN HEBREOS

El nuevo pacto: todos los creyentes tenemos ahora acceso directo a Dios y podemos acercarnos al trono de Dios sin miedo (4.16; 6.19, 20; 9.8; 10.19–22; Dt 4.7; Sal 65.4; Jn 10.7, 9; 14.6; Ro 5.2; Ef 2.18; 3.12; Col 1.21, 22; 1 P 3.18).

Cristo como Sumo Sacerdote (3.1, 2; 4.14; 5.5–11; 6.20; 7.15–17, 26; 9.11; Sof 6.13; Sal 110.4).

EL CARÁCTER DE DIOS EN HEBREOS

Dios es accesible: 4.16; 7.25; 9.6–15; 10.19–22; 11.16

Dios es fuego consumidor: 12.29

Dios es glorioso: 1.3

Dios es amoroso: 12.6

Dios cumple sus promesas: 4.1; 6.12, 15, 17; 8.6, 10, 12; 10.23, 36; 11.9, 11, 33

Dios se aíra: 3.17–19; 10.26, 27

RETOS DE INTERPRETACIÓN

Una interpretación apropiada de esta epístola requiere el reconocimiento de que se dirige a tres grupos distintos de judíos: (1) creyentes; (2) incrédulos que estaban intelectualmente convencidos del evangelio; e (3) incrédulos que estaban atraídos por el evangelio y la persona de Cristo, pero que no habían llegado a una convicción final acerca de Él. No reconocer a estos grupos lleva a interpretaciones inconsecuentes con el resto de las Escrituras.

El grupo primario a quien el autor se dirige estaba integrado por hebreos cristianos que sufrieron rechazo y persecución por parte de sus compatriotas judíos (10.32–34), aunque ninguno de ellos había sido martirizado aún (12.4). La carta fue escrita para darles aliento y confianza en Cristo, su Mesías y Sumo Sacerdote. Eran un grupo inmaduro de creyentes que fueron tentados a aferrarse a las tradiciones del judaísmo y a los rituales simbólicos y espiritualmente sin poder.

El segundo grupo a quien el autor se dirige lo conformaban los judíos incrédulos que estaban convencidos de las verdades básicas del evangelio, pero que no habían creído en Jesucristo como su propio Salvador y Señor. Estaban intelectualmente persuadidos, pero espiritualmente no comprometidos. El autor se dirige a estos incrédulos en pasajes tales como 2.1–3; 6.4–6; 10.26–29; y 12.15–17.

El tercer grupo a quien el autor se dirige fue al de los judíos incrédulos que no estaban convencidos de la verdad del evangelio, pero habían recibido cierta exposición al mismo. El capítulo 9 está enfocado en su mayoría a ellos (vea especialmente los vv. 11, 14, 15, 27, 28).

El reto de interpretación más serio, que está muy por encima de cualquier otro, se encuentra en el 6.4–6. La frase «una vez fueron iluminados» frecuentemente se toma como una referencia a los cristianos, y la advertencia que la acompaña se toma como una indicación del peligro de perder su salvación si «recayeron» y andan «crucificando de nuevo para sí mismos al Hijo de Dios». Pero no hay mención de que sean salvos y no son descritos con ningún término que se aplique únicamente a los creyentes (tales como santo, nacido de nuevo, justo o santos). Este problema emana a partir de una identificación imprecisa de la condición espiritual de aquellos a los que el autor se está dirigiendo. En este caso, eran incrédulos que habían sido expuestos a la verdad redentora de Dios, y quizá hicieron una profesión de fe, pero no habían llegado al punto de tener una fe salvadora genuina. En el 10.26, se hace la referencia una vez más a cristianos apóstatas, no a creyentes genuinos de quienes frecuentemente se piensa que pierden su salvación por sus pecados.

BOSQUEJO

I. **La superioridad de la posición de Jesucristo (1.1—4.13)**
   A. Un mejor nombre (1.1–3)
   B. Mejor que los ángeles (1.4—2.18)
      1. Un mensajero más grande (1.4–14)
      2. Un mensaje más grande (2.1–18)
         a. Una salvación más grande (2.1–4)
         b. Un salvador más grande (2.5–18)
   C. Mejor que Moisés (3.1–19)
   D. Un mejor reposo (4.1–13)

II. **La superioridad del sacerdocio de Jesucristo (4.14—7.28)**
   A. Cristo como sumo sacerdote (4.14—5.10)
   B. Exhortación al compromiso total con Cristo (5.11—6.20)
   C. El sacerdocio de Cristo como el de Melquisedec (7.1–28)

III. **La superioridad del ministerio sacerdotal de Jesucristo (8.1—10.18)**
   A. A través de un mejor pacto (8.1–13)
   B. En un mejor santuario (9.1–12)
   C. Por un mejor sacrificio (9.13—10.18)

IV. **La superioridad de los privilegios del creyente (10.19—12.29)**
   A. Fe salvadora (10.19–25)
   B. Fe falsa (10.26–39)
   C. Fe genuina (11.1–3)
   D. Héroes de la fe (11.4–40)
   E. Fe perseverante (12.1–29)

V. **La superioridad de la conducta cristiana (13.1–21)**
   A. Con relación a otros (13.1–3)
   B. Con relación a nosotros mismos (13.4–9)
   C. Con relación a Dios (13.10–21)
   Reflexión final (13.22–25)

Mientras tanto, en otras partes del mundo...

En el este de África, el arte de la cerámica desarrollado en Tanzania y Kenia migra hacia Mozambique.

RESPUESTAS A PREGUNTAS DIFÍCILES

1. ¿A qué hebreos se les escribió esto?

Aunque se desconocen el autor y los destinatarios originales de esta carta, ya en el siglo II A.D., el título era «A los Hebreos». Y por cierto, armoniza con el contenido. La epístola está imbuida de la mentalidad judía. Abundan las referencias a la historia y la religión hebreas. Y como no se presta atención especial a ningún gentil o práctica pagana en particular, la iglesia conservó el título tradicional.

Pero para interpretar Hebreos correctamente hay que reconocer que se dirige a tres grupos de judíos, bien definidos:

- Los cristianos hebreos, destinatarios primarios. Ya habían sufrido el rechazo y la persecución de los otros judíos (10.23–34), aunque no había habido mártires (12.4). Eran un grupo inmaduro de creyentes con la tentación a aferrarse a los rituales y tradiciones del judaísmo, simbólicos y sin poder espiritual. Esta carta los alienta, y les da confianza en Cristo, su Mesías y Sumo Sacerdote.
- Los judíos no creyentes convencidos de la verdad, pero todavía no comprometidos. Este grupo había aceptado mentalmente la verdad del evangelio, pero no habían puesto su fe en Jesucristo como su Salvador y Señor. Intelectualmente estaban convencidos, pero no se habían comprometido en lo espiritual. Son no creyentes a los que se dirigen pasajes como 2.1–3; 6.4–6; 10.26–29; 12.15–17.
- Los judíos incrédulos que se sentían atraídos al evangelio y a la persona de Cristo, pero que no tenían convicción definitiva acerca de Él. El capítulo 9 de Hebreos habla específicamente a este grupo (en particular los versículos 11, 14–15, 27–28).

2 ¿Qué enseña 4.14–16 sobre la oración?

Este pasaje ofrece dos beneficios muy personales para quienes confían en Jesús el Hijo de Dios como gran Sumo Sacerdote. Ante todo tenemos a alguien que puede «compadecerse de nuestras debilidades», porque «fue tentado en todo según nuestra semejanza, pero sin pecado» (versículo 15). En segundo lugar, podemos acceder confiados al «trono de la gracia» (versículo 16), porque alguien conoce nuestra necesidad. La oración cristiana acepta la invitación divina a disfrutar del acceso que nos brinda Cristo.

El acceso del cristiano a Dios, un acceso único y específico, constituía una idea completamente revolucionaria en el mundo antiguo. No se podía acceder a la mayoría de los reyes de la época si no era a través de un alto consejero. Y, en contraste con esto, el Espíritu Santo llama a todos a venir confiados ante el trono de Dios para recibir misericordia y gracia a través de Jesucristo (ver 7.25; 10.22; Mt 27.51). En el trono de Dios, Cristo obró propiciación por los pecados, y allí es que se dispensa la gracia a los creyentes ante todos los problemas y temas de la vida (ver 2 Co 4.15; 9.8; 12.9; Ef 1.7; 2.7).

3. ¿A quién se dirige 6.4–6 y, en particular, la frase «los que... fueron iluminados»?

La frase «fueron iluminados» se toma como referencia a los cristianos. La advertencia que la acompaña se entiende como indicación de que hay peligro de perder su salvación si «recaen» o «crucifican de nuevo para sí mismos al Hijo de Dios». El contexto inmediato, sin embargo, no menciona que hayan sido salvados. No se les describe en términos que pudieran aplicarse solamente a los creyentes (santos, nacidos de nuevo, justos, por ejemplo).

El problema de la interpretación surge cuando se identifica incorrectamente la condición espiritual de los destinatarios de este mensaje. En este caso eran incrédulos que habían sido expuestos a la verdad redentora de Dios y que tal vez habían dicho que tenían fe, pero no ejercían una fe sincera salvadora. Otro pasaje (10.26) habla del mismo problema. Aquí el tema son las personas que entraron en contacto con el evangelio, pero que espiritualmente no han cambiado. Son apóstatas, cristianos solamente de nombre, no creyentes sinceros que muchas veces se cree incorrectamente que podrían perder su salvación a causa de sus pecados.

No hay posibilidad de que estos versículos hagan referencia a que alguien pueda perder la salvación. Hay muchos pasajes de las Escrituras que declaran de manera inequívoca que la salvación es eterna (ver, por ejemplo, Jn 10.27–29; Ro 8.35, 38, 39; Fil 1.67; 1 P 1.4, 5). Los que buscan hacer que el pasaje indique que los creyentes pueden perder la salvación tendrán que admitir que entonces también indica que jamás se podría recuperar.

4. ¿Quién fue Melquisedec y por qué se le consideró tan importante?

Melquisedec aparece de manera abrupta aunque breve en el AT, pero su rol especial en la vida de Abraham lo convierte en una figura importante. Su nombre vuelve a aparecer en Salmos 110.4 y en el pasaje en consideración, 4.14—7.28. Como rey de Salem y sacerdote del Dios Altísimo en tiempos de Abraham, Melquisedec brindó un antecedente histórico del rol de rey-sacerdote (Gn 14.18–20) que luego cumplió Jesucristo a la perfección.

Al usar las dos referencias a Melquisedec en el AT, el autor (7.1–28) explica la superioridad del sacerdocio de Cristo al repasar el rol único de Melquisedec como tipo de Cristo, y su superioridad con respecto al sumo sacerdocio de los levitas. El sacerdocio levítico era hereditario, pero el de Melquisedec no. Por el honor de Abraham quedó establecido el rol justo de Melquisedec. El sacerdocio de Melquisedec era superior al de los levitas en los siguientes aspectos:

- Recibía diezmos (7.2–10), como cuando Abraham, el ancestro de los levitas, le llevó a Melquisedec la décima parte del botín.
- Daba la bendición (7.1, 6, 7), como cuando Abraham aceptó la bendición de Melquisedec.
- El reemplazo continuo del sacerdocio levítico (7.11–19) legaba de padres a hijos la perpetuidad del sacerdocio de Melquisedec (7.3, 8, 16, 17, 20–28), ya que el registro de su sacerdocio no da constancia de su muerte.

5. ¿Qué significa la siguiente frase: «Y de la manera que está establecido para los hombres que mueran una sola vez, y después de esto el juicio» (9.27)?

Ante todo, este pasaje ofrece una respuesta directa a todo el que sienta la tentación a coquetear con alguna forma de reencarnación. En segundo lugar, declara la regla general para todos los seres humanos con excepciones muy raras y solo parciales. Lázaro y las multitudes que fueran resucitadas de entre los muertos en la resurrección de Cristo tuvieron que volver a morir (ver Mt 27.51–53; Jn 14.43, 44). Los que como Lázaro fueron resucitados de entre los muertos mediante la acción milagrosa de nuestro Señor no resucitaron a la vida eterna y un cuerpo glorificado. Solo pasaron por la resurrección. También serán excepción los que no morirán siquiera una vez, sino que serán «arrebatados juntamente con ellos en las nubes para recibir al Señor en el aire» (1 Ts 4.17). Enoc (Gn 5.24) y Elías (2 R 2.11) también forman parte de este último grupo.

La regla general para todos los seres humanos también incluye otro hecho común a todos: el juicio. El juicio que se menciona aquí se refiere al juicio de todos, creyentes (2 Co 5.10) y no creyentes (Ap 20.11–15).

6. ¿Por qué se mencionan tantas personas del Antiguo Testamento en el capítulo 11?

El capítulo 11 de Hebreos ofrece un conmovedor relato de los santos fieles del AT que permanecen como modelos de la fe. El capítulo se conoce también como «Salón de la Fama de los Santos», «Lista de honor de los santos del AT» y «Héroes de la fe». Sus vidas dan testimonio del valor de vivir por la fe. Componen la «nube de testigos» (12.1) que dan un potente testimonio a los hebreos de que debían poner su fe en Cristo.

Este pasaje comienza con una enfática declaración sobre la naturaleza de la fe. La fe tiene que ver con la convicción más sólida posible, la garantía otorgada por Dios de una realidad futura. La verdadera fe no se basa en la evidencia científica, sino en la seguridad divina, y eso es don de Dios (Ef 2.8).

Los nombres, obras y sufrimientos que describe este capítulo ilustran el rango de fidelidad en las vidas de los santos. Algunos fueron muy exitosos en este mundo, pero hubo otros que sufrieron gran aflicción. El mensaje nos dice que todos siguieron a Dios, con coraje, sin negociaciones, sin pensar en el resultado terrenal que pudiera haber. Pusieron su confianza en él y sus promesas (ver 6.12; 2 Ti 3.12).

7. ¿Contiene alguna enseñanza práctica el libro de Hebreos?

La doctrina de la salvación es la enseñanza práctica suprema. El significado de todas las demás aplicaciones fluye de la realidad de la relación correcta con Dios a través de Cristo. Establecido esto, seguirán muchas respuestas más. El capítulo 13 se centra en parte de la ética práctica esencial de la vida cristiana. Es una ética que ayuda a presentar la imagen del verdadero evangelio al mundo, que alienta a otros a creer en Cristo y darle gloria a Dios. El matrimonio y las relaciones generales entre los cristianos también se mencionan con especial atención. Los versículos 7 al 17 destacan el rol de los líderes y la sujeción que se requiere de los creyentes. Luego el capítulo concluye con un pedido de oración, una bendición y saludos finales. Es decir que la lectura atenta de Hebreos, y en particular del último capítulo, brindará rica enseñanza en cuanto a la guía de Dios para la vida.

8. ¿Pensaba el escritor de Hebreos en verdad que los cristianos podían albergar ángeles (13.2)?
Este versículo destaca sobre todas las cosas la importancia del amor a los demás, a los desconocidos o extranjeros (Ro 13.3; 1 Ti 3.2). En el mundo antiguo la hospitalidad incluía con frecuencia darle cama y techo a una persona durante una o más noches. Se menciona la posibilidad de una visita angélica, no como motivación para ser hospitalarios, sino para demostrar que uno nunca sabe qué alcance podría llegar a tener una buena acción (Mt 25.40, 45). El autor apelaba a antecedentes históricos que sus lectores judíos conocerían muy bien. Por cierto, Abraham y Sara habían recibido la visita de ángeles (Gn 18.13) y lo mismo Lot (Gn 19.1, 2), Gedeón (Jue 6.11–24) y Manoa (Jue 13.6–20).

OTROS TEMAS DE ESTUDIO EN HEBREOS

1. Al explicar la singularidad y excelencia de Cristo, ¿qué usó como comparación el autor de Hebreos?
2. ¿Qué ejemplos específicos de enseñanza práctica encuentra en Hebreos?
3. ¿Qué función tuvieron los santos del AT, en particular en el capítulo 11?
4. ¿Cómo explica Hebreos el doble rol de Cristo como sacerdote y sacrificio?
5. ¿Qué ha aprendido de Hebreos en cuanto a su propia vida de oración?

SANTIAGO
La fe en acción

TÍTULO
Santiago, al igual que todas las epístolas generales a excepción de Hebreos, lleva el nombre de su autor (v. 1).

AUTOR Y FECHA
De los cuatro hombres que se llaman Santiago en el NT, solo dos son candidatos para ser los autores de esta epístola. Nadie ha considerado seriamente a Jacobo el menor, hijo de Alfeo (Mt 10.3; Hch 1.13), o a Jacobo el padre de Judas, no Iscariote (Lc 6.16; Hch 1.13). Algunos han sugerido a Jacobo el hijo de Zebedeo y hermano de Juan (Mt 4.21), pero él fue martirizado demasiado pronto para haberla escrito (Hch 12.2). Eso únicamente deja a Jacobo (Santiago) el medio hermano más grande de Cristo (Marcos 6.3) y hermano de Judas (Mt 13.55), quien también escribió la epístola que lleva su nombre (Judas 1). Inicialmente Santiago había rechazado a Jesús como Mesías (Jn 7.5), pero más adelante creyó (1 Co 15.7). Él se volvió el líder clave en la iglesia de Jerusalén (cp. Hch 12.17; 15.13; 21.18; Gá 2.12), siendo llamado una de las «columnas» de esa iglesia, junto con Pedro y Juan (Gá 2.9). También conocido como Santiago el Justo por su devoción a la justicia, él fue martirizado ca. 62 D.C., de acuerdo al historiador judío del primer siglo Josefo. Comparando el vocabulario de Santiago en la carta que escribió, la cual está registrada en Hechos 15, con el que se encuentra en la epístola de Santiago, se corrobora el hecho de que fue el autor de esta epístola.

Santiago		Hechos 15
1.1	«salud»	15.23
1.16, 19; 2.5	«amados»	15.25
1.21; 5.20	«vuestras almas»	15.24, 26
1.27	«visitar»	15.14
2.10	«guardare»	15.24
5.19, 20	«volver»	15.19

Santiago escribió con la autoridad de uno que había visto personalmente al Cristo resucitado (1 Co 15.7), quien fue reconocido como un asociado de los apóstoles (Gá 1.19) y el líder de la iglesia de Jerusalén.

Lo más probable es que Santiago escribiera esta epístola a creyentes dispersos (1.1) como resultado de la turbulencia registrada en Hechos 12 (ca. 44 D.C.). No hay mención del concilio de Jerusalén descrito en Hechos 15 (ca. 49 D.C.), lo cual se esperaría si ese concilio ya se hubiera llevado a cabo. Por lo tanto, Santiago puede ser fechado con confianza ca. 44–49 D.C., haciéndolo el libro escrito más antiguo del canon del NT.

CONTEXTO HISTÓRICO

Los destinatarios de este libro eran creyentes judíos que habían sido dispersados (1.1), posiblemente como resultado del martirio de Esteban (Hch 7, 31–34 D.C.), pero lo más probable es que se debiera a la persecución bajo Herodes Agripa I (Hch 12, ca. 44 D.C.). El autor se refiere a su audiencia como a «hermanos» quince veces (1.2, 16, 19; 2.1, 5, 14; 3.1, 10, 12; 4.11; 5.7, 9, 10, 12, 19), el cual era un epíteto común entre los judíos del primer siglo. No es sorprendente, entonces, que Santiago sea judío en su contenido. Por ejemplo, la palabra griega traducida «congregación» (2.2) es la palabra para «sinagoga». Además, Santiago contiene más de cuarenta referencias al AT (y más de veinte al Sermón del Monte, Mt 5—7).

Santiago y el Sermón del Monte

Santiago	Sermón del Monte	Tema
1.2	Mt 5.10–12 (Lc 6.22, 23)	Gozo en medio de las tribulaciones
1.4	Mt 5.48	Dios desea y obra en nosotros la perfección
1.5	Mt 7.7	Pedir buenas cosas a Dios
1.17	Mt 7.11	Dios es dador de lo bueno
1.19, 20	Mt 5.22	Mandamiento contra la ira
1.22, 23	Mt 7.24–27	Ilustración del contraste entre el que oye y el que hace
1.26, 27	Mt 7.21–23	Persona religiosa cuya religión de nada sirve
2.5	Mt 5.3	Los pobres como herederos del reino
2.10	Mt 5.19	Toda la ley moral que ha de guardarse
2.11	Mt 5.21, 22	Mandamiento contra el asesinato
2.13	Mt 5.7; 6.14, 15	Bendición del misericordioso, condenación del inmisericorde
2.14–26	Mt 7.21–23	Los muertos, fe sin valor (y engañosa)
3.12	Mt 7.16 (Lc 6.44, 45)	El árbol produce frutos según lo que es
3.18	Mt 5.9	Bendición de los que hacen la paz
4.2, 3	Mt 7.7, 8	La importancia de pedirle a Dios
4.4	Mt 6.24	La amistad con el mundo = hostilidad contra Dios
4.8	Mt 5.8	Bendición y llamado a los puros de corazón
4.9	Mt 5.4	Bendición y llamado a los que lloran
4.11, 12	Mt 7.1–5	Mandamiento de no juzgar a los demás
4.13, 14	Mt 6.34	No centrarse tanto en el mañana
5.1	(Lc 6.24, 25)	Ayes a los ricos
5.2	Mt 6.19, 20	Las polillas y el óxido corrompen las riquezas terrenales
5.6	(Lc 6.37)	Contra la condenación del justo
5.9	Mt 5.22; 7.1	No juzgar, el Juez está a la puerta
5.10	Mt 5.12	Profetas como ejemplos de paciencia y sufrimiento
5.12	Mt 5.33–37	No efectuar juramentos apresurados ni irreverentes

TEMAS HISTÓRICOS Y TEOLÓGICOS

Santiago, con su devoción a las afirmaciones directas y penetrantes acerca de la vida sabia, nos recuerda el libro de Proverbios. Tiene un énfasis práctico, que destaca no el conocimiento teórico, sino la conducta piadosa. Santiago escribió con un deseo pasional de que sus lectores fueran obedientes sin reserva alguna a la Palabra de Dios. Él usó por lo menos treinta referencias a la naturaleza (p. ej., «onda del mar» [1.6]; «serpientes» [3.7]; y «el cielo dio lluvia» [5.18]), como es apropiado de alguien que pasó una gran cantidad de tiempo afuera. Él complementa el énfasis de Pablo de la justificación por la fe con su propio énfasis en el fruto espiritual, demostrando fe verdadera.

PRINCIPALES DOCTRINAS EN SANTIAGO

Obras: la salvación está determinada solo por la fe y se demuestra en la fidelidad para obedecer la voluntad de Dios (2.14–26; Mt 7.16, 17, 21–23, 26; 21.28–32; Ro 3.28; 11.6; Gá 5.6; Ef 2.8–10; 2 Ti 1.9; Tit 3.5; 2 P 1.3–11).

Conducta cristiana: vivir con sabiduría mediante la continua obediencia a la Palabra de Dios, sin concesiones (1.22; 3.13, 17; 4.7–11; 5.7–12; Job 9.4, 28; Sal 104.24; 111.10; Pr 1.7; 2.1–7; 3.19, 20; 9.10; Jer 10.7, 12; Dn 1.17; 2.20–23; Mt 7.21, 26; Lc 6.46–49; Ro 2.13).

EL CARÁCTER DE DIOS EN SANTIAGO

Dios es accesible: 4.8

Dios es inmutable: 1.17

Dios es luz: 1.17

Dios cumple sus promesas: 1.12; 2.5

Dios es uno: 2.19–20

RETOS DE INTERPRETACIÓN

Por lo menos dos textos significativos retan al intérprete: (1) En el 2.14–26, ¿cuál es la relación entre la fe y las obras? ¿Contradice el énfasis de Santiago en las obras el enfoque de Pablo en la fe? (Vea «Respuestas a preguntas difíciles» con respecto a este difícil asunto.) (2) En el 5.13–18, ¿las promesas de sanidad se refieren a la esfera

CRISTO EN... SANTIAGO

SANTIAGO SOLO HACE FRANCA REFERENCIA a Cristo dos veces (1.1; 2.1) y, sin embargo, su epístola abunda en referencias a las enseñanzas de Cristo, en particular al Sermón del Monte (ver el cuadro «Santiago y el Sermón del Monte»). La aplicación que Santiago hace de la verdad a la vida de sus lectores brinda a los creyentes un entendimiento más claro de la sabiduría de Cristo.

La fe viva

Santiago quiere que sus lectores demuestren en sus vidas las cualidades de una fe viva. La fe viva es más que el mero conocimiento y asentimiento, puesto que incluye la confianza sincera que es paciente y obedece a Dios.	
Descripción	**Resultado**
Pruebas (1.2, 3).	Paciencia (1.3).
Sin duda (1.6–8).	Respuesta a la oración (1.5).
Paciencia en la tentación (1.12).	Vida eterna (1.12).
Más que creer (2.19, 20).	Fe perfeccionada por obras (2.22).
Creer en Dios (2.23–25).	Justicia ante Dios (2.23).
Santiago contrasta la fe viva con la fe muerta o vacía. La fe muerta no da como resultado una vida transformada, característica de la fe viva.	

espiritual o física? Parece claro en el contexto que Santiago está haciendo un llamado a orar para librar a los enfermos de su sufrimiento físico, ya que se han visto debilitados debido a sus dolencias, no a su pecado, el cual ha sido confesado.

BOSQUEJO

Hay varias maneras de bosquejar el libro para entender el orden de su contenido. Una manera es ordenarlo alrededor de una serie de pruebas mediante las cuales la legitimidad de la fe de una persona puede ser medida.

Introducción (1.1)
I. La prueba de la perseverancia en el sufrimiento (1.2–12)
II. La prueba de la culpabilidad en la tentación (1.13–18)
III. La prueba de la respuesta a la Palabra (1.19–27)
IV. La prueba del amor imparcial (2.1–13)
V. La prueba de las obras justas (2.14–26)
VI. La prueba de la lengua (3.1–12)
VII. La prueba de la sabiduría humilde (3.13–18)
VIII. La prueba de los deseos y la satisfacción mundanos (4.1–12)
IX. La prueba de la dependencia (4.13–17)
X. La prueba de la paciencia que soporta (5.1–11)
XI. La prueba de la veracidad (5.12)
XII. La prueba de la oración (5.13–18)
XIII. La prueba de la verdadera fe (5.19, 20)

Mientras tanto, en otras partes del mundo...

La ruta marítima utilizada para el comercio entre India y Egipto se hace cada vez más importante que las principales rutas terrestres que atraviesan Persia.

RESPUESTAS A PREGUNTAS DIFÍCILES

1. ¿Cómo puede esperar Santiago que los cristianos «tengan por sumo gozo» el enfrentar dificultades o tribulaciones (1.2)?

El término griego para *tener* también puede traducirse como «considerar» o «evaluar». La respuesta humana natural ante las dificultades y los problemas casi nunca es de gozo. Por eso el creyente debe comprometerse de manera consciente a enfrentar las pruebas con gozo. Las pruebas son entonces recordatorios de que hay que regocijarse (Fil 3.1).

Pruebas proviene de una palabra griega que significa problema, o de algo que rompe el patrón de la paz, la comodidad, la alegría y la felicidad en la vida de una persona. La forma verbal de este término significa «poner a prueba a algo o alguien», con el propósito de describir la naturaleza de esa persona o la calidad del objeto. Dios permite problemas que prueban y hacen crecer la fuerza y calidad de la fe, y que demuestran su validez (versículos 2–12). Todo problema se convierte en una prueba de fe que tiene por objeto fortalecer: si el creyente no pasa la prueba porque responde de manera incorrecta, la prueba se convierte entonces en tentación, o en invitación a hacer lo malo. La decisión de regocijarse evita mayores problemas más adelante.

2. Cuando Santiago escribe sobre la «perfecta ley de la libertad», ¿cómo utiliza esos términos —*ley* y *libertad*— que en apariencia son contradictorios (1.25)?

Tanto en el AT como en el NT la Palabra inerrante, revelada, suficiente y completa de Dios se llama «ley» (Sal 19.7). La presencia de la gracia de Dios no significa ausencia de ley o código moral de conducta que los cristianos deban obedecer. El Espíritu da a los cristianos la capacidad de guardar los parámetros de Dios.

La verdadera libertad no es libertinaje, el hacer lo que se quiere, sino más bien la asistencia para hacer lo que hay que hacer. La ley de la libertad nos libera del pecado (2.12, 13). Nos libera cuando hemos pecado al mostrarnos a un Dios de gracia, y nos aleja del pecado cuando le obedecemos. Cuando el Espíritu Santo aplica los principios de las Escrituras a los corazones de los creyentes, estos son librados de la esclavitud del pecado y tienen capacidad para vivir en verdadera libertad (Jn 8.34–36).

3. ¿Qué es la «ley real» (2.8)?

La frase «ley real» en realidad se traduce mejor como «ley soberana». La idea es que esta ley es suprema o vinculante. Santiago cita la segunda mitad de lo que Jesús enseñó como totalidad de la ley soberana: «Ama a tu prójimo como a ti mismo», que cita de Levítico 19.18 y de Marcos 12.31, lo cual combinado con el mandamiento de amar a Dios (Dt 6.4, 5) resume toda la ley y los profetas (Mt 22.36–40; Ro 13.8–10).

Santiago ya hizo alusión a la primera parte del gran mandamiento (2.5). Aquí se centra en el tema de esta sección, que es el de las relaciones humanas. No está abogando por algún tipo de afecto emocional por uno mismo, porque el amor por uno mismo claramente es un pecado (2 Ti 3.2). Más bien es un mandamiento a buscar la satisfacción de las necesidades del prójimo con la misma intensidad y preocupación con que uno lo hace naturalmente por sí mismo (Fil 2.3, 4), sin olvidar jamás que estamos sujetos a una ley soberana que nos manda a hacerlo.

4. ¿Qué relación hay entre la fe y las obras? Si la salvación es por la fe en Cristo, ¿cómo es que Santiago escribe «la fe sin obras es muerta» (2.14–26)?

Este pasaje está dentro de una sección más extensa en la que Santiago brinda a sus lectores una

---

PALABRAS CLAVE EN

Santiago

Unción: en griego *aleiphō* —5.14— literalmente significa «mojar» o «untar». En griego *chriō* —5.14— textualmente «ungir». Aunque *aleiphō* se utilizaba mayormente para describir el ungüento medicinal, *chriō* era el término utilizado para expresar la unción sacramental. En tiempos bíblicos se usaba comúnmente el aceite como medicina (Lc 10.30–37). Pero el aceite también era símbolo del Espíritu de Dios (1 S 16.1–13).

Buena dádiva; don perfecto: en griego *dosis agathē* —1.17— o «el acto de dar» y «bueno». En griego *dōrēma teleion* —1.17— exactamente «dones reales» y «perfecto». En el texto griego aparecen dos palabras que describen los dones de Dios. La primera, *buena dádiva*, revela el valor de algo que se recibe de Dios, y *don perfecto* representa la calidad impecable de sus dones. Lo que Dios da es continuamente bueno y sus dones siempre son perfectamente adecuados para sus hijos.

serie de pruebas para que puedan evaluar si su fe está viva o muerta. La prueba central, la que une las cosas, es: la prueba de las obras o la conducta justa. Santiago define tal conducta como las acciones en obediencia a la Palabra de Dios y que manifiestan la naturaleza cristiana que busca agradar a Dios (1.22–25).

Lo que Santiago dice no es que las obras salven. Ya ha afirmado con claridad y firmeza que la salvación es un don de gracia de Dios (1.17, 18). Más bien, lo que busca aquí es mostrar que existe una clase de fe aparente que es fe muerta y no salva (2.14, 17, 20, 24, 26). Su enseñanza guarda un paralelo con el resto de las Escrituras (Mt 3.7, 8; 5.16; 7.21; 13.18–23; Jn 8.30, 31; 15.6). Es posible que Santiago les estuviera escribiendo a judíos que se habían apartado de las obras de justicia del judaísmo y que, en cambio, ahora se adherían a la errada idea de que como las buenas obras y la obediencia a la voluntad de Dios no eran eficaces para la salvación, entonces no eran necesarias. Así, reducían la fe a un mero reconocimiento mental de los hechos de Cristo, a lo que Santiago responde con justicia que ese tipo de fe es fe muerta.

5. ¿Qué tienen que ver con la gracia los diez mandamientos de 4.7–10?

Estos versículos contienen una serie de mandamientos que preparan a la persona para recibir la gracia salvadora. Estos mandamientos presentan la respuesta de la persona a la gracia de Dios que ofrece la salvación, y revelan lo que significa ser humildes. Cada mandamiento hace uso de un imperativo en griego, que define la acción esperada:

- Someteos a Dios (versículo 7): Santiago utilizó la frase para describir la sumisión dispuesta y consciente a la autoridad de Dios como rey soberano del universo (Mt 10.38).
- Resistid al diablo (versículo 7): quienes conscientemente resisten al diablo y son leales a Dios hallarán que Satanás «huirá de ellos»; es un enemigo derrotado (Jn 8.44; Ef 2.2; 1 Jn 3.8; 5.19).
- Acercaos a Dios (versículo 8): buscando una relación íntima con Dios (Fil 3.10).
- Limpiad las manos (versículo 8): el término «pecadores» se refiere a la necesidad del incrédulo de reconocer y confesar sus pecados (5.20).
- Purificad vuestros corazones (versículo 8): el lavado de manos simboliza la conducta externa; esta frase hace referencia a los pensamientos, motivos y deseos del corazón (Sal 24.3, 4; Jer 4.4; 1 Ti 1.5; 2 Ti 2.22; 1 P 1.22).
- Afligíos (versículo 9): afligirse y sentir pena es el estado de quienes verdaderamente están quebrantados, arrepentidos por el pecado (Mt 5.3).
- Lamentad (versículo 9): la experiencia de sentir quebranto por el pecado (Sal 51.17; Mt 5.4).
- Llorad (versículo 9): manifestación externa de la pena interna por el pecado (Mr 14.72).
- Vuestra risa se convierta en lloro y vuestro gozo en tristeza (versículo 9): lamentar el pecado en vez de reír, como los tontos y necios que se dedican a los placeres terrenales sin pensar siquiera en Dios.
- Humillaos (versículo 10): Este último mandamiento resume los nueve que le preceden. Humillarse significa rebajarse. Los que están conscientes de estar en presencia del majestuoso e infinitamente santo Dios, se humillan (Is 6.5).

6. ¿Qué quiere decir Santiago al concluir su carta con «el que haga volver al pecador del error de su camino, salvará de muerte un alma, y cubrirá multitud de pecados» (5.20)?

El lenguaje que utiliza Santiago deja en claro que el «pecador» de quien habla aquí es alguien cuya fe está muerta (2.14–26), no un creyente que peca. El término aparece a lo largo de las Escrituras para describir a los que no están en Cristo y no tienen vida con respecto a la fe (Pr 11.31; 13.6, 22; Mt 9.13; Lc 7.37, 39; 15.7, 10; 18.13; Ro 5.8; 1 Ti 1.9, 15; 1 P 4.18).

La persona que se aparta de la verdad y jamás permite que esta le transforme, pone en riesgo su alma. Esta «muerte» no es física, sino la muerte eterna, la eterna separación de Dios y el eterno castigo en el infierno (Is 66.24; Dn 12.2; Mt 13.40, 42, 50; 25.41, 46; Mr 9.43–49; 2 Ts 1.8, 9; Ro 6.23; Ap 20.11–15; 21.8). El saber lo caro que es lo que está en juego debiera motivar a los cristianos a dedicarse con fervor a esas personas.

Puesto que un solo pecado basta para condenar al infierno a una persona, el uso que Santiago hace de la palabra *multitud* pone el énfasis en la desesperada condición de los pecadores perdidos, no regenerados. La buena nueva del evangelio es que la gracia del perdón de Dios (mayor que cualquier pecado, Ro 5.20) está disponible para quienes se apartan de sus pecados y ponen su fe en el Señor Jesucristo (Ef 2.8, 9).

OTROS TEMAS DE ESTUDIO EN SANTIAGO

1. Explique lo que dice Santiago sobre los beneficios de las dificultades y el sufrimiento.
2. ¿Qué dice Santiago sobre la discriminación ofensiva entre los cristianos?
3. ¿Cómo explica Santiago la tensión entre la fe y las obras?
4. ¿En qué se relacionan con la gracia los diez mandamientos de Santiago 4.7–10?
5. ¿Qué mandamiento de Santiago le resulta más difícil de cumplir?

I PEDRO
Persecución de la iglesia

TÍTULO

La carta siempre ha sido identificada (como la mayoría de las epístolas generales lo son, tales como Santiago, Juan y Judas) con el nombre del autor, Pedro, y con la notación de que era su primera carta inspirada.

AUTOR Y FECHA

El versículo de apertura de la epístola dice que fue escrita por Pedro, quien claramente fue el líder entre los apóstoles de Cristo. Los escritores del evangelio enfatizan este hecho al colocar su nombre a la cabeza de cada lista de los apóstoles (Mt 10; Mr 3; Lc 6; Hch 1), e incluyendo más información acerca de él en los cuatro Evangelios que de cualquier otra persona fuera de Cristo. Originalmente conocido como Simón (gr.) o Simeón (heb.), cp. Marcos 1.16; Juan 1.40, 41, Pedro era el hijo de Jonás (Mt 16.17), quien también era conocido como Juan (Jn 1.42), y un miembro de una familia de pescadores que vivían en Betsaida y más tarde en Capernaum. Andrés, el hermano de Pedro, lo trajo a Cristo (Jn 1.40–42). Él era casado, y su esposa aparentemente lo acompañaba en su ministerio (Mr 1.29–31; 1 Co 9.5).

Pedro fue llamado a seguir a Cristo a principios del ministerio del Señor (Mr 1.16, 17), y más tarde fue establecido en el apostolado (Mt 10.2; Mr 3.14–16). Cristo lo renombró Pedro (gr.), o Cefas (aram.), ambas palabras quieren decir «piedra» o «roca» (Jn 1.42). El Señor claramente escogió a Pedro para dar lecciones especiales a lo largo de los Evangelios (p. ej., Mt 10; 16.13–21; 17.1–9; 24.1–7; 26.31–33; Jn 6.6; 21.3–7, 15–17). Él era el vocero de los doce, expresando sus pensamientos y preguntas como también los suyos. Sus triunfos y debilidades están narrados en los Evangelios y en Hechos 1—12.

Después de la resurrección y ascensión, Pedro inició el plan a fin de escoger a un reemplazo para Judas

CRISTO EN... 1 PEDRO

DEBIDO A QUE LOS CRISTIANOS a los que está dirigida 1 Pedro vivían bajo una terrible persecución, Pedro les instruye a identificarse con los sufrimientos de Cristo (1.10–12; 2.24; 4.12, 13). Primera de Pedro equilibra este mensaje con recordatorios de las numerosas bendiciones derramadas sobre los cristianos por su perseverancia (1.13–16). Cristo sigue siendo la «esperanza viva» del creyente en un mundo hostil (1.3, 4).

(Hch 1.15). Después de la venida del Espíritu Santo (Hch 2.1–4), él fue capacitado para convertirse en el principal predicador del evangelio desde el día de Pentecostés en adelante (Hch 2—12). Él también llevó a cabo milagros notables en los primeros días de la iglesia (Hch 3—9), y abrió la puerta del evangelio a los samaritanos (Hch 8) y a los gentiles (Hch 10). De acuerdo a la tradición, Pedro tuvo que ver a su esposa siendo crucificada, pero la alentó con las palabras: «Recuerda al Señor». Cuando llegó el momento de que él fuera crucificado, se dice que rogó y dijo que no era digno de ser crucificado como su Señor, sino que más bien debía de ser crucificado de cabeza (ca. 67–68 D.C.), lo cual la tradición dice que sucedió.

Debido a su prominencia única, no había carencia de documentos falsos en la iglesia primitiva que falsamente decían haber sido escritos por Pedro. No obstante, el hecho de que el apóstol Pedro es el autor de 1 Pedro, es cierto. El material en esta carta lleva el reflejo definitivo de sus mensajes en el libro de los Hechos. La carta enseña, p. ej., que Cristo es la Piedra rechazada por el edificador (2.7, 8; Hch 4.10, 11), y que Cristo no es parcial (1.17; Hch 10.34). Pedro le enseña a sus lectores a vestirse «de humildad» (5.5), un eco del momento en el que el Señor se ciñó con una toalla y lavó los pies de los discípulos (Jn 13.3–5). Hay otras afirmaciones en la carta similares a los dichos de Cristo (4.14; 5.7, 8). Además, el autor dice haber sido un testigo de los sufrimientos de Cristo (5.1; cp. 3.18; 4.1). Por si estas evidencias internas fueran poco, es digno de notarse que los primeros cristianos universalmente reconocieron esta carta como la obra de Pedro.

La única duda significativa que surge acerca del hecho de que Pedro es el autor emana del estilo más bien clásico del griego empleado en la carta. Algunos han argumentado que Pedro, siendo un pescador «sin letras» (Hch 4.13), no podría haber escrito en griego sofisticado, especialmente a la luz del estilo menos clásico de griego empleado en la escritura de 2 Pedro. No obstante, este argumento no se queda sin una buena respuesta. En primer lugar, el hecho de que Pedro fuera «sin letras» no quiere decir que era analfabeto, sino que nada más carecía de preparación académica, rabínica, en cuanto a las Escrituras. Además, aunque el arameo pudo haber sido el idioma primordial de Pedro, el griego habría sido una segunda lengua hablada ampliamente en Palestina. También es aparente que por lo menos algunos de los autores del NT, aunque no estaban muy preparados académicamente, podían leer el griego del AT de la Septuaginta (vea el uso de Jacobo de la LXX en Hch 15.14–18).

Más allá de estas evidencias de la capacidad de Pedro en griego, él también explicó (5.12) que escribió esta carta «por conducto de Silvano», también conocido como Silas. Es probable que Silvano haya sido el mensajero designado para llevar la carta a sus lectores originales. Pero algo más

PALABRAS CLAVE EN

1 Pedro

Palabra: en griego *logos* —1.23; 2.8; 3.1— significa literalmente «palabra» o «idea». También *rhema*, en griego (1.25). La «palabra de Dios» (1.23) es el mensaje del evangelio acerca del Señor Jesucristo. El Espíritu utiliza la Palabra para producir vida. Es la verdad del evangelio la que salva y regenera a los seres humanos. En el contexto del NT, Pedro usó Isaías 4.6–8 que habla de «la palabra de nuestro Dios».

Ejemplo: en griego *hupogrammos* —2.21— en sentido literal es «tablilla marcada para aprender», porque en tiempos bíblicos se llamaban así las tablillas que contenían todo el alfabeto griego. Los alumnos practicaban siguiendo los trazos de cada letra. Cuando los creyentes usan la vida de Jesús como ejemplo, su vida de sufrimiento se convierte en una tablilla marcada para aprender. Los cristianos siguen el ejemplo de la vida de Jesús y aprenden la sabiduría y la forma de vida cristiana en medio de la persecución.

Amor: en griego *ágape* —4.8— que significa literalmente «amor». La mayoría de las ocasiones en que aparece este término griego es en el NT. *Ágape* describe el amor de quien es compasivo y bondadoso con los extraños, hospitalario, caritativo. En el NT el término *ágape* adoptó un significado especial: amor en acción, en oposición al tipo de amor puramente emocional. El amor *ágape* es el amor sacrificado que muestra naturalmente Dios.

se encuentra implícito en esta afirmación en la que Pedro está reconociendo que Silvano sirvió como su secretario o amanuense. El dictado era común en el mundo romano antiguo (cp. Pablo y Tercio; Ro 16.22), y los secretarios frecuentemente podían ayudar con la sintaxis y la gramática. Entonces, Pedro, bajo la superintendencia del Espíritu de Dios, dictó la carta a Silvano, mientras que Silvano, quien también era un profeta (Hch 15.32), pudo haber ayudado en algo de la composición del griego más clásico.

Lo más probable es que Primera de Pedro fuera escrita poco antes o poco después de julio, del 64 D.C., cuando la ciudad de Roma ardía, de esta manera una fecha de escritura es ca. 64–65 D.C.

Contexto histórico

Cuando la ciudad de Roma ardía, los romanos creyeron que su emperador, Nerón, le había prendido fuego a la ciudad, probablemente por su increíble deseo perverso de construir. Para poder edificar más, él tenía que destruir lo que ya existía.

Los romanos estaban totalmente devastados. Su cultura, en un sentido, desapareció con la ciudad. Todos los elementos religiosos de su vida fueron destruidos, sus grandes templos, reliquias, y aun los ídolos de su casa fueron quemados. Esto tuvo grandes implicaciones religiosas, porque los hacía creer que sus deidades habían sido incapaces de lidiar con esta conflagración y también fueron víctimas de ella. Las personas estaban sin casa y sin esperanza. Muchas habían muerto. Su resentimiento amargo era severo, y Nerón se dio cuenta de que tenía que redirigir la hostilidad.

El chivo expiatorio del emperador fueron los cristianos, quienes ya eran odiados, porque estaban asociados con los judíos y eran vistos como personas hostiles a la cultura romana. Nerón esparció esta idea rápidamente de que los cristianos habían prendido fuego a la ciudad. Como resultado, una intensa persecución en contra de los cristianos comenzó, y pronto se esparció a lo largo del Imperio Romano, tocando lugares al norte de las montañas Tauro, tales como Ponto, Galacia, Capadocia, Asia y Bitinia (1.1), e impactando a los cristianos, a quienes Pedro llama «peregrinos». Estos «peregrinos», que probablemente eran gentiles en su mayoría (1.14, 18; 2.9, 10; 4.3), posiblemente llevados a Cristo por Pablo y sus asociados, y establecidos en las enseñanzas de Pablo, necesitaban fortalecimiento espiritual por sus sufrimientos. De esta manera el apóstol Pedro, bajo la inspiración del Espíritu Santo, escribió esta epístola para fortalecerlos.

Pedro dijo que él estaba en «Babilonia» cuando escribió la carta (5.13). Tres lugares se han sugerido para esta «Babilonia». En primer lugar, una guardia romana en la parte norte de Egipto se llamaba Babilonia, pero ese lugar era demasiado oscuro, y no hay razones para pensar que Pedro llegó a estar ahí. En segundo lugar, Babilonia antigua en Mesopotamia es una posibilidad; pero sería muy poco probable que Pedro, Marcos y Silvano estuvieran en este lugar que más bien era pequeño y distante al mismo tiempo. En tercer lugar, «Babilonia» es un alias para Roma; quizás una palabra código para Roma. En tiempos de persecución, los escritores eran más cuidadosos de lo normal para no poner en peligro a los cristianos al identificarlos. De acuerdo a algunas tradiciones, Pedro siguió a Santiago y a Pablo y murió como mártir cerca de Roma alrededor de dos años después de que escribiera esta carta, y así podemos ver que redactó esta epístola cerca del fin de su vida, probablemente mientras se estaba quedando en la ciudad imperial. Él no quiso que la carta fuera encontrada y que la iglesia fuera perseguida, por esa razón pudo haber escondido su lugar bajo la palabra código, «Babilonia», la cual aptamente encaja debido a la idolatría de la ciudad (cp. Ap 17, 18).

Personas destacadas en 1 Pedro

Pedro: uno de los doce discípulos de Jesús; escribió alentando a los creyentes perseguidos (1.1—5.14).

Silas: misionero que viajó con Pablo y ayudó a Pedro en la escritura de sus cartas (5.12).

Marcos: líder de la iglesia; usó el testimonio de Pedro para escribir el Evangelio de Marcos (5.13).

Temas históricos y teológicos

Debido a que los creyentes a quienes se dirige esta carta estaban sufriendo una persecución que se incrementaba más y más (1.6; 2.12, 19–21; 3.9, 13–18; 4.1, 12–16, 19), el propósito de esta carta era enseñarles como vivir victoriosamente en medio de esa hostilidad: (1) sin perder la esperanza; (2) sin amargarse; (3) mientras confiaban en su Señor; y (4) mientras esperaban su Segunda Venida. Pedro deseó hacerles saber a sus lectores que al llevar una vida obediente, victoriosa bajo aflicción, un cristiano de hecho puede evangelizar su mundo hostil (cp. 1.14; 2.1, 12, 15; 3.1–6, 13–17; 4.2; 5.8, 9).

Los creyentes constantemente están expuestos a un sistema del mundo energizado por Satanás y sus demonios. Sus esfuerzos consisten en desacreditar a la iglesia y destruir su credibilidad e integridad. Una manera en la que estos espíritus operan es encontrando a cristianos cuya vida no es coherente con la Palabra de Dios, y después desafiándolos frente a los incrédulos para mostrar lo falsa que la iglesia es. No obstante, los cristianos deben permanecer firmes en contra del enemigo y callar a los críticos por el poder de una vida santa.

En esta epístola, Pedro es más bien efusivo al recitar dos categorías de la verdad. La primera categoría es positiva e incluye una larga lista de bendiciones otorgadas a los cristianos. Conforme habla de la identidad de los cristianos y lo que quiere decir conocer a Cristo, Pedro menciona un privilegio y bendición, uno tras otro. Entretejido en esta lista de privilegios está el catálogo del sufrimiento. Los cristianos, aunque extremadamente privilegiados, también deben saber que el mundo los tratará injustamente. Su ciudadanía está en el cielo y son extranjeros en un mundo hostil, energizado por Satanás. De esta manera la vida cristiana puede ser resumida como un

El sufrimiento desde la perspectiva divina

Sufrimiento humano	Perspectiva divina
Pruebas diversas (1.6).	Regocijarse; son temporales (1.6).
Autoridad injusta (2.18).	Silenciar a los malvados haciendo el bien. Seguir el ejemplo de Cristo (2.21).
Sufrir por hacer lo correcto (3.14).	Estar dispuestos a dar testimonio de su fe (3.15).
Sufrir por determinarse a resistir los deseos carnales (4.1).	Abandonar toda búsqueda carnal (4.2).
Persecución religiosa (4.12–14).	Participar del sufrimiento de Cristo (4.13, 14).
Sufrir como parte del fuego de Dios que nos refina, para crecimiento espiritual (4.19).	Consagrar su vida a Cristo; él es fiel (4.19).
Sufrir por el ataque de Satanás (5.8).	Resistirse a Satanás; estar firmes en la fe (5.9).

llamado a la victoria y gloria a través del camino del sufrimiento. Entonces, la pregunta básica que Pedro responde en esta epístola es: ¿Cómo deben los cristianos lidiar con la enemistad? La respuesta incluye verdades prácticas y se enfoca en Jesucristo como el modelo de uno que mantuvo una actitud triunfal en medio de la hostilidad.

Primera de Pedro también responde a otras preguntas prácticas acerca de la vida cristiana tales como: ¿Necesitan los cristianos un sacerdocio para interceder ante Dios por ellos (2.5–9)? ¿Cuál debe ser la actitud del cristiano para con el gobierno secular y la desobediencia civil (2.13–17)? ¿Cuál debe ser la actitud de un empleado cristiano hacia un jefe hostil (2.18)? ¿Cómo debe una dama cristiana conducirse (3.3, 4)? ¿Cómo puede una esposa creyente llevar a su marido incrédulo a Cristo (3.1, 2)?

La vida entre los paganos

Se exhorta a los cristianos a ser...	Porque...
Buenos ciudadanos (2.13, 14).	Los necios serán silenciados (2.15).
Siervos obedientes (2.18).	Cristo es nuestro ejemplo (2.21).
Esposas sujetas (3.1).	Por medio del ejemplo podrán ganarse algunos de los esposos incrédulos (3.1, 2).
Esposos considerados (3.7).	Sus oraciones serán oídas (3.7).
Hermanos y hermanas compasivos (3.8).	Heredarán una bendición (3.9).

PRINCIPALES DOCTRINAS EN 1 PEDRO

Persecución: los cristianos pueden identificarse con los sufrimientos de Cristo cuando son perseguidos por su fe (1.6; 2.12, 19–21; 3.9, 13–18; 4.1, 12–16, 19; Sal 69.26; Is 50.6; 53.7; Jer 15.15; Dn 3.28; Zac 2.8; Mr 10.30; Lc 21.12; Jn 5.16; 15.20; Ro 8.35; 2 Co 1.10; 4.9; 2 Ti 3.12).

EL CARÁCTER DE DIOS EN 1 PEDRO

Dios es accesible: 1.17; 3.18

Dios es fiel: 4.19

Dios es santo: 1.15, 16

Dios es justo: 1.17

Dios es paciente: 3.20

Dios es misericordioso: 1.3

Dios es recto: 2.23

RETOS DE INTERPRETACIÓN

Primera de Pedro 3.18–22 permanece como uno de los textos más difíciles del NT de traducir y después interpretar. Por ejemplo, ¿acaso «Espíritu» en el 3.18 se refiere al Espíritu Santo, o al Espíritu de Cristo? ¿Predicó Cristo a través de Noé antes del diluvio, o predicó Él mismo después de la crucifixión (3.19)? ¿Estaba compuesta la audiencia de esta predicación de humanos en el día de Noé o de demonios en el abismo (3.19)? ¿Enseña el 3.20, 21 la regeneración bautismal (salvación), o la salvación por fe únicamente en Cristo? Vea «Respuestas a preguntas difíciles» con respecto a estos asuntos.

BOSQUEJO

Salutación (1.1, 2)

I. Recuerden nuestra gran salvación (1.3—2.10)
   A. La certidumbre de nuestra herencia futura (1.3–12)
      1. Preservada por el poder de Dios (1.3–5)
      2. Probada por las pruebas de la persecución (1.6–9)
      3. Predicha por los profetas de Dios (1.10–12)
   B. Las consecuencias de nuestra herencia futura (1.13—2.10)
      1. Perseverancia de esperanza (1.13–16)
      2. Persistencia de asombro (1.17–21)
      3. Poder del amor (1.22—2.3)
      4. Alabanzas de Cristo (2.4–10)

II. Recuerden nuestro ejemplo delante de los hombres (2.11—4.6)
   A. Vida honorable delante de los incrédulos (2.11—3.7)
      1. Sumisión al gobierno (2.11–17)
      2. Sumisión a los amos (2.18–25)
      3. Sumisión en la familia (3.1–7)
   B. Vida honorable delante de los creyentes (3.8–12)
   C. Vida honorable en medio del sufrimiento (3.13—4.6)
      1. El principio del sufrimiento por la justicia (3.13–17)
      2. El modelo de sufrimiento por la justicia (3.18–22)
      3. El propósito del sufrimiento por la justicia (4.1–6)

III. Recuerden que nuestro Señor regresará (4.7—5.11)
   A. Las responsabilidades de la vida cristiana (4.7–11)
   B. Las recompensas del sufrimiento cristiano (4.12–19)
   C. Los requisitos para el liderazgo cristiano (5.1–4)
   D. La realización de la victoria cristiana (5.5–11)

Conclusión (5.12–14)

Mientras tanto, en otras partes del mundo...

Gran parte de la ciudad de Roma es arrasada por un incendio. Nerón culpa a los cristianos por iniciar el fuego y con ello comienza en todo el imperio la persecución contra los creyentes.

RESPUESTAS A PREGUNTAS DIFÍCILES

1. ¿Por qué llama Pedro «elegidos» (1.2) a sus lectores?

Pedro usa aquí un término que en griego también se refiere a «los que son llamados». Significa «elegir» o «escoger». En el AT la palabra se refería a Israel (Dt 7.6), indicando que Dios eligió soberanamente a Israel de entre todas las naciones del mundo para que creyeran en él y fueran suyos (Dt 14.12; Sal 105.43; 135.4). En 1 Pedro, *elegidos* se usa en referencia a los cristianos, a los que Dios escogió para la salvación (Ro 8.33; Col 3.12; 2 Ti 2.10). Aquí también se usa la palabra para quienes reciben a Cristo durante los tiempos de tribulación (Mt 24.22, 24) y para los ángeles santos, los que no cayeron (1 Ti 5.21). Recordarles que eran escogidos de Dios resultaba de gran consuelo para los cristianos perseguidos.

Pedro, al usar este término y otros similares que indican pertenencia a Dios, estableció las bases a partir de las que les daría ánimo para que no vieran su sufrimiento como evidencia de que Dios ya no los llamaba suyos. Su seguridad, incluso ante la persecución y el sufrimiento, estaba en manos de Dios.

2. ¿Qué es la «leche espiritual no adulterada» (2.2)?

Las Escrituras con frecuencia usan un lenguaje figurado para enseñar verdades espirituales, aunque a veces la imagen que evocan sorprende. La vida cotidiana muchas veces es espejo de realidades celestiales. La Palabra de Dios ofrece alimento espiritual puro. El crecimiento espiritual siempre se ve marcado por la ansiedad de conocer la Palabra de Dios y deleitarse en ella, con la misma intensidad con la que un bebé pide con ansias la leche (Job 23.12; Sal 1.1, 2; 19.7–11; 119.16, 24, 35, 47, 48, 72, 92, 97, 103, 111, 113, 127, 159, 167, 174; Jer 15.16). Ese subproducto inicial del renacimiento espiritual debiera ser parte permanente y congruente de la vida del cristiano.

El cristiano siente deseos de la verdad de la Palabra de Dios y mantiene ese deseo recordando cuál es el origen de su existencia (1.25; Is 55.10, 11; Jn 15.3; He 4.12), eliminando el pecado de su vida (2.1), admitiendo que necesita la verdad de Dios (2.2, «como niños recién nacidos»; Mt 4.4), y buscando el crecimiento espiritual (2.2, «para que por ella crezcáis»), al tiempo de contar sus bendiciones (2.3, «la benignidad del Señor»).

3. ¿Necesitan los cristianos un sacerdocio que interceda por ellos ante Dios (2.9)?

Junto con el de «sacerdocio real», Pedro usa varios conceptos del AT para destacar los privilegios de los cristianos del NT (Dt 7.6–8). La frase ha dado lugar a la expresión teológica «sacerdocio de los creyentes». Para estos, el que cubre la necesidad que tenemos de un sacerdote representativo es Jesucristo, el Sumo Sacerdote supremo (He 4.14—9.15). No se elimina el rol del sacerdote, más bien se altera. El versículo indica que la función central del sacerdocio de todos los creyentes es proclamar «las virtudes de aquel que os llamó de las tinieblas a su luz admirable».

El concepto del sacerdocio real proviene de Éxodo 19.6. Israel había renunciado temporariamente a ese privilegio debido a su apostasía y porque sus líderes malvados ejecutaron al Mesías. En la actualidad la iglesia es un sacerdocio real, unido al Sacerdote real Jesucristo. El sacerdocio real es no solo un sacerdocio que le pertenece al rey y le sirve, sino un sacerdocio que ejerce el gobierno, una función que se cumplirá en el futuro reinado de Cristo (1 Co 6.1–4; Ap 5.10; 20.6).

4. ¿De qué modo utiliza Pedro palabras conocidas como *espíritu, encarcelados, los días de Noé* y *bautismo* en 3.18–22?

Este pasaje es uno de los textos más difíciles de traducir e interpretar en el NT. Esto se debe a que se hace borrosa la línea entre las alusiones al AT y las aplicaciones del NT. El propósito principal de Pedro en este pasaje consistía en dar ánimo a sus lectores en su sufrimiento, y es esto lo que hay que tener en mente al interpretar el texto. El apóstol les recuerda y demuestra varias veces que incluso Cristo sufrió injustamente, porque esa era la voluntad de Dios (v. 11) y estaba cumpliendo los propósitos de Dios.

Por eso, aunque Jesús pasó por una violenta ejecución física que puso fin a su vida en la tierra cuando fue «muerto en la carne» (versículo 18; He 5.7), resultó «vivificado en espíritu» (v. 18). Esta no es una referencia al Espíritu Santo, sino a la verdadera vida interior de Jesús, su propio espíritu. En contraste con su carne (su humanidad) que estuvo muerta durante tres días, su espíritu (deidad) permaneció vivo, literalmente «en espíritu» (Lc 23.46).

Parte del propósito de Dios en la muerte de Cristo tenía que ver con sus actividades entre su muerte y su resurrección. Su espíritu vivo descendió hasta el abismo donde estaban encarcelados los espíritus demoníacos y proclamó la victoria a pesar de la muerte. Pedro explica además que ese abismo está habitado por demonios encarcelados que han permanecido en ese lugar desde los tiempos de Noé. Fueron enviados allí porque sobrepasaron el límite de la tolerancia de Dios con su maldad. Ni siquiera los 120 años del ejemplo y la predicación de Noé pudieron frenar la marea de maldad que había en sus días (Gn 6.1–8). Así, Dios encarceló a esos demonios permanentemente en el abismo hasta su sentencia final.

La analogía de Pedro refleja el ministerio de Jesucristo al salvarnos, así como el arca salvó a la familia de Noé. En 3.21 no se refiere al bautismo en agua, sino a una inmersión figurada en Cristo que nos mantiene a salvo del diluvio del juicio de Dios, que por cierto vendrá. La resurrección de Cristo demuestra que Dios aceptó la muerte sustitutoria de su Hijo por los pecados de los que creen (Hch 2.30–31; Ro 1.4). El juicio de Dios cayó sobre Cristo, así como el juicio del diluvio cayó sobre el arca. El creyente que está en Cristo está por tanto en el arca de la seguridad que navegará sobre las aguas del juicio a la gloria eterna (Ro 6.1–4).

Otros temas de estudio en 1 Pedro

1. Pedro quiere que sus lectores se sientan seguros en su relación con Cristo. ¿Qué les asegura en cuanto a la salvación?
2. ¿Qué títulos, nombres y roles especiales le asigna Pedro para Cristo en esta carta?
3. En 1 Pedro 2.21–25, ¿en qué aspectos funge Jesús cual modelo para los que sufren por su fe?
4. Compare 1 Pedro 3.1–7 con Efesios 5.21–33. ¿En qué coincide y en qué difiere el énfasis en las enseñanzas de estos dos apóstoles respecto al matrimonio?
5. ¿Qué tenía que decir Pedro sobre las relaciones entre los cristianos en general?
6. En 1 Pedro 1.14–25, el apóstol incluye una extensa sección que hace énfasis en la importancia de la vida consagrada. ¿Hasta qué punto vive usted según el patrón de vida que ofrece Pedro?

2 PEDRO
Falsos maestros en medio del pueblo de Dios

TÍTULO

La clara afirmación de quién es el autor en el 1.1 por parte del apóstol Pedro le da a la epístola su título. Para distinguirla de la primera epístola de Pedro, se le dio el título griego *«Petrou B»*, o 2 Pedro.

AUTOR Y FECHA

El autor de 2 Pedro es el apóstol Pedro (vea 1 Pedro: «Autor y fecha»). En el 1.1, él hace esa afirmación; en el 3.1, se refiere a su primera carta, en el 1.14, se refiere a la predicción del Señor de su muerte (Jn 21.18, 19); y en el 1.16–18, dice haber estado en la transfiguración (Mt 17.1–4). No obstante, los críticos han generado más controversia por el autor y el lugar correcto de 2 Pedro en el canon de las Escrituras que por cualquier otro libro del NT. Los padres de la iglesia fueron tardos en aceptarlo. Ningún padre de la iglesia se refiere a 2 Pedro por nombre, sino hasta Orígenes cerca del principio del tercer siglo. El antiguo historiador de la iglesia, Eusebio, únicamente incluyó 2 Pedro en su lista de libros disputados, junto con Santiago, Judas, 2 Juan y 3 Juan. Aun los principales reformadores únicamente lo aceptaron vacilando.

La pregunta acerca de las diferencias en el estilo griego entre las dos cartas ha sido satisfactoriamente respondida. Pedro escribió que usó un amanuense, Silvano, en 1 Pedro (cp. 1 P 5.12). En 2 Pedro, él usó a un amanuense diferente o escribió la carta por sí mismo. Las diferencias en vocabulario entre las dos cartas pueden ser explicadas por las diferencias en temas. Primera de Pedro fue escrita para ayudar a cristianos que estaban sufriendo. Segunda de Pedro fue escrita para exhibir a los falsos maestros. Por otro lado, hay semejanzas impactantes en el vocabulario de los dos libros. La salutación, «gracia y paz os sean multiplicadas», es esencialmente la misma en cada libro. El autor usa palabras tales como «preciosa», «virtud», «despojaos» y «visto con nuestros propios ojos», para nombrar tan solo unos cuantos ejemplos, en ambas cartas. Ciertas palabras que más bien no son usuales encontradas en 2 Pedro también se encuentran en los discursos de Pedro en los Hechos de los Apóstoles. Estas incluyen «alcanzado» (1.1; Hch 1.17); «piedad» (1.3, 6, 7; 3.11; Hch 3.12); y «premio de injusticia» (2.13, 15; Hch 1.18). Ambas cartas también se refieren al mismo acontecimiento del AT (2.5; 1 P 3.18–20). Algunos eruditos han señalado que hay tantas semejanzas en el vocabulario entre 1 y 2 Pedro como lo hay entre 1 Timoteo y Tito, dos cartas que casi universalmente se cree que fueron escritas por Pablo.

> ## CRISTO EN... 2 PEDRO
>
> EN SU SEGUNDA CARTA PEDRO anuncia la segunda venida del Señor Jesucristo como «ladrón en la noche» (3.10). También habla varias veces de que el conocimiento de Cristo produce paz, gracia y poder en el creyente (1.2–3, 8; 3.18).

Vida de Pedro

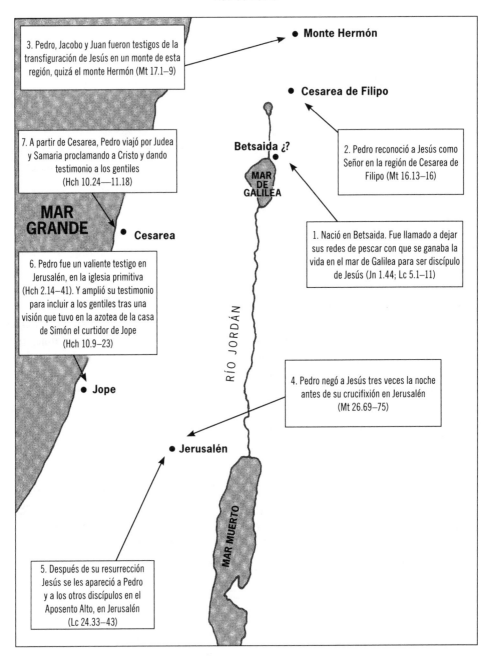

3. Pedro, Jacobo y Juan fueron testigos de la transfiguración de Jesús en un monte de esta región, quizá el monte Hermón (Mt 17.1–9)

● **Monte Hermón**

● **Cesarea de Filipo**

Betsaida ¿?

7. A partir de Cesarea, Pedro viajó por Judea y Samaria proclamando a Cristo y dando testimonio a los gentiles (Hch 10.24—11.18)

2. Pedro reconoció a Jesús como Señor en la región de Cesarea de Filipo (Mt 16.13–16)

MAR DE GALILEA

MAR GRANDE

● **Cesarea**

1. Nació en Betsaida. Fue llamado a dejar sus redes de pescar con que se ganaba la vida en el mar de Galilea para ser discípulo de Jesús (Jn 1.44; Lc 5.1–11)

6. Pedro fue un valiente testigo en Jerusalén, en la iglesia primitiva (Hch 2.14—41). Y amplió su testimonio para incluir a los gentiles tras una visión que tuvo en la azotea de la casa de Simón el curtidor de Jope (Hch 10.9–23)

RÍO JORDÁN

● **Jope**

4. Pedro negó a Jesús tres veces la noche antes de su crucifixión en Jerusalén (Mt 26.69–75)

● **Jerusalén**

MAR MUERTO

5. Después de su resurrección Jesús se les apareció a Pedro y a los otros discípulos en el Aposento Alto, en Jerusalén (Lc 24.33–43)

Las diferencias en temas también explican ciertos énfasis, tales como por qué una carta enseña que la Segunda Venida está cercana, y otra lidia con su retraso. Primera de Pedro, ministrando especialmente a cristianos que están sufriendo, se enfoca en la inmanencia de Cristo como un medio de alentar a los cristianos. Segunda de Pedro, lidiando con los burladores, enfatiza las razones por las que ese regreso inminente de Cristo aún no ha ocurrido. Otras diferencias propuestas inventadas por los críticos, tales como la contradicción entre incluir la resurrección de Cristo en una carta y la transfiguración de Cristo en la otra, parecen ser inventadas.

Además, parece irracional que un falso maestro falsificara una carta en contra de falsos maestros. Ninguna doctrina no usual, nueva o falsa aparece en 2 Pedro. Entonces, si 2 Pedro fuera una farsa, sería una farsa escrita por un necio sin ninguna razón en absoluto. Esto es demasiado para creer. La conclusión del asunto de quién es el autor es que, cuando el escritor introdujo la carta y se refirió a sí mismo como Pedro, él estaba escribiendo la verdad.

Nerón murió en el 68 D.C., y la tradición dice que Pedro murió en la persecución de Nerón. La epístola pudo haber sido escrita poco antes de su muerte (1.14; ca. 67–68 D.C.).

CONTEXTO HISTÓRICO

Desde el tiempo de la escritura y el envío de su primera carta, Pedro se había preocupado más y más por los falsos maestros que estaban infiltrando las iglesias en Asia Menor. Aunque estos falsos maestros ya habían causado problemas, Pedro esperaba que sus doctrinas hereges y estilos de vida inmorales resultaran en más daño en el futuro. De esta manera Pedro, en un casi último testamento (1.13–15), escribió para advertir a los creyentes amados en Cristo acerca de los peligros doctrinales que estaban enfrentando.

Pedro no dice explícitamente en dónde estaba cuando escribió esta carta como lo hace en 1 Pedro (1 P 5.13). Pero el consenso parece ser que Pedro escribió esta carta desde la prisión en Roma, donde estaba enfrentando la muerte inminente. Poco después de que esta carta fue escrita, Pedro resultó martirizado, de acuerdo con la tradición confiable, al ser crucificado de cabeza.

Pedro no dice nada en la salutación acerca de los destinatarios de esta carta. Pero de acuerdo al 3.1, él estaba escribiendo otra epístola a las mismas personas a quienes les escribió 1 Pedro. En su primera carta, él expresó que estaba escribiendo «a los expatriados de la dispersión en el Ponto, Galacia, Capadocia, Asia y Bitinia» (1 P 1.1). Estas provincias estaban localizadas en un área de Asia Menor, la cual es Turquía moderna. Los cristianos a quienes Pedro escribió eran gentiles en su mayoría.

PERSONAS DESTACADAS EN 2 PEDRO

Pedro: uno de los doce discípulos de Jesús; escribió su segunda carta para advertir en contra de los falsos maestros que había en la iglesia (1.1—3.18).

Pablo: gran misionero y apóstol cuyas enseñanzas eran tergiversadas por los falsos maestros que había en la iglesia (3.15, 16).

TEMAS HISTÓRICOS Y TEOLÓGICOS

Segunda de Pedro fue escrita con el propósito de exhibir, estorbar y derrotar la invasión de falsos maestros en la iglesia. Pedro quería instruir a los cristianos en cuanto a cómo defenderse a sí mismos en contra de estos falsos maestros y sus mentiras engañosas. Este libro es el desenmascaro más vívido y penetrante de los falsos maestros en las Escrituras, comparable únicamente a Judas.

La descripción de los falsos maestros es en cierta manera genérica. Pedro no identifica alguna falsa religión, secta, o sistema específico de enseñanza. En una caracterización general de los falsos maestros, él informa que enseñan herejías destructoras. Niegan a Cristo y tuercen las Escrituras. Hacen que la fe verdadera sea desacreditada. Y se burlan de la segunda venida de Cristo. Pero Pedro estaba tan preocupado por mostrar la naturaleza inmoral de estos maestros como lo estaba por exhibir su enseñanza. De esta manera, los describe con más detalle de lo que describe sus doctrinas. La impiedad no es el producto de una doctrina sana, sino de «herejías destructoras» (2.1).

Otros temas para esta carta pueden ser discernidos en medio de la polémica de Pedro en contra de los falsos maestros. Él quería motivar a sus lectores a continuar desarrollando su virtud cristiana (1.5–11). Al hacerlo, explica maravillosamente cómo un creyente puede tener certeza de su salvación. Pedro también quería persuadir a sus lectores de la naturaleza divina de los escritos apostólicos (1.12–21). Cerca del final de la carta, él presenta razones para la tardanza en la segunda venida de Cristo (3.1–13).

Otro tema que continuamente se menciona es la importancia del conocimiento. La palabra «conocimiento» aparece en alguna forma dieciséis veces en estos tres cortos capítulos. No es demasiado decir que la solución primordial de Pedro a la falsa enseñanza es el conocimiento de la verdadera doctrina. Otras características distintivas de 2 Pedro incluyen una afirmación precisa del origen divino de las Escrituras (1.20, 21); la destrucción futura del mundo por fuego (3.8–13); y el reconocimiento de las cartas de Pablo como Escritura inspirada (3.15, 16).

PALABRAS CLAVE EN

2 Pedro

Conocimiento: en griego *gnōsis* —1.5–6; 3.18— «conocimiento» en sentido literal. El término griego se refiere al conocimiento que crece y avanza. Como cristianos tenemos que crecer en nuestro conocimiento personal de Jesucristo. La mayor protección contra las falsas enseñanzas está en el sólido fundamento en la Palabra de Dios. La epístola de Pedro anima a los creyentes a alcanzar un conocimiento más pleno y completo de su Señor Jesucristo.

Lucero de la mañana: en griego *phōsphoros* —1.19— que significa «portador de luz» o «el que trae la luz». En 2 Pedro, Cristo es el lucero de la mañana, y también en Apocalipsis 22.16 es «la estrella resplandeciente de la mañana», así como en Lucas 1.78 es «la aurora». Los cristianos hoy tienen la luz de Cristo dentro de sus corazones. Cuando Jesús regrese a la tierra, llevará a todos los creyentes a un día perfecto. Su venida visible traerá luz a todos y ese día los espíritus de los que son de Dios asumirán una transformación de luz, cuando la luz de Cristo los llene.

PRINCIPALES DOCTRINAS EN 2 PEDRO

Falsos maestros: sus enseñanzas niegan a Cristo y tergiversan las Escrituras (cap. 2; Dt 13.1–18; 18.20; Jer 23; Ez 13; Mt 7.15; 23.1–36; 24.4, 5; Ro 16.17; 2 Co 11.13, 14; Gá 3.1, 2; 2 Ti 4.3, 4).

Escrituras: el Espíritu Santo como autor divino y originador de todas las Escrituras obró a través de personas para transmitir la Palabra de Dios (1.20, 21; Jer 1.4; 3.2; Jn 10.34, 35; 17.17; Ro 3.2; 1 Co 2.10; 1 Ts 2.13; 2 Ti 3.16; Tito 1.2; 1 P 1.10, 11).

El carácter moral cristiano: Dios les da a todos los creyentes el poder para crecer en la fe, la virtud, el conocimiento, el dominio propio, la perseverancia, la vida cristiana, la compasión fraternal y el amor (1.5–11; Sal 4.3; Pr 28.1; 1 Co 9.27; Gá 5.23; Col 1.4; 1 Ts 4.9; 1 P 4.8; 1 Jn 4.20; Ap 17.14).

Segunda venida de Cristo: Dios tiene continua paciencia para permitir que las personas se arrepientan antes de que regrese Cristo (3.1–13; Dn 7.13; Mt 24.30; 25.31; Jn 14.3; 1 Ts 4.16; 2 Ts 1.10; 1 Ti 6.14; He 9.28; Jud 14; Ap 1.7).

El carácter de Dios en 2 Pedro

Dios es paciente: 3.9, 15
Dios cumple sus promesas: 1.4; 3.3–4, 13

Retos de interpretación

Quizás el reto más importante en la epístola es interpretar correctamente 1.19–21, debido a sus implicaciones de largo alcance con respecto a la naturaleza y autenticidad de las Escrituras. Ese pasaje junto con 2 Ti 3.15–17, es vital para tener una perspectiva sana de la inspiración de la Biblia. La afirmación de Pedro de que el Señor «rescató» a los falsos maestros (2.1) presenta un reto de interpretación y de teología con respecto a la naturaleza de la expiación.

La identidad de los ángeles que pecaron (2.4) también desafía al intérprete. Estos ángeles, de acuerdo a Judas 6, son aquellos «que no guardaron su identidad», es decir, entraron en hombres que promiscuamente cohabitaron con mujeres. Al parecer esta es una referencia a los ángeles caídos de Génesis 6 (hijos de Dios): (1) antes del diluvio (v. 5; Gn 6.1-3), quienes abandonaron su estado normal y desearon a las mujeres, y (2) antes de la destrucción de Sodoma y Gomorra (v. 6; Gn 19).

Muchos que creen que los salvos pueden volver a perderse, usan el 2.18–22 para apoyar su argumento. Ese pasaje, dirigido a los falsos maestros, debe ser aclarado a fin de no contradecir una afirmación similar para los creyentes en el 1.4. Además, ¿quiénes son los que no quiere Dios que perezcan (3.9)? Vea «Respuestas a preguntas difíciles» con respecto a estos asuntos.

Bosquejo

Salutación (1.1, 2)
I. Conozca su salvación (1.3–11)
  A. Sostenida por el poder de Dios (1.3, 4)
  B. Confirmada por gracias cristianas (1.5–7)
  C. Honrada con recompensa abundante (1.8–11)
II. Conozca sus Escrituras (1.12–21)
  A. Certificadas por testimonio apostólico (1.12–18)
  B. Inspiradas por el Espíritu Santo (1.19–21)
III. Conozca sus adversarios (2.1–22)
  A. Engañosos en su infiltración (2.1–3)
  B. Condenados por su iniquidad (2.4–10a)

Mientras tanto, en otras partes del mundo...

Nerón se suicida en el año 68 A.D. y le sucede Galba.

    C. Menospreciables en su impureza (2.10b-17)

    D. Devastadores en su efecto (2.18–22)

IV. **Conozca su profecía (3.1–18)**

    A. La certeza del día del Señor (3.1–10)

    B. La santificación del pueblo de Dios (3.11–18)

Respuestas a preguntas difíciles

1. ¿Cómo pueden ser tan diferentes en estilo dos cartas del mismo autor (1 y 2 Pedro)?

Las diferencias entre 1 Pedro y 2 Pedro se observan en tres aspectos: estilo, vocabulario y tema. Son diferencias que deben resolverse en el contexto de la clara afirmación del autor de 2 Pedro que dice ser el mismo de 1 Pedro (2 P 3.2). Ver «Autor y fecha».

2. ¿Quiénes eran los falsos maestros de la iglesia primitiva a los que Pedro se dirigió en la segunda carta?

Segunda de Pedro nos ofrece la exposición más gráfica y penetrante de los falsos maestros en las Escrituras, comparable solo con Judas. Pedro no identifica a una falsa religión, secta o sistema de enseñanza en particular. Le preocupan más los principios generales para que se reconozca y resista la falsa instrucción dentro de la iglesia.

En su más amplia caracterización de los falsos maestros, Pedro señala que lo que enseñan son herejías destructivas. Niegan a Cristo y tergiversan las Escrituras. Derriban la fe sincera con sus argumentos. Se burlan de la segunda venida de Cristo. No es exagerado afirmar que la respuesta principal de Pedro a la falsa enseñanza es el conocimiento de la verdadera doctrina. La falsedad puede disfrazarse de muchas maneras, pero se revela como mentira cuando se compara con la verdad.

A Pedro también le interesaba mostrar el carácter inmoral de los falsos maestros exponiendo sus enseñanzas. Los describe con más detalle de lo que lo hace con sus doctrinas. Sabe que la calidad del fruto revela la salud del árbol. La maldad no es producto de la sana doctrina, sino de herejías destructivas (2.1). Pedro urge a los cristianos a seguir deliberadamente un plan de crecimiento espiritual (1.5–9) de forma que la vida íntegra exponga a la luz aquello que es falso.

3. ¿De qué habla Pedro cuando aconseja «procurad hacer firme vuestra vocación y elección» (1.10)?

La frase da en el blanco de la teología a la que Pedro apunta en 1.5–9. Aunque Dios es «firme» en cuanto a quiénes son sus elegidos y les ha otorgado la salvación eternamente segura (Ro 8.31–39; 1 P 1.1–5), el cristiano puede no siempre tener seguridad interior, certeza en cuanto a su salvación. La seguridad es el hecho revelado por el Espíritu Santo de que la salvación es para siempre. La seguridad es la confianza de que se tiene salvación eterna. En otras palabras, los creyentes que buscan las cualidades espirituales que menciona esta frase y su contexto sabrán con seguridad por sus frutos espirituales que han sido llamados (Ro 8.30; 1 P 2.1) y elegidos (1 P 1.2) por Dios para la salvación.

4. ¿De qué modo explica Pedro la doctrina de la inspiración de las Escrituras (1.19–21)?

Esta sección de 2 Pedro, en particular, nos muestra claramente la naturaleza y autenticidad de las Escrituras. El apóstol esperaba que sus lectores le dieran una defensa razonable de por qué confiaban en las Escrituras, sabía que los falsos maestros intentarían desacreditar su carta y su ministerio pasado, por lo que presenta aquí sus argumentos. Sabía que le acusarían de inventar fábulas y mitos para manipular a su audiencia (esta acusación de los falsos maestros en realidad describía sus propias acciones y propósitos). Por eso, en este pasaje, Pedro da evidencia probatoria de que escribía la verdad de Dios como autor con auténtica inspiración.

Pedro detalla cómo es el proceso de inspiración. Dice que las Escrituras no son de origen humano, ni resultado de la voluntad humana (1.21). El énfasis en esta frase es que nada de las Escrituras se escribió solo porque algún ser humano lo quisiera. La Biblia no es producto del esfuerzo humano. De hecho, los profetas a menudo escribían cosas que ellos mismos no entendían (1 P 1.10–11), sin embargo, eran fieles y escribían lo que Dios les revelaba.

En vez de depender de sus propios propósitos, escribían «inspirados por el Espíritu Santo» (1.21). En el aspecto gramatical eso significa que el Espíritu de Dios los guiaba continuamente (Lc 1.70; Hch 27.15, 17). Así, el Espíritu Santo es el autor y originador divino, el productor de las Escrituras. Solo en el AT los autores humanos se refieren más de 3.800 veces a sus escritos como palabras de Dios (Jer 1.4; 3.2; Ro 3.2). Aunque los escritores humanos tenían un rol activo, no pasivo, en el proceso de escribir las Escrituras, Dios el Santo Espíritu los supervisaba para que usando sus propias personalidades, procesos de pensamiento y vocabulario, compusieran y registraran sin error las palabras exactas que Dios quería que escribiesen. Los documentos originales de las Escrituras por ello son inspirados (2 Ti 3.16) e inerrantes (sin error, Jn 10.34, 35; 17.17; Tit 1.2). Aquí Pedro describe el proceso de inspiración que dio lugar a un texto original inerrante (Pr 30.5; 1 Co 14.36; 1 Ts 2.13).

5. ¿De qué modo afecta lo que entendemos del plan de Dios la idea de que «para con el Señor un día es como mil años, y mil años como un día» (3.8)?

Dios concibe el tiempo de manera muy diferente a la nuestra. Desde el punto de vista humano la venida de Cristo nos parece muy lejana en el futuro (Sal 90.4). Desde la perspectiva de Dios, falta poco. Pedro les recuerda a sus lectores este hecho antes de señalar que cualquier demora en el regreso de Cristo desde el punto de vista humano jamás debiera entenderse como indicación de que Dios se tarda. El paso del tiempo en realidad es la más clara señal de la inmensa capacidad para la paciencia de Dios antes de que venga el juicio (Jl 2.13; Lc 15.20; Ro 9.22; 1 P 3.15).

Más allá de este marco de referencia general, este texto podría ser indicación específica de que en realidad hay mil años entre la primera fase del día del Señor al final de la tribulación (Ap 6.17) y la segunda fase al final del reino milenial, cuando el Señor creará el nuevo cielo y la nueva tierra.

6. Si el Señor «no quiere que ninguno perezca» (3.9), ¿por qué parece que son muchos los que perecerán?

El «ninguno» de este pasaje tiene que referirse a los que el Señor ha elegido y llamará para completar a los redimidos, al «nosotros» que menciona el mismo versículo un poco antes. Como todo el pasaje habla de que Dios destruirá a los malvados, su paciencia no indica que quiera salvarlos a todos, sino más bien que es paciente para recibir a todos los suyos. Dios no puede estar esperando que todos sean salvos, por ello el énfasis en que destruirá al mundo y a los impíos. Los que perezcan y vayan al infierno lo harán porque son malvados y solo merecen el infierno, porque rechazaron al único remedio, Jesucristo. No es porque hayan sido creados para el infierno y estén predestinados a ir allí. El camino a la maldición es el de aquel corazón que no se arrepiente. Es el camino de quien rechaza a la persona y la provisión de Jesucristo y se aferra al pecado (Is 55.1; Jer 13.17; Ez 18.32; Mt 11.28; 13.37; Lc 13.3; Jn 3.16; 8.21, 24; 1 Ti 2.3, 4; Ap 22.17).

La palabra «todos» en la frase «todos procedan al arrepentimiento» ha de referirse a todos los que son de Dios y que vendrán a Cristo para conformar el número completo del pueblo de Dios. La razón por la que Cristo se tarda en venir, y por lo que tardan los juicios que vendrán, no es porque demore en cumplir su promesa, ni porque quiera juzgar a más malvados, ni porque sea impotente ante la maldad. Demora su venida porque es paciente y le da tiempo a su pueblo para que se arrepienta.

7. ¿Qué significan los comentarios de Pedro sobre los escritos de Pablo (2 P 3.15, 16)?
En la última parte de su carta, Pedro busca respaldo bíblico en los escritos de Pablo. Como para esa época Pablo ya había muerto tras escribir todas sus cartas, los lectores de 2 Pedro seguramente habrían recibido cartas de Pablo sobre hechos que sucederían en el futuro. Algunas de las explicaciones de Pablo eran difíciles de entender, aunque no imposibles. Con todo Pedro no duda en usar a Pablo como respaldo de su propia enseñanza.

Pedro luego añade una advertencia al señalar que estaban los que querían «torcer» (3.16) y pervertir la enseñanza del apóstol sobre el futuro. El hecho de que distorsionar los escritos de Pablo pueda llevar a la maldición eterna muestra que Dios inspiró los escritos de Pablo. Pedro luego añade «otras Escrituras» (3.16) afirmando de manera directa, la más clara de la Biblia, que los escritos de Pablo son Escritura. El testimonio de Pedro es que lo que escribió Pablo es Escritura, pero los falsos maestros lo distorsionaron. Los apóstoles del NT sabían que hablaban y escribían la Palabra de Dios (1 Ts 2.13), tanto como lo sabían los profetas del AT. Pedro afirmó que los autores del NT compilaron la verdad divina que completó la Biblia (1 P 1.10–12).

OTROS TEMAS DE ESTUDIO EN 2 PEDRO

1. ¿Qué indicaciones puede hallar en la carta de que tal vez fuera la última que escribió Pedro?
2. ¿Cómo explica Pedro la aparente demora de Cristo para regresar?
3. ¿En qué formas atacó y derribó Pedro la inexistente autoridad de los falsos maestros?
4. ¿Qué pasos prácticos para el crecimiento espiritual incluye Pedro en esta carta?

I JUAN
Los fundamentos de la fe

TÍTULO

El título de la epístola siempre ha sido «1 Juan». Es la primera y más grande en una serie de tres epístolas que llevan el nombre del apóstol Juan. Debido a que la carta no identifica a la iglesia, el lugar, o el individuo específico a quien fue enviada, su clasificación es la de una «epístola general». Aunque 1 Juan no exhibe algunas de las características generales de una epístola común de ese entonces (p. ej., no hay introducción, saludo, o salutación de conclusión), su tono íntimo y contenido indican que el término «epístola» aún se aplica a ella.

AUTOR Y FECHA

La epístola no identifica al autor, pero el testimonio fuerte, consecuente y más antiguo de la iglesia se la asigna a Juan el discípulo y apóstol (cp. Lc 6.13, 14). Este anonimato fuertemente afirma la identificación por parte de la iglesia primitiva de la epístola con Juan el apóstol, ya que solo alguien del estatus bien conocido y prominente de Juan como apóstol hubiera podido escribir con tal autoridad, esperando la obediencia completa de sus lectores, sin identificarse a sí mismo claramente (p. ej. 4.6). Él era bien conocido por los lectores y de esta manera no tuvo que mencionar su nombre.

Juan y Santiago, su hermano mayor (Hch 12.2), eran conocidos como «los hijos de Zebedeo» (Mt 10.2–4), a quienes Jesús dio el nombre de «Hijos del trueno» (Mr 3.17). Juan era uno de los tres asociados más íntimos de Jesús (junto con Pedro y Jacobo, cp. Mt 17.1; 26.37), siendo un testigo ocular y participante del ministerio terrenal de Jesús (1.1–4). Además de las tres epístolas, Juan también escribió el cuarto Evangelio, en el cual él se identificó a sí mismo como el discípulo «a quien Jesús amaba» y como el que se reclinó sobre el pecho de Jesús en la Última Cena (Jn 13.23; 19.26; 20.2; 21.7, 20). Él también escribió el libro de Apocalipsis (Ap 1.1).

Fechar la carta con precisión es difícil, porque ninguna indicación histórica clara de fecha existe en 1 Juan. Lo más probable es que Juan compusiera esta obra en la última parte del primer siglo. La tradición de la iglesia de manera constante identifica a Juan en su edad avanzada como alguien que estaba viviendo y escribiendo activamente durante este tiempo en Éfeso en la región de Asia Menor. El tono de la epístola apoya esta evidencia debido a que el escritor da la fuerte impresión de que es mucho mayor que sus lectores (p. ej., «hijitos míos», 2.1, 18, 28). La epístola y el Evangelio de Juan reflejan un vocabulario y una manera de expresión similar (vea «Temas históricos y teológicos»). Tal similitud causa que muchos fechen la escritura de las epístolas de Juan ocurriendo poco después de que compuso su Evangelio. Debido a que muchos fechan el Evangelio durante la última parte del primer siglo, también prefieren una fecha similar para las epístolas. Además, es muy probable que la herejía que Juan combate refleje los principios del gnosticismo (vea «Contexto histórico»), que estaba en sus primeras etapas durante la última parte del último tercio del primer siglo, cuando Juan escribía activamente. Debido a que no se hace mención de la persecución bajo Domiciano, la cual comenzó alrededor del 95 D.C., pudo haber sido escrita antes

Vida de Juan

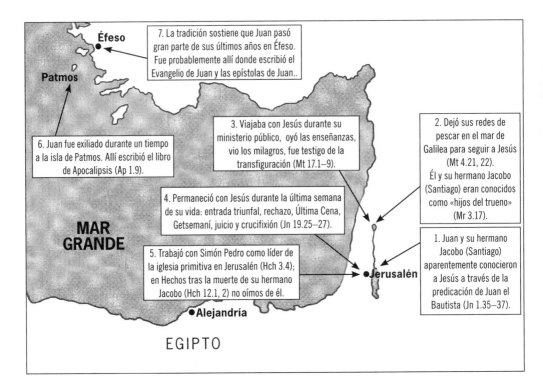

7. La tradición sostiene que Juan pasó gran parte de sus últimos años en Éfeso. Fue probablemente allí donde escribió el Evangelio de Juan y las epístolas de Juan..

6. Juan fue exiliado durante un tiempo a la isla de Patmos. Allí escribió el libro de Apocalipsis (Ap 1.9).

3. Viajaba con Jesús durante su ministerio público, oyó las enseñanzas, vio los milagros, fue testigo de la transfiguración (Mt 17.1–9).

4. Permaneció con Jesús durante la última semana de su vida: entrada triunfal, rechazo, Última Cena, Getsemaní, juicio y crucifixión (Jn 19.25–27).

5. Trabajó con Simón Pedro como líder de la iglesia primitiva en Jerusalén (Hch 3.4); en Hechos tras la muerte de su hermano Jacobo (Hch 12.1, 2) no oímos de él.

2. Dejó sus redes de pescar en el mar de Galilea para seguir a Jesús (Mt 4.21, 22). Él y su hermano Jacobo (Santiago) eran conocidos como «hijos del trueno» (Mr 3.17).

1. Juan y su hermano Jacobo (Santiago) aparentemente conocieron a Jesús a través de la predicación de Juan el Bautista (Jn 1.35–37).

de que esta comenzara. A la luz de dichos factores, una fecha razonable para 1 Juan es ca. 90–95 D.C. Es muy probable que fuera escrita desde Éfeso a las iglesias de Asia Menor sobre las cuales Juan desempeñaba un liderazgo apostólico.

CONTEXTO HISTÓRICO

Aunque él estaba muy avanzado en edad cuando escribió esta epístola, Juan aún se encontraba activamente ministrando a las iglesias. Él era el único superviviente apostólico que tenía asociación íntima, habiendo sido testigo ocular, con Jesús a lo largo de su ministerio terrenal, muerte, resurrección, y ascensión. Los padres de la iglesia (p. ej., Justino Mártir, Ireneo, Clemente de Alejandría, Eusebio) indican que después de ese tiempo, Juan vivió en Éfeso en Asia Menor, llevando a cabo un programa evangelístico extensivo, supervisando a muchas de las iglesias que se habían levantado, y conduciendo un ministerio escrito extensivo (p. ej., epístolas, el Evangelio de Juan, y Apocalipsis). Un padre de la iglesia (Papías) que tuvo contacto directo con Juan lo describió como una «voz viva y que permanecía». Como el último apóstol que quedaba, el testimonio de Juan fue altamente autoritativo entre las iglesias. Muchos diligentemente buscaron oír al que tenía experiencia de primera mano con el Señor Jesús.

Éfeso (cp. Hch 19.10) se encontraba dentro del centro intelectual de Asia Menor. Tal como había sido predicho años atrás por el apóstol Pablo (Hch 20.28–31), falsos maestros que se habían levantado de adentro, de las filas mismas de la iglesia, saturados con el clima prevaleciente de corrientes filosóficas, comenzaron a infectar a la iglesia con falsa doctrina, pervirtiendo la enseñanza apostólica fundamental. Estos falsos maestros promovían nuevas ideas, las cuales finalmente llegaron a conocerse como «gnosticismo» (de la palabra gr. «conocimiento»). Después de la batalla paulina por libertad de la ley, el gnosticismo era la herejía más peligrosa que amenazó a la iglesia primitiva durante los primeros tres siglos. Lo más probable es que Juan estuviera combatiendo los principios de esta terrible herejía que amenazaba destruir los fundamentos de la fe y las iglesias.

La herejía incluía dos formas básicas. En primer lugar, algunos afirmaban que el cuerpo físico de Jesús no era real, sino solo «parecía» ser físico (conocida como «Docetismo», de una palabra griega que quiere decir «aparecer»). Juan con fuerza afirmó la realidad física de Jesús al recordarle a sus lectores que él era un testigo ocular del Señor («oído», «visto», «palparon», «Jesucristo ha venido en carne», 1.1–4; 4.2, 3). De acuerdo a la tradición más antigua (Ireneo), otra forma de esta herejía la cual Juan pudo haber atacado era guiada por un hombre llamado Cerinto, quien contendía que el «espíritu» del Cristo descendió sobre el Jesús humano en su bautismo, pero lo dejó poco antes de su crucifixión. Juan escribió que el Jesús que fue bautizado al principio de su ministerio era la misma persona que fue crucificada en la cruz (5.6).

Tales posiciones herejes destruyen no solo la verdadera humanidad de Jesús, sino también la expiación, ya que Jesús no solo debió haber sido verdaderamente Dios, sino también verdaderamente hombre (y físicamente real), quien de hecho sufrió y murió en la cruz para ser el sacrificio aceptable y sustituto por el pecado (cp. He 2.14–17). La posición bíblica de Jesús afirma su humanidad completa como también su deidad total.

La idea gnóstica de que la materia era mala y solo el espíritu era bueno llevó a la idea de que el cuerpo debía ser tratado ásperamente, una forma de ascetismo (p. ej. Col 2.21–23), o el pecado cometido en el cuerpo no tenía relación o efecto en el espíritu de la persona. Esto llevó a algunos, especialmente a los oponentes de Juan, a concluir que el pecado cometido en el cuerpo físico no importaba; el desenfreno total en la inmoralidad era permisible; uno podía negar que el pecado incluso existiera (1.8–10) y menospreciar la ley de Dios (3.4). Juan

CRISTO EN... 1 JUAN

En esta epístola Juan combate la doctrina gnóstica que negaba la humanidad de Jesucristo. Juan proclama la identidad de Jesucristo como encarnación de Dios Hijo: «Éste es Jesucristo, que vino mediante agua y sangre» (5.6). Tal versículo describe la auténtica vida y muerte de Cristo como Hijo del Hombre.

enfatizó la necesidad de obedecer las leyes de Dios, ya que definió el verdadero amor de Dios como obediencia a sus mandamientos (5.3). (Vea «Respuestas a preguntas difíciles» con respecto a estos asuntos.)

Una falta de amor por otros creyentes caracteriza a los falsos maestros, especialmente al reaccionar en contra de cualquiera que rechaza su nueva manera de pensar (3.10–18). Ellos separaban a sus seguidores engañados de la comunión con aquellos que permanecían fieles a la enseñanza apostólica, llevando a Juan a responder que tal separación externamente manifestaba que los que seguían a falsos maestros carecían de salvación genuina (2.19). Su partida dejaba a los otros creyentes, quienes permanecían fieles a la doctrina apostólica, sacudidos. Respondiendo a esta crisis, el anciano apóstol escribió para reafirmar a aquellos que permanecían fieles y combatir esta grave amenaza en contra de la iglesia. Debido a que la herejía era tan peligrosa y el período de tiempo era tan crítico para la iglesia en peligro de ser abrumada por falsa enseñanza, Juan gentilmente, amorosamente, pero con autoridad apostólica incuestionable, envió esta carta a las iglesias en su esfera de influencia a fin de detener esta plaga de falsa doctrina que se estaba esparciendo.

PERSONAS DESTACADAS EN 1 JUAN

Juan: escribió para darles certeza a los creyentes sobre la verdad fundamental de la fe cristiana (1.1—5.21).

Jesús: Cristo es el Verbo de vida que se sacrificó a sí mismo y resucitó de entre los muertos para darles vida eterna a todos los que crean en él (1.1—5.20).

TEMAS HISTÓRICOS Y TEOLÓGICOS

A la luz de las circunstancias de la epístola, el tema general de 1 Juan es «otro llamado a los fundamentos de la fe» o un «regreso a los principios básicos del cristianismo». El apóstol lidia con certezas, no opiniones o conjeturas. Expresa la naturaleza absoluta del cristianismo en términos muy simples; términos que son claros y precisos, sin dejar duda alguna de la naturaleza fundamental de esas verdades. Un tono cálido, conversacional, y sobre todo amoroso es evidente, como el de un padre teniendo una conversación tierna, íntima con sus hijos.

Primera de Juan también es pastoral, escrita desde el corazón de un pastor que está preocupado por su congregación. Como un pastor, Juan comunicó a su rebaño algunos principios muy básicos, pero vitalmente esenciales, afianzándolos en los puntos básicos de la fe. Él deseaba que ellos tuvieran gozo con respecto a la certeza de su fe en lugar de ser turbados por la falsa enseñanza y las deserciones actuales de algunos (1.4).

No obstante, el punto de vista del libro no solo es pastoral, sino también polémico; no sólo positivo, sino también negativo. Juan refuta a los desertores con la sana doctrina, sin exhibir tolerancia alguna hacia aquellos que pervierten la verdad divina. Él llama a aquellos que dejan la verdad «falsos profetas» (4.1), «los que os engañan» (2.26; 3.7), y «anticristos» (2.18). Él identifica de manera incisiva la fuente definitiva de toda esa deserción de la sana doctrina como demoníaca (4.1–7).

La repetición constante de tres temas secundarios refuerza el tema general con respecto a la fidelidad a los elementos básicos del cristianismo: felicidad (1.4), santidad (2.1), y seguridad (5.13). Al ser fieles a lo básico, sus lectores experimentarán estos tres resultados continuamente en la vida de cada uno de ellos. Estos tres factores también revelan el ciclo clave de la verdadera espiritualidad en 1 Juan: una creencia apropiada en Jesús produce obediencia a sus mandamientos; la obediencia se manifiesta en amor a Dios y otros creyentes (p. ej. 3.23–24). Cuando estos tres (fe sana, obediencia, amor) operan juntos, resultan en felicidad, santidad y certeza. Constituyen la evidencia, la prueba clave, de un verdadero cristiano.

PRINCIPALES DOCTRINAS EN 1 JUAN

Fundamentos de la fe: la fe sana, la obediencia y el amor obran en conjunto para producir felicidad, santidad y certeza en las vidas de los creyentes (1.4, 9; 2.1, 3, 15; 4.4–6; 5.13; Sal 32.3–5; Pr 28.13; Jn 14.30; 16.11; Ro 6.12–14; 8.12, 13; 1 Co 15.34; Ef 4.32; Col 2.13).

Enseñanzas demoníacas: los falsos maestros negaban la humanidad de Jesucristo (2.18, 26; 3.7; 4.1–7; Is 53.3, 4; Mt 1.18; Lc 1.31; 1 Co 15.21; Gá 4.4; He 2.14–17; 2 Jn 1.7).

EL CARÁCTER DE DIOS EN 1 JUAN

Dios es fiel: 1.9

Dios es justo: 1.9

Dios es luz: 1.5

Dios es amoroso: 2.5; 3.1; 4.8–10, 12, 16, 19

Dios cumple sus promesas: 2.25
Dios es verdadero: 1.10; 5.10
Dios es uno: 5.7

Retos de interpretación

Los teólogos debaten la naturaleza precisa de las creencias de los falsos maestros en 1 Juan, porque Juan no especifica directamente sus creencias, sino que más bien combate a los herejes primordialmente a través de una reafirmación de los fundamentos de la fe. La característica principal de la herejía, como se notó arriba, parece ser una negación de la encarnación, esto es, Cristo no había venido en la carne. Lo más probable es que esta era una forma inicial o incipiente de gnosticismo, como fue señalado.

El intérprete también es desafiado por la rigidez de la teología de Juan. Juan presenta los puntos básicos o fundamentos de la vida cristiana en términos absolutos, no relativos. A diferencia de Pablo, quien presentó excepciones y lidió con tanta frecuencia con las fallas de los creyentes en satisfacer el estándar divino, Juan no lidia con los puntos de «qué si fracaso». Solo en el 2.1, 2 da algo de alivio de los absolutos. El resto del libro presenta verdades en blanco y negro en lugar de sombras grises frecuentemente a través de un fuerte contraste, esto es, «luz» vs. «oscuridad» (1.5, 7; 2.8–11); verdad vs. mentiras (2.21, 22; 4.1); hijos de Dios vs. hijos de Satanás (3.10). Aquellos que dicen ser cristianos deben desplegar de manera absoluta las características de los cristianos genuinos: sana

---

PALABRAS CLAVE EN

1 Juan

Pecado: en griego *hamartia* —1.7, 8; 3.4, 5, 8, 9; 5.16, 17— cuyo significado literal es «errar el blanco». Juan habla de un tipo de pecado del que uno puede recuperarse y de otro tipo del que no hay recuperación. Los lectores de Juan, a diferencia de los de nuestra época, aparentemente entendían la diferencia entre estos dos tipos de pecado. La enseñanza de esta epístola sugiere que quienes negaban la comunidad cristiana (2.18–19) para seguir enseñanzas de herejías y al «anticristo» eran irrecuperables. Su rebeldía y su negación de la verdadera identidad de Jesús (4.1–3) llevan al pecado sin arrepentimiento. Por último, su pecado produce muerte espiritual.

Abogado: en griego *parakletos* —2.1— significa «a quien llamamos a nuestro lado». El término griego hace referencia a la posición del que consuela, del abogado defensor. En Juan 14.26 y 15.26 se llama Consolador y Abogado de los creyentes al Espíritu Santo. El Espíritu Santo obra dentro de nosotros para consolarnos y ayudarnos así como también aboga por nosotros ante el Padre celestial (Ro 8.26, 27, 34).

---

doctrina, obediencia, y amor. Aquellos que verdaderamente han nacido de nuevo han recibido una nueva naturaleza, la cual da evidencia de sí misma. Aquellos que no despliegan las características de la nueva naturaleza no la tienen, y por lo tanto, nunca nacieron de nuevo. Los puntos no se centran (como tantos de los escritos de Pablo lo hacen) en mantener comunión temporal o diaria con Dios, sino en la aplicación de pruebas básicas en la vida de uno para confirmar que la salvación verdaderamente ha ocurrido. Tales distinciones absolutas también fueron características del Evangelio de Juan.

De una manera única, Juan desafía al intérprete por su repetición de temas similares una y otra vez para enfatizar las verdades básicas del verdadero cristianismo. Algunos han comparado la repetición de Juan a una espiral que se mueve hacia afuera, volviéndose más y más grande, esparciendo cada vez más la misma verdad sobre un área más amplia e incluyendo un mayor territorio. Otros han visto la espiral moviéndose hacia adentro, penetrando con mayor profundidad en los mismos temas mientras se expande en sus pensamientos. Sea cual sea la manera en la que uno vea el patrón de espiral, Juan usa la repetición de verdades básicas como un medio para acentuar su importancia y ayudar a sus lectores a entenderlas y recordarlas.

BOSQUEJO

I. **Las pruebas fundamentales de la comunión genuina: ESPIRAL I (1.1—2.17)**
   A. Las pruebas fundamentales de la doctrina (1.1—2.2)
      1. Una perspectiva bíblica de Cristo (1.1–4)
      2. Una perspectiva bíblica del pecado (1.4—2.2)
   B. Las pruebas fundamentales de la moralidad (2.3–17)
      1. Una perspectiva bíblica de la obediencia (2.3–6)
      2. Una perspectiva bíblica del amor (2.7–17)
         a. El amor que Dios requiere (2.7–11)
         b. El amor que Dios odia (2.12–17)

II. **Las pruebas fundamentales de la comunión genuina: ESPIRAL II (2.18—3.24)**
   A. Parte 2 de la prueba doctrinal (2.18–27)
      1. Los anticristos parten de la comunión cristiana (2.18–21)
      2. Los anticristos niegan la fe cristiana (2.22–25)
      3. Los anticristo engañan a los fieles cristianos (2.26–27)
   B. Parte 2 de la prueba moral (2.28—3.24)
      1. La esperanza purificadora del regreso del Señor (2.28—3.3)
      2. La incompatibilidad del cristiano con el pecado (3.4–24)
         a. El requisito de la justicia (3.4–10)
         b. El requisito del amor (3.11–24)

III. **Las pruebas fundamentales de la comunión genuina: ESPIRAL III (4.1–21)**
   A. Parte 3 de la prueba doctrinal (4.1–6)
      1. La fuente demoníaca de la falsa doctrina (4.1–3)
      2. La necesidad de la doctrina sana (4.4–6)
   B. Parte 3 de la prueba moral (4.7–21)
      1. La virtud del amor de Dios (4.7–10)
      2. El requisito del amor de Dios (4.11–21)

IV. **Las pruebas fundamentales de la comunión genuina: ESPIRAL IV (5.1–21)**
   A. La vida victoriosa en Cristo (5.1–5)
   B. El testimonio de Dios para Cristo (5.6–12)
   C. Certezas cristianas debido a Cristo (5.13–21)
      1. La certeza de la vida eterna (5.13)
      2. La certeza de la oración contestada (5.14–17)
      3. La certeza de la victoria sobre el pecado y Satanás (5.18–21)

Mientras tanto, en otras partes del mundo...

Los imperios de Roma y China se expanden y se acercan, separados solamente por los montes de Armenia y el mar Caspio.

RESPUESTAS A PREGUNTAS DIFÍCILES

1. ¿En qué nos ayuda 1 Juan a entender parte de la enseñanza destructiva que atacaba al cristianismo en el siglo I?

Pablo, Pedro y Juan debieron enfrentar las antiguas formas de un sistema de falsas enseñanzas que luego se conoció como gnosticismo. Ese término (que deriva de la palabra griega que significa «conocimiento») se refiere a la afirmación del gnóstico de que posee un conocimiento elevado, una verdad superior que solamente conocen los iniciados en los misterios profundos. El que era iniciado en este conocimiento místico de la verdad tenía una autoridad interna superior a las Escrituras. Ello dio como resultado una situación de caos en la que en vez de que la revelación divina juzgara las ideas del hombre, eran las ideas humanas las que juzgaban la revelación de Dios (1 Jn 2.15–17).

Filosóficamente la herejía se apoyaba en una distorsión del platonismo. Abogaba por un dualismo en el que la materia era intrínsecamente mala, en tanto el espíritu era bueno. Uno de los errores directos de esta herejía tenía que ver con atribuirle alguna forma de deidad a Cristo, pero negando su verdadera humanidad, supuestamente para preservarle de la maldad (que concluían tendría si en realidad hubiera venido en la carne). Esta teoría destruye no solo la verdadera humanidad de Jesús, sino la obra propiciatoria de Cristo en la que con su sufrimiento y muerte pagó por nuestros pecados. Jesús no solo tiene que haber sido verdaderamente Dios, sino también el hombre verdaderamente humano (físicamente real) que sufrió y murió en la cruz como sacrificio sustitutorio aceptable por nuestros pecados (He 2.14–17). La visión bíblica de Jesús afirma su completa humanidad así como su total deidad.

La herejía gnóstica, ya en tiempos de Juan, presentaba dos formas básicas: el docetismo y el error de Cerinto. El docetismo (de un término griego que significa «aparecer») afirmaba que el cuerpo físico de Jesús no era real, sino que solo parecía físico. Juan afirmó varias veces y con vehemencia la realidad física de Jesús. Les recordaba a sus lectores que él era testigo ocular de Cristo (oído, visto, contemplado, palpado: «Jesucristo ha venido en carne», 1 Jn 1.1–4; 4.2, 3). La otra forma del gnosticismo primitivo tenía por origen a Cerinto, según Ireneo, apologista de la iglesia primitiva. Cerinto enseñaba que el «espíritu» de Cristo descendió sobre el Jesús humano en su bautismo, pero que le abandonó poco antes de su crucifixión. Juan afirmaba que el Jesús que fue bautizado en los inicios de su ministerio era la misma persona que fuera crucificada en la cruz (1 Jn 5.6).

Juan no especifica directamente las antiguas creencias gnósticas, pero sus argumentos nos brindan claros indicios sobre sus objetivos. Además, Juan fue sabio al evitar ataques directos contra herejías que cambiaban cada tanto y al dar, en cambio, una reafirmación clara y puntual de las verdades básicas sobre Cristo que brindarían un fundamento atemporal, con respuestas a los cristianos de generaciones posteriores.

2. ¿Cuáles son los aspectos básicos innegociables de la fe que Juan presenta en 1 Juan?

Juan presenta los fundamentos básicos de la vida cristiana en términos absolutos. Juan reconoce la importancia del perdón y el rol de Cristo como Abogado cuando fallamos (1.8, 9; 2.1), pero sus marcados contrastes no dejan lugar a la negociación: «la luz» en contraposición a «las tinieblas» (1.5, 7; 2.8–11); la verdad en contraste con las mentiras (2.21, 22; 4.1); los hijos de Dios en contraste con los hijos del diablo (3.10). Los que afirman ser cristianos tienen que exhibir las características de los auténticos creyentes: sana doctrina, obediencia y amor. Estas distinciones absolutas también son típicas del Evangelio de Juan.

3. ¿Qué tiene que ver la confesión con el perdón en 1 Juan 1.9?

Los falsos maestros a los que Juan resistía tenían una característica en común con muchas personas de la era moderna. Andaban en oscuridad espiritual (en pecado), pero llegaban al punto de negar la existencia de la naturaleza pecaminosa en sus vidas. Si alguien jamás admite ser pecador, nunca habrá salvación como resultado (ver Mt 19.16–22 para conocer el relato del joven que se negaba a admitir su pecado). La confesión (admitir el pecado) es como abrir la mano para soltar un objeto. Cuando la mano está abierta ya puede recibir el perdón.

La continua confesión del pecado es indicación de la auténtica salvación. Aunque los falsos maestros no querían admitir su pecado, los cristianos auténticos lo reconocían y lo dejaban (Sal 32.3–5; Pr 28.13). El término *confesar* significa decir del pecado lo mismo que dice Dios, reconociendo su perspectiva sobre el pecado. La confesión del pecado caracteriza a los cristianos auténticos y Dios purifica continuamente a quienes se están confesando. En lugar de centrarse en la confesión por cada pecado, Juan piensa especialmente aquí en un reconocimiento continuo de que somos pecadores y necesitamos purificación y perdón (Ef 4.32; Col 2.13).

4. ¿Por qué no tenemos que amar al mundo (2.15)?

Aunque Juan repite a menudo la importancia del amor y que Dios es amor (4.7–8), también revela que Dios aborrece determinado tipo de amor: el amor al mundo (Jn 15.18–20). La ausencia de amor al mundo ha de caracterizar habitualmente la vida amorosa de quienes se consideran nacidos de nuevo. Del mismo modo, los cristianos aman a Dios y a los demás creyentes.

Amor aquí significa afecto y devoción. Es Dios, no el mundo, quien debe ocupar el primer lugar en la vida del cristiano (Mt 10.37–39; Fil 3.20). El término *mundo* no es en referencia al mundo físico y material, sino al sistema espiritual invisible del mal dominado por Satanás, y a todo lo que ofrece en oposición a Dios, su Palabra y su pueblo (5.19; Jn 12.31; 1 Co 1.21; 2 Co 4.4; Stg 4.4; 2 P 1.4).

5. ¿Cuáles son las cuatro razones que da Juan por las que los verdaderos cristianos no pueden pecar habitualmente (1 Jn 3.4–10)?

Este pasaje comienza con la frase «todo aquel que comete pecado» (versículo 4). «Comete» es la traducción de un verbo griego que transmite la idea de la práctica habitual. Aunque los cristianos auténticos tienen una naturaleza pecaminosa (1.8) y sí se comportan con pecado, al confesar el pecado (1.9; 2.1) y aceptar el perdón impiden que el pecado se convierta en un patrón continuo en sus vidas (Jn 8.31, 34–36; Ro 6.11; 2 Jn 9). Dios forma en el cristiano una conciencia creciente y determinada sobre el pecado que brinda cuatro razones efectivas por las que los verdaderos cristianos no pueden practicar el pecado de manera habitual: (1) los cristianos sinceros no pueden practicar el pecado porque este es incompatible con la ley de Dios, la que ellos aman (3.4; Sal 119.34, 77, 97; Ro 7.12, 22). La práctica habitual del pecado refleja la más grande rebeldía, el vivir como si no hubiera ley o ignorando las leyes que sí existen (Stg 4.17). (2) Los cristianos sinceros no pueden practicar el pecado porque este es incompatible con la obra de Cristo (3.5). Cristo murió para santificar al creyente (2 Co 5.21; Ef 5.25–27). El pecado habitual contradice la obra de Cristo que rompe el dominio del pecado en la vida del creyente (Ro 6.1–15). (3) El cristiano sincero no puede practicar el pecado porque Cristo vino para destruir las obras del pecador más consumado, que es Satanás (3.8). El diablo sigue operando, pero ha sido derrotado y en Cristo escapamos a su tiranía. Llegará el día en que cesará en el universo toda actividad de Satanás y será enviado al infierno por toda la eternidad (Ap 20.10). (4) El cristiano sincero no puede practicar el pecado porque el pecado es incompatible con el ministerio del Espíritu Santo que ha impartido una naturaleza nueva al creyente (3.9; Jn 3.5–8). Esta nueva naturaleza huye del pecado y refleja el carácter habitual de la justicia y la rectitud que produce el Espíritu Santo (Gá 5.22–24).

Otros temas de estudio en 1 Juan

1. ¿Qué enseñó Juan con respecto a la confesión y el perdón en el primer capítulo?
2. La carta de Juan incluye cinco razones específicas por las que los cristianos aman (4.7–21). ¿Cuáles son?
3. ¿En qué modo usó Juan a Caín como ejemplo en su carta?
4. Según Juan, ¿por qué es imposible amar a Dios y odiar al prójimo?
5. ¿Cómo aplica usted en su vida la declaración de «amamos porque él nos amó primero»?

2 JUAN
Lección de hospitalidad

TÍTULO

El título de la epístola es «2 Juan». Es la segunda en una serie de tres epístolas que llevan el nombre del apóstol Juan. Segunda y Tercera de Juan presentan la aproximación más cercana en el NT a la forma de la carta convencional del mundo grecorromano contemporáneo, debido a que fueron dirigidas de un individuo a individuos. Segunda y Tercera de Juan son las epístolas más cortas en el NT, cada una de ellas contiene menos de trescientas palabras griegas. Cada carta podía caber en una sola hoja de papiro (cp. 3 Jn 13).

AUTOR Y FECHA

El autor es el apóstol Juan. Él se describe a sí mismo en 2 Juan 1 como «el anciano», lo cual expresa la edad avanzada del apóstol, su autoridad y estatus durante el período de fundación del cristianismo, cuando él estaba involucrado con el ministerio de Jesús. La fecha precisa de la epístola no puede ser determinada. Debido a que la manera de ordenar las palabras, tema y circunstancias de 2 Juan se aproximan mucho a 1 Juan (v. 5 [cp. 1 Jn 2.7; 3.11]; v. 6 [cp. 1 Jn 5.3]; v. 7 [cp. 1 Jn 2.18–26]; v. 9 [cp. 1 Jn 2.23]; v. 12 [cp. 1 Jn 1.4]), con toda probabilidad Juan compuso la carta al mismo tiempo o poco después de 1 Juan, ca. 90–95 D.C., durante su ministerio en Éfeso en la última parte de su vida.

CONTEXTO HISTÓRICO

Segunda de Juan lidia con el mismo problema que 1 Juan (vea 1 Juan: «Contexto histórico»). Falsos maestros influenciados por los comienzos del pensamiento gnóstico estaban amenazando a la iglesia (v. 7; cp. 1 Jn 2.18, 19, 22, 23; 4.1–3). La diferencia estratégica es que mientras que 1 Juan no tiene un individuo o iglesia específica a quien fue dirigida, 2 Juan tiene un grupo local particular o casa-iglesia en mente (v. 1).

El enfoque de 2 Juan es que los falsos maestros estaban conduciendo un ministerio itinerante entre las congregaciones de Juan, buscando convertir a personas, y abusando de la hospitalidad cristiana para extender su causa (vv. 10, 11; cp. Ro 12.13; He 13.2; 1 P 4.9). El individuo a quien se dirige en la salutación (v. 1) sin saberlo o sin ser sabio pudo haber estado mostrando a estos falsos profetas hospitalidad, o Juan pudo haber temido que los falsos maestros tratarían de aprovecharse de su bondad (vv. 10, 11). El apóstol advierte seriamente a sus lectores en contra de mostrar hospitalidad a tales engañadores (vv. 10, 11). Aunque su exhortación puede aparecer en la superficie como áspera o no amorosa, la naturaleza altamente peligrosa de su enseñanza justificaba tales acciones, especialmente debido a que amenazaba destruir los cimientos mismos de la fe (v. 9).

PERSONAS DESTACADAS EN 2 JUAN

Juan: apóstol de Jesús que escribía para destacar la importancia de la comunión y la hospitalidad cristianas (vv. 1–13).

La señora elegida: conocida de Juan, creyente (v. 1).

Los hijos de la señora: referencia a los hijos e hijas de la señora elegida (v. 1).

Temas históricos y teológicos

El tema general de 2 Juan es un paralelo cercano del tema de 1 Juan, de «otro llamado a los fundamentos de la fe» o un «regreso a los principios básicos del cristianismo» (vv. 4–6). Para Juan, los elementos básicos del cristianismo están resumidos por adherencia a la verdad (v. 4), el amor (v. 5), y la obediencia (v. 6).

No obstante, el apóstol expresa un tema adicional, pero relacionado en 2 Juan: «las guías bíblicas para la hospitalidad». No solo deben adherirse los cristianos a los fundamentos de la fe, sino que la hospitalidad amorosa que se les manda (Ro 12.13) debe ser discriminante. La base de la hospitalidad debe ser el amor común a la verdad y el interés en ella, y los cristianos deben de compartir su amor dentro de los confines de esa verdad. No son llamados a una aceptación universal de

> # Cristo en... 2 Juan
>
> DE MANERA SIMILAR A 1 JUAN, el apóstol destaca la verdad básica de la identidad de Cristo (versículos 7 al 11). Negar la humanidad de Cristo es desconocer el sufrimiento físico y el sacrificio que soportó Cristo para redimir del pecado al mundo. «Porque muchos engañadores han salido por el mundo, que no confiesan que Jesucristo ha venido en carne. Quien esto hace es el engañador y el anticristo. Mirad por vosotros mismos, para que no perdáis el fruto de vuestro trabajo, sino que recibáis galardón completo» (vv. 7–8).

cualquier persona que diga ser un creyente. El amor debe discernir. La hospitalidad y la bondad deben estar enfocadas en aquellos que se están apegando a los fundamentos de la fe. De otra manera, los cristianos pueden de hecho ayudar a aquellos que están tratando de destruir esas verdades básicas de la fe. La doctrina sana debe servir como la prueba de comunión y la base de separación entre aquellos que profesan ser cristianos y aquellos que de hecho lo son (vv. 10, 11; cp. Ro 16.17; Gá 1.8, 9; 2 Ts 3.6, 14; Tit 3.10).

Principales doctrinas en 2 Juan

Comunión cristiana: la sana doctrina tiene que servir de prueba de la comunión y de base para separar a los que dicen ser cristianos de quienes en realidad lo son (vv. 9–11; Ro 16.17; Gá 1.8, 9; 2 Ts 3.6, 14; Tit 3.10).

Fundamentos de la fe: se resumen los puntos básicos del cristianismo mediante la adhesión a la verdad, el amor y la obediencia (vv. 4–6; Jn 13.34, 35; 14.15, 21; 15.10, 12, 17; 1 Ts 2.19, 20; 1 Jn 2.7–11; 3.11; 4.7–12).

El carácter de Dios en 2 Juan

Dios es amoroso: 1.6

Dios es verdad: 1.1–2

Retos de interpretación

Segunda de Juan permanece en antítesis directa al clamor frecuente por el ecumenismo y la unidad cristiana entre creyentes. El amor y la verdad son inseparables en el cristianismo. La verdad siempre debe guiar el ejercicio del amor (cp. Ef 4.15). El amor debe permanecer de pie ante la prueba de la verdad. La lección principal de este libro es que la verdad determina los límites del amor, y como consecuencia, de la unidad. Vea «Respuestas a preguntas difíciles» con respecto a este asunto.

La referencia a la «señora elegida y a sus hijos» (v. 1) debe ser entendida en un sentido normal, claro, refiriéndose a una mujer en particular y a sus hijos en lugar de ser interpretada en un sentido no literal como una iglesia y su membresía. De la misma manera, la referencia a «los hijos de tu hermana la elegida» (v. 13) debe ser entendido como una referencia a las sobrinas o sobrinos del individuo a quien se hace referencia en el versículo 1, en lugar de tomarse metafóricamente en referencia a una iglesia hermana y su membresía. En estos versículos, Juan expresa saludos a conocidos personales a quien ha llegado a conocer a través de su ministerio.

Bosquejo

    I. La base de la hospitalidad cristiana (1–3)
    II. La conducta de la hospitalidad cristiana (4–6)
    III. Los límites de la hospitalidad cristiana (7–11)
    IV. Las bendiciones de la hospitalidad cristiana (12, 13)

Respuestas a preguntas difíciles

Mientras tanto, en otras partes del mundo...

La mayor parte del norte de Alemania sigue ocupada por los bárbaros. Sin embargo, Roma invade y conquista parte de la Selva Negra, ubicada entre el Rin y el Danubio.

1. ¿Por qué le interesaba tanto a Juan la confesión de que «Jesucristo ha venido en carne» (v. 7)?

El propósito de Juan era fortalecer a los cristianos para que pudieran resistir la marea de herejías que se levantaba en contra de la iglesia. De las falsas enseñanzas, gran parte conformaba una forma primitiva de gnosticismo, (Para más sobre la herejía, ver 1 Juan: «Respuestas a preguntas difíciles».)

La idea gnóstica de que la materia era mala y solo el espíritu era bueno llevaba a la noción de que había que tratar duramente al cuerpo (Col 2.21–23) o de que el pecado cometido en el cuerpo no tenía relación ni efecto sobre el espíritu de la persona. Es decir, que la falsa enseñanza buscaba abrir una brecha entre el cuerpo y el alma. Es por ello que el gnosticismo sostenía que Jesús no podía haber sido Dios y hombre al mismo tiempo.

El resultado de este error en la enseñanza se complicó cuando algunos, que incluían a los que se oponían a Juan, llegaron a la conclusión de que los pecados cometidos en el cuerpo físico no tenían importancia. Era permisible la absoluta indulgencia en lo inmoral. Uno podía incluso negar que existía el pecado (1 Jn 1.8–10) e ignorar la ley de Dios (1 Jn 3.4).

Como defensa contra esta herejía, Juan elevó la confesión de que Jesucristo había venido «en carne» (versículo 7). Lo que los cristianos hacen en su vida física tiene relación directa con lo que hacen en su vida espiritual. Juan hacía énfasis en la necesidad de la obediencia a las leyes de Dios, porque definía el verdadero amor a Dios como obediencia a sus mandamientos (1 Jn 5.3). Jesús, con su vida humana, ofrecía el perfecto ejemplo de ese tipo de amor.

2. ¿En qué aspectos afecta la enseñanza de Juan acerca de la verdad y el amor a lo que hoy se habla sobre la unidad cristiana (vv. 4–6)?

La enseñanza de Juan es una antítesis directa del frecuente clamor por la aceptación incondicional y la unidad entre los creyentes. El amor y la verdad son inseparables en el cristianismo. La verdad siempre tiene que guiar al ejercicio del amor (Ef 4.5). El amor debe pasar la prueba de la verdad. La lección principal de la segunda epístola de Juan es que la verdad determina los límites del amor y, como consecuencia, los límites de la unidad. Por ello, tiene que existir la verdad antes de que el amor pueda unir, puesto que la verdad genera amor (1 P 1.22). Cuando alguien negocia la verdad, se destruyen el verdadero amor cristiano y la unidad. Solo existe un sentimiento poco emocional donde la verdad no es el fundamento de la unidad.

OTROS TEMAS DE ESTUDIO EN 2 JUAN

1. ¿En qué forma destacó Juan el tema del amor a lo largo de su breve epístola?
2. ¿Cómo destaca Juan la importancia de la verdad?
3. ¿Por qué incluye advertencias Juan en esta carta?
4. ¿Qué consejo positivo ofrece Juan sobre las relaciones cristianas?

3 JUAN

Al servicio de los siervos del Señor

TÍTULO

El título de la epístola es «3 Juan». Es la tercera en una serie de tres epístolas que llevan el nombre del apóstol Juan. Tercera y Segunda de Juan presentan la aproximación más cercana en el NT a la forma de la carta convencional del mundo grecorromano contemporáneo, debido a que son dirigidas de un individuo a individuos. Tanto 2 como 3 Juan son las epístolas más cortas en el NT, cada una de las cuales contiene menos de trescientas palabras griegas, de tal manera que cada carta podía caber en una sola hoja de papiro (cp. v. 13).

AUTOR Y FECHA

El autor es el apóstol Juan. Él se describe a sí mismo en el v. 1 como «el anciano», lo cual expresa la edad avanzada del apóstol, su autoridad y estatus de testigo ocular, especialmente durante el período de fundación del cristianismo, cuando él estaba involucrado con el ministerio de Jesús (cp. 2 Jn 2.1). La fecha precisa de la epístola no puede ser determinada. Debido a que la estructura, estilo y vocabulario se aproximan mucho a 2 Juan (v. 1 [2 Juan 1]; v. 4 [cp. 2 Jn 4]; v. 13 [cp. 2 Jn 12]; v. 14 [cp. 2 Jn 12]), lo más probable es que Juan compuso la carta al mismo tiempo o poco después de 2 Juan, ca. 90–95 D.C. Al igual que con 1 y 2 Juan, el apóstol probablemente compuso la carta durante su ministerio en Éfeso en la última parte de su vida.

CONTEXTO HISTÓRICO

Tercera de Juan es probablemente la carta más personal de las tres epístolas de Juan. Mientras que 1 Juan parece ser una carta general dirigida a congregaciones dispersas a lo largo de Asia Menor, y 2 Juan fue enviada a una dama y su familia (2 Juan 1), en 3 Juan el apóstol claramente nombra al destinatario único como «Gayo, el amado» (v. 1). Esto hace de la epístola una de las pocas cartas en el NT dirigidas estrictamente a un individuo (cp. Filemón). El nombre «Gayo» era muy común en el primer siglo (p. ej., Hch 19.29; 20.4; Ro 16.23; 1 Co 1.14), pero nada se conoce de este individuo más allá de la salutación de Juan de la cual se infiere que era un miembro de una de las iglesias que estaban bajo la supervisión espiritual de Juan.

> ### CRISTO EN... 3 JUAN
>
> A DIFERENCIA DE 1 Y 2 JUAN, 3 JUAN no menciona directamente el nombre de Jesucristo. Pero en el versículo 7 Juan dice que los misioneros «salieron por amor del nombre de él» (ver Ro 1.5). La verdad del sacrificio de Cristo en la cruz sigue siendo la base para la difusión de las buenas nuevas a todos los pueblos.

Al igual que con 2 Juan, 3 Juan se enfoca en el asunto básico de la hospitalidad, pero desde una perspectiva diferente. Mientras que 2 Juan advierte en contra de mostrar hospitalidad a los falsos maestros (2 Jn 7–11), 3 Juan condena la falta de hospitalidad mostrada a los ministros fieles de la Palabra (vv. 9, 10). Hubo reportes que regresaron al apóstol de que maestros itinerantes conocidos y aprobados por él (vv. 5–8) habían viajado a cierta congregación en donde se les había rehusado la hospitalidad (esto es, albergue y provisión) por influencia de un individuo llamado Diótrefes, quien dominaba la asamblea (v. 10). Diótrefes fue aun más allá de eso, ya que también calumnió verbalmente al apóstol Juan con acusaciones malignas y excluyó a cualquiera de la asamblea que se atrevía a desafiarlo (v. 10).

En contraste, Gayo, un amado amigo del apóstol y fiel seguidor de la verdad (vv. 1–4), extendió el estándar correcto de hospitalidad cristiana a los ministros itinerantes. Juan escribió para reconocer el tipo de hospitalidad mostrado por Gayo a representantes dignos del evangelio (vv. 6–8) y para condenar las acciones soberbias de Diótrefes (v. 10). El apóstol prometió corregir la situación personalmente y envió la carta a través de un individuo llamado Demetrio, a quien felicitó por su buen testimonio entre los hermanos (vv. 10–12).

> ## PALABRAS CLAVE EN
> # 3 Juan
>
> **Iglesia**: en griego *ekklesia* —versículos 6, 9, 10— cuyo significado literal es «asamblea». En la literatura griega secular el término describía cualquier reunión de personas para un evento o asunto importante. Los autores del NT usaron la palabra para referirse a la asamblea local de creyentes o al cuerpo mundial de creyentes. Juan utiliza *ekklesia* en dos formas: «la iglesia» en el versículo 6 se refiere al grupo de creyentes en general, mientras que «la iglesia» de los versículos 9 y 10 tiene que ser una iglesia local determinada. En tiempos bíblicos los cristianos de cada ciudad estaban organizados bajo un grupo de ancianos (ver Hch 14.23; 15.2, 4; 20.17–18; Tit 1.5). En cada ciudad había varias «asambleas» de creyentes que se reunían en distintos hogares, ellas componían la iglesia local.

PERSONAS DESTACADAS EN 3 JUAN

Juan: escribió para elogiar a Gayo por su generosa hospitalidad (vv. 1—14).

Gayo: único destinatario de la carta de Juan; miembro de una de las iglesias que estaban bajo supervisión espiritual de Juan (v. 1).

Diótrefes: miembro de la iglesia que se centraba en sí mismo y le gustaba tener el primer lugar (vv. 9, 10).

Demetrio: siervo fiel, excelente modelo de rol en la iglesia (v. 12).

TEMAS HISTÓRICOS Y TEOLÓGICOS

El tema de 3 Juan es el reconocimiento de los estándares apropiados de hospitalidad cristiana y la condenación por no seguir esos estándares.

PRINCIPALES DOCTRINAS DE 3 JUAN

La hospitalidad: debe extenderse a los fieles ministros de la Palabra (vv. 9, 10; Gn 14.18; 18.3–8; Éx 2.20; 1 S 9.22; 2 R 6.22, 23; Job 31.32; Is 58.7; Lc 14.13, 14; Ro 12.13, 20; 1 Ti 3.2; 5.10; Tit 1.8; He 13.2; 1 P 4.9).

EL CARÁCTER DE DIOS EN 3 JUAN

Dios es bueno: versículo 11

RETOS DE INTERPRETACIÓN

Algunos piensan que Diótrefes quizá fue un maestro hereje o por lo menos favorecido por los falsos maestros que fueron condenados por 2 Juan. No obstante, la epístola no da evidencia clara para apoyar tal conclusión, especialmente debido a que uno podría esperar que Juan hubiera

Mientras tanto, en otras partes del mundo...
Policarpo, discípulo de Juan, tal vez ya estuviera ministrando en Esmirna.

mencionado las posiciones herejes de Diótrefes. La epístola indica que sus problemas se centraban alrededor de la arrogancia y desobediencia, lo cual es un problema para el ortodoxo al igual que el hereje.

BOSQUEJO

    I. El reconocimiento: Con respecto a la hospitalidad cristiana (1–8)
    II. La condenación: Con respecto a violar la hospitalidad cristiana (9–11)
    III. La conclusión: Con respecto a la hospitalidad cristiana (12–14)

RESPUESTAS A PREGUNTAS DIFÍCILES

1. ¿Qué parámetros de la hospitalidad cristiana encontramos en 3 Juan?

Juan anima y aconseja en cuanto a la hospitalidad. Por cierto, creía que los cristianos debían ser hospitalarios en una manera que fuera digna de Dios (v. 6). Ante todo, los cristianos tienen que ser hospitalarios con quienes tienen motivos puros. Los describe como misioneros itinerantes que salían «por amor del nombre de él» (v. 7; Ro 1.5). Su ministerio era para gloria de Dios, no la propia. En segundo lugar, los cristianos tienen que ser hospitalarios con quienes no ministran por hacer dinero. Estos misioneros lo hacían «sin aceptar nada de los gentiles» (v. 7), por lo que la iglesia era su único sustento. Y tercero, cuando los cristianos son hospitalarios participan del ministerio de aquellos a quienes albergan en sus casas (v. 8).

2. ¿Por qué estaba tan molesto Juan por esta persona llamada Diótrefes en su tercera carta?

Juan menciona a Diótrefes en su carta a Gayo como ejemplo del efecto negativo que causa un líder que contradice la enseñanza de Jesús sobre la relación entre líderes y siervos en la iglesia (Mt 20.20–28; Fil 2.5–11; 1 Ti 3.3; 1 P 5.3) y que viola los parámetros de la hospitalidad que se requiere de los cristianos. Juan destaca al menos seis errores en la conducta de Diótrefes, como consejo y advertencia para los demás:

- Quería protagonismo (deseaba siempre tener el primer lugar, v. 9).
- Rechazaba la autoridad de Juan y, por ende, la autoridad de la Palabra de Dios al negarse a recibir la carta de Juan (v. 9).
- Juan acusa a Diótrefes de parlotear (es un término que transmite la idea de que alguien dice tonterías, v. 10).
- Diótrefes decía «palabras malignas» contra él (sus falsas acusaciones contra Juan también eran malignas, v. 10).
- «No recibe a los hermanos» (era hostil contra otros cristianos, v. 10).

- E incluso «los expulsa de la iglesia» (excomulgaba a los que se resistían a su autoridad, v. 10).

Otros temas de estudio en 3 Juan

1. ¿Qué cosas se destacan en la tercera carta de Juan?
2. ¿Por qué es importante la hospitalidad cristiana?
3. ¿Qué características personales creaban problemas en la iglesia a la que Juan dirigió su carta?
4. ¿Por qué acciones y características elogió a Gayo y Demetrio?
5. ¿Cuál ha sido su experiencia más memorable en cuanto a la hospitalidad cristiana como huésped o anfitrión?

JUDAS

Perfil de un apóstata

TÍTULO

Judas, que se traduce «Judá» en hebreo y «Judas» en griego, fue titulada de acuerdo al nombre de su autor (v. 1), uno de los cuatro medio hermanos de Cristo (Mt 13.55; Mr 6.3). Como el cuarto libro más corto del NT (Flm, 2 Jn y 3 Jn son más cortos), Judas es la última de ocho epístolas generales. Judas no cita el AT directamente, pero hay por lo menos nueve referencias obvias al mismo.

AUTOR Y FECHA

Aunque Judas era un nombre común en Palestina (por lo menos ocho son nombrados en el NT), el autor de Judas generalmente ha sido aceptado como Judas, el medio hermano de Cristo. Se debe diferenciar del apóstol Judas, el hermano de Jacobo (Lc 6.16; Hch 1.13). Varias líneas de pensamiento llevan a esta conclusión: (1) la apelación de Judas a ser el «hermano de Jacobo», el líder del concilio de Jerusalén (Hch 15) y otro medio hermano de Jesús (v. 1; cp. Gá 1.19); (2) la salutación de Judas es similar a la de Santiago (cp. Stg 1.1); y (3) el hecho de que Judas no se identifica a sí mismo como apóstol (v. 10), sino que más bien distingue entre sí mismo y los apóstoles (v. 17).

La apostasía doctrinal y moral discutida por Judas (vv. 4–18) es un paralelo cercano de la de 2 Pedro (2.1—3.4), y se cree que la escritura de Pedro estableció la fecha de Judas por varias razones: (1) 2 Pedro espera la venida de los falsos maestros (2 P 2.1, 2; 3.3), mientras que Judas lidia con su llegada (vv. 4, 11, 12, 17, 18); y (2) Judas cita directamente de 2 P 3.3 y reconoce que es de un apóstol (vv. 17, 18). Debido a que no se hizo mención alguna de la destrucción de Jerusalén en el 70 D.C. por parte de Judas, aunque es muy probable que Judas vino después de 2 Pedro (ca. 68–70 D.C.), fue casi ciertamente escrita antes de la destrucción de Jerusalén. Aunque Judas no viajó en viajes misioneros con otros hermanos y sus esposas (1 Co 9.5), es muy probable que escribiera desde Jerusalén. La audiencia exacta de creyentes con quienes Judas mantuvo correspondencia es desconocida, pero parece ser judía a la luz de sus ilustraciones. Sin duda alguna escribió a una región recientemente plagada por falsos maestros.

> ## CRISTO EN... JUDAS
>
> JUDAS ABRE SU ATAQUE CONTRA LA APOSTASÍA dirigiéndose a los creyentes, «a los llamados, santificados en Dios Padre, y guardados en Jesucristo» (v. 1). Cristo mantiene a resguardo a los creyentes para la vida eterna, lo cual no es el destino de los apóstatas, pues ellos son condenados. Judas concluye su carta animando a los creyentes en el poder de Cristo, y proclama a Jesús como «aquel que es poderoso para guardaros sin caída, y presentaros sin mancha delante de su gloria con gran alegría» (v. 24).

Aunque Judas había rechazado a Jesús como el Mesías en el pasado (Jn 7.1–9), él, junto con otros medio hermanos de nuestro Señor, se convirtió después de la resurrección de Cristo

(Hch 1.14). Debido a su relación con Jesús, su conocimiento como testigo ocular del Cristo resucitado y el contenido de esta epístola, la misma fue reconocida como inspirada e incluida en el canon muratorio (170 D.C.). Las preguntas antiguas acerca de su canonicidad también tienden a apoyar que fue escrita después de 2 Pedro. Si Pedro hubiera citado a Judas, no habría habido pregunta alguna acerca de la canonicidad, debido a que Pedro entonces le habría dado a Judas afirmación apostólica. Clemente de Roma (ca. 96 D.C.) y Clemente de Alejandría (ca. 200 D.C.) también hicieron referencia a la autenticidad de Judas. Su tamaño diminuto y las citas de Judas de escritos no inspirados responden a cualquier pregunta no apropiada acerca de su canonicidad.

CONTEXTO HISTÓRICO

Judas vivió en un tiempo en el que el cristianismo estaba bajo un ataque político severo por parte de Roma y la infiltración espiritual agresiva por parte de apóstatas parecidos a gnósticos y libertinos que sembraban la semilla para una cosecha gigantesca de error doctrinal. Podría ser que esto precediera al gnosticismo abierto, el cual el apóstol Juan confrontaría más de veinticinco años más tarde en sus epístolas. A excepción de Juan, quien vivió al cierre del siglo, todos los demás apóstoles habían sido martirizados, y se pensaba que el cristianismo era extremadamente vulnerable. De esta manera, Judas llamó a la iglesia a pelear, en medio de una intensa batalla espiritual, por la verdad.

PERSONAS DESTACADAS EN JUDAS

Judas: medio hermano de Jesús que había rechazado su condición de Mesías y se convirtió después de la resurrección (1.1–25).

Jacobo o Santiago: hermano de Judas; reconocido líder de la iglesia de Jerusalén y autor del libro de Santiago (1.1).

TEMAS HISTÓRICOS Y TEOLÓGICOS

Judas es el único libro del NT enfocado exclusivamente en confrontar la «apostasía», lo cual quiere decir una deserción de la fe bíblica verdadera (vv. 3, 17). Los apóstatas son descritos en otros lugares en 2 Tesalonicenses 2.10; Hebreos 10.29; 2 Pedro 2.1–22; 1 Juan 2.18–23. Él escribió para condenar a los apóstatas y alentar a los creyentes a contender por la fe. Llamó al discernimiento por parte de la iglesia y a una defensa rigurosa de la verdad bíblica. Siguió los ejemplos antiguos de: (1) Cristo (Mt 7.15 en adelante; 16.6–12; 24.1 en adelante; Ap 2; 3); (2) Pablo (Hch 20.29, 30; 1 Ti 4.1; 2 Ti 3.1–5; 4.3, 4); (3) Pedro (2 P 2.1, 2; 3.3, 4); y (4) Juan (1 Jn 4.1–6; 2 Jn 6–11).

Judas está repleta de ilustraciones históricas del AT las cuales incluyen: (1) el Éxodo (v. 5); (2) la rebelión de Satanás (v. 6); (3) Sodoma y Gomorra (v. 7); (4) la muerte de Moisés (v. 9); (5) Caín (v. 11); (6) Balaam (v. 11); (7) Coré (v. 11); (8) Enoc (vv. 14, 15); y (9) Adán (v. 14).

Judas también describe de una manera vívida a los apóstatas en términos de su estado espiritual y actividades inconcientes (vv. 4, 8, 10, 16, 18, 19). Además, utilizó ejemplos de la naturaleza para ilustrar la futilidad de sus enseñanzas (vv. 12, 13). Mientras que Judas nunca comentó acerca del contenido específico de sus falsas enseñanzas, fue suficiente demostrar que la vida personal degenerada de cada uno de ellos y el ministerio sin fruto mostraban sus intentos por enseñar un error como si fuera verdad. Este énfasis en el estado espiritual repite el tema constante con respecto a los falsos maestros, su corrupción personal. Mientras que su enseñanza es inteligente, sutil, engañosa, atractiva y entregada en muchísimas formas, la manera común de reconocerlos es ver detrás de sus fachadas espirituales falsas y comprobar la vida impía de ellos (2 P 2.10, 12, 18, 19).

PRINCIPALES DOCTRINAS EN JUDAS

Apostasía: apartarse de la fe bíblica y verdadera (vv. 3, 4, 8, 10, 16–19; 2 Ts 2.10; He 10.29; 2 P 2.1–22; 1 Jn 2.18–23).

EL CARÁCTER DE DIOS EN JUDAS

Dios es glorioso: versículos 24, 25

Dios está lleno de gracia: versículo 4

Dios juzga: versículos 5, 6, 14, 15

Dios es Señor: versículo 4

Dios es amoroso: versículos 1–3, 21

Dios es sabio: versículo 25

RETOS DE INTERPRETACIÓN

Debido a que no hay asuntos doctrinales discutidos, los retos de esta carta tienen que ver con la interpretación en el proceso normal de discernir el significado del texto. Judas cita de fuentes no canónicas, pseudopígrafas (esto es, el autor mismo no fue el que se nombró en su título) para apoyar sus puntos. Tales fuentes son el *libro de Enoc* (v. 14) y la *Asunción de Moisés* (v. 9). ¿Fue esto acepta-

Perfil de un apóstata

1. Impío (v. 4)
2. Moralmente pervertido (v. 4)
3. Niega a Cristo (v. 4)
4. Contamina la carne (v. 8)
5. Rebelde (v. 8)
6. Maldice a los ángeles santos (v. 8)
7. Soñador (v. 10)
8. Ignorante (v. 10)
9. Corrompido (v. 10)
10. Murmurador (v. 16)
11. Busca faltas (v. 16)
12. Busca intereses personales (v. 16)
13. Habla arrogantemente (v. 16)
14. Lisonjero (v. 16)
15. Burlador (v. 18)
16. Causa división (v. 19)
17. Piensa en términos mundanos (v. 19)
18. Sin el Espíritu (v. 19)

ble? Debido a que Judas estaba escribiendo bajo la inspiración del Espíritu Santo (2 Ti 3.16; 2 P 1.20, 21) e incluyó material que era preciso y verdadero en sus afirmaciones, él no hizo algo diferente de Pablo (cp. Hch 17.28; 1 Co 15.33; Tit 1.12).

BOSQUEJO

I. Deseos de Judas (1, 2)

II. Declaración de guerra en contra de los apóstatas (3, 4)

III. Resultado condenador de los apóstatas (5–7)

IV. Denuncia de los apóstatas (8–16)

V. Defensas en contra de los apóstatas (17–23)

VI. Doxología de Judas (24, 25)

Mientras tanto, en otras partes del mundo...

Entrada triunfal de Vespasiano a Roma, adoptado como nuevo emperador por el senado.

RESPUESTAS A PREGUNTAS DIFÍCILES

1. Judas cita libros que no están en la Biblia. ¿Eso les da un valor especial a esos libros?

Judas cita específicamente dos libros que no son de la Biblia: *1 Enoc* (v. 14) y la *Asunción de Moisés* (v. 9). No se sabe quiénes fueron los autores de esos libros. Judas hace referencia a ellos para ilustrar su mensaje, como respaldo de lo que transmite.

Los cristianos sostienen que Judas escribió bajo inspiración del Espíritu Santo (2 Ti 3.16; 2 P 1.20, 21) utilizando material preciso y verdadero en sus afirmaciones. Su uso del material extrabíblico ha sido selectivo, sin la intención de dar autoridad especial a esos textos. Pablo hizo algo parecido al citar a autores que no eran bíblicos o hacer referencia a sus textos (Hch 17.28; 1 Co 15.33; Tit 1.12).

2. ¿A qué se refiere Judas al decir «la fe que ha sido una vez dada a los santos» (v. 3)?

Judas se refiere a toda la verdad revelada de la salvación que contienen las Escrituras (Gá 1.23; Ef 4.5, 13; Fil 1.27; 1 Ti 4.1). Aquí, y más adelante en el versículo 20, Judas describe un conjunto fijo de verdades reveladas espiritualmente que puede llamarse sana doctrina (Ef 4.14; Col 3.16; 1 P 2.2; 1 Jn 2.12–14), utilizada para ejercitar el discernimiento, distinguiendo así la verdad del error (1 Ts 5.20–22), y efectiva para confrontar y atacar al error (2 Co 10.3–5; Fil 1.17, 27; 1 Ti 1.18; 6.12; 2 Ti 1.13; 4.7, 8; Tit 1.13).

La revelación de Dios fue dada una vez como unidad, al completarse las Escrituras, y no ha de editarse omitiendo o agregando nada (Dt 4.2; 12.32; Pr 30.6; Ap 22.18, 19). Las Escrituras son completas, suficientes, y se han terminado, por lo cual son valederas para todos los tiempos y todas las épocas. No ha de añadirse nada al cuerpo de la Palabra inspirada (2 Ti 3.16, 17; 2 P 1.19–31), porque no se necesita nada más.

3. ¿Por qué se llama «doxología» a los últimos versículos de Judas?

La palabra doxología no aparece en la Biblia, pero es un término antiguo que hace referencia a pasajes especiales que expresan una gran alabanza a Dios. La primera parte de la palabra, *doxa*, significa «gloria», y la segunda, *logos*, es «palabra» en griego. Estos términos en Judas dan forma a la gloria de Dios en su mayor expresión. Son comparables a otros espléndidos ejemplos que hallamos en el NT (Ro 11.33–36; 16.25–27; 2 Co 13.14; He 13.20, 21).

La doxología de Judas incluye a los cristianos de manera muy poderosa, destacando lo que Dios puede hacer por ellos y que nadie más puede hacer. Judas hace énfasis en su tema de la salvación, animando a los creyentes a saber con confianza que Cristo los protegería de la apostasía de su época.

OTROS TEMAS DE ESTUDIO EN JUDAS

1. ¿De qué modo se describe Judas a sí mismo en relación con su hermano Jacobo y su medio hermano Jesús? ¿Por qué es eso importante?
2. ¿Qué figuras y hechos de la historia bíblica utilizó Judas como base para sus advertencias?
3. ¿Cómo describe Judas a los falsos maestros?
4. ¿Qué significa la palabra *apostasía* y de qué modo caracteriza Judas al apóstata?
5. ¿Qué aspectos específicos de nuestra relación con Dios por medio de Cristo se destacan en la doxología de los versículos 24 y 25?

Apocalipsis
El juicio final

Título

A diferencia de la mayoría de los libros de la Biblia, Apocalipsis contiene su propio título: «El Apocalipsis de Jesucristo» (1.1). «Apocalipsis» (gr., *apokalupsis*) quiere decir «un descubrimiento», «una revelación» o «una apertura». En el NT, esta palabra describe la revelación de la verdad espiritual (Ro 16.25; Gá 1.12; Ef 1.17; 3.3), la revelación de los hijos de Dios (Ro 8.19), la encarnación de Cristo (Lc 2.32), y su gloriosa aparición en su segunda venida (2 Ts 1.7; 1 P 1.7). En todos sus usos, «revelación» se refiere a algo o alguien, una vez escondido, volviéndose visible. Lo que este libro revela o descubre es a Jesucristo en gloria. Verdades acerca de Él y su victoria final, a las que el resto de las Escrituras simplemente hacen referencia, se vuelven claramente visibles a través de la revelación de Jesucristo (vea «Temas históricos y teológicos»). Esta revelación le fue dada a Él por Dios el Padre, y fue comunicada al apóstol Juan por un ángel (1.1).

Autor y fecha

Cuatro veces el autor se identifica a sí mismo como Juan (1.1, 4, 9; 22.8). La tradición antigua lo identificó de manera unánime como Juan el apóstol, autor del cuarto Evangelio y tres epístolas. Por ejemplo, testigos importantes del siglo segundo del hecho de que el apóstol Juan fue el autor incluyen a Justino Mártir, Ireneo, Clemente de Alejandría y Tertuliano. Muchos de los lectores originales del libro aún estaban vivos durante la vida de Justino Mártir e Ireneo, ambos de los cuales sostuvieron que un apóstol lo había escrito.

Hay diferencias en estilo entre Apocalipsis y los otros escritos de Juan, pero son insignificantes y no excluyen que el mismo hombre sea el autor de ambos. De hecho, hay algunos paralelos impactantes entre Apocalipsis y las otras obras de Juan. Solo el Evangelio de Juan y Apocalipsis se refieren a Jesucristo como el Verbo (19.13; Juan 1.1). Apocalipsis (1.7) y el Evangelio de Juan (19.37) traducen Zacarías 12.10 de una manera diferente a la Septuaginta, pero en acuerdo la una con la otra. Solo Apocalipsis y el Evangelio de Juan describen a Jesús como el Cordero (5.6, 8; Jn 1.29); ambas describen a Jesús como un testigo (cp. 1.5; Jn 5.31, 32).

Apocalipsis fue escrito en la última década del primer siglo (ca. 94–96 d.c.), cerca del fin del reinado del emperador Domiciano (81–96 d.c.). Aunque algunos lo fechan durante el reinado de Nerón (54–68 d.c.), sus argumentos no son convincentes y están en conflicto con la posición de la iglesia primitiva. Escribiendo en el segundo siglo, Ireneo declaró que Apocalipsis había sido escrito hacia el final del reinado de Domiciano. Escritores que vivieron después tales como Clemente de Alejandría, Orígenes, Victorino (quien escribió uno de los comentarios más antiguos de Apocalipsis), Eusebio y Jerónimo afirmaron la fecha domiciana.

El declive espiritual de las siete iglesias (caps. 2, 3) también apoya la fecha tardía. Esas iglesias eran fuertes y estaban espiritualmente sanas a mediados de los años 60, cuando Pablo ministró por última vez en Asia Menor. El breve período de tiempo entre el ministerio de Pablo ahí y el final del reinado de Nerón fue demasiado corto para que tal declive hubiera ocurrido. El período de tiempo más largo también explica el surgimiento de la secta hereje conocida como los nicolaítas (2.6, 15), quienes no son mencionados en las cartas de Pablo, ni siquiera a una o más de estas mismas iglesias (Efesios). Finalmente, fechando Apocalipsis durante el reinado de Nerón no da tiempo para que el ministerio de Juan en Asia Menor alcanzara el punto en el que las autoridades habrían sentido la necesidad de exiliarlo.

Contexto histórico

Apocalipsis comienza con Juan, el último apóstol que sobrevivía y un hombre de edad, en exilio en la pequeña isla estéril de Patmos, localizada en el Mar Egeo al suroeste de Éfeso. Las autoridades romanas lo habían expulsado ahí debido a su predicación fiel del evangelio (1.9). Mientras estaba en Patmos, Juan recibió una serie de visiones que establecieron la historia futura del mundo.

Cuando fue arrestado, Juan estaba en Éfeso, ministrando a la iglesia y en las ciudades circunvecinas. Buscando fortalecer aquellas congregaciones, él ya no podía ministrar en persona y, siguiendo el mandato divino (1.11), dirigió Apocalipsis a ellas (1.4). Las iglesias habían

Las siete iglesias

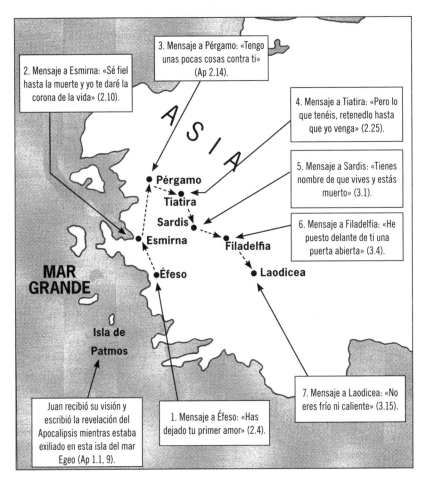

Las siete iglesias de Apocalipsis

Elogio	Crítica	Instrucción	Promesa
Éfeso (2.1–7)			
Rechaza el mal, persevera, tiene paciencia.	Su amor por Cristo ya no es ferviente.	Haz las obras que hiciste al principio.	El árbol de la vida.
Esmirna (2.8–11)			
Soporta el sufrimiento con gracia.	Ninguna.	Sé fiel hasta la muerte.	La corona de la vida.
Pérgamo (2.12–17)			
Mantiene la fe de Cristo.	Toleraba la inmoralidad, la idolatría y las herejías.	Arrepiéntete.	Maná escondido y una piedra con un nuevo nombre.
Tiatira (2.18–29)			
Amor, servicio, fe y paciencia, más que al principio.	Tolera los cultos idólatras y la inmoralidad.	Llegará el juicio; mantengan la fe.	Gobernarán las naciones y recibirán la estrella de la mañana.
Sardis (3.1–6)			
Algunos mantienen la fe.	Es una iglesia muerta.	Arrepiéntanse y fortalezcan lo que queda.	Honrará a los fieles y los vestirá de blanco.
Filadelfia (3.7–13)			
Persevera en la fe.	Ninguna.	Mantengan la fe.	Un lugar en la presencia de Dios, un nuevo nombre y la nueva Jerusalén.
Laodicea (3.14–22)			
Ninguno.	Indiferente.	Condúzcanse con celo y arrepiéntanse.	Participarán del trono de Cristo.

comenzado a sentir los efectos de la persecución; por lo menos un hombre, probablemente un pastor, ya había sido martirizado (2.13), y Juan mismo había sido exiliado. Pero la tormenta de la persecución estaba a punto de irrumpir en furia total sobre las siete iglesias tan queridas para el corazón del apóstol (2.10). A esas iglesias, Apocalipsis proveyó un mensaje de esperanza: Dios está en control soberano de todos los acontecimientos de la historia humana y aunque frecuentemente el mal parece haber inundado todo y los hombres impíos aparentan ser todopoderosos, su condenación definitiva es cierta. Cristo vendrá en gloria para juzgar y gobernar.

PERSONAS DESTACADAS EN APOCALIPSIS

Juan: apóstol de Jesucristo que recibió de un ángel la revelación de Jesucristo (1.1, 4, 9; 22.8).

Jesús: el revelado Hijo de Dios que volverá para reclamar a su pueblo (1.1—22.21).

TEMAS HISTÓRICOS Y TEOLÓGICOS

Debido a que es primordialmente profético, Apocalipsis contiene poco material histórico, fuera del que se encuentra en los caps. 1—3. Las siete iglesias a quienes las cartas fueron dirigidas eran iglesias que existían en Asia Menor (Turquía moderna). Aparentemente, fueron seleccionadas porque Juan había ministrado en ellas.

Apocalipsis es en primer lugar y sobre cualquier otra cosa una revelación de Jesucristo (1.1). El libro lo muestra como el Hijo de Dios glorificado ministrando entre las iglesias (1.10 en adelante), como «el testigo fiel, el primogénito de los muertos, y el soberano de los reyes de la tierra» (1.5), como «el Alfa y la Omega, principio y fin» (1.8), como «el que es y que era y que ha de venir, el Todopoderoso»

> ## CRISTO EN... APOCALIPSIS
>
> EN EL ÚLTIMO LIBRO DE LA BIBLIA, JESÚS se revela a sí mismo triunfante, como el Todopoderoso (1.8); el Alfa y la Omega (1.8; 21.6); el principio y el fin (1.8; 21.6). Otras voces del libro de Apocalipsis proclaman a Jesucristo como el León de la tribu de Judá (5.5); heredero del trono de David (5.5); Cordero de Dios (5.6—22.3), Palabra de Dios (19.13); Rey de reyes y Señor de señores (19.16).

so» (1.8), como el Primero y el Último (1.11), como el Hijo del Hombre (1.13), como el que estaba muerto, pero que ahora vive por los siglos de los siglos (1.18), como el Hijo de Dios (2.18), como el que es Santo y Verdadero (3.7), como «el Amén, el testigo fiel y verdadero, el principio de la creación de Dios» (3.14), como el León de la tribu de Judá (5.5), como el Cordero en el cielo, con autoridad para abrir el título de propiedad de la tierra (6.1 en adelante), como el Cordero que está en el trono (7.17), como el Mesías que reinará para siempre (11.15), como el Verbo de Dios (19.13), como el Rey de reyes y Señor de señores majestuoso, regresando en esplendor glorioso para conquistar a sus enemigos (19.11 en adelante), y como «la raíz y el linaje de David, la estrella resplandeciente de la mañana» (22.16).

Muchos otros ricos temas teológicos encuentran expresión en Apocalipsis. La iglesia es advertida del pecado y exhortada a la santidad. Los vívidos retratos de Juan de adoración en el cielo tanto exhortan como instruyen a los creyentes. En pocos otros libros de la Biblia es el ministerio de los ángeles tan preeminente. La contribución teológica primordial de Apocalipsis es a la escatología, esto es, la doctrina de las últimas cosas. En él aprendemos acerca de: la organización política final del mundo; la última batalla de la historia humana; la carrera y derrota definitiva del anticristo; el reino de 1.000 años de Cristo; las glorias del cielo y el estado eterno; y el estado final de los impíos y los justos. Finalmente, solo Daniel es un rival de este libro al declarar que Dios providencialmente gobierna sobre los reinos de los hombres y cumplirá sus propósitos soberanos independientemente de la oposición humana o demoníaca.

PRINCIPALES DOCTRINAS DE APOCALIPSIS

Revelación: se revela la verdadera identidad y obra salvadora de Jesucristo (1.1—22.21; Is 11.5; 53.1–11; Sof 9.9; Lc 1.35; Jn 1.1–14; 7.18; Hch 4.27; 2 Co 8.9; Fil 2.8; 1 Ts 5.24; He 1.9; 1 Jn 5.20).

Santidad: se advierte a la iglesia contra el pecado y se la exhorta a ser santa (22.11; Lv 11.45; 19.2; 20.7; Sal 24.3, 4; Ro 8.29; 12.1; Ef 5.1, 8; Col 3.12; He 12.14; 1 P 1.15, 16; 1 Jn 2.6).

Adoración: Dios es digno de adoración y alabanza de parte del ser humano (4.10, 11; 5.12; 2 S 22.44; Sal 22.23; 50.23; 96.2; 145.3; Ez 3.12; Dn 2.20; Mt 2.1, 2, 11; 28.16, 17; Jn 4.20–24; 9.30–38; Lc 1.68, 69; He 1.6; Jud 1.25).

Escatología: la doctrina de las últimas cosas (4.1—22.21).

EL CARÁCTER DE DIOS EN APOCALIPSIS

Dios es eterno: 4.8–10; 16.5

Dios es glorioso: 4.8; 15.4; 21.27

Dios es justo: 19.2

Dios es poderoso: 4.11; 5.13; 11.17

Dios es justo y recto: 16.5, 7; 19.2

Dios es verdadero: 15.3; 16.7

Dios se aíra: 6.17; 11.18; 16.6, 7; 19.15

PALABRAS CLAVE EN

Apocalipsis

Hades: en griego *hadēs* —1.18; 6.8; 20.13, 14— cuyo significado literal es «el lugar de lo que no se ve». El término griego es traducción de la palabra hebrea *sheol* y describe el mundo invisible de los muertos. Todos los que mueren van al Hades en el sentido de que la muerte lleva del mundo visible al invisible. Por eso puede utilizarse de manera indistinta «muerte» y «Hades». Por desdicha, muchas personas relacionan equivocadamente al Hades con el infierno, lugar del castigo eterno. Pero en griego, infierno es *gehenna* (ver Mr 9.43–45). Si bien todos iremos al Hades algún día, podemos evitar el infierno si creemos en la obra salvadora de Jesucristo.

Todopoderoso: en griego *pantokratōr* —1.8; 4.8; 11.17; 15.3; 16.7, 14; 19.15; 21.22— textualmente «el que tiene poder sobre todas las cosas», es decir, aquel que lo controla todo. Dios comanda todas las huestes poderosas en el cielo y en la tierra, y es capaz de vencer a todos sus enemigos. El título *Todopoderoso* aparece con frecuencia en Apocalipsis, ya que este libro revela el control potente y terrible de Dios sobre el universo y toda la historia.

Diablo; Satanás: en griego *diabolos* (2.10; 12.9, 12; 20.2, 10), «vituperador», y Satanás (20.2, 7), «adversario». El término *diabolos* hace referencia a alguien que acusa a otra persona y de allí, el nombre de «acusador de nuestros hermanos» (ver 12.10). El nombre Satanás significa aquel que está al acecho o que se prepara para oponerse a otro. Estos nombres y otros del mismo espíritu pecaminoso señalan diferentes características de su maldad y engañosa operación.

Nueva Jerusalén: en griego *Ierousalēm kainē* (3.12; 21.2, 10). La nueva Jerusalén que viene del cielo claramente es distinta de la Jerusalén terrenal, antigua capital de Israel. Esta es la ciudad que buscaba Abraham, ciudad construida y formada por Dios (He 11.10). Es la ciudad que hoy mismo existe en el cielo, ya que Pablo la llama la Jerusalén de arriba (Gá 4.26).

El Alfa y la Omega: en griego *to Alpha kai to Ō* (1.8, 11; 21.6; 22.13). Primera y última letra del alfabeto griego. La frase se utiliza tanto para Dios Padre como para Dios Hijo. Dios en Cristo lo abarca todo, todo lo que hay entre Alfa y Omega, además de que es el principio y el fin. Expresa la plenitud de Dios, que todo lo abarca e incluye. Él es el Origen de todas las cosas y llevará todas las cosas a su final designado.

RETOS DE INTERPRETACIÓN

Ningún otro libro del NT presenta retos de interpretación más serios y difíciles que Apocalipsis. Los retratos vívidos del libro y el impactante simbolismo han producido cuatro enfoques de interpretación principales:

El enfoque *preterista* interpreta Apocalipsis como una descripción de los acontecimientos del primer siglo en el Imperio Romano (vea «Autor y fecha»). Esta posición está en conflicto con la declaración frecuentemente repetida del libro de ser profecía (1.3; 22.7, 10, 18, 19). Es imposible ver todos los acontecimientos en Apocalipsis como si ya hubieran sido cumplidos. La segunda venida de Cristo, por ejemplo, obviamente no se llevó a cabo en el primer siglo.

El enfoque *historicista* ve Apocalipsis como una perspectiva panorámica de la historia de la iglesia desde los tiempos apostólicos hasta el presente, viendo en el simbolismo acontecimientos tales como las invasiones bárbaras de Roma, el surgimiento de la iglesia católica romana (como también de los diferentes papas), el surgimiento del islam, y la revolución francesa. Este método de interpretación despoja a Apocalipsis de cualquier significado para aquellos a quienes fue escrito. También ignora los límites de tiempo que el libro mismo coloca en los acontecimientos que están por cumplirse (cp. 11.2; 12.6, 15; 13.5). El historicismo ha producido muchas interpretaciones diferentes, y que frecuentemente están en conflicto, de los acontecimientos históricos contenidos en Apocalipsis.

El enfoque *idealista* interpreta Apocalipsis como una muestra eterna de la lucha cósmica que existe entre las fuerzas del bien y del mal. En esta posición, el libro no contiene ni referencias históricas, ni profecía predictiva. Esta posición también ignora la naturaleza profética de Apocalipsis y, si es llevada a su conclusión lógica, aísla al libro de cualquier relación con los acontecimientos históricos. Apocalipsis entonces se convierte solamente en una colección de historias diseñadas para enseñar una verdad espiritual.

El enfoque *futurista* insiste en que los acontecimientos de los caps. 6—22 aún son futuros, y que esos capítulos literal y simbólicamente muestran a personas y acontecimientos reales que están por aparecer en la escena mundial. Describe los acontecimientos que rodean a la segunda venida de Jesucristo (caps. 6—19), el milenio y el juicio final (cap. 20), y el estado eterno (caps. 21, 22). Solo esta posición trata a Apocalipsis de manera coherente con la declaración del libro mismo de ser profecía e interpreta el libro por el mismo método gramático-histórico como los caps. 1—3 y el resto de las Escrituras.

BOSQUEJO

I. **Las cosas que has visto (1.1–20)**
   A. El prólogo (1.1–8)
   B. La visión del Cristo glorificado (1.9–18)
   C. La comisión del apóstol a escribir (1.19, 20)

II. **Las cosas que son (2.1—3.22)**
   A. La carta a la iglesia en Éfeso (2.1–7)
   B. La carta a la iglesia en Esmirna (2.8–11)
   C. La carta a la iglesia en Pérgamo (2.12–17)
   D. La carta a la iglesia en Tiatira (2.18–29)
   E. La carta a la iglesia en Sardis (3.1–6)
   F. La carta a la iglesia en Filadelfia (3.7–13)
   G. La carta a la iglesia en Laodicea (3.14–22)

III. **Las cosas que han de ser después de estas (4.1—22.21)**
   A. Adoración en el cielo (4.1—5.14)
   B. La gran tribulación (6.1—18.24)
   C. El regreso del Rey (19.1–21)
   D. El milenio (20.1–10)
   E. El juicio del gran trono blanco (20.11–15)
   F. El estado eterno (21.1—22.21)

Mientras tanto, en otras partes del mundo...

Clemente I es obispo de Roma (88–97 A.D.). El emperador Trajano expande el Imperio Romano a su mayor superficie histórica (98–117 A.D.).

Respuestas a preguntas difíciles

1. ¿Qué sabemos de estas siete iglesias a las que Juan les escribió sus cartas?

Apocalipsis 2.1—3.22 incluye siete cartas que el Señor Jesús le dictó a Juan. Cada una de esas iglesias exhibe una característica destacada que o bien agradaba o desagradaba al Señor. Se nombra a las iglesias por la ciudad en la que se hallaban: Éfeso, Esmirna, Pérgamo, Tiatira, Sardis, Filadelfia, Laodicea. Aunque estas siete iglesias eran reales e históricas de Asia menor, también representan los tipos de iglesia que existen de manera permanente a lo largo de la era eclesial. Lo que Cristo les dice a estas iglesias tiene relevancia en todas las épocas (ver «Contexto histórico» para más información sobre las siete iglesias).

2. ¿Significa Apocalipsis 3.20 que Cristo está llamando a la puerta de la vida de cada persona para que le abran?

En vez de considerar la interpretación común de que Cristo llama a la puerta del corazón de las personas, el contexto exige que digamos que Cristo buscaba entrar en esta iglesia que llevaba su nombre, pero que no tenía ni un solo creyente sincero. La conmovedora carta a la iglesia de Laodicea era la «llamada» de Cristo. Si uno solo de sus miembros reconocía su deterioro espiritual y respondía con fe salvadora, Cristo entraría en la iglesia.

3. ¿Qué es la «tribulación» y cómo encaja con el libro de Apocalipsis?

La tribulación se refiere a ese período de siete años que sigue inmediatamente al momento en que la iglesia es llevada de la tierra (Jn 14.1–3; 1 Ts 4.13–18), en que los juicios de Dios caerán sobre un mundo que no quiere creer (Jer 30.7; Dn 9.27; 12.1; 2 Ts 2.7–12; Ap 16), y cuyo final será el regreso de Cristo en gloria a la tierra (Mt 24.27–31; 25.31–46; 2 Ts 2.7–12).

En el libro de Apocalipsis la extensa sección de 6.1 a 19.21 detalla los juicios y hechos del tiempo de la tribulación desde sus inicios —con la apertura del primer al séptimo sello, las trompetas, las copas de los juicios de Dios— hasta el regreso de Cristo para destruir a los impíos (19.11–21). En Apocalipsis (11.2, 3; 12.6, 14; 13.5) se calcula el paso del tiempo durante este período. La segunda mitad del período de siete años se llama «gran tribulación» en Apocalipsis 7.14.

4. ¿Por qué se le presta tanta atención al número 666?

Los números en las Escrituras tienen importancia en dos aspectos: (1) hablan de la precisión de Dios y (2) representan ciertas ideas recurrentes. El número 666 aparece en Apocalipsis 13.18, donde no se destaca el significado del número en sí mismo, por lo que la especulación sobre lo que quiere decir tiene que ser limitada y cautelosa.

El número representa la esencia del hombre. El número 6 no llega a ser el número perfecto de Dios, que es el 7, y así apunta a la imperfección humana. El anticristo, el humano más poderoso que llegue a conocer el mundo, igual será un hombre, un 6. Lo más elevado del poder humano y demoníaco es un 6, y no es perfecto como lo es Dios. La repetición del número tres veces pone énfasis en la identidad del hombre. Es imperfecto por demás, no casi perfecto. Cuando al fin se revele el anticristo habrá alguna forma de identificarlo con este número básico, o su nombre bien puede equivaler numéricamente a 666. En muchos idiomas, incluyendo el hebreo, el griego y el latín, las letras del alfabeto se usaban para representar números.

Más allá de estas observaciones básicas, el texto revela muy poco sobre el significado del 666. Por ello no es sabio ni sensato especular más allá de lo que nos brinda la Palabra de Dios.

5. ¿Por qué dice «Aleluya» la multitud de Apocalipsis 19.1–6?

La palabra es transliterada de un término hebreo que aparece solo cuatro veces en el NT, siempre en este capítulo (vv. 1, 3, 4, 6). La exclamación significa: «Alabado sea el Señor» y la encontramos varias veces en el AT (Sal 104.35; 105.45; 106.1; 111.1; 112.1; 113.1; 117.1; 135.1; 146.1).

En el caso de esta gran multitud reunida en el cielo, hay cinco razones para que repitan el grito de «¡Aleluya, alabado sea el Señor!».

- Alaban a Dios por librar a su pueblo de sus enemigos (vv. 1, 2).
- Alaban a Dios por hacer justicia (v. 2).
- Alaban a Dios por aplastar definitivamente la rebeldía humana (v. 3).
- Alaban a Dios por su soberanía (v. 6).
- Alaban a Dios por su comunión (por estar) con su pueblo (v. 7).

6. ¿Qué es el milenio y cómo encaja en Apocalipsis?

Apocalipsis 20 incluye seis menciones de un reino que durará mil años (vv. 2–7). Hay tres opiniones principales en cuanto a la naturaleza y duración de este período:

El *premilenialismo* considera que se trata de un período de mil años en sentido literal en el que Jesucristo, cumpliendo numerosas profecías del AT (2 S 7.12–16; Sal 2; Is 11.6–12; 24.23; Os 3.4, 5; Jl 3.9–21; Am 9.8–15; Mi 4.1–8; Sof 3.14–20; Sof 14.1–11) y enseñanzas de Jesús mismo (Mt 24.29–31, 36–44), reinará sobre la tierra. Utilizando los mismos principios generales de interpretación para pasajes proféticos y no proféticos por igual, naturalmente uno llega al premilenialismo. La opinión cuenta con el fuerte respaldo del hecho de que muchas profecías bíblicas ya se han cumplido y por ello sugiere que las profecías futuras se cumplirán en sentido literal de la misma manera.

Los que se adhieren al *premilenialismo postribulación* afirman que Cristo regresará al término de una gran tribulación de siete años para establecer un reino de mil años. Este reino terminará con una rebelión de las fuerzas del mal y el juicio final. Esta teoría suele interpretar la profecía de manera no literal; además, no ve a Israel y a la iglesia como objetos de planes divinos históricos completamente diferentes. Más bien, Israel y la iglesia forman un solo pueblo de Dios. Los premilenialistas de los dos tipos adoptan la perspectiva «futurista» del libro de Apocalipsis.

El *postmilenialismo* entiende la referencia al período de mil años como tan solo un símbolo de una era dorada de justicia y prosperidad espiritual. Comenzará con la difusión del evangelio durante nuestra era de la iglesia y se completará con el regreso de Cristo. Según esta teoría las referencias al reinado de Cristo en la tierra describen principalmente su reino espiritual en los corazones de los creyentes de la iglesia.

El *amilenialismo* entiende los mil años como meramente símbolo de un largo período de tiempo. Esta teoría interpreta las profecías del AT de un milenio como ya cumplidas espiritualmente en la iglesia (sea en la tierra o en el cielo) o como referencias al estado eterno.

En resumen, no hay nada en el texto que lleve directamente a la conclusión de que «mil años» es un símbolo. Jamás se usa en las Escrituras el término año con un número sin un sentido literal. El peso de la evidencia bíblica apunta a la posición premilenialista.

OTROS TEMAS DE ESTUDIO EN APOCALIPSIS

1. ¿Qué declara Apocalipsis acerca de su propósito?
2. ¿Cuáles son las siete iglesias a las que les escribe Juan y qué comentarios hace Jesús en cuanto a cada una?
3. ¿De qué modo ilustra Apocalipsis la soberanía de Dios?
4. A lo largo del libro de Apocalipsis, ¿qué le pasa a la persona que sigue confiando en Cristo?
5. Según el capítulo 20, ¿qué pasará en el último juicio?
6. ¿De quiénes son los nombres registrados en el libro de la vida y por qué se registran?

Estudio panorámico de
TEOLOGÍA

Las Santas Escrituras

Enseñamos que la Biblia es la revelación escrita de Dios al hombre, y de esta manera los sesenta y seis libros de la Biblia que nos han sido dados por el Espíritu Santo constituyen la Palabra de Dios plenaria (inspirada en todas sus partes por igual) (1 Co 2.7–14; 2 P 1.20–21).

Enseñamos que la Palabra de Dios es una revelación objetiva, proposicional (1 Ts 2.13; 1 Co 2.13), verbalmente inspirada en cada palabra (2 Ti 3.16), absolutamente inerrante en los documentos originales, infalible y exhalada por Dios. Enseñamos la interpretación literal, gramatical-histórica de las Escrituras, la cual afirma la creencia de que los capítulos de apertura de Génesis presentan la creación en seis días literales (Gn 1.31; Éx 31.17).

Enseñamos que la Biblia constituye la única norma infalible de fe y práctica (Mt 5.18; 24.35; Jn 10.35; 16.12–13; 17.17; 1 Co 2.13; 2 Ti 3.15–17; He 4.12; 2 P 1.20–21).

Enseñamos que Dios habló en su Palabra escrita mediante un proceso doble de autores. El Espíritu Santo guió de tal manera a los autores humanos que, a través de sus personalidades individuales y diferentes estilos de escritura, compusieron y escribieron la Palabra de Dios para el hombre (2 P 1.20–21) sin error en el todo o en la parte (Mt 5.18; 2 Ti 3.16).

Enseñamos que, mientras que puede haber varias aplicaciones de algún pasaje en particular de las Escrituras, no hay más que una interpretación verdadera. El significado de las Escrituras debe ser encontrado al aplicar de manera diligente el método de interpretación literal gramatical-histórico bajo la iluminación del Espíritu Santo (Jn 7.17; 16.12–15; 1 Co 2.7–15; 1 Jn 2.20). La responsabilidad de los creyentes consiste en estudiar para llegar a la verdadera intención y el significado de las Escrituras, reconociendo que la aplicación apropiada es obligatoria para todas las generaciones. Sin embargo, la verdad de las Escrituras defiende una posición en la que juzga a los hombres, quienes nunca están en una posición de juzgarla a ella.

Dios

Enseñamos que no hay más que un Dios vivo y verdadero (Dt 6.4; Is 45.5–7; 1 Co 8.4), un Espíritu infinito, que todo lo sabe (Jn 4.24), perfecto en todos sus atributos, uno en esencia, existiendo eternamente en tres Personas: Padre, Hijo y Espíritu Santo (Mt 28.19; 2 Co 13.14), mereciendo adoración y obediencia cada uno por igual.

Dios el Padre

Enseñamos que Dios el Padre, la primera persona de la Trinidad, ordena y dispone todas las cosas de acuerdo a su propósito y gracia (Sal 145.8–9; 1 Co 8.6). Él es el Creador de todas las cosas

(Gn 1.1–31; Ef 3.9). Como el único Gobernante absoluto y Omnipotente en el universo, Él es soberano en la creación, providencia y redención (Sal 103.19; Ro 11.36). Su paternidad involucra tanto su designación dentro de la Trinidad como su relación con la humanidad. Como el Creador, Él es Padre de todos los hombres (Ef 4.6), pero únicamente es el Padre espiritual de los creyentes (Ro 8.14; 2 Co 6.18). Él ha determinado para su propia gloria todas las cosas que suceden (Ef 1.11). Él continuamente sostiene, dirige y gobierna a todas las criaturas y todos los acontecimientos (1 Cr 29.11). En su soberanía no es ni el autor del pecado ni quien lo aprueba (Hab 1.13; Jn 8.38–47), ni tampoco anula la responsabilidad de criaturas morales e inteligentes (1 P 1.17). En su gracia ha escogido desde la eternidad pasada a aquellos a quienes ha determinado que sean suyos (Ef 1.4–6); salva del pecado a todos los que vienen a Él por medio de Jesucristo; y se convierte, al adoptarlos, en Padre de los suyos (Jn 1.12; Ro 8.15; Gá 4.5; He 12.5–9).

DIOS EL HIJO

Enseñamos que Jesucristo, la segunda persona de la Trinidad, posee todos los atributos divinos y en estos es igual a Dios, consubstancial y coeterno con el Padre (Jn 10.30; 14.9).

Enseñamos que Dios el Padre creó de acuerdo a su propia voluntad a través de su Hijo, Jesucristo, por medio de quien todas las cosas continúan existiendo y operando (Jn 1.3; Col 1.15–17; He 1.2).

Enseñamos que en la encarnación (Dios hecho hombre), Cristo rindió o hizo a un lado únicamente las prerrogativas de la deidad, pero nada de la esencia divina, ni en grado ni en tipo. En su encarnación, la segunda persona de la Trinidad, existiendo eternamente, aceptó todas las características esenciales del ser humano y de esta manera se volvió el Dios-hombre (Fil 2.5–8; Col 2.9).

Enseñamos que Jesucristo representa a la humanidad y deidad en una unidad indivisible (Mi. 5.2; Jn 5.23; 14.9–10; Col 2.9).

Enseñamos que nuestro Señor Jesucristo nació de una virgen (Is 7.14; Mt 1.23, 25; Lc 1.26–35); que Él era Dios encarnado (Jn 1.1, 14); y que el propósito de la encarnación fue revelar a Dios, redimir a los hombres y gobernar sobre el reino de Dios (Sal 2.7–9; Is 9.6; Jn 1.29; Fil 2.9–11; He 7.25–26; 1 P 1.18–19).

Enseñamos que en la encarnación la segunda persona de la Trinidad hizo a un lado su derecho a todas las prerrogativas de coexistencia con Dios y se atribuyó una existencia apropiada a un siervo, mientras que nunca se despojó de sus atributos divinos (Fil 2.5–8).

Enseñamos que nuestro Señor Jesucristo llevó a cabo nuestra redención por medio del derramamiento de su sangre y de su muerte sacrificial en la cruz, y que su muerte fue voluntaria, vicaria, sustituta, propiciatoria y redentora (Jn 10.15; Ro 3.24–25; 5.8; 1 P 2.24).

Enseñamos que debido a que la muerte de nuestro Señor Jesucristo fue eficaz, el pecador que cree es liberado del castigo, la paga, el poder y un día de la presencia misma del pecado; y que él es declarado justo, se le otorga vida eterna y es adoptado en la familia de Dios (Ro 3.25; 5.8–9; 2 Co 5.14–15; 1 P 2.24; 3.18).

Enseñamos que nuestra justificación es asegurada por su resurrección literal y física de los muertos y que Él ahora, después de haber ascendido, está a la diestra del Padre, donde ahora es nuestro Mediador como Abogado y Sumo Sacerdote (Mt 28.6; Lc 24.38–39; Hch 2.30–31; Ro 4.25; 8.34; He 7.25; 9.24, 1 Jn 2.1).

Enseñamos que en la resurrección de Jesucristo de la tumba, Dios confirmó la deidad de su Hijo y demostró que Dios ha aceptado la obra expiatoria de Cristo en la cruz. La resurrección corporal de Jesús también es la garantía de una vida de resurrección futura para todos los creyentes (Jn 5.26–29; 14.19; Ro 1.4; 4.25; 6.5–10; 1 Co 15.20–23).

Enseñamos que Jesucristo regresará para llevarse a la iglesia, la cual es su cuerpo, en el arrebatamiento, y al regresar con su iglesia en gloria, establecerá su reino milenario en la tierra (Hch 1.9–11; 1 Ts 4.13–18; Ap 20).

Enseñamos que el Señor Jesucristo es aquel a través de quien Dios juzgará a toda la humanidad (Jn 5.22–23):

    a.   Creyentes (1 Co 3.10–15; 2 Co 5.10)
    b.   Habitantes de la tierra que estén vivos cuando Él regrese en gloria (Mt 25.31–46)
    c.   Muertos incrédulos ante el gran trono blanco (Ap 20.11–15)

Como el Mediador entre Dios y el hombre (1 Ti 2.5), la Cabeza de su cuerpo que es la iglesia (Ef 1.22; 5.23; Col 1.18) y el Rey universal venidero, quien reinará en el trono de David (Is 9.6; Lc 1.31–33), es el Juez que tiene la última palabra sobre todos los que no confían en Él como Señor y Salvador (Mt 25.14–46; Hch 17.30–31).

DIOS EL ESPÍRITU SANTO

Enseñamos que el Espíritu Santo es una persona divina, eterna, no derivada, que posee todos los atributos de personalidad y deidad incluyendo intelecto (1 Co 2.10–13), emociones (Ef 4.30), voluntad (1 Co 12.11), eternalidad (He 9.14), omnipresencia (Sal 139.7–10), omnisciencia (Is 40.13–14), omnipotencia (Ro 15.13) y veracidad (Jn 16.13). En todos los atributos divinos y en sustancia Él es igual al Padre y al Hijo (Mt 28.19; Hch 5.3–4; 28.25–26; 1 Co 12.4–6; 2 Co 13.14; y Jer 31.31–34 con He 10.15–17).

Enseñamos que el Espíritu Santo ejecuta la voluntad divina con relación a toda la humanidad. Reconocemos su actividad soberana en la creación (Gn 1.2), la encarnación (Mt 1.18), la revelación escrita (2 P 1.20–21) y la obra de salvación (Jn 3.5–7).

Enseñamos que la obra del Espíritu Santo en esta época comenzó en Pentecostés cuando Él descendió del Padre como fue prometido por Cristo (Jn 14.16–17; 15.26) para iniciar y completar la edificación del cuerpo de Cristo, el cual es su iglesia (1 Co 12.13). El amplio espectro de su actividad divina incluye convencer al mundo de pecado, de justicia y de juicio; glorificando al Señor

Jesucristo y transformando a los creyentes a la imagen de Cristo (Jn 16.7–9; Hch 1.5; 2.4; Ro 8.9; 2 Co 3.6; Ef 1.13).

Enseñamos que el Espíritu Santo es el Maestro divino, quien guió a los apóstoles y profetas en toda la verdad conforme ellos se entregaban a escribir la revelación de Dios, la Biblia. Todo creyente posee la presencia del Espíritu Santo, que mora en él desde el momento de la salvación. El deber de todos los que han nacido del Espíritu consiste en ser llenos (controlados por) el Espíritu (Jn 16.13; Ro 8.9; Ef 5.18; 2 P 1.19–21; 1 Jn 2.20, 27).

Enseñamos que el Espíritu Santo administra dones espirituales a la iglesia. El Espíritu Santo no se glorifica a sí mismo ni a sus dones por medio de muestras ostentosas, sino que glorifica a Cristo al implementar su obra de redención de los perdidos y la edificación de los creyentes en la santísima fe (Jn 16.13–14; Hch 1.8; 1 Co 12.4–11; 2 Co 3.18).

Enseñamos, con respecto a esto, que Dios el Espíritu Santo es soberano en otorgar todos sus dones para el perfeccionamiento de los santos hoy día y que hablar en lenguas y la operación de los milagros de señales en los primeros días de la iglesia fueron con el propósito de apuntar y certificar a los apóstoles como reveladores de la verdad divina, y su propósito nunca fue el de ser característicos de la vida de los creyentes (1 Co 12.4–11; 13.8–10; 2 Co 12.12; Ef 4.7–12; He 2.1–4).

EL HOMBRE

Enseñamos que el hombre fue directa e inmediatamente creado por Dios a su imagen y semejanza. El hombre fue creado libre de pecado con una naturaleza racional, con inteligencia, voluntad, determinación personal y responsabilidad moral para con Dios (Gn 2.7, 15–25; Stg 3.9).

Enseñamos que la intención de Dios en la creación del hombre fue que el mismo glorificara a Dios, disfrutara de la comunión con Él, viviera su vida en la voluntad divina y de esta manera cumpliera el propósito de Dios para el hombre en el mundo (Is 43.7; Col 1.16; Ap 4.11).

Enseñamos que en el pecado de desobediencia de Adán a la voluntad revelada de Dios y a la Palabra de Dios, el hombre perdió su inocencia, incurrió en la pena de muerte espiritual y física, se volvió sujeto a la ira de Dios, y se volvió inherentemente corrupto y totalmente incapaz de escoger o hacer lo que es aceptable a Dios fuera de la gracia divina. Sin poder alguno para tener la capacidad en sí mismo de restauración, el hombre está perdido sin esperanza alguna. Por lo tanto, la salvación es en su totalidad la obra de la gracia de Dios por medio de la obra redentora de nuestro Señor Jesucristo (Gn 2.16–17; 3.1–19; Jn 3.36; Ro 3.23; 6.23; 1 Co 2.14; Ef 2.1–3; 1 Ti 2.13–14; 1 Jn 1.8).

Enseñamos que debido a que todos los hombres de todas las épocas de la historia estaban en Adán, se les ha transmitido una naturaleza corrompida por el pecado de Adán, siendo Jesucristo la única excepción. Por lo tanto, todos los hombres son pecadores por naturaleza, por decisión personal y por declaración divina (Sal 14.1–3; Jer 17.9; Ro 3.9–18, 23; 5.10–12).

La salvación

Enseñamos que la salvación es totalmente de Dios por gracia basada en la redención de Jesucristo, el mérito de su sangre derramada, y que no está basada en méritos humanos u obras (Jn 1.12; Ef 1.7; 2.8–10; 1 P 1.18–19).

Regeneración

Enseñamos que la regeneración es una obra sobrenatural del Espíritu Santo mediante la cual la naturaleza divina y la vida divina son dadas (Jn 3.3–7; Tit 3.5). Es instantánea y llevada a cabo únicamente por el poder del Espíritu Santo a través de la Palabra de Dios (Jn 5.24), cuando el pecador en arrepentimiento, al ser capacitado por el Espíritu Santo, responde con fe a la provisión divina de la salvación. La regeneración genuina es manifestada en frutos dignos de arrepentimiento que se demuestran en actitudes y conductas justas. Las buenas obras serán su evidencia apropiada y fruto (1 Co 6.19–20; Ef 2.10), y serán experimentadas hasta el punto en el que el creyente se somete al control del Espíritu Santo en su vida por la obediencia fiel a la Palabra de Dios (Ef 5.17–21; Fil 2.12b; Col 3.16; 2 P 1.4–10). Esta obediencia hace que el creyente sea conformado más y más a la imagen de nuestro Señor Jesucristo (2 Co 3.18). Tal conformidad llega a su clímax en la glorificación del creyente en la venida de Cristo (Ro 8.17; 2 P 1.4; 1 Jn 3.2–3).

Elección

Enseñamos que la elección es el acto de Dios mediante el cual, antes de la fundación del mundo, Él escogió en Cristo a aquellos a quienes en su gracia regenera, salva y santifica (Ro 8.28–30; Ef 1.4–11; 2 Ts 2.13; 2 Ti 2.10; 1 P 1.1–2).

Enseñamos que la elección soberana no contradice o niega la responsabilidad del hombre de arrepentirse y confiar en Cristo como Salvador y Señor (Ez 18.23, 32; 33.11; Jn 3.18–19, 36; 5.40; Ro 9.22–23; 2 Ts 2.10–12; Ap 22.17). No obstante, debido a que la gracia soberana incluye tanto el medio para recibir la dádiva de la salvación como también la dádiva misma, la elección soberana resultará en lo que Dios determina. Todos aquellos a quienes el Padre llama a sí mismo vendrán con fe y todos los que vienen con fe, el Padre los recibirá (Jn 6.37–40, 44; Hch 13.48; Stg 4.8).

Enseñamos que el favor inmerecido de Dios que concede a pecadores totalmente depravados no está relacionado a alguna iniciativa de su parte ni a que Dios sepa lo que pueden hacer de su propia voluntad, sino que es absolutamente a partir de su gracia soberana y misericordia, sin relación alguna con cualquier otra cosa fuera de Él (Ef 1.4–7; Tit 3.4–7; 1 P 1.2).

Enseñamos que la elección no debe ser vista como si estuviera basada meramente en la soberanía abstracta. Dios es verdaderamente soberano, pero Él ejercita esta soberanía en armonía con sus otros atributos, en particular su omnisciencia, justicia, santidad, sabiduría, gracia y amor (Ro 9.11–16). Esta soberanía siempre exaltará la voluntad de Dios de una manera que es totalmente consecuente con su persona como se revela en la vida de nuestro Señor Jesucristo (Mt 11.25–28; 2 Ti 1.9).

Justificación

Enseñamos que la justificación delante de Dios es un acto de sí mismo (Ro 8.33) por medio del cual Él declara justos a aquellos a quienes, a través de la fe en Cristo, se arrepienten de sus pecados (Lc 13.3; Hch 2.38; 3.19; 11.18; Ro 2.4; 2 Co 7.10; Is 55.6–7) y lo confiesan como Señor soberano (Ro 10.9–10; 1 Co 12.3; 2 Co 4.5; Fil 2.11). Esta justicia es independiente de cualquier virtud u obra del hombre (Ro 3.20; 4.6) e involucra la imputación de nuestros pecados a Cristo (Col 2.14; 1 P 2.24) y la imputación de la justicia de Cristo a nosotros (1 Co 1.30; 2 Co 5.21). Por medio de esto, Dios puede ser «el justo, y el que justifica al que es de la fe de Jesús» (Ro 3.26).

Santificación

Enseñamos que todo creyente es santificado (apartado) para Dios por la justificación y por lo tanto, declarado santo e identificado como un santo. Esta santificación es posicional e instantánea y no debe ser confundida con la santificación progresiva. Esta santificación tiene que ver con la posición del creyente, no con su vida práctica actual o condición (Hch 20.32; 1 Co 1.2, 30; 6.11; 2 Ts 2.13; He 2.11; 3.1; 10.10, 14; 13.12; 1 P 1.2).

Enseñamos que por la obra del Espíritu Santo también hay una santificación progresiva mediante la cual el estado del creyente es llevado a un punto más cercano a la posición que disfruta por medio de la justificación. A través de la obediencia a la Palabra de Dios y la capacidad dada por el Espíritu Santo, el creyente es capaz de llevar una vida de mayor santidad en conformidad con la voluntad de Dios, volviéndose más y más como nuestro Señor Jesucristo (Jn 17.17, 19; Ro 6.1–22; 2 Co 3.18; 1 Ts 4.3–4; 5.23).

Con respecto a esto, enseñamos que toda persona salva está involucrada en un conflicto diario, con la nueva naturaleza en Cristo batallando en contra de la carne, pero hay provisión adecuada para la victoria por medio del poder del Espíritu Santo que mora en el creyente. No obstante, la batalla permanece en el creyente a lo largo de esta vida terrenal y nunca se termina por completo. Toda afirmación de que un creyente puede erradicar el pecado de su vida en esta existencia terrenal no es bíblica. La erradicación del pecado no es posible, pero el Espíritu Santo proporciona lo necesario para la victoria sobre el pecado (Gá 5.16–25; Fil 3.12; Col 3.9–10; 1 P 1.14–16; 1 Jn 3.5–9).

Seguridad

Enseñamos que todos los redimidos, una vez que han sido salvos, son guardados por el poder de Dios y de esta manera están seguros en Cristo para siempre (Jn 5.24; 6.37–40; 10.27–30; Ro 5.9–10; 8.1, 31–39; 1 Co 1.4–8; Ef 4.30; He 7.25; 13.5; 1 P 1.5; Jud 24).

Enseñamos que el privilegio de los creyentes es regocijarse en la certidumbre de su salvación por medio del testimonio de la Palabra de Dios, el cual con claridad nos prohíbe el uso de la libertad cristiana como ocasión para vivir en pecado y carnalidad (Ro 6.15–22; Gá 5.13, 25–26; Tit 2.11–14).

Separación

Enseñamos que a lo largo del Antiguo y Nuevo Testamento claramente se llama a la separación del pecado, y que las Escrituras con claridad indican que en los últimos días la apostasía y la mundanalidad se incrementarán (2 Co 6.14—7.1; 2 Ti 3.1–5; 1 Ti 4.1–3).

Enseñamos que a partir de una profunda gratitud por la gracia inmerecida de Dios que nos ha sido otorgada y debido a que nuestro Dios glorioso es muy digno de nuestra consagración total, todos los salvos debemos vivir de tal modo que demostremos nuestro amor reverente a Dios y de esta manera no traer deshonra a nuestro Señor y Salvador. También enseñamos que Dios nos manda a que nos separemos de toda apostasía religiosa y prácticas mundanas y pecaminosas (Ro 12.1–2; 1 Co 5.9–13; 2 Co 6.14—7.1; 1 Jn 2.15–17; 2 Jn 9–11).

Enseñamos que los creyentes deben estar separados para nuestro Señor Jesucristo (2 Ts 1.11–12; He 12.1–2) y afirmamos que la vida cristiana es una vida de justicia obediente que refleja la enseñanza de las Bienaventuranzas (Mt 5.2–12) y una búsqueda continua de santidad (Ro 12.1–2; 2 Co 7.1; He 12.14; Tit 2.11–14; 1 Jn 3.1–10).

LA IGLESIA

Enseñamos que todos los que confían en Jesucristo son inmediatamente colocados por el Espíritu Santo en un cuerpo espiritual unido: la iglesia (1 Co 12.12–13), la novia de Cristo (2 Co 11.2; Ef 5.23–32; Ap 19.7–8), de la cual Cristo es la cabeza (Ef 1.22; 4.15; Col 1.18).

Enseñamos que la formación de la iglesia, el cuerpo de Cristo, comenzó en el día de Pentecostés (Hch 2.1–21, 38–47) y será completada cuando Cristo venga por los suyos en el rapto (1 Co 15.51–52; 1 Ts 4.13–18).

Enseñamos que la iglesia es un organismo espiritual único diseñado por Cristo, constituido por todos los creyentes que han nacido de nuevo en la época actual (Ef 2.11—3.6). La iglesia es distinta a Israel (1 Co 10.32), un misterio no revelado, sino hasta esta época (Ef 3.1–6; 5.32).

Enseñamos que el establecimiento y la continuidad de las iglesias locales es claramente enseñado y definido en las Escrituras del Nuevo Testamento (Hch 14.23, 27; 20.17, 28; Gá 1.2; Fil 1.1; 1 Ts 1.1; 2 Ts 1.1) y que los miembros del único cuerpo espiritual son dirigidos a asociarse juntos en asambleas locales (1 Co 11.18–20; He 10.25).

Enseñamos que la autoridad suprema de la iglesia es Cristo (1 Co 11.3; Ef 1.22; Col 1.18) y que el liderazgo, los dones, el orden, la disciplina y la adoración son determinados por medio de la soberanía de Cristo como se encuentra en las Escrituras. Las personas bíblicamente designadas sirviendo bajo Cristo y sobre la asamblea son los ancianos (también llamados obispos, pastores y pastores-maestros; Hch 20.28; Ef 4.11) y diáconos. Tanto ancianos como diáconos deben cumplir con los requisitos bíblicos (1 Ti 3.1–13; Tit 1.5–9; 1 P 5.1–5).

Enseñamos que estos líderes guían o gobiernan como siervos de Cristo (1 Ti 5.17–22) y tienen la autoridad de Cristo al dirigir a la iglesia. La congregación debe someterse al liderazgo de ellos (He 13.7, 17).

Enseñamos la importancia del discipulado (Mt 28.19–20; 2 Ti 2.2), responsabilidad mutua de todos los creyentes los unos con los otros (Mt 18.5–14), como también la necesidad de disciplina de los miembros de la congregación que están en pecado de acuerdo con las normas de las Escrituras (Mt 18.15–22; Hch 5.1–11; 1 Co 5.1–13; 2 Ts 3.6–15; 1 Ti 1.19–20; Tit 1.10–16).

Enseñamos la autonomía de la iglesia local, la cual es libre de cualquier autoridad externa o control, con el derecho de gobernarse a sí misma y con libertad de interferencias de cualquier jerarquía de individuos u organizaciones (Tit 1.5). Enseñamos que es bíblico que las iglesias verdaderas cooperen entre ellas para la presentación y propagación de la fe. No obstante, cada iglesia local, a través de sus ancianos y su interpretación y aplicación de las Escrituras, debe ser el único juez de la medida y el método de su cooperación. Los ancianos deben determinar todos los demás asuntos en cuanto a ser miembros, normas, disciplina, benevolencia, como también el gobierno (Hch 15.19–31; 20–28; 1 Co 5.4–7; 13.1; 1 P 5.1–4).

Enseñamos que el propósito de la iglesia es glorificar a Dios (Ef 3.21) al edificarse a sí misma en la fe (Ef 4.13–16), al ser instruida en la Palabra (2 Ti 2.2, 15; 3.16–17), al tener comunión (Hch 2.47; 1 Jn 1.3), al guardar las ordenanzas (Lc 22.19; Hch 2.38–42) y al extender y comunicar el evangelio al mundo entero (Mt 28.19; Hch 1.8; 2.42).

Enseñamos el llamado de todos los santos a la obra del servicio (1 Co 15.58; Ef 4.12; Ap 22.12).

Enseñamos la necesidad de que la iglesia coopere con Dios conforme Él lleva a cabo sus propósitos en el mundo. Para ese fin, Dios da a la iglesia dones espirituales. En primer lugar, da hombres escogidos con el propósito de preparar a los santos para la obra del ministerio (Ef 4.7–12) y Él también da capacidades únicas y especiales a cada miembro del cuerpo de Cristo (Ro 12.5–8; 1 Co 12.4–31; 1 P 4.10–11).

Enseñamos que hubo dos clases de dones dadas en la iglesia primitiva: dones milagrosos de revelación divina y sanidad, otorgados temporalmente en la era apostólica con el propósito de confirmar la autenticidad del mensaje de los apóstoles (He 2.3–4; 2 Co 12.12); y dones de ministerio, dados para preparar a los creyentes de tal manera que puedan edificarse los unos a los otros. Con la revelación del Nuevo Testamento ya terminada, las Escrituras se convierten en la única prueba de autenticidad del mensaje de un hombre, y los dones de confirmación de una naturaleza milagrosa ya no son necesarios para certificar a un hombre o su mensaje (1 Co 13.8–12). Los dones milagrosos pueden llegar a ser falsificados por Satanás al punto de engañar aun a los creyentes (Mt 24.24). Los únicos dones en operación hoy día son aquellos dones de una naturaleza en la que no hay revelación, dados para la edificación (Ro 12.6–8).

Enseñamos que nadie posee el don de sanidad hoy día, pero que Dios oye y responde a la oración de fe y responderá de acuerdo con su propia voluntad perfecta por los enfermos, los que están sufriendo y los que están afligidos (Lc 18.1–6; Jn 5.7–9; 2 Co 12.6–10; Stg 5.13–16; 1 Jn 5.14–15).

Enseñamos que a la iglesia local se le han dado dos ordenanzas: el bautismo y la Cena del Señor (Hch 2.38–42). El bautismo cristiano por inmersión (Hch 8.36–39) es el testimonio solemne y hermoso de un creyente mostrando su fe en el Salvador crucificado, sepultado y resucitado, y su unión con Él en su muerte al pecado y resurrección a una nueva vida (Ro 6.1–11). También es una señal de comunión e identificación con el cuerpo visible de Cristo (Hch 2.41–42).

Enseñamos que la Cena del Señor es la conmemoración y proclamación de su muerte hasta que Él venga, y siempre debe ser precedida por una solemne evaluación personal (1 Co 11.28–32).

También enseñamos que mientras que los elementos de la Comunión únicamente representan la carne y la sangre de Cristo, la Cena del Señor es de hecho una comunión con el Cristo resucitado, quien está presente de una manera única, teniendo comunión con su pueblo (1 Co 10.16).

Los ángeles

Ángeles santos

Enseñamos que los ángeles son seres creados y por lo tanto, no deben ser adorados. Aunque son un orden más elevado de creación que el hombre, han sido creados para servir a Dios y adorarlo (Lc 2.9–14; He 1.6–7, 14; 2.6–7; Ap 5.11–14; 19.10; 22.9).

Ángeles caídos

Enseñamos que Satanás es un ángel creado y el autor del pecado. Él incurrió en el juicio de Dios al rebelarse en contra de su Creador (Is 14.12–17; Ez 28.11–19), al llevar a varios ángeles con él en su caída (Mt 25.41; Ap 12.1–14), y al introducir el pecado en la raza humana por su tentación de Eva (Gn 3.1–15).

Enseñamos que Satanás es el enemigo abierto y declarado de Dios y el hombre (Is 14.13–14; Mt 4.1–11; Ap 12.9–10), el príncipe de este mundo, quien ha sido derrotado mediante la muerte y resurrección de Jesucristo (Ro 16.20) y que será eternamente castigado en el lago de fuego (Is 14.12–17; Ez 28.11–19; Mt 25.41; Ap 20.10).

Las últimas cosas (escatología)

Muerte

Enseñamos que la muerte física no involucra la pérdida de nuestra conciencia inmaterial (Ap 6.9–11), que el alma de los redimidos pasa inmediatamente a la presencia de Cristo (Lc 23.43; Fil 1.23; 2 Co 5.8), que hay una separación entre el alma y el cuerpo (Fil 1.21–24), y que para los redimidos tal separación continuará hasta el rapto (1 Ts 4.13–17), el cual inicia la primera resurrección (Ap 20.4–6), cuando nuestra alma y nuestro cuerpo se volverán a unir y serán glorificados para siempre con nuestro Señor (Fil 3.21; 1 Co 15.35–44, 50–54). Hasta ese momento, las almas de los redimidos en Cristo permanecerán en comunión gozosa con nuestro Señor Jesucristo (2 Co 5.8).

Enseñamos la resurrección corporal de todos los hombres, los salvos a la vida eterna (Jn 6.39; Ro 8.10–11, 19–23; 2 Co 4.14), y los inconversos al juicio y el castigo eterno (Dn 12.2; Jn 5.29; Ap 20.13–15).

Enseñamos que las almas de los que no son salvos al morir son guardadas bajo castigo hasta la segunda resurrección (Lc 16.19–26; Ap 20.13–15), cuando el alma y el cuerpo de resurrección serán unidos (Jn 5.28–29). Entonces ellos aparecerán en el juicio del gran trono blanco (Ap 20.11–15) y serán arrojados al infierno, el lago de fuego (Mt 25.41–46), separados de la vida de Dios para siempre (Dn 12.2; Mt 25.41–46; 2 Ts 1.7–9).

El rapto de la iglesia

Enseñamos el regreso personal y corporal de nuestro Señor Jesucristo antes de la tribulación de siete años (1 Ts 4.16; Tit 2.13) para sacar a su iglesia de esta tierra (Jn 14.1–3; 1 Co 15.51–53; 1 Ts 4.15–5.11) y, entre este acontecimiento y su regreso glorioso con sus santos, para recompensar a los creyentes de acuerdo a sus obras (1 Co 3.11–15; 2 Co 5.10).

El período de tribulación

Enseñamos que inmediatamente después de sacar a la iglesia de la tierra (Jn 14.1–3; 1 Ts 4.13–18) los justos juicios de Dios serán derramados sobre un mundo incrédulo (Jer 30.7; Dn 9.27; 12.1; 2 Ts 2.7–12; Ap 16), y que estos juicios llegarán a su clímax para el tiempo del regreso de Cristo en gloria a la tierra (Mt 24.27–31; 25.31–46; 2 Ts 2.7–12). En ese momento los santos del Antiguo Testamento y de la tribulación serán resucitados y los vivos serán juzgados (Dn 12.2–3; Ap 20.4–6). Este período incluye la septuagésima semana de la profecía de Daniel (Dn 9.24–27; Mt 24.15–31; 25.31–46).

La segunda venida y el reino milenario

Enseñamos que después del período de tribulación, Cristo vendrá a la tierra a ocupar el trono de David (Mt 25.31; Lc 1.31–33; Hch 1.10–11; 2.29–30) y establecerá su reino mesiánico por mil años sobre la tierra (Ap 20.1–7). Durante este tiempo los santos resucitados reinarán con Él sobre Israel y todas las naciones de la tierra (Ez 37.21–28; Dn 7.17–22; Ap 19.11–16). Este reinado será precedido por el derrocamiento del anticristo y el falso profeta, y la remoción de Satanás del mundo (Dn 7.17–27; Ap 20.1–7).

Enseñamos que el reino mismo va a ser el cumplimiento de la promesa de Dios a Israel (Is 65.17–25; Ez 37.21–28; Zac 8.1–17) de restaurarlos a la tierra que ellos perdieron por su desobediencia (Dt 28.15–68). El resultado de su desobediencia trajo como consecuencia que Israel fuera temporalmente echado a un lado (Mt 21.43; Ro 11.1–26), pero volverá a ser despertado mediante el arrepentimiento para entrar en la tierra de bendición (Jer 31.31–34; Ez 36.22–32; Ro 11.25–29).

Enseñamos que este tiempo del reinado de nuestro Señor será caracterizado por armonía, justicia, paz, rectitud y larga vida (Is 11; 65.17–25; Ez 36.33–38), y terminará con la libertad de Satanás (Ap 20.7).

El juicio de los perdidos

Enseñamos que después de que Satanás sea soltado al final del reinado de Cristo por mil años (Ap 20.7), el diablo engañará a las naciones de la tierra y las reunirá para combatir a los santos y a la ciudad amada, y en ese momento él y su armada serán devorados por fuego del cielo (Ap 20.9). Después de esto, Satanás será arrojado al lago de fuego y azufre (Mt 25.41; Ap 20.10) y entonces Cristo, quien es el juez de todos los hombres (Jn 5.22), resucitará y juzgará a grandes y pequeños ante el juicio del gran trono blanco.

Enseñamos que esta resurrección de los muertos no salvos para juicio será una resurrección física, y después de recibir su juicio (Ro 14.10–13), serán entregados a un castigo eterno consciente en el lago de fuego (Mt 25.41; Ap 20.11–15).

La eternidad

Enseñamos que después de la conclusión del milenio, la libertad temporal de Satanás y el juicio de los incrédulos (2 Ts 1.9; Ap 20.7–15), los salvos entrarán al estado eterno de gloria con Dios, después del cual los elementos de esta tierra se disolverán (2 P 3.10) y serán reemplazados con una tierra nueva donde solo morará la justicia (Ef 5.5; Ap 20.15, 21, 22). Después de esto, la ciudad celestial descenderá del cielo (Ap 21.2) y será el lugar en el que moren los santos, donde disfrutarán de la comunión con Dios y la comunión mutua para siempre (Jn 17.3; Ap 21—22). Nuestro Señor Jesucristo, habiendo cumplido su misión redentora, entonces entregará el reino a Dios el Padre (1 Co 15.24–28) para que en todas las esferas el Dios trino reine para siempre (1 Co 15.28).

Características de la verdadera
FE SALVADORA

2 Corintios 13.5

I. EVIDENCIAS QUE NO PRUEBAN NI NIEGAN LA FE DE UNA PERSONA:

A. Rectitud visible:	Mt 19.16–21; 23.27
B. Conocimiento intelectual:	Ro 1.21; 2.17ss
C. Involucración religiosa	Mt 25.1–10
D. Ministerio activo:	Mt 7.21–24
E. Convicción de pecado:	Hch 24.25
F. Seguridad:	Mt 23
G. Momento de decisión:	Lc 8.13, 14

II. FRUTO / PRUEBAS DEL VERDADERO / AUTÉNTICO CRISTIANISMO:

A. Amor a Dios:	Sal 42.1ss; 73.25; Lc 10.27; Ro 8.7
B. Arrepentimiento del pecado:	Sal 32.5; Pr 28.13; Ro 7.14ss; 2 Co 7.10; 1 Jn 1.8–10
C. Humildad genuina:	Sal 51.17; Mt 5.1–12; Stg 4.6, 9ss
D. Celo por la gloria de Dios:	Sal 105.3; 115.1; Is 43.7; 48.10ss; Jer 9.23, 24; 1 Co 10.31
E. Oración continua:	Lc 18.1; Ef 6.18ss; Fil 4.6ss; 1 Ti 2.1–4; Stg 5.16–18
F. Amor abnegado:	1 Jn 2.9ss; 3.14; 4.7ss
G. Separación del mundo:	1 Co 2.12; Stg 4.4ss; 1 Jn 2.15–17; 5.5
H. Crecimiento espiritual:	Lc 8.15; Jn 15.1–6; Ef 4.12–16
I. Vida de obediencia:	Mt 7.21; Jn 15.14ss; Ro 16.26; 1 P 1.2, 22; 1 Jn 2.3–5

Si la Lista I es la realidad de una persona, pero no la Lista II, hay razones válidas para dudar de su profesión de fe. Pero si la Lista II es una realidad, entonces también lo será la Lista I.

III. LA CONDUCTA DEL EVANGELIO:

A. Proclamarlo:	Mt 4.23
B. Defenderlo:	Jud 3
C. Demostrarlo:	Fil 1.27
D. Darlo a conocer:	Fil 1.5
E. Sufrir por él:	2 Ti 1.8
F. No estorbarlo:	1 Co 9.16
G. No avergonzarse de él:	Ro 1.16
H. Predicarlo:	1 Co 9.16
I. Ser fortalecido:	1 Ts 1.5
J. Guardarlo:	Gá 1.6–8

Lea la
BIBLIA EN UN AÑO

Fecha	Mañana	Noche	Fecha	Mañana	Noche	Fecha	Mañana	Noche
	ENERO		22	3.20–35	3, 4	10	10.25–42	15, 16
	Mateo	**Génesis**	23	4.1–20	5, 6	11	11.1–28	17, 18
1	1	1, 2, 3	24	4.21–41	7, 8	12	11.29–54	19, 20, 21
2	2	4, 5, 6	25	5.1–20	9, 10, 11	13	12.1–31	22, 23, 24
3	3	7, 8, 9	26	5.21–43	12, 13, 14	14	12.32–59	25, 26
4	4	10, 11, 12	27	6.1–29	15, 16	15	13.1–22	27, 28, 29
5	5.1–26	13, 14, 15	28	6.30–56	17, 18, 19	16	13.23–35	30, 31
6	5.27–48	16, 17	29	7.1–13	20, 21, 22			**2 Samuel**
7	6.1–18	18, 19				17	14.1–24	1, 2
8	6.19–34	20, 21, 22		**MARZO**		18	14.25–35	3, 4, 5
9	7	23, 24		**Marcos**	**Números**	19	15.1–10	6, 7, 8
10	8.1–17	25, 26	1	7.14–37	23, 24, 25	20	15.11–32	9, 10, 11
11	8.18–34	27, 28	2	8.1–21	26, 27	21	16	12, 13
12	9.1–17	29, 30	3	8.22–38	28, 29, 30	22	17.1–19	14, 15
13	9.18–38	31, 32	4	9.1–29	31, 32, 33	23	17.20–37	16, 17, 18
14	10.1–20	33, 34, 35	5	9.30–50	34, 35, 36	24	18.1–23	19, 20
15	10.21–42	36, 37, 38			**Deuteronomio**	25	18.24–43	21, 22
16	11	39, 40	6	10.1–31	1, 2	26	19.1–27	23, 24
17	12.1–23	41, 42	7	10.32–52	3, 4			**1 Reyes**
18	12.24–50	43, 44, 45	8	11.1–18	5, 6, 7	27	19.28–48	1, 2
19	13.1–30	46, 47, 48	9	11.19–33	8, 9, 10	28	20.1–26	3, 4, 5
20	13.31–58	49, 50	10	12.1–27	11, 12, 13	29	20.27–47	6, 7
		Éxodo	11	12.28–44	14, 15, 16	30	21.1–19	8, 9
21	14.1–21	1, 2, 3	12	13.1–20	17, 18, 19			
22	14.22–36	4, 5, 6	13	13.21–37	20, 21, 22		**MAYO**	
23	15.1–20	7, 8	14	14.1–26	23, 24, 25		**Lucas**	**1 Reyes**
24	15.21–39	9, 10, 11	15	14.27–53	26, 27	1	21.20–38	10, 11
25	16	12, 13	16	14.54–72	28, 29	2	22.1–20	12, 13
26	17	14, 15	17	15.1–25	30, 31	3	22.21–46	14, 15
27	18.1–20	16, 17, 18	18	15.26–47	32, 33, 34	4	22.47–71	16, 17, 18
28	18.21–35	19, 20			**Josué**	5	23.1–25	19, 20
29	19	21, 22	19	16	1, 2, 3	6	23.26–56	21, 22
30	20.1–16	23, 24		**Lucas**				**2 Reyes**
31	20.17–34	25, 26	20	1.1–20	4, 5, 6	7	24.1–35	1, 2, 3
			21	1.21–38	7, 8, 9	8	24.36–53	4, 5, 6
	FEBRERO		22	1.39–56	10, 11, 12		**Juan**	
	Mateo	**Éxodo**	23	1.57–80	13, 14, 15	9	1.1–28	7, 8, 9
1	21.1–22	27, 28	24	2.1–24	16, 17, 18	10	1.29–51	10, 11, 12
2	21.23–46	29, 30	25	2.25–52	19, 20, 21	11	2	13, 14
3	22.1–22	31, 32, 33	26	3	22, 23, 24	12	3.1–18	15, 16
4	22.23–46	34, 35			**Jueces**	13	3.19–36	17, 18
5	23.1–22	36, 37, 38	27	4.1–30	1, 2, 3	14	4.1–30	19, 20, 21
6	23.23–39	39, 40	28	4.31–44	4, 5, 6	15	4.31–54	22, 23
		Levítico	29	5.1–16	7, 8	16	5.1–24	24, 25
7	24.1–28	1, 2, 3	30	5.17–39	9, 10			**1 Crónicas**
8	24.29–51	4, 5	31	6.1–26	11, 12	17	5.25–47	1, 2, 3
9	25.1–30	6, 7				18	6.1–21	4, 5, 6
10	25.31–46	8, 9, 10		**ABRIL**		19	6.22–44	7, 8, 9
11	26.1–25	11, 12		**Lucas**	**Jueces**	20	6.45–71	10, 11, 12
12	26.26–50	13	1	6.27–49	13, 14, 15	21	7.1–27	13, 14, 15
13	26.51–75	14	2	7.1–30	16, 17, 18	22	7.28–53	16, 17, 18
14	27.1–26	15, 16	3	7.31–50	19, 20, 21	23	8.1–27	19, 20, 21
15	27.27–50	17, 18			**Rut**	24	8.28–59	22, 23, 24
16	27.51–66	19, 20	4	8.1–25	1, 2, 3, 4	25	9.1–23	25, 26, 27
17	28	21, 22			**1 Samuel**	26	9.24–41	28, 29
	Marcos		5	8.26–56	1, 2, 3			**2 Crónicas**
18	1.1–22	23, 24	6	9.1–17	4, 5, 6	27	10.1–23	1, 2, 3
19	1.23–45	25	7	9.18–36	7, 8, 9	28	10.24–42	4, 5, 6
20	2	26, 27	8	9.37–62	10, 11, 12	29	11.1–29	7, 8, 9
		Números	9	10.1–24	13, 14	30	11.30–57	10, 11, 12
21	3.1–19	1, 2				31	12.1–26	13, 14

Fecha	Mañana	Noche	Fecha	Mañana	Noche	Fecha	Mañana	Noche
	JUNIO			Romanos	Salmos		Gálatas	
	Juan	2 Crónicas	29	1	49, 50	22	1	10, 11, 12
1	12.27–50	15, 16	30	2	51, 52, 53			Cantares
2	13.1–20	17, 18	31	3	54, 55, 56	23	2	1, 2, 3
3	13.21–38	19, 20				24	3	4, 5
4	14	21, 22				25	4	6, 7, 8
5	15	23, 24		**AGOSTO**				Isaías
6	16	25, 26, 27		Romanos	Salmos	26	5	1, 2
7	17	28, 29	1	4	57, 58, 59	27	6	3, 4
8	18.1–18	30, 31	2	5	60, 61, 62		Efesios	
9	18.19–40	32, 33	3	6	63, 64, 65	28	1	5, 6
10	19.1–22	34, 35, 36	4	7	66, 67	29	2	7, 8
		Esdras	5	8.1–21	68, 69	30	3	9, 10
11	19.23–42	1, 2	6	8.22–39	70, 71			
12	20	3, 4, 5	7	9.1–15	72, 73		**OCTUBRE**	
13	21	6, 7, 8	8	9.16–33	74, 75, 76		Efesios	Isaías
	Hechos		9	10	77, 78	1	4	11, 12, 13
14	1	9, 10	10	11.1–18	79, 80	2	5.1–16	14, 15, 16
		Nehemías	11	11.19–36	81, 82, 83	3	5.17–33	17, 18, 19
15	2.1–21	1, 2, 3	12	12	84, 85, 86	4	6	20, 21, 22
16	2.22–47	4, 5, 6	13	13	87, 88		Filipenses	
17	3	7, 8, 9	14	14	89, 90	5	1	23, 24, 25
18	4.1–22	10, 11	15	15.1–13	91, 92, 93	6	2	26, 27
19	4.23–37	12, 13	16	15.14–33	94, 95, 96	7	3	28, 29
		Ester	17	16	97, 98, 99	8	4	30, 31
20	5.1–21	1, 2		1 Corintios			Colosenses	
21	5.22–42	3, 4, 5	18	1	100, 101,	9	1	32, 33
22	6	6, 7, 8			102	10	2	34, 35, 36
23	7.1–21	9, 10	19	2	103, 104	11	3	37, 38
		Job	20	3	105, 106	12	4	39, 40
24	7.22–43	1, 2	21	4	107, 108,		1 Tesalonicenses	
25	7.44–60	3, 4			109	13	1	41, 42
26	8.1–25	5, 6, 7	22	5	110, 111, 112	14	2	43, 44
27	8.26–40	8, 9, 10	23	6	113, 114, 115	15	3	45, 46
28	9.1–21	11, 12, 13	24	7.1–19	116, 117, 118	16	4	47, 48, 49
29	9.22–43	14, 15, 16	25	7.20–40	119.1–88	17	5	50, 51, 52
30	10.1–23	17, 18, 19	26	8	119.89–176		2 Tesalonicenses	
			27	9	120, 121, 122	18	1	53, 54, 55
	JULIO		28	10.1–18	123, 124, 125	19	2	56, 57, 58
	Hechos	Job	29	10.19–33	126, 127, 128	20	3	59, 60, 61
1	10.24–48	20, 21	30	11.1–16	129, 130, 131		1 Timoteo	
2	11	22, 23, 24	31	11.17–34	132, 133, 134	21	1	62, 63, 64
3	12	25, 26, 27				22	2	65, 66
4	13.1–25	28, 29		**SEPTIEMBRE**				Jeremías
5	13.26–52	30, 31		1 Corintios	Salmo	23	3	1, 2
6	14	32, 33	1	12	135, 136	24	4	3, 4, 5
7	15.1–21	34, 35	2	13	137, 138, 139	25	5	6, 7, 8
8	15.22–41	36, 37	3	14.1–20	140, 141, 142	26	6	9, 10, 11
9	16.1–21	38, 39, 40	4	14.21–40	143, 144, 145		2 Timoteo	
10	16.22–40	41, 42	5	15.1–28	146, 147	27	1	12, 13, 14
		Salmos	6	15.29–58	148, 149, 150	28	2	15, 16, 17
11	17.1–15	1, 2, 3			Proverbios	29	3	18, 19
12	17.16–34	4, 5, 6	7	16	1, 2	30	4	20, 21
13	18	7, 8, 9		2 Corintios			Tito	
14	19.1–20	10, 11, 12	8	1	3, 4, 5	31	1	22, 23
15	19.21–41	13, 14, 15	9	2	6, 7			
16	20.1–16	16, 17	10	3	8, 9		**NOVIEMBRE**	
17	20.17–38	18, 19	11	4	10, 11, 12		Tito	Jeremías
18	21.1–17	20, 21, 22	12	5	13, 14, 15	1	2	24, 25, 26
19	21.18–40	23, 24, 25	13	6	16, 17, 18	2	3	27, 28, 29
20	22	26, 27, 28	14	7	19, 20, 21	3	Filemón	30, 31
21	23.1–15	29, 30	15	8	22, 23, 24		Hebreos	
22	23.16–35	31, 32	16	9	25, 26	4	1	32, 33
23	24	33, 34	17	10	27, 28, 29	5	2	34, 35, 36
24	25	35, 36	18	11.1–15	30, 31	6	3	37, 38, 39
25	26	37, 38, 39			Eclesiastés	7	4	40, 41, 42
26	27.1–26	40, 41, 42	19	11.16–33	1, 2, 3	8	5	43, 44, 45
27	27.27–44	43, 44, 45	20	12	4, 5, 6	9	6	46, 47
28	28	46, 47, 48	21	13	7, 8, 9			

Fecha	Mañana	Noche	Fecha	Mañana	Noche	Fecha	Mañana	Noche
10	7	48, 49		**2 Pedro**		14	5	**Joel**
11	8	50	29	1	35, 36			
12	9	51, 52	30	2	37, 38, 39			**Amós**
		Lamentaciones				15	6	1, 2, 3
13	10.1–18	1, 2				16	7	4, 5, 6
14	10.19–39	3, 4, 5		**DICIEMBRE**		17	8	7, 8, 9
		Ezequiel		**2 Pedro**	**Ezequiel**	18	9	**Abdías**
15	11.1–19	1, 2	1	3	40, 41	19	10	**Jonás**
16	11.20–40	3, 4		**1 Juan**				**Miqueas**
17	12	5, 6, 7	2	1	42, 43, 44	20	11	1, 2, 3
18	13	8, 9, 10	3	2	45, 46	21	12	4, 5
	Santiago		4	3	47, 48	22	13	6, 7
19	1	11, 12, 13			**Daniel**	23	14	**Nahum**
20	2	14, 15	5	4	1, 2	24	15	**Habacuc**
21	3	16, 17	6	5	3, 4	25	16	**Sofonías**
22	4	18, 19	7	**2 Juan**	5, 6, 7	26	17	**Hageo**
23	5	20, 21	8	**3 Juan**	8, 9, 10			**Zacarías**
	1 Pedro		9	**Judas**	11, 12	27	18	1, 2, 3, 4
24	1	22, 23		**Apocalipsis**	**Oseas**	28	19	5, 6, 7, 8
25	2	24, 25, 26	10	1	1, 2, 3, 4	29	20	9, 10, 11, 12
26	3	27, 28, 29	11	2	5, 6, 7, 8	30	21	13, 14
27	4	30, 31, 32	12	3	9, 10, 11	31	22	**Malaquías**
28	5	33, 34	13	4	12, 13, 14			

Tablas de pesos,

MEDIDAS Y MONEDAS

Los hebreos quizás usaron monedas por primera vez durante el período persa (500–350 A.C.). Sin embargo, en otras naciones la acuñación de monedas comenzó alrededor del 700 A.C. Antes de esto, los metales preciosos eran pesados, pero no contados como dinero.

Algunas unidades aparecen tanto como medidas de dinero como de peso. Esto tiene su origen en la costumbre de nombrar a las monedas según su peso. Por ejemplo, el siclo era una medida de peso mucho antes de que se convirtiera en el nombre de una moneda.

Resulta muy útil relacionar las monedas bíblicas con los valores actuales. Sin embargo, no podemos hacer equivalencias exactas. En nuestros días es difícil determinar el valor fluctuante del poder adquisitivo de la moneda. Más difícil aun es determinar el valor de monedas utilizadas hace dos o tres mil años.

Por consiguiente, es mejor escoger valores significativos relacionados con el tiempo, como el salario diario de un trabajador típico. El salario de un día correspondiente al sistema judío antiguo (un siclo de plata era el salario de cuatro días), así como a los sistemas griego y romano (el dracma y el denario eran monedas que representaban un día de salario).

Las monedas que aparecen a continuación equivalen a un día de salario actual de treinta y dos dólares en Estados Unidos. Aunque existen diferencias económicas y de nivel de vida, estas equivalencias ayudarán a comprender mejor las unidades monetarias de los tiempos bíblicos.

Monedas			
Unidad	**Valor monetario**[1]	**Equivalentes**	**Conversiones**
Pesos judíos			
Talento	oro – $5.760.000[2]	3.000 siclos, 6.000 bekas	talento, 100 libras
	plata – $384.000		
Siclo (shekel)	oro – $1.920	Salario de 4 días; 2 bekas:	siclo
	plata – $128	20 geras	
Beka	oro – $960	$1/_2$ siclo, 10 geras	beka
	plata – $64		
Gera	oro – $96		
	plata – $6.40	$1/_{20}$ siclo	geras
Monedas persas			
Dárico	oro – $1.280[3]	Salario de 2 días; $1/_2$ siclo	dárico, dracma
	plata – $6	de plata judío	
Monedas griegas			
Tetradracma	$128	4 dracmas	estatero
Didracma	$64	2 dracmas	impuesto de dos dracmas
Dracma	$32	1 día de salario	moneda, monedas de plata
Leptón (blanca)	$0.25	$1/_2$ cuadrante romano	centavos, pequeña moneda de cobre
Monedas romanas			
Áureo	$800	25 denarios	oro
Denario	$32	1 día de salario	denario
Asarion	$2	$1/_{16}$ de denario	centavo
Cuadrante	$0.50	$1/_4$ de asarion	centavo

[1] El valor monetario aparece en dólares estadounidenses (USD).
[2] El valor del oro es quince veces el valor de la plata.
[3] El valor del oro es veinte veces el valor de la plata.

« 545 »

Medidas de líquidos

Unidad	Medida	Equivalentes	Conversiones
Coro	228 litros	10 batos	coro
Metretes	38,76 litros		galón
Bato	22,8 litros	6 hins	medida, bato
Hin	3,8 litros	2 kabs	hin
Kab	1,9 litros	4 logs	kab
Log	0,47 litros	$^1/_4$ kab	log

Medidas secas

Unidad	Medida	Equivalentes	Conversiones
Homer	6,52 fanegas	10 efas	homer
Coro	6,52 fanegas	1 homer; 10 efas	coro, medida
Létek	3,26 fanegas	$^1/_2$ coro	1$^1/_2$ homer
Efa	0,65 fanegas; 20 litros; 2 m³	$^1/_{10}$ homer	efa
Modios (almud)	7,3 litros		9 litros
Seah	6,7 litros	$^1/_3$ efa	medida, 9 litros
Gomer	2 litros	$^1/_{10}$ efa; 1$^4/_5$ kab	gomer
Kab	1,1 litros	4 logs	kab
Choenix	1 cuarto; 1 litro		cuarto
Sextarios	11/16 pintas		cántaro
Log	0,58 pinta	$^1/_4$ kab	log

Medidas de longitud

Unidad	Largo	Equivalentes	Conversiones
Día de camino	ca. 32,18 km		Viaje de un día, camino de un día
Milla romana	1,45 km	8 estadios	milla
Camino de un día de reposo	1,09 km	6 estadios	Un día de viaje en sábado
Estadio	181,85 m	$^1/_8$ milla romana	milla, estadio
Caña medida de una vara	2,7 m (3, 15 m en Ezequiel)		3 pasos; 6 codos
Braza	1,8 m	4 codos	braza
Paso	0,90 m	$^1/_3$ vara; 2 codos	paso
Codo	45,72 cm	$^1/_2$ paso; 2 palmos	codo, yardas
Palmo	22,86 cm	$^1/_2$ codo; 3 palmos menores	palmo
Palmo menor	7,62 cm	$^1/_3$ palmo; 4 dedos	palmo menor
Dedo	1,9 cm	$^1/_4$ palmo menor	dedo

Pesos

Unidad	Peso	Equivalentes	Conversiones
judía			
Talento	ca. 34 kg para un talento común ca. 68 kg para un talento real	60 minas, 3.000 siclos	talento, 100 lbs
Mina	0,5 kg	50 siclos	maneh, mina
Siclo	ca. 0.4 onzas (11,4 gramos) para un siclo común ca. 0.8 onzas para un siclo real	2 bekas; 20 geras	siclo
Beka	ca. 0.2 onzas (5,7 gramos)	$^1/_2$ siclo; 10 geras	$^1/_2$ siclo
Gera	ca. 0.02 onzas (0,57 gramos)	$^1/_{20}$ siclo	gera
romana			
Libra	12 onzas		libra, pinta